君子文化

王云路 主编

浙江文艺出版社

编委会

主　编：王云路

副主编：王　诚

编　委：沈　莹　王　健　张福通
　　　　周　晟　陆　睿　马一方

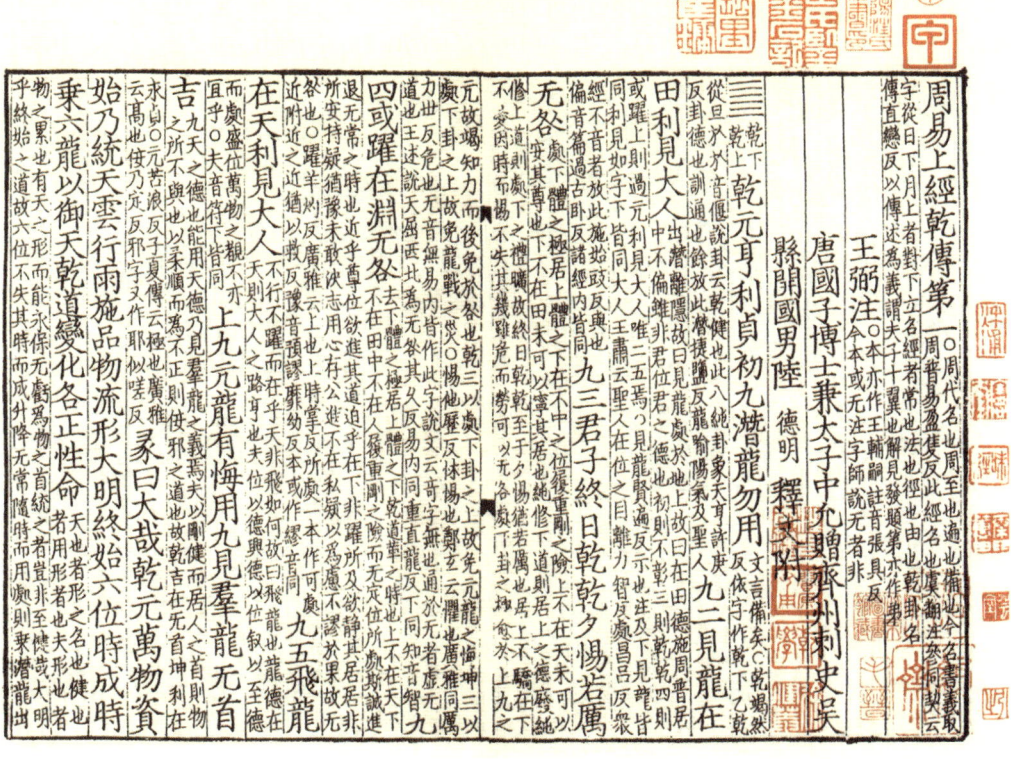

《周易》书影（中国国家图书馆影宋刻本）

《尚书正义》书影（日本弘化四年熊本藩时习馆影刻足利学校藏南宋两浙东路八行本）

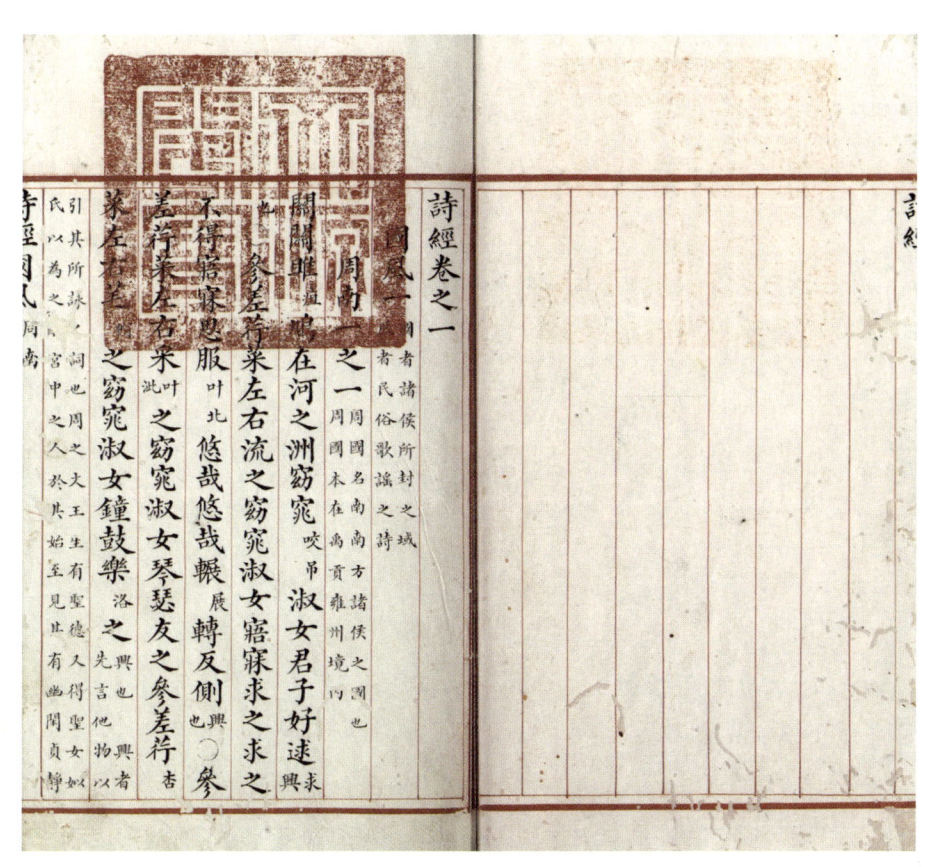

《诗经》书影(清道光年间内府朱丝栏精写本)

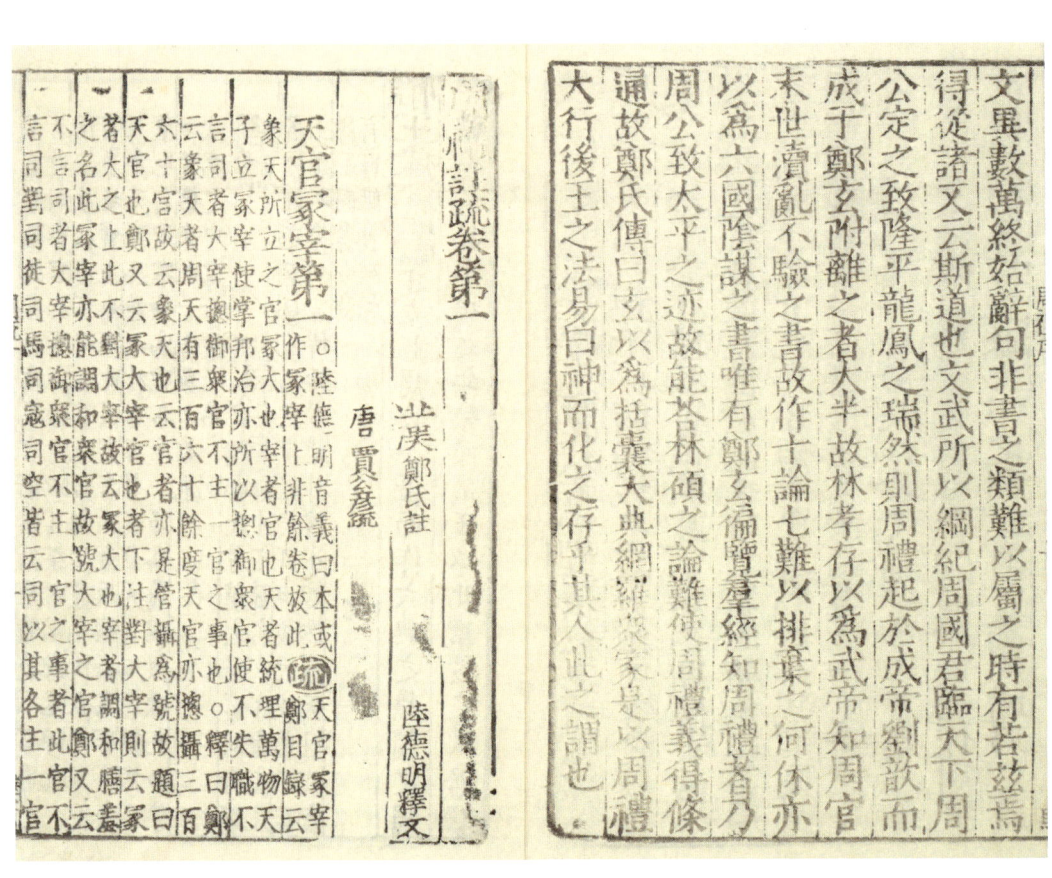

《十三经注疏·周礼注疏》书影（明嘉靖时期李元阳福建刻本）

禮記篇目終

仲尼燕居　孔子閒居　坊記
中庸　表記　緇衣
奔喪　問喪　服問
間傳　三年問　深衣
投壺　儒行　大學
冠義　昏義　鄉飲酒義
射義　燕義　聘義
喪服四制

禮記卷之一

曲禮上第一

曲禮曰毋無不敬儼若思安定辭安民哉 修身之要在此三者
而其效足以安民乃禮之本也故以冠篇

敖不可長 上聲欲不可從 縱志不
可滿樂不可極賢者狎而敬之畏而愛之愛而知
其惡憎而知其善積而能散安安而能遷臨財毋苟
得臨難毋苟免很 胡懇切毋求勝分 去聲毋求多疑事
毋質直而勿有若夫坐如尸立如齊 齋禮從宜使
從俗夫禮者所以定親疏決嫌疑別同異明是非

禮記曲禮

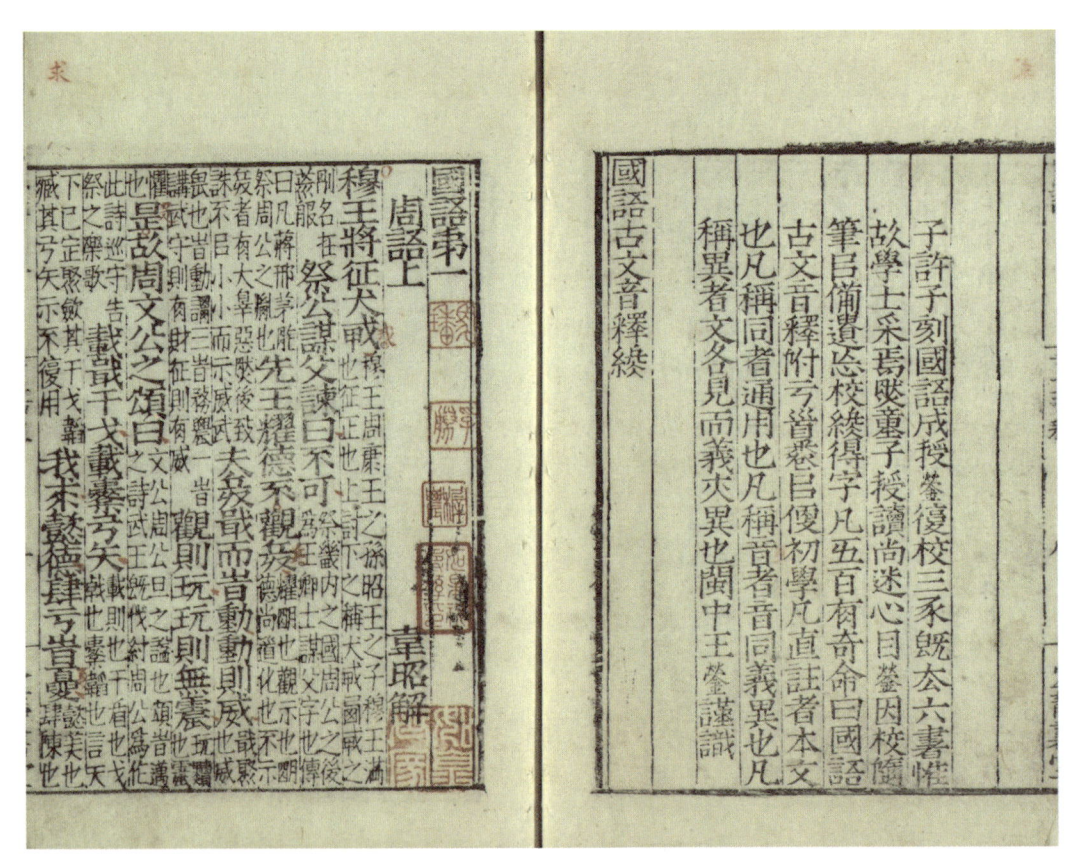

《国语》书影（明嘉靖四年许宗鲁宜静书堂刊本）

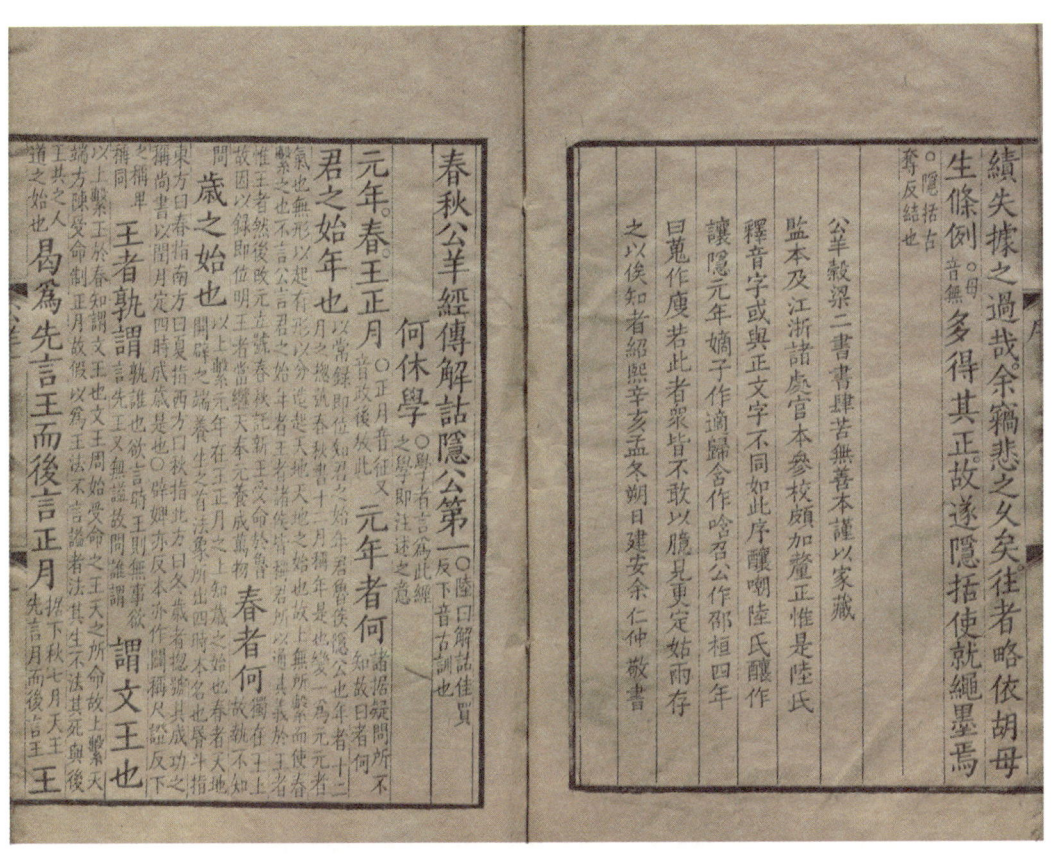

《春秋公羊经传解诂》书影（清道光四年扬州汪氏问礼堂影刊南宋绍熙余氏万卷堂本）

《十三经注疏·论语注疏》书影（明嘉靖李元阳福建刻隆庆二年重修刊本）

《十三经注疏·孟子注疏》书影（明嘉靖李元阳福建刻隆庆二年重修刊本）

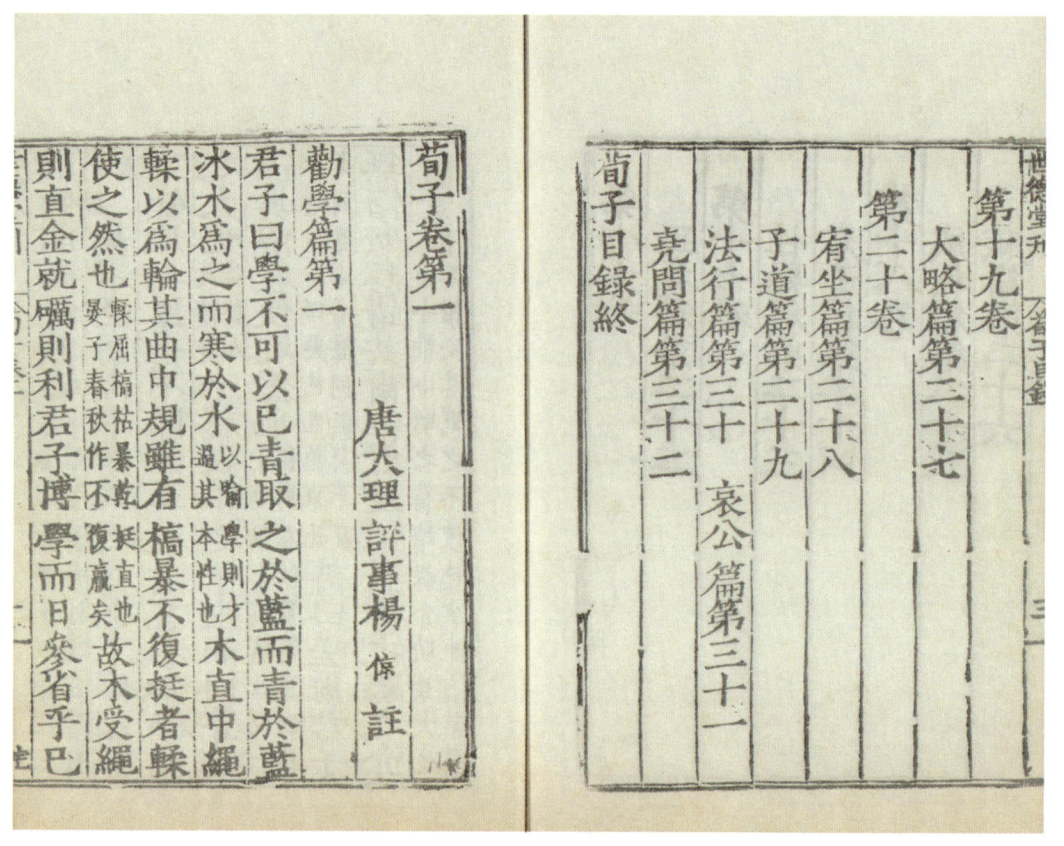

《荀子》书影（明嘉靖顾氏世德堂刊本）

《墨子·十五卷·目一卷》书影（清乾隆四十九年灵岩山馆刻本）

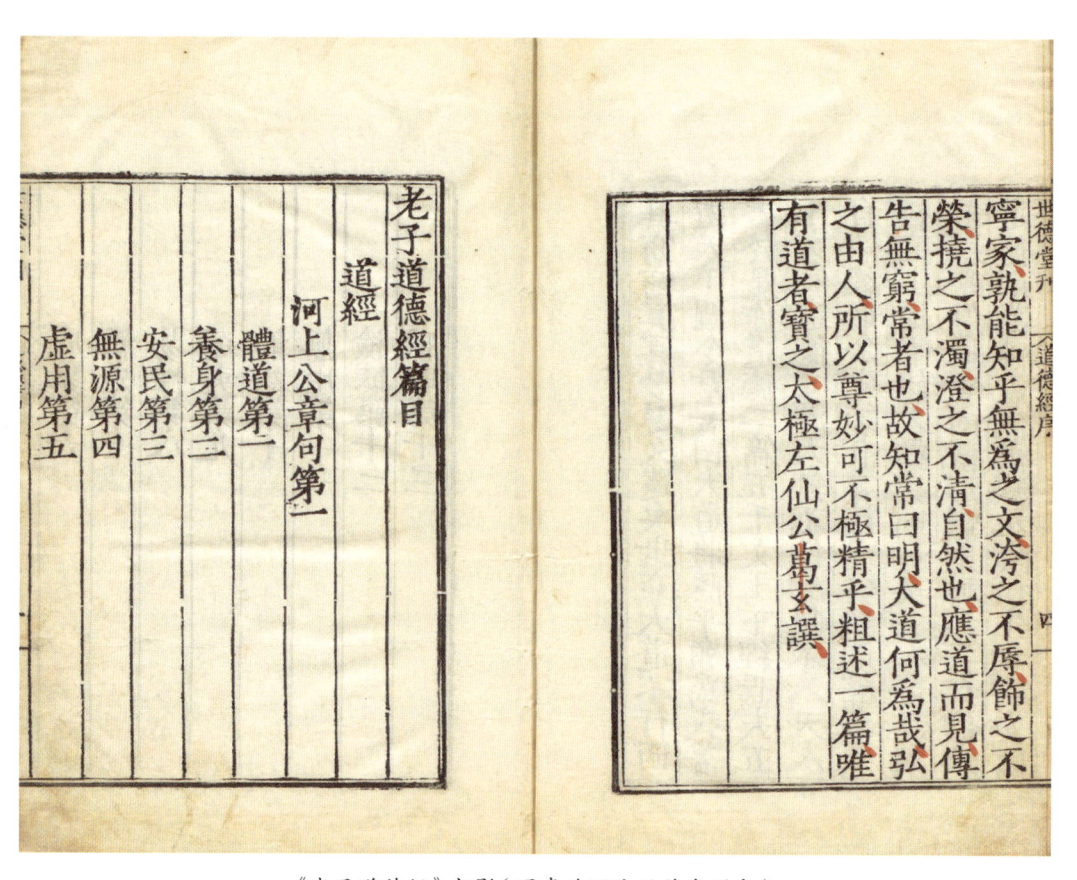

《老子道德经》书影（明嘉靖顾氏世德堂刊本）

餘萬言人或傳其書至秦秦王見孤憤五蠹之書曰嗟乎寡人得見此人與遊死不恨矣李斯曰此韓非之所著書秦因急攻韓韓始不用非及急乃遣韓非使秦秦王悅之未信用李斯害之秦王曰非韓之諸公子也今欲并諸侯非終為韓不為秦此人情也今王不用久留而歸之此自遺患也不如以過法誅之秦王以為然下吏治非李斯使人遺藥令早自殺韓非欲自陳不見秦王後悔使人赦之非已死矣

乾道改元中元日黃三八郎印

韓非子目錄

第一卷
初見秦第一
存韓第二
難言第三
愛臣第四

第二卷
主道第五
有度第六
二柄第七
揚權第八
八姦第九

第三卷
十過第十

第四卷
孤憤第十一
說難第十二
和氏第十三
姦劫弒臣第十四

《韩非子》书影（清嘉庆二十三年影刻宋乾道黄三八郎）

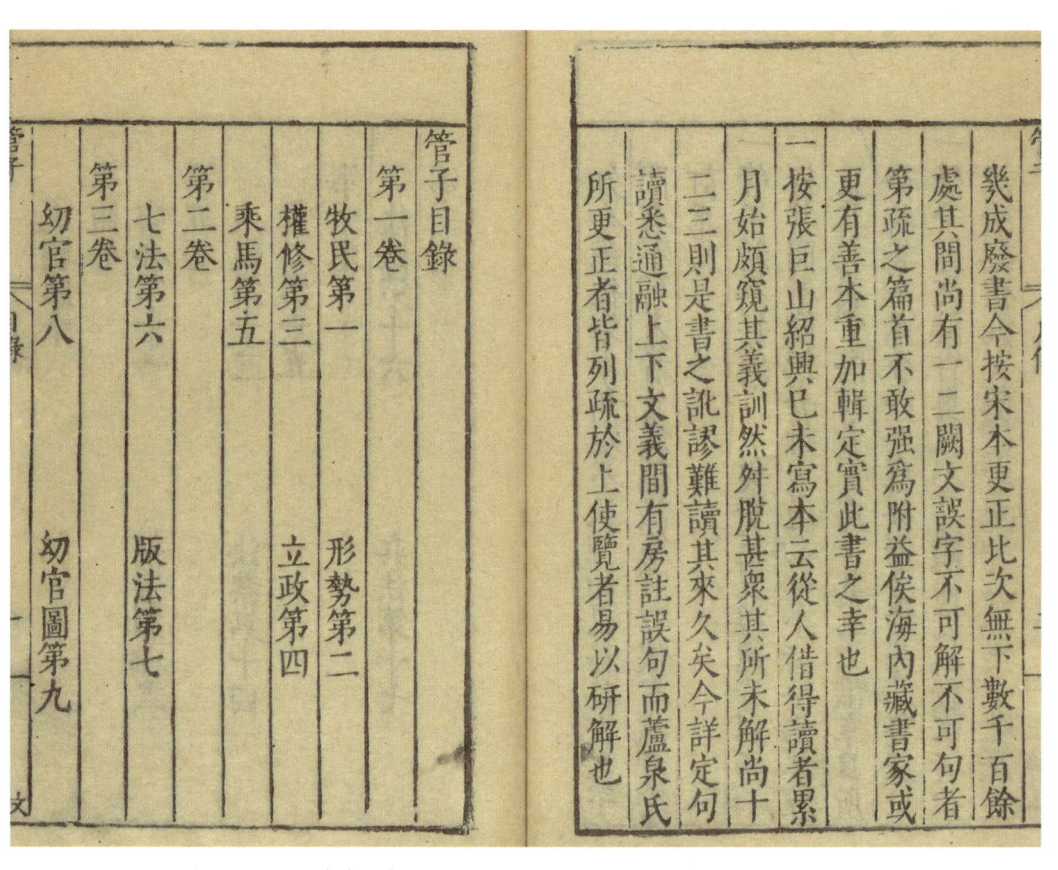

《管子》书影（明万历十年赵用贤刊本）

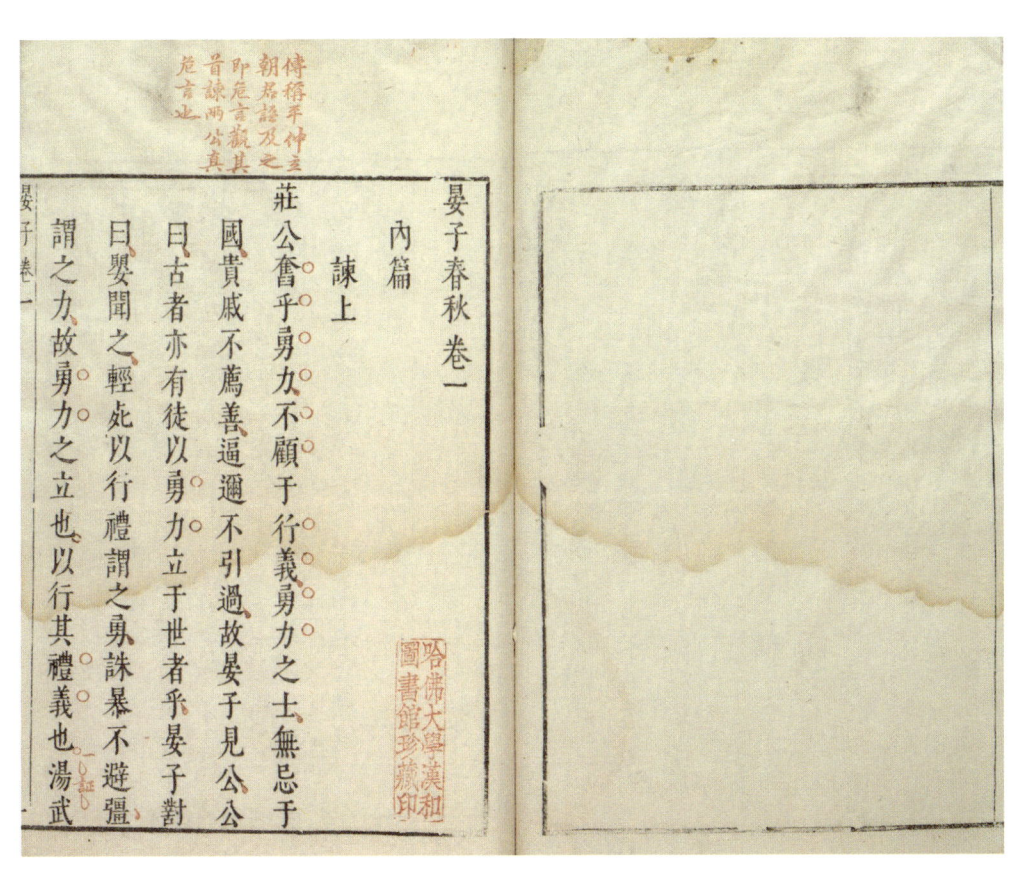

《晏子春秋》书影（明吴兴凌澄初朱墨套印本）

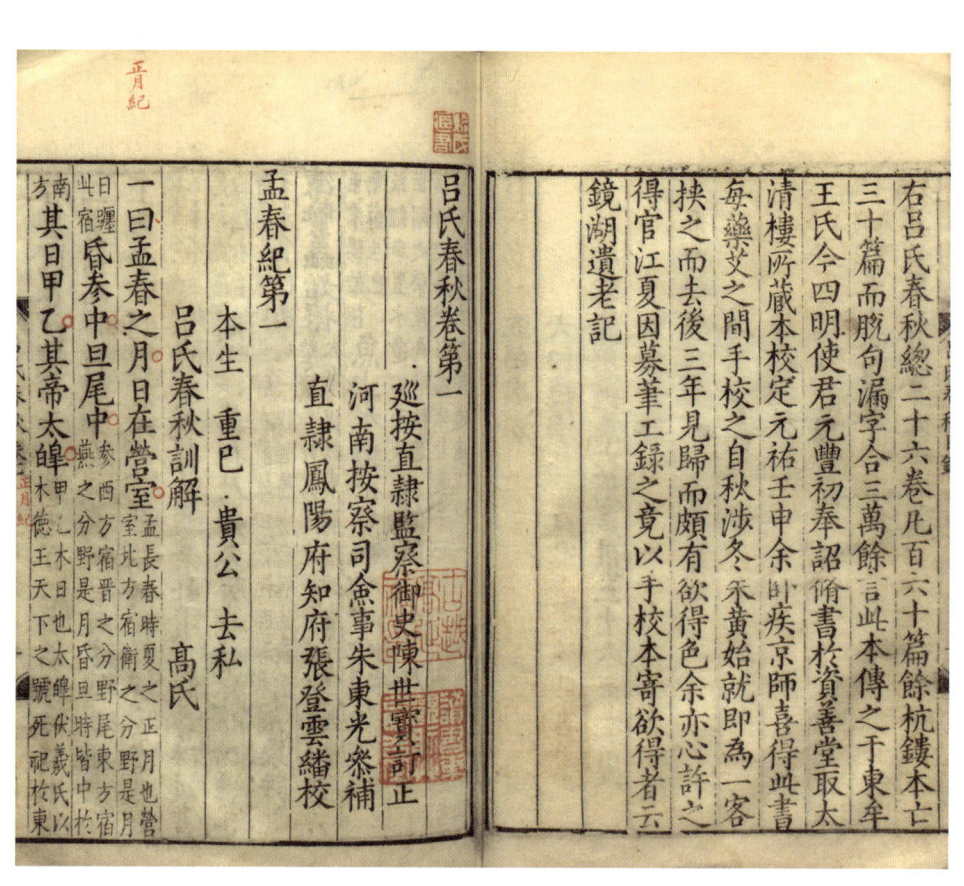

《吕氏春秋》书影(明万历张登云刊本)

总序：中国古代的"君子"文化

我国素享"礼义之邦"的美称，礼文化作为中国传统文化的重要组成部分、中华文明的源头，孕育出了中华民族高尚的道德准则和完整的礼仪规范。谁来践行这些礼仪规范？君子。所谓君子行礼以率天下。习近平主席指出："中国古代历来讲格物致知、诚意正心、修身齐家、治国平天下。从某种角度看，格物致知、诚意正心、修身是个人层面的要求，齐家是社会层面的要求，治国平天下是国家层面的要求。"达到个人层面要求的就是君子。本书是关于君子文化的专题研究，我们希望从古代传世文献中探求和追溯君子文化的源头，发掘君子文化的深刻内涵，讨论古代礼的本质特征、古代君子的评价标准、君子行礼的方方面面，从而说明传统礼学文化在当代的社会价值。

一、"君子"是中华民族的集体基因

道不远人，君子之道就在我们的生活中。我们民族的潜意识中深藏着"君子"的概念，遗传在基因里，流淌在血液里。可以说，君子不远，君子文化就体现在我们生活的方方面面。

比如在日常生活的对话或评论中，无论自己是怎样的身份，做得怎么样，都会下意识地用"君子"作为评判标准："君子动口不动手"，是说争论的双方不能动手打人，不能粗鲁，观战者或当事人都可以用这句话表明理性的态度；"君子坦荡荡，小人长戚戚"，是劝慰人要开朗达观，也可以是对某种性格的评价；"君子一言，驷马难追"，是遵守承诺的口头禅，无论自我保证还是要求对方，都可以以此立信；"君子成人之美"，现在常指成全别人的好事，也是对助人为乐者的极高褒扬；"以小人之心度君子之腹"，这是错误地以己度人的代名词，也是现代所谓"换位思考"的对立面，充满贬义；"君子爱财，取之有道"，表达了人们对财物、利益的正当追求；"防君子不防小人"，指关门上锁之类的预防措施，对那些小偷、强盗不起任何作用，但其实也是在说君子让人信赖，不用防备；"宁可得罪君子，不可得罪小人"，也是人际交往的至理名言，因为人们知道君子没有报复心。可以说，生活中的方方面面都有"君子"行为的标准和尺度，都有"君子"行止的影子。

再比如，嫁女的标准是"谦谦君子"，而女子中的"君子"则用"淑女"作为专有名词，是男子娶妻的标准。所谓"窈窕淑女，君子好逑"，两千年前的《诗经·周南·关雎》，就已把婚恋中的青年男女的理想形象固化了，于是就成了日后人们的追求目标。当然，究竟什么样才是心目中的"君子"和"淑女"，人们的理解千差万别，但是作为共同的评判标准和价值取向，则是民众所一致认同的。

清华大学的校训"自强不息，厚德载物"，正来自"天行健，君子以自强不息；地势坤，君子以厚德载物"，可见培养人才的基本追求是培养"君子"。

例多不赘举。凡此都说明人们口头常说的这些俗语格言，是人们以"君子"作为理想人格标准的具体体现，"君子"是中华民族的集体基因。所以我们说"君子"就在我们的生活中，我们的传统文化里充盈着浓浓的君子气息。

尽管"君子文化"源远流长，人们追慕君子风范，但现实社会生活中伤天害理、道德沦丧之事时有发生，与"君子"的行为规范截然相悖，人们又会觉得"君子"是陌生的，离我们很遥远。有人羡慕西方的"贵族精神"和"绅士风度"，也向内呼唤"乡贤"的出现，这也从另一方面说明当前"君子精神"极度缺失,亟需君子精神和君子文化的回归。这就是我们整理这部《君子文化》的主要原因和出发点。

二、先秦诸子集体塑造了"君子"形象

我们集中整理了先秦诸子中有关"君子"的论述,一个整体感受是:先秦诸子中充满了对"君子"的刻画和描写,这是先秦哲学家、思想家、文学家乃至普通百姓的一种无意识的集体创作,他们在自己笔下流露的都是对"君子"的渴望,对"君子"的赞美。当然,这是一个渐进的过程:在孔子之前的文献中,君子的形象还是模模糊糊的,是专指统治阶层的,后来则就兼位、德、才三者而言,为处于统治阶层、制定和实施各项政治制度、知书达礼且具备才干的管理层,更注重社会阶层。

《论语》中的"君子"则被注入了更多的道德因素,加之其他先秦诸子的共同努力,"君子"逐步成为道德品质高尚者的专称,兼具社会阶层和道德人格两个方面,而且更侧重于后者。特别是战国以后,社会流动日益加剧,旧有的贵族等级体系开始瓦解,新兴的士阶层崛起,士与大夫并称,"君子"的范围扩大,它所具有的社会阶层的含义进一步减弱。到了战国后期,在《荀子》一书中,"君子"多数是就道德品质而言的,泛指有才德之人,如《修身篇》:"君子贫穷而志广……富贵而体恭。"与社会地位没有必然联系。现在君子的标准则完全看重仁德品格。

1. 孔子之前的"君子"形象

从文字的角度可以窥见早期"君子"的含义。

《说文·口部》:"君,尊也。从尹,发号,故从口。"《说文·又部》:"尹,治也。从又、丿,握事者也。"

许慎分析:"君"从"尹","尹"是执事者。因为"尹"从"又"、从"丿","又"甲骨文作"𠂇",本象右手形,与象左手形相对。"又"为握,"丿"为事。所以许慎在"伊"字下曰:"尹治天下者。""尹""治"同义。

"君"从"尹"还从"口",口是用来发号施令的。

故从造字的原始意义看,"君"是发号施令的执事者,也就是统治者,是治理的意思。所以,"君临天下"是掌管天下;"国君"是国家的统治者;"君王"是称王天下者。

"子"是对男性的尊称。

"君子"就是对上层统治者、管理者的尊称。大约春秋中期以前,"君子"实际上包括了天子、诸侯(又称君、国君)、卿、大夫和士,在封建宗法制度下是一个相对稳定的群体。

先秦早期文献中,尤其注疏中,更清晰地呈现出子"君子"的阶层地位:

敬诸!昔在我西土,我其齐言,胥告商之百姓无罪,其维一夫。予既殛纣承天命,予亦来休命。尔百姓里居君子,其周即命。(《逸周书·商誓解》)

《逸周书汇校集注》引清唐大沛云:"里居君子,则卿大夫致仕者也。"这个解释是说:居住在乡里的君子,是卿大夫中的辞官退休者。说明早期君子是指当官者。《尚书·酒诰》也有证据:"庶士,有正,越庶伯君子,其尔典听朕教。"这里的"君子"指有职位的官员。处于统治地位是"君子"必备的基本条件,也就是说,社会地位是君子最重要的决定因素。

乡人、士、君子,尊于房户之间,宾主共之也。(《礼记·乡饮酒义》)郑玄注:"乡人,乡大夫也。士,州长、党正也。君子,谓卿、大夫、士也。"

凡侍坐于君子,君子欠伸,问日之早晏,以食具告。(《仪礼·士相见礼》)郑玄注:"君子,谓卿大夫及国中贤者也。"贾公彦疏:"郑云'君子,谓卿大夫'者,礼之通例。大夫得称君子,亦得称贵人,而士贱,不得也。"

明日,宾服乡服以拜赐。……以告于先生、君子可也。(《仪礼·乡饮酒礼》)郑玄注:"君子,国中有盛德者。"

宾酢主人,主人不崇酒,不拜众宾。……以告于乡先生君子可也。(《仪礼·乡射礼》）郑玄注："乡先生，乡大夫致仕者也；君子，有大德行不仕者。"贾公彦疏："云'乡大夫致仕者也'者，此即《乡饮酒》注云'先生，谓乡中致仕者'。云'君子，有大德行不仕'者，大德行，谓六德六行，可贡而不仕者。此即居士锦带，亦曰处士。"

简言之，早期"君子"与卿大夫同列，可以是贵族高官，也可以是辞官退休者，也可以是有大德行而不仕者，其尊贵的社会地位不言而喻。

由于居于统治阶层的"君子"才有受教育的条件和机会，所以，久而久之，"君子"很自然地被赋予了才与德的寄望。

师旷曰："吾闻王子，古之君子，甚成不骄，自晋始如周，行不知劳。"王子应之曰："古之君子，其行至慎，委积施关，道路无限，百姓悦之，相将而远，远人来欢，视道如尺。"师旷告善，又称曰："古之君子，其行可则，由舜而下，其孰有广德？"（《逸周书·太子晋解》）

师旷和王子的对话，成功描写了"古之君子"的形象："甚成不骄"（很有成就而不骄傲），"行不知劳"（努力工作不知疲劳），"其行至慎"（行为十分谨慎），"百姓悦之"（百姓喜欢他们），"其行可则"（行为可作榜样）。

简言之，在孔子之前，"君子"是兼位、德、才三者而言，君子通常受过良好的教育，即周代的王官之学，以期文武兼备。《周礼·保氏》："养国子以道，乃教之六艺：一曰五礼，二曰六乐，三曰五射，四曰五驭，五曰六书，六曰九数。"符合这些条件的，通常是君王、贵族。

天行健，君子以自强不息。地势坤，君子以厚德载物。

《易经》中这两句名言，可以体现出"君子"的含义正由阶层称谓向道德称谓转变。

在《诗经》中，"君子"的形象变得丰富多彩：
关关雎鸠，在河之洲。窈窕淑女，君子好逑。（《周南·关雎》）
未见君子，忧心忡忡。（《召南·草虫》）
君子于役，如之何勿思！（《王风·君子于役》）

扬之水，白石凿凿。素衣朱襮，从子于沃。既见君子，云何不乐？（《唐风·扬之水》）

《诗经》中的"君子"，是一个内涵丰富、所指众多的美称，泛称德行高尚的人。"君子"可以指称恋爱中理想的男青年，是女子时刻思念的心上人；还是女子对丈夫的称呼。《周南·关雎》等篇中的"君子"就是对德行高尚者的通称。

"君子"也依然是对上层社会统治者、管理者的称呼：

鸤鸠在桑，其子在榛。淑人君子，正是国人。正是国人，胡不万年？（《曹风·鸤鸠》）

君子有酒，嘉宾式燕以乐。（《小雅·南有嘉鱼》）

君子来朝，何锡予之？（《小雅·采菽》）

岂弟君子，民之父母。（《大雅·泂酌》）

"君子"可以是带领国人的"淑人君子"，也可以是彬彬有礼的君王、国君，或者社会地位较高的贵族阶层，如诸侯、卿大夫等。

总体看来，早期的君子社会地位高，有权势。《礼记·檀弓上》载："子张病，召申祥而语之曰：'君子曰终，小人曰死。吾今日其庶几乎！'"从对死亡的称呼上就可以看出，在社会分工上，"君子"往往是地位高的贵族，"小人"是社会底层的平民。因而不仅君王、官员称"君子"，家中掌权的夫君、恋爱中女子对情郎的称呼，也都可以用"君子"。

2. 孔子塑造了人格丰满的"君子"形象

孔子极大地丰富完善了"君子"的内涵，由其社会地位的关注延展并赋予了道德品性的要求。

在孔子心目中，"君子"是一个什么样的形象呢？

子曰："学而时习之，不亦说乎？有朋自远方来，不亦乐乎？人不知而不愠，不亦君子乎？"（《论语·学而》）

《论语》开篇就呈现了一个快乐的君子形象："人不知而不愠，不亦君子乎？"别人不理解我，而我不恼火不发怒，不是很有君子风度吗？这是通常的解释。这里把"喜悦""快乐"与"君子"并称，"君子"似乎可以作为形容词，表示的是理想的人格品行。其实，对这三个反诘句，笔者还有不同的理解：学习了知识就常常温习，有朋友从远处来访就热情相待，别人不理解我也不发火，这不都是很快乐、很有君子风范的事情吗？笔者以为这样的理解也是符合孔子心目中的君子形象的。类似不平衡的结构关系还有：

子曰："君子耻其言而过其行。"（《论语·宪问》）

这句话的结构关系就不是"耻其言"与"过其行"的并列，而是耻于"其言而过其行"，也就是君子以言过其行为耻。

也有的表述不甚确切。如：

君子之德风，小人之德草。草上之风，必偃。（《论语·颜渊》）

"草上之风，必偃"，谓风吹过，草必倒伏。含义大都明了，但表述不够通顺。准确的表述应当是："风下之草，必偃。"《孟子·滕文公上》也引用了这个比喻："君子之德，风也；小人之德，草也。草尚之风，必偃。"用来说明君子对于民众的教化。

孔子对"君子"十分仰慕，将其排在仅次于圣人的地位，他说：圣人我见不到，能够见到君子就满足了。

子曰："圣人，吾不得而见之矣；得见君子者，斯可矣。"（《论语·述而》）

类似的行文是："朝闻道，夕死可矣。"表达了对"道"的追求与渴望。先秦诸子有过不少对"道"的描写，《管子·内业》说："夫道者，所以充形也，而人不能固。其往不复，其来不舍。谋乎莫闻其音，卒乎乃在于心；冥冥乎不见其形，淫淫乎与我俱生。不见其形，不闻其声，而序其成，谓之道。"看来"道"是看不见摸不着而又切实存在的，是能够发挥巨大功用的精神因素，难怪孔子如此热切期盼掌握"道"。

孔子这种情感在不少先秦文献中都有记载，如《礼记·礼运》："昔者仲尼与于蜡宾，事毕，出游于观之上，喟然而叹。仲尼之叹，盖叹鲁也。言偃在侧曰：'君子何叹？'孔子曰：'大道之行也，与三代之英，丘未之逮也，而有志焉。'"孔子向往大道畅行的清明盛世，虽没有赶上盛世，但有志于此，为此而不懈努力。对待能够推行大道的"君子"，孔子的情怀自然一样真挚而热烈：

子曰："君子道者三，我无能焉：仁者不忧，知者不惑，勇者不惧。"子贡曰："夫子自道也。"（《论语·宪问》）

孔子将"君子"的品格概括为三点：君子是仁者、智者、勇者，因而不忧虑、不迷惑、不惧怕。孔子认为自己没有做到。这是激励弟子，也是勉励自己。实际上，孔子已经完全具备了君子的品格，故子贡说：您说的就是自己啊！

除了高度的精练概括外，孔子还在许多场合提醒人们注意从细节上完善君子的品格。下面的例子，即是孔子对"君子"人格某个方面的论述。《论语》通常运用以下方式塑造"君子"形象，阐释君子理念：

第一，用"子曰"的方式阐释"君子"内涵。

这是一种直述的方式，直接引用孔子的语句。

子曰："君子不器。"（《论语·为政》）

子曰："君子无所争，必也射乎！揖让而升，下而饮，其争也君子。"（《论语·八佾》）

子曰："富与贵，是人之所欲也，不以其道得之，不处也；贫与贱，是人之所恶也，不以其道得之，不去也。君子去仁，恶乎成名？君子无终食之间违仁，造次必于是，颠沛必于是。"（《论语·里仁》）

子曰："质胜文则野，文胜质则史。文质彬彬，然后君子。"（《论语·雍也》）

曾子曰："可以托六尺之孤，可以寄百里之命，临大节而不可夺也。君子人与？君子人也。"（《论语·泰伯》）

君子注重大格局，而不是某些小技能，故曰"君子不器"；君子不与人争胜，如果一定要竞争，也要揖让得礼；君子不能因为追求富贵而不顾及仁义，不能为了摆脱贫贱而违背仁义，君子须臾不离开仁；君子"文质彬彬"，相得益彰；君子可以委以重任，可以临危受命，临大节而不可夺志。这些，都是君子可贵的品质。所以，孔子心目中的"君子"更加注重人格的修养，地位、财富都不在考虑的范围内。

用"子曰"的方式阐释何为君子，是《论语》中最基本也是最常见的刻画手段，占据了大量篇幅。再如：

子曰："君子不重则不威，学则不固。主忠信。无友不如己者。过，则勿惮改。"（《论语·学而》）

子曰："君子病无能焉，不病人之不己知也。"（《论语·卫灵公》）

子曰："君子矜而不争，群而不党。"（《论语·卫灵公》）

子曰："君子不以言举人，不以人废言。"（《论语·卫灵公》）

子曰："君子贞而不谅。"（《论语·卫灵公》）

孔子的论述虽然零散，但是主旨始终是一致的。如对待生活，孔子始终强调安贫乐道：

子曰："君子食无求饱，居无求安，敏于事而慎于言，就有道而正焉，可谓好学也已。"（《论语·学而》）

子曰："君子谋道不谋食。耕也，馁在其中矣；学也，禄在其中矣。君子忧道不忧贫。"（《论语·卫灵公》）

第二，用比较的方式塑造君子形象。

凡事有比较才有鉴别，有比较才凸显特色。为了更好地塑造人们心目中的"君子"形象，孔子在塑造"君子"的同时，也塑造了"君子"的对立面——小人。用"小人"反衬"君子"，突出"君子"。

"小人"在孔子的心目中是个什么样子呢？

子谓子夏曰："女为君子儒，无为小人儒。"（《论语·雍也》）

孔子教导子夏，你要做君子中的儒者，不要做小人中的儒者。看来当时"小人"还不是太坏的，可以是书生。

子曰："君子求诸己，小人求诸人。"（《论语·卫灵公》）

君子有事靠自己，小人靠别人，缺乏独立精神。

子曰："君子怀德，小人怀土；君子怀刑，小人怀惠。"（《论语·里仁》）

子曰："君子喻于义，小人喻于利。"（《论语·里仁》）

君子看重德义，小人看重利益。

子曰："君子坦荡荡，小人长戚戚。"（《论语·述而》）

君子心胸坦荡，小人忧愁恐惧，所以有俗语"以小人之心度君子之腹"。

子曰："君子周而不比，小人比而不周。"（《论语·为政》）

君子与人交往，对人态度都一样，小人则厚此薄彼。

子曰："君子不可小知，而可大受也；小人不可大受，而可小知也。"（《论语·卫灵公》）

君子可委以重任，小人计较小事。

从这些描写中可以看出：小人也可以是读书人，小人遇事依靠别人，看重小恩小惠，计较小事而不开朗，愿意结帮拉伙。

总的看来，先秦早期的"小人"，是"君子"的对立面，主要所指是就其阶层地位和道德品性而言，心胸气度狭窄，缺乏修养，还不是现代意义上的恶人或阴险之徒。

在这里有必要再讨论一下先秦的"小人"。

首先，早期的"小人"，就是地位低贱的平民，《国语·鲁语下》云："君子劳心，小人劳力，先王之训也。"正是这个社会阶层的含义。

哀公问于孔子曰："大礼何如？君子之言礼，何其尊也？"孔子曰："丘也小人，不足以知礼。"君曰："否！吾子言之也。"孔子曰："丘闻之：民之所由生，礼为大。非礼无以节事天地之神也，非礼无以辨君臣上下长幼之位也，非礼无以别男女父子兄弟之亲、昏姻疏数之交也；君子以此之为尊敬然。然后以其所能教百姓，不废其会节。"（《礼记·哀公问》）

所以孔子也自称"丘也小人，不足以知礼"。虽为谦辞，也是在君王面前地位低下的表示。

其次，"小人"是一个相对的概念，是一个在社会群体中相比较而存在的概念。正像孔子在哀公面前可以自称"小人"一样，会随着比较对象的变化而变化。

天之小人，人之君子；人之君子，天之小人也。（《庄子·大宗师》）

在天面前的小人，就是人中的君子；人中的君子，就是天面前的小人。换言之，君子在天面前，就是地位低下的小人。可见地位高者为君子，地位低下者为小人。

最后，"小人"是社会等级中的最下层。君子、小人的等级划分有几种类型：

1. 五分法。

孔子曰："人有五仪：有庸人，有士，有君子，有贤人，有大圣。"（《荀子·哀公篇》）

庸人—士—君子—贤人—大圣。小人就相当于"庸人"。

2. 四分法。

小人则以身殉利，士则以身殉名，大夫则以身殉家，圣人则以身殉天下。（《庄子·骈拇》）

小人—士—大夫—圣人。

有圣人之知者，有士君子之知者，有小人之知者，有役夫之知者。（《荀子·性恶篇》）

圣人—士君子—小人—役夫。"小人"还在"役夫"之上。

忠信爱敬之至矣，礼节文貌之盛矣，苟非圣人，莫之能知也。圣人明知之，士君子安行之，官人以为守，百姓以成俗；其在君子，以为人道也；

其在百姓，以为鬼事也。(《荀子·礼论篇》)

圣人—士君子—官人—百姓。"小人"相当于"百姓"。

3. 三分法。

好法而行，士也；笃志而体，君子也；齐明而不竭，圣人也。(《荀子·修身篇》)

我欲贱而贵，愚而智，贫而富，可乎？曰：其唯学乎。彼学者，行之，曰士也；敦慕焉，君子也；知之，圣人也。(《荀子·儒效篇》)

故学者以圣王为师，案以圣王之制为法，法其法以求其统类，以务象效其人。向是而务，士也；类是而几，君子也；知之，圣人也。(《荀子·解蔽篇》)

以上三例都是同样的三分法：士—君子—圣人。

多言而类，圣人也；少言而法，君子也；多言无法而流湎然，虽辩，小人也。(《荀子·大略篇》)

此例三分法：圣人—君子—小人。

其君子上中正而下谄谀，其士民贵武勇而贱得利，其庶人好耕农而恶饮食，于是财用足而饮食薪菜饶。(《管子·五辅》)

此例三分法又有不同：君子—士民—庶人。"庶人"就相当于"小人"。

4. 二分法。

故曰：君子以德，小人以力。力者，德之役也。(《荀子·富国篇》)

此类"君子"与"小人"相对的例子极多，严格说来只是一种对比，而不能算作分等级。故二分法可以不讨论。

前三种分法中，如果明确称"小人"的，不必讨论。没有"小人"名称的，只能是大体推论，如《荀子》中"士—君子—圣人"的三分法中，就很难推断"士"就是"小人"。但总体看来，"小人"是一个社会阶层，指最底层的穷人，与"君子"身为统治阶层对照，古人常常说"小人喻于利"，也是生活处境造成的。《荀子·性恶篇》的分法很特别，在四分法中，"小人"还在"役夫"之上,由此更可证明"小人"只是一个社会阶层,还不是品质恶劣者的代名词。

而以上分析也可以清晰地说明:早期"君子"也是一个居于高位的社会阶层,是当时的管理阶层,还没有与品行关系直接关联起来。因此对于"君子"的定义,就有不同的理解,不同的侧重,从德行入手,是指品行高尚者;从权势入手,是指地位高贵者。

相高下,视墝肥,序五种,君子不如农人;通货财,相美恶,辨贵贱,君子不如贾人;设规矩,陈绳墨,便备用,君子不如工人;不恤是非然不然之情,以相荐撙,以相耻怍,君子不若惠施、邓析。(《荀子·儒效篇》)

这是一种职业分类法,"君子"与农人、贾人、工人相对,显然相当于"知识分子"。

第三,用问答的形式阐释"君子"。

子贡问君子。子曰:"先行其言,而后从之。"(《论语·为政》)

司马牛问君子。子曰:"君子不忧不惧。"曰:"不忧不惧,斯谓之君子已乎?"子曰:"内省不疚,夫何忧何惧?"(《论语·颜渊》)

子路问君子。子曰:"修己以敬。"曰:"如斯而已乎?"曰:"修己以安人。"曰:"如斯而已乎?"曰:"修己以安百姓。修己以安百姓,尧舜其犹病诸!"(《论语·宪问》)

弟子问如何成为君子,孔子的回答虽然只是君子品格的一个方面,但是具有针对性,而且通过回答弟子的追问,揭示了原因和内涵:"君子不忧不惧",不是粗鲁莽撞,而是因为内心平和坦然,没有愧疚;君子"修己",修养自己,心存恭敬,从而使百姓安乐、天下太平,尧舜就不会为治理天下发愁了。

第四,用称赞、评价的方式阐释"君子"。

子谓子贱,"君子哉若人!鲁无君子者,斯焉取斯?"(《论语·公冶长》)

子谓子产,"有君子之道四焉:其行己也恭,其事上也敬,其养民也惠,其使民也义。"(《论语·公冶长》)

南宫适问于孔子曰:"羿善射,奡荡舟,俱不得其死然;禹稷躬稼,而有天下。"夫子不答,南宫适出。子曰:"君子哉若人!尚德哉若人!"(《论语·宪问》)

子曰:"君子义以为质,礼以行之,孙以出之,信以成之。君子哉!"(《论语·卫灵公》)

"子谓子贱""子谓子产"就是孔子评价子贱、评价子产。孔子对大禹或者贤弟子的称赞或评价,都从一个或几个侧面描写了君子应当具有的品格。

第五,用"吾(所)闻"的方式阐释"君子"。

这是一种转述的方式。

吾闻之也,君子周急不继富。(《论语·雍也》)

吾闻君子不党。君子亦党乎?(《论语·述而》)

司马牛忧曰:"人皆有兄弟,我独亡。"子夏曰:"商闻之矣:死生有命,富贵在天。君子敬而无失,与人恭而有礼。四海之内,皆兄弟也。君子何患乎无兄弟也?"(《论语·颜渊》)

子夏之门人问交于子张。子张曰:"子夏云何?"对曰:"子夏曰:'可者与之,其不可者拒之。'"子张曰:"异乎吾所闻:君子尊贤而容众,嘉善而矜不能。"(《论语·子张》)

用"吾闻之"或"吾所闻"开头,就是一种说话的由头,是发表议论感慨的一种方式。那时候,还没有树立公认的权威,孔子就以此表达主张。孔子的弟子则可以用"闻诸夫子"来作为凭据。但是有些未必可靠。如《礼记·檀弓上》:"有子问于曾子曰:'问丧于夫子乎?'曰:'闻之矣:丧欲速贫,死欲速朽。'有子曰:'是非君子之言也。'曾子曰:'参也闻诸夫子也。'有子又曰:'是非君子之言也。'"这时候有些真假难辨:曾子所闻是不是孔子说的？有子口中的"君子"与曾子所说的"夫子"都代指孔子吗？难以确定。

第六，用对话的方式塑造"君子"。

子欲居九夷。或曰："陋，如之何！"子曰："君子居之，何陋之有？"（《论语·子罕》）

子路曰："卫君待子而为政，子将奚先？"子曰："必也正名乎！"子路曰："有是哉，子之迂也！奚其正？"子曰："野哉，由也！君子于其所不知，盖阙如也。名不正，则言不顺；言不顺，则事不成；事不成，则礼乐不兴；礼乐不兴，则刑罚不中；刑罚不中，则民无所措手足。故君子名之必可言也，言之必可行也。君子于其言，无所苟而已矣。"（《论语·子路》）

子张问于孔子曰："何如斯可以从政矣？"子曰："尊五美，屏四恶，斯可以从政矣。"子张曰："何谓五美？"子曰："君子惠而不费，劳而不怨，欲而不贪，泰而不骄，威而不猛。"子张曰："何谓惠而不费？"子曰："因民之所利而利之，斯不亦惠而不费乎？择可劳而劳之，又谁怨？欲仁而得仁，又焉贪？君子无众寡，无小大，无敢慢，斯不亦泰而不骄乎？君子正其衣冠，尊其瞻视，俨然人望而畏之，斯不亦威而不猛乎？"子张曰："何谓四恶？"子曰："不教而杀谓之虐；不戒视成谓之暴；慢令致期谓之贼；犹之与人也，出纳之吝谓之有司。"（《论语·尧曰》）

对话的方式与其他几种最大的不同是有语境，可在具体语境中说明君子应有的态度。

第一则是君子所居，不避简陋，而且既然君子所居，就不是简陋。可见君子看重的是精神层面，是道德修养。

第二则主张君子所言，必先正名；君子所言，必可执行，不能苟且随便。这与俗语"君子一言，驷马难追"指归相同。

第三则细致讨论君子"五美"："君子惠而不费，劳而不怨，欲而不贪，泰而不骄，威而不猛。"从五个方面诠释了君子的人格。

3. 先秦诸子与孔子共同完成了"君子"的人格塑造

先秦是一个伟大的觉醒的时代，产生了许多哲学家和思想家，对于人格的完善，政事的处理，诸子都有各自的主张和看法，可以说正是在共同的探讨下，诸子共同努力才完成了"君子"全方位的人格塑造。比如：

子曰："君子和而不同，小人同而不和。"（《论语·子路》）

孔子对著名的"和同"理论做了精确简明的论述。而这一观点，是先秦诸子的共识。当时的许多学者用不同的方式、不同的角度细致阐述了"和"与"同"的差异与利弊，是当时的一场大讨论，也形成了强烈的共识，得到了高度的认可。据文献记载，晏子大约是最详细讨论"和"与"同"关系的先秦学者：

（景公出游于公阜）无几何，而梁丘据御六马而来，公曰："是谁也？"晏子曰："据也。"公曰："何如？"曰："大暑而疾驰，甚者马死，薄者马伤，非据孰敢为之？"公曰："据与我和者夫？"晏子曰："此所谓同也。所谓和者，君甘则臣酸，君淡则臣咸。今据也，甘君亦甘，所谓同也，安得为和？"公忿然作色，不说。（《晏子春秋·内篇谏上》）

这是一则生动的君臣对话，用生活中常见的饮食味道来揭示"和同"理论，也阐明了应有的君臣关系："君甘则臣酸，君淡则臣咸。"互补才有丰富可口的味道，才有完备的治国方略，这是"和"。"君甘臣亦甘"，则过于甜腻，于味觉不利，于治理则更加危殆，这是"同"。

除了《晏子春秋》外，《左传》也有此事的详细记录：

齐侯至自田，晏子侍于遄台，子犹驰而造焉。公曰："唯据与我和夫！"晏子对曰："据亦同也，焉得为和？"公曰："和与同异乎？"对曰："异。和如羹焉，水、火、醯、醢、盐、梅，以烹鱼肉，燀之以薪。宰夫和之，齐之以味，济其不及，以泄其过。君子食之，以平其心。君臣亦然。君所谓可而有否焉，臣献其否，以成其可；君所谓否而有可焉，臣献其可，以去其否，是以政平而不干，民无争心。故《诗》曰：'亦有和羹，既戒既平。齍嘏无言,时靡有争。'先王之济五味、和五声也,以平其心,成其政也。声亦如味,一气,二体,三类,四物,五声,六律,七音,八风,九歌,以相成也;清浊、大小、短长、疾徐、哀乐、刚柔、迟速、高下、出入、周疏,以相济也。君子听之,以平其心。心平,德和。故《诗》曰:'德音不瑕。'今据不然,君所谓可,据亦曰可;君所谓否,据亦曰否。若以水济水,谁能食之?若琴瑟之专一,谁能听之?同之不可也如是。"(《左传·昭公二十年》)

晏婴论"和同"理论,这一则记载更为详尽,一是引用了两段《诗经》中的话加以论证;二是用"济五味、和五声"两个例子,讨论了"和如羹焉"和"声亦如味"的道理,君臣关系就像烹饪与奏乐,在于和而不同。五味平和,才有和羹美味;五音相济,才有声音悦耳。于此国家治理体系中最重要的框架和定位得到了明确阐述。

比春秋时期晏子的讨论更早的是西周末期史伯对郑桓公说的一段话:

公曰:"周其弊乎?"对曰:"殆于必弊者也。《泰誓》曰:'民之所欲,天必从之。'今王弃高明昭显,而好谗慝暗昧;恶角犀丰盈,而近顽童穷固,去和而取同。夫和实生物,同则不继。以他平他谓之和,故能丰长而物归之;若以同裨同,尽乃弃矣。故先王以土与金木水火杂,以成百物。是以和五味以调口,刚四支以卫体,和六律以聪耳,正七体以役心,平八索以成人,建九纪以立纯德,合十数以训百体。出千品,具万方,计亿事,材兆物,收经入,行姟极。故王者居九畡之田,收经入以食兆民,周训而能用之,和乐如一。夫如是,和之至也。于是乎先王聘后于异姓,求财于有方,择臣取谏工而讲以多物,务和同也。声一无听,色一无文,味一无果,物一不讲。王将弃是类也而与剸同。天夺之明,欲无弊,得乎?(《国语·郑语》)

史伯最精彩的论述是:"和实生物,同则不继。"这是"和"最为关键的内涵,也是人类社会发展的最高法则。人类社会发展到现在,无论自然科技还是社会生活，无不证明了这个论断的科学性。人身体内部器官和谐共处，才能保证心安体健；人与人和谐相处，才是最佳生活状态；自然界四季和谐，才风调雨顺。"和"是指事物多样性的统一。晏子则继承了史伯所用的味道和声音的比喻，并加以深入和细化，强调了君臣关系要"和而不同"。可见先秦诸子讨论"和同"关系，目的非常明确：治理国家，需要君臣和而不同。因此，君子就要去实践"和而不同"的主张。

其他典籍中虽然没有史伯和晏子这样大段的阐述，但也常有相关的论述：

喜怒哀乐之未发，谓之中；发而皆中节，谓之和；中也者，天下之大本也；和也者，天下之达道也。致中和，天地位焉，万物育焉。（《礼记·中庸》）

庶政惟和，万国咸宁。（《尚书·周书·周官》）

宗伯掌邦礼，治神人，和上下。（《尚书·周书·周官》）

其实，不独其他人的论述，孔子的论述也常常出现在先秦其他文献中：

仲尼曰："善哉！政宽则民慢，慢则纠之以猛。猛则民残，残则施之以宽。宽以济猛，猛以济宽，政是以和。"（《左传·昭公二十年》）

就连解释语词的专书也加入讨论，阐发"和"的一个方面：

四时和为通正，谓之景风。（《尔雅·释天》）

"和"的理论深入人心，难怪汉代仲长统就概括说："和谐，则太平之所兴也。"（《昌言·法诫》）

但是直到当代社会，人们对"和而不同"的认识仍往往模糊，有人认为完全一致，同心同向才是最佳的治理境界。冯友兰先生又据先人的理论，对这个字做出了哲学解释，清晰阐明了"和"与"同"的差异，他说："张载说'仇必和而解'，这个'和'字，不是随便下的。'和'是张载哲学体系中的一个重要范畴……张载认为，一个社会的正常状态是'和'，宇宙的正常状态也是'和'。……在中国古典哲学中，'和'与'同'不一样。'同'

不能容'异';'和'不但能容'异',而且必须有'异',才能称其为'和'。……只有一种味道、一个声音,那是'同';各种味道,不同声音,配合起来,那是'和'。"(《中国哲学史新编·总结》)

以上"和同"通常讨论的是君臣关系,是国家治理的智慧方略,但是将"和同"理论与君子关联起来并且说"君子和而不同"是什么样的逻辑呢?笔者以为:一是国家的治理需要靠君子,君子是国家的管理层,君子即"臣",君子认识并坚持了"和而不同",也就能够达到治国的目的。二是"和"的最终旨归,是人的心性平和。"和"的最后落脚点,是人自身的生存状态。"和"是内向的,而不是外向的;是人本的,而不是物质的。"和而不同"与"君子群而不党""君子周而不比"的论述也是完全一致的。仅仅"君子和而不同,小人同而不和"这一条,就有诸多诠释与完善。所以我们说,整个君子形象的塑造,君子人格的完备,都是先秦诸子共同努力的结果。

4. 其他先秦文献中的君子形象

《论语》塑造的君子形象十分深入人心。再来看《论语》之外的其他先秦文献中的"君子":

一是从表现形式上看,《论语》中的"子曰"逐渐为"君子曰"的表达方式所取代,也出现了"君子不为也"的说法,说明"君子"已经成为尺度和标准。如:

君子曰:"苟信不继,盟无益也。《诗》云'君子屡盟,乱是用长',无信也。"(《左传·桓公十二年》)

君子曰:"《诗》所谓'白圭之玷,尚可磨也;斯言之玷,不可为也',荀息有焉。"(《左传·僖公九年》)

君子曰:"服之不衷,身之灾也。"(《左传·僖公二十四年》)

《国语》中出现了十一处"君子曰"的说法,借用虚拟的"君子"之口,增强论述的说服力。又如:

宋襄公与楚人战于涿谷上,宋人既成列矣,楚人未及济,右司马购强趋而谏曰:"楚人众而宋人寡,请使楚人半涉未成列而击之,必败。"襄公曰:"寡人闻君子曰:不重伤,不擒二毛,不推人于险,不迫人于厄,不鼓不成列。"(《韩非子·外储说左上》)

与《论语》"吾闻之"或"吾所闻"不同,当"君子"已经成为道德修养的人格化存在,已经确立足够的地位后,就用"吾(寡人)闻君子曰"的方式引出结论与主张,从而增强说服力。

此外,也用虚拟的君子的行为阐述观点。

杀人以自生,亡人以自存,君子不为也。(《公羊传·桓公十一年》)

楚子虔何以名?绝也。曷为绝之?为其诱讨也。此讨贼也,虽诱之则曷为绝之?怀恶而讨不义,君子不予也。(《公羊传·昭公十一年》)

以上两例以"君子不为也""君子不予也"作结,表明自己的态度,可见"君子"可以作为评判事物的标准和依据,具有充分的可信度和影响力。

鲁襄公到楚国去,走到半路上听说楚康王死了,于是打算返回,大夫叔仲昭伯建议他继续前行,就是用"君子"的行为方式去开导他:

若从君以走患,则不如违君以避难。且夫君子计成而后行,二三子计乎?有御楚之术而有守国之备,则可也;若未有,不如往也。(《国语·鲁语下》)

"君子计成而后行",也是"三思而行"或谨言慎行的意思。

凡此都说明作为道德标杆和行为准则的"君子"形象已经深入人心,时时可以作为世范楷模来要求和参照。

二是从阐述内容看,此时的"君子",大多从道德层面来衡量,也将孔子的论述发扬光大。比如:

"君子"一词在《孟子》中出现八十二次,绝大多数语境中的"君子"是从道德、人格层面而言的,完全继承了孔子的主张,其核心是强调君子存仁心。

君子之于禽兽也，见其生不忍见其死，闻其声不忍食其肉。是以君子远庖厨也。（《孟子·梁惠王上》）

取诸人以为善，是与人为善者也。故君子莫大乎与人为善。（《孟子·公孙丑上》）

而在老庄眼里，"君子"是清静无为、道德高尚的统治者，较之儒家，更有明显的不同。并不赞成积极施政的一面。

故君子不得已而临莅天下，莫若无为。无为也而后安其性命之情。（《庄子·在宥》）

这句话可以概括道家眼中的"君子"形象：无为，清静。

值得注意的是，《老子》一书仅出现两句用"君子"的例子：

君子居则贵左，用兵则贵右。兵者，不祥之器，非君子之器。（三十一章）

老子认为："吉事尚左，凶事尚右。""夫佳兵者，不祥之器，物或恶之，故有道者不处。"所以，这里的"君子"，就是"有道者"，指得道的、比常人境界更高的人，单纯就修养而论，排斥事功。

不出现"君子"，并不等于老子不赞同"君子"，《老子》用了一个类似的概念——"圣人"，一共出现三十二次：

是以圣人处无为之事，行不言之教。（二章）

故圣人云，我无为而民自化，我好静而民自正，我无事而民自富，我无欲而民自朴。（五十七章）

是以圣人无为故无败，无执故无失。（六十四章）

可以说，《老子》中的"圣人"应该就是得道者，与清静无我、率性无为的君子接近。

继续阐发孔子关于"君子"的主张，是许多典籍讨论的主要内容：

江乙为魏王使荆，谓荆王曰："臣入王之境内，闻王之国俗曰：君子不蔽人之美，不言人之恶，诚有之乎？"王曰："有之。"（《韩非子·内

储说上》)

《韩非子》"君子不蔽人之美,不言人之恶"与孔子"君子成人之美,不成人之恶"的说法如出一辙,毫无二致。

故君子以其不受为义,以其不杀为仁。(《公羊传·襄公二十九年》)

这与孔子的"不义而富且贵,于我如浮云""仁者爱人"的观点也是一脉相承的。

此时的"君子",已经完全从道德的角度去衡量,社会阶层已经忽略不计。比如阶下囚无妨成为"君子":

楚囚,君子也。……不背本,仁也;不忘旧,信也;无私,忠也;尊君,敏也。仁以接事,信以守之,忠以成之,敏以行之。(《左传·成公九年》)

三、如何评判君子

1. 先秦文献中如何评判人

先民是从什么角度评判一个人的?我们从先秦诸子文献中找到了大量相关例子,生动而细致:

齐桓公合诸侯,卫人后至。公朝而与管仲谋伐卫。退朝而入,卫姬望见君,下堂再拜,请卫君之罪。

公曰:"吾于卫无故,子曷为请?"

对曰:"妾望君之入也,足高气强,有伐国之志也,见妾而有动色,伐卫也。"

明日君朝,揖管仲而进之。

管仲曰:"君舍卫乎?"

公曰:"仲父安识之?"

管仲曰:"君之揖朝也恭,而言也徐,见臣而有惭色,臣是以知之。"

这是《吕氏春秋·精谕》篇的记载。桓公召集诸侯而卫国迟到,就与管仲商量欲伐卫。退朝回宫,卫夫人一望见就知道桓公要讨伐娘家了,马上谢罪。原因是："妾望君之入也，足高气强，有伐国之志也，见妾而有动色，伐卫也。""足高气强""见妾而有动色"，有脚步举止，有气息和神色，夫人马上就做出了准确的判断："伐卫也。"经过一夜的枕边风，早朝时管仲立马就知道不伐卫了。为什么呢？管仲说："君之揖朝也恭，而言也徐，见臣而有惭色，臣是以知之。"君王作揖也恭敬，言辞也轻徐，脸上有惭愧之色。看来管仲和卫姬一样，是观察人的高手，通过举止、言辞和神色就能够做出准确的判断。

还是《吕氏春秋》中的记载：

人有亡铁者，意其邻之子。视其行步，窃铁也；颜色，窃铁也；言语，窃铁也。动作态度，无为而不窃铁也。扣其谷而得其铁，他日复见其邻之子，动作、态度，无似窃铁者也。（《吕氏春秋·去尤》）

这是著名的邻人窃斧的例子。有人丢了斧子，怀疑是邻人的儿子偷了斧子，看邻人儿子走路的样子、脸上的神色，听邻人儿子说的话，全像窃斧者。而自己找到斧子后，再看邻人儿子的举止、神色、言语又都不像了。这也提示我们：先人是从动作、神色、言语三个方面判断人的。孔子的概括很简洁：

子曰："昔尧取人以状，舜取人以色，禹取人以言，汤取人以声，文王取人以度。"（《大戴礼记·少闲》）

"状""色""言"就是举止、神色和言语，"声""度"也是包括在这三个方面里的。

子路问于孔子曰："有人于此，夙兴夜寐，耕芸树艺，手足胼胝，以养其亲，然而名不称孝，何也？"孔子曰："意者身不敬与？辞不顺与？色不悦与？古人有言曰：'人与己与不汝欺。'今尽力养亲而无三者之阙，何谓无孝之名乎！（《孔子家语·困誓》）

孔子提醒子路，应当从"身""辞""色"三个方面考虑，看看是不是做到了举止恭敬、言辞顺从、神色和悦。

由此可见，古人评判人往往从举止、神色和言语这三个方面来观察。

文献中关于小人的形象描写与分析也能够充分证明这个判断模式：

子曰："巧言、令色、足恭，左丘明耻之，丘亦耻之。"（《论语·公冶长》）

巧言、令色、足恭，一也，皆以无为有者也。（《大戴礼记·文王官人》）

足恭而口圣而无常位者，君子弗与也。巧言令色，能小行而笃，难于仁矣。（《大戴礼记·曾子立事》）

巧言、令色、足恭，是小人的形象，谓花言巧语、言辞谄媚、举止卑顺，也是"言、色、足"三个方面。汉代典籍对小人也有同样的描写：

彭祖为人巧佞卑谄，足恭而心刻深。（《史记·五宗世家》）

司寇为乱，足恭小谨，巧言令色。（《春秋繁露·五行相胜》）

中实颇险，外容貌小谨，巧言令色。（《说苑·臣术》）

段玉裁注《说文·骨部》"体"字曰："足之属三：曰股、曰胫、曰足。"也就是说，"足"可以代指整个腿部，也就可以用以指行为举止。所以，在判断人的三个维度时，言辞和神色通常所指明确，而举止则有"身""足""状"等多种用语。成语"巧言令色""卑躬屈膝""趾高气昂""颐指气使""盛气凌人"一般都用其中的两个方面描写小人的特征。

2. 先秦文献中如何评判君子

君子的行为举止往往有规范。

曾子有疾，孟敬子问之。曾子言曰："鸟之将死，其鸣也哀，人之将死，其言也善。君子所贵乎道者三：动容貌，斯远暴慢矣；正颜色，斯近信矣；出辞气，斯远鄙倍矣。笾豆之事，则有司存。"（《论语·泰伯》）

子夏曰："君子有三变：望之俨然，即之也温，听其言也厉。"（《论语·子张》）

以上两则都明确指出君子的评判标准有三项：貌、色、辞。"貌"就是"动容貌"和"望之俨然",这里指的是举止;色就是"正颜色"和"即之也温"的"温",谓神色端正温和;"辞"就是"出辞气"和"听其言"。古人是很讲究举止的。《汉书·霍光传》:"光为人沈静详审,长财七尺三寸,白皙,疏眉目,美须髯。每出入下殿门,止进有常处,郎仆射窃识视之,不失尺寸,其资性端正如此。初辅幼主,政自己出,天下想闻其风采。"霍光除了长相俊美之外,"止进有常处",视之"不失尺寸"也是其令人钦佩的品行,因为举止有常,是"资性端正"的体现。

如何规范君子的"貌、色、辞"三项呢?

子曰:"君子不失足于人,不失色于人,不失口于人,是故君子貌足畏也,色足惮也,言足信也。"(《礼记·表记》)

哀公曰:"善!敢问何如斯可谓之君子矣?"孔子对曰:"所谓君子者,言忠信而心不德,仁义在身而色不伐,思虑明通而辞不争,故犹然如将可及者,君子也。"(《荀子·哀公篇》)

以上都是从礼仪、仁义、忠信等道德角度考量君子的。

《礼记·大学》说:"富润屋,德润身。""德"是抽象的哲学概念,至于如何具体行止、规范行为,先秦学者制定了一系列的礼仪规范:

道德仁义,非礼不成;教训正俗,非礼不备。分争辨讼,非礼不决。君臣上下,父子兄弟,非礼不定。宦学事师,非礼不亲。班朝治军,莅官行法,非礼威严不行。祷祠祭祀,供给鬼神,非礼不诚不庄。是以君子恭敬撙节退让以明礼。鹦鹉能言,不离飞鸟;猩猩能言,不离禽兽。今人而无礼,虽能言,不亦禽兽之心乎?夫唯禽兽无礼,故父子聚麀。是故圣人作,为礼以教人。使人以有礼,知自别于禽兽。(《礼记·曲礼上》)

"道德仁义",需要用"礼"作为载体,用"礼"加以呈现、加以规范。"是以君子恭敬撙节退让以明礼"。"恭敬撙节退让"就是君子的言行举止。

礼义之始在于正容体、齐颜色、顺辞令。容体正、颜色齐、辞令顺,而后礼义备。(《礼记·冠义》)

和颜色、说言语、敬进退，养志之道也。（《吕氏春秋·孝行》）

和颜色、审辞令、疾趋翔，必严肃，此所以尊师也。（《吕氏春秋·尊师》）

以上三字句是对"君子"三个方面的归纳：颜色和悦，辞令和顺，举止恭敬。其中"正容体""敬进退""疾趋翔"说的都是举止行为。

礼恭而后可与言道之方，辞顺而后可与言道之理，色从而后可与言道之致。（《荀子·劝学篇》）

"礼恭""辞顺""色从"也是从行为、言辞、神色三个方面规范君子的行为，必须恭敬顺从。

"君子"可以从言、色、行三个角度去衡量，如果细致分，还可以有更全面的评判角度：

孔子曰："君子有九思：视思明，听思聪，色思温，貌思恭，言思忠，事思敬，疑思问，忿思难，见得思义。"（《论语·季氏》）

"君子"的规范很多，表述不胜枚举，从不同的侧面展示了君子或者说道德修养的理想境界。如：

质胜文则野，文胜质则史。文质彬彬，然后君子。（《论语·雍也》）

博闻强识而让，敦善行而不怠，谓之君子。（《礼记·曲礼上》）

君子之道四，丘未能一焉：所求乎子以事父，未能也；所求乎臣以事君，未能也；所求乎弟以事兄，未能也；所求乎朋友先施之，未能也。（《礼记·中庸》）

无论如何，君子的一切言行举止都受礼仪制约，君子是按照礼的规范塑造的人格形象。由个体的完善扩充，继而关涉政治制度和国家管理的公序良俗。

容貌、态度、进退趋行，由礼则雅，不由礼则夷固僻违、庸众而野。故人无礼则不生，事无礼则不成，国家无礼则不宁。（《荀子·修身篇》）

所以衡量君子的三项标准与礼仪是密切相关的。

四、君子与礼

1. 礼的本质与作用

探讨"礼"的本义,可以从字形分析入手。《说文·示部》:"礼,履也,所以事神致福也。从示,从豊。豊亦声。""礼"的本义是祭祀神灵以求取幸福。"礼"的繁体字形"禮"是由"示+豊"构成的。

《说文·示部》:"示,天垂象,见吉凶。所以示人也。从上,三垂:日、月、星也。观乎天文,以察时变,示神事也。凡示之属皆从示。"段玉裁注:"言天县象箸明以示人,圣人因以神道设教。"凡从"示"之字多与神灵相关,如神社、福禄、祖宗、祈祷、祭祀,无不从"示"字得义。

《说文·豊部》:"豊,行礼之器也。从豆,象形。"李孝定《甲骨文字集释》按:"以言事神之事则为礼,以言事神之器则为豊。"

《说文》"礼"下段注:"礼有五经,莫重于祭。故礼字从示。豊者,行礼之器。"

其他学者的解释都是言其义理。如《礼记·礼器》:"礼也者,合于天时,设于地财,顺于鬼神,合于人心,理万物者也。"《礼记·乐记》:"礼也者,理之不可易者也。""礼者,天地之序也。"

许慎解释"礼"为"履"。《说文·尸部》:"履,足所依也。"段注:"引申之训践。"也就是说"礼"的特征是要践行。故《礼记》多处注疏"礼,体也。""体"也是实践的意思。《礼记·礼运》:"礼也者,义之实也。"孔疏:"礼者,体也。统之于心,行之合道,谓之礼也。"所以,"礼"的特征是行,是实践。

关于礼的作用,文献中论述甚多:

礼有三本:天地者,性之本也;先祖者,类之本也;君师者,治之本也。……故礼,上事天,下事地,宗事先祖,而宠君师,是礼之三本也。(《大戴礼记·礼三本》)

因为"礼"本于天地、先祖和君师,所以就用礼来祀奉天地、先祖,尊崇君师。不仅如此，礼还有更广泛的作用：

礼之可以为国也久矣，与天地并，君令臣共，父慈子孝，兄爱弟敬，夫和妻柔，姑慈妇听，礼也。（《左传·昭公二十六年》）

以下则是文献中对"礼"之作用的高度概括：

礼，经国家，定社稷，序民人，利后嗣者也。（《左传·隐公十一年》）

民之所由生，礼为大。（《大戴礼记·哀公问于孔子》）

为政先礼。礼者，政之本与！（《大戴礼记·哀公问于孔子》）

凡治人之道，莫急于礼。（《礼记·祭统》）

关于礼与仪：

子大叔见赵简子，简子问揖让周旋之礼焉。对曰："是仪也，非礼也。"简子曰："敢问何谓礼？"对曰："吉也闻诸先大夫子产曰：'夫礼，天之经也，地之义也，民之行也。'……"（《左传·昭公二十五年》）

"礼仪"可以浑言不别，泛指抽象的"礼"，也可以指具体的"礼"的仪式规范，就是礼仪、个体修养、社会秩序的准则。故孔颖达疏："本其心谓之礼。"郑玄《礼记序》说："礼者，体也，履也。统之于心曰体，践而行之曰履。"

2. 礼以时为大

先秦文献中无不包含着礼，但是公认的集中记载礼的文献有这三部：《周礼》《仪礼》和《礼记》。

《周礼》是宏观的治国理念。分为《天官冢宰》《地官司徒》《春官宗伯》《夏官司马》《秋官司寇》《冬官考工记》，介绍了国家各项政治制度，包括政府官制、教育制度、祭祀制度、军事制度、刑罚制度、各种工具制作方法等，描绘出古代儒家对理想社会的总构思，可谓中国历史上第一部记载国家政权组织机构及其职能的典籍。

《仪礼》集中论述礼仪制度和执行规范。今本《仪礼》有《士冠礼》《士昏礼》《士相见礼》《乡饮酒礼》《乡射礼》《燕礼》《大射礼》《聘礼》《公食大夫礼》《觐礼》《丧服》《士丧礼》《既夕礼》《士虞礼》《特牲馈食礼》《少牢馈食礼》《有司》共十七篇。可见礼仪相对微观的实践操作层面，是方方面面、无微不至的。

《礼记》是"礼"的概论，是解释《仪礼》的文章选集和资料汇编。成于众手，作非一时。至西汉前期共有一百三十一篇，戴德选编八十五篇，称为《大戴礼记》；戴圣选编四十九篇，称为《小戴礼记》，也就是《礼记》。邵懿辰《礼经通论》曾对《礼记》内容有如下概括："冠、昏、丧、祭、射、乡、朝、聘八者，礼之经也。冠以明成人，昏以合男女，丧以仁父子，祭以严鬼神，乡饮以合乡里，燕射以成宾主，聘食以睦邦交，朝觐以辨上下。"

除了了解三部重要的礼学经典著作，我们还要分清礼的内涵与外延，明白礼随时代变化的道理。清代学者焦循《礼记补疏·叙》说得好："以余论之，《周礼》《仪礼》，一代之书也；《礼记》，万世之书也。必先明乎《礼记》，而后可学《周官》《仪礼》。《记》之言曰：'礼以时为大。'此一言也，以蔽千万世制礼之法可矣！"

因为"礼以时为大"，"礼"就会随着时代变化，永远不会过时。所以我们讨论"礼"是具有切实的现实意义的。

君子的居住、饮食、仪表、言行等各个方面，古时都有烦琐的仪节。如：

夫昼居于内，问其疾可也；夜居于外，吊之可也。是故君子非有大故，不宿于外；非致齐也，非疾也，不昼夜居于内。（《礼记·檀弓上》）

君子之居恒当户，寝恒东首。若有疾风、迅雷、甚雨，则必变，虽夜必兴，衣服冠而坐。（《礼记·玉藻》）

像这些昼夜睡觉与否、睡觉时头的朝向等，以现代人的知识来看，都是完全需要摒弃的旧规矩，但是其中暗含的按照昼夜变化的自然规律作息的主张还是很有道理的。

孔子曰："身有疡则浴，首有创则沐，病则饮酒食肉。毁瘠为病，君子弗为也。毁而死，君子谓之无子。"（《礼记·杂记下》）

孔子认为"毁瘠为病，君子弗为也"，是很通达的观念，而且看到了问题的本质："毁而死，君子谓之无子。"要知道，儒家认为"不孝有三，无后为大"啊！

3. 君子行礼以率天下

上面已经说明，君子的核心是按照礼的规范塑造的人格形象。不仅如此，君子更是礼的践行者和示范者。

君子勤礼。（《左传·成公十三年》）

君子动则思礼。（《左传·昭公三十一年》）

君子之行也，度于礼。（《左传·哀公十一年》）

君子笃于礼而薄于利。（《公羊传·宣公十二年》）

是故，君子无物而不在礼矣。（《礼记·仲尼燕居》）

这些都说明君子就是按照礼的要求塑造的，在践行礼的同时，既完成了君子人格（个体），也示范了礼仪规范（他者—社会），发挥了以礼治理天下的作用。人生所经历的冠、婚、丧、祭、乡、射、朝、聘等主要生活仪节，《仪礼》十七篇所规范的仪则，其执行者主要是君子，其示范者也是君子。这种论述，在诸子中比比皆是。

此六君子者，未有不谨于礼者也。以著其义，以考其信，著有过，刑仁讲让，示民有常。（《礼记·礼运》）

故君子有礼，则外谐而内无怨，故物无不怀仁，鬼神飨德。（《礼记·礼器》）

故君子尊德性而道问学，致广大而尽精微，极高明而道中庸，温故而知新，敦厚以崇礼。（《礼记·中庸》）

日莫人倦，齐庄正齐而不敢解惰：以成礼节，以正君臣，以亲父子，以和长幼。此众人之所难，而君子行之，故谓之有行；有行之谓有义，有义之谓勇敢。（《礼记·聘义》）

对于君子行礼的示范作用，宋代苏洵《礼论》说得非常清楚："古之圣人将欲以礼治天下之民，故先自治其身，使天下皆信其言，曰：此人也其言如是，是必不可不如是也。"

君子践行礼，示范礼，以礼治理天下。所以，君子与礼是密不可分的。

应当强调的是：君子行礼为其身，是一种个体修养自觉的行为，更是一种本能内化的需求，是心灵的需求。

凡人之为外物动也，不知其为身之礼也。众人之为礼也，以尊他人也，故时劝时衰。君子之为礼，以为其身；以为其身，故神之为上礼；上礼神而众人贰，故不能相应；不能相应，故曰："上礼为之而莫之应。"众人虽贰，圣人之复恭敬尽手足之礼也不衰。（《韩非子·解老》）

"君子之为礼，以为其身"，非由外而内，不是因为来自外在的强求压力，不是强行的规范和约束所致，内心的需求才是持久的动力。这是很高的道德境界。与此论述一致的是著名的论断：

君子之学也，入乎耳，著乎心，布乎四体，形乎动静。端而言，蠕而动，一可以为法则。小人之学也，入乎耳，出乎口。口耳之间则四寸耳，曷足以美七尺之躯哉！古之学者为己，今之学者为人。君子之学也，以美其身；小人之学也，以为禽犊。故不问而告谓之傲，问一而告二谓之赞。傲，非也，赞，非也；君子如向矣。（《荀子·劝学篇》）

"君子之学也，以美其身"，行礼，是内心的召唤；学习，同样是心里的渴求。这是学习的最高境界，当然需要逐步培养才能接近。而学习与行礼是相辅相成的两个方面，学习是追求知识与真理，行礼则是去实践和运用：

君子如欲化民成俗，其必由学乎！玉不琢，不成器；人不学，不知道。（《礼记·学记》）

还需要指出的是：君子行礼，由内而外，还要有齐家治国平天下的责任和担当。

居山以鱼鳖为礼，居泽以鹿豕为礼，君子谓之不知礼。故必举其定国

之数，以为礼之大经，礼之大伦。(《礼记·礼器》)

拘泥于日常生活小节而忘记了君子使命，就不是真正的知礼行礼。

4. 君子礼乐不离身

有礼必有乐，故"礼乐"不分。君子行礼，也不能离开乐。

君子曰：礼乐不可斯须去身。(《礼记·乐记》)

礼也者，理也；乐也者，节也。君子无理不动，无节不作。不能《诗》，于礼缪；不能乐，于礼素；薄于德，于礼虚。(《礼记·仲尼燕居》)

是故古之君子，不必亲相与言也，以礼乐相示而已。(《礼记·仲尼燕居》)

君子临政思义，饮食思礼，同宴思乐，在乐思善。(《国语·楚语下》)

礼乐的作用是传情达意，甚至不必直接交流，有适宜的音乐即可。感性的音乐表达完美地促进了礼仪情志的传导，因此，君子必须善于听音识义：

钟声铿，铿以立号，号以立横，横以立武。君子听钟声，则思武臣。

石声磬，磬以立辨，辨以致死。君子听磬声，则思死封疆之臣。

丝声哀，哀以立廉，廉以立志。君子听琴瑟之声，则思志义之臣。

竹声滥，滥以立会，会以聚众。君子听竽、笙、箫、管之声，则思畜聚之臣。

鼓鼙之声讙，讙以立动，动以进众。君子听鼓鼙之声，则思将帅之臣。

君子之听音，非听其铿鎗而已也，彼亦有所合之也。(《礼记·乐记》)

适宜的符合场景、环境的音乐，能够触动心灵，随乐而动。《史记·乐书》中还有类似的描写："君子听钟声则思武臣……听磬声则思死封疆之臣……听竽笙箫管之声则思畜聚之臣。"

是故乐在宗庙之中，君臣上下同听之，则莫不和敬；在族长乡里之中，长幼同听之，则莫不和顺；在闺门之内，父子兄弟同听之，则莫不和亲。故乐者，审一以定和，比物以饰节；节奏合以成文，所以合和父子君臣，

附亲万民也。是先王立乐之方也。(《礼记·乐记》)

这是"礼乐"之"乐"的重要性。

礼以时为大,乐也同样,与时变化,因而礼乐具有时代性和可变性。《淮南子·氾论训》:"先王之制,不宜则废之;末世之事,善则著之;是故礼乐未始有常也。故圣人制礼乐而不制于礼乐,治国有常而利民为本;政教有经而令行为上。苟利于民不必法古,苟周于事不必循旧。"不因循,不守旧,是礼乐的特征,也是君子的特征。时代变了,君子的内涵在某些方面也会有所变化。

"君子"是一个十分深广的哲学命题,同时又具有很强的实践意义,为什么它在中华土壤上绵延两千载而生生不息?需要挖掘和讨论的问题很多。而笔者的专业是汉语史,是语言学方面的,若讨论君子、礼学等哲学或思想问题,实在是班门弄斧,诚惶诚恐。不当之处,还望方家教之。

王云路于杭州
2020 年 10 月

编写说明

本书是关于君子文化的专题研究，旨在从古代传世文献中探求和追溯君子文化的源头，发掘君子文化的深刻内涵，阐述不同时代、不同学派对于"君子"的定义和价值判断，以期有助于当代君子人格的塑造和君子精神的延续，同时为这一领域的研究提供准确可靠的文献资料和较为全面的目录索引。

先秦是君子文化的产生和形成阶段，其后则都是在这一基础上的补充和阐发，因而我们只选择先秦文献进行专题研究和整理汇编。

全书分先秦典籍君子专论、附录两大部分。

先秦典籍君子专论又分为六艺类和诸子类两部分，前者包括《周易》《尚书》《逸周书》《诗经》《仪礼》《周礼》《礼记》《大戴礼记》《左传》《国语》《公羊传》《穀梁传》等，后者分儒家、墨家、道家、法家、杂家，包括《论语》《孟子》《荀子》《墨子》《老子》《庄子》《韩非子》《管子》《晏子春秋》《吕氏春秋》等。专论在介绍每一部典籍基本情况的基础上，着重分析了这些经典中涉及"君子"的内容，描述和勾画出先秦思想家眼中的君子形象和理想人格，比较和阐述了各个时期、各个学派对于"君子"的理解和认识的异同，由此反映出"君子"一词含义和所指内容的发展演变，以及当时社会对于"君子"的要求和价值判断，还对每一部典籍中蕴含的君子文化对现代社会的启示进行了详尽阐述。最后则以"君子""士君子""仁人""仁者""贤人""贤者""圣人""小人"等为关键词，摘录上述文献典籍中相关的语句或段落，并逐一标明出处，为君子文化研究提供第一手的文献资料。

附录是君子文化相关研究论著的目录，分为国内研究论著目录和国外研究论著目录两部分。国内部分包括：（1）相关著作目录；（2）期刊论文目录；（3）硕博士学位论文目录；（4）论文集论文目录。国外部分包括：（1）英文文献（著作、期刊论文、学位论文等）；（2）日文文献（期刊论文、会议论文、论文集论文等）；（3）韩文文献（著作、期刊会议论文、学位论文等）。

参与先秦典籍君子专论部分初稿撰写的有：陆睿（《诗经》《周礼》《老子》《庄子》）、马一方（《墨子》）、沈莹（《论语》《礼记》《荀子》《管子》）、王诚（《周易》《逸周书》《左传》《国语》《公羊传》《穀梁传》《孟子》）、王健（《仪礼》《韩非子》）、张福通（《尚书》《大戴礼记》《晏子春秋》）、周晟（《吕氏春秋》）。由王诚修改统稿。参与资料摘编工作的除上述几位之外，还有楚艳芳和黄沚青。马一方、沈莹、王诚和周晟还参与了附录部分君子研究论著目录的搜集、整理工作。此外，吴慧欣参与了引文和资料的核校工作。

先秦典籍君子专论

六艺类

- 004　周易
- 030　尚书
- 036　逸周书
- 044　诗经
- 064　仪礼
- 068　周礼
- 071　礼记
- 109　大戴礼记
- 132　左传
- 175　国语
- 194　公羊传
- 206　穀梁传

诸子类

- 216　儒家
  - 216　论语
  - 233　孟子
  - 257　荀子
  - 305　孔子、孟子、荀子君子观之比较
- 318　墨家
  - 318　墨子
- 351　道家
  - 351　老子
  - 359　庄子
- 385　法家
  - 386　韩非子
- 411　杂家
  - 411　管子
  - 440　晏子春秋
  - 465　吕氏春秋

附录　君子研究论著目录

- **501**　总体研究现状和趋势
- **506**　国内研究论著目录
  - **506**　相关著作目录
  - **511**　期刊论文目录
  - **559**　硕博士学位论文目录
  - **569**　论文集论文目录
- **574**　国外研究论著目录
  - **574**　英文文献
  - **590**　日文文献
  - **607**　韩文文献
- **626**　主要参考文献

先秦典籍君子专论

六艺类

　　西汉刘向、刘歆父子受诏校"中秘书",刘向著《别录》,刘歆纂《七略》,"辨章学术,考镜源流",这两部目录学书后世佚失,不过,概貌存于《汉书·艺文志》中。据《艺文志》,七略含辑略、六艺略、诸子略、诗赋略、兵书略、术数略、方技略等。其中,"六艺"又称"六经",包括《诗》《书》《礼》《易》《春秋》《乐》,由于《乐》已经亡佚,所以其实只有"五经"。其中《礼》一般指三礼,即《仪礼》《周礼》《礼记》,与《礼记》大致同时编集的还有《大戴礼记》。为《春秋经》作传的有三家,即《左传》《公羊传》《穀梁传》。同时,《国语》被视为《春秋》外传。与《尚书》性质类似的还有《逸周书》,旧说《逸周书》是孔子删定《尚书》后所剩,为"周书"的逸篇,不过今人考证此书主要篇章出自战国时人之手。我们将上面提到的十二部先秦典籍归在"六艺"类目之下,是为了与后面的先秦诸子相区别,但实际上,六经经由孔子整理编定,并传授给弟子,后来成为儒家的经典,因此反映的主要是儒家的思想。

周易

《周易》简介

《周易》又称《易经》,分为经部和传部。经部原名即为《周易》,是对六十四卦系中部分卦象的象征意义的解释以及对相应的人事吉凶的判定,称为占断;传部称为《易传》,是对《周易》经文的注解和对筮占原理、功用等方面的论述。

周文王像

《周易》原为上古卜筮之书,起源甚早,相传系周文王姬昌所作,顾颉刚推定经文卦爻辞"著作年代当在西周初叶"。孔门弟子作"十翼",将《易经》进一步提升为哲学著作,《周易》被推崇为群经之首,春秋战国以后又散为诸子百家学术思想的源泉。

《周易》的内容极其丰富,是中国人文文化的基础,对中国几千年来的政治、经济、文化等各个领域都产生了极其深刻的影响。正如《四库全书总目提要》所称:"易道广大,无所不包,旁及天文、地理、乐律、兵法、韵学、算术,以逮方外之炉火,皆可援易以为说。"近代熊十力也说:"中国一切学术思想,其根源都在《大易》,此是智慧的大宝藏。"

《周易》最基本的元素是阴阳两爻,每三爻叠成一卦,称为"八卦",再两两相重为六十四卦。《周易》的经文部分分为上经三十卦、下经三十四卦,每卦的内容由卦画、卦名、卦辞、爻题、爻辞组成。《易传》又称《周易大传》,包括《文言》、《象传》上下、《象传》上下、《系辞传》上下、《说卦传》、《序卦传》、《杂卦传》,共七种十篇,故称"十翼",是现存最早、最系统的注释《周易》的著作。它一方面从抽象意义上对《周易》做了注释,将《周易》六十四卦三百八十四爻上升到理论高度进行概括说明和解释;另一方面从整体上对《周易》六十四卦加以排列和说解,揭示了卦与卦之间、卦象与卦辞之间、爻象与爻辞之间、卦与爻之间的内在联系,使《周易》六十四卦由原来的散乱不堪,变成了一个有机的、具有一定逻辑性的相互联系的统一体。

历代研究《周易》的学者很多,大致可以分为"象数"和"义理"两派:象数派重在发明《周易》中的象数体例;

《十三经注疏·周易注疏》书影(广东书局同治十年重刊本)

义理派着重阐发《周易》的哲理思想。汉代易学主要有三派:以孟喜和京房为代表的象数之学,以费直为代表的义理学派,以严遵为首的黄老学派。自汉代以讫近世,注释《周易》的学者无虑千百家,其中现存的重要著作有魏王弼、晋韩康伯《周易注》,唐孔颖达《周易正义》、李鼎祚《周易集解》,宋程颐《周易程氏传》、朱熹《周易本义》等。

《周易》中的"君子"

《周易》与君子有关的表述中最有名的是乾卦的象辞"天行健,君子以自强不息"和坤卦的象辞"地势坤,君子以厚德载物"。梁启超在清华学校做题为《君子》的演讲时引用了这两句话,"自强不息,厚德载物"后来成为清华大学的校训而广为人知。其实,《周易》中"君子"一词共出现一百二十七次,几乎每一卦都提到"君子"。张载《正蒙·大易篇第十四》:"易为君子谋,不为小人谋。故撰德于卦,虽爻有小大,及系辞其爻，必谕之以君子之义。"指出《周易》为君子修身明德立教，不为小人求名逐利解惑。换言之，《易经》的目标受众是君子，"谋"的是君子之道，阐发的是"君子之义"。

关于《周易》中"君子"的具体所指，孔颖达有一个解释。乾卦《象传》"君子以自强不息"，孔疏云："言'君子'者，谓君临上位，子爱下民，通天子诸侯，兼公卿大夫有地者。凡言'君子'，义皆然也。但位尊者象卦之义多也，位卑者象卦之义少也。但须量力而行，各法其卦也，所以诸卦并称'君子'。若卦体之义，唯施于天子，不兼包在下者，则言'先王'也。"孔颖达认为《周易》中的"君子"指统治者，国家的管理者，主要是就政治地位而言。不过，如前所述，《周易》分经和传两部分，二者的时代有先后，中间相隔较远，如果把《易传》的思想学说归本于孔子，那么孔子距周初也已逾五百年，所以经、传两部分中的"君子"所指或者说内涵可能存在一定的差异，可以说传中有关君子的论述是建立在经之上的，传中君子观的理论建构更为全面系统。

先看经中的"君子"。《周易》爻卦辞中有二十次提到"君子"，从卜筮的角度分析，这些爻卦辞一方面在占断君子的吉凶，另一方面则提示、指导君子的行动。前者如《小畜》上九："既雨既处，尚德载，妇贞厉，月几望，君子征凶。"王弼注："满而又进，必失其道，阴疑于阳，必见战伐，虽复君子，以征必凶。"又如《否》卦："否之匪人，不利，君子贞，大往小来。"孔疏："言否闭之世，非是人道交通之时……由小人道长，君子道消，故不利君子为正也。"后者如《屯》六三："即鹿无虞，惟入于林中。君子几，不如舍，往吝。"孔疏："夫君子之动，自知可否，岂取恨辱哉！见此形势，即不如休舍也。言六三不如舍此求五之心勿往也。往吝者，若往求五，即有悔吝也。"又如《夬》九三："壮于頄，有凶。君子夬夬独行，遇雨若濡。有愠，无咎。"孔疏："言九三处夬之时，独应上六，助于小人，是以凶也。……君子之人，若于此时，能弃其情累，不受于应，在于决断而无滞，是夬夬也。……若不能决断,殊于众阳,应于小人,则受濡湿其衣,自为怨恨,无咎责于人。"简括言之,这些卦爻辞旨在告诫君子应该行所当行、止所当止,不能恃强任性、为所欲为,这样才能坚守正道、逢凶化吉。爻卦辞中又有不少君子与小人对举或共现的用例,如:

九四:好遁,君子吉,小人否。(《遁》)

九三:小人用壮,君子用罔,贞厉。羝羊触藩,羸其角。(《大壮》)

六五:君子维有解,吉。有孚于小人。(《解》)

上六:君子豹变,小人革面,征凶,居贞吉。(《革》)

《遁》九四是说当遁之时君子能够"超然不顾,所以得吉",而小人则"有所系恋",说明君子的意志力强于小人。《大壮》九三有不同的解释,但从原始卦义来说,这里的君子和小人盖以地位而言。《解》六五孔疏云:"以君子之道解难,则小人皆信服之。"说明君子的能力比小人强。《革》上六程颐《传》云:"君子从化迁善,成文彬蔚,章见于外也。"孔疏:"小人处之,但能变其颜面,容色顺上而已。"说明小人目光短浅、随波逐流。可见,上述诸例中的君子、小人与道德和人格关系不大。

再看传中的"君子"。以乾卦的《文言传》为例。《文言传》是"十翼"之一,专门解说乾、坤二卦,过去被视为孔子辅《易》之作,但近代学者则多认为非一人一时之作,而是杂出于战国、秦汉间人之手。《乾文言》中"君子"一词出现八次,"德"字出现十二次,孔门弟子将"君子"和"德"紧密联系在一起,由此《易传》一方面继承了《易经》原本所体现的君子的自省与忧患意识,另一方面将其提升、转化为君子的进德修业和自我完善。乾卦卦辞曰"元、亨、利、贞",卦辞相传为文王所系,以断一卦之吉凶,此谓乾之道大通而利于正固,而《文言》则在此基础上提出"四德":

君子体仁足以长人，嘉会足以合礼，利物足以和义，贞固足以干事。君子行此四德者，故曰："乾：元、亨、利、贞。"

孔颖达解释说，"言君子之人，体包仁道，泛爱施生，足以尊长于人也"，"能使万物嘉美集会，足以配合于礼"，"利益万物，使物各得其宜，足以和合于义"，"能坚固贞正，令物得成，使事皆干济"。并进一步阐释说："施于五事言之，元则仁也，亨则礼也，利则义也，贞则信也。不论智者，行此四事，并须资于知。"由此，原为断吉凶的"元、亨、利、贞"和儒家的五常"仁、义、礼、智、信"联系起来，于是求占卜转化为修德行。乾卦九三《文言传》引孔子的话明确地说"君子进德修业"，又指出君子要做到"居上位而不骄，在下位而不忧"。可见，这里所说的"君子"主要是就道德和人格而言的。《文言》曰："君子以成德为行，日可见之行也。"孔疏："言君子之人，当以成就道德为行，令其德行彰显，使人日可见其德行之事，此君子之常也。"那么如何才能成就道德？《文言》接着说："君子学以聚之，问以辩之，宽以居之，仁以行之。"这是君子成德的方法和途径。孔颖达特别指出："《易》之所云是君德，'宽以居之，仁以行之'是也。但有君德，未是君位。"

除了"进德"和"成德"，关于君子与"德"，《易传》还有以下一些论述：

《象》曰：山下出泉，蒙。君子以果行育德。（《蒙》）

《象》曰：风行天上，小畜。君子以懿文德。（《小畜》）

《象》曰：山下有风，蛊。君子以振民育德。（《蛊》）

《象》曰：天在山中，大畜。君子以多识前言往行，以畜其德。（《大畜》）

《象》曰：明出地上，晋。君子以自昭明德。（《晋》）

《象》曰：山上有水，蹇。君子以反身修德。（《蹇》）

《象》曰：地中生木，升。君子以顺德，积小以高大。（《升》）

归纳起来,"德"是一种内含于君子的品质和品性,一方面要持之以恒地养育它、修美它、蓄积它,另一方面在时机成熟时也应"自显明其德",并"顺行其德,积其小善,以成大名"。《易传》不但赋予了"君子"德性的内涵,强调君子应该培育、修养自身的德性,并在适当的时候将内蕴的德性发挥出来,使之昭明于天下,而且还在细节上对君子"修德"提出了具体的要求。比如,震卦《象传》曰:"洊雷,震。君子以恐惧修省。"孔疏:"君子恒自战战兢兢,不敢懈惰,今见天之怒,畏雷之威,弥自修身省察己过。"又如,益卦《象传》曰:"风雷,益。君子以见善则迁,有过则改。"

《易传》继承了《易经》所含的自省与忧患意识,如既济卦《象传》曰:"君子以思患而豫防之。"又如颐卦《象传》曰:"君子以慎言语,节饮食。"未济卦《象传》曰:"君子以慎辨物居方。"这种审慎和忧患意识进一步提升为人文化的"谦德"。"谦"是君子修德的一个重要方面,甚至可以说是核心内容。《韩诗外传》卷三云:"《易》有一道,大足以守天下,中足以守其国家,小足以守其身,谦之谓也。"《周易》的六十四卦中,只有谦卦六爻皆吉,无一不利。谦卦卦辞云:"谦:亨。君子有终。"孔疏云:"'谦'者,屈躬下物,先人后己,以此待物,则所在皆通,故曰'亨'也。小人行谦则不能长久,唯'君子有终'也。"君子时刻保持着谦虚谨慎的态度,所谓谦,就是不自满,有德不居、有功不伐,"抑己之高而卑以下人",虽内有崇高之德,而外示以柔顺之行,所谓"止乎内而顺乎外"。如象辞曰:

"谦,亨",天道下济而光明,地道卑而上行。天道亏盈而益谦,地道变盈而流谦,鬼神害盈而福谦,人道恶盈而好谦。谦尊而光,卑而不可逾,"君子"之"终"也。

孔疏云:"尊者有谦而更光明盛大,卑谦而不可逾越,是君子之所终也。

言君子能终其谦之善事,又获谦之终福,故云'君子之终'也。"也就是说,君子处于尊位,仍能以谦自处,则其德愈加光明,处于卑位而能谦,则其品行之高不可逾越。可见,这里的"君子"并不以地位言,因而包括位尊者和位卑者。为什么说尊者有谦而更光明,卑谦而不可逾越呢?谦卦象辞做了解释:"地中有山,谦。君子以裒多益寡,称物平施。"孔疏:"'裒多'者,君子若能用此谦道,则裒益其多,言多者得谦,物更裒聚,弥益多也。故云'裒多',即谦尊而光也,是尊者得谦而光大也。'益寡'者,谓寡者得谦而更进益,即卑而不可逾也。是卑者得谦而更增益,不可逾越也。"这正是《尚书·大禹谟》所谓的"满招损,谦受益"。

同时,也应看到《易传》中"君子"所指确为统治者,比如下例中"君子"与"民"相对出现,井卦《象传》曰:"木上有水,井。君子以劳民劝相。"孔疏:"劳谓劳赉,相犹助也。井之为义,汲养而不穷,君子以劳来之恩,勤恤民隐,劝助百姓,使有成功,则此养而不穷也。""民非水火不生活",井是百姓日用的源泉,所谓"养物不穷",作为民之父母,君子"修德养民",故井卦象之。又如履卦《象传》曰:"上天下泽,履。君子以辩上下、定民志。"孔疏:"天尊在上,泽卑处下,君子法此履卦之象,以分辩上下尊卑,以定正民之志意,使尊卑有序也。"节卦所谓"制数度","君子象节以制其礼数等差,皆使有度",社会井然有序,百姓各安其业,从而实现天下之治。再如,临卦《象传》曰:"泽上有地,临。君子以教思无穷,容保民无疆。"君子教化民众,民莫不喜悦和顺,故能"保安其民,无有疆境"。

最后连带提一下《周易》中的"小人"。《易经》中有两处提到"小人勿用"。一处是《师》上六:"大君有命,开国承家,小人勿用。"王弼注:"开国承家,以宁邦也。小人勿用,非其道也。"孔疏:"言开国承家,须用君子,勿用小人也。"另一处是《既济》九三:"高宗伐鬼方,三年克之,小人勿用。"孔疏:"势既衰弱,君子处之,能建功立德,故兴而复之;小人居之,日就危乱,必丧邦也。"前者是开国承家之始,后者是国势衰弱、亟待中兴之际，都亟需君子而忌用小人。《系辞下》引孔子的话对小人的特点有所说明："小人不耻不仁，不畏不义，不见利不劝，不威不惩。小惩而大诫，此小人之福也。"普通人都以不仁、不义为可耻、可畏，但小人却不以不仁为可耻，也不怕背信弃义，他们唯一的动力和目标就是一己之利，因此只有用刑罚来震慑小人，才能使他们有所惩戒。《系辞下》云："小人以小善为无益而弗为也，以小恶为无伤而弗去也。故恶积而不可掩，罪大而不可解。"总之，小人不懂得德的重要性，很容易为了一己之利而弃善为恶。小人犯了小过错，能够及时得到惩戒，便不至于犯大的过错，所以说是"小人之福"。

现实启示

《周易》作为一部具有永恒魅力的经典，其中有关君子的论述带给后人的启示是无穷的。徐复观在《中国经学史的基础》中指出："六十四卦中，除比、豫、观、噬嗑、复、无妄、涣七卦称述'先王'的作为，泰、姤两卦称述'后'的作为，剥称述'上'的作为，离称述'大人'的作为外，其余五十三卦，都是对君子所提出的要求，或君子自己的要求，亦即是对知识分子所提出的要求，或知识分子自己的要求，形成一般的或特殊环境下的君子之所以成为君子、知识分子之所以成为知识分子的基本条件。而这些基本条件，在今天乃至到永远，都有其重大价值。"

"易为君子谋"，《周易》可以说是君子修身明德的精神源泉和动力。《易经》反复强调君子的自省和忧患意识，这在充满变动的现代社会进一步凸显其价值。"君子知微知彰"，通过自我反省，觉察自身与外界的不一致、不协调，及时做出调整，即所谓"君子见几而作"，以适应快速发展变革的社会要求。"知几"是君子需要具备的能力。《易传》强调君子德性的培育和修养，进德修业的重要途径也是自省，不断省察己过，"有过则改"，同时明了自身与有德者的差距,"见善则迁",这样才能在自我完善的道路上持续前行。这两方面归结到内在的心态就是"谦","卑以自牧",不自满、不居功。曾国藩说:"劳谦二字受用无穷,劳所以戒惰也,谦所以戒傲也。有此二者,何恶不去?何善不臻?"君子力行"劳谦",则事事有终,吉无不利。

资料摘编

乾 ☰

乾:元、亨、利、贞。

九三:君子终日乾乾,夕惕若,厉无咎。

《象》曰:天行健,君子以自强不息。

《文言》曰:元者,善之长也;亨者,嘉之会也;利者,义之和也;贞者,事之干也。君子体仁足以长人,嘉会足以合礼,利物足以和义,贞固足以干事。君子行此四德者,故曰"乾:元、亨、利、贞"。

九三曰:"君子终日乾乾,夕惕若,厉无咎",何谓也?子曰:"君子进德修业。忠信,

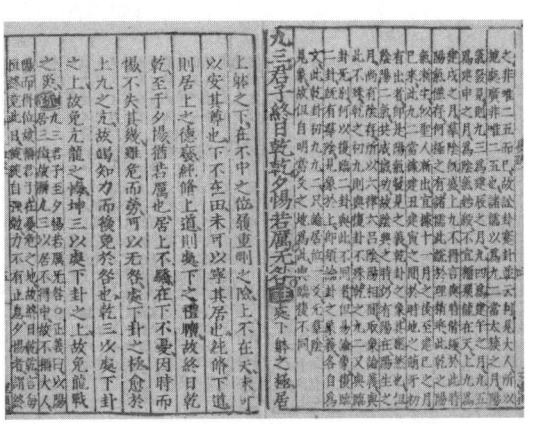

《十三经注疏·周易注疏》书影(明嘉靖李元阳福建刻隆庆二年重修刊本)

所以进德也。修辞立其诚,所以居业也。知至至之,可与言几也。知终终之,可与存义也。是故居上位而不骄,在下位而不忧。故乾乾因其时而惕,虽危无咎矣。"

九四曰:"或跃在渊,无咎",何谓也?子曰:"上下无常,非为邪也;

进退无恒，非离群也。君子进德修业，欲及时也，故'无咎'。"

九五曰："飞龙在天，利见大人"，何谓也？子曰："同声相应，同气相求。水流湿，火就燥，云从龙，风从虎，圣人作而万物睹。本乎天者亲上，本乎地者亲下，则各从其类也。"

上九曰："亢龙有悔"，何谓也？子曰："贵而无位，高而无民，贤人在下位而无辅，是以动而'有悔'也。"

君子以成德为行，日可见之行也。"潜"之为言也，隐而未见，行而未成，是以君子弗用也。

君子学以聚之，问以辩之，宽以居之，仁以行之。《易》曰"见龙在田，利见大人"，君德也。

"亢"之为言也，知进而不知退，知存而不知亡，知得而不知丧。其唯圣人乎？知进退存亡，而不失其正者，其唯圣人乎？

坤 ䷁

坤：元、亨，利牝马之贞。君子有攸往，先迷后得，主利。西南得朋，东北丧朋。安贞吉。

《彖》曰：至哉坤元！万物资生，乃顺承天，坤厚载物，德合无疆。含弘光大，品物咸亨，"牝马"地类，行地无疆。柔顺利贞，君子攸行，先迷失道，后顺得常。

《象》曰：地势坤，君子以厚德载物。

《文言》曰：君子敬以直内，义以方外，敬义立而德不孤。

君子黄中通理，正位居体，美在其中，而畅于四支，发于事业，美之至也。

屯 ䷂

屯：元亨，利贞。勿用有攸往，利建侯。

《象》曰：云雷，屯，君子以经纶。

六三：即鹿无虞，惟入于林中。君子几，不如舍，往吝。

《象》曰："即鹿无虞"，以从禽也。君子舍之，"往吝"，穷也。

蒙 ䷃

蒙：亨。匪我求童蒙，童蒙求我。初筮告，再三渎，渎则不告。利贞。

《象》曰：山下出泉，蒙。君子以果行育德。

需 ䷄

需：有孚，光亨，贞吉。利涉大川。

《象》曰：云上于天，需，君子以饮食宴乐。

讼 ䷅

讼：有孚，窒惕，中吉。终凶。利见大人，不利涉大川。

《象》曰：天与水违行，讼。君子以作事谋始。

师 ䷆

师：贞，丈人吉，无咎。

《象》曰：地中有水，师。君子以容民畜众。

上六：大君有命，开国承家，小人勿用。

《象》曰："大君有命"，以正功也。"小人勿用"，必乱邦也。

小畜 ䷈

小畜：亨，密云不雨，自我西郊。

《象》曰：风行天上，小畜。君子以懿文德。

上九：既雨既处，尚德载，妇贞厉，月几望，君子征凶。

《象》曰："既雨既处"，德积载也。"君子征凶"，有所疑也。

履 ☰☱

履虎尾，不咥人，亨。

《象》曰：上天下泽，履。君子以辩上下、定民志。

泰 ☷☰

泰：小往大来，吉，亨。

《彖》曰："泰，小往大来，吉，亨"，则是天地交而万物通也，上下交而其志同也。内阳而外阴，内健而外顺，内君子而外小人：君子道长，小人道消也。

否 ☰☷

否之匪人，不利，君子贞。大往小来。

《彖》曰："否之匪人，不利，君子贞，大往小来"，则是天地不交而万物不通也，上下不交而天下无邦也。内阴而外阳，内柔而外刚，内小人而外君子：小人道长，君子道消也。

《象》曰：天地不交，否。君子以俭德辟难，不可荣以禄。

六二：包承。小人吉，大人否，亨。

《象》曰："大人否，亨"，不乱群也。

同人 ☰☲

同人于野，亨，利涉大川，利，君子贞。

《彖》曰：同人，柔得位得中而应乎乾，曰"同人"。同人曰："同人于野，亨，利涉大川。"乾行也。文明以健，中正而应。"君子"，正也。唯君子为能通天下之志。

《象》曰：天与火，同人。君子以类族辨物。

大有 ䷍

大有：元亨。

《象》曰：火在天上，大有。君子以遏恶扬善，顺天休命。

九三：公用亨于天子，小人弗克。

《象》曰："公用亨于天子"，小人害也。

谦 ䷎

谦：亨。君子有终。

《彖》曰："谦，亨"，天道下济而光明，地道卑而上行。天道亏盈而益谦，地道变盈而流谦，鬼神害盈而福谦，人道恶盈而好谦。谦尊而光，卑而不可逾，"君子"之"终"也。

《象》曰：地中有山，谦。君子以裒多益寡，称物平施。

初六：谦谦君子，用涉大川，吉。

《象》曰："谦谦君子"，卑以自牧也。

九三：劳谦，君子有终，吉。

《象》曰：劳谦君子，万民服也。

豫 ䷏

豫：利建侯，行师。

《彖》曰：豫，刚应而志行，顺以动，豫。豫，顺以动，故天地如之，而况建侯行师乎？天地以顺动，故日月不过，而四时不忒；圣人以顺动，则刑罚清而民服。豫之时义大矣哉！

随 ䷐

随：元亨，利贞，无咎。

《象》曰：泽中有雷，随。君子以向晦入宴息。

蛊

蛊：元亨，利涉大川。先甲三日，后甲三日。

《象》曰：山下有风，蛊。君子以振民育德。

临

临：元亨，利贞。至于八月，有凶。

《象》曰：泽上有地，临。君子以教思无穷，容保民无疆。

观

观：盥而不荐，有孚颙若。

《彖》曰：大观在上，顺而巽，中正以观天下。"观，盥而不荐，有孚颙若"，下观而化也。观天之神道，而四时不忒，圣人以神道设教，而天下服矣。

初六：童观，小人无咎，君子吝。

《象》曰：初六"童观"，小人道也。

九五：观我生，君子无咎。

《象》曰："观我生"，观民也。

上九：观其生，君子无咎。

《象》曰："观其生"，志未平也。

贲

贲：亨，小利有攸往。

《象》曰：山下有火，贲。君子以明庶政，无敢折狱。

剥

剥：不利有攸往。

《彖》曰："剥"，剥也，柔变刚也。"不利有攸往"，小人长也。顺而止之，观象也。君子尚消息盈虚，天行也。

上九：硕果不食，君子得舆，小人剥庐。

《象》曰："君子得舆"，民所载也。"小人剥庐"，终不可用也。

大畜 ䷙

大畜：利贞，不家食，吉，利涉大川。

《象》曰：天在山中，大畜。君子以多识前言往行，以畜其德。

颐 ䷚

颐：贞吉。观颐，自求口实。

《彖》曰：颐，贞吉，养正则吉也。观颐，观其所养也；自求口实，观其自养也。天地养万物，圣人养贤以及万民；颐之时大矣哉！

《象》曰：山下有雷，颐。君子以慎言语，节饮食。

大过 ䷛

大过：栋桡，利有攸往，亨。

《象》曰：泽灭木，大过。君子以独立不惧，遁世无闷。

坎 ䷜

习坎：有孚，维心亨，行有尚。

《象》曰：水洊至，习坎。君子以常德行，习教事。

咸 ䷞

咸：亨，利贞；取女吉。

《彖》曰：咸，感也。柔上而刚下，二气感应以相与。止而说，男下女，是以"亨，利贞，取女吉"也。天地感而万物化生，圣人感人心而天下和平；观其所感，而天地万物之情可见矣！

《象》曰：山上有泽，咸。君子以虚受人。

恒 ䷟

恒：亨，无咎，利贞，利有攸往。

《彖》曰：恒，久也。刚上而柔下，雷风相与，巽而动，刚柔皆应，恒。"恒：亨，无咎，利贞"，久于其道也。天地之道，恒久而不已也。"利有攸往"，终则有始也。日月得天，而能久照，四时变化，而能久成，圣人久于其道，而天下化成：观其所恒，而天地万物之情可见矣！

《象》曰：雷风，恒。君子以立不易方。

遯 ䷠

遯：亨，小利贞。

《象》曰：天下有山，遯。君子以远小人，不恶而严。

九四：好遯，君子吉，小人否。

《象》曰："君子""好遯"，"小人否"也。

大壮 ䷡

大壮：利贞。

《象》曰：雷在天上，大壮。君子以非礼弗履。

九三：小人用壮，君子用罔，贞厉。羝羊触藩，羸其角。

《象》曰："小人用壮"，"君子""罔"也。

晋 ䷢

晋：康侯用锡马蕃庶，昼日三接。

《象》曰：明出地上，晋。君子以自昭明德。

明夷 ䷣

明夷：利艰贞。

《象》曰："明入地中，明夷"，君子以莅众，用晦而明。

初九：明夷于飞，垂其翼。君子于行，三日不食。有攸往，主人有言。

《象》曰："君子于行"，义不食也。

家人 ䷤

家人：利女贞。

《象》曰：风自火出，家人。君子以言有物而行有恒。

睽 ䷥

睽：小事吉。

《象》曰：上火下泽，睽。君子以同而异。

蹇 ䷦

蹇：利西南，不利东北；利见大人，贞吉。

《象》曰：山上有水，蹇。君子以反身修德。

解 ䷧

解：利西南；无所往，其来复，吉；有攸往，夙吉。

《象》曰：雷雨作，解。君子以赦过宥罪。

六五：君子维有解，吉。有孚于小人。

《象》曰："君子""有解"，小人退也。

损 ䷨

损：有孚，元吉，无咎，可贞，利有攸往。曷之用？二簋可用享。

《象》曰：山下有泽，损。君子以惩忿窒欲。

益 ䷩

益：利有攸往，利涉大川。

《象》曰：风雷，益。君子以见善则迁，有过则改。

夬 ䷪

夬：扬于王庭，孚号有厉，告自邑，不利即戎，利有攸往。

《象》曰：泽上于天，夬。君子以施禄及下，居德则忌。

九三：壮于頄，有凶。君子夬夬独行，遇雨若濡，有愠，无咎。

《象》曰："君子夬夬"，终无咎也。

萃 ䷬

萃：亨，王假有庙，利见大人，亨，利贞；用大牲吉，利有攸往。

《象》曰：泽上于地，萃。君子以除戎器，戒不虞。

升 ䷭

升：元亨，用见大人，勿恤，南征吉。

《象》曰：地中生木，升。君子以顺德，积小以高大。

困 ䷮

困：亨。贞，大人吉，无咎。有言不信。

《彖》曰：困，刚掩也。险以说，困而不失其所亨。其唯君子乎？"贞，大人吉"，以刚中也。"有言不信"，尚口乃穷也。

《象》曰：泽无水，困。君子以致命遂志。

井 ䷯

井：改邑不改井，无丧无得，往来井井。汔至，亦未繘井，羸其瓶，凶。

《象》曰：木上有水，井。君子以劳民劝相。

革 ䷰

革：己日乃孚，元亨，利贞，悔亡。

《象》曰：泽中有火，革。君子以治历明时。

上六：君子豹变，小人革面，征凶，居贞吉。

《象》曰："君子豹变"，其文蔚也；"小人革面"，顺以从君也。

鼎 ䷱

鼎：元吉，亨。

《彖》曰：鼎，象也。以木巽火，亨饪也。圣人亨以享上帝，而大亨以养圣贤。巽而耳目聪明，柔进而上行，得中而应乎刚，是以元亨。

《象》曰：木上有火，鼎。君子以正位凝命。

震 ䷲

震：亨。震来虩虩，笑言哑哑；震惊百里，不丧匕鬯。

《象》曰：洊雷，震。君子以恐惧修省。

艮 ䷳

艮其背，不获其身；行其庭，不见其人，无咎。

《象》曰：兼山，艮。君子以思不出其位。

渐 ䷴

渐：女归吉，利贞。

《象》曰：山上有木，渐。君子以居贤德善俗。

归妹 ䷵
归妹：征凶，无攸利。
《象》曰：泽上有雷，归妹。君子以永终知敝。

丰 ䷶
丰：亨。王假之，勿忧，宜日中。
《象》曰：雷电皆至，丰。君子以折狱致刑。

旅 ䷷
旅：小亨，旅贞吉。
《象》曰：山上有火，旅。君子以明慎用刑而不留狱。

巽 ䷸
巽：小亨。利有攸往，利见大人。
《象》曰：随风，巽。君子以申命行事。

兑 ䷹
兑：亨，利贞。
《象》曰：丽泽，兑。君子以朋友讲习。

节 ䷻
节：亨，苦节不可，贞。
《象》曰：泽上有水，节。君子以制数度，议德行。

中孚 ䷼

中孚：豚鱼吉，利涉大川，利贞。

《象》曰：泽上有风，中孚。君子以议狱缓死。

小过 ䷽

小过：亨，利贞。可小事，不可大事。飞鸟遗之音，不宜上，宜下，大吉。

《象》曰：山上有雷，小过。君子以行过乎恭，丧过乎哀，用过乎俭。

既济 ䷾

既济：亨小，利贞。初吉，终乱。

《象》曰：水在火上，既济。君子以思患而豫防之。

九三：高宗伐鬼方，三年克之，小人勿用。

《象》曰："三年克之"，惫也。

未济 ䷿

未济：亨，小狐汔济，濡其尾，无攸利。

《象》曰：火在水上，未济。君子以慎辨物居方。

六五：贞吉，无悔。君子之光，有孚，吉。

《象》曰："君子之光"，其晖"吉"也。

系辞上传

圣人设卦观象，系辞焉而明吉凶。刚柔相推，而生变化。是故吉凶者，失得之象也；悔吝者，忧虞之象也；变化者，进退之象也；刚柔者，昼夜之象也。六爻之动，三极之道也。是故君子所居而安者，《易》之序也；所乐而玩者，爻之辞也。是故君子居则观其象而玩其辞，动则观其变而玩其占。是以"自天祐之，吉无不利"。

一阴一阳之谓道，继之者善也，成之者性也。仁者见之谓之仁，知者见之谓之知。百姓日用而不知，故君子之道鲜矣！显诸仁，藏诸用，鼓万物而不与圣人同忧。盛德大业至矣哉！富有之谓大业，日新之谓盛德。生生之谓易，成象之谓乾，效法之谓坤，极数知来之谓占，通变之谓事，阴阳不测之谓神。

子曰："《易》其至矣乎！夫《易》，圣人所以崇德而广业也。知崇礼卑，崇效天，卑法地，天地设位，而《易》行乎其中矣。成性存存，道义之门。"

圣人有以见天下之赜，而拟诸其形容，象其物宜，是故谓之象。圣人有以见天下之动，而观其会通，以行其典礼，系辞焉以断其吉凶，是故谓之爻。言天下之至赜而不可恶也，言天下之至动而不可乱也。拟之而后言，议之而后动，拟议以成其变化。"鸣鹤在阴，其子和之；我有好爵，吾与尔靡之。"子曰："君子居其室，出其言善，则千里之外应之，况其迩者乎？居其室，出其言不善，则千里之外违之，况其迩者乎？言出乎身，加乎民；行发乎迩，见乎远。言行，君子之枢机，枢机之发，荣辱之主也。言行，君子之所以动天地也，可不慎乎？"

"同人，先号咷而后笑。"子曰："君子之道，或出或处，或默或语。二人同心，其利断金，同心之言，其臭如兰。"

"初六，藉用白茅，无咎。"子曰："苟错诸地而可矣，藉之用茅，何咎之有？慎之至也。夫茅之为物薄，而用可重也。慎斯术也以往，其无所失矣。"

"劳谦，君子有终，吉。"子曰："劳而不伐，有功而不德，厚之至也。语以其功下人者也。德言盛，礼言恭。谦也者，致恭以存其位者也。"

"亢龙有悔。"子曰："贵而无位，高而无民，贤人在下位而无辅，是以动而有悔也。"

"不出户庭，无咎。"子曰："乱之所生也，则言语以为阶。君不密则失臣，臣不密则失身，几事不密则害成。是以君子慎密而不出也。"

子曰："作《易》者，其知盗乎？《易》曰：'负且乘，致寇至。'负也者，小人之事也；乘也者，君子之器也。小人而乘君子之器，盗思夺之矣；上慢下暴，盗思伐之矣。慢藏诲盗，冶容诲淫。《易》曰'负且乘，致寇至'，盗之招也。"

《易》有圣人之道四焉：以言者尚其辞，以动者尚其变，以制器者尚其象，以卜筮者尚其占。是以君子将有为也，将有行也，问焉而以言，其受命也如响。无有远近幽深，遂知来物。非天下之至精，其孰能与于此？参伍以变，错综其数，通其变，遂成天地之文；极其数，遂定天下之象。非天下之至变，其孰能与于此？《易》无思也，无为也，寂然不动，感而遂通天下之故。非天下之至神，其孰能与于此？夫《易》，圣人之所以极深而研几也。唯深也，故能通天下之志；唯几也，故能成天下之务；唯神也，故不疾而速，不行而至。子曰"《易》有圣人之道四焉"者，此之谓也。

天一，地二；天三，地四；天五，地六；天七，地八；天九，地十。子曰："夫《易》何为者也？夫《易》，开物成务，冒天下之道，如斯而已者也。"是故圣人以通天下之志，以定天下之业，以断天下之疑。是故蓍之德圆而神，卦之德方以知，六爻之义，易以贡。圣人以此洗心，退藏于密，吉凶与民同患。神以知来，知以藏往，其孰能与于此哉！古之聪明睿知，神武而不杀者夫！是以明于天之道，而察于民之故，是兴神物以前民用。圣人以此斋戒，以神明其德夫！是故阖户谓之坤，辟户谓之乾，一阖一辟谓之变，往来不穷谓之通；见乃谓之象，形乃谓之器，制而用之，谓之法，利用出入，民咸用之，谓之神。

是故《易》有太极，是生两仪，两仪生四象，四象生八卦，八卦定吉凶，吉凶生大业。是故法象莫大乎天地；变通莫大乎四时；悬象著明莫大乎日月；崇高莫大乎富贵；备物致用，立成器以为天下利，莫大乎圣人；探赜索隐，钩深致远，以定天下之吉凶，成天下之亹亹者，莫大乎蓍龟。是故天生神物，圣人则之；天地变化，圣人效之；天垂象，见吉凶，圣人象之；

河出图，洛出书，圣人则之。《易》有四象，所以示也；系辞焉，所以告也；定之以吉凶，所以断也。

《易》曰："自天祐之，吉无不利。"子曰："祐者，助也。天之所助者，顺也；人之所助者，信也。履信思乎顺，又以尚贤也。是以'自天祐之，吉无不利'也。"子曰："书不尽言，言不尽意。"然则圣人之意其不可见乎？子曰："圣人立象以尽意，设卦以尽情伪，系辞焉以尽其言，变而通之以尽利，鼓之舞之以尽神。"乾坤，其《易》之缊邪？乾坤成列，而《易》立乎其中矣。乾坤毁，则无以见《易》；《易》不可见，则乾坤或几乎息矣。

是故，形而上者谓之道，形而下者谓之器，化而裁之谓之变，推而行之谓之通，举而错之天下之民谓之事业。是故夫象，圣人有以见天下之赜，而拟诸其形容，象其物宜，是故谓之象。圣人有以见天下之动，而观其会通，以行其典礼，系辞焉以断其吉凶，是故谓之爻。极天下之赜者存乎卦；鼓天下之动者存乎辞；化而裁之存乎变；推而行之存乎通；神而明之存乎其人；默而成之，不言而信，存乎德行。

系辞下传

八卦成列，象在其中矣。因而重之，爻在其中矣。刚柔相推，变在其中矣。系辞焉而命之，动在其中矣。吉凶悔吝者，生乎动者也；刚柔者，立本者也；变通者，趣时者也。吉凶者，贞胜者也。天地之道，贞观者也。日月之道，贞明者也。天下之动，贞夫一者也。夫乾，确然示人易矣。夫坤，隤然示人简矣。爻也者，效此者也。象也者，像此者也。爻象动乎内，吉凶见乎外，功业见乎变，圣人之情见乎辞。天地之大德曰生，圣人之大宝曰位。何以守位？曰仁。何以聚人？曰财。理财正辞、禁民为非曰义。

上古穴居而野处，后世圣人易之以宫室，上栋下宇，以待风雨，盖取诸《大壮》。古之葬者，厚衣之以薪，葬之中野，不封不树，丧期无数，后世圣人易之以棺椁，盖取诸《大过》。上古结绳而治，后世圣人易之以书契，百官以治，万民以察，盖取诸《夬》。

阳卦多阴，阴卦多阳，其故何也？阳卦奇，阴卦耦，其德行何也？阳一君而二民，君子之道也；阴二君而一民，小人之道也。

《易》曰："公用射隼于高墉之上，获之，无不利。"子曰："隼者，禽也；弓矢者，器也；射之者，人也。君子藏器于身，待时而动，何不利之有？动而不括，是以出而有获，语成器而动者也。"

子曰："小人不耻不仁，不畏不义，不见利不劝，不威不惩；小惩而大诫，此小人之福也。《易》曰'屦校灭趾，无咎'，此之谓也。"

"善不积，不足以成名；恶不积，不足以灭身。小人以小善为无益而弗为也，以小恶为无伤而弗去也，故恶积而不可掩，罪大而不可解。《易》曰：'何校灭耳，凶。'"

子曰："危者，安其位者也；亡者，保其存者也；乱者，有其治者也。是故君子安而不忘危，存而不忘亡，治而不忘乱，是以身安而国家可保也。《易》曰：'其亡其亡，系于苞桑。'"

子曰："知几其神乎？君子上交不谄，下交不渎，其知几乎？几者，动之微，吉之先见者也。君子见几而作，不俟终日。《易》曰：'介于石，不终日，贞吉。'介如石焉，宁用终日？断可识矣。君子知微知彰，知柔知刚，万夫之望。"

子曰："君子安其身而后动，易其心而后语，定其交而后求，君子修此三者，故全也。危以动，则民不与也。惧以语，则民不应也。无交而求，则民不与也。莫之与，则伤之者至矣。《易》曰：'莫益之，或击之，立心勿恒，凶。'"

说卦传

昔者圣人之作《易》也，幽赞于神明而生蓍，参天两地而倚数，观变于阴阳而立卦，发挥于刚柔而生爻，和顺于道德而理于义，穷理尽性以至于命。

昔者圣人之作《易》也，将以顺性命之理。是以立天之道曰阴与阳，立地之道曰柔与刚，立人之道曰仁与义。兼三才而两之，故《易》六画而成卦。分阴分阳，迭用柔刚，故《易》六位而成章。

帝出乎震，齐乎巽，相见乎离，致役乎坤，说言乎兑，战乎乾，劳乎坎，成言乎艮。

离也者，明也，万物皆相见，南方之卦也，圣人南面而听天下，向明而治，盖取诸此也。

杂卦传

《夬》决也，刚决柔也；君子道长，小人道忧也。

尚书

《尚书》简介

《尚书》是儒家尊奉的"五经"之一，多属上古及夏、商、周三代公文及函札，性质近于今之史书。先秦文献多径称其为"书"，至汉代始称"尚书"。其源流非常悠久，影响至为深远。《尚书》中许多篇章保留着原始政治公文的面貌，因年代久远，更兼传习过程中历尽劫难，其版本、文字、简编次序都发生过不同程度的变化错乱，故素称难读。

《尚书》有今古文之分。秦火之后，汉代伏生所传者为《今文尚书》，其书存二十九篇。《古文尚书》本指汉鲁恭王坏孔子壁所得书，经孔安国改写为通行隶书字体，世称"隶古定"，然此后亡佚。东晋时，豫章内史梅赜上《古文尚书》，存五十八篇，其中包括与《今文尚书》基本相同的二十八篇，然将其析为三十三篇，另有《今文尚书》所无的二十五篇。自宋时吴棫、朱熹等疑其为伪书，其后围绕《古文尚书》真伪问题一直聚讼纷纭。《十三经注疏》收《尚书》及伪孔安国注、唐孔颖达疏。清人注本以孙星衍《尚书今古文注疏》较为完备，近人通行注本有曾运乾《尚书正读》，顾颉刚、刘起釪《尚书校释译论》则可称《今文尚书》注

孔安国像

《尚书今古文注疏》书影（学海堂皇清经解刻本）

释的集大成之作。

《尚书》之中所载文书基本可分作六大类：典、谟、训、诰、誓、命，大多记述古代圣君贤臣的美好德行及出色言论，包孕着三千多年前中国深美厚德的政治思想。《尚书》是中国古代思想文化的宝库，其书涉及今之天文学、地理学、政治学、语言学等多方面内容，具有十分重大的历史文化价值。

《尚书》中的"君子"

《尚书》中的篇章多以典谟、诰命、训誓等形式保存下来，其中涉及"君子"处均见于对话。《今文尚书》中，"君子"凡四见。《周书·酒诰》："庶士有正，越庶伯君子，其尔典听朕教。"《召诰》："予小臣，敢以王之雠民、百君子，越友民，保受王威命明德。"《无逸》："呜呼！君子所其无逸。"这三处"君子"均指有职位的官员，一般与"小人"（民众）对举。至于《秦誓》："惟截截善谝言，俾君子易辞，我皇多有之！"此处"君子"主要指君主。

周初开国改元，自谓承天之命，不过，此种天命需要以德为基础方能禀受传续，因此周朝统治者十分重视对官员（亦即"君子"）的规诫。这些官员除了需要掌握专门技能之外，还被要求加强个人品德修养，"酒德"即为其一。《酒诰》所言皆戒酒之事，其中明确强调"越庶国，饮惟祀，德将无醉"。这些官员平时不能随便饮酒，只有在祭祀时才可稍饮，但也要用道德加以约束，不能喝醉。在饮酒之时也要体现其德："尔大克羞耇惟君，尔乃饮食醉饱。"就是要敬奉长上之意。此外，还需"克永观省，作稽中德"，强调"君子"要对自己的内心进行观照和省察，方能合乎中正的美德（于此或可窥见后世儒家"反求诸己"的端倪）。这种涉及个人道德修养的告诫亦见于《无逸》："呜呼！君子所其无逸。先知稼穑之艰难，乃逸，则知小人之依。"作为官员之"君子"，不应放纵自己、追求享乐，而须体察民众生存的艰难，知晓民众的痛苦，尽最大努力改善民众生活，成为民众值得信任和依靠的对象。

《秦誓》是《尚书》最后一篇，为秦穆公誓众之辞，从此篇的文辞中可以感受到明显的自责自悔之情。全篇无一不是谈论君主应具备的才能品德，诸如从谏如流、任人唯贤、勇于改过、承担责任等。这是秦穆公睿智与气度的体现，秦国在其统治之下，霸有西戎，绝非偶然。

上述诸篇中"君子"或告诫，或自省，念兹在兹的是德。作为"王正事之臣"的"君子"需要"保受王威命明德"，即遵从君王的威严命令，保持其光明的品德。而作为统治者的"君子"应该具有美好的德性，同时执政有道，使自己光明卓著，同时亦可"祈天永命"，使政权巩固。不管是作为官员的"君子"，还是作为君主的"君子"，他们所当具备的德性，与上天意志、国家政权和民众福祉，乃是一体同根、水乳交融的。君主、官员的德性一方面下贯于民，另一方面上通于天，"君子"德性的完善与否，直接影响到民众和上天对政权的态度，甚至有可能导致政权的转移，故不可不慎。

今传梅氏《古文尚书》中，"君子"亦凡四见。其中《周书·周官》云："德盛不狎侮，狎侮君子，罔以尽人心，狎侮小人，罔以尽其力。""君子""小人"仍依据在位与不在位而作分别。《周官》"凡我有官君子"，亦指拥有权位之官员，且其中论述官员所应具备的德性才干，与《今文尚书》意蕴相似。《虞书·大禹谟》中有"君子在野，小人在位"句，此中"君子"显然不是以有无官位来界定的，而更突出其德才之义，这与《尚书》中一般用法差异较大。《泰誓下》云"我西土君子"，此指随武王出征之将士，与他处"君子"含义迥异，在后世典籍中此类用法也较为少见。

资料摘编

虞书·大禹谟

禹乃会群后,誓于师曰:"济济有众,咸听朕命。蠢兹有苗,昏迷不恭,侮慢自贤,反道败德。君子在野,小人在位,民弃不保,天降之咎。肆予以尔众士,奉辞伐罪,尔尚一乃心力,其克有勋。"

商书·盘庚上

盘庚敩于民,由乃在位,以常旧服,正法度。曰:"无或敢伏小人之攸箴!"

周书·泰誓中

予有乱臣十人,同心同德。虽有周亲,不如仁人。

周书·泰誓下

呜呼!我西土君子,天有显道,厥类惟彰。今商王受,狎侮五常,荒怠弗敬。自绝于天,结怨于民。斫朝涉之胫,剖贤人之心,作威杀戮,毒痡四海。

周书·武成

予小子既获仁人,敢祗承上帝,以遏乱略,华夏蛮貊,罔不率俾。

周书·旅獒

德盛不狎侮。狎侮君子,罔

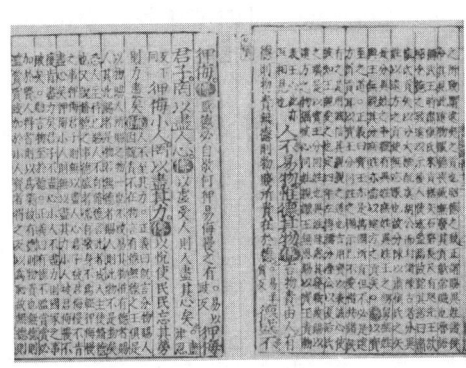

《十三经注疏·尚书注疏》书影(明嘉靖李元阳福建刻隆庆二年重修刊本)

以尽人心；狎侮小人，罔以尽其力。

周书·康诰
天畏棐忱，民情大可见，小人难保。往尽乃心，无康好逸豫，乃其乂民。

周书·酒诰
庶士有正，越庶伯君子，其尔典听朕教。尔大克羞耇，惟君，尔乃饮食醉饱。

周书·召诰
拜手稽首曰："予小臣，敢以王之雠民、百君子，越友民，保受王威命明德。王末有成命，王亦显。我非敢勤，惟恭奉币，用供王能祈天永命。"

周书·无逸
周公曰："呜呼！君子所其无逸。先知稼穑之艰难，乃逸，则知小人之依。相小人，厥父母勤劳稼穑，厥子乃不知稼穑之艰难，乃逸，乃谚，既诞。否则侮厥父母，曰：'昔之人，无闻知！'"

其在高宗，时旧劳于外，爰暨小人。作其即位，乃或亮阴，三年不言；其惟不言，言乃雍。

其在祖甲，不义惟王，旧为小人。作其即位，爰知小人之依；能保惠于庶民，不敢侮鳏寡。肆祖甲之享国，三十有三年。自时厥后，立王生则逸；生则逸，不知稼穑之艰难，不闻小人之劳，惟耽乐之从。

厥或告之曰："小人怨汝詈汝。"则皇自敬德。厥愆，曰："朕之愆。"允若时，不啻不敢含怒。此厥不听，人乃或诪张为幻，曰："小人怨汝詈汝。"则信之。则若时，不永念厥辟，不宽绰厥心，乱罚无罪，杀无辜，怨有同，是丛于厥身。

周书·周官

凡我有官君子，钦乃攸司，慎乃出令，令出惟行，弗惟反。以公灭私，民其允怀。

周书·秦誓

番番良士，旅力既愆，我尚有之。仡仡勇夫，射御不违，我尚不欲。惟截截善谝言，俾君子易辞，我皇多有之！

逸周书

《逸周书》简介

《逸周书》之名最早见于东汉许慎的《说文解字》，先秦时期亦称《周志》，《汉书·艺文志》称其为《周书》，注曰"周史记"，列于《六艺略》之《尚书》诸家之后。其书与《尚书》相类，内容为"周时诰誓辞命"，属于记言性史书，相传是孔子所删百篇之余，故不入六经。就《逸周书》与汲冢《周书》的关系问题，学者曾有不同意见，特别是《隋书·经籍志》将《周书》十卷统指为《汲冢书》，更引起较大的误解，目前一般认为二者"实不相涉"。

今本《逸周书》共有十卷，正文七十篇，其中十一篇有目无文，四十二篇有晋五经博士孔晁注。其叙事上起周文王、武王，下至春秋后期的灵王、景王。其书所记，多确实可信，不少事实可以和《史记》《礼记》《周礼》等典籍中的记载相互印证，其中颇多反映周人政治、经济、军事、法律、道德和思想等状况的材料。但须注意的是，书中各篇非出一手，内容庞杂，体例不一，性质各异，而且文字多误脱，还间杂有后人的羼补和更改。

《逸周书》书影（四库全书本）

该书在后代未能得到足够的重视，清代《四库全书》将其收入史部的别史类。乾嘉以后的学者对《逸周书》的整理主要集中于文字的校勘，注本以朱右曾《周书集训校释》流传最广。此外，王念孙《读书杂志·逸周书》、俞樾《周书平议》、刘师培《周书补正》和陈汉章《周书后案》也均可参考。今人黄怀信等所撰的《逸周书汇校集注》则是较为全面、最为通行的整理本。

《逸周书》中的"君子"

今本《逸周书》中"君子"一词凡七见，就全书的篇幅来说出现频率较低。"君子"本用来指统治者，其后成为贵族的统称，侧重道德、人格层面的君子概念则较为后出。《逸周书》各篇的时代颇不一致，记述的史事"上自文、武，下终灵、景"。据李学勤等学者考证，有一部分篇目可确定为西周作品，还有一组占较大比例的篇目时代也并不很迟，当然也有春秋时期的作品。因此，根据"君子"一词出现的语境和篇目的时代，考察君子含义的发展，是一个值得探讨的课题。这里对相关语境和君子内涵加以介绍和分析。

首先看《商誓解》中出现的"君子"：

敬诸！昔在我西土，我其齐言，胥告商之百姓无罪，其维一夫。予既殛纣承天命，予亦来休命。尔百姓里居君子，其周即命。

《集注》引清唐大沛云："里居君子，则卿大夫致仕者也。""里居"古指官吏告老或引退回乡居住，而此处的君子即士大夫，明确是就身份、地位而言，非后代所谓道德高尚的理想人格。《商誓解》是周武王对商代旧臣百姓的诰辞，据考证为西周时期的作品。因此，此例中君子的所指和该篇的时代性是吻合的。

又如《文传解》中所见的"君子"：

文王受命之九年，时维暮春，在鄗。召太子发曰：吾语汝，我所保所守，守之哉！厚德广惠，忠信爱人，君子之行。不为骄侈，不为靡泰，不淫于美，括柱茅茨，为爱费。

这是周文王临终前告太子发"所保所守"之事的一段话，讲述为君之道要"厚德广惠，忠信爱人"，不能骄傲自大、追求享受，应该关爱百姓、勤俭节约。《集注》引孔晁云："四者君德。"又引潘振云："吾厚其德于内，广其恩于外，厚德心存诚实，广惠志在爱人，人君之行也。"可见，此例中的"君子"指君王。《太平御览》"君子"作"人君"，《汇校》云："卢据《御览》……删'子'字，潘、丁、朱从，陈、唐二家依旧本。"其实，君子本可指最高统治者，特别是在西周初年的语境下。不过，文王口中的"君子"已经被赋予了道德色彩，与后代的君子概念存在一定的联系。

再看《大聚解》中的"君子"和"小人"：

立勤人以职孤，立正长以顺幼，立职丧以恤死，立大葬以正同，立君子以修礼乐，立小人以教用兵，立乡射以习容。

《集注》引陈逢衡云："君子，文德之士，故立以修礼乐。小人，技勇之士，故立以教用兵。"可见，此处的君子、小人分别指文武之士。当然，这是特殊语境中的所指。《大聚解》记录的是周武王告周公旦的话，讲建国安民、发展经济的一整套措施，此时周已通过武力推翻了商朝，政权初定，亟需文政，懂礼乐的文德之士尤其受重视，因而有较高的地位。需要注意的是，这个语境中的"君子"还不是着眼于其道德和人格，而是侧重于其知识和技能，主要是就君子从事的职业领域而言的。

上述三篇所述皆为周初文、武时期之事，下面一篇《太子晋解》讲的则是东周之事，其中提到"古之君子"：

师旷曰："吾闻王子，古之君子，甚成不骄，自晋始如周，行不知劳。"王子应之曰："古之君子，其行至慎，委积施关，道路无限，百姓悦之，相将而远，远人来欢，视道如尺。"师旷告善，又称曰："古之君子，其行可则，由舜而下，其孰有广德？"

　　太子晋即周景王太子，此篇记载了晋国大夫师旷与太子晋的对话。师旷生活的时代略早于孔子。这里所谓的"君子"虽然也指为官者，但侧重于德行，正如潘振所说的，"此君子，泛指有德位者而言，旷称之以拟王子也"。因此，师旷认为君子是众人效法的楷模，而太子晋则举出虞舜、大禹、文王、武王为君子的典范。与其说舜、禹、文、武因其位而被视为君子，不如说他们因具备圣、仁、惠、义的品德而成为君子。

　　最后看《周祝解》中的"君子"：

　　故恶姑幽，恶姑明，恶姑阴阳，恶姑短长，恶姑刚柔？故海之大也而鱼何为可得？山之深也虎豹貔貅何为可服？人智之邃也奚为可测？跂动哕息而奚为可牧？玉石之坚也奚可刻？阴阳之号也孰使之？牝牡之合也孰交之？君子不察福不来。

　　这段话一口气提了有关万事万物的十二个"天问"，然后建议君子应该观察、认识自然界中的各种现象，否则福分就不会到来。"周祝"指周人发的祝愿，含有诫嘱之意。该篇的总体主旨是"不闻道，恐为身灾"，所谓的"道"即宇宙、世间的基本原理和规律。因此可以说，这里的"君子"主要是就其能力，尤其是博学多闻而言的，与德、位的关联较少。

历史考证

《尚书》和《逸周书》属于先秦早期文献,其中多数篇目的创作时代在春秋时期或者早于春秋,因此,两书中的"君子"保留和反映了该词的初始含义,即主要指执政者。不过,崇尚文德的周朝对于统治阶层和在职官员,即君主和大臣,提出了明确的德性要求。遵照这种要求,在位者通常要具有较高的德性和德行,正如周文王所说的,"厚德广惠,忠信爱人,君子之行"。这种观念为"君子"词义的转换埋下了伏笔。到了春秋后期,社会阶层的流动性加大,在"君子"一词的内涵中,"位"的比重逐渐减少,"德"的比重日益上升,如太子晋所谓的"古之君子"更多的是强调他们的德行。

资料摘编

武称解

大国不失其威,小国不失其卑,敌国不失其权。岠嶮伐夷,并小夺乱,□强攻弱而袭不正,武之经也。伐乱、伐疾、伐疫,武之顺也。贤者辅之,乱者取之,作者劝之,怠者沮之,恐者惧之,欲者趣之,武之用也。

酆保解

王乃命三公九卿及百姓之人,曰:"恭敬齐洁,咸格而祀于上帝。"商馈始于王,因飨诸侯。重礼庶吏,出送于郊,树昏于崇,内备五祥、六卫、七厉、十败、四葛,外用四蠹、五落、六容、七恶。

七恶:一,以物角兵;二,令美其前,而厚其伤;三,闲得大国,安得吉凶;四,交其所亲,静之以物,则以流其身;五,率诸侯以朝贤人,而己犹不往;六,令之有求,遂以生尤;七,见亲所亲,勿与深谋,命友人疑。

文传解

文王受命之九年，时维暮春，在鄗。召太子发曰：吾语汝，我所保所守，守之哉！厚德广惠，忠信爱人，君子之行。不为骄侈，不为靡泰，不淫于美，括柱茅茨，为爱费。

土可犯，材可蓄。润湿不谷，树之竹、苇、莞、蒲；砾石不可谷，树之葛、木，以为绤绤，以为材用。故凡土地之闲者，圣人裁之，并为民利。是鱼鳖归其泉，鸟归其林。孤寡辛苦，咸赖其生。

天有四殃：水、旱、饥、荒，其至无时。非务积聚，何以备之？《夏箴》曰："小人无兼年之食，遇天饥，妻子非其有也；大夫无兼年之食，遇天饥，臣妾舆马非其有也。"戒之哉！弗思弗行，至无日矣。

不明开塞禁舍者，其如天下何？人各修其学而尊其名，圣人制之。故诸横生尽以养从，从生尽以养一丈夫。

和寤解

王乃出图商，至于鲜原，召召公奭、毕公高。王曰：呜呼，敬之哉！无竞惟人，人允忠。惟事惟敬，小人难保。后降惠于民，民罔不格。惟风行贿，贿无成事。绵绵不绝，蔓蔓若何？豪末不掇，将成斧柯。

大聚解

乡立巫医，具百药以备疾灾，畜五味以备百草。立勤人以职孤，立正长以顺幼，立职丧以恤死，立大葬以正同，立君子以修礼乐，立小人以教用兵，立乡射以习容，春和猎耕耘以习迁行。教茅与树艺，比长立职，与田畴皆通。立祭祀，与岁谷登下厚薄。此谓德教。若其凶土陋民，贱食贵货，是不知政。

商誓解

敬诸！昔在我西土，我其齐言，胥告商之百姓无罪，其维一夫。予既殛纣承天命，予亦来休命。尔百姓里居君子，其周即命。

皇门解

人斯既助厥勤劳王家，先人神祇报职用休，俾嗣在厥家。王国用宁，小人用格。□能稼穑，咸祀天神。戎兵克慎，军用克多。王用奄有四邻，远土丕承，万子孙用末被先王之灵光。

芮良夫解

呜呼！惟尔执政朋友小子，其惟洗尔心，改尔行，克忧往愆，以保尔居。尔乃聩祸玩烖，遂弗悛，余未知王之所定，矧曰乃□□。惟祸发于人之攸忽，于人之攸轻。□不存焉，变之攸伏。尔执政小子不图善，偷生苟安，爵贿成。贤智箝口，小人鼓舌，逃害要利，并得厥求，唯曰哀哉！

太子晋解

师旷见太子，称曰："吾闻子之语高于太山，夜寝不寐，昼居不安，不远长道，而求一言。"王子应之曰："吾闻太师将来，甚喜而又惧。吾年甚少，见子而慑，尽忘吾其度。"师旷曰："吾闻王子，古之君子，甚成不骄，自晋始如周，行不知劳。"王子应之曰："古之君子，其行至慎，委积施关，道路无限，百姓悦之，相将而远，远人来

《汇刻三代遗书六种·汲冢周书》书影（明万历二十二年大名知府涂时相刊本）

欢，视道如尺。"师旷告善，又称曰："古之君子，其行可则，由舜而下，其孰有广德？"王子应之曰："如舜者天。舜居其所，以利天下，奉翼远人，皆得己仁。此之谓天。"

周祝解

故恶姑幽，恶姑明，恶姑阴阳，恶姑短长，恶姑刚柔？故海之大也而鱼何为可得？山之深也虎豹貔貅何为可服？人智之邃也奚为可测？跂动哕息而奚为可牧？玉石之坚也奚可刻？阴阳之号也孰使之？牝牡之合也孰交之？君子不察福不来。

诗经

《诗经》简介

《诗经》是我国历史上第一部诗歌总集，收集了西周初年至春秋中叶的诗歌三百余篇。西汉时被尊为儒家经典，汉代传授《诗经》的有齐、鲁、韩、毛四家。东汉以后，齐、鲁、韩三家先后亡佚，毛诗则留传至今。

《诗经》是中国诗叙事、抒情的滥觞，确立了中国诗的修辞原则及押韵原则，可谓总集之祖、诗歌之祖。其内容既有战争徭役诗，也有祭祖颂歌和周族史诗，既有农事诗，也有燕飨诗，既有政治怨刺诗，也有爱情婚姻诗，可谓包罗万象，体现了先秦丰富的社会生活，具有很高的文学价值。

《诗经》分风、雅、颂三个部分，"风"又称"国风"，一共有十五组，是不同地区的民歌，故称"十五国风"。"雅"分《小雅》和《大雅》，前者为贵族宴请宾客时所奏的音乐，后者则是国君接受臣下朝拜、陈述劝诫的音乐。"颂"是贵族在家庙中祭祀鬼神、赞美治者功德的乐曲，在演奏时要配以舞蹈，分为《周颂》《鲁颂》和《商颂》。

孔子对《诗经》有很高的评价。对于《诗经》的思想内容，他认为"诗三百，一言以蔽之，曰思无邪"。甚至还有这样的说法："不学诗，无以言。""温柔敦厚，诗教也。"孔子认为熟读《诗经》可以提升自身境界，从而达到修身、齐家、治国、平天下的最终目标。

《诗毛氏传疏》书影（北京大学馆藏清道光长洲陈氏刻本）

《诗经》中的"君子"

《诗经》中"君子"一词出现频率比较高,一共一百八十六次,它们的所指不尽相同,其中包括天子、诸侯、大夫、百姓、文官武将、小卒,还可以泛指德行高尚的人,有时又专指女子的丈夫。下面举例来看。

其一,"君子"指君王、国君,如《大雅·泂酌》中的"岂弟君子,民之父母""岂弟君子,民之攸归""岂弟君子,民之攸墍"。前人对此多有阐发,清人方玉润《诗经原始》中的观点最为中肯:"此等诗总是欲在上之人,当以父母斯民为心,盖必在上者有慈祥岂弟之念,而后在下者有亲附来归之诚。曰攸归者,为民所归往也;曰攸墍者,为民所安息也。使君子不以父母自居,外视其赤子,则小民又岂如赤子相依,乐从夫父母。故词若褒美而意实劝诫。"从这段表述中可以看到,古人希望君王能够爱民如子。

其二,"君子"指社会地位较高的贵族阶层,如诸侯、士大夫等,如《小雅·采菽》有"君子来朝,何锡予之""君子来朝,言观其旂""乐只君子,天子命之"。方玉润认为:"此固是西周盛王诸侯来朝加以锡命之诗,然非出自朝廷制作,乃草野歌咏其事而已。观前后四章,兴笔自见事极典重而起极轻微,岂国家锡予而有取于筐筥以为兴耶?若《集传》云此天子所以答鱼藻也,则尤非诗中明言天子所予、天子所命等语,则非天子自言。"此篇描述君子来朝的盛况。先铺陈了万马奔腾、大旗飘飘、鸾声叮当的壮观场景,后半部分则描写君子接受天子赏赐、君臣其乐融融的热烈情景。这里的"君子"前来朝觐君王、辅佐君王,应该是指诸侯。又如《小雅·湛露》,《毛诗序》认为:"《湛露》,天子燕诸侯也。"《左传·文公四年》也提到:"昔诸侯朝正于王,王宴乐之,于是乎赋《湛露》。"后世因此以"湛露"比喻君王的恩泽,可知此篇应为宴饮诗。其中"湛湛露斯,在彼杞棘。显允君子,莫不令德"和"其桐其椅,其实离离。岂弟君子,莫不令仪",

刻画出在君王面前举止从容、仪表端庄的君子形象，君王的赐宴对象"君子"应当是诸侯等贵族阶层。

其三，"君子"作为对德行高尚的人的通称，相较于前面两类"君子"，出现相对较晚，因而只见于《小雅》和《国风》。如《卫风·淇奥》："有匪君子，如切如磋，如琢如磨。"说的正是君子道德的自我修养和相互砥砺。《诗经》中一共提到"德"字七十一处，反映了当时社会对德的重视。而这些"德"又有相当一部分出现在论述君子的场合，如"乐只君子，德音不已""显允君子，莫不令德""假乐君子，显显令德，宜民宜人"，可见君子与德的密切关系。

其四，"君子"特指女子的丈夫，如《王风·君子于役》中的"君子于役，不知其期""君子于役，如之何勿思""君子于役，不日不月""君子于役，苟无饥渴"。此篇描绘黄昏时分，连鸡鸭都已经回窝，牛羊也已经"下括"，而自己的"君子"还没回来，运用比兴的手法，反衬出思妇期盼的心情。思妇所思念的"君子"，自然是她的丈夫。在这个例子中，"君子"原本所含的社会地位，即统治者或贵族阶层，已经彻底消失，也不强调其德行，而只是一种称呼。当然，这一称呼中包含着妻子对丈夫的尊重和爱。

此外，在《诗经》第一首诗《周南·关雎》中还出现了与"君子"相关的"淑女"。"淑女"一词除了在这首诗和相传为战国末期宋玉所作的《楚辞·招魂》中出现过之外，在先秦其他典籍中均未见。"淑女"是"君子"所追求的对象，或者说理想的伴侣，这一女性形象为先秦君子增添了不少人情味和浪漫气息，但是君子对理想对象的追求是"发乎情，止乎礼"的，所谓"窈窕淑女，琴瑟友之""窈窕淑女，钟鼓乐之"，君子用音乐含蓄地表达自己的感情，没有丝毫对礼的逾越。

与"君子"相对的另一类人是"小人"。《诗经》中"君子"与"小人"对举共有四例，皆出自《小雅》：

驾彼四牡，四牡骙骙。君子所依，小人所腓。（《小雅·采薇》）
弗问弗仕，勿罔君子。式夷式已，无小人殆。（《小雅·节南山》）
周道如砥，其直如矢。君子所履，小人所视。（《小雅·大东》）
毋教猱升木，如涂涂附。君子有徽猷，小人与属。（《小雅·角弓》）

  第一例《采薇》是戍边兵士在返乡途中所作的诗。这里的"君子"具体可以指将军或领兵者，"小人"则指兵士，"君子"乘立在车上，"小人"则荫庇在车旁。这体现了"君子"与"小人"地位的差别。第二例《节南山》是周大夫家父斥责执政者尹氏的诗。姚际恒《诗经通论》解释"弗问弗仕，勿罔君子"："以君子而弗咨询之，弗仕使之，是诬罔君子也，故戒其勿。"至于"无小人殆"，毛传曰："无以小人之言至于危殆也。"这里的"君子"指在位贵族中的贤者，"小人"指品格卑下、喜进谗言之人。两者的区别显然是以德行作为标准的。诗意在于提醒执政者应该任用君子、远离小人。第三例《大东》是东方诸侯国臣民讽刺西周王室剥削、奴役的诗。郑笺云："此言古者天子之恩厚也，君子皆法效而履行之；其如砥矢之平，小人又皆视之、共之无怨。"孔颖达把"周道"解释为"周之贡赋之道""周之赏罚之制"，也就是周"所行之政"。所以这里的"君子"指执政者，也就是西周贵族，"小人"指东方诸侯国的臣民。第四例《角弓》是劝告周王不要疏远兄弟亲戚而亲近小人的诗。郑笺云："君子有美道以得声誉，则小人亦乐与之而自连属焉。"这里"君子"指在位者，"小人"指不在位者。"徽猷"就是美道。如果周王怀有美德，推行善政，则小民自然乐意依附。从这些例子中可以看到，"君子"与"小人"的区别，既有社会地位的不同，也有道德品质的差异。

  最后，谈到《诗经》有必要说明一下，诗教对于培养君子的重要性。儒家非常重视诗教。《论语·季氏》云："不学《诗》，无以言。"《泰伯》云："兴于《诗》，立于礼，成于乐。"《阳货》云："子曰：'小子！何莫学夫《诗》？《诗》

可以兴，可以观，可以群，可以怨。迩之事父，远之事君，多识于鸟兽草木之名。'"首先，诗教是陶冶身心、涵养德性的重要手段，有助于培养完善的人格与高尚的情操。其次，学《诗》可以增长知识，儒家强调博学多闻、见多识广。再次，春秋时期，《诗》在政治、外交中扮演着重要的角色，因此，学《诗》是士君子参与政治、从事外交的必要条件。《论语·子路》云："子曰：'诵《诗》三百，授之以政，不达；使于四方，不能专对；虽多，亦奚以为？'"这说明"诵《诗》三百"是从政和出使的基础。当然，仅仅会诵《诗》，而不能通达政事，在出使中不能专对，也没有用。由此可见，《诗》是君子知识结构中的重要组成部分，但同时儒家还强调理论与实践的结合。

历史考证

《诗经》分风、雅、颂三类，共三百零五篇，创作时代跨度较大。据前人考证，十五《国风》，少部分是西周末年的诗，大部分是东周的诗。《大雅》的一小部分产生于西周前期，大部分产生于西周后期；《小雅》大部分产生于西周后期。《周颂》产生于西周前期；《商颂》《鲁颂》约当东周春秋中叶。由此可以解释为什么《诗经》中的"君子"有多种所指，在不同的诗篇中有不同的含义。例如《大雅》《小雅》主要创作于西周时期，因此，其中的"君子"一般是就社会地位、阶层而言的，和道德没有必然联系，如《小雅·小弁》"君子秉心，维其忍之"，这是太子宜臼（一说为尹吉甫之子伯奇）斥其父居心狠毒。《国风》多为春秋时期的民歌，"君子"的贵族色彩明显淡化，其中一些诗，如《卫风·淇奥》，着重刻画了"君子"的仪容和美德，而在另一些诗里，如《王风·君子于役》，"君子"是妻子对丈夫的一种称呼，还有不少诗里，如《郑风·风雨》《唐风·扬之水》等，"君子"是主人公日夜思念、渴望见到的那个人，见到"君子"之后，主人公内心满是欢喜。

现实启示

《诗经》中有一个经常与"君子"共现的形容词,即"岂弟"。《小雅·蓼萧》:"既见君子,孔燕岂弟。"毛传:"岂,乐;弟,易也。"陆德明《释文》:"岂……本亦作'恺'。弟……本亦作'悌'。"孔颖达云:"喜乐以怡易也。"《小雅·青蝇》:"岂弟君子,无信谗言。"郑笺:"岂弟,乐易也。"《大雅·泂酌》:"岂弟君子,民之父母。"毛传:"乐以强教之,易以说安之。"孔疏:"皆《孔子闲居》之文也。彼引此诗,而为此言以释之,故传依用焉。乐者人之所爱,当自强以教之,易谓性之和悦,当以安民,故云'悦安之'。"毛传之语其实出自《礼记·表记》:"君子之所谓仁者其难乎!《诗》云:'凯弟君子,民之父母。'凯以强教之,弟以说安之。""岂弟"亦即"乐易",是君子所具有的性情和态度,和颜悦色,乐观而又平易,充满了亲和力和感染力,如果要用比喻的话,那一定是"玉"。《秦风·小戎》:"言念君子,温其如玉。"《礼记·聘义》云:"君子比德于玉焉:温润而泽,仁也。"君子给人的感觉是"温"的,有温度的,而不是冷冰冰的,也就是说充满了人文关怀。所以跟君子在一起,总是让人感到舒适和愉悦。同时,"乐易"不仅仅是态度上的温暖,也包含灵魂的温度,具有抚平人内心的力量,这就是所谓的"悦安之"。

资料摘编

周南·关雎

关关雎鸠,在河之洲。
窈窕淑女,君子好逑。

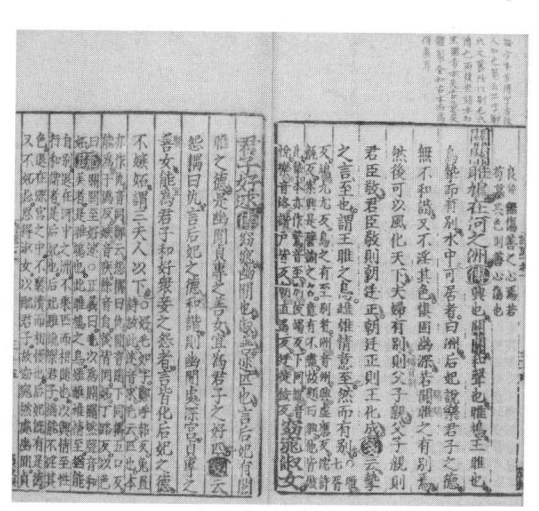

《十三经注疏·毛诗注疏》书影(明嘉靖李元阳福建刻隆庆二年重修刊本)

周南·樛木

南有樛木，葛藟累之。乐只君子，福履绥之。

南有樛木，葛藟荒之。乐只君子，福履将之。

南有樛木，葛藟萦之。乐只君子，福履成之。

周南·汝坟

遵彼汝坟，伐其条枚。未见君子，惄如调饥。

遵彼汝坟，伐其条肄。既见君子，不我遐弃。

鲂鱼赪尾，王室如毁。虽则如毁，父母孔迩。

召南·草虫

喓喓草虫，趯趯阜螽。未见君子，忧心忡忡。亦既见止，亦既觏止，我心则降。

陟彼南山，言采其蕨。未见君子，忧心惙惙。亦既见止，亦既觏止，我心则说。

陟彼南山，言采其薇。未见君子，我心伤悲。亦既见止，亦既觏止，我心则夷。

召南·殷其雷

殷其雷，在南山之阳。何斯违斯，莫敢或遑？振振君子，归哉归哉！

殷其雷，在南山之侧。何斯违斯，莫敢遑息？振振君子，归哉归哉！

殷其雷，在南山之下。何斯违斯，莫敢遑处？振振君子，归哉归哉！

邶风·雄雉

雄雉于飞，泄泄其羽。我之怀矣，自诒伊阻。

雄雉于飞，下上其音。展矣君子，实劳我心。

瞻彼日月，悠悠我思。道之云远，曷云能来？
百尔君子，不知德行。不忮不求，何用不臧。

鄘风·君子偕老
君子偕老，副笄六珈。委委佗佗，如山如河，象服是宜。子之不淑，云如之何？

鄘风·载驰
我行其野，芃芃其麦。控于大邦，谁因谁极？
大夫君子，无我有尤。百尔所思，不如我所之。

卫风·淇奥
瞻彼淇奥，绿竹猗猗。有匪君子，如切如磋，如琢如磨。瑟兮僴兮，赫兮咺兮。有匪君子，终不可谖兮。

瞻彼淇奥，绿竹青青。有匪君子，充耳琇莹，会弁如星。瑟兮僴兮，赫兮咺兮。有匪君子，终不可谖兮。

瞻彼淇奥，绿竹如箦。有匪君子，如金如锡，如圭如璧。宽兮绰兮，猗重较兮。善戏谑兮，不为虐兮。

王风·君子于役
君子于役，不知其期。曷至哉？鸡栖于埘。日之夕矣，羊牛下来。君子于役，如之何勿思！

君子于役，不日不月。曷其有佸？鸡栖于桀。日之夕矣，羊牛下括。君子于役，苟无饥渴。

王风·君子阳阳

君子阳阳，左执簧，右招我由房。其乐只且！
君子陶陶，左执翿，右招我由敖。其乐只且！

郑风·风雨

风雨凄凄，鸡鸣喈喈。既见君子，云胡不夷？
风雨潇潇，鸡鸣胶胶。既见君子，云胡不瘳？
风雨如晦，鸡鸣不已。既见君子，云胡不喜？

魏风·伐檀

坎坎伐檀兮，寘之河之干兮。河水清且涟猗。不稼不穑，胡取禾三百廛兮？不狩不猎，胡瞻尔庭有县貆兮？彼君子兮，不素餐兮！
坎坎伐辐兮，寘之河之侧兮。河水清且直猗。不稼不穑，胡取禾三百亿兮？不狩不猎，胡瞻尔庭有县特兮？彼君子兮，不素食兮！
坎坎伐轮兮，寘之河之漘兮。河水清且沦猗。不稼不穑，胡取禾三百囷兮？不狩不猎，胡瞻尔庭有县鹑兮？彼君子兮，不素飧兮！

唐风·扬之水

扬之水，白石凿凿。素衣朱襮，从子于沃。既见君子，云何不乐？
扬之水，白石皓皓。素衣朱绣，从子于鹄。既见君子，云何其忧？
扬之水，白石粼粼。我闻有命，不敢以告人。

唐风·有杕之杜

有杕之杜，生于道左。彼君子兮，噬肯适我？中心好之，曷饮食之？
有杕之杜，生于道周。彼君子兮，噬肯来游？中心好之，曷饮食之？

秦风·车邻

有车邻邻，有马白颠。未见君子，寺人之令。

阪有漆，隰有栗。既见君子，并坐鼓瑟。今者不乐，逝者其耋。

阪有桑，隰有杨。既见君子，并坐鼓簧。今者不乐，逝者其亡。

秦风·小戎

小戎俴收，五楘梁辀。游环胁驱，阴靷鋈续。文茵畅毂，驾我骐馵。言念君子，温其如玉。在其板屋，乱我心曲。

四牡孔阜，六辔在手。骐駵是中，騧骊是骖。龙盾之合，鋈以觼軜。言念君子，温其在邑。方何为期？胡然我念之！

俴驷孔群，厹矛鋈錞。蒙伐有苑，虎韔镂膺。交韔二弓，竹闭绲縢。言念君子，载寝载兴。厌厌良人，秩秩德音。

秦风·终南

终南何有？有条有梅。君子至止，锦衣狐裘。颜如渥丹，其君也哉！

终南何有？有纪有堂。君子至止，黻衣绣裳。佩玉将将，寿考不忘。

秦风·晨风

鴥彼晨风，郁彼北林。未见君子，忧心钦钦。如何如何，忘我实多。

山有苞栎，隰有六驳。未见君子，忧心靡乐。如何如何，忘我实多。

山有苞棣，隰有树檖。未见君子，忧心如醉。如何如何，忘我实多。

曹风·鸤鸠

鸤鸠在桑，其子七兮。淑人君子，其仪一兮。其仪一兮，心如结兮。

鸤鸠在桑，其子在梅。淑人君子，其带伊丝。其带伊丝，其弁伊骐。

鸤鸠在桑，其子在棘。淑人君子，其仪不忒。其仪不忒，正是四国。

鸤鸠在桑，其子在榛。淑人君子，正是国人。正是国人。胡不万年！

小雅·鹿鸣
呦呦鹿鸣，食野之蒿。我有嘉宾，德音孔昭。视民不恌，君子是则是效。我有旨酒，嘉宾式燕以敖。

小雅·采薇
彼尔维何？维常之华。彼路斯何？君子之车。戎车既驾，四牡业业。岂敢定居？一月三捷。

驾彼四牡，四牡骙骙。君子所依，小人所腓。四牡翼翼，象弭鱼服。岂不日戒？玁狁孔棘！

小雅·出车
喓喓草虫，趯趯阜螽。未见君子，忧心忡忡。既见君子，我心则降。赫赫南仲，薄伐西戎。

小雅·鱼丽
鱼丽于罶，鲿鲨。君子有酒，旨且多。
鱼丽于罶，鲂鳢。君子有酒，多且旨。
鱼丽于罶，鰋鲤。君子有酒，旨且有。
物其多矣，维其嘉矣！
物其旨矣，维其偕矣！
物其有矣，维其时矣！

小雅·南有嘉鱼
南有嘉鱼，烝然罩罩。君子有酒，嘉宾式燕以乐。

南有嘉鱼，烝然汕汕。君子有酒，嘉宾式燕以衎。
南有樛木，甘瓠累之。君子有酒，嘉宾式燕绥之。
翩翩者鵻，烝然来思。君子有酒，嘉宾式燕又思。

小雅·南山有台

南山有台，北山有莱。乐只君子，邦家之基。乐只君子，万寿无期。
南山有桑，北山有杨。乐只君子，邦家之光。乐只君子，万寿无疆。
南山有杞，北山有李。乐只君子，民之父母。乐只君子，德音不已。
南山有栲，北山有杻。乐只君子，遐不眉寿。乐只君子，德音是茂。
南山有枸，北山有楰。乐只君子，遐不黄耇。乐只君子，保艾尔后。

小雅·蓼萧

蓼彼萧斯，零露湑兮。既见君子，我心写兮。燕笑语兮，是以有誉处兮。
蓼彼萧斯，零露瀼瀼。既见君子，为龙为光。其德不爽，寿考不忘。
蓼彼萧斯，零露泥泥。既见君子，孔燕岂弟。宜兄宜弟，令德寿岂。
蓼彼萧斯，零露浓浓。既见君子，鞗革冲冲。和鸾雝雝，万福攸同。

小雅·湛露

湛湛露斯，在彼杞棘。显允君子，莫不令德。
其桐其椅，其实离离。岂弟君子，莫不令仪。

小雅·菁菁者莪

菁菁者莪，在彼中阿。既见君子，乐且有仪。
菁菁者莪，在彼中沚。既见君子，我心则喜。
菁菁者莪，在彼中陵。既见君子，锡我百朋。

泛泛杨舟，载沉载浮。既见君子，我心则休。

小雅·车攻
之子于征，有闻无声。允矣君子，展也大成。

小雅·庭燎
夜如何其？夜未央，庭燎之光。君子至止，鸾声将将。
夜如何其？夜未艾，庭燎晣晣。君子至止，鸾声哕哕。
夜如何其？夜乡晨，庭燎有辉。君子至止，言观其旂。

小雅·斯干
约之阁阁，椓之橐橐。风雨攸除，鸟鼠攸去。君子攸芋。
如跂斯翼，如矢斯棘，如鸟斯革，如翚斯飞。君子攸跻。
殖殖其庭，有觉其楹。哙哙其正，哕哕其冥。君子攸宁。

小雅·节南山
弗躬弗亲，庶民弗信。弗问弗仕，勿罔君子。式夷式已，无小人殆。琐琐姻亚，则无膴仕。
昊天不佣，降此鞠讻。昊天不惠，降此大戾。君子如届，俾民心阕。君子如夷，恶怒是违。

小雅·雨无正
如何昊天，辟言不信。如彼行迈，则靡所臻。凡百君子，各敬尔身。胡不相畏，不畏于天。
戎成不退，饥成不遂。曾我暬御，憯憯日瘁。凡百君子，莫肯用讯。听言则答，谮言则退。

小雅·小弁

相彼投兔，尚或先之。行有死人，尚或墐之。君子秉心，维其忍之。心之忧矣，涕既陨之。

君子信谗，如或酬之。君子不惠，不舒究之。伐木掎矣，析薪扡矣。舍彼有罪，予之佗矣。

莫高匪山，莫浚匪泉。君子无易由言，耳属于垣。无逝我梁，无发我笱。我躬不阅，遑恤我后？

小雅·巧言

乱之初生，僭始既涵。乱之又生，君子信谗。君子如怒，乱庶遄沮。君子如祉，乱庶遄已。

君子屡盟，乱是用长。君子信盗，乱是用暴。盗言孔甘，乱是用餤。匪其止共，维王之邛。

奕奕寝庙，君子作之。秩秩大猷，圣人莫之。他人有心，予忖度之。跃跃毚兔，遇犬获之。

荏染柔木，君子树之。往来行言，心焉数之。蛇蛇硕言，出自口矣。巧言如簧，颜之厚矣。

小雅·巷伯

杨园之道，猗于亩丘。寺人孟子，作为此诗。凡百君子，敬而听之。

小雅·大东

有饛簋飧，有捄棘匕。周道如砥，其直如矢。君子所履，小人所视。眷言顾之，潸焉出涕。

小雅·四月

山有蕨薇，隰有杞桋。君子作歌，维以告哀。

小雅·小明

嗟尔君子，无恒安处。靖共尔位，正直是与。神之听之，式穀以女。
嗟尔君子，无恒安息。靖共尔位，好是正直。神之听之，介尔景福。

小雅·鼓钟

鼓钟将将，淮水汤汤，忧心且伤。淑人君子，怀允不忘。
鼓钟喈喈，淮水湝湝，忧心且悲。淑人君子，其德不回。
鼓钟伐鼛，淮有三洲，忧心且妯。淑人君子，其德不犹。
鼓钟钦钦，鼓瑟鼓琴，笙磬同音。以雅以南，以籥不僭。

小雅·瞻彼洛矣

瞻彼洛矣，维水泱泱。君子至止，福禄如茨。韎韐有奭，以作六师。
瞻彼洛矣，维水泱泱。君子至止，鞞琫有珌。君子万年，保其家室。
瞻彼洛矣，维水泱泱。君子至止，福禄既同。君子万年，保其家邦。

小雅·裳裳者华

左之左之，君子宜之。右之右之，君子有之。维其有之，是以似之。

小雅·桑扈

交交桑扈，有莺其羽。君子乐胥，受天之祜。
交交桑扈，有莺其领。君子乐胥，万邦之屏。

小雅·鸳鸯

鸳鸯于飞，毕之罗之。君子万年，福禄宜之。

鸳鸯在梁，戢其左翼。君子万年，宜其遐福。

乘马在厩，摧之秣之。君子万年，福禄艾之。

乘马在厩，秣之摧之。君子万年，福禄绥之。

小雅·頍弁

有頍者弁，实维伊何？尔酒既旨，尔肴既嘉。岂伊异人？兄弟匪他。茑与女萝，施于松柏。未见君子，忧心弈弈；既见君子，庶几说怿。

有頍者弁，实维何期？尔酒既旨，尔肴既时。岂伊异人？兄弟具来。茑与女萝，施于松上。未见君子，忧心怲怲；既见君子，庶几有臧。

有頍者弁，实维在首。尔酒既旨，尔肴既阜。岂伊异人？兄弟甥舅。如彼雨雪，先集维霰。死丧无日，无几相见。乐酒今夕，君子维宴。

小雅·青蝇

营营青蝇，止于樊。岂弟君子，无信谗言。

小雅·采菽

采菽采菽，筐之筥之。君子来朝，何锡予之？虽无予之，路车乘马。又何予之？玄衮及黼。

觱沸槛泉，言采其芹。君子来朝，言观其旂。其旂淠淠，鸾声嘒嘒。载骖载驷，君子所届。

赤芾在股，邪幅在下。彼交匪纾，天子所予。乐只君子，天子命之。乐只君子，福禄申之。

维柞之枝，其叶蓬蓬。乐只君子，殿天子之邦。乐只君子，万福攸同。平平左右，亦是率从。

泛泛杨舟，绋纚维之。乐只君子，天子葵之。乐只君子，福禄膍之。优哉游哉，亦是戾矣。

小雅·角弓
毋教猱升木，如涂涂附。君子有徽猷，小人与属。

小雅·都人士
彼都人士，台笠缁撮。彼君子女，绸直如发。我不见兮，我心不说。
彼都人士，充耳琇实。彼君子女，谓之尹吉。我不见兮，我心苑结。
彼都人士，垂带而厉。彼君子女，卷发如虿。我不见兮，言从之迈。

小雅·隰桑
隰桑有阿，其叶有难。既见君子，其乐如何。
隰桑有阿，其叶有沃。既见君子，云何不乐。
隰桑有阿，其叶有幽。既见君子，德音孔胶。
心乎爱矣，遐不谓矣？中心藏之，何日忘之。

小雅·瓠叶
幡幡瓠叶，采之亨之。君子有酒，酌言尝之。
有兔斯首，炮之燔之。君子有酒，酌言献之。
有兔斯首，燔之炙之。君子有酒，酌言酢之。
有兔斯首，燔之炮之。君子有酒，酌言酬之。

大雅·旱麓
瞻彼旱麓，榛楛济济。岂弟君子，干禄岂弟。
瑟彼玉瓒，黄流在中。岂弟君子，福禄攸降。

鸢飞戾天，鱼跃于渊。岂弟君子，遐不作人？
清酒既载，骍牡既备。以享以祀，以介景福。
瑟彼柞棫，民所燎矣。岂弟君子，神所劳矣。
莫莫葛藟，施于条枚。岂弟君子，求福不回。

大雅·既醉
既醉以酒，既饱以德。君子万年，介尔景福。
既醉以酒，尔肴既将。君子万年，介尔昭明。
昭明有融，高朗令终。令终有俶，公尸嘉告。
其告维何？笾豆静嘉。朋友攸摄，摄以威仪。
威仪孔时，君子有孝子。孝子不匮，永锡尔类。
其类维何？室家之壸。君子万年，永锡祚胤。
其胤维何？天被尔禄。君子万年，景命有仆。
其仆维何？釐尔女士。釐尔女士，从以孙子。

大雅·假乐
假乐君子，显显令德。宜民宜人，受禄于天。保右命之，自天申之。

大雅·泂酌
泂酌彼行潦，挹彼注兹，可以餴饎。岂弟君子，民之父母。
泂酌彼行潦，挹彼注兹，可以濯罍。岂弟君子，民之攸归。
泂酌彼行潦，挹彼注兹，可以濯溉。岂弟君子，民之攸塈。

大雅·卷阿
有卷者阿，飘风自南。岂弟君子，来游来歌，以矢其音。
伴奂尔游矣，优游尔休矣。岂弟君子，俾尔弥尔性，似先公酋矣。

尔土宇昄章，亦孔之厚矣。岂弟君子，俾尔弥尔性，百神尔主矣。
尔受命长矣，茀禄尔康矣。岂弟君子，俾尔弥尔性，纯嘏尔常矣。
有冯有翼，有孝有德，以引以翼。岂弟君子，四方为则。
颙颙卬卬，如圭如璋，令闻令望。岂弟君子，四方为纲。
凤皇于飞，翙翙其羽，亦集爰止。蔼蔼王多吉士，维君子使，媚于天子。
凤皇于飞，翙翙其羽，亦傅于天。蔼蔼王多吉人，维君子命，媚于庶人。
凤皇鸣矣，于彼高冈。梧桐生矣，于彼朝阳。菶菶萋萋，雝雝喈喈。
君子之车，既庶且多。君子之马，既闲且驰。矢诗不多，维以遂歌。

大雅·抑

视尔友君子，辑柔尔颜，不遐有愆。相在尔室，尚不愧于屋漏。无曰"不显，莫予云觏"。神之格思，不可度思，矧可射思。

大雅·桑柔

国步蔑资，天不我将。靡所止疑，云徂何往？君子实维，秉心无竞。谁生厉阶？至今为梗。

维此圣人，瞻言百里。维彼愚人，覆狂以喜。匪言不能，胡斯畏忌？

大雅·云汉

瞻卬昊天，有嘒其星。大夫君子，昭假无赢。大命近止，无弃尔成。何求为我，以戾庶正。瞻卬昊天，曷惠其宁？

大雅·瞻卬

鞫人忮忒，谮始竟背。岂曰不极，伊胡为慝？如贾三倍，君子是识。妇无公事，休其蚕织。

鲁颂·有驱

有驱有驱，驱彼乘骃。夙夜在公，在公载燕。自今以始，岁其有。君子有穀，诒孙子。于胥乐兮。

仪礼

《仪礼》简介

《仪礼》是中国古代记载典礼仪节的书，原名《礼》，汉人称《士礼》，或称《礼经》，列于学官。到晋代，称为《仪礼》。《仪礼》的作者，传统有三种说法：一说周公作，一说孔子作，一说周公作、孔子删定。现在一般认为《仪礼》非一时一世之作，经孔子编定后，为历代礼家所传而流行。

东汉时期，《仪礼》主要有戴德本、戴圣本、庆普本以及刘向《别录》本等四种版本。郑玄因传小戴（戴圣）之学而注《礼》，在注释过程中以今古文互参，在目次上采用刘向《别录》本，即今之传本。今本《仪礼》共十七篇，其主要内容是阐述冠、婚、丧、祭、乡、射、朝、聘八项礼仪制度及其执行规范。邵懿辰《礼经通论》曾有如下概括："冠、昏、丧、祭、射、乡、朝、聘八者，礼之经也。冠以明成人，昏以合男女，丧以仁父子，祭以严鬼神，乡饮以合乡里，燕射以成宾主，聘食以睦邦交，朝觐以辨上下。"

作为一部记述古代礼仪制度和行为规范的著作，《仪礼》内容详尽，文辞古朴。《仪礼》详细规定了贵族士人应该遵守的规则以及应当遵循的行为规范，系统地记载了周代以来的一些礼仪，对后世的影响很深。时至今日，虽然时过境迁，礼仪发生变化，但《仪礼》对我们了解古代社会历史仍有重要意义，是不可或缺的古代文献资料。

在历代《仪礼》注解中，首推东汉郑玄《仪礼注》，其后有唐贾公彦撰《仪礼义疏》，南宋时与郑注合刊为《仪礼注疏》。宋、元、明也有不少研究著作。清代研究者有十余家，以胡培翚《仪礼正义》、张惠言《仪礼图》、凌廷堪《礼经释例》最为有名。

《仪礼》中的"君子"

"礼"在儒家思想中占有极为重要的地位,"礼"在人际交往和家庭、社会关系中必不可少,是理想社会中的公序良俗。《左传·昭公二十六年》:"礼之可以为国也久矣,与天地并,君令臣共,父慈子孝,兄爱弟敬,夫和妻柔,姑慈妇听,礼也。"由于人们在家庭和社会中扮演着多重角色,因此"礼"具体体现在不同的层次和方面。儒家的君子形象和"礼"有密切的关系,互相表里,君子也有不同的身份,因而需要遵守与这些身份相称的"礼"。

《仪礼》中"君子"一词出现得较少,注疏对经中出现的"君子"大都做了具体的解释和说明,从这些解说中可以知道《仪礼》中"君子"所指以及古人对"君子"的认识。举例来看:

凡侍坐于君子,君子欠伸,问日之早晏,以食具告。改居,则请退可也。夜侍坐,问夜,膳荤,请退可也。(《士相见礼》)

此条说明陪侍君子需要注意的事项。郑玄注:"君子,谓卿大夫及国中贤者也。"贾公彦疏:"郑云'君子,谓卿大夫'者,礼之通例。大夫得称君子,亦得称贵人,而士贱不得也。知'及国中贤者'者,《乡射礼》云:'征唯所欲,以告于乡先生君子可也。'郑云:'乡先生,乡大夫致仕者,君子,有大德行不仕者。'则《曲礼》云'博文强识而让,敦善行而不怠,谓之君子'是也。"可见这一条明确强调的是君子的社会地位。又如:

君子子为庶母慈己者。《传》曰:君子子者,贵人之子也。为庶母何以小功也?以慈己加也。(《丧服》)

郑注:"君子子者,大夫及公子之适妻子。"贾公彦疏:"云君子与贵人皆据大夫已上,公子尊卑比大夫,故郑据而言焉。又国君之子为慈母无服,士又不得称君子,亦复自养子无三母具,故知此二人而已。必知适妻子者,妾子贱,亦不合有三母故也。"大夫以上才可以称"君子",士不能称"君子"。显然,这里的"君子"是指有特定地位的人。

前引贾疏中提到《乡饮酒礼》和《乡射礼》中的"君子",引文如下:

明日,宾服乡服以拜赐。主人如宾服以拜辱。主人释服。乃息司正。无介,不杀,荐脯醢,羞唯所有,征唯所欲。以告于先生、君子可也。宾、介不与。乡乐唯欲。(《乡饮酒礼》)

郑注:"君子,国中有盛德者。"

宾酢主人,主人不崇酒,不拜众宾。既献众宾,一人举觯,遂无算爵。无司正。宾不与。征唯所欲。以告于乡先生、君子可也。羞唯所有。乡乐唯欲。(《乡射礼》)

郑注:"乡先生,乡大夫致仕者也;君子,有大德行不仕者。"贾疏:"云'乡大夫致仕者也'者,此即《乡饮酒》注云'先生,谓乡中致仕者'。云'君子有大德行不仕'者,大德行,谓六德、六行,可贡而不仕者。此即居士锦带,亦曰处士。"《周礼·地官·司徒》:"以乡三物教万民而宾兴之:一曰六德,知、仁、圣、义、忠、和;二曰六行,孝、友、睦、姻、任、恤;三曰六艺,礼、乐、射、御、书、数。"可以说,具备六德、六行者方能称得上"君子"。与《士相见礼》和《丧服》中据地位而言的"君子"不同,上述两例中的"君子"特指有德行而未仕(可仕而未仕,其社会地位高自不待言)之人。可见,《仪礼》中的"君子"有这两种含义,须依所处语境而定。

资料摘编

士相见礼

凡与大人言，始视面，中视抱，卒视面，毋改。众皆若是。若父则游目，毋上于面，毋下于带。若不言，立则视足，坐则视膝。凡侍坐于君子，君子欠伸，问日之早晏，以食具告。改居，则请退可也。夜侍坐，问夜，膳荤，请退可也。

乡饮酒礼

明日，宾服乡服以拜赐。主人如宾服以拜辱。主人释服。乃息司正。无介，不杀，荐脯醢，羞唯所有，征唯所欲。以告于先生、君子可也。宾、介不与。乡乐唯欲。

乡射礼

荐脯醢，无俎。宾酢主人，主人不崇酒，不拜众宾。既献众宾，一人举觯，遂无算爵。无司正。宾不与。征唯所欲。以告于乡先生、君子可也。羞唯所有。乡乐唯欲。

丧服

君子子为庶母慈己者。传曰：君子子者，贵人之子也。为庶母何以小功也？以慈己加也。

周礼

《周礼》简介

《周礼》又称《周官》或者《周官经》,与《仪礼》《礼记》统称"三礼"。唐时立为九经之一,后成为儒家十三经之一。西汉刘歆最早奏请列《周官》于经而称其为《周礼》,认为它是"周公致太平之迹",列入古文经,与当时阐发微言大义的今文经不同。

《周礼》相传为周公姬旦所作,但作者为何人,学界至今未有定论。汉初无此书,西汉河间献王刘德以重金购得《周官》古文经并献给了朝廷,之后它被深藏于秘府,"五家之儒莫得见焉"。王莽时期,《周官》更名《周礼》,后置博士授业,内容被公开,刘歆弟子杜子春,设私校传《周礼》之学,贾逵、马融、郑玄等竞相研习,郑玄为之作注,郑兴作《周官解诂》。《周礼》流传最广的注疏为汉郑玄注、唐贾公彦疏和清孙诒让的正义。

《周礼》分为《天官冢宰》《地官司徒》《春官宗伯》《夏官司马》《秋官司寇》《冬官考工记》,介绍了国家各项政治制度,包括政府官制、教育制度、祭祀制度、军事制度、刑罚制度、各种工具制作方法等,描绘出古代儒家对理想社会的总构思,可谓中国历史上第一部记载国家政权组织机构及其职能的典籍。周礼与夏、殷之礼一脉相承,是对夏、殷之礼的继承和发展。《周礼》所体现的制度设计是中国历朝历代国家制度的本源,包

《周礼》书影(北京图书馆藏宋婺州市门巷唐宅刊本)

括器用、衣冠、官制、军制、田制、税制、礼制等各项国家制度。《周礼》以及汉朝依《周礼》建立起来的各项制度，对后世的政治、军事、经济制度都产生了不可忽视的影响。

《周礼》中的"君子"

《周礼》中"君子"一词只出现一次，即：

> 凡会膳食之宜，牛宜稌，羊宜黍，豕宜稷，犬宜粱，雁宜麦，鱼宜苽。凡君子之食恒放焉。（《天官冢宰·食医》）

"牛宜稌，羊宜黍，豕宜稷，犬宜粱，雁宜麦，鱼宜苽"是指膳食的搭配，不同的肉类应该搭配不同的主食，"凡君子之食恒放焉"是说"君子"的饮食一般都遵照这样的搭配。这里的"君子"，清孙诒让《正义》引相关注释："《礼器》注云：'君子，谓大夫以上。'《丧服传》云：'君子子者，贵人之子也。'注以君子为大夫及公子。《月令》孔疏引《月令章句》云：'君子谓人君以下至位士也。'《白虎通义·号篇》云：'或称君子者何？道德之称也。君之为言群也。子者，丈夫之通称也。……何以知其通称也？以天子至于民。'"同时指出："案：此经君子，当以王为主，而公卿大夫及王子弟之有公膳者，亦依此齐和之……"由此可知，《周礼·天官冢宰·食医》的这段叙述充分说明了"君子"是地位崇高的上层统治者，体现了当时上层社会对于膳食极为精细的讲究，这与《论语》中孔子"食不厌精，脍不厌细"一样，其实都可以看作"礼"的一个方面，也就是说饮食也要按"礼"行事。

资料摘编

天官冢宰·食医

凡会膳食之宜,牛宜稌,羊宜黍,豕宜稷,犬宜粱,雁宜麦,鱼宜苽。凡君子之食恒放焉。

地官司徒·乡大夫

国中自七尺以及六十,野自六尺以及六十有五,皆征之。其舍者,国中贵者、贤者、能者、服公事者、老者、疾者皆舍。以岁时入其书。

冬官考工记

知者创物,巧者述之守之,世谓之工。百工之事,皆圣人之作也。烁金以为刃,凝土以为器,作车以行陆,作舟以行水,此皆圣人之所作也。

礼记

《礼记》简介

《礼记》是春秋末年至战国、秦汉之间一部有关"礼"的资料汇编，由西汉时期的戴圣所辑，又名《小戴礼记》，共四十九篇，其中《曲礼》《檀弓》《杂记》各分上、下，实为四十六篇。

《礼记》与《周礼》《仪礼》并称"三礼"。三礼之中《礼记》与《仪礼》关系最为密切，从名称上看，《仪礼》属"经"，《礼记》是"记"，两汉时《礼记》被当作《仪礼》的附庸。朱熹《仪礼经传通解》："《仪礼》是经，《礼记》是解《仪礼》。且如《仪礼》有《冠礼》，《礼记》便有《冠义》；《仪礼》有《昏礼》，《礼记》便有《昏义》；以至燕、射之礼，莫不皆然。"但经东汉郑玄作《礼记注》、唐孔颖达作《礼记正义》，《礼记》逐渐升格为经，后来成为十三经之一，是儒家经典体系中极为重要的著作。

《礼记》内容庞杂，非成于一人一时之手，其中大部分篇章约作于战国时期，个别甚或晚至西汉。

虽然不全是古代礼制的"实录"，《礼记》仍然保存了吉、凶、宾、军、嘉"五礼"的相关内容，根据人生的发展轨迹，大致涉及冠、昏、丧、葬、祭等事宜。除了具体场合的礼节条文之外，还包括了对制度政令的阐述、对礼经（《仪礼》）礼义的解释、先王掌故和孔门弟子交游问答的记载等。

除了学术（或流派）本身的深化变革外，古人常采用"托古改制"的方法宣扬自己的主张，《礼记》在西汉也被掺入了有关阴阳五行的理论，如《月令》就是最为显著的例子（古史辨派说之甚详）。当然，如果把《礼记》作为借以修身养性的典籍来参考，则不必纠结于种种神秘主义的章节，只需回归到"礼"，或者说抓住"礼义"的本质，进而为现代伦理道德规范提供参考。

历代为《礼记》作注的很多，除郑玄注、孔颖达疏以外，影响较大的有宋陈澔的《礼记集说》、清朱彬的《礼记训纂》、孙希旦的《礼记集解》等。英国近代汉学家理雅各（James Legge）译有 The Book of Rites（《礼记》）。

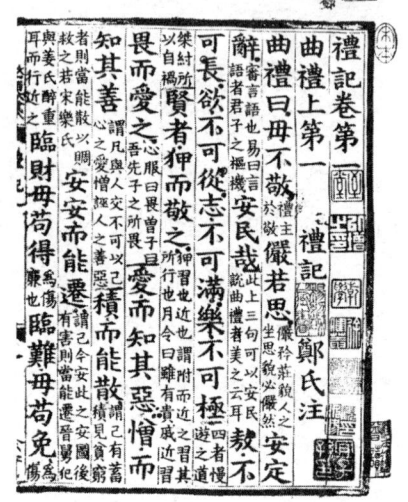

《礼记》书影（古逸丛书三编影宋淳熙四年抚州公使库刻本）

《礼记》中的"君子"

《礼记·曲礼上》中有一句广为人知的话："礼不下庶人，刑不上大夫。"意为不对庶人苛求完备的礼节，可知"礼"主要是为有一定地位的人制定的。东汉郑玄在给《礼记》作注时多次提出"君子"所指的对象，如"天子诸侯卿大夫""卿大夫若有异德者""士已上""大夫士也"。据此，笼统地说，君子包括天子、诸侯、卿大夫、士，主要是贵族和统治阶级。在具体的语境中，"君子"也可以偏指或特指某一群体，如：

小人溺于水，君子溺于口，大人溺于民。（《缁衣》）

这里的"君子"介于"大人"（王公贵族）和"小人"（平民）之间，当是卿大夫、士一类。又如《曲礼》上下篇分别有"侍坐于君子""侍于君子"。又《玉藻》："凡食果实者后君子，火孰者先君子。"这些条文针对执事者（大概是士）而发，则"君子"的地位在士之上。《乡饮酒义》将"乡人""士""君子"并举，这里的君子必不包含士。

《哀公问》中鲁哀公问政于孔子，针对当时的社会现实，孔子说"昔之君子"非常重视"行礼",而"今之君子"则"莫为礼也",他们"好实无厌,淫德不倦,荒怠敖慢,固民是尽,午其众以伐有道;求得当欲,不以其所",就是说在位者使民不以其道,为满足欲望而不择手段。可见,这里仍然沿用了早期君子的概念,仅就其所居地位而言,与德性不存在关联。

其后"君子"被赋予了德性的内涵,成为儒家理想化的人格,同时也是儒家心目中理想的执政者。孔子毕生致力于西周礼乐文明的恢复和重建,在他看来,作为执政者的君子,须知礼、达礼,进而推行礼。相比于早期的"礼",《礼记》中"礼"的形式和内容已有不少变化。"礼"最初可能仅是原始社会全体氏族成员进行生产、生活所共同遵守的规矩习惯。在宗法制的背景下,周公制礼,对早期的礼做了改造,春秋战国时期,儒家又对礼做了哲理性提升,使其成为综合政(政治)、教(教化)、养(修身)的一套较为严密的理论系统。"礼也者,理也。"(《仲尼燕居》)这是礼的首要作用,即辨别亲疏、区分等级,使社会成员各安其位、各守其分。如果从现代平等的观念来看,这似乎是在维护阶级差异的合理性和合法性,但我们不能用"以今律古"的眼光去衡量、批判古代社会维持秩序的努力。

为了维护等级区分、维持社会秩序,君子享用的器物应与其身份相称。《礼记·杂记下》:"孔子曰:管仲镂簋而朱纮,旅树而反坫,山节而藻棁。贤大夫也,而难为上也。晏平仲祀其先人,豚肩不掩豆。贤大夫也,而难为下也。君子上不僭上,下不逼下。"管仲在服饰的穿着和器物的使用上规格过高,使位居其上的人感到为难,而晏子则非常节俭,使位居其下的人感到为难。孔子认为管仲失之奢、晏子失之俭,均不合礼制的要求。在以血缘关系为纽带而形成的政治组织形式中,君子似乎"天然"享有区别于庶民的权利,但地位越高,责任越大,"行为世范"的教导和期盼督促君子严格遵守"礼"的规范。

君子有礼,才能成器备德。关于君子循礼的重要性,《礼器》云:"故君子有礼，则外谐而内无怨，故物无不怀仁，鬼神飨德。"君子有礼，能够使外人和谐而家人无怨憾，所以人们无不归心于他的仁德，鬼神也乐于享用他的祭祀。《礼记》详细记载了君子在日常生活中需要遵守的"礼"。如君子居处之礼。《檀弓上》："夫昼居于内，问其疾可也；夜居于外，吊之可也。是故君子非有大故，不宿于外；非致齐也，非疾也，不昼夜居于内。"一个人如果大白天的待在卧室，那很可能是生病了，应该去探望他；一个人如果夜晚住在寝门外，那一定是在守丧，应该去他家吊丧。因此，君子如果不是有丧事，不应该住在寝门外，不是因为斋戒或者生病，不应该昼夜都待在卧室内。《玉藻》："君子之居恒当户，寝恒东首。若有疾风、迅雷、甚雨，则必变，虽夜必兴，衣服冠而坐。"君子的坐处应当对着门户，睡觉时头应该朝向东面。如果有大风、大雨、雷鸣，即使是在夜里，也要起来穿衣、戴冠而坐。"礼"对君子的饮食也有限制和禁忌。如《玉藻》："君无故不杀牛，大夫无故不杀羊，士无故不杀犬、豕。君子远庖厨，凡有血气之类，弗身践也。"君子应该远离屠宰牲畜的地方。《少仪》："君子不食圂腴。""圂腴"是指猪狗的内脏。君子饮酒要遵守"尊、让、洁、敬"的原则。《乡饮酒义》："尊让絜敬也者，君子之所以相接也。君子尊让则不争，絜敬则不慢，不慢不争，则远于斗辨矣；不斗辨则无暴乱之祸矣，斯君子之所以免于人祸也，故圣人制之以道。"同时，君子饮酒应适可而止。"受一爵而色洒如也，二爵而言言斯，礼已三爵而油油以退。"（《玉藻》）"洒如"是肃敬貌，"言言"是和敬貌，"油油"是悦敬貌。孔疏云："臣侍君宴，过三爵，非礼也。"君子不可以"三爵不识"（《小雅·宾之初筵》），狂饮不止。此外，君子的日常用具也要合乎礼的规范。比如曾子虽然病危，但是仍坚持换掉席子，坚守正礼，并说："君子之爱人也以德，细人之爱人也以姑息。"（《檀弓上》）君子是按道德的要求去爱护别人，小人则是无原则的宽容和迁就。

《礼记》也细致论述了在特殊仪式如祭祀和丧葬中的"礼"。儒家极为重视丧葬，对于君子服丧做了极为细致甚至烦琐的规定。《檀弓上》："故君子之执亲之丧也，水浆不入于口者三日，杖而后能起。"《曾子问》："曾子问曰：'父母之丧，弗除可乎？'孔子曰：'先王制礼，过时弗举，礼也；非弗能勿除也，患其过于制也，故君子过时不祭，礼也。'"君子"执亲之丧"要尽哀，又要"立中制节"，即服丧要适度，不得过时逾制，不可过于哀痛以致损伤身体，所谓"毁不灭性"。对于"礼"和"情"的关系，儒家有深入的认识和阐述，这里举一例：

曾子问曰："三年之丧，吊乎？"孔子曰："三年之丧，练，不群立，不旅行。君子礼以饰情，三年之丧而吊哭，不亦虚乎？"（《曾子问》）

孔疏："凡行吉凶之礼，必使外内相副，用外之物以饰内情。"孙希旦《礼记集解》："饰犹表也，有是情而后以礼表之，故曰礼以饰情。"据此，大体可以理解为，"情"在内，需要由外在的"礼"表达出来。所以丧礼是表达或者疏泄孝子内心哀痛的渠道或方式。换言之，"情"是内容，"礼"是形式。丧礼讲求"必诚必信，勿之有悔"（《檀弓上》）。身有重服而去别人家吊丧是虚伪的，三年之丧，哀己之亲不暇，怎能分心去为他人而哀。无其哀情，便是虚行吊礼。

《礼记》中"君子"出现的频率很高，关于"君子"的记述颇多，以上只是择取了其中很小的一部分，不过，从上面的举例中还是可以看出"礼"的特性，即要合乎"中庸"之道。朱熹解释"中庸"为"不偏之谓中，不易之谓庸"。"中庸"也是君子人格中的重要特征之一。君子循礼，并且懂得运用礼来调整和纠正偏颇的行为，使之合乎规范，以管理和影响整个国家。如《檀弓下》："国奢，则示之以俭；国俭，则示之以礼。"奢侈之风盛行，需要倡导节俭，但太过节俭则容易滋生怠慢悭吝之心，也不足取，需要用礼来加以调节，使其保持一定的度。

现实启示

君子和礼有着密不可分的关系。《礼运》曰:"故礼之于人也,犹酒之有糵也,君子以厚,小人以薄。"就是说君子之所以成为君子,正是由于他重礼。判断君子的一个重要标准就在于看他是否遵守礼的规范。礼在当代社会依然有重要的现实价值。《礼记》中对于礼的规定和解说虽然是在两千多年前的社会背景下做出的,但对于今天的我们依然具有指导意义。比如,《坊记》云:"君子贵人而贱己,先人而后己。"这可以看作礼的一条恒常的原则,即时时处处都要尊重别人,以他人为先。"敬人者,人恒敬之",在人与人的互敬中形成和谐的关系。《礼器》云:"故君子有礼,则外谐而内无怨,故物无不怀仁,鬼神飨德。"如果有地位的人能够贵人贱己、先人后己,那么普通的百姓必然仿效,从而在社会上兴起礼让之风。如果每个人都能做到贵人贱己、先人后己,那么社会必然是和谐的。

礼具有实践性,在具体的礼仪、礼容上,《礼记》也有规定和描述。《冠义》云:"礼义之始,在于正容体,齐颜色,顺辞令。"一个人的容色、动作、言语方面的礼仪也称礼容。礼容是一个人内在修养的体现,同时也需要专门的训练。《玉藻》云:"君子之容舒迟,见所尊者齐遫。足容重,手容恭,目容端,口容止,声容静,头容直,气容肃,立容德,色容庄,坐如尸,燕居告温温。"可见,君子的优雅从容体现在举步投足的稳重、拜揖的恭肃、目光的端正、声音的和静、站坐的姿态、面容的端庄、神气的安详等各个方面。这种整体的修养显然不是一朝一夕可以实现的,必须经过长期的积淀才能形成。我们在平时要有意识地关注自己的言行举止,不断地提醒自己以君子为榜样。《礼记》引《诗》云:"淑人君子,其仪不忒。"就是说君子在礼仪、礼容上没有差失。又如《礼记》中提到饮酒的礼仪,《玉藻》:"君子之饮酒也,受一爵而色洒如也,二爵而言言斯,礼已三爵而油油以退,退则坐取屦。"这就是古人所说的"三爵之礼",喝够三爵,达到微醺的状态，就不再多喝，以免失言和失态。文明、适量饮酒应该成为现代人的一种习惯。

以上所述主要是礼的外在表现。我们不但要讲究礼的形式，更要重视礼的实质。礼的实质是什么呢？《礼器》："君子之于礼也，有所竭情尽慎，致其敬而诚若，有美而文而诚若。""美而文"是礼的形式，"诚若"则是礼的实质。内心时刻保持诚敬，至诚而和顺，其实就是一个人的道德品质。道德修养是礼内在的根基和源泉。没有内在的道德，礼只是虚伪的形式。因此，君子重礼最核心的还是重视道德修养，礼仪、礼容则是道德修养的外现。这是《礼记》告诉我们的一个很重要的道理。

资料摘编

曲礼上

《曲礼》曰：毋不敬，俨若思，安定辞，安民哉！敖不可长，欲不可从，志不可满，乐不可极。贤者狎而敬之，畏而爱之。爱而知其恶，憎而知其善。积而能散，安安而能迁。

道德仁义，非礼不成；教训正俗，非礼不备。……祷祠祭祀，供给鬼神，非礼不诚不庄。是以君子恭敬撙节退让以明礼。鹦鹉能言，不离飞鸟；猩猩能言，不离禽兽。今人而无礼，虽能言，不亦禽兽之心乎？夫唯禽兽无礼，故父子聚麀。是故圣人作，为礼以教人。使人以有礼，知自别于禽兽。

侍坐于君子，君子欠伸，撰杖屦，视

《礼记》书影（古逸丛书三编影宋淳熙四年抚州公使库刻本）

日蚤莫，侍坐者请出矣。侍坐于君子，君子问更端，则起而对。侍坐于君子，若有告者曰"少间，愿有复也"，则左右屏而待。毋侧听，毋噭应，毋淫视，毋怠荒。游毋倨，立毋跛，坐毋箕，寝毋伏。敛发毋髢，冠毋免，劳毋袒，暑毋褰裳。

博闻强识而让，敦善行而不怠，谓之君子。君子不尽人之欢，不竭人之忠，以全交也。

《礼》曰："君子抱孙不抱子。"此言孙可以为王父尸，子不可以为父尸。为君尸者，大夫士见之，则下之。君知所以为尸者，则自下之，尸必式。乘必以几。

故君子戒慎，不失色于人。国君抚式，大夫下之。大夫抚式，士下之。礼不下庶人，刑不上大夫。刑人不在君侧。

凡仆人之礼，必授人绥。若仆者降等，则受；不然，则否。若仆者降等，则抚仆之手；不然，则自下拘之。客车不入大门，妇人不立乘，犬马不上于堂。故君子式黄发，下卿位，入国不驰，入里必式。

曲礼下

国君不名卿老、世妇，大夫不名世臣、侄、娣，士不名家相、长妾。君大夫之子，不敢自称曰"余小子"；大夫士之子，不敢自称曰"嗣子某"，不敢与世子同名。君使士射，不能，则辞以疾，言曰："某有负薪之忧。"侍于君子，不顾望而对，非礼也。君子行礼，不求变俗。祭祀之礼，居丧之服，哭泣之位，皆如其国之故，谨修其法而审行之。去国三世，爵禄有列于朝，出入有诏于国，若兄弟宗族犹存，则反告于宗后；去国三世，爵禄无列于朝，出入无诏于国，唯兴之日，从新国之法。君子已孤不更名。已孤暴贵，不为父作谥。居丧，未葬，读丧礼；既葬，读祭礼；丧复常，读乐章。

君子将营宫室，宗庙为先，厩库为次，居室为后。凡家造，祭器为先，牺赋为次，养器为后。无田禄者，不设祭器；有田禄者，先为祭服。君子虽贫，不粥祭器；虽寒，不衣祭服；为宫室，不斩于丘木。大夫、士去国，祭器不逾竟。大夫寓祭器于大夫，士寓祭器于士。

天子不言出，诸侯不生名，君子不亲恶。诸侯失地，名；灭同姓，名。

朝言不及犬马。辍朝而顾，不有异事，必有异虑。故辍朝而顾，君子谓之固。

檀弓上

子上之母死而不丧。门人问诸子思曰："昔者子之先君子丧出母乎？"曰："然"。"子之不使白也丧之。何也？"子思曰："昔者吾先君子无所失道，道隆则从而隆，道污则从而污。伋则安能？为伋也妻者，是为白也母；不为伋也妻者，是不为白也母。"故孔氏之不丧出母，自子思始也。

子思曰："丧三日而殡，凡附于身者，必诚必信，勿之有悔焉耳矣。三月而葬，凡附于棺者，必诚必信，勿之有悔焉耳矣。丧三年以为极，亡则弗之忘矣。故君子有终身之忧，而无一朝之患。故忌日不乐。"

曾子曰："尔之爱我也不如彼。君子之爱人也以德，细人之爱人也以姑息。吾何求哉？吾得正而毙焉，斯已矣。"举扶而易之。反席未安而没。

大公封于营丘，比及五世，皆反葬于周。君子曰："乐，乐其所自生。礼，不忘其本。古之人有言曰：'狐死正丘首。'仁也。"

子张病，召申祥而语之曰："君子曰终，小人曰死。吾今日其庶几乎！"曾子曰："始死之奠，其余阁也与？"曾子曰："小功不为位也者，是委巷之礼也。子思之哭嫂也为位，妇人倡踊；申祥之哭言思也亦然。"

曾子谓子思曰："伋！吾执亲之丧也，水浆不入于口者七日。"子思曰："先王之制礼也，过之者俯而就之，不至焉者，跂而及之。故君子之执亲之丧也，水浆不入于口者三日，杖而后能起。"曾子曰："小功不税，则是远兄弟终无服也，而可乎？"

夫昼居于内，问其疾可也；夜居于外，吊之可也。是故君子非有大故，不宿于外；非致齐也，非疾也，不昼夜居于内。

高子皋之执亲之丧也，泣血三年，未尝见齿，君子以为难。

子柳之母死，子硕请具。子柳曰："何以哉？"子硕曰："请粥庶弟之母。"子柳曰："如之何其粥人之母以葬其母也？不可。"既葬，子硕欲以赙布之余具祭器。子柳曰："不可，吾闻之也：君子不家于丧。请班诸兄弟之贫者。"

君子曰："谋人之军师，败则死之；谋人之邦邑，危则亡之。"

从母之夫，舅之妻，二夫人相为服，君子未之言也。或曰同爨缌。

丧事欲其纵纵尔，吉事欲其折折尔。故丧事虽遽不陵节，吉事虽止不怠。故骚骚尔则野，鼎鼎尔则小人，君子盖犹犹尔。丧具，君子耻具，一日二日而可为也者，君子弗为也。

有子问于曾子曰："问丧于夫子乎？"曰："闻之矣：丧欲速贫，死欲速朽。"有子曰："是非君子之言也。"曾子曰："参也闻诸夫子也。"有子又曰："是非君子之言也。"曾子曰："参也与子游闻之。"有子曰："然，然则夫子有为言之也。"

子思之母死于卫，柳若谓子思曰："子，圣人之后也，四方于子乎观礼，子盖慎诸。"子思曰："吾何慎哉？吾闻之：有其礼，无其财，君子弗行也；有其礼，有其财，无其时，君子弗行也。吾何慎哉！"

孔子之丧，有自燕来观者，舍于子夏氏。子夏曰："圣人之葬人与？人之葬圣人也，子何观焉？"

檀弓下

季武子寝疾，蟜固不说齐衰而入见，曰："斯道也，将亡矣；士唯公门说齐衰。"武子曰："不亦善乎，君子表微。"及其丧也，曾点倚其门而歌。

丧礼，哀戚之至也。节哀，顺变也，君子念始之者也。

穆公问于子思曰："为旧君反服，古与？"子思曰："古之君子，进人以礼，退人以礼，故有旧君反服之礼也；今之君子，进人若将加诸膝，退人若将队诸渊，毋为戎首，不亦善乎！又何反服之礼之有？"

曾子曰："晏子可谓知礼也已，恭敬之有焉。"有若曰："晏子一狐裘三十年，遣车一乘，及墓而反。国君七个，遣车七乘；大夫五个，遣车五乘。晏子焉知礼？"曾子曰："国无道，君子耻盈礼焉。国奢，则示之以俭；国俭，则示之以礼。"

文伯之丧，敬姜据其床而不哭，曰："昔者吾有斯子也，吾以将为贤人也，吾未尝以就公室，今及其死也，朋友诸臣未有出涕者，而内人皆行哭失声。斯子也，必多旷于礼矣夫！"

战于郎，公叔禺人遇负杖入保者息，曰："使之虽病也，任之虽重也，君子不能为谋也，士弗能死也。不可！我则既言矣。"与其邻童汪踦往，皆死焉。鲁人欲勿殇重汪踦，问于仲尼。仲尼曰："能执干戈以卫社稷，虽欲勿殇也，不亦可乎！"

晋献文子成室，晋大夫发焉。张老曰："美哉轮焉！美哉奂焉！歌于斯，哭于斯，聚国族于斯。"文子曰："武也得歌于斯，哭于斯，聚国族于斯，是全要领以从先大夫于九京也。"北面再拜稽首。君子谓之善颂善祷。

季孙之母死，哀公吊焉，曾子与子贡吊焉，阍人为君在，弗内也。曾子与子贡入于其厩而修容焉。子贡先入，阍人曰："乡者已告矣。"曾子后入，阍人辟之。涉内霤，卿大夫皆辟位，公降一等而揖之。君子言之曰："尽饰之道，斯其行者远矣。"

王制

凡作刑罚，轻无赦。刑者侀也，侀者成也，一成而不可变，故君子尽心焉。

道路，男子由右，妇人由左，车从中央。父之齿随行，兄之齿雁行，朋友不相逾。轻任并，重任分，斑白者不提挈。君子耆老不徒行，庶人耆老不徒食。

月令

是月也，生气方盛，阳气发泄，句者毕出，萌者尽达，不可以内。天子布德行惠，命有司，发仓廪，赐贫穷，振乏绝；开府库，出币帛，周天下，勉诸侯，聘名士，礼贤者。

是月也，日长至，阴阳争，死生分。君子齐戒，处必掩身，毋躁。止声色，毋或进。薄滋味，毋致和。节嗜欲，定心气，百官静事毋刑，以定晏阴之所成。

是月也，日短至。阴阳争，诸生荡。君子齐戒，处必掩身。身欲宁，去声色，禁耆欲。安形性，事欲静，以待阴阳之所定。

曾子问

曾子问曰："三年之丧，吊乎？"孔子曰："三年之丧，练，不群立，不旅行。君子礼以饰情，三年之丧而吊哭，不亦虚乎？"曾子问曰："大夫、士有私丧，可以除之矣，而有君服焉，其除之也如之何？"孔子曰："有君丧，服于身，不敢私服，又何除焉？于是乎有过时而弗除也。君之丧，服除而后殷祭，礼也。"曾子问曰："父母之丧，弗除可乎？"孔子曰："先王制礼，过时弗举，礼也；非弗能勿除也，患其过于制也，故君子过时不祭，礼也。"

曾子问曰："葬引至于堩，日有食之，则有变乎，且不乎？"孔子曰："昔者，吾从老聃助葬于巷党，及堩，日有食之，老聃曰：'丘！止柩就道右，止哭以听变。'既明反，而后行，曰：'礼也。'反葬而丘问之曰：'夫柩不可以反者也。日有食之，不知其已之迟数，则岂如行哉？'老聃曰：'诸侯朝天子，见日而行，逮日而舍奠；大夫使，见日而行，逮日而舍。夫柩不早出，不暮宿。见星而行者，唯罪人与奔父母之丧者乎！日有食之，安知其不见星也？且君子行礼，不以人之亲痁患。'吾闻诸老聃云。"

子夏问曰："三年之丧卒哭，金革之事无辟也者，礼与？初有司与？"孔子曰："夏后氏三年之丧，既殡而致事，殷人既葬而致事。《记》曰：'君子不夺人之亲，亦不可夺亲也。'此之谓乎！"子夏曰："金革之事无辟也者，非与？"孔子曰："吾闻诸老聃曰：'昔者鲁公伯禽有为为之也。今以三年之丧从其利者，吾弗知也！'"

文王世子

君子曰德，德成而教尊，教尊而官正，官正而国治，君之谓也。

有司告以乐阕，王乃命公、侯、伯、子、男及群吏曰："反！养老幼于东序。"终之以仁也。是故圣人之记事也，虑之以大，爱之以敬，行之以礼，修之以孝养，纪之以义，终之以仁。是故古之人一举事而众皆知其德之备也。古之君子，举大事，必慎其终始，而众安得不喻焉？《兑命》曰："念终始典于学。"

礼运

昔者仲尼与于蜡宾，事毕，出游于观之上，喟然而叹。仲尼之叹，盖叹鲁也。言偃在侧曰："君子何叹？"孔子曰："大道之行也，与三代之英，丘未之逮也，而有志焉。……禹、汤、文、武、成王、周公，由此其选也。此六君子者，未有不谨于礼者也。以著其义，以考其信，著有过，刑仁讲让，示民有常。如有不由此者，在势者去，众以为殃，是谓小康。"

言偃复问曰："如此乎礼之急也？"孔子曰："夫礼，先王以承天之道，以治人之情，故失之者死，得之者生。《诗》曰：'相鼠有体，人而无礼。人而无礼，胡不遄死？'是故夫礼必本于天，殽于地，列于鬼神，达于丧、祭、射、御、冠、昏、朝、聘。故圣人以礼示之，故天下国家可得而正也。"

故政者，君之所以藏身也。是故夫政必本于天，殽以降命。命降于社之谓殽地，降于祖庙之谓仁义，降于山川之谓兴作，降于五祀之谓制度。此圣人所以藏身之固也。故圣人参于天地，并于鬼神，以治政也。处其所存，礼之序也；玩其所乐，民之治也。

故圣人耐以天下为一家，以中国为一人者，非意之也，必知其情，辟于其义，明于其利，达于其患，然后能为之。

故圣人之所以治人七情，修十义，讲信修睦，尚辞让，去争夺，舍礼何以治之？

故圣人作则，必以天地为本，以阴阳为端，以四时为柄，以日星为纪，月以为量，鬼神以为徒，五行以为质，礼义以为器，人情以为田，四灵以为畜。

故礼义也者，人之大端也，所以讲信修睦，而固人之肌、肤之会，筋、骸之束也；所以养生送死，事鬼神之大端也；所以达天道，顺人情之大窦也。故唯圣人为知礼之不可以已也。故坏国、丧家、亡人，必先去其礼。故礼之于人也，犹酒之有蘖也，君子以厚，小人以薄。故圣王修义之柄、礼之序，以治人情。故人情者，圣王之田也。修礼以耕之，陈义以种之，讲学以耨之，本仁以聚之，播乐以安之。

礼器

礼释回，增美质，措则正，施则行。其在人也，如竹箭之有筠也，如松柏之有心也。二者居天下之大端矣，故贯四时而不改柯易叶。故君子有礼，则外谐而内无怨，故物无不怀仁，鬼神飨德。

礼也者，合于天时，设于地财，顺于鬼神，合于人心，理万物者也。是故天时有生也，地理有宜也，人官有能也，物曲有利也。故天不生，地不养，君子不以为礼，鬼神弗飨也。居山以鱼鳖为礼，居泽以鹿豕为礼，君子谓之不知礼。

礼之以多为贵者，以其外心者也。德发扬，诩万物，大理物博，如此，则得不以多为贵乎？故君子乐其发也。礼之以少为贵者，以其内心者也。德产之致也精微，观天子之物无可以称其德者，如此，则得不以少为贵乎？是故君子慎其独也。古之圣人，内之为尊，外之为乐，少之为贵，多之为美。是故先生之制礼也，不可多也，不可寡也，唯其称也。

是故，君子大牢而祭，谓之礼；匹士大牢而祭，谓之攘。管仲镂簋朱纮，山节藻棁，君子以为滥矣。晏平仲祀其先人，豚肩不掩豆；浣衣濯冠以朝，君子以为隘矣。是故君子之行礼也，不可不慎也；众之纪也，纪散而众乱。孔子曰："我战则克，祭则受福。"盖得其道矣。君子曰："祭祀不祈，不麾蚤，不乐葆大，不善嘉事，牲不及肥大，荐不美多品。"

孔子曰："臧文仲安知礼！夏父弗綦逆祀，而弗止也。燔柴于奥。夫奥者，老妇之祭也。盛于盆，尊于瓶。"

礼也者，犹体也。体不备，君子谓之不成人。设之不当，犹不备也。礼有大有小，有显有微。大者不可损，小者不可益，显者不可掩，微者不可大也。故《经礼》三百，《曲礼》三千，其致一也。未有入室而不由户者。

君子之于礼也，有所竭情尽慎，致其敬而诚若，有美而文而诚若。君子之于礼也，有直而行也，有曲而杀也，有经而等也，有顺而讨也，有撕而播也，有推而进也，有放而文也，有放而不致也，有顺而摭也。

君子曰：礼之近人情者，非其至者也。郊血，大飨腥，三献爓，一献孰。是故君子之于礼也，非作而致其情也，此有由始也。

君子曰：无节于内者，观物弗之察矣。欲察物而不由礼，弗之得矣。故作事不以礼，弗之敬矣。出言不以礼，弗之信矣。

是故昔先王之制礼也，因其财物而致其义焉尔。故作大事必顺天时，为朝夕必放于日月，为高必因丘陵，为下必因川泽。是故天时雨泽，君子达亹亹焉。

升中于天，而凤凰降，龟龙假；飨帝于郊，而风雨节，寒暑时。是故圣人南面而立而天下大治。

蘧伯玉曰："君子之人达。"故观其器，而知其工之巧；观其发，而知其人之知。"故曰：君子慎其所以与人者。

祀帝于郊，敬之至也。宗庙之祭，仁之至也。丧礼，忠之至也。备服器，仁之至也。宾客之用币，义之至也。故君子欲观仁义之道，礼其本也。

郊特牲

天垂象，圣人则之，郊所以明天道也。

蜡之祭也：主先啬，而祭司啬也。祭百种以报啬也。飨农及邮表畷、禽兽，仁之至、义之尽也。古之君子，使之必报之。迎猫，为其食田鼠也；迎虎，为其食田豕也，迎而祭之也。

八蜡以记四方。四方年不顺成，八蜡不通，以谨民财也。顺成之方，其蜡乃通，以移民也。既蜡而收，民息已。故既蜡，君子不兴功。

齐之玄也，以阴幽思也。故君子三日齐，必见其所祭者。

玉藻

君无故不杀牛，大夫无故不杀羊，士无故不杀犬、豕。君子远庖厨，凡有血气之类，弗身践也。

君子之居恒当户，寝恒东首。若有疾风、迅雷、甚雨，则必变，虽夜必兴，衣服冠而坐。日五盥，沐稷而靧粱，栉用樿栉，发晞用象栉，进机进羞，工乃升歌。

君子之饮酒也，受一爵而色洒如也，二爵而言言斯，礼已三爵而油油以退，退则坐取屦，隐辟而后屦，坐左纳右，坐右纳左。

士不衣狐白。君子狐青裘豹褎，玄绡衣以裼之；麛裘青犴褎，绞衣以裼之；羔裘豹饰，缁衣以裼之；狐裘，黄衣以裼之。锦衣狐裘，诸侯之服也。

古之君子必佩玉，右徵角，左宫羽。趋以《采齐》，行以《肆夏》，周还中规，折还中矩，进则揖之，退则扬之，然后玉锵鸣也。故君子在车，则闻鸾和之声，行则鸣佩玉，是以非辟之心，无自入也。君在不佩玉，左结佩，右设佩，居则设佩，朝则结佩，齐则綪结佩而爵韠。凡带必有佩玉，唯丧否。佩玉有冲牙；君子无故，玉不去身，君子于玉比德焉。

凡食果实者后君子，火孰者先君子。

君赐车马，乘以拜赐；衣服，服以拜赐；君未有命，弗敢即乘、服也。

君赐，稽首，据掌，致诸地；酒肉之赐，弗再拜。凡赐，君子与小人不同日。

君子之容舒迟，见所尊者齐遬。

大传
圣人南面而听天下，所且先者五，民不与焉：一曰治亲，二曰报功，三曰举贤，四曰使能，五曰存爱。五者一得于天下，民无不足，无不赡者；五者一物纰缪，民莫得其死。圣人南面而治天下，必自人道始矣。

少仪
闻始见君子者，辞曰："某固愿闻名于将命者。"不得阶主。

侍坐于君子，君子欠伸，运笏，泽剑首，还屦，问日之蚤莫，虽请退可也。

仆于君子，君子升、下则授绥；始乘则式；君子下行，然后还立。乘贰车则式，佐车则否。贰车者，诸侯七乘，上大夫五乘，下大夫三乘。有贰车者之乘马、服车不齿。观君子之衣服、服剑、乘马弗贾。

燕侍食于君子，则先饭而后已。毋放饭，毋流歠，小饭而亟之，数噍，毋为口容。

君子不食圂腴。小子走而不趋，举爵则坐祭立饮。凡洗必盥。牛羊之肺，离而不提心。凡羞有湆者，不以齐。为君子择葱薤，则绝其本末。

为人祭曰致福，为己祭而致膳于君子曰膳，祔、练曰告。凡膳告于君子，主人展之，以授使者于阼阶之南，南面，再拜稽首送；反命，主人又再拜稽首。

国家靡敝，则车不雕几，甲不组縢，食器不刻镂，君子不履丝屦，马不常秣。

学记
发虑宪，求善良，足以謏闻，不足以动众；就贤体远，足以动众，未足以化民。君子如欲化民成俗，其必由学乎！玉不琢，不成器；人不学，不知道。

大学之教也，时教必有正业，退息必有居学。不学操缦，不能安弦；不学博依，不能安诗；不学杂服，不能安礼；不兴其艺，不能乐学。故君子之于学也，藏焉，修焉，息焉，游焉。

君子既知教之所由兴，又知教之所由废，然后可以为人师也。故君子之教喻也，道而弗牵，强而弗抑，开而弗达。道而弗牵则和，强而弗抑则易，开而弗达则思；和、易以思，可谓善喻矣。

君子知至学之难易，而知其美恶，然后能博喻，能博喻然后能为师，能为师然后能为长，能为长然后能为君。

良冶之子必学为裘，良弓之子必学为箕，始驾马者反之，车在马前。君子察于此三者，可以有志于学矣。

君子曰：大德不官，大道不器，大信不约，大时不齐。察于此四者，可以有志于本矣。

乐记

乐者，通伦理者也。是故知声而不知音者，禽兽是也。知音而不知乐者，众庶是也。唯君子为能知乐。是故审声以知音，审音以知乐，审乐以知政，而治道备矣。

仁近于乐，义近于礼。乐者敦和，率神而从天；礼者别宜，居鬼而从地。故圣人作乐以应天，制礼以配地。礼乐明备，天地官矣。

著不息者天也，著不动者地也，一动一静者，天地之间也。故圣人曰"礼乐"云。

乐也者，圣人之所乐也，而可以善民心。其感人深，其移风易俗，故先王著其教焉。

土敝则草木不长，水烦则鱼鳖不大，气衰则生物不遂，世乱则礼慝而乐淫。是故其声哀而不庄，乐而不安；慢易以犯节，流湎以忘本；广则容奸，狭则思欲；感条畅之气，而灭平和之德。是以君子贱之也。

凡奸声感人而逆气应之，逆气成象而淫乐兴焉。正声感人而顺气应之，顺气成象而和乐兴焉。倡和有应，回邪曲直各归其分，而万物之理各以类相动也。是故君子反情以和其志，比类以成其行。奸声乱色，不留聪明；淫乐慝礼，不接心术。

君子乐得其道，小人乐得其欲。以道制欲，则乐而不乱；以欲忘道，则惑而不乐。是故君子反情以和其志，广乐以成其教。

乐者，心之动也；声者，乐之象也。文采节奏，声之饰也。君子动其本，乐其象，然后治其饰。是故先鼓以警戒，三步以见方，再始以著往，复乱以饬归。奋疾而不拔，极幽而不隐。独乐其志，不厌其道；备举其道，不私其欲。是故情见而义立，乐终而德尊。君子以好善，小人以听过。故曰："生民之道，乐为大焉。"

魏文侯问于子夏曰："吾端冕而听古乐，则唯恐卧；听郑、卫之音，则不知倦。敢问古乐之如彼何也？新乐之如此何也？"子夏对曰："今夫古乐，进旅退旅，和正以广；弦匏笙簧，会守拊鼓，始奏以文，复乱以武，治乱以相，讯疾以雅。君子于是语，于是道古，修身及家，平均天下。此古乐之发也。"

文侯曰："敢问何如？"子夏对曰："夫古者天地顺而四时当，民有德而五谷昌，疾疢不作而无妖祥，此之谓大当。然后圣人作为父子君臣以为纪纲。纪纲既正，天下大定，天下大定，然后正六律，和五声，弦歌诗、颂。此之谓德音，德音之谓乐。《诗》云：'莫其德音，其德克明。克明克类，克长克君。王此大邦，克顺克俾。俾于文王，其德靡悔。既受帝祉，施于孙子。'此之谓也。今君之所好者，其溺音乎！"

文侯曰："敢问溺音何从出也？"子夏对曰："郑音好滥淫志……为人君者，谨其所好恶而已矣。君好之，则臣为之；上行之，则民从之。《诗》

云：'诱民孔易。'此之谓也。然后圣人作为鞉、鼓、椌、楬、埙、篪，此六者，德音之音也。然后钟、磬、竽、瑟以和之，干、戚、旄、狄以舞之。此所以祭先王之庙也，所以献、酬、酳、酢也，所以官序贵贱各得其宜也，所以示后世有尊卑长幼之序也。钟声铿，铿以立号，号以立横，横以立武。君子听钟声，则思武臣。石声磬，磬以立辨，辨以致死。君子听磬声，则思死封疆之臣。丝声哀，哀以立廉，廉以立志。君子听琴瑟之声，则思志义之臣。竹声滥，滥以立会，会以聚众。君子听竽、笙、箫、管之声，则思畜聚之臣。鼓鼙之声讙，讙以立动，动以进众。君子听鼓鼙之声，则思将帅之臣。君子之听音，非听其铿锵而已也，彼亦有所合之也。"

君子曰：礼乐不可斯须去身。

杂记下

子贡问丧，子曰："敬为上，哀次之，瘠为下。颜色称其情，戚容称其服。"请问兄弟之丧，子曰："兄弟之丧，则存乎书策矣。君子不夺人之丧，亦不可夺丧也。"

或问于曾子曰："夫既遣而包其余，犹既食而裹其余与？君子既食，则裹其余乎？"曾子曰："吾子不见大飨乎？夫大飨，既飨，卷三牲之俎归于宾馆。父母而宾客之，所以为哀也！子不见大飨乎！"非为人丧，问与赐与？

视不明，听不聪，行不正，不知哀，君子病之。

孔子曰："身有疡则浴，首有创则沐，病则饮酒食肉。毁瘠为病，君子弗为也。毁而死，君子谓之无子。"

孔子曰："管仲镂簋而朱纮，旅树而反坫，山节而藻棁。贤大夫也，而难为上也。晏平仲祀其先人，豚肩不掩豆。贤大夫也，而难为下也。君子上不僭上，下不逼下。"

君子有三患：未之闻，患弗得闻也；既闻之，患弗得学也；既学之，患弗能行也。君子有五耻：居其位，无其言，君子耻之；有其言，无其行，君子耻之；既得之而又失之，君子耻之；地有余而民不足，君子耻之；众寡均而倍焉，君子耻之。

祭义

祭不欲数，数则烦，烦则不敬。祭不欲疏，疏则怠，怠则忘。是故君子合诸天道：春禘秋尝。霜露既降，君子履之，必有凄怆之心，非其寒之谓也。春，雨露既濡，君子履之，必有怵惕之心，如将见之。

君子生则敬养，死则敬享，思终身弗辱也。君子有终身之丧，忌日之谓也。

唯圣人为能飨帝，孝子为能飨亲。飨者，乡也，乡之然后能飨焉。是故孝子临尸而不怍。君牵牲，夫人奠盎；君献尸，夫人荐豆。卿大夫相君，命妇相夫人。齐齐乎其敬也！愉愉乎其忠也！勿勿诸其欲其飨之也！

仲尼尝，奉荐而进，其亲也悫，其行也趋趋以数。已祭，子赣问曰："子之言祭，济济漆漆然。今子之祭，无济济漆漆，何也？"子曰："济济者，容也远也。漆漆者，容也自反也。……君子致其济济漆漆，夫何慌惚之有乎？"

圣人以是为未足也，筑为宫室，设为宗、祧，以别亲疏远迩，教民反古复始，不忘其所由生也。众之服自此，故听且速也。

君子反古复始，不忘其所由生也，是以致其敬，发其情，竭力从事，以报其亲，不敢弗尽也。

君子曰：礼乐不可斯须去身。

曾子曰："孝有三：大孝尊亲，其次弗辱，其下能养。"公明仪问于曾子曰："夫子可以为孝乎？"曾子曰："是何言与！是何言与！君子之所为孝者：先意承志，谕父母于道。参，直养者也，安能为孝乎？"

曾子曰："身也者，父母之遗体也。……亨、熟、膻、芗，尝而荐之，非孝也，养也。君子之所谓孝也者，国人称愿然曰：'幸哉，有子如此！'

所谓孝也已。……乐自顺此生,刑自反此作。"

曾子曰:"树木以时伐焉,禽兽以时杀焉。……孝有三:小孝用力,中孝用劳,大孝不匮。思慈爱忘劳,可谓用力矣。尊仁、安义,可谓用劳矣。博施、备物,可谓不匮矣。父母爱之,嘉而弗忘;父母恶之,惧而无怨。父母有过,谏而不逆;父母既没,必求仁者之粟以祀之。此之谓礼终。"

乐正子春下堂而伤其足,数月不出,犹有忧色。门弟子曰:"夫子之足瘳矣,数月不出,犹有忧色,何也?"乐正子春曰:"善如尔之问也!善如尔之问也!吾闻诸曾子,曾子闻诸夫子曰:'天之所生,地之所养,无人为大。父母全而生之,子全而归之,可谓孝矣。不亏其体,不辱其身,可谓全矣。故君子顷步而弗敢忘孝也。'今予忘孝之道,予是以有忧色也。……不辱其身,不羞其亲,可谓孝矣。"

昔者圣人建阴阳天地之情,立以为易。易抱龟南面,天子卷冕北面,虽有明知之心,必进断其志焉,示不敢专,以尊天也。善则称人,过则称己,教不伐,以尊贤也。

祭统

凡治人之道,莫急于礼;礼有五经,莫重于祭。夫祭者,非物自外至者也,自中出,生于心也,心怵而奉之以礼。是故唯贤者能尽祭之义。

贤者之祭也,必受其福。非世所谓福也,福者,备也,备者,百顺之名也。无所不顺者之谓备,言内尽于己而外顺于道也。忠臣以事其君,孝子以事其亲,其本一也。上则顺于鬼神,外则顺于君长,内则以孝于亲,如此之谓备。唯贤者能备,能备然后能祭。是故贤者之祭也,致其诚信与其忠敬,奉之以物,道之以礼,安之以乐,参之以时,明荐之而已矣,不求其为。此孝子之心也。

及时将祭,君子乃齐。齐之为言齐也。齐不齐以致齐者也。是故君子非有大事也,非有恭敬也,则不齐。不齐则于物无防也,嗜欲无止也。及其将齐也，防其邪物，讫其嗜欲，耳不听乐。……是故君子之齐也，专致其精明之德也。

夫祭有三重焉：献之属莫重于祼，声莫重于升歌，舞莫重于武宿夜，此周道也。凡三道者，所以假于外而以增君子之志也，故与志进退；志轻则亦轻，志重则亦重。轻其志而求外之重也，虽圣人弗能得也。是故君子之祭也，必身自尽也，所以明重也。道之以礼，以奉三重而荐诸皇尸，此圣人之道也。

夫祭有馂，馂者，祭之末也，不可不知也。是故古之人有言曰："善终者如始，馂其是已。"是故古之君子曰："尸亦馂鬼神之余也，惠术也，可以观政矣。"

夫祭之为物大矣，其兴物备矣，顺以备者也，其教之本与！是故君子之教也，外则教之以尊其君长，内则教之以孝于其亲。……是故君子之事君也，必身行之，所不安于上，则不以使下；所恶于下，则不以事上；非诸人，行诸己，非教之道也。是故君子之教也，必由其本，顺之至也，祭其是与？故曰：祭者，教之本也已。

夫义者，所以济志也，诸德之发也。是故其德盛者其志厚，其志厚者其义章，其义章者其祭也敬，祭敬则竟内之子孙莫敢不敬矣。是故君子之祭也，必身亲莅之；有故，则使人可也。虽使人也，君不失其义者，君明其义故也。

夫鼎有铭，铭者，自名也，自名以称扬其先祖之美，而明著之后世者也。为先祖者，莫不有美焉，莫不有恶焉。铭之义，称美而不称恶，此孝子孝孙之心也。唯贤者能之。……夫铭者，壹称而上下皆得焉耳矣。是故君子之观于铭也，既美其所称，又美其所为。

古之君子论譔其先祖之美，而明著之后世者也，以比其身，以重其国家如此。子孙之守宗庙社稷者，其先祖无美而称之，是诬也；有善而弗知，不明也；知而弗传，不仁也。此三者，君子之所耻也。

经解

天子者，与天地参……居处有礼，进退有度，百官得其宜，万事得其序。《诗》云："淑人君子，其仪不忒。其仪不忒，正是四国。"此之谓也。

礼之于正国也，犹衡之于轻重也，绳墨之于曲直也，规矩之于方圆也。故衡诚县，不可欺以轻重；绳墨诚陈，不可欺以曲直；规矩诚设，不可欺以方圆；君子审礼，不可诬以奸诈。

故礼之教化也微，其止邪也于未形，使人日徙善远罪而不自知也。是以先王隆之也。《易》曰："君子慎始，差若毫厘，缪以千里。"此之谓也。

哀公问

哀公问于孔子曰："大礼何如？君子之言礼，何其尊也？"孔子曰："丘也小人，不足以知礼。"君曰："否！吾子言之也。"孔子曰："丘闻之：民之所由生，礼为大。……君子以此之为尊敬然。然后以其所能教百姓，不废其会节。有成事，然后治其雕镂、文章、黼黻以嗣。……昔之君子之行礼者如此。"公曰："今之君子，胡莫行之也？"孔子曰："今之君子，好实无厌，淫德不倦，荒怠敖慢，固民是尽，午其众以伐有道；求得当欲，不以其所。昔之用民者由前，今之用民者由后。今之君子莫为礼也。"

孔子侍坐于哀公……公曰："寡人虽无似也，愿闻所以行三言之道，可得闻乎？"孔子对曰："古之为政，爱人为大。所以治爱人，礼为大。所以治礼，敬为大。敬之至矣，大昏为大，大昏至矣。大昏既至，冕而亲迎，亲之也。亲之也者，亲之也。是故君子兴敬为亲，舍敬，是遗亲也。弗爱不亲，弗敬不正。爱与敬，其政之本与！"

孔子遂言曰："昔三代明王之政，必敬其妻子也有道。……君子无不敬也，敬身为大。身也者，亲之枝也，敢不敬与？不能敬其身，是伤其亲；伤其亲，是伤其本；伤其本，枝从而亡。"

公曰："敢问何谓敬身？"孔子对曰："君子过言，则民作辞；过动，则民作则。君子言不过辞，动不过则，百姓不命而敬恭，如是，则能敬其身；能敬其身，则能成其亲矣。"公曰："敢问何谓成亲？"孔子对曰："君子也者，人之成名也。百姓归之名，谓之君子之子。是使其亲为君子也，是为成其亲之名也已！"

公曰："敢问君子何贵乎天道也？"孔子对曰："贵其不已。如日月东西相从而不已也，是天道也；不闭其久，是天道也；无为而物成，是天道也；已成而明，是天道也。"

公曰："寡人惷愚冥烦，子志之心也。"孔子蹴然辟席而对曰："仁人不过乎物，孝子不过乎物。是故仁人之事亲也如事天，事天如事亲。是故孝子成身。"

仲尼燕居

子曰："礼者何也？即事之治也。君子有其事，必有其治。治国而无礼，譬犹瞽之无相与……"

子曰："慎听之，女三人者！吾语女礼，犹有九焉，大飨有四焉。苟知此矣，虽在畎亩之中，事之，圣人已。两君相见，揖让而入门……陈其荐俎，序其礼乐，备其百官。如此，而后君子知仁焉。行中规，还中矩，和鸾中采齐，客出以雍，彻以振羽。是故，君子无物而不在礼矣。入门而金作，示情也。升歌清庙，示德也。下而管象，示事也。是故古之君子，不必亲相与言也，以礼乐相示而已。"

子曰："礼也者，理也；乐也者，节也。君子无理不动，无节不作。不能《诗》，于礼缪；不能乐，于礼素；薄于德，于礼虚。"

子张问政。子曰："师乎！前，吾语女乎！君子明于礼乐，举而错之而已。"子张复问。子曰："师！尔以为必铺几筵，升降酌献酬酢，然后谓之礼乎？尔以为……言而履之，礼也。行而乐之，乐也。君子力此二者以南面而立，夫是以天下太平也……"

孔子闲居

孔子闲居，子夏侍。子夏曰："敢问《诗》云'凯弟君子，民之父母'，何如斯可谓民之父母矣？"孔子曰："夫民之父母乎，必达于礼乐之原，以致五至，而行三无，以横于天下。四方有败，必先知之。此之谓民之父母矣。"

子夏曰："言则大矣！美矣！盛矣！言尽于此而已乎？"孔子曰："何为其然也！君子之服之也，犹有五起焉。"子夏曰："何如？"子曰："无声之乐，气志不违；无体之礼，威仪迟迟；无服之丧，内恕孔悲。……无声之乐，气志既起；无体之礼，施及四海；无服之丧，施于孙子。"

坊记

子言之："君子之道，辟则坊与？坊民之所不足者也。"大为之坊，民犹逾之。故君子礼以坊德，刑以坊淫，命以坊欲。

子云："小人贫斯约，富斯骄。约斯盗，骄斯乱。礼者，因人之情而为之节文，以为民坊者也。故圣人之制富贵也，使民富不足以骄，贫不至于约，贵不慊于上，故乱益亡。"

子云："君子辞贵不辞贱，辞富不辞贫，则乱益亡。故君子与其使食浮于人也，宁使人浮于食。"

子云："君子贵人而贱己，先人而后己，则民作让。故称人之君曰君，自称其君曰寡君。"

子云："有国家者，贵人而贱禄，则民兴让；尚技而贱车，则民兴艺。"故君子约言，小人先言。

子云："上酌民言，则下天上施；上不酌民言，则犯也；下不天上施，则乱也。故君子信让以莅百姓，则民之报礼重。"《诗》云："先民有言，询于刍荛。"

子云："君子弛其亲之过，而敬其美。"《论语》曰："三年无改于父之道，可谓孝矣。"高宗云："三年其惟不言，言乃欢。"

子云："睦于父母之党，可谓孝矣。故君子因睦以合族。"《诗》云："此令兄弟，绰绰有裕；不令兄弟，交相为愈。"

子云："于父之执，可以乘其车，不可以衣其衣。君子以广孝也。"

子云："小人皆能养其亲，君子不敬，何以辨？"

子云："父母在，不称老，言孝不言慈；闺门之内，戏而不叹。"君子以此坊民，民犹薄于孝而厚于慈。

子云："敬则用祭器。故君子不以菲废礼，不以美没礼。"故食礼：主人亲馈，则客祭；主人不亲馈，则客不祭。故君子苟无礼，虽美不食焉。《易》曰："东邻杀牛，不如西邻之禴祭，实受其福。"《诗》云："既醉以酒，既饱以德。"以此示民，民犹争利而忘义。

子云："孝以事君，弟以事长。"示民不贰也，故君子有君不谋仕，唯卜之日称二君。丧父三年，丧君三年，示民不疑也。父母在，不敢有其身，不敢私其财，示民有上下也。故天子四海之内无客礼，莫敢为主焉。故君适其臣，升自阼阶，即位于堂，示民不敢有其室也。父母在，馈献不及车马，示民不敢专也。以此坊民，民犹忘其亲而贰其君。

子云："礼之先币帛也，欲民之先事而后禄也。"先财而后礼，则民利；无辞而行情，则民争。故君子于有馈者，弗能见则不视其馈。《易》曰："不耕获，不菑畬，凶。"以此坊民，民犹贵禄而贱行。

子云："君子不尽利以遗民。"《诗》云："彼有遗秉，此有不敛穧，伊寡妇之利。"故君子仕则不稼，田则不渔，食时不力珍。大夫不坐羊，士不坐犬。《诗》云："采葑采菲，无以下体，德音莫违，及尔同死。"以此坊民，民犹忘义而争利，以亡其身。

子云："寡妇之子，不有见焉，则弗友也，君子以辟远也。故朋友之交，主人不在，不有大故，则不入其门。以此坊民，民犹以色厚于德。"

子云："好德如好色。诸侯不下渔色，故君子远色以为民纪。故男女授受不亲……妇人疾，问之，不问其疾。以此坊民，民犹淫泆而乱于族。"

中庸

天命之谓性，率性之谓道，修道之谓教。道也者，不可须臾离也，可离非道也。是故君子戒慎乎其所不睹，恐惧乎其所不闻。莫见乎隐，莫显乎微。故君子慎其独也。

仲尼曰："君子中庸，小人反中庸。君子之中庸也，君子而时中；小人之中庸也，小人而无忌惮也。"

子曰："道之不行也，我知之矣，知者过之，愚者不及也；道之不明也，我知之矣，贤者过之，不肖者不及也。人莫不饮食也，鲜能知味也。"

子路问强。子曰："南方之强与？北方之强与？抑而强与？宽柔以教，不报无道，南方之强也，君子居之。衽金革，死而不厌，北方之强也，而强者居之。故君子和而不流，强哉矫！中立而不倚，强哉矫！国有道，不变塞焉，强哉矫！国无道，至死不变，强哉矫！"

子曰："素隐行怪，后世有述焉，吾弗为之矣。君子遵道而行，半涂而废，吾弗能已矣。君子依乎中庸，遁世不见知而不悔，唯圣者能之。君子之道费而隐。夫妇之愚，可以与知焉，及其至也，虽圣人亦有所不知焉；夫妇之不肖，可以能行焉，及其至也，虽圣人亦有所不能焉。天地之大也，人犹有所憾，故君子语大，天下莫能载焉；语小，天下莫能破焉。《诗》云：'鸢飞戾天，鱼跃于渊。'言其上下察也。君子之道，造端乎夫妇，及其至也，察乎天地。"

子曰："道不远人。人之为道而远人，不可以为道。《诗》云：'伐柯伐柯，其则不远。'执柯以伐柯，睨而视之，犹以为远。故君子以人治人，改而止。忠恕违道不远，施诸己而不愿，亦勿施于人。君子之道四，丘未能一焉：所求乎子以事父，未能也；所求乎臣以事君，未能也；所求乎弟以事兄，未能也；所求乎朋友先施之，未能也。庸德之行，庸言之谨，有所不足，不敢不勉，有余，不敢尽；言顾行，行顾言，君子胡不慥慥尔！"

君子素其位而行，不愿乎其外。素富贵，行乎富贵；素贫贱，行乎贫贱；素夷狄，行乎夷狄；素患难，行乎患难：君子无入而不自得焉。在上位不陵下，在下位不援上，正己而不求于人，则无怨。上不怨天，下不尤人。故君子居易以俟命，小人行险以侥幸。

子曰："射有似乎君子，失诸正鹄，反求诸其身。"

君子之道，辟如行远必自迩，辟如登高必自卑。《诗》曰："妻子好合，如鼓瑟琴；兄弟既翕，和乐且耽。宜尔室家，乐尔妻帑。"

子曰："舜其大孝也与！德为圣人，尊为天子，富有四海之内，宗庙飨之，子孙保之。故大德必得其位，必得其禄，必得其名，必得其寿。故天之生物，必因其材而笃焉。故栽者培之，倾者覆之。《诗》曰：'嘉乐君子，宪宪令德！宜民宜人，受禄于天。保佑命之，自天申之！'故大德者必受命。"

哀公问政。子曰："文武之政，布在方策。其人存，则其政举；其人亡，则其政息。人道敏政，地道敏树。夫政也者，蒲卢也。故为政在人，取人以身，修身以道，修道以仁。……故君子不可以不修身；思修身，不可以不事亲；思事亲，不可以不知人；思知人，不可以不知天。"

诚者，天之道也；诚之者，人之道也。诚者不勉而中，不思而得，从容中道，圣人也。诚之者，择善而固执之者也。

诚者自成也，而道自道也。诚者物之终始，不诚无物。是故君子诚之为贵。诚者非自成己而已也，所以成物也。成己，仁也；成物，知也。性之德也，合外内之道也，故时措之宜也。

大哉圣人之道，洋洋乎！发育万物，峻极于天。优优大哉！礼仪三百，威仪三千。待其人然后行。故曰苟不至德，至道不凝焉。故君子尊德性而道问学，致广大而尽精微，极高明而道中庸。

王天下有三重焉，其寡过矣乎！上焉者虽善无征，无征不信，不信民弗从；下焉者虽善不尊，不尊不信，不信民弗从。故君子之道：本诸身，征诸庶民，考诸三王而不缪，建诸天地而不悖，质诸鬼神而无疑，百世以俟圣人而不惑。质诸鬼神而无疑，知天也；百世以俟圣人而不惑，知人也。是故君子动而世为天下道，行而世为天下法，言而世为天下则。远之则有望，近之则不厌。《诗》曰："在彼无恶，在此无射；庶几夙夜，以永终誉！"君子未有不如此而蚤有誉于天下者也。

《诗》曰"衣锦尚䌹"，恶其文之著也。故君子之道，闇然而日章；小人之道，的然而日亡。君子之道：淡而不厌，简而文，温而理，知远之近，知风之自，知微之显，可与入德矣。

《诗》云："潜虽伏矣，亦孔之昭！"故君子内省不疚，无恶于志。君子所不可及者，其唯人之所不见乎！

《诗》云："相在尔室，尚不愧于屋漏。"故君子不动而敬，不言而信。

《诗》曰："奏假无言，时靡有争。"是故君子不赏而民劝，不怒而民威于铁钺。

《诗》曰："不显惟德！百辟其刑之。"是故君子笃恭而天下平。

表记

子言之："归乎！君子隐而显，不矜而庄，不厉而威，不言而信。"子曰："君子不失足于人，不失色于人，不失口于人，是故君子貌足畏也，色足惮也，言足信也。《甫刑》曰：'敬忌而罔有择言在躬。'"

子曰："君子慎以辟祸，笃以不掩，恭以远耻。"

子曰："君子庄敬日强，安肆日偷。君子不以一日使其躬儳焉，如不终日。"

子言之："仁者，天下之表也。义者，天下之制也。报者，天下之利也。"

子曰："无欲而好仁者，无畏而恶不仁者，天下一人而已矣。是故君子议道自己，而置法以民。"

子曰："仁有三，与仁同功而异情。与仁同功，其仁未可知也。与仁同过，然后其仁可知也。仁者安仁，知者利仁，畏罪者强仁。仁者右也，道者左也。仁者人也，道者义也。厚于仁者薄于义，亲而不尊；厚于义者薄于仁，尊而不亲。道有至义有考。至道以王，义道以霸，考道以为无失。"

子言之："仁有数，义有长短小大。中心憯怛，爱人之仁也。率法而强之，资仁者也。《诗》云：'丰水有芑，武王岂不仕，诒厥孙谋，以燕翼子，武王烝哉！'数世之仁也。《国风》曰：'我今不阅，皇恤我后。'终身之仁也。"

子曰："仁之为器重，其为道远，举者莫能胜也，行者莫能致也，取数多者仁也，夫勉于仁者，不亦难乎？是故君子以义度人，则难为人；以人望人，则贤者可知已矣。"

子曰："中心安仁者，天下一人而已矣。《大雅》曰：'德輶如毛，民鲜克举之，我仪图之。惟仲山甫举之，爱莫助之。'《小雅》曰：'高山仰止，景行行止。'"

子曰："《诗》之好仁如此。乡道而行，中道而废，忘身之老也，不知年数之不足也，俛焉日有孳孳，毙而后已。"

子曰："仁之难成久矣！人人失其所好，故仁者之过易辞也。"子曰："恭近礼，俭近仁，信近情，敬让以行此，虽有过，其不甚矣。夫恭寡过，情可信，俭易容也，以此失之者，不亦鲜乎？"《诗》曰："温温恭人，惟德之基。"

子曰："仁之难成久矣，唯君子能之。是故君子不以其所能者病人，不以人之所不能者愧人。是故圣人之制行也，不制以己，使民有所劝勉愧耻，以行其言。礼以节之，信以结之，容貌以文之，衣服以移之，朋友以极之，欲民之有壹也。《小雅》曰：'不愧于人，不畏于天。'是故君子服其服，则文以君子之容；有其容，则文以君子之辞；遂其辞，则实以君子之德。是故君子耻服其服而无其容，耻有其容而无其辞，耻有其辞而无其德，耻有其德而无其行。是故君子衰绖则有哀色，端冕则有敬色，甲胄则有不可辱之色。《诗》云：'维鹈在梁，不濡其翼；彼记之子，不称其服。'"

子言之："君子之所谓义者，贵贱皆有事于天下；天子亲耕，粢盛秬鬯以事上帝，故诸侯勤以辅事于天子。"子曰："下之事上也，虽有庇民之大德，不敢有君民之心，仁之厚也。是故君子恭俭以求役仁，信让以求役礼，不自尚其事，不自尊其身，俭于位而寡于欲，让于贤，卑己而尊人，小心而畏义，求以事君，得之自是，不得自是，以听天命。"

《诗》云："莫莫葛藟，施于条枚；凯弟君子，求福不回。"其舜、禹、文王、周公之谓与！有君民之大德，有事君之小心。《诗》云："惟此文王，小心翼翼，昭事上帝，聿怀多福，厥德不回，以受方国。"

子曰："先王谥以尊名，节以壹惠，耻名之浮于行也。是故君子不自大其事，不自尚其功，以求处情；过行弗率，以求处厚；彰人之善而美人之功，以求下贤。是故君子虽自卑，而民敬尊之。"

子言之："君子之所谓仁者，其难乎！《诗》云：'凯弟君子，民之父母。'凯以强教之，弟以说安之，乐而毋荒，有礼而亲，威庄而安，孝慈而敬，使民有父之尊，有母之亲。如此而后可以为民父母矣，非至德其孰能如此乎？"

子言之曰："后世虽有作者，虞帝弗可及也已矣。君天下，生无私，死不厚其子；子民如父母，有憯怛之爱，有忠利之教；亲而尊，安而敬，威而爱，富而有礼，惠而能散；其君子尊仁畏义，耻费，轻实，忠而不犯，义而顺，文而静，宽而有辨。"

子曰："事君大言入则望大利，小言入则望小利。故君子不以小言受大禄，不以大言受小禄。"《易》曰："不家食，吉。"

子曰："事君难进而易退，则位有序，易进而难退则乱也。故君子三揖而进，一辞而退，以远乱也。"

子曰："君子不以辞尽人。故天下有道，则行有枝叶；天下无道，则辞有枝叶。是故君子于有丧者之侧，不能赙焉，则不问其所费；于有病者之侧，不能馈焉，则不问其所欲；有客，不能馆，则不问其所舍。故君子之接如水，小人之接如醴；君子淡以成，小人甘以坏。《小雅》曰：'盗言孔甘，乱是用餤。'"

子曰："君子不以口誉人，则民作忠。故君子问人之寒，则衣之；问人之饥，则食之；称人之美，则爵之。《国风》曰：'心之忧矣，于我归说。'"

子曰："口惠而实不至，怨菑及其身。是故君子与其有诺责也，宁有已怨。《国风》曰：'言笑晏晏，信誓旦旦，不思其反；反是不思，亦已焉哉！'"

子曰："君子不以色亲人；情疏而貌亲，在小人，则穿窬之盗也与？"

子曰："情欲信，辞欲巧。"

子曰："君子敬则用祭器。是以不废日月，不违龟筮，以敬事其君长，是以上不渎于民，下不亵于上。"

缁衣

子曰："王言如丝，其出如纶；王言如纶，其出如綍。故大人不倡游言。可言也，不可行，君子弗言也；可行也，不可言，君子弗行也。则民言不危行，而行不危言矣。《诗》云：'淑慎尔止，不愆于仪。'"

子曰："君子道人以言，而禁人以行。故言必虑其所终，而行必稽其所敝；则民谨于言而慎于行。《诗》云：'慎尔出话，敬尔威仪。'《大雅》曰：'穆穆文王，于缉熙敬止。'"

子曰："为上可望而知也，为下可述而志也，则君不疑于其臣，而臣不惑于其君矣。《尹吉》曰：'惟尹躬及汤，咸有壹德。'《诗》云：'淑人君子，其仪不忒。'"

子曰："小人溺于水，君子溺于口，大人溺于民，皆在其所亵也。夫水近于人而溺人，德易狎而难亲也，易以溺人；口费而烦，易出难悔，易以溺人；夫民闭于人，而有鄙心，可敬不可慢，易以溺人。故君子不可以不慎也。"

子曰："言有物而行有格也，是以生则不可夺志，死则不可夺名。故君子多闻，质而守之；多志，质而亲之；精知，略而行之。《君陈》曰：'出入自尔师虞，庶言同。'《诗》云：'淑人君子，其仪一也。'"

子曰："唯君子能好其正，小人毒其正。故君子之朋友有乡，其恶有方；是故迩者不惑，而远者不疑也。《诗》云：'君子好仇。'"

子曰："私惠不归德，君子不自留焉。《诗》云：'人之好我，示我周行。'"

子曰："言从而行之，则言不可饰也；行从而言之，则行不可饰也。故君子寡言而行，以成其信，则民不得大其美而小其恶。《诗》云：'白圭之玷，尚可磨也；斯言之玷，不可为也。'《小雅》曰：'允也君子，展也大成。'"

问丧

或问曰："死三日而后敛者何也？"曰："孝子亲死，悲哀志懑，故匍匐而哭之，若将复生然，安可得夺而敛之也。故曰，三日而后敛者，以俟其生也。三日而不生，亦不生矣，孝子之心亦益衰矣，家室之计，衣服之具，亦可以成矣，亲戚之远者亦可以至矣。是故圣人为之断决，以三日为之礼制也。"

服问

凡见人无免绖，虽朝于君无免绖。唯公门有税齐衰。《传》曰："君子不夺人之丧，亦不可夺丧也。"

三年问

将由夫修饰之君子与？则三年之丧，二十五月而毕，若驷之过隙，然而遂之，则是无穷也。

深衣

古者深衣盖有制度，以应规、矩、绳、权、衡。……负绳抱方者，以直其政，方其义也。故《易》曰："坤，六二之动，直以方也。"下齐如权衡者，以安志而平心也。五法已施，故圣人服之。故规、矩取其无私，绳取其直，权衡取其平。故先王贵之。故可以为文，可以为武，可以摈相，可以治军旅，完且弗费，善衣之次也。

儒行

鲁哀公问于孔子曰："夫子之服，其儒服与？"孔子对曰："丘少居鲁，衣逢掖之衣；长居宋，冠章甫之冠。丘闻之也：君子之学也博，其服也乡。丘不知儒服。"

大学

所谓诚其意者，毋自欺也，如恶恶臭，如好好色，此之谓自谦，故君子必慎其独也！小人闲居为不善，无所不至，见君子而后厌然，掩其不善，而著其善。人之视己，如见其肺肝然，则何益矣！此谓诚于中，形于外，故君子必慎其独也。曾子曰："十目所视，十手所指，其严乎！"富润屋，德润身，心广体胖，故君子必诚其意。

《诗》云："瞻彼淇澳，菉竹猗猗。有斐君子，如切如磋，如琢如磨。瑟兮僴兮，赫兮喧兮。有斐君子，终不可喧兮！""如切如磋"者，道学也；"如琢如磨"者，自修也；"瑟兮僴兮"者，恂栗也；"赫兮喧兮"者，威仪也；"有斐君子，终不可喧兮"者，道盛德至善，民之不能忘也。

《诗》云："於戏前王不忘！"君子贤其贤而亲其亲，小人乐其乐而利其利，此以没世不忘也。

《康诰》曰："克明德。"《太甲》曰："顾諟天之明命。"《帝典》曰："克明峻德。"皆自明也。汤之《盘铭》曰："苟日新，日日新，又日新。"《康诰》曰："作新民。"《诗》云："周虽旧邦，其命惟新。"是故君子无所不用其极。

所谓治国必先齐其家者，其家不可教而能教人者，无之。故君子不出家而成教于国：孝者，所以事君也；弟者，所以事长也；慈者，所以使众也。

尧、舜率天下以仁,而民从之。桀、纣率天下以暴,而民从之。其所令反其所好,而民不从。是故君子有诸己而后求诸人,无诸己而后非诸人。所藏乎身不恕,而能喻诸人者,未之有也。

所谓平天下在治其国者:上老老而民兴孝,上长长而民兴弟,上恤孤而民不倍,是以君子有絜矩之道也。

《诗》云:"乐只君子,民之父母。"民之所好好之,民之所恶恶之,此之谓民之父母。

《诗》云:"殷之未丧师,克配上帝。仪监于殷,峻命不易。"道得众则得国,失众则失国。是故君子先慎乎德。有德此有人,有人此有土,有土此有财,有财此有用。

《秦誓》曰:"若有一介臣……以不能保我子孙黎民,亦曰殆哉!"唯仁人放流之,迸诸四夷,不与同中国,此谓唯仁人为能爱人,能恶人。见贤而不能举,举而不能先,命也;见不善而不能退,退而不能远,过也。好人之所恶,恶人之所好,是谓拂人之性,菑必逮夫身。是故君子有大道,必忠信以得之,骄泰以失之。

生财有大道。生之者众,食之者寡,为之者疾,用之者舒,则财恒足矣。仁者以财发身,不仁者以身发财。未有上好仁而下不好义者也,未有好义其事不终者也,未有府库财非其财者也。孟献子曰:"畜马乘,不察于鸡豚;伐冰之家,不畜牛羊;百乘之家,不畜聚敛之臣。与其有聚敛之臣,宁有盗臣。"此谓国不以利为利,以义为利也。长国家而务财用者,必自小人矣。彼为善之,小人之使为国家,菑害并至。虽有善者,亦无如之何矣!此谓国不以利为利,以义为利也。

昏义

昏礼者,将合二姓之好,上以事宗庙,而下以继后世也。故君子重之。

乡饮酒义

尊让絜敬也者，君子之所以相接也。君子尊让则不争，絜敬则不慢，不慢不争，则远于斗辨矣；不斗辨则无暴乱之祸矣，斯君子之所以免于人祸也，故圣人制之以道。

乡人、士、君子，尊于房户之间，宾主共之也。尊有玄酒，贵其质也。羞出自东房，主人共之也。洗当东荣，主人之所以自絜而以事宾也。

仁义接，宾主有事，俎豆有数，曰圣；圣立而将之以敬，曰礼；礼以体长幼，曰德。德也者，得于身也。故曰，古之学术道者，将以得身也，是故圣人务焉。

君子之所谓孝者，非家至而日见之也；合诸乡射，教之乡饮酒之礼，而孝弟之行立矣。孔子曰："吾观于乡而知王道之易易也。"

射义

故《诗》曰："曾孙侯氏，四正具举。大夫君子，凡以庶士，小大莫处，御于君所，以燕以射，则燕则誉。"言君臣相与尽志于射，以习礼乐，则安则誉也。

射者，仁之道也。射求正诸己，己正而后发；发而不中则不怨胜己者，反求诸己而已矣。孔子曰："君子无所争，必也射乎！揖让而升，下而饮，其争也君子。"

孔子曰："射者何以射？何以听？循声而发，发而不失正鹄者，其唯贤者乎！若夫不肖之人，则彼将安能以中？"

聘义

聘礼，上公七介，侯伯五介，子男三介，所以明贵贱也。介绍而传命，君子于其所尊弗敢质，敬之至也。

君使士迎于竟，大夫郊劳，君亲拜迎于大门之内而庙受，北面拜贶，拜君命之辱，所以致敬也。敬让也者，君子之所以相接也。故诸侯相接以敬让，则不相侵陵。

　　聘、射之礼，至大礼也。质明而始行事，日几中而后礼成，非强有力者弗能行也。故强有力者将以行礼也。酒清，人渴而不敢饮也；肉干，人饥而不敢食也；日莫人倦，齐庄正齐而不敢解惰：以成礼节，以正君臣，以亲父子，以和长幼。此众人之所难，而君子行之，故谓之有行；有行之谓有义，有义之谓勇敢。

　　子贡问于孔子曰："敢问君子贵玉而贱碈者何也？为玉之寡而碈之多与？"孔子曰："非为碈之多故贱之也，玉之寡故贵之也。夫昔者君子比德于玉焉：温润而泽，仁也；缜密以栗，知也；廉而不刿，义也；垂之如队，礼也；叩之其声清越以长，其终诎然，乐也；瑕不掩瑜，瑜不掩瑕，忠也；孚尹旁达，信也；气如白虹，天也；精神见于山川，地也；圭璋特达，德也。天下莫不贵者，道也。《诗》云：'言念君子，温其如玉。'故君子贵之也。"

丧服四制

　　始死，三日不怠，三月不解，期悲哀，三年忧，恩之杀也。圣人因杀以制节，此丧之所以三年，贤者不得过，不肖者不得不及。此丧之中庸也，王者之所常行也。

　　父母之丧，衰冠、绳缨、菅屦，三日而食粥，三月而沐，期十三月而练冠，三年而祥。比终兹三节者，仁者可以观其爱焉，知者可以观其理焉，强者可以观其志焉。礼以治之，义以正之，孝子、弟弟、贞妇皆可得而察焉。

大戴礼记

《大戴礼记》简介

《大戴礼记》一般被认为是西汉末礼学家戴德所编关涉《仪礼》的参考资料汇集（现代有学者认为该书成于东汉中期，不过并未获得普遍认可），又名《大戴礼》《大戴记》。

与《大戴礼记》同时者有戴圣的《小戴礼记》。戴德为戴圣叔父，两人同时就学于当时的著名学者后仓，俱精通礼学。但二书在后世的命运却判若云泥。《小戴礼记》因有东汉郑玄之注，此后唐代孔颖达作《礼记正义》，以为科举考试标准，至宋时更列为十三经之一，历代研习者不绝。《大戴礼记》则由于重视不足而逐渐散佚，至南宋时已亡失大半。虽然后人对其加以辑录，但始终未像《小戴礼记》那样进入经典之列，以至于清人编《四库全书》时，只把它附在《小戴礼记》之后。不过，自清代开始，此书逐渐受到重视，研究成果也日益丰富。孔广森《大戴礼记补注》、汪照《大戴礼记注补》、王聘珍《大戴礼记解诂》等是重要的注疏性著作。据传该书原有八十五篇，然而其中四十六篇至迟在唐代已亡佚，现今通行的一般为经过北周卢辩注释流传下来的三十九篇版本。其内容涉及古代礼仪、哲学思想、古史旧闻、孔子和孔门后学言论等等，为研究先秦礼制和早期儒家学派思想提供了十分珍贵的文献资料，具有重要的史料价值和学术意义。

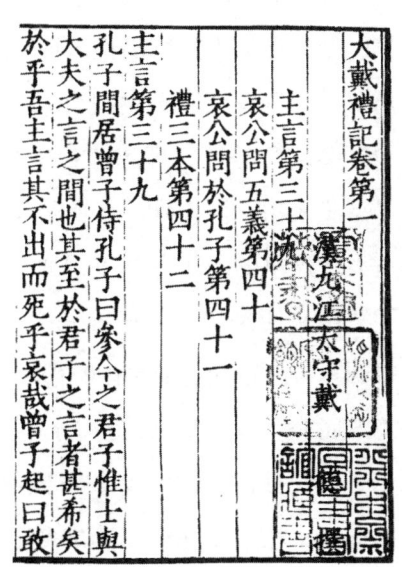

《大戴礼记》书影（四部丛刊初编影无锡孙氏小绿天藏嘉趣堂刊本）

《大戴礼记》中的"君子"

今传《大戴礼记》中所载文章体裁大致有两种。其中大部分为言论录述，这些录述既有单人独语，也有两人对话的形式。另有一小部分为纯粹论述文字。

《大戴礼记》中论述"君子"处非常多，关于"君子"的内容在上述两种形式之中都占有很大篇幅。在这些论述之中，或直接界定"君子"的德行，或征引前代典籍如《周易》《诗经》以为佐证，使得"君子"展现出较为丰富的内涵。

《大戴礼记》诸篇虽成书年代跨度较大，不过其中"君子"的含义还是有较为一致的属性的。为辨明《大戴礼记》中"君子"的含义，我们有必要区分现实之"君子"和理想之"君子"。所谓现实之"君子"，即《哀公问于孔子》中的"今之君子"。该篇之中，有"君子"与"小人"的对举。孔子自称"小人"，虽有自谦成分，但根据语境，这里的"君子"与"小人"当是就其职位高下而言。从篇中所载来看，孔子论及"今之君子"，认为他们无论在个人道德品性方面还是政治才能方面都无足称道。这可视作对当时社会中官员素质的批评。不过，《大戴礼记》毕竟不是时事评论，书中更多的乃是标举理想"君子"为人处世的风范。《哀公问五义》中，孔子品藻人物，将其分成五个第次，从下到上依次为庸人、士、君子、贤人、圣人。这里的君子主要以德而论。不过，综合全书来看，儒家的理想"君子"历来便是德与位相统一之人，然首在"养德"，个人在迫于时势不能得到相应之位时，只要德性仍然具足，也无损于其"君子"之称。于是，"重德"而非"尊位"，成为区分是否为理想"君子"的重要标志。

书中数次援引《易》"君子慎始"之语，经由"慎始"之工夫，可以向道德、学问、礼仪、政事多个层面辐射，而其发端之处在于个体的道德修养。孔子倡"仁"，于是"仁"便成为儒家理想之"君子"最为核心的道德品质。"是故君子以仁为尊。天下之为富何为富？则仁为富也。天下之为贵何为贵？则仁为贵也。"（《曾子制言中》）与"仁"相并列的道德品质还有"义""智""勇""贞"（见《劝学》）等等。这些道德品质的内涵本来交融互摄，若分别言之，则"君子"乃是以"仁"为心之本体，而以"义""智""勇""贞"等其他品质为心在具体事理上的发用。

在道德情感方面，作为"君子"，最为重要的在于"爱"与"敬"。"弗爱不亲，弗敬不正，爱与敬其政之本与？"（《哀公问于孔子》）孔子将"君子"所应当具备的"爱"与"敬"两种道德情感提到了为政之基的地位上来，赋予了其无与伦比的重要性。"君子无不敬也，敬身为大。""古之为政，爱人为大。"（《哀公问于孔子》）由"敬身"（内）而至"爱人"（外），乃是儒家德政理想的典型思路。

此外，君子为处理好社会人伦关系，在不同层面需要遵守与之相宜的道德规范。事父母须孝，事君须忠，夫妇须敬，事兄须悌，事友须信。其中"孝""悌"是根本之道。"孝子善事君，弟弟善事长。君子一孝一弟，可谓知终矣。"（《曾子立孝》）而"孝"更被认为是"天下之大经"（《曾子大孝》）。这也是"家国一体"的政治伦理体系的必然要求。在这种道德规范之中，特别值得注意的是"君子"对待仇人的态度："父母之雠，不与同生；兄弟之雠，不与聚国；朋友之雠，不与聚乡；族人之雠，不与聚邻。"（《曾子制言上》）这固然是维护共同的道德规范、保障稳固的政治秩序的必然要求，但这种态度缺乏宽容博爱的精神，甚至可能发展成为道德专制，而滑向对人性的戕害。这种颇具危险倾向的道德规范并不值得我们当代人效仿。

具备了以上道德修养的"君子"，还应当处理好其德性与言行、利欲、富贵、名誉，乃至生死之间微妙而复杂的关系。

言语是个人智慧、德性的体现。《曾子立事》谓君子"多言而慎焉"，即说话态度谨慎，同时，所言符合实际，"疑则不言，未问则不言"，"可言而不信，宁无言也"。对于他人之言，君子能做到"人言不信不和"，同时，"不唱流言"，使流言自生自灭。至于言行关系，书中认为君子应当"先行后言""微言而笃行之"，这与《论语》"君子讷于言而敏于行"的教导一脉相承。

"君子"并非没有欲望和对于利益的要求，但绝不沉溺于其中，"见利思辱……嗜欲思耻"，将对利欲的过分追求视为耻辱，因而尽可能地"去私欲，从事于义"（《曾子立事》），"无以利害义"（《曾子疾病》），以"义"来对"私利"和"私欲"加以节制，最终达到"与民同利"（《哀公问于孔子》）的境地。

所以，"君子"并不排斥富贵，但对富贵有正确的态度。"故君子南面临官，贵而不骄，富恭有本能图。"（《子张问入官》）而且"君子"以"独贵独富"为耻。若这种富贵是以不正当方式获取的，那么"君子"宁愿持守贫贱，"富以苟，不如贫以誉"（《曾子制言上》）。君子即使处于贫贱之中，也能做到"无悒悒于贫，无勿勿于贱。"（《曾子制言中》）贫贱乃是对个人能否持守"君子"品格的考验，即使在贫贱之中，"君子"同样能够坦然处之。

"君子"积极求取与其相称的名誉。不过"君子欲誉则谨其所便，欲名则谨于左右"（《子张问入官》）。君子求名，乃是从谨小慎微的实处做起，在此过程之中，始终遵循着"名副其实"的传统。苟无其实，但有其名，所谓"声闻过情"，也为君子所耻；苟有其实，虽无其名，君子亦能安之若素。"君子"对于个人名声的在意，甚至到了刚烈的程度。"生以辱，不如死以荣。辱可避，避之而已矣；及其不可避也，君子视死若归。"（《曾子制言上》）这实在是儒家理想人格形态的光辉写照。

君子"尊德性而道问学"，"问学"是求得"德性"完满的必经之路。"学"的自觉在先秦时期便已开启，在《大戴礼记》中也体现得十分鲜明，其中尤以《曾子立事》与《劝学》最为突出。《曾子立事》中强调"学"与

"博""习""知""行""让"五者之间的关系，认为"君子之学，致此五者而已矣"。《劝学》引荀子之论，以"学不可以已"贯穿全文，论述了学习的重要性及具体的步骤、方法和最终目的。"生乎由是，死乎由是，夫是之谓德操。德操然后能定，能定然后能应。能定能应，夫是之谓成人。"这最终目的便是臻至能够持守"全""粹"德操的"成人"之境。"学"与"德"由是统一。

《诗》云："恺悌君子，民之父母。"君子修学励德，不能仅独善其身，而应当造福百姓。《大戴礼记》中多处论及"君子"应如何治理、教化民众。《子张问入官》论述了管理百姓的根本原则，如"宽裕以容其民，慈爱以优柔之"，"知民之性，达诸民之情"，"不临以高，不道以远，不责民之所不能"等，这些都可以作为理想政治的永恒法则。在管理民众的具体方法上，《大戴礼记》"以礼为本"，认为"民之所由生，礼为大"，"为政先礼，礼者，政之本与"，将"礼"作为政治管理的基础。"君子"在"礼教"的实施过程中发挥着重要作用："君子以此之为尊敬然。然后以其所能教百姓，不废其会节。"（《哀公问于孔子》）由礼教而致百姓的崇德向化，进而至于政治秩序的巩固完善。

"礼有三本：天地者，性之本也；先祖者，类之本也；君师者，治之本也。……故礼，上事天，下事地，宗事先祖，而宠君师，是礼之三本也。"（《礼三本》）《大戴礼记》极力凸显了君子之德作为政治基础的重要性，"君子"成德是一个需要不断纯化提升的过程，在此过程之中，其德当与其位匹配，由是君子便能通过"礼"的教化作用将天地、祖宗、君师统一起来，将自身、家庭、国家、自然统一起来，从而实现人道、政道与天道之间的完美谐和。这也是儒家的最高政治理想之所在。

现实启示

虽然《大戴礼记》的地位和影响远不如《礼记》，但是其中依然有很多值得今天的我们借鉴的内容。诸如"良贾深藏如虚，君子有盛教如无""富以苟，不如贫以誉""先忧事者后乐事，先乐事者后忧事"之类的格言警句比比皆是。其中谈到君子的话语可以带给我们深刻的启示。这里略举一些例子。

《大戴礼记》中多处提到君子要"慎"，慎于言、慎于行。《保傅》："《易》曰：'正其本，万物理。失之毫厘，差之千里。'故君子慎始也。"事情的开端非常重要，好的开始是成功的一半，正本清源，万事万物皆可理顺，初始之时细微的失误，可能会导致大的差错。因此，做事情一开始就要慎重，在行动之前必须深思熟虑，"君子虑胜气，思而后动，论而后行，行必思言之，言之必思复之，思复之必思无悔言，亦可谓慎矣"（《曾子立事》）。

言行的慎重体现在少说话多做事，即《曾子立事》所谓"行必先人，言必后人"。君子奉行言行如一的准则，说出的话一定要能践行，"可言而不信，宁无言也"，一言既出，驷马难追，说过的话绝不反悔，所以话不可乱讲。不当的言行很可能会招来灾祸和侮辱，必须时刻保持警觉，"君子祸之为患，辱之为畏，见善恐不得与焉，见不善恐其及己也，是故君子疑以终身"。这里的"祸"和"辱"不仅是对个人而言，还应该包括家庭、社群乃至国家。这里的"疑"可以理解为警惕，所谓"疑以终身"大概相当于《孟子·告子下》所说的"生于忧患，死于安乐"。"疑"的对象首先是自己，要通过学习不断地反省自己，"日旦就业，夕而自省思，以殁其身，亦可谓守业矣"。对于自身的缺点，绝不姑息迁就，"君子攻其恶，求其过，强其所不能，去私欲，从事于义，可谓学矣"。

言行慎重可以免除灾祸和侮辱，保护自身不受伤害，这并不单单为自己考虑，更重要的是出于孝的考虑，为了减少父母的担忧。《曾子大孝》：

"吾闻之曾子，曾子闻诸夫子，曰：'天之所生，地之所养，人为大矣。父母全而生之，子全而归之，可谓孝矣。不亏其体，可谓全矣。'故君子顷步之不敢忘也。今予忘夫孝之道矣，予是以有忧色。""故君子一举足不敢忘父母，一出言不敢忘父母。"《哀公问于孔子》："君子无不敬也，敬身为大。身也者，亲之枝也，敢不敬与？不能敬其身，是伤其亲；伤其亲，是伤其本；伤其本，枝从而亡。"已身和父母本是一体，父母是根本，子女是枝叶，枝繁叶茂取决于根本的坚实稳固。这是"孝"为何重要的基本原理。

资料摘编

主言

孔子闲居，曾子侍。孔子曰："参！今之君子，惟士与大夫之言之间也，其至于君子之言者，甚希矣。於乎！吾主言其不出而死乎！哀哉！"

曾子曰："敢问何谓七教？"孔子曰："上敬老则下益孝，上顺齿则下益悌，上乐施则下益谅，上亲贤则下择友，上好德则下不隐，上恶贪则下耻争，上强果则下廉耻。民皆有别则贞，则正亦不劳矣。此谓七教。……七者布诸天下而不窕，内诸寻常之室而不塞。是故圣人等之以礼，立之以义，行之以顺，而民弃恶也如灌。"

曾子曰："弟子则不足，道则至矣。"孔子曰："参！姑止，又有焉。昔者明主之治民有法，必别地以州之，分属而治之，然后贤民无所隐，暴民无所伏。使有司日省如时考之，岁诱贤焉，则贤者亲，不肖者惧。"

孔子曰："昔者明主以尽知天下良士之名，既知其名，又知其数，既知其数，又知其所在。……故曰：所谓天下之至仁者，能合天下之至亲者也；所谓天下之至知者，能用天下之至和者也；所谓天下之至明者，能选天下之至良者也。此三者咸通，然后可以征。是故仁者莫大于爱人，知者莫大于知贤，政者莫大于官贤。有土之君修此三者，则四海之内拱而俟，然后可以征。"

哀公问五义

哀公曰："善！何如则可谓庸人矣？"孔子对曰："所谓庸人者，口不能道善言，而志不邑邑；不能选贤人善士而托其身焉，以为己忧；动行不知所务，止立不知所定；日选于物，不知所贵；从物而流，不知所归；五凿为政，心从而坏。若此，则可谓庸人矣。"

哀公曰："善！何如则可谓君子矣？"孔子对曰："所谓君子者，躬行忠信，其心不买；仁义在己，而不害不志；闻志广博而色不伐，思虑明达而辞不争。君子犹然如将可及也，而不可及也。如此，可谓君子矣。"

哀公曰："善！敢问何如可谓贤人矣？"孔子对曰："所谓贤人者，好恶与民同情，取舍与民同统，行中矩绳而不伤于本，言足法于天下而不害于其身，躬为匹夫而愿富，贵为诸侯而无财。如此，则可谓贤人矣。"

哀公曰："善！敢问何如可谓圣人矣？"孔子对曰："所谓圣人者，知通乎大道，应变而不穷，能测万物之情性者也。大道者，所以变化而凝成万物者也。情性也者，所以理然不然取舍者也。故其事大，配乎天地，参乎日月，杂于云蜺，总要万物，穆穆纯纯。其莫之能循，若天之司，莫之能职，百姓淡然不知其善。若此，则可谓圣人矣。"

哀公问于孔子

哀公问于孔子曰："大礼何如？君子之言礼，何其尊也？"孔子曰："丘也小人，何足以知礼？"君曰："否，吾子言

《大戴礼记》书影（四部丛刊初编影无锡孙氏小绿天藏嘉趣堂刊本）

之也。"

孔子曰："丘闻之也，民之所由生，礼为大。非礼无以节事天地之神明也，非礼无以辨君臣上下长幼之位也，非礼无以别男女父子兄弟之亲、昏姻疏数之交也，君子以此之为尊敬然。然后以其所能教百姓，不废其会节。有成事，然后治其雕镂文章黼黻以嗣。其顺之，然后言其丧算，备其鼎俎，设其豕腊，修其宗庙，岁时以敬祭祀，以序宗族，则安其居处，丑其衣服，卑其宫室，车不雕几，器不刻镂，食不贰味，以与民同利。昔之君子之行礼者如此。"

公曰："今之君子胡莫之行也？"孔子曰："今之君子，好色无厌，淫德不倦，荒怠傲慢，固民是尽，忤其众以伐有道，求得当欲不以其所。古之用民者由前，今之用民者由后。今之君子莫为礼也！"

公曰："寡人虽无似也，愿闻所以行三言之道，可得而闻乎？"孔子对曰："古之为政，爱人为大。所以治爱人，礼为大；所以治礼，敬为大；敬之至也，大昏为大。大昏至矣！大昏既至，冕而亲迎，亲之也。亲之也者，亲之也。是故君子兴敬为亲，舍敬是遗亲也。弗爱不亲，弗敬不正，爱与敬其政之本与！"

孔子遂言曰："昔三代明王之政，必敬其妻子也有道。妻也者，亲之主也，敢不敬与？子也者，亲之后也，敢不敬与？君子无不敬也，敬身为大。身也者，亲之枝也，敢不敬与？不能敬其身，是伤其亲；伤其亲，是伤其本；伤其本，枝从而亡。三者，百姓之象也。身以及身，子以及子，配以及配，君子行此三者，则忾乎天下矣。大王之道也如此，国家顺矣。"

公曰："敢问何谓敬身？"孔子对曰："君子过言则民作辞，过动则民作则。君子言不过辞，动不过则，百姓不命而敬恭，如是则能敬其身。能敬其身，则能成其亲矣。"

公曰："敢问何谓成亲？"孔子对曰："君子也者，人之成名也。百姓归之名，谓之君子之子，是使其亲为君子也，是为成其亲名也已。"

公曰:"敢问君子何贵乎天道也?"孔子对曰:"贵其不已。如日月西东相从而不已也,是天道也;不闭其久也,是天道也;无为物成,是天道也;已成而明,是天道也。"

公曰:"寡人惷愚冥烦,子识之心也。"孔子蹴然避席而对曰:"仁人不过乎物,孝子不过乎物,是仁人之事亲也如事天,事天如事亲,是故孝子成身。"

礼察

孔子曰:"君子之道,譬犹防与?"夫礼之塞,乱之所从生也;犹防之塞,水之所从来也。故以旧防为无用而坏之者,必有水败;以旧礼为无所用而去之者,必有乱患。

我以为秦王之欲尊宗庙而安子孙与汤武同,然则如汤武能广大其德,久长其后,行五百岁而不失,秦王亦欲至是而不能,持天下十余年,即大败之。此无佗故也,汤武之定取舍审,而秦王之定取舍不审也。《易》曰:"君子慎始,差若毫厘,缪之千里。"取舍之谓也。

夏小正

鹿人从。鹿人从者,从群也。鹿之养也离,群而善之。离而生,非所知时也,故记从不记离。君子之居幽也不言。或曰:人从也者,大者于外,小者于内,率之也。

保傅

《易》曰:"正其本,万物理。失之毫厘,差之千里。"故君子慎始也。

上无取于天,下无取于坠,中无取于名山通谷,无拂于乡俗,是故君子名难知而易讳也。此所以养恩之道。

成王生,仁者养之,孝者缰之,四贤傍之。成王有知,而选太公为师,周公为傅，此前有与计，而后有与虑也。是以封泰山而禅梁甫，朝诸侯而一天下。犹此观之，王左右不可不练也。

故同声则异而相应，意合则未见而相亲，贤者立于本朝，而天下之豪相率而趋之也。何以知其然也？管仲者，桓公之雠也。鲍叔以为贤于己而进之桓公，七十言说乃听，遂使桓公除仇雠之心，而委之国政焉。桓公垂拱无事而朝诸侯，鲍叔之力也。管仲之所以北走桓公而无自危之心者，同声于鲍也。

纣杀王子比干，而箕子被发阳狂……燕昭王得郭隗，而邹衍、乐毅以齐至，于是举兵而攻齐，栖闵王于莒。燕支地计众不与齐均也，然如所以能申意至于此者，由得士也。故无常安之国，无宜治之民，得贤者安存，失贤者危亡，自古及今，未有不然者也。

明镜者，所以察形也；往古者，所以知今也。今知恶古之危亡，不务袭迹于其所以安存，则未有异于却走而求及于前人也。太公知之，故兴微子之后，而封比干之墓。夫圣人之于当世存者乎其不失可知也。

曾子立事

曾子曰：君子攻其恶，求其过，强其所不能，去私欲，从事于义，可谓学矣。

君子爱日以学，及时以行，难者弗辟，易者弗从，唯义所在。日旦就业，夕而自省思，以殁其身，亦可谓守业矣。君子学必由其业，问必以其序，问而不决，承间观色而复之，虽不说，亦不强争也。君子既学之，患其不博也；既博之，患其不习也；既习之，患其无知也；既知之，患其不能行也；既能行之，贵其能让也。君子之学，致此五者而已矣。

君子博学而孱守之，微言而笃行之，行必先人，言必后人，君子终身守此悒悒。行无求数有名，事无求数有成，身言之，后人扬之，身行之，后人秉之，君子终身守此惮惮。君子不绝小不殄微也，行自微也不微人，人知之则愿也，人不知苟吾自知也，君子终身守此勿勿也。君子祸之为患，辱之为畏，见善恐不得与焉，见不善恐其及己也，是故君子疑以终身。君子见利思辱，见恶思诟，嗜欲思耻，忿怒思患，君子终身守此战战也。

君子虑胜气，思而后动，论而后行，行必思言之，言之必思复之，思复之必思无悔言，亦可谓慎矣。

君子疑则不言，未问则不言，两问则不行其难者。

君子患难除之，财色远之，流言灭之。祸之所由生，自孅孅也，是故君子夙绝之。

君子己善，亦乐人之善也；己能，亦乐人之能也；己虽不能，亦不以援人。君子好人之为善，而弗趣也，恶人之为不善，而弗疾也。疾其过而不补也，饰其美而不伐也，伐则不益，补则不改矣。

君子不先人以恶，不疑人以不信，不说人之过，成人之美，存往者，在来者，朝有过夕改则与之，夕有过朝改则与之。

君子义则有常，善则有邻，见其一，冀其二，见其小，冀其大，苟有德焉，亦不求盈于人也。

君子不绝人之欢，不尽人之礼，来者不豫，往者不慎也，去之不谤，就之不赂，亦可谓忠矣。

君子恭而不难，安而不舒，逊而不谄，宽而不纵，惠而不俭，直而不径，亦可谓知矣。

君子入人之国，不称其讳，不犯其禁，不服华色之服，不称惧惕之言。故曰：与其奢也宁俭，与其倨也宁句。

可言而不信，宁无言也。君子终日言，不在尤之中；小人一言，终身为罪。君子乱言而弗殖，神言弗致也，道远日益云。众信弗主，灵言弗与，人言不信不和。

君子不唱流言，不折辞，不陈人以其所能。言必有主，行必有法，亲人必有方。多知而无亲，博学而无方，好多而无定者，君子弗与也。君子多知而择焉，博学而算焉，多言而慎焉。博学而无行，进给而不让，好直而径，俭而好倳者，君子不与也。夸而无耻，强而无惮，好勇而忍人者，君子不与也。亟达而无守，好名而无体，忿怒而为恶，足恭而口圣，而无常位者，君子弗与也。

出入不时，言语不序，安易而乐暴，惧之而不恐，说之而不听，虽有圣人亦无若何矣。

君子之于不善也，身勿为能也，色勿为不可能也；色也勿为可能也，心思勿为不可能也。

仁者乐道，智者利道，愚者从，弱者畏。不愚不弱，执诬以强，亦可谓弃民矣。

太上不生恶，其次而能夙绝之也，其下复而能改也。复而不改，殒身覆家，大者倾覆社稷。是故君子出言以鄂鄂，行身以战战，亦殆勉于罪矣。是故君子为小由为大也，居由仕也，备则未为备也，而勿虑存焉。

君子之于子也，爱而勿面也，使而勿貌也，导之以道而勿强也。

曾子本孝

君子之孝也，以正致谏；士之孝也，以德从命；庶人之孝也，以力恶食。任善不敢臣三德。

曾子立孝

曾子曰：君子立孝，其忠之用，礼之贵。

君子之孝也，忠爱以敬，反是乱也。尽力而有礼，庄敬而安之，微谏不倦，听从而不怠，欢欣忠信，咎故不生，可谓孝矣。尽力无礼，则小人也；致敬而不忠，则不入也。是故礼以将其力，敬以入其忠，饮食移味，居处温愉，著心于此，济其志也。

子曰："可人也，吾任其过；不可人也，吾辞其罪。"《诗》云"有子七人，莫慰母心",子之辞也。"夙兴夜寐,无忝尔所生",言不自舍也。不耻其亲,君子之孝也。

是故未有君而忠臣可知者,孝子之谓也;未有长而顺下可知者,弟弟之谓也;未有治而能仕可知者,先修之谓也。故曰孝子善事君,弟弟善事长。君子一孝一弟,可谓知终矣。

曾子大孝

公明仪问于曾子曰:"夫子可谓孝乎?"曾子曰:"是何言与!是何言与!君子之所谓孝者,先意承志,谕父母以道。参直养者也,安能为孝乎?……君子之所谓孝者,国人皆称愿焉,曰:'幸哉!有子如此!'所谓孝也。民之本教曰孝,其行之曰养。……夫仁者,仁此者也;义者,宜此者也;忠者,中此者也;信者……父母爱之,喜而不忘;父母恶之,惧而无怨;父母有过,谏而不逆。父母既殁,以哀,祀之加之,如此,谓礼终矣。"

乐正子春下堂而伤其足,伤瘳,数月不出,犹有忧色。门弟子问曰:"夫子伤足瘳矣,数月不出,犹有忧色,何也?"乐正子春曰:"善如尔之问也。吾闻之曾子,曾子闻诸夫子,曰:'天之所生,地之所养,人为大矣。父母全而生之,子全而归之,可谓孝矣。不亏其体,可谓全矣。'故君子顷步之不敢忘也。今予忘夫孝之道矣,予是以有忧色。"故君子一举足不敢忘父母,一出言不敢忘父母。

曾子事父母

单居离问于曾子曰:"事父母有道乎?"曾子曰:"有。爱而敬。父母之行若中道,则从;若不中道,则谏;谏而不用,行之如由己。从而不谏,非孝也;谏而不从,亦非孝也。孝子之谏,达善而不敢争辨。争辨者,作乱之所由兴也。由己为无咎则宁,由己为贤人则乱。孝子无私乐……"

单居离问曰："事兄有道乎？"曾子曰："有。尊事之以为己望也，兄事之不遗其言。兄之行若中道，则兄事之；兄之行若不中道，则养之；养之内，不养于外，则是越之也；养之外，不养于内，则是疏之也。是故君子内外养之也。"

曾子制言上

曾子曰：夫行也者，行礼之谓也。夫礼，贵者敬焉，老者孝焉，幼者慈焉，少者友焉，贱者惠焉。此礼也，行之则行也，立之则义也。今之所谓行者，犯其上，危其下，衡道而强立之，天下无道故若；天下有道，则有司之所求也。故君子不贵兴道之士，而贵有耻之士也。

君子之为弟也，行则为人负，无席则寝其趾，使之为夫人则否。

富以苟，不如贫以誉；生以辱，不如死以荣。辱可避，避之而已矣；及其不可避也，君子视死若归。父母之雠，不与同生；兄弟之雠，不与聚国；朋友之雠，不与聚乡；族人之雠，不与聚邻。良贾深藏如虚，君子有盛教如无。

曾子门弟子或将之晋，曰："吾无知焉。"曾子曰："何必然，往矣！有知焉，谓之友；无知焉，谓之主。且夫君子执仁立志，先行后言，千里之外，皆为兄弟，苟是之不为，则虽汝亲，庸孰能亲汝乎？"

曾子制言中

曾子曰：君子进则能达，退则能静，岂贵其能达哉？贵其有功也。岂贵其能静哉？贵其能守也。夫唯进之何功，退之何守，是故君子进退有二观焉。故君子进则能益上之誉而损下之忧。不得志，不安贵位，不怀厚禄，负耜而行道，冻饿而守仁，则君子之义也。其功守之义，有知之，则愿也；莫之知，苟吾自知也。

吾不仁其人，虽独也，吾弗亲也。故君子不假贵而取宠，不比誉而取食，直行而取礼，比说而取友，有说我则愿也，莫我说，苟吾自说也。

故君子无悒悒于贫，无勿勿于贱，无惮惮于不闻，布衣不完，疏食不饱，蓬户穴牖，日孜孜上仁，知我吾无訢訢，不知我吾无悒悒。是以君子直言直行，不宛言而取富，不屈行而取位。仁之见逐，智之见杀，固不难；诎身而为不仁，宛言而为不智，则君子弗为也。君子虽言不受必忠，曰道；虽行不受必忠，曰仁；虽谏不受必忠，曰智。

是故君子以仁为尊。天下之为富何为富？则仁为富也。天下之为贵何为贵？则仁为贵也。昔者，舜匹夫也，土地之厚则得而有之，人徒之众则得而使之，舜唯仁得之也。是故君子将说富贵，必勉于仁也。昔者，伯夷、叔齐死于沟浍之间，其仁成名于天下。夫二子者，居河济之间，非有土地之厚、货粟之富也，言为文章，行为表缀于天下。是故君子思仁义，昼则忘食，夜则忘寐，日旦就业，夕而自省，以殁其身，亦可谓守业矣。

曾子制言下

曾子曰：天下有道，则君子訢然以交同；天下无道，则衡言不革。诸侯不听，则不干其土；听而不贤，则不践其朝。是以君子不犯禁而入，入境及郊，问禁请命，不通患而出危邑，则秉德之士不谄矣。故君子不谄富贵以为己说，不乘贫贱以居己尊。

夫有世义者哉？曰："仁者殆，恭者不入，慎者不见使，正直者则迹于刑，弗违则殆于罪。是故君子错在高山之上，深泽之污，聚橡栗藜藿而食之，生耕稼以老十室之邑。是故昔者禹见耕者五耦而式，过十室之邑则下，为秉德之士存焉。"

曾子疾病

曾子疾病，曾元抑首，曾华抱足。曾子曰：微乎！吾无夫颜氏之言，吾何以语汝哉！然而君子之务，尽有之矣。夫华繁而实寡者天也，言多而行寡者人也。鹰鹞以山为卑，而曾巢其上，鱼鳖鼋鼍以渊为浅，而蹶穴其中，卒其所以得之者，饵也。是故君子苟无以利害义，则辱何由至哉！

亲戚不悦，不敢外交；近者不亲，不敢求远；小者不审，不敢言大。故人之生也，百岁之中，有疾病焉，有老幼焉，故君子思其不复者而先施焉。

言不远身，言之主也；行不远身，行之本也。言有主，行有本，谓之有闻矣。君子尊其所闻，则高明矣；行其所闻，则广大矣。高明广大，不在于他，在加之志而已矣。

与君子游，苾乎如入兰芷之室，久而不闻，则与之化矣；与小人游，贷乎如入鲍鱼之次，久而不闻，则与之化矣。是故君子慎其所去就。与君子游，如长日加益，而不自知也；与小人游，如履薄冰，每履而下，几何而不陷乎哉？

曾子天圆

毛虫之精者曰麟，羽虫之精者曰凤，介虫之精者曰龟，鳞虫之精者曰龙，倮虫之精者曰圣人。龙非风不举，龟非火不兆，此皆阴阳之际也。兹四者，所以役于圣人也，是故圣人为天地主，为山川主，为鬼神主，为宗庙主。

圣人慎守日月之数，以察星辰之行，以序四时之顺逆，谓之历；截十二管，以宗八音之上下清浊，谓之律也。律居阴而治阳，历居阳而治阴，律历迭相治也，其间不容发。

圣人立五礼以为民望，制五衰以别亲疏，和五声之乐以导民气，合五味之调以察民情，正五色之位，成五谷之名。

武王践阼

户之铭曰："夫名难得而易失。无勤弗志，而曰我知之乎？无勤弗及，而曰我杖之乎？扰阻以泥之，若风将至，必先摇摇，虽有圣人，不能为谋也。"

卫将军文子

文子曰："吾子学焉，何谓不知也。"子贡对曰："贤人无妄，知贤则难，故君子曰'智莫难于知人'，此以难也。"

文子曰："吾子之所及，请问其行也。"子贡对曰："夙兴夜寐，讽诵崇礼，行不贰过，称言不苟，是颜渊之行也。……在贫如客，使其臣如藉，不迁怒，不探怨，不录旧罪，是冉雍之行也。孔子曰：'有土君子，有众使也，有刑用也，然后怒；匹夫之怒，惟以亡其身。'《诗》云：'靡不有初，鲜克有终。'以告之。……业功不伐，贵位不善，不侮可侮，不佚可佚，不敖无告，是颛孙之行也。孔子言之曰：'其不伐则犹可能也，其不弊百姓者则仁也。《诗》云："恺悌君子，民之父母。"'夫子以其仁为大也。学以深，厉以断，送迎必敬，上友下交，银手如断，是卜商之行也。孔子曰：'《诗》云："式夷式已，无小人殆。"而商也，其可谓不险也。'贵之不喜，贱之不怒，苟于民利矣，廉于其事上也，以佐其下，是澹台灭明之行也。孔子曰：'独贵独富，君子耻之，夫也中之矣。'"

文子曰："吾闻之也，国有道，则贤人兴焉，中人用焉，百姓归焉。若吾子之语审茂，则一诸侯之相也，亦未逢明君也。"

五帝德

宰我曰："上世之传，隐微之说，卒业之辨，阖昏忽之意，非君子之道也，则予之问也固矣。"

劝学

君子曰：学不可以已矣，青取之于蓝，而青于蓝；水则为冰，而寒于水。木直而中绳，𫐓而为轮，其曲中规，枯暴不复挺者，𫐓使之然也。是故不升高山，不知天之高也；不临深溪，不知地之厚也；不闻先王之遗道，不知学问之大也。于越戎貉之子，生而同声，长而异俗者，教使之然也。是故木从绳则直，金就砺则利，君子博学如日参己焉，故知明则行无过。《诗》云："嗟尔君子，无恒安息。靖恭尔位，好是正直。神之听之，介尔景福。"神莫大于化道，福莫长于无咎。

孔子曰："吾尝终日思矣，不如须臾之所学；吾尝跂而望之，不如升高而博见也。"升高而招，非臂之长也，而见者远；顺风而呼，非声加疾也，而闻者著。假车马者，非利足也，而致千里；假舟楫者，非能水也，而绝江海。君子之性非异也，而善假于物也。

兰氏之根，怀氏之苞，渐之潞中，君子不近，庶人不服，质非不美也，所渐者然也。是故君子靖居恭学，修身致志，处必择乡，游必就士，所以防僻邪而道中正也。

物类之从，必有所由；荣辱之来，各象其德。肉腐出虫，鱼枯生蠹；殆教亡身，祸灾乃作。强自取折，柔自取束；邪秽在身，怨之所构。布薪若一，火就燥，平地若一，水就湿。草木畴生，禽兽群居，物各从其类也。是故正鹄张而弓矢至焉，林木茂而斧斤至焉，树成荫而鸟息焉，醯酸而蚋聚焉。故言有召祸，行有招辱，君子慎其所立焉。

《诗》云："鸤鸠在桑，其子七兮。淑人君子，其仪一兮。其仪一兮，心若结兮。"君子其结于一也。

孔子曰：野哉！君子不可以不学，见人不可以不饰。不饰无貌，无貌不敬，不敬无礼，无礼不立。

子贡曰："君子见大川必观，何也？"孔子曰："夫水者，君子比德焉。偏与之而无私，似德；所及者生，所不及者死，似仁；其流行痹下倨句，皆循其理，似义；其赴百仞之溪不疑，似勇；浅者流行，深渊不测，似智；弱约危通，似察；受恶不让，似贞；苞裹不清以入，鲜洁以出，似善化；必出，量必平，似正；盈不求概，似厉；折必以东西，似意。是以见大川必观焉。"

子张问入官

孔子曰：有善勿专，教不能勿搢，已过勿发，失言勿踦，不善辞勿遂，行事勿留。君子入官，自行此六路者，则身安誉至而政从矣。且夫忿数者，狱之所由生也；距谏者，虑之所以塞也；慢易者，礼之所以失也；堕怠者，时之所以后也；奢侈者，财之所以不足也；专者，事之所以不成也；历者，狱之所由生也。君子入官，除七路者，则身安誉至而政从矣。

故君子南面临官，大城而公治之，精知而略行之，合是忠信，考是大伦，存是美恶，而进是利，而除是害，而无求其报焉，而民情可得也。

故君子南面临官，所见迩，故明不可弊也；所求迩，故不劳而得也；所以治者约，故不用众而誉至也；法象在内故不远，源泉不竭故天下积也，而木不寡短长，人得其量，故治而不乱。

故君子南面临官，不治则乱至，乱至则争，争之至又反于乱。是故宽裕以容其民，慈爱以优柔之，而民自得也已。

故君子修身，反道察说，而迩道之服存焉。是故夫工女必自择丝麻，良工必自择赍材，贤君良上必自择左右始。故佚诸取人，劳于治事；劳于取人，佚于治事。故君子欲誉则谨其所便，欲名则谨于左右。

故君子南面临官，贵而不骄，富恭有本能图，修业居久而谭，情迩畅而及乎远，察一而关于多。一物治而万物不乱者，以身为本也。故君子莅民，不可以不知民之性，达诸民之情，既知其以生有习，然后民特从命也。故世举则民亲之，政均则民无怨。故君子莅民，不临以高，不道以远，不责民之所不能。

故君子欲言之见信也者，莫若先虚其内也；欲政之速行也者，莫若以身先之也；欲民之速服也者，莫若以道御之也。

盛德

古者天子常以季冬考德，以观治乱得失。凡德盛者治也，德不盛者乱也；德盛者得之也，德不盛者失之也。是故君子考德，而天下之治乱得失可坐庙堂之上而知也。

天地与人事，此四者圣人之所乘也。

千乘

作于财贿、六畜、五谷，曰盗；诱居室家有君子，曰义；子女专，曰娱；饬五兵及木石，曰贼；以中情出，小曰间，大曰讲；利辞以乱属，曰谗；以财投长，曰贷。

四代

公曰："善哉，子察教我也。"子曰："乡也君之言善，执国之节也。君先眇而后善，中备以君子言，可以知古，可以察今。奂然而兴民壹始。"

公曰："嘻，言之至也。道天地以民辅之，圣人何尚？"子曰："有天德，有地德，有人德，此谓三德。三德率行，乃有阴阳，阳曰德，阴曰刑。"

虞戴德

公曰："善哉！以天教于民，可以班乎？"子曰："可哉。虽可而弗由，此以上知所以行斧钺也。父之于子，天也。君之于臣，天也。……是故圣人之教于民也，率天如祖地，能用民德，是以高举不过天，深虑不过地，质知而好仁，能用民力。此三常之礼明，而民不塞。……天下之有道也，有天子存；国之有道也，君得其正；家之不乱也，有仁父存。是故圣人之教于民也，以其近而见者，稽其远而明者。天事曰明，地事曰昌……"

诰志

子曰：知仁合则天地成，天地成则庶物时，庶物时则民财敬，民财敬以时作，时作则节事，节事以动众，动众则有极，有极以使民则劝，劝则有功，有功则无怨，无怨则嗣世久，唯圣人。

天生物，地养物，物备兴而时用常节，曰圣人；主祭于天，曰天子。

天作仁，地作富，人作治，乐治不倦，财富时节，是故圣人嗣则治。

仁者为圣，贵次，力次，美次，射御次，古之治天下者必圣人。圣人有国，则日月不食，星辰不陨，勃海不运，河不满溢，川泽不竭，山不崩解，陵不施谷，川浴不处，深渊不涸。

自上世以来，莫不降仁，国家之昌，国家之臧，信仁。是故不赏不罚，如民咸尽力，车不建戈，远迩咸服，胤使来往，地宾毕极，无怨无恶，率惟懿德。此无空礼，无空名，贤人并忧，残毒以时省，举良良，举善善，恤民使仁，日敎仁宾也。

文王官人

如临人以色，高人以气，贤人以言，防其不足，伐其所能，曰日损者也。

用兵

公曰："用兵者，其由不祥乎？"子曰："胡为其不祥也。圣人之用兵也，以禁残止暴于天下也。及后世贪者之用兵也，以刈百姓、危国家也。"

人生有喜怒，故兵之作，与民皆生，圣人利用而弭之，乱人兴之丧厥身。

圣人爱百姓而忧海内，及后世之人，思其德必称其仁，故今之道尧舜禹汤文武者，犹威致王，今若存。

少间

公吁焉其色曰："大哉子之教我制也。政之丰也，如木之成也。"子曰："君知未成，言未尽也。凡草木根鞁伤，则枝叶必偏枯，偏枯是为不实，谷亦如之。上失政大，及小人畜谷。"

朝事

介绍而相见，君子于其所尊，不敢质，敬之至也。

君使大夫迎于境，卿劳于道，君亲郊劳致馆。及将币，拜迎于大门外而庙受，北面拜贶，所以致敬也。三让而后升，所以致尊让也。敬让也者，君子之所以相接也。

聘礼上公七介，侯伯五介，子男三介，所以明贵贱也。介绍而传命，君子于其所尊，不敢质，敬之至也。

君使士迎于境，大夫郊劳，君亲拜迎大门之内而庙受，北面拜贶，拜君命之辱，所以致敬让也。致敬让者，君子之所以相接也。

投壶

曾孙侯氏，今日泰射，干一张，侯参之。曰："今日泰射，四正具举。大夫君子，凡以庶士。小大莫处，御于君所。以燕以射，则燕则誉。质参既设，执旌既载。大侯既亢，中获既置。"

本命

八者，维刚也，天地以发明，故圣人以合阴阳之数也。

始死三日不怠，三月不解，期悲号，三年忧，恩之杀也。圣人因杀以制节也。

易本命

故曰：有羽之虫三百六十，而凤皇为之长；有毛之虫三百六十，而麒麟为之长；有甲之虫三百六十，而神龟为之长；有鳞之虫三百六十，而蛟龙为之长；倮之虫三百六十，而圣人为之长。此乾坤之美类，禽兽万物之数也。

左传

《左传》简介

《左传》全称《春秋左氏传》，是根据鲁国国史《春秋》编著的一部史书，记载起自鲁隐公元年（前722）、迄于鲁哀公二十七年（前468）二百五十多年间的史实，共三十五卷，是我国最早的一部叙事较为详备的编年史。

《左传》的著作年代大约是战国初期（约公元前4世纪），作者相传为春秋末年鲁国史官左丘明，但也有不少学者提出质疑。

左丘明像

《左传》最通行的注本主要有晋杜预注、唐孔颖达疏《春秋左传正义》和今人杨伯峻编著的《春秋左传注》。

《左传》代表了先秦史学的最高成就，是研究春秋史的一部重要文献。作者具有鲜明的政治和道德倾向，其观念较接近于儒家，因此《左传》也是研究先秦儒家思想的重要资料。东汉以后《左传》正式列于学官，西晋杜预将《左传》的内容逐年附于《春秋》之后，并同时为《经》《传》作注，因此，《左传》逐渐被视为儒家经典，其后列入十三经。

《左传》中的"君子"

《左传》中"君子"一词出现频率不算低，但有近三分之一是"君子曰"（总计五十处），对君子形象、品德和作为的直接表述则相对较少。汉代贾逵《太史公十二诸侯年表序》云："鲁君子左丘明作《传》。"《史记·十二诸侯年表》也说："鲁君子左丘明惧弟子人人异端,各安其意,失其真,故因孔子史记具论其语,成《左氏春秋》。"据此,在《左传》中很可能作者用"君子曰"表达自己对史事的观点,流露出思想倾向和道德判断。《论语·公冶长》："子曰:巧言、令色、足恭,左丘明耻之,丘亦耻之。匿怨而友其人,左丘

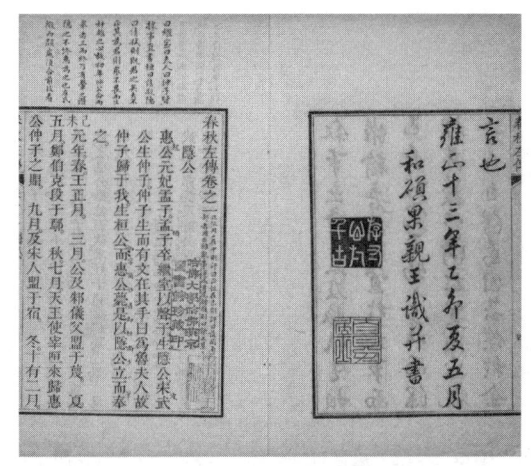

《春秋左传》书影（清雍正十三年果亲王府刊本）

明耻之,丘亦耻之。"孔子将左丘明引为同道,对他的品行颇为赞许,可知两人的价值观较为接近。即使《左传》的作者不是左丘明,评论史事的"君子"也很可能是左氏一类的史家,他们具有丰富的历史经验,对人和事持有自己的评价标准,这个标准符合当时的道德之士亦即"君子"的要求。

孔子作《春秋》便是把隐而不易见、为人所忽略的行为事件的因果关系,通过严谨而系统的记录表达出来,使读《春秋》的人能在自己行事之先,就应当也能够看出自己的言行将会得到的成败祸福的结果。《左传》则不但记录和叙述史事,而且还发表对事件因果必然性的评论,"君子"作为一位史家,对历史事件的发展具有超前的预见性,对历史人物的命运具有敏锐的洞察力。换言之,作者采取一种全知的叙事视角,并且通过这种洞察和预见的形式,体现和强调以史为鉴的价值,所谓"前事不忘,后事之师"。例如,《左传》中有十一例"君子是以知……"。试举一例:

郑、息有违言。息侯伐郑,郑伯与战于竟,息师大败而还。君子是以知息之将亡也:"不度德,不量力,不亲亲,不征辞,不察有罪。犯五不韪,而以伐人,其丧师也,不亦宜乎？"（《隐公十一年》）

息作为一个小国不自量力，因为言语不合和纠纷，就去侵伐比它大的郑国，君子由此预见息国将亡，并且列出了息所犯的五条过错，有此五过，伐人丧师，咎有应得，君子以此告诫和警示当政者。

《左传》中的"君子"经常提到"礼"。"礼"是儒家思想的重要概念和核心范畴，具有丰富的内涵，既是社会政治生活中的纲纪和准则，又具有人伦道德的属性。祭祀要明礼，《文公二年》："祀，国之大事也，而逆之，可谓礼乎？"祭祀是国家的大事，必须合于礼，按先后的顺序依次进行。打仗也要讲礼，《宣公二年》："戎，昭果毅以听之之谓礼。"发扬果敢刚毅的精神以服从命令，这是打仗应该遵从的礼。"礼"表现为上下有别、尊卑有序，《文公二年》："《鲁颂》曰：'春秋匪解，享祀不忒，皇皇后帝，皇祖后稷。'君子曰礼，谓其后稷亲而先帝也。《诗》曰：'问我诸姑，遂及伯姊。'君子曰礼，谓其姊亲而先姑也。"后稷虽然离得更近，但却要先称上帝；大姐虽然更为亲近，但却要先问候姑姑。这样才合于礼。也就是说，"礼无所逆"（《襄公二年》），顺则有礼，逆则失礼。君子对"礼"的功用有明确的认识："礼，经国家，定社稷，序民人，利后嗣者也。"（《隐公十一年》）礼是用来治理国家的，它使社稷安定，使人民有序，对后代有利。因此，君子一方面将是否"知礼""有礼"作为评价人的重要标准，另一方面自身就是礼的积极实践者，对于礼尽心尽力，时时刻刻放在心上，言行举动以礼为标准："君子勤礼"（《成公十三年》）；"君子动则思礼"（《昭公三十一年》）；"君子之行也，度于礼"（《哀公十一年》）。

《左传》中的"君子"还常征引《诗》《书》。《僖公二十七年》："臣亟闻其言矣，说礼、乐而敦《诗》《书》。《诗》《书》，义之府也；礼乐，德之则也；德、义，利之本也。"可见春秋时期的上层社会除了礼、乐之外，在典籍方面尤其重视《诗》《书》。《左传》的"君子"便长于《诗》《书》，发言评论每有征引，计"君子曰"中引《诗》二十余句，引《书》五处。孔子说："不学《诗》，无以言。"（《论语·季氏》）《诗》是春秋时期贵族士大夫的基本修养和必备知识，赋诗言志是春秋社会生活的一道独特的文化景观。《论语·阳货》："《诗》可以兴，可以观，可以群，可以怨。迩之事父，远之事君。"可见《诗》的功用至广。《左传》的"君子"显然对《诗》极为熟稔，"君子"引《诗》除了抒发感怀，增加叙述的文学性之外，主要目的还是寄寓对史事的评价、对人物的臧否，以教育和告诫读史之人。例如：

君子曰："苟信不继，盟无益也。《诗》云'君子屡盟，乱是用长'，无信也。"（《桓公十二年》）

君子强调会盟的关键是要守信，若盟而失信，则永无宁日。又如：

君子曰："《诗》所谓'白圭之玷，尚可磨也；斯言之玷，不可为也'，荀息有焉。"（《僖公九年》）

言语若不谨慎，便难以再收回，荀息能够说到做到、不食其言，所以君子对他赞许有加。再如：

君子曰："服之不衷，身之灾也。《诗》曰：'彼己之子，不称其服。'子臧之服，不称也夫！《诗》曰'自诒伊戚'，其子臧之谓矣。《夏书》曰'地平天成'，称也。"（《僖公二十四年》）

子臧好聚鹬冠，为盗所杀，君子引《诗》说他的服饰与其身份不相称，因而招致杀身之祸，又引《书》指出上下相称是天地的法则，人更不应该违背。

君子的对立面是小人，《左传》中有多处涉及二者的对比：

君子勤礼，小人尽力。（《成公十三年》）

君子劳心，小人劳力，先王之制也。（《襄公九年》）

世之治也，君子尚能而让其下，小人农力以事其上。（《襄公十三年》）

君子有远虑，小人从迩。（《襄公二十八年》）

君子务知大者、远者，小人务知小者、近者。（《襄公三十一年》）

君子不犯非礼，小人不犯不祥，古之制也。（《昭公三年》）

君子之言，信而有征，故怨远于其身；小人之言，僭而无征，故怨咎及之。（《昭公八年》）

从上述论述来看，君子、小人社会分工不同。君子在政治方面发挥作用，《昭公元年》："君子有四时：朝以听政，昼以访问，夕以修令，夜以安身。"小人则主要从事体力劳动。社会对君子有更高的要求，君子不但要举贤任能、谦让有礼，而且要能深谋远虑。作为社会道德规范的礼，主要是约束君子的，而不针对作为下层百姓的小人。君子与小人的区别还表现在所说的话是否可信。可见，《左传》中的小人只是在地位上相对较低，社会对其要求不高，还没有后来所指的人格卑鄙的含义。《左传》对君子则从内到外都提出了较高的要求。就外在而言，要求君子具备威仪：

故君子在位可畏，施舍可爱，进退可度，周旋可则，容止可观，作事可法，德行可象，声气可乐，动作有文，言语有章，以临其下，谓之有威仪也。（《襄公三十一年》）

同时，对君子内在的人格也作了规定：

楚囚，君子也。……不背本，仁也；不忘旧，信也；无私，忠也；尊君，敏也。仁以接事，信以守之，忠以成之，敏以行之。（《成公九年》）

"仁""信""忠""敏"构成君子的人格特质，即使当君子沦为阶下囚的时候，其内在气质和精神修养依然使他有别于普通人。

资料摘编

隐公元年

遂置姜氏于城颍，而誓之曰："不及黄泉，无相见也！"既而悔之。颍考叔为颍谷封人，闻之，有献于公。公赐之食。食舍肉。公问之。对曰："小人有母，皆尝小人之食矣；未尝君之羹，请以遗之。"公曰："尔有母遗，繄我独无！"颍考叔曰："敢问何谓也？"公语之故，且告之悔。对曰："君何患焉？若阙地及泉，隧而相见，其谁曰不然？"公从之。公入而赋："大隧之中，其乐也融融。"姜出而赋："大隧之外，其乐也泄泄。"遂为母子如初。君子曰："颍考叔，纯孝也，爱其母，施及庄公。《诗》曰'孝子不匮，永锡尔类'，其是之谓乎！"

隐公三年

君子曰："信不由中，质无益也。明恕而行，要之以礼，虽无有质，谁能间之？苟有明信，涧、溪、沼、沚之毛，蘋、蘩、蕰藻之菜，筐、筥、锜、釜之器，潢、污、行潦之水，可荐于鬼神，可羞于王公，而况君子结二国之信，行之以礼，又焉用质？《风》有《采蘩》《采蘋》，《雅》有《行苇》《泂酌》，昭忠信也。"

宋穆公疾，召大司马孔父而属殇公焉，曰："先君舍与夷而立寡人，寡人弗敢忘。若以大夫之灵，

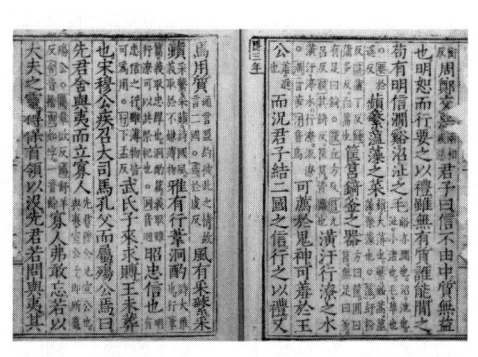

《春秋经传集解》书影（明嘉靖时期覆刻元相台岳氏刊本）

得保首领以没；先君若问与夷，其将何辞以对？请子奉之，以主社稷。寡人虽死，亦无悔焉。"对曰："群臣愿奉冯也。"公曰："不可。先君以寡人为贤，使主社稷。若弃德不让，是废先君之举也，岂曰能贤？光昭先君之令德，可不务乎？吾子其无废先君之功！"使公子冯出居于郑。八月庚辰，宋穆公卒，殇公即位。君子曰："宋宣公可谓知人矣。立穆公，其子飨之，命以义夫！《商颂》曰'殷受命咸宜，百禄是荷'，其是之谓乎！"

隐公四年

州吁未能和其民，厚问定君于石子。石子曰："王觐为可。"曰："何以得觐？"曰："陈桓公方有宠于王。陈、卫方睦，若朝陈使请，必可得也。"厚从州吁如陈。石碏使告于陈曰："卫国褊小，老夫耄矣，无能为也。此二人者，实弑寡君，敢即图之。"陈人执之，而请莅于卫。九月，卫人使右宰丑莅杀州吁于濮。石碏使其宰獳羊肩莅杀石厚于陈。君子曰："石碏，纯臣也。恶州吁而厚与焉。'大义灭亲'，其是之谓乎！"

隐公五年

四月，郑人侵卫牧，以报东门之役，卫人以燕师伐郑，郑祭足、原繁、泄驾以三军军其前，使曼伯与子元潜军军其后。燕人畏郑三军而不虞制人。六月，郑二公子以制人败燕师于北制。君子曰："不备不虞，不可以师。"

隐公六年

君子曰："善不可失，恶不可长，其陈桓公之谓乎！长恶不悛，从自及也。虽欲救之，其将能乎？《商书》曰：'恶之易也，如火之燎于原，不可乡迩，其犹可扑灭？'周任有言曰：'为国家者，见恶如农夫之务去草焉，芟夷蕴崇之，绝其本根，勿使能殖，则善者信矣。'"

隐公十年

六月戊申，公会齐侯、郑伯于老桃。壬戌，公败宋师于菅。庚午，郑师入郜；辛未，归于我。庚辰，郑师入防；辛巳，归于我。君子谓："郑庄公于是乎可谓正矣，以王命讨不庭，不贪其土，以劳王爵，正之体也。"

隐公十一年

君子谓："郑庄公于是乎有礼。礼，经国家，定社稷，序民人，利后嗣者也。许，无刑而伐之，服而舍之，度德而处之，量力而行之。相时而动，无累后人，可谓知礼矣。"

郑伯使卒出豭，行出犬鸡，以诅射颍考叔者。君子谓："郑庄公失政刑矣。政以治民，刑以正邪。既无德政，又无威刑，是以及邪。邪而诅之，将何益矣！"

王取邬、刘、芳、邘之田于郑，而与郑人苏忿生之田：温、原、絺、樊、隰郕、欑茅、向、盟、州、陉、隤、怀。君子是以知桓王之失郑也。恕而行之，德之则也，礼之经也。己弗能有，而以与人，人之不至，不亦宜乎？

郑、息有违言。息侯伐郑，郑伯与战于竟，息师大败而还。君子是以知息之将亡也："不度德，不量力，不亲亲，不征辞，不察有罪。犯五不韪，而以伐人，其丧师也，不亦宜乎？"

桓公二年

二年春，宋督攻孔氏，杀孔父而取其妻。公怒，督惧，遂弑殇公。君子以督为有无君之心而后动于恶，故先书弑其君。会于稷，以成宋乱，为赂故，立华氏也。

桓公五年

王夺郑伯政，郑伯不朝。秋，王以诸侯伐郑，郑伯御之。王为中军；

虢公林父将右军，蔡人、卫人属焉；周公黑肩将左军，陈人属焉。郑子元请为左拒，以当蔡人、卫人；为右拒以当陈人，曰："陈乱，民莫有斗心。若先犯之，必奔。王卒顾之，必乱。蔡、卫不枝，固将先奔。既而萃于王卒，可以集事。"从之。曼伯为右拒，祭仲足为左拒，原繁、高渠弥以中军奉公，为鱼丽之陈。先偏后伍，伍承弥缝。战于繻葛。命二拒曰："旝动而鼓！"蔡、卫、陈皆奔，王卒乱，郑师合以攻之，王卒大败。祝聃射王中肩，王亦能军。祝聃请从之。公曰："君子不欲多上人，况敢陵天子乎？苟自救也，社稷无陨，多矣。"

桓公六年

公之未昏于齐也，齐侯欲以文姜妻郑大子忽。大子忽辞。人问其故。大子曰："人各有耦，齐大，非吾耦也。《诗》云：'自求多福。'在我而已，大国何为？"君子曰："善自为谋。"及其败戎师也，齐侯又请妻之。固辞。人问其故。大子曰："无事于齐，吾犹不敢。今以君命奔齐之急，而受室以归，是以师昏也。民其谓我何？"遂辞诸郑伯。

桓公十二年

公欲平宋、郑。秋，公及宋公盟于句渎之丘。宋成未可知也，故又会于虚；冬，又会于龟。宋公辞平，故与郑伯盟于武父，遂帅师而伐宋，战焉，宋无信也。君子曰："苟信不继，盟无益也。《诗》云'君子屡盟，乱是用长'，无信也。"

桓公十七年

初，郑伯将以高渠弥为卿，昭公恶之，固谏，不听。昭公立，惧其杀己也。辛卯，弑昭公而立公子亹。君子谓昭公知所恶矣。公子达曰："高伯其为戮乎！复恶已甚矣。"

庄公六年

六年春，王人救卫。夏，卫侯入，放公子黔牟于周，放宁跪于秦，杀左公子泄、右公子职，乃即位。君子以二公子之立黔牟为不度矣。夫能固位者，必度于本末，而后立衷焉。不知其本，不谋；知本之不枝，弗强。《诗》云："本枝百世。"

庄公八年

夏，师及齐师围郕。郕降于齐师。仲庆父请伐齐师。公曰："不可。我实不德，齐师何罪？罪我之由。《夏书》曰：'皋陶迈种德，德乃降。'姑务修德，以待时乎！"秋，师还。君子是以善鲁庄公。

庄公十四年

蔡哀侯为莘故，绳息妫以语楚子。楚子如息，以食入享，遂灭息。以息妫归，生堵敖及成王焉。未言。楚子问之。对曰："吾一妇人，而事二夫，纵弗能死，其又奚言？"楚子以蔡侯灭息，遂伐蔡。秋七月，楚入蔡。君子曰："《商书》所谓'恶之易也，如火之燎于原，不可乡迩，其犹可扑灭'者，其如蔡哀侯乎！"

庄公十六年

郑伯治与于雍纠之乱者，九月，杀公子阏，刖强鉏。公父定叔出奔卫。三年而复之，曰："不可使共叔无后于郑。"使以十月入，曰："良月也，就盈数焉。"君子谓："强鉏不能卫其足。"

庄公十九年

初，鬻拳强谏楚子。楚子弗从。临之以兵，惧而从之。鬻拳曰："吾惧君以兵，罪莫大焉。"遂自刖也。楚人以为大阍，谓之大伯。使其后掌之。

君子曰："鬻拳可谓爱君矣！谏以自纳于刑，刑犹不忘纳君于善。"

庄公二十二年

饮桓公酒，乐。公曰："以火继之。"辞曰："臣卜其昼，未卜其夜，不敢。"君子曰："酒以成礼，不继以淫，义也；以君成礼，弗纳于淫，仁也。"

僖公元年

夫人氏之丧至自齐。君子以齐人之杀哀姜也为已甚矣，女子，从人者也。

僖公九年

十一月，里克杀公子卓于朝。荀息死之。君子曰："《诗》所谓'白圭之玷，尚可磨也；斯言之玷，不可为也'，荀息有焉。"

僖公十二年

王以上卿之礼飨管仲。管仲辞曰："臣，贱有司也。有天子之二守国、高在，若节春秋来承王命，何以礼焉？陪臣敢辞。"王曰："舅氏！余嘉乃勋！应乃懿德，谓督不忘。往践乃职，无逆朕命！"管仲受下卿之礼而还。君子曰："管氏之世祀也宜哉！让不忘其上。《诗》曰：'恺悌君子，神所劳矣。'"

僖公十五年

十月，晋阴饴甥会秦伯，盟于王城。秦伯曰："晋国和乎？"对曰："不和。小人耻失其君而悼丧其亲，不惮征缮以立圉也，曰：'必报仇，宁事戎狄。'君子爱其君而知其罪，不惮征缮以待秦命，曰：'必报德，有死无二。'以此不和。"秦伯曰："国谓君何？"对曰："小人戚，谓之不免；君子恕，以为必归。小人曰：'我毒秦，秦岂归君？'君子曰：'我知罪矣，秦必归君。'贰而执之，服而舍之，德莫厚焉，刑莫威焉。服者怀德，贰者畏刑，此一役也，秦可以霸。纳而不定，废而不立，以德为怨，秦不其然。"秦伯曰："是吾心也。"改馆晋侯，馈七牢焉。

僖公二十年

随以汉东诸侯叛楚。冬，楚斗谷於菟帅师伐随，取成而还。君子曰："随之见伐，不量力也。量力而动，其过鲜矣。善败由己，而由人乎哉？《诗》曰：'岂不夙夜，谓行多露。'"

僖公二十二年

国人皆咎公。公曰："君子不重伤，不禽二毛。古之为军也，不以阻隘也。寡人虽亡国之余，不鼓不成列。"

丙子晨，郑文夫人芈氏、姜氏劳楚子于柯泽。楚子使师缙示之俘馘。君子曰："非礼也。妇人送迎不出门，见兄弟不逾阈，戎事不迩女器。"

僖公二十四年

郑子华之弟子臧出奔宋，好聚鹬冠。郑伯闻而恶之，使盗诱之。八月，盗杀之于陈、宋之间。君子曰："服之不衷，身之灾也。《诗》曰：'彼己之子，不称其服。'子臧之服，不称也夫！《诗》曰'自诒伊戚'，其子臧之谓矣。《夏书》曰'地平天成'，称也。"

僖公二十六年

夏，齐孝公伐我北鄙，卫人伐齐，洮之盟故也。公使展喜犒师，使受命于展禽。齐侯未入竟，展喜从之，曰："寡君闻君亲举玉趾，将辱于敝邑，使下臣犒执事。"齐侯曰："鲁人恐乎？"对曰："小人恐矣，君子则否。"齐侯曰："室如县罄，野无青草，何恃而不恐？"对曰："恃先王之命。昔周公、大公股肱周室，夹辅成王。成王劳之而赐之盟，曰：'世世子孙无相害也！'载在盟府，大师职之。桓公是以纠合诸侯而谋其不协，弥缝其阙而匡救其灾，昭旧职也。及君即位，诸侯之望曰：'其率桓之功！'我敝邑用不敢保聚，曰：'岂其嗣世九年而弃命废职？其若先君何？'君必不然。恃此以不恐。"齐侯乃还。

僖公二十八年

卫侯闻楚师败，惧，出奔楚，遂适陈，使元咺奉叔武以受盟。癸亥，王子虎盟诸侯于王庭，要言曰："皆奖王室，无相害也！有渝此盟，明神殛之，俾队其师，无克祚国，及而玄孙，无有老幼。"君子谓是盟也信，谓晋于是役也能以德攻。

城濮之战，晋中军风于泽，亡大旆之左旃。祁瞒奸命，司马杀之，以徇于诸侯，使茅茷代之。师还。壬午，济河。舟之侨先归，士会摄右。秋，七月丙申，振旅，恺以入于晋，献俘、授馘、饮至、大赏、征会、讨贰。杀舟之侨以徇于国，民于是大服。君子谓："文公其能刑矣，三罪而民服。《诗》云：'惠此中国，以绥四方。'不失赏刑之谓也。"

文公元年

晋文公之季年，诸侯朝晋，卫成公不朝，使孔达侵郑，伐绵、訾及匡。晋襄公既祥，使告于诸侯而伐卫，及南阳。先且居曰："效尤，祸也。请君朝王，臣从师。"晋侯朝王于温。先且居、胥臣伐卫。五月辛酉朔，晋师围戚。六月戊戌，取之，获孙昭子。卫人使告于陈。陈共公曰："更伐之，我辞之。"卫孔达帅师伐晋。君子以为古。古者，越国而谋。

文公二年

战于殽也，晋梁弘御戎，莱驹为右。战之明日，晋襄公缚秦囚，使莱驹以戈斩之。囚呼，莱驹失戈，狼瞫取戈以斩囚，禽之以从公乘。遂以为右。箕之役，先轸黜之，而立续简伯。狼瞫怒。其友曰："盍死之？"瞫曰："吾未获死所。"其友曰："吾与女为难。"瞫曰："《周志》有之：'勇则害上，不登于明堂。'死而不义，非勇也。共用之谓勇。吾以勇求右，无勇而黜，亦其所也。谓上不我知，黜而宜，乃知我矣。子姑待之。"及彭衙，既陈，以其属驰秦师，死焉。晋师从之，大败秦师。君子谓："狼瞫于是乎君子。《诗》曰：'君子如怒，乱庶遄沮。'又曰：'王赫斯怒，爰整其旅。'怒不作乱，而以从师，可谓君子矣。"

秋，八月丁卯，大事于大庙，跻僖公，逆祀也。于是夏父弗忌为宗伯，尊僖公，且明见曰："吾见新鬼大，故鬼小。先大后小，顺也。跻圣贤，明也。明、顺，礼也。"君子以为失礼。礼无不顺。祀，国之大事也，而逆之，可谓礼乎？子虽齐圣，不先父食久矣。故禹不先鲧，汤不先契，文、武不先不窋。宋祖帝乙，郑祖厉王，犹上祖也。是以《鲁颂》曰："春秋匪解，享祀不忒，皇皇后帝，皇祖后稷。"君子曰礼，谓其后稷亲而先帝也。《诗》曰："问我诸姑，遂及伯姊。"君子曰礼，谓其姊亲而先姑也。

文公三年

秦伯伐晋，济河焚舟，取王官及郊，晋人不出。遂自茅津济，封殽尸而还。遂霸西戎，用孟明也。君子是以知"秦穆之为君也，举人之周也，与人之壹也；孟明之臣也，其不解也，能惧思也；子桑之忠也，其知人也，能举善也。《诗》曰'于以采蘩？于沼、于沚。于以用之？公侯之事'，秦穆有焉。'夙夜匪解，以事一人'，孟明有焉。'诒厥孙谋，以燕翼子'，子桑有焉"。

文公四年

逆妇姜于齐，卿不行，非礼也。君子是以知出姜之不允于鲁也，曰："贵聘而贱逆之，君而卑之，立而废之，弃信而坏其主，在国必乱，在家必亡。不允宜哉！《诗》曰'畏天之威，于时保之'，敬主之谓也。"

楚人灭江，秦伯为之降服，出次，不举，过数。大夫谏。公曰："同盟灭，虽不能救，敢不矜乎？吾自惧也。"君子曰："《诗》云'惟彼二国，其政不获；惟此四国，爰究爰度'，其秦穆之谓矣。"

文公六年

秦伯任好卒，以子车氏之三子奄息、仲行、鍼虎为殉，皆秦之良也。国人哀之，为之赋《黄鸟》。君子曰："秦穆之不为盟主也宜哉！死而弃民。先王违世，犹诒之法，而况夺之善人乎？《诗》曰：'人之云亡，邦国殄瘁。'无善人之谓。若之何夺之？"

古之王者知命之不长，是以并建圣哲，树之风声，分之采物，著之话言，为之律度，陈之艺极，引之表仪，予之法制，告之训典，教之防利，委之常秩，道之礼则，使毋失其土宜，众隶赖之，而后即命。圣王同之。今纵无法以遗后嗣，而又收其良以死，难以在上矣。君子是以知秦之不复东征也。

文公七年

昭公将去群公子，乐豫曰："不可。公族，公室之枝叶也，若去之，则本根无所庇荫矣。葛藟犹能庇其本根，故君子以为比，况国君乎？此谚所谓'庇焉而纵寻斧焉'者也。必不可。君其图之！亲之以德，皆股肱也，谁敢携贰？若之何去之？"不听。

文公十二年

秦伯使西乞术来聘，且言将伐晋。襄仲辞玉曰："君不忘先君之好，照临鲁国，镇抚其社稷，重之以大器，寡君敢辞玉。"对曰："不腆敝器，不足辞也。"主人三辞。宾答曰："寡君愿徼福于周公、鲁公以事君，不腆先君之敝器，使下臣致诸执事，以为瑞节，要结好命，所以藉寡君之命，结二国之好，是以敢致之。"襄仲曰："不有君子，其能国乎？国无陋矣。"

厚贿之。

文公十三年

邾文公卜迁于绎。史曰："利于民而不利于君。"邾子曰："苟利于民，孤之利也。天生民而树之君，以利之也。民既利矣，孤必与焉。"左右曰："命可长也，君何弗为？"邾子曰："命在养民。死之短长，时也。民苟利矣，迁也，吉莫如之！"遂迁于绎。五月，邾文公卒。君子曰："知命。"

文公十五年

齐侯侵我西鄙，谓诸侯不能也。遂伐曹，入其郛，讨其来朝也。季文子曰："齐侯其不免乎？己则无礼，而讨于有礼者，曰：'女何故行礼？'礼以顺天，天之道也。己则反天，而又以讨人，难以免矣。《诗》曰：'胡不相畏？不畏于天。'君子之不虐幼贱，畏于天也。在《周颂》曰：'畏天之威，于时保之。'不畏于天，将何能保？以乱取国，奉礼以守，犹惧不终；多行无礼，弗能在矣。"

宣公二年

二年春，郑公子归生受命于楚伐宋，宋华元、乐吕御之。二月壬子，战于大棘，宋师败绩。囚华元，获乐吕，及甲车四百六十乘，俘二百五十人，馘百。狂狡辂郑人，郑人入于井。倒戟而出之，获狂狡。君子曰："失礼违命，宜其为禽也。戎，昭果毅以听之之谓礼。杀敌为果，致果为毅。易之，戮也。"

将战，华元杀羊食士，其御羊斟不与。及战，曰："畴昔之羊，子为政；今日之事，我为政。"与入郑师，故败。君子谓羊斟非人也，以其私憾，败国殄民，于是刑孰大焉？《诗》所谓"人之无良"者，其羊斟之谓乎！残民以逞。

宣公四年

楚人献鼋于郑灵公。公子宋与子家将见。子公之食指动，以示子家，曰："他日我如此，必尝异味。"及入，宰夫将解鼋，相视而笑。公问之，子家以告。及食大夫鼋，召子公而弗与也。子公怒，染指于鼎，尝之而出。公怒，欲杀子公。子公与子家谋先。子家曰："畜老，犹惮杀之，而况君乎？"反谮子家。子家惧而从之。夏，弑灵公。书曰"郑公子归生弑其君夷"，权不足也。君子曰："仁而不武，无能达也。凡弑君，称君，君无道也；称臣，臣之罪也。"

宣公十一年

申叔时使于齐，反，复命而退。王使让之，曰："夏征舒为不道，弑其君，寡人以诸侯讨而戮之，诸侯县公皆庆寡人，女独不庆寡人，何故？"对曰："犹可辞乎？"王曰："可哉！"曰："夏征舒弑其君，其罪大矣；讨而戮之，君之义也。抑人亦有言曰：'牵牛以蹊人之田，而夺之牛。'牵牛以蹊者，信有罪矣；而夺之牛，罚已重矣。诸侯之从也，曰讨有罪也。今县陈，贪其富也。以讨召诸侯，而以贪归之，无乃不可乎？"王曰："善哉！吾未之闻也。反之，可乎？"对曰："吾侪小人所谓'取诸其怀而与之'也。"乃复封陈。乡取一人焉以归，谓之夏州。故书曰"楚子入陈。纳公孙宁、仪行父于陈"，书有礼也。

宣公十二年

夏六月，晋师救郑。荀林父将中军，先縠佐之；士会将上军，郤克佐之；赵朔将下军，栾书佐之。赵括、赵婴齐为中军大夫，巩朔、韩穿为上军大夫，荀首、赵同为下军大夫。韩厥为司马。及河，闻郑既及楚平，桓子欲还，曰："无及于郑而剿民，焉用之？楚归而动，不后。"随武子曰：'善。会闻用师，观衅而动。德刑、政事、典礼，不易，不可敌也，不为是征。……其君之举也，内姓选于亲，外姓选于旧。举不失德，赏不失劳。老有加惠，旅有施舍。君子小人，物有服章。贵有常尊，贱有等威，礼不逆矣。德立刑行，政成事时，典从礼顺，若之何敌之？见可而进，知难而退，军之善政也。"

楚子又使求成于晋，晋人许之，盟有日矣。楚许伯御乐伯，摄叔为右，以致晋师。许伯曰："吾闻致师者，御靡旌、摩垒而还。"乐伯曰："吾闻致师者，左射以菆，代御执辔，御下，两马、掉鞅而还。"摄叔曰："吾闻致师者，右入垒，折馘、执俘而还。"皆行其所闻而复。晋人逐之，左右角之。乐伯左射马而右射人，角不能进。矢一而已。麋兴于前，射麋丽龟。晋鲍癸当其后，使摄叔奉麋献焉，曰："以岁之非时，献禽之未至，敢膳诸从者。"鲍癸止之，曰："其左善射，其右有辞，君子也。"既免。

是役也，郑石制实入楚师，将以分郑而立公子鱼臣。辛未，郑杀仆叔及子服。君子曰："史佚所谓'毋怙乱'者，谓是类也。《诗》曰：'乱离瘼矣，爰其适归。'归于怙乱者也夫！"

宣公十三年

夏，楚子伐宋，以其救萧也。君子曰："清丘之盟，唯宋可以免焉。"

冬，晋人讨邲之败与清之师，归罪于先縠而杀之，尽灭其族。君子曰："'恶之来也，己则取之'，其先縠之谓乎！"

宣公十七年

范武子将老，召文子曰："燮乎！吾闻之：喜怒以类者鲜，易者实多。《诗》曰：'君子如怒，乱庶遄沮。君子如祉，乱庶遄已。'君子之喜怒，以已乱也。弗已者，必益之。郤子其或者欲已乱于齐乎？不然，余惧其益之也。余将老，使郤子逞其志，庶有豸乎！尔从二三子唯敬。"乃请老。郤献子为政。

成公二年

韩厥梦子舆谓己曰:"旦辟左右!"故中御而从齐侯。邴夏曰:"射其御者,君子也。"公曰:"谓之君子而射之,非礼也。"射其左,越于车下。射其右,毙于车中。綦毋张丧车,从韩厥曰:"请寓乘!"从左右,皆肘之,使立于后。韩厥俯,定其右。逢丑父与公易位。

八月,宋文公卒,始厚葬,用蜃炭,益车马,始用殉,重器备。椁有四阿,棺有翰、桧。君子谓华元、乐举于是乎不臣。臣,治烦去惑者也,是以伏死而争。今二子者,君生则纵其惑,死又益其侈,是弃君于恶也,何臣之为?

十一月,公及楚公子婴齐、蔡侯、许男、秦右大夫说、宋华元、陈公孙宁、卫孙良夫、郑公子去疾及齐国之大夫盟于蜀。卿不书,匮盟也。于是乎畏晋而窃与楚盟,故曰匮盟。蔡侯、许男不书,乘楚车也,谓之失位。君子曰:"位其不可不慎也乎!蔡、许之君,一失其位,不得列于诸侯,况其下乎!《诗》曰:'不解于位,民之攸塈。'其是之谓矣。"

是行也,晋辟楚,畏其众也。君子曰:"众之不可以已也。大夫为政,犹以众克,况明君而善用其众乎?《大誓》所谓'商兆民离,周十人同'者,众也。"

成公三年

荀罃之在楚也,郑贾人有将置诸褚中以出。既谋之,未行,而楚人归之。贾人如晋,荀罃善视之,如实出己。贾人曰:"吾无其功,敢有其实乎?吾小人,不可以厚诬君子。"遂适齐。

成公六年

于是,军帅之欲战者众。或谓栾武子曰:"圣人与众同欲,是以济事,子盍从众?子为大政,将酌于民者也。子之佐十一人,其不欲战者,三人而已。欲战者可谓众矣。《商书》曰：'三人占，从二人'，众故也。"武子曰："善钧从众。夫善，众之主也。三卿为主，可谓众矣。从之，不亦可乎？"

成公七年

七年春，吴伐郯，郯成。季文子曰："中国不振旅，蛮夷入伐，而莫之或恤。无吊者也夫！《诗》曰'不吊昊天，乱靡有定'，其此之谓乎！有上不吊，其谁不受乱？吾亡无日矣。"君子曰："知惧如是，斯不亡矣。"

成公八年

晋栾书侵蔡，遂侵楚，获申骊。楚师之还也，晋侵沈，获沈子揖初，从知、范、韩也。君子曰："从善如流，宜哉！《诗》曰：'恺悌君子，遐不作人？'求善也夫！作人，斯有功绩矣。"

成公九年

晋侯观于军府，见钟仪。问之曰："南冠而絷者，谁也？"有司对曰："郑人所献楚囚也。"使税之。召而吊之。再拜稽首。问其族。对曰："泠人也。"公曰："能乐乎？"对曰："先父之职官也，敢有二事？"使与之琴，操南音。公曰："君王何如？"对曰："非小人之所得知也。"固问之。对曰："其为太子也，师、保奉之，以朝于婴齐而夕于侧也。不知其他。"公语范文子。文子曰："楚囚，君子也。言称先职，不背本也；乐操土风，不忘旧也；称大子，抑无私也；名其二卿，尊君也。不背本，仁也；不忘旧，信也；无私，忠也；尊君，敏也。仁以接事，信以守之，忠以成之，敏以行之。事虽大，必济。君盍归之，使合晋、楚之成？"公从之，重为之礼，使归求成。

君子曰："恃陋而不备，罪之大者也，备豫不虞，善之大者也。莒恃其陋，而不修城郭，浃辰之间，而楚克其三都，无备也夫！《诗》曰：'虽有丝、麻，无弃菅、蒯；虽有姬、姜，无弃蕉萃；凡百君子，莫不代匮。'言备之不可以已也。"

成公十年

郑伯讨立君者，戊申，杀叔申、叔禽。君子曰："忠为令德，非其人犹不可，况不令乎？"

成公十三年

成子受脤于社，不敬。刘子曰："吾闻之：民受天地之中以生，所谓命也。是以有动作礼义威仪之则，以定命也。能者养以之福，不能者败以取祸。是故君子勤礼，小人尽力。勤礼莫如致敬，尽力莫如敦笃。敬在养神，笃在守业。国之大事，在祀与戎。祀有执膰，戎有受脤，神之大节也。今成子惰，弃其命矣，其不反乎！"

成公十四年

九月，侨如以夫人妇姜氏至自齐。舍族，尊夫人也。故君子曰："《春秋》之称，微而显，志而晦，婉而成章，尽而不汙，惩恶而劝善，非圣人，谁能修之？"

成公十六年

六月，晋、楚遇于鄢陵。范文子不欲战。郤至曰："韩之战，惠公不振旅；箕之役，先轸不反命；邲之师，荀伯不复从，皆晋之耻也。子亦见先君之事矣。今我辟楚，又益耻也。"文子曰："吾先君之亟战也，有故。秦、狄、齐、楚皆强，不尽力，子孙将弱。今三强服矣，敌楚而已。惟圣人能外内无患。自非圣人，外宁必有内忧，盍释楚以为外惧乎？"

郤至三遇楚子之卒，见楚子，必下，免胄而趋风。楚子使工尹襄问之以弓，曰："方事之殷也，有韎韦之跗注，君子也。识见不谷而趋，无乃伤乎？"郤至见客，免胄承命，曰："君之外臣至，从寡君之戎事，以君之灵，间蒙甲胄，不敢拜命。敢告不宁，君命之辱。为事之故，敢肃使者。"三肃使者而退。

成公十八年
公至自晋。晋范宣子来聘，且拜朝也。君子谓晋于是乎有礼。

襄公二年
齐侯伐莱，莱人使正舆子赂夙沙卫以索马牛，皆百匹，齐师乃还。君子是以知齐灵公之为"灵"也。

夏，齐姜薨。初，穆姜使择美槚，以自为榇与颂琴，季文子取以葬。君子曰："非礼也。礼无所逆。妇，养姑者也。亏姑以成妇，逆莫大焉。《诗》曰：'其惟哲人，告之话言，顺德之行。'季孙于是为不哲矣。且姜氏，君之妣也。《诗》曰：'为酒为醴，烝畀祖妣，以洽百礼，降福孔偕。'"

襄公三年
祁奚请老，晋侯问嗣焉。称解狐，其仇也，将立之而卒。又问焉。对曰："午也可。"于是羊舌职死矣，晋侯曰："孰可以代之？"对曰："赤也可。"于是使祁午为中军尉，羊舌赤佐之。君子谓祁奚于是能举善矣。称其仇，不为谄；立其子，不为比；举其偏，不为党。《商书》曰"无偏无党，王道荡荡"，其祁奚之谓矣。解狐得举，祁午得位，伯华得官，建一官而三物成，能举善也。夫唯善，故能举其类。《诗》云"惟其有之，是以似之"，祁奚有焉。

襄公四年
初，季孙为己树六槚于蒲圃东门之外，匠庆请木，季孙曰："略。"匠庆用蒲圃之槚，季孙不御。君子曰："《志》所谓'多行无礼，必自及也'，其是之谓乎！"

襄公五年

楚人讨陈叛故，曰："由令尹子辛实侵欲焉。"乃杀之。书曰"楚杀其大夫公子壬夫"，贪也。君子谓楚共王于是不刑。《诗》曰："周道挺挺，我心扃扃。讲事不令，集人来定。"己则无信，而杀人以逞，不亦难乎！《夏书》曰："成允成功。"

季文子卒。大夫入敛，公在位。宰庀家器为葬备，无衣帛之妾，无食粟之马，无藏金玉，无重器备，君子是以知季文子之忠于公室也。相三君矣，而无私积，可不谓忠乎？

襄公八年

晋范宣子来聘，且拜公之辱，告将用师于郑。公享之。宣子赋《摽有梅》。季武子曰："谁敢哉？今譬于草木，寡君在君，君之臭味也。欢以承命，何时之有？"武子赋《角弓》。宾将出，武子赋《彤弓》。宣子曰："城濮之役，我先君文公献功于衡雍，受彤弓于襄王，以为子孙藏。匄也，先君守官之嗣也，敢不承命？"君子以为知礼。

襄公九年

冬十月，诸侯伐郑。庚午，季武子、齐崔杼、宋皇郧从荀䓨、士匄门于鄟门，卫北宫括、曹人、邾人从荀偃、韩起门于师之梁，滕人、薛人从栾黡、士鲂门于北门，杞人、郳人从赵武、魏绛斩行栗。甲戌，师于汜。令于诸侯曰："修器备，盛糇粮，归老幼，居疾于虎牢，肆眚，围郑。"郑人恐，乃行成。中行献子曰："遂围之，以待楚人之救也，而与之战，不然，无成。"知武子曰："许之盟而还师，以敝楚人。吾三分四军，与诸侯之锐，以逆来者，于我未病，楚不能矣。犹愈于战。暴骨以逞，不可以争。大劳未艾。君子劳心，小人劳力，先王之制也。"诸侯皆不欲战，乃许郑成。

襄公十一年

郑人赂晋侯以师悝、师触、师蠲；广车、軘车淳十五乘，甲兵备，凡兵车百乘；歌钟二肆，及其镈磬；女乐二八。晋侯以乐之半赐魏绛，曰："子教寡人和诸戎狄以正诸华，八年之中，九合诸侯，如乐之和，无所不谐，请与子乐之。"辞曰："夫和戎狄，国之福也；八年之中，九合诸侯，诸侯无慝，君之灵也，二三子之劳也，臣何力之有焉？抑臣愿君安其乐而思其终也。《诗》曰：'乐只君子，殿天子之邦。乐只君子，福禄攸同。便蕃左右，亦是帅从。'夫乐以安德，义以处之，礼以行之，信以守之，仁以厉之，而后可以殿邦国、同福禄、来远人，所谓乐也。《书》曰：'居安思危。'思则有备，有备无患。敢以此规。"

襄公十三年

君子曰："让，礼之主也。范宣子让，其下皆让，栾黡为汰，弗敢违也。晋国以平，数世赖之，刑善也夫！一人刑善，百姓休和，可不务乎！《书》曰'一人有庆，兆民赖之，其宁惟永'，其是之谓乎！周之兴也，其《诗》曰'仪刑文王，万邦作孚'，言刑善也。及其衰也，其《诗》曰'大夫不均，我从事独贤'，言不让也。世之治也，君子尚能而让其下，小人农力以事其上，是以上下有礼，而谗慝黜远，由不争也，谓之懿德。及其乱也，君子称其功以加小人，小人伐其技以冯君子，是以上下无礼，乱虐并生，由争善也，谓之昏德。国家之敝，恒必由之。"

吴侵楚，养由基奔命，子庚以师继之。养叔曰："吴乘我丧，谓我不能师也，必易我而不戒。子为三覆以待我，我请诱之。"子庚从之。战于庸浦，大败吴师，获公子党。君子以吴为不吊，《诗》曰："不吊昊天，乱靡有定。"

襄公十四年

吴子诸樊既除丧，将立季札。季札辞曰："曹宣公之卒也，诸侯与曹人不义曹君，将立子臧。子臧去之，遂弗为也，以成曹君。君子曰：'能守节。'君，义嗣也，谁敢奸君，有国，非吾节也。札虽不才，愿附于子臧，以无失节。"固立之，弃其室而耕，乃舍之。

楚子囊还自伐吴，卒。将死，遗言谓子庚："必城郢！"君子谓子囊忠。君薨，不忘增其名；将死，不忘卫社稷，可不谓忠乎？忠，民之望也。《诗》曰"行归于周，万民所望"，忠也。

襄公十五年

楚公子午为令尹，公子罢戎为右尹，蒍子冯为大司马，公子橐师为右司马，公子成为左司马，屈到为莫敖，公子追舒为箴尹，屈荡为连尹，养由基为宫厩尹，以靖国人。君子谓楚于是乎能官人。官人，国之急也。能官人，则民无觎心。《诗》云"嗟我怀人，置彼周行"，能官人也。王及公、侯、伯、子、男、甸、采、卫大夫，各居其列，所谓周行也。

宋人或得玉，献诸子罕。子罕弗受。献玉者曰："以示玉人，玉人以为宝也，故敢献之。"子罕曰："我以不贪为宝，尔以玉为宝。若以与我，皆丧宝也，不若人有其宝。"稽首而告曰："小人怀璧，不可以越乡，纳此以请死也。"子罕置诸其里，使玉人为之攻之，富而后使复其所。

襄公十七年

宋皇国父为大宰，为平公筑台，妨于农收。子罕请俟农功之毕，公弗许。筑者讴曰："泽门之皙，实兴我役。邑中之黔，实慰我心。"子罕闻之，亲执扑，以行筑者，而抶其不勉者，曰："吾侪小人皆有阖庐以辟燥湿寒暑。今君为一台，而不速成，何以为役？"讴者乃止。或问其故。子罕曰："宋国区区，而有诅有祝，祸之本也。"

襄公二十一年

初，叔向之母妒叔虎之母美而不使，其子皆谏其母。其母曰："深山大泽，实生龙蛇。彼美，余惧其生龙蛇以祸女。女，敝族也。国多大宠，不仁人间之，不亦难乎？余何爱焉！"使往视寝，生叔虎。美而有勇力，栾怀子嬖之，故羊舌氏之族及于难。

襄公二十二年

二十二年春，臧武仲如晋。雨，过御叔。御叔在其邑，将饮酒，曰："焉用圣人？我将饮酒而已。雨行，何以圣为？"穆叔闻之，曰："不可使也，而傲使人，国之蠹也。"令倍其赋。

九月，郑公孙黑肱有疾，归邑于公，召室老、宗人立段，而使黜官、薄祭。祭以特羊，殷以少牢，足以共祀，尽归其余邑，曰："吾闻之：生于乱世，贵而能贫，民无求焉，可以后亡。敬共事君与二三子。生在敬戒，不在富也。"己巳，伯张卒。君子曰："善戒。《诗》曰：'慎尔侯度，用戒不虞。'郑子张其有焉。"

襄公二十三年

陈侯如楚，公子黄愬二庆于楚，楚人召之。使庆乐往，杀之。庆氏以陈叛。夏，屈建从陈侯围陈。陈人城，板队而杀人。役人相命，各杀其长，遂杀庆虎、庆寅。楚人纳公子黄。君子谓庆氏不义，不可肆也。故《书》曰："惟命不于常。"

襄公二十四年

二月，郑伯如晋，子产寓书于子西，以告宣子，曰："子为晋国，四邻诸侯不闻令德，而闻重币，侨也惑之。侨闻君子长国家者，非无贿之患，而无令名之难。夫诸侯之贿聚于公室，则诸侯贰。若吾子赖之，则晋国贰。

诸侯贰，则晋国坏；晋国贰，则子之家坏，何没没也！将焉用贿？夫令名，德之舆也；德，国家之基也。有基无坏，无亦是务乎！有德则乐，乐则能久。《诗》云'乐只君子，邦家之基'，有令德也夫！'上帝临女，无贰尔心'，有令名也夫！恕思以明德，则令名载而行之，是以远至迩安。毋宁使人谓子'子实生我'，而谓'子浚我以生'乎？象有齿以焚其身，贿也。"

襄公二十五年

卫献公自夷仪使与宁喜言，宁喜许之。大叔文子闻之，曰："乌呼！《诗》所谓'我躬不说，遑恤我后'者，宁子可谓不恤其后矣。将可乎哉？殆必不可。君子之行，思其终也，思其复也。《书》曰：'慎始而敬终，终以不困。'《诗》曰：'夙夜匪解，以事一人。'今宁子视君不如弈棋，其何以免乎？弈者举棋不定，不胜其耦；而况置君而弗定乎？必不免矣。九世之卿族，一举而灭之，可哀也哉！"

襄公二十六年

秋，楚客聘于晋，过宋。大子知之，请野享之，公使往。伊戾请从之。公曰："夫不恶女乎？"对曰："小人之事君子也，恶之不敢远，好之不敢近，敬以待命，敢有贰心乎？纵有共其外，莫共其内，臣请往也。"遣之。

郑伯归自晋，使子西如晋聘，辞曰："寡君来烦执事，惧不免于戾，使夏谢不敏。"君子曰："善事大国。"

冬，十月，楚子伐郑，郑人将御之。子产曰："晋、楚将平，诸侯将和，楚王是故昧于一来。不如使逞而归，乃易成也。夫小人之性，衅于勇、啬于祸，以足其性而求名焉者，非国家之利也，若何从之？"子展说，不御寇。十二月乙酉，入南里，堕其城。涉于乐氏，门于师之梁。县门发，获九人焉。涉于氾而归。而后葬许灵公。

卫人归卫姬于晋，乃释卫侯。君子是以知平公之失政也。

襄公二十七年

宋左师请赏,曰:"请免死之邑。"公与之邑六十,以示子罕。子罕曰:"凡诸侯小国,晋、楚所以兵威之,畏而后上下慈和,慈和而后能安靖其国家,以事大国,所以存也。无威则骄,骄则乱生,乱生必灭,所以亡也。天生五材,民并用之,废一不可,谁能去兵?兵之设久矣,所以威不轨而昭文德也。圣人以兴,乱人以废。废兴、存亡、昏明之术,皆兵之由也,而子求去之,不亦诬乎!以诬道蔽诸侯,罪莫大焉。纵无大讨,而又求赏,无厌之甚也。"削而投之。左师辞邑。向氏欲攻司城。左师曰:"我将亡,夫子存我,德莫大焉。又可攻乎?"君子曰:"'彼己之子,邦之司直',乐喜之谓乎!'何以恤我,我其收之',向戌之谓乎!"

襄公二十八年

及汉,楚康王卒。公欲反。叔仲昭伯曰:"我楚国之为,岂为一人?行也!"子服惠伯曰:"君子有远虑,小人从迩。饥寒之不恤,谁遑其后?不如姑归也。"叔孙穆子曰:"叔仲子专之矣;子服子,始学者也。"荣成伯曰:"远图者,忠也。"公遂行。宋向戌曰:"我一人之为,非为楚也。饥寒之不恤,谁能恤楚?姑归而息民,待其立君而为之备。"宋公遂反。

襄公二十九年

吴公子札来聘,见叔孙穆子,说之。谓穆子曰:"子其不得死乎!好善而不能择人。吾闻君子务在择人。吾子为鲁宗卿,而任其大政,不慎举,何以堪之?祸必及子!"

见舞《韶濩》者,曰:"圣人之弘也,而犹有惭德,圣人之难也。"

聘于郑,见子产,如旧相识。与之缟带,子产献纻衣焉。谓子产曰:"郑之执政侈,难将至矣,政必及子。子为政,慎之以礼。不然,郑国将败。"适卫,说蘧瑗、史狗、史鰌、公子荆、公叔发、公子朝,曰:"卫多君子,未有患也。"

郑伯有使公孙黑如楚,辞曰:"楚、郑方恶,而使余往,是杀余也。"伯有曰:"世行也。"子晳曰:"可则往,难则已,何世之有?"伯有将强使之。子晳怒,将伐伯有氏,大夫和之。十二月己巳,郑大夫盟于伯有氏。裨谌曰:"是盟也,其与几何?《诗》曰:'君子屡盟,乱是用长。'今是长乱之道也,祸未歇也,必三年而后能纾。"

襄公三十年

三十年,春,王正月,楚子使薳罢来聘,通嗣君也。穆叔问王子围之为政何如。对曰:"吾侪小人食而听事,犹惧不给命,而不免于戾,焉与知政?"固问焉,不告。穆叔告大夫曰:"楚令尹将有大事,子荡将与焉,助之匿其情矣。"

二月癸未,晋悼夫人食舆人之城杞者,绛县人或年长矣,无子,而往与于食,有与疑年,使之年。曰:"臣,小人也,不知纪年。臣生之岁,正月甲子朔,四百有四十五甲子矣,其季于今三之一也。"

于是鲁使者在晋,归以语诸大夫。季武子曰:"晋未可偷也。有赵孟以为大夫,有伯瑕以为佐,有史赵、师旷而咨度焉,有叔向、女齐以师保其君。其朝多君子,其庸可偷乎?勉事之而后可。"

夏四月己亥,郑伯及其大夫盟。君子是以知郑难之不已也。

或叫于宋大庙曰:"譆譆,出出。"鸟鸣于亳社,如曰"譆譆"。甲午,宋大灾。宋伯姬卒,待姆也。君子谓宋共姬女而不妇。女待人,妇义事也。

为宋灾故,诸侯之大夫会,以谋归宋财。冬,十月,叔孙豹会晋赵武、齐公孙虿、宋向戌、卫北宫佗、郑罕虎及小邾之大夫会于澶渊。既而无归于宋,故不书其人。君子曰:"信其不可不慎乎!澶渊之会,卿不书,不信也。夫诸侯之上卿,会而不信,宠名皆弃,不信之不可也如是。《诗》曰'文王陟降,在帝左右',信之谓也。又曰'淑慎尔止,无载尔伪',不信之谓也。"

襄公三十一年

三十一年春，王正月，穆叔至自会。见孟孝伯，语之曰："赵孟将死矣。其语偷，不似民主。且年未盈五十而谆谆焉如八九十者，弗能久矣。若赵孟死，为政者其韩子乎！吾子盍与季孙言之，可以树善，君子也。晋君将失政矣，若不树焉，使早备鲁，既而政在大夫，韩子懦弱，大夫多贪，求欲无厌，齐、楚未足与也，鲁其惧哉！"

己亥，孟孝伯卒。立敬归之娣齐归之子公子裯。穆叔不欲，曰："大子死，有母弟则立之，无则立长。年钧择贤，义钧则卜，古之道也。非适嗣，何必娣之子？且是人也，居丧而不哀，在戚而有嘉容，是谓不度。不度之人，鲜不为患。若果立之，必为季氏忧。"武子不听，卒立之。比及葬，三易衰，衰衽如故衰。于是昭公十九年矣，犹有童心，君子是以知其不能终也。

郑人游于乡校，以论执政。然明谓子产曰："毁乡校何如？"子产曰："何为？夫人朝夕退而游焉，以议执政之善否。其所善者，吾则行之；其所恶者，吾则改之，是吾师也。若之何毁之？我闻忠善以损怨，不闻作威以防怨。岂不遽止？然犹防川。大决所犯，伤人必多，吾不克救也。不如小决使道，不如吾闻而药之也。"然明曰："蔑也今而后知吾子之信可事也。小人实不才，若果行此，其郑国实赖之，岂唯二三臣？"

子皮欲使尹何为邑。子产曰："少，未知可否。"子皮曰："愿，吾爱之，不吾叛也。使夫往而学焉，夫亦愈知治矣。"子产曰："不可。人之爱，人求利之也。……"子皮曰："善哉！虎不敏。吾闻君子务知大者、远者，小人务知小者、近者。我，小人也。衣服附在吾身，我知而慎之；大官、大邑所以庇身也，我远而慢之。微子之言，吾不知也。他日我曰：子为郑国，我为吾家，以庇焉，其可也。今而后知不足。自今请，虽吾家，听子而行。"

公曰："善哉！何谓威仪？"对曰："有威而可畏谓之威，有仪而可象谓之仪。……纣囚文王七年，诸侯皆从之囚，纣于是乎惧而归之，可谓爱之。文王伐崇，再驾而降为臣，蛮夷帅服，可谓畏之。文王之功，天下诵而歌舞之，可谓则之。文王之行，至今为法，可谓象之。有威仪也。故君子在位可畏，施舍可爱，进退可度，周旋可则，容止可观，作事可法，德行可象，声气可乐，动作有文，言语有章，以临其下，谓之有威仪也。"

昭公元年

祁午谓赵文子曰："宋之盟，楚人得志于晋。今令尹之不信，诸侯之所闻也。子弗戒，惧又如宋。……有令名矣，而终之以耻，午也是惧。吾子其不可以不戒！"文子曰："武受赐矣！然宋之盟，子木有祸人之心，武有仁人之心，是楚所以驾于晋也。今武犹是心也，楚又行僭，非所害也。武将信以为本，循而行之。譬如农夫，是穮是蓘，虽有饥馑，必有丰年。且吾闻之：'能信不为人下。'吾未能也。《诗》曰：'不僭不贼，鲜不为则。'信也。能为人则者，不为人下矣。吾不能是难，楚不为患。"

秦后子有宠于桓，如二君于景。其母曰："弗去，惧选。"癸卯，鍼适晋，其车千乘。书曰"秦伯之弟鍼出奔晋"，罪秦伯也。后子享晋侯，造舟于河，十里舍车，自雍及绛。归取酬币，终事八反。司马侯问焉，曰："子之车尽于此而已乎？"对曰："此之谓多矣。若能少此，吾何以得见？"女叔齐以告公，且曰："秦公子必归。臣闻君子能知其过，必有令图。令图，天所赞也。"

叔弓帅师疆郓田，因莒乱也。于是莒务娄、瞀胡及公子灭明以大厐与常仪靡奔齐。君子曰："莒展之不立，弃人也夫！人可弃乎？《诗》曰'无竞维人'，善矣。"

晋侯有疾，郑伯使公孙侨如晋聘，且问疾。叔向问焉，曰："寡君之疾病，卜人曰'实沈、台骀为祟'，史莫之知。敢问此何神也？"子产曰："昔高辛氏有二子……若君身，则亦出入、饮食、哀乐之事也，山川、星辰之神又何为焉？侨闻之，君子有四时：朝以听政，昼以访问，夕以修令，夜以安身。于是乎节宣其气，勿使有所壅闭湫底以露其体，兹心不爽，而昏乱百度。今无乃壹之，则生疾矣。侨又闻之：内官不及同姓，其生不殖。美先尽矣，则相生疾，君子是以恶之。"

晋侯闻子产之言，曰："博物君子也。"重贿之。

晋侯求医于秦，秦伯使医和视之，曰："疾不可为也，是谓近女，室疾如蛊。非鬼非食，惑以丧志。良臣将死，天命不祐。"公曰："女不可近乎？"对曰："节之。先王之乐，所以节百事也，故有五节；迟速本末以相及，中声以降。五降之后，不容弹矣。于是有烦手淫声，慆堙心耳，乃忘平和，君子弗听也。物亦如之。至于烦，乃舍也已，无以生疾。君子之近琴瑟，以仪节也，非以慆心也。天有六气，降生五味，发为五色，徵为五声。淫生六疾。"

昭公二年

宣子遂如齐纳币。见子雅。子雅召子旗，使见宣子。宣子曰："非保家之主也，不臣。"见子尾。子尾见强，宣子谓之如子旗。大夫多笑之，唯晏子信之，曰："夫子，君子也。君子有信，其有以知之矣。"自齐聘于卫，卫侯享之。北宫文子赋《淇澳》，宣子赋《木瓜》。

昭公三年

三年，春，王正月，郑游吉如晋，送少姜之葬。梁丙与张趯见之。梁丙曰："甚矣哉，子之为此来也！"子大叔曰："将得已乎！昔文、襄之霸也，其务不烦诸侯，今诸侯三岁而聘，五岁而朝，有事而会，不协而盟。君薨，大夫吊，卿共葬事；夫人，士吊，大夫送葬。足以昭礼、命事、谋阙而已，无加命矣。今嬖宠之丧，不敢择位，而数于守适，唯惧获戾，岂敢惮烦？少姜有宠而死，齐必继室。今兹吾又将来贺，不唯此行也。"张趯曰："善哉，吾得闻此数也！然自今子其无事矣。譬如火焉，火中，寒暑乃退。此其极也，能无退乎？晋将失诸侯，诸侯求烦不获。"二大夫退。子大叔告人曰：

"张趯有知，其犹在君子之后乎！"

初，景公欲更晏子之宅，曰："子之宅近市，湫隘嚣尘，不可以居，请更诸爽垲者。"辞曰："君之先臣容焉，臣不足以嗣之，于臣侈矣。且小人近市，朝夕得所求，小人之利也，敢烦里旅？"公笑曰："子近市，识贵贱乎？"对曰："既利之，敢不识乎？"公曰："何贵何贱？"于是景公繁于刑，有鬻踊者，故对曰："踊贵，屦贱。"既已告于君，故与叔向语而称之。景公为是省于刑。君子曰："仁人之言，其利博哉！晏子一言，而齐侯省刑。《诗》曰'君子如祉，乱庶遄已'，其是之谓乎！"

及晏子如晋，公更其宅。反，则成矣。既拜，乃毁之，而为里室，皆如其旧，则使宅人反之，曰："谚曰：'非宅是卜，唯邻是卜。'二三子先卜邻矣。违卜不祥。君子不犯非礼，小人不犯不祥，古之制也。吾敢违诸乎？"卒复其旧宅，公弗许；因陈桓子以请，乃许之。

夏四月，郑伯如晋，公孙段相，甚敬而卑，礼无违者。晋侯嘉焉，授之以策，曰："子丰有劳于晋国，余闻而弗忘。赐女州田，以胙乃旧勋。"伯石再拜稽首，受策以出。君子曰："礼，其人之急也乎！伯石之汏也，一为礼于晋，犹荷其禄，况以礼终始乎！《诗》曰'人而无礼，胡不遄死'，其是之谓乎！"

初，州县，栾豹之邑也。及栾氏亡，范宣子、赵文子、韩宣子皆欲之。文子曰："温，吾县也。"二宣子曰："自郤称以别，三传矣。晋之别县不唯州，谁获治之？"文子病之，乃舍之。二子曰："吾不可以正议而自与也。"皆舍之。及文子为政，赵获曰："可以取州矣。"文子曰："退！二子之言，义也。违义，祸也。余不能治余县，又焉用州，其以徼祸也？君子曰：'弗知实难。'知而弗从，祸莫大焉。有言州必死！"

张趯使谓大叔曰："自子之归也，小人粪除先人之敝庐，曰：'子其将来。'今子皮实来，小人失望。"大叔曰："吉贱，不获来，畏大国、尊夫人也。且孟曰而将无事，吉庶几焉。"

昭公四年

大雨雹。季武子问于申丰曰："雹可御乎？"对曰："圣人在上，无雹。虽有，不为灾。古者日在北陆而藏冰，西陆朝觌而出之。其藏冰也，深山穷谷，固阴沍寒，于是乎取之。其出之也，朝之禄位，宾食丧祭，于是乎用之。其藏之也，黑牡、秬黍以享司寒。其出之也，桃弧棘矢，以除其灾。……今藏川池之冰弃而不用，风不越而杀，雷不发而震。雹之为灾，谁能御之？《七月》之卒章，藏冰之道也。"

王使问礼于左师与子产。左师曰："小国习之，大国用之，敢不荐闻？"献公合诸侯之礼六。子产曰："小国共职，敢不荐守？"献伯子男会公之礼六。君子谓合左师善守先代，子产善相小国。

郑子产作丘赋，国人谤之，曰："其父死于路，己为虿尾，以令于国，国将若之何？"子宽以告。子产曰："何害？苟利社稷，死生以之。且吾闻为善者不改其度，故能有济也。民不可逞，度不可改。《诗》曰：'礼义不愆，何恤于人言？'吾不迁矣。"浑罕曰："国氏其先亡乎！君子作法于凉，其敝犹贪。作法于贪，敝将若之何？姬在列者，蔡及曹、滕其先亡乎！逼而无礼。郑先卫亡，逼而无法。政不率法，而制于心。民各有心，何上之有？"

昭公五年

晋侯谓女叔齐曰："鲁侯不亦善于礼乎？"对曰："鲁侯焉知礼！"公曰："何为？自郊劳至于赠贿，礼无违者，何故不知？"对曰："是仪也，不可谓礼。礼，所以守其国、行其政令、无失其民者也。今政令在家，不能取也；有子家羁，弗能用也；奸大国之盟，陵虐小国；利人之难，不知其私。公室四分，民食于他。思莫在公，不图其终。为国君，难将及身，不恤其所。礼之本末将于此乎在，而屑屑焉习仪以亟。言善于礼，不亦远乎？"君子谓叔侯于是乎知礼。

昭公六年

楚公子弃疾如晋，报韩子也。过郑，郑罕虎、公孙侨、游吉从郑伯以劳诸柤，辞不敢见。固请，见之。见如见王，以其乘马八匹私面。见子皮如上卿，以马六匹；见子产以马四匹；见子大叔以马二匹。禁刍牧采樵，不入田，不樵树，不采蓺，不抽屋，不强匄。誓曰："有犯命者，君子废，小人降！"舍不为暴，主不慁宾。往来如是，郑三卿皆知其将为王也。

昭公七年

九月，公至自楚。孟僖子病不能相礼，乃讲学之，苟能礼者从之。及其将死也，召其大夫，曰："礼，人之干也。无礼，无以立。吾闻将有达者曰孔丘，圣人之后也，而灭于宋。其祖弗父何以有宋而授厉公；及正考父佐戴、武、宣，三命兹益共，故其鼎铭云：'一命而偻，再命而伛，三命而俯，循墙而走，亦莫余敢侮。饘于是，鬻于是，以糊余口。'其共也如是。臧孙纥有言曰：'圣人有明德者，若不当世，其后必有达人。'今其将在孔丘乎！我若获没，必属说与何忌于夫子，使事之，而学礼焉，以定其位。"故孟懿子与南宫敬叔师事仲尼。仲尼曰："能补过者，君子也。《诗》曰'君子是则是效'，孟僖子可则效已矣。"

昭公八年

八年春，石言于晋魏榆。晋侯问于师旷曰："石何故言？"对曰："石不能言，或冯焉。不然，民听滥也。抑臣又闻之曰：'作事不时，怨讟动于民，则有非言之物而言。'今宫室崇侈，民力雕尽，怨讟并作，莫保其性，石言，不亦宜乎？"于是晋侯方筑虒祁之宫，叔向曰："子野之言君子哉！君子之言，信而有征，故怨远于其身；小人之言，僭而无征，故怨咎及之。《诗》曰：'哀哉不能言，匪舌是出，唯躬是瘁。哿矣能言，巧言如流，俾躬处休。'其是之谓乎！是宫也成，诸侯必叛，君必有咎，夫子知之矣。"

昭公十二年

三月，郑简公卒。将为葬除，及游氏之庙，将毁焉。子大叔使其除徒执用以立，而无庸毁，曰："子产过女，而问何故不毁，乃曰：'不忍庙也。诸，将毁矣。'"既如是，子产乃使辟之。司墓之室有当道者，毁之，则朝而塴；弗毁，则日中而塴。子大叔请毁之，曰："无若诸侯之宾何？"子产曰："诸侯之宾能来会吾丧，岂惮日中？无损于宾，而民不害，何故不为？"遂弗毁，日中而葬。君子谓子产于是乎知礼。礼，无毁人以自成也。

昭公十三年

王闻群公子之死也，自投于车下，曰："人之爱其子也，亦如余乎？"侍者曰："甚焉，小人老而无子，知挤于沟壑矣。"王曰："余杀人子多矣，能无及此乎？"右尹子革曰："请待于郊，以听国人。"王曰："众怒不可犯也。"曰："若入于大都，而乞师于诸侯。"王曰："皆叛矣。"曰："若亡于诸侯，以听大国之图君也。"王曰："大福不再，只取辱焉。"然丹乃归于楚。

子产归，未至，闻子皮卒，哭，且曰："吾已！无为为善矣。唯夫子知我。"仲尼谓子产于是行也，足以为国基矣。《诗》曰："乐只君子，邦家之基。"子产，君子之求乐者也。且曰："合诸侯，艺贡事，礼也。"

昭公十六年

宣子有环，其一在郑商。宣子谒诸郑伯，子产弗与，曰："非官府之守器也，寡君不知。"子大叔、子羽谓子产曰："韩子亦无几求，晋国亦未可以贰。晋国、韩子不可偷也。若属有谗人交斗其间，鬼神而助之，以兴其凶怒，悔之何及？吾子何爱于一环，其以取憎于大国也？盍求而与之？"子产曰："吾非偷晋而有二心，将终事之，是以弗与，忠信故也。侨闻君子非无贿之难，立而无令名之患。侨闻为国非不能事大、字小之难，无礼以定其位之患。夫大国之人令于小国，而皆获其求，将何以给之？一共一否，为罪滋大。"

夏四月，郑六卿饯宣子于郊。宣子曰："二三君子请皆赋，起亦以知郑志。"子𪗋赋《野有蔓草》。宣子曰："孺子善哉！吾有望矣。"子产赋郑之《羔裘》。宣子曰："起不堪也。"子大叔赋《褰裳》。宣子曰："起在此，敢勤子至于他人乎？"子大叔拜。宣子曰："善哉，子之言是！不有是事，其能终乎？"子游赋《风雨》。子旗赋《有女同车》。子柳赋《萚兮》。宣子喜，曰："郑其庶乎！二三君子以君命贶起，赋不出郑志，皆昵燕好也。二三君子，数世之主也，可以无惧矣。"

昭公十八年
宋、卫皆如是。陈不救火，许不吊灾，君子是以知陈、许之先亡也。

昭公十九年
夏，许悼公疟。五月戊辰，饮大子止之药，卒。大子奔晋。书曰"弑其君"，君子曰："尽心力以事君，舍药物可也。"

昭公二十年
琴张闻宗鲁死，将往吊之。仲尼曰："齐豹之盗，而孟絷之贼，女何吊焉？君子不食奸，不受乱，不为利疚于回，不以回待人，不盖不义，不犯非礼。"

十二月，齐侯田于沛，招虞人以弓，不进。公使执之。辞曰："昔我先君之田也，旃以招大夫，弓以招士，皮冠以招虞人。臣不见皮冠，故不敢进。"乃舍之。仲尼曰："守道不如守官。"君子韪之。

齐侯至自田，晏子侍于遄台，子犹驰而造焉。公曰："唯据与我和夫！"晏子对曰："据亦同也，焉得为和？"公曰："和与同异乎？"对曰："异。和如羹焉，水、火、醯、醢、盐、梅，以烹鱼肉，燀之以薪，宰夫和之，齐之以味，济其不及，以泄其过。君子食之，以平其心。君臣亦然。……

声亦如味，一气，二体，三类，四物，五声，六律，七音，八风，九歌，以相成也；清浊、小大、短长、疾徐、哀乐、刚柔、迟速、高下、出入、周疏，以相济也。君子听之，以平其心。心平，德和。故《诗》曰：'德音不瑕。'今据不然。君所谓可，据亦曰可；君所谓否，据亦曰否。若以水济水，谁能食之？若琴瑟之专壹，谁能听之？同之不可也如是。"

昭公二十一年

冬十月，华登以吴师救华氏。齐乌枝鸣戍宋。厨人濮曰："军志有之：'先人有夺人之心，后人有待其衰。'盍及其劳且未定也伐诸！若入而固，则华氏众矣，悔无及也。"从之。丙寅，齐师、宋师败吴师于鸿口，获其二帅公子苦雃、偃州员。华登帅其余以败宋师。公欲出，厨人濮曰："吾小人，可藉死，而不能送亡，君请待之。"

昭公二十五年

二十五年，春，叔孙婼聘于宋，桐门右师见之。语，卑宋大夫而贱司城氏。昭子告其人曰："右师其亡乎！君子贵其身，而后能及人，是以有礼。今夫子卑其大夫而贱其宗，是贱其身也，能有礼乎？无礼，必亡。"

公若献弓于公为，且与之出射于外，而谋去季氏。公为告公果、公贲。公果、公贲使侍人僚柤告公。公寝，将以戈击之，乃走。公曰："执之！"亦无命也。惧而不出，数月不见。公不怒。又使言，公执戈以惧之，乃走。又使言，公曰："非小人之所及也。"公果自言，公以告臧孙。臧孙以难，告郈孙。郈孙以可，劝。告子家懿伯。懿伯曰："谗人以君徼幸，事若不克，君受其名，不可为也。舍民数世，以求克事，不可必也。且政在焉，其难图也。"公退之。辞曰："臣与闻命矣，言若泄，臣不获死。"乃馆于公宫。

昭公二十六年

师及齐师战于炊鼻。……冉竖射陈武子，中手，失弓而骂。以告平子，曰："有君子白皙鬒须眉，甚口。"平子曰："必子强也，无乃亢诸？"对曰："谓之君子，何敢亢之？"林雍羞为颜鸣右，下。苑何忌取其耳。颜鸣去之。苑子之御曰："视下！"顾。苑子刜林雍，断其足，鑋而乘于他车以归。颜鸣三入齐师，呼曰："林雍乘！"

昭公二十七年

楚郤宛之难，国言未已，进胙者莫不谤令尹。沈尹戌言于子常曰："夫左尹与中厩尹莫知其罪，而子杀之，以兴谤讟，至于今不已。戌也惑之。仁者杀人以掩谤，犹弗为也。今吾子杀人以兴谤，而弗图，不亦异乎？夫无极，楚之谗人也，民莫不知。去朝吴，出蔡侯朱，丧太子建，杀连尹奢，屏王之耳目，使不聪明。不然，平王之温惠共俭，有过成、庄，无不及焉。所以不获诸侯，迩无极也。今又杀三不辜，以兴大谤，几及子矣。子而不图，将焉用之？夫鄢将师矫子之命，以灭三族，国之良也，而不愆位。吴新有君，疆埸日骇，楚国若有大事，子其危哉！知者除谗以自安也，今子爱谗以自危也，甚矣其惑也！"

昭公二十八年

冬，梗阳人有狱，魏戊不能断，以狱上。其大宗赂以女乐，魏子将受之。魏戊谓阎没、女宽曰："主以不贿闻于诸侯，若受梗阳人，贿莫甚焉。吾子必谏！"皆许诺。退朝，待于庭。馈入，召之。比置，三叹。既食，使坐。魏子曰："吾闻诸伯叔，谚曰：'唯食忘忧。'吾子置食之间三叹，何也？"同辞而对曰："或赐二小人酒，不夕食。馈之始至，恐其不足，是以叹。中置，自咎曰：'岂将军食之而有不足？'是以再叹。及馈之毕，愿以小人之腹为君子之心，属厌而已。"献子辞梗阳人。

昭公三十一年

冬，邾黑肱以滥来奔。贱而书名，重地故也。君子曰："名之不可不慎也如是：夫有所有名而不如其已。以地叛，虽贱，必书地，以名其人，终为不义，弗可灭已。是故君子动则思礼，行则思义；不为利回，不为义疚。或求名而不得，或欲盖而名章，惩不义也。齐豹为卫司寇，守嗣大夫，作而不义，其书为'盗'。邾庶其、莒牟夷、邾黑肱以土地出，求食而已，不求其名。贱而必书。此二物者，所以惩肆而去贪也。若艰难其身，以险危大人，而有名章彻，攻难之士将奔走之。若窃邑叛君以徼大利而无名，贪冒之民将置力焉。是以《春秋》书齐豹曰'盗'，三叛人名，以惩不义，数恶无礼，其善志也。故曰:《春秋》之称微而显，婉而辨。上之人能使昭明，善人劝焉，淫人惧焉，是以君子贵之。"

定公四年

楚子涉雎，济江，入于云中。王寝，盗攻之，以戈击王。王孙由于以背受之。中肩。王奔郧，钟建负季芈以从，由于徐苏而从。郧公辛之弟怀将弑王，曰："平王杀吾父，我杀其子，不亦可乎？"辛曰："君讨臣，谁敢仇之？君命，天也，若死天命，将谁仇？《诗》曰：'柔亦不茹，刚亦不吐，不侮矜寡，不畏强御。'唯仁者能之。违强陵弱，非勇也。乘人之约，非仁也。灭宗废祀，非孝也。动无令名，非知也。必犯是，余将杀女。"

定公六年

二月，公侵郑取匡，为晋讨郑之伐胥靡也。往不假道于卫；及还，阳虎使季、孟自南门入，出自东门，舍于豚泽。卫侯怒，使弥子瑕追之。公叔文子老矣，辇而如公，曰："尤人而效之，非礼也。昭公之难，君将以文之舒鼎、成之昭兆、定之鞶监，苟可以纳之，择用一焉。公子与二三臣之子，诸侯苟忧之，将以为之质。此群臣之所闻也。今将以小忿蒙旧德，无乃不可乎？大姒之子，唯周公、康叔为相睦也，而效小人以弃之，不亦诬乎？天将多阳虎之罪以毙之，君姑待之，若何？"乃止。

定公九年

郑驷歂杀邓析，而用其竹刑。君子谓子然于是不忠。苟有可以加于国家者，弃其邪可也。《静女》之三章，取彤管焉。《竿旄》"何以告之"，取其忠也。故用其道，不弃其人。《诗》云："蔽芾甘棠，勿翦勿伐，召伯所茇。"思其人，犹爱其树，况用其道而不恤其人乎！子然无以劝能矣。

定公十年

晋赵鞅围卫，报夷仪也。初，卫侯伐邯郸午于寒氏，城其西北而守之，宵熸。及晋围卫，午以徒七十人门于卫西门，杀人于门中，曰："请报寒氏之役。"涉佗曰："夫子则勇矣；然我往，必不敢启门。"亦以徒七十人旦门焉，步左右，皆至而立如植。日中不启门，乃退。反役，晋人讨卫之叛故，曰："由涉佗、成何。"于是执涉佗，以求成于卫。卫人不许。晋人遂杀涉佗，成何奔燕。君子曰："此之谓弃礼，必不钧。《诗》曰：'人而无礼，胡不遄死？'涉佗亦遄矣哉！"

哀公七年

宋人围曹，郑桓子思曰："宋人有曹，郑之患也，不可以不救。"冬，郑师救曹，侵宋。初，曹人或梦众君子立于社宫，而谋亡曹。曹叔振铎请待公孙强，许之。旦而求之曹，无之。戒其子曰："我死，尔闻公孙强为政，必去之。"及曹伯阳即位，好田弋。曹鄙人公孙强好弋，获白雁，献之，且言田弋之说，说之。因访政事，大说之。有宠，使为司城以听政。梦者之子乃行。强言霸说于曹伯，曹伯从之，乃背晋而奸宋。宋人伐之，晋人不救，筑五邑于其郊，曰黍丘、揖丘、大城、钟、邘。

哀公八年

吴为邾故，将伐鲁，问于叔孙辄。叔孙辄对曰："鲁有名而无情，伐之，必得志焉。"退而告公山不狃。公山不狃曰："非礼也。君子违，不适仇国。未臣而有伐之，奔命焉，死之可也。所托也则隐。且夫人之行也，不以所恶废乡。今子以小恶而欲覆宗国，不亦难乎？若使子率，子必辞。王将使我。"

哀公十一年

季孙使从于朝，俟于党氏之沟。武叔呼而问战焉。对曰："君子有远虑，小人何知？"懿子强问之，对曰："小人虑材而言，量力而共者也。"武叔曰："是谓我不成丈夫也。"退而搜乘。

季孙欲以田赋，使冉有访诸仲尼。仲尼曰："丘不识也。"三发，卒曰："子为国老，待子而行，若之何子之不言也？"仲尼不对，而私于冉有曰："君子之行也，度于礼：施取其厚，事举其中，敛从其薄。如是，则以丘亦足矣。若不度于礼，而贪冒无厌，则虽以田赋，将又不足。且子季孙若欲行而法，则周公之典在；若欲苟而行，又何访焉？"弗听。

哀公十四年

初，陈豹欲为子我臣，使公孙言己，已有丧而止，既而言之曰："有陈豹者，长而上偻，望视，事君子必得志，欲为子臣，吾惮其为人也，故缓以告。"子我曰："何害？是其在我也。"使为臣。

哀公十五年

季子将入，遇子羔将出，曰："门已闭矣。"季子曰："吾姑至焉。"子羔曰："弗及，不践其难！"季子曰："食焉，不辟其难。"子羔遂出。子路入，及门，公孙敢门焉，曰："无入为也。"季子曰："是公孙也，求利焉，而逃其难。由不然，利其禄，必救其患。"有使者出，乃入，曰："大子焉用孔悝？虽杀之，必或继之。"且曰："大子无勇，若燔台，半，必舍孔叔。"大子闻之，惧，下。石乞、盂黡敌子路，以戈击之，断缨。子路曰："君子死，冠不免。"结缨而死。

哀公十八年

巴人伐楚，围鄾。初，右司马子国之卜也，观瞻曰："如志。"故命之。及巴师至，将卜帅。王曰："宁如志，何卜焉？"使帅师而行。请承，王曰："寝尹、工尹，勤先君者也。"三月，楚公孙宁、吴由于、薳固败巴师于鄾，故封子国于析。君子曰："惠王知志。《夏书》曰：'官占唯能蔽志，昆命于元龟。'其是之谓乎！志曰：'圣人不烦卜筮。'惠王其有焉。"

哀公二十年

王曰："溺人必笑，吾将有问也。史黯何以得为君子？"对曰："黯也进不见恶，退无谤言。"王曰："宜哉！"

哀公二十七年

中行文子告成子曰："有自晋师告寅者，将为轻车千乘以厌齐师之门，则可尽也。"成子曰："寡君命恒曰：'无及寡，无畏众。'虽过千乘，敢辟之乎？将以子之命告寡君。"文子曰："吾乃今知所以亡。君子之谋也，始、衷、终皆举之，而后入焉。今我三不知而入之，不亦难乎！"

国语

《国语》简介

《国语》是我国最早的一部国别体史书,记载了周王室和鲁国、齐国、晋国、郑国、楚国、吴国、越国等诸侯国的历史,上起周穆王十二年西征犬戎(约前947),下迄智伯被灭(前453)。

作为古史书,《国语》素来和《左传》相表里,因而有"春秋外传"之称,但二

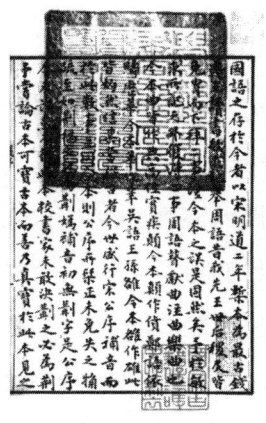

《国语》书影(清嘉庆五年黄氏读未见书斋刊本)

者的编著体例和成书经过并不一样。"语"是上古时期的一种著作形式,《楚语》记载申叔时的话说:"教之语,使明其德,而知先王之务用明德于民也。"可见"语"在当时颇受贵族统治者的重视。《国语》偏重于记述历史人物的言论,主要是各国贵族间朝聘、宴飨、讽谏、辩说、应对之辞,当然也记录了部分历史事件和传说。

关于《国语》的作者,前人据司马迁《报任安书》"左丘失明,厥有国语"认为是左丘明,但不少学者怀疑此说,因而聚讼纷纭,至今尚无定论,目前只能推测《国语》是由战国初期某位熟悉各国掌故的历史学者根据当时周王室和部分诸侯国的旧史史料,经过选择、加工、整理、汇编而成。《国语》长期被目录学家列入"经部春秋类",但到清代修《四库》之时则被归入"史部杂史类"。三国吴韦昭的《国语解》是现存最早的《国语》注本,清代学者校注《国语》者甚多,重要的有汪远孙的《国语校注本三

种》,以及刘台拱《国语补校》、汪中《国语校文》、陈瑑《国语翼解》等。此外,王引之《经义述闻》和俞樾《群经平议》中也有部分校释,徐元诰《国语集解》行世最晚,能网罗诸家之说,是研究《国语》必备的参考书。

《国语》中的"君子"

《国语》中"君子"一词共出现四十七次,仅少数几处有所特指,如《吴语》:"越王乃中分其师以为左右军,以其私卒君子六千人为中军。"这里的君子特指越王勾践的心腹,他们组成的军队称"君子军"。此外绝大多数的"君子"都是基于德位而言的,并且偏重于品性和德行。虽然在数量上不是很多,但通过考察"君子"一词所在的上下文,还是可以多方位地了解《国语》作者以及当时社会对君子的认识。

"君子劳心"的话出现在不少先秦典籍中(比如《孟子》《左传》),《鲁语下》云:"君子劳心,小人劳力,先王之训也。"可见这种观点是自古流传下来的。《国语》中不少地方涉及君子和"心"的关系。如:

宰孔谓其御曰:"晋侯将死矣!景霍以为城,而汾、河、涑、浍以为渠,戎、狄之民实环之。汪是土也,苟违其违,谁能惧之!今晋侯不量齐德之丰否,不度诸侯之势,释其闭修,而轻于行道,失其心矣。君子失心,鲜不夭昏。"(《晋语二》)

韦昭注:"失其心守也。"宰孔说晋献公"失心",具体指他"不量齐德之丰否,不度诸侯之势,释其闭修,而轻于行道"。所谓"失心"就是心不在焉,没有用心于国事,所以宰孔预言他将早死。

由此可见,对于君子来说,"存心"至为重要。那么君子应该把心放在什么上呢?楚国公族大夫蓝尹亹认为,君子在不同的场合都要注意自己

内在的心念:

> 君子临政思义,饮食思礼,同宴思乐,在乐思善。(《楚语下》)

君子的心思随时随地都要放在正道上,在特定的场合要有与之相宜的心念,比如在处理政事的时候要想到"义",进餐的时候要想到"礼",参加宴会时要想到"乐",在享受快乐的时候要想到"善",秉持着这样的心念,待人待事才能合乎规范。正如《孟子》所说:"君子所性,仁义礼智根于心。其生色也,睟然见于面,盎于背,施于四体,四体不言而喻。"内心的所思所想会在言行举止上表现出来,所以心正则言行举止也正,心不正则言行举止必然出现偏差。反过来说,从外在的言行举止可以窥知其人的内心:

> 柯陵之会,单襄公见晋厉公视远步高。……(单子)对曰:"……吾见晋君之容,而听三郤之语矣,殆必祸者也。夫君子目以定体,足以从之,是以观其容而知其心矣。目以处义,足以步目,今晋侯视远而足高,目不在体,而足不步目,其心必异矣。目体不相从,何以能久?夫合诸侯,民之大事也,于是乎观存亡。故国将无咎,其君在会,步言视听,必皆无谪,则可以知德矣。视远,日绝其义;足高,日弃其德;言爽,日反其信;听淫,日离其名。目以处义,足以践德,口以庇信,耳以听名者也,故不可不慎也。"(《周语下》)

韦昭注:"心不固,则容不正。"容止动静皆出于心,心是统制五官四肢的主宰,晋厉公走路时眼望远处,脚抬得很高,单襄公"观其容而知其心",推断"其心必异"。其后又说,如果一个国家没有灾祸,那么其国君在盟会上的言行举止将会合乎礼的要求,必然无可指摘,因为他的一举一动反映出他的德行。可见这里的"德"和"心"的含义有相通之处,不过从周人思想发展的角度来看，西周多强调德，东周则强调心，德偏重于上天所赋予的善德，而心偏重于人护持此善德的主观能动性，对君子来说，这种主观能动性表现得非常突出。

君子的主观能动性不仅表现于对善德的护持，而且表现在深谋远虑方面。《鲁语下》讲鲁襄公到楚国去，半路上听说楚康王死了，于是打算返回，大夫叔仲昭伯建议他继续前行，说道："若从君以走患，则不如违君以避难。且夫君子计成而后行，二三子计乎？有御楚之术而有守国之备，则可也；若未有，不如往也。""计成而后行"就是说做事情之前先要计划周全，要考虑到后路，这是君子处事审慎的表现。正因如此，身居高位的君子对于将来总是怀着一些忧念和戒惕。《晋语八》中赵文子说："夫君子宽惠以恤后，犹恐不济。"当然，这和孔子说的"君子不忧不惧"并不矛盾，这里的忧惧不是胆怯和懦弱，而是提前对可能面临的危险和困境有所认识，积极做好计划和防备。

君子非常重视社会舆论，善于体察民众心声，据此警戒自己、谋划将来。《晋语三》讲晋惠公回国当了国君之后背弃了对帮助过他的国内外支持者的承诺，当时的舆论说背信弃义者将会遭受灾祸，果然，惠公后来在韩地兵败被俘。大夫郭偃感叹道：

夫众口祸福之门。是以君子省众而动，监戒而谋，谋度而行，故无不济。内谋外度，考省不倦，日考而习，戒备毕矣。（《晋语三》）

"省众""监戒""谋度"都是君子主观能动的行为，离开了这种谋虑和反思，事情就很难成功，甚至会导致灾祸。《晋语九》中壮驰兹对于赵简子屈己求贤大加赞赏，他说："臣闻之：国家之将兴也，君子自以为不足，其亡也，若有余。"君子认识到自己的不足，求贤人以佐己，处处谨慎，未雨绸缪，防范缺漏，国家由此兴盛。国家的衰亡则往往是由于君子自以为是,麻痹大意,掉以轻心,不知戒备。君子"独居思念前世之崇替"(《楚语下》),熟知一次又一次重演的历史教训,因此懂得戒慎、警惕,特别是对于小事和细节也绝不忽视。晋国的智襄子和韩康子、魏桓子在蓝台宴饮,其间智襄子戏弄了韩康子,还侮辱了康子的谋士段规,智伯国劝谏他说:

《夏书》有之曰:"一人三失,怨岂在明?不见是图。"《周书》有之曰:"怨不在大,亦不在小。"夫君子能勤小物,故无大患。今主一宴而耻人之君相,又弗备,曰"不敢兴难",无乃不可乎!夫谁不可喜,而谁不可惧?蚋蚁蜂虿,皆能害人,况君相乎!(《晋语九》)

一个人犯过失,与人结下怨毒,往往并不都在明处,所以对于大家都不注意的地方也要严加防范。无论大事小事,如果疏忽不留意,都有可能导致彼此的怨恨。所以君子即使是对细小之事和卑微之人,也应抱持适宜的态度,时时注意自己的言行,这样才能避免灾祸。所谓"勤"就是勤于用心,勤于谋虑,不疏忽,不怠慢。

与"勤"相联系的是"劳"。《鲁语下》季康子请教公父文伯的母亲敬姜,希望她能给自己一些训诫,敬姜只向他说了一句她婆婆的话:"君子能劳,后世有继。"君子劳心而不劳力,所以"君子能劳"应该也是指君子的谋虑,谨慎地把握当下,积极地思考未来,这样才能避免祸患,家族兴旺,子孙有继。当然,敬姜作为一位女性是站在家庭的立场说的。

身在社会就不可避免地与他人发生各种各样的联系,作为君子如何处理与他人的关系呢?晋国的叔向和司马侯之间的关系堪称典范:

叔向见司马侯之子,抚而泣之,曰:"自此其父之死,吾蔑与比而事君矣!昔者此其父始之,我终之,我始之,夫子终之,无不可。"籍偃在侧,曰:"君子有比乎?"叔向曰:"君子比而不别。比德以赞事,比也;

引党以封己,利己而忘君,别也。"(《晋语八》)

在工作中,叔向和司马侯的合作非常融洽,配合非常默契,但籍偃认为这是孔子所批评过的"比",所谓"君子周而不比,小人比而不周",叔向对他解释说,他所说的"比"是指同心同德、互帮互助,把国家的事情办好,这和结党营私、只为自己小集团的利益着想而不顾国家利益的"别"是不一样的。依据叔向的观点,"比而不别"是君子处理与他人关系的一条重要原则。

尽管君子奉行自己的原则,但有时无法避免小人的陷害。晋献公晚年宠幸骊姬,欲废太子申生,但申生深得民心,于是骊姬设计诬陷申生,申生逃往新城。晋献公要杀申生的师傅杜原款,杜原款让小臣圉带话给申生:

吾闻君子不去情,不反谗,谗行身死可也,犹有令名焉。死不迁情,强也。守情说父,孝也。杀身以成志,仁也。死不忘君,敬也。孺子勉之!死必遗爱,死民之思,不亦可乎?(《晋语二》)

韦昭注:"不去忠爱之情。反,谓覆校自申理也。"就是说君子无论在什么情况下都不会放弃忠诚于国家、亲爱于父母的感情,面对谗言也不会刻意去辩解,因为他知道多言无益,如果自己遭陷害而死,那么将会得到美好的名声,在君子看来这比什么都重要,因为"求仁得仁又何怨",与忠君、孝亲相比,生命只在其次。

晋国的贤大夫窦犫也曾说:"(君子)哀名之不令,不哀年之不登。"(《晋语九》)如果自己的名声不好,君子会很难过,但对于是否能够长寿,君子倒并不怎么在乎。为什么名声在君子的心目中占有如此重要的位置,甚至于超载了生命?因为君子深知他肩负社会责任,并不是只为自己而活,作为道德修身的楷模，又具有较高的社会地位，君子的一言一行都为人所观瞻，他担负着教化民众的重大使命。一旦他的名声有瑕疵，他将迅速失去民众的信任和遵从，这时不但是君子自身，君子所信奉的道德原则都将遭受无法挽回的损失。

从另一个角度说，榜样的力量是无穷的，正因为君子是民众信从的对象，是道德典范，所以君子必须为他人树立好的榜样，一旦言行不正就可能将民众导入邪途。虢之会上鲁国盟使叔孙穆子拒绝了晋国乐王鲋的索贿，对此叔孙穆子向他的家臣梁其胫解释说：

> 承君命以会大事，而国有罪，我以货私免，是我会吾私也。苟如是，则又可以出货而成私欲乎？……夫必将或循之，曰："诸侯之卿有然者故也。"则我求安身而为诸侯法矣。君子是以患作。作而不衷，将或道之，是昭其不衷也。余非爱货，恶不衷也。（《鲁语下》）

本来叔孙穆子可以通过行贿而求得安身，但他认为身为君子而用不正当的手段达到私人的目的，这样就给诸侯立了一个不好的榜样。所以他说君子要慎于行事，如果做出不正当的事情，将可能招来别人的仿效，那么这个错误就会更加明显。也就是说，君子通过自身的表率能够给予他人以正面影响，但同时由于他的不慎，也可能带来较大的负面影响。

和《左传》一样，《国语》中也有"君子曰"的表述。但是与《左传》相比，《国语》中的"君子曰"在形式和内容上有其自身的特点。其一，数量不是很多，总计十一处，远比《左传》要少。其二，"君子曰"出现的卷次很集中，十一例中有九例是在《晋语》部分。这可能有两方面的原因：一方面，《晋语》本身就是《国语》全书的重头，共九卷，篇幅占全书三分之一强，记载的历史时间长，分量重，甚至有人把《国语》称作"晋史"。另一方面，《晋语》的材料来源可能比较特殊，这些材料中本来就有当时的史官或前人托"君子"之名对人、对事所发的评论,《国语》的作者在整理、编辑这些材料时保留、选取了一部分"君子曰"。其三,相比《左传》,《国语》中"君子曰"的内容都非常简短,最常见的是四个字,最短的只有两个字,最长的也只有七个字。《晋语》中的九例都是以论赞形式出现的,对史事的叙述起到画龙点睛的作用。《楚语》中的两例则是左史倚相在劝诫司马子期时所引用的,可能也是史官的论赞。这些"君子曰"虽然语言简略,但是寓意深刻,表明了史官对史事的看法,分享了他们的经验与智慧。

资料摘编

周语中

王至自郑,以阳樊赐晋文公。阳人不服,晋侯围之。仓葛呼曰:"王以晋君为能德,故劳之以阳樊,阳樊怀我王德,是以未从于晋。……臣闻之曰:'武不可觌,文不可匿。觌武无烈,匿文不昭。'阳不获承甸,而祇以觌武,臣是以惧。不然,其敢自爱也?且夫阳,岂有裔民哉?夫亦皆天子之父兄甥舅也,若之何其虐之也?"晋侯闻之,曰:"是君子之言也。"乃出阳民。

简王八年,鲁成公来朝,使叔孙侨如先聘且告。见王孙说,与之语。说言于王曰:"鲁叔孙之来也,必有异焉。其享觐之币薄而言诌,殆请之也;若请之,必欲赐也。鲁执政唯强,故不欢焉而后遣之;且其状方上而锐下,宜触冒人。王其勿赐。若贪陵之人来而盈其愿,是不赏善也,且财不给。故圣人之施舍也议之,其喜怒取与也亦议之。是以不主宽惠,亦不主猛毅,主德义而已。"

明日,王叔子誉诸朝。郤至见邵桓公,与之语。邵公以告单襄公曰:"王叔子誉温季,以为必相晋国,相晋国,必大得诸侯,劝二三君子必先导焉,可以树。"

襄公曰:"人有言曰:'兵在其颈。'其邰至之谓乎!君子不自称也,非以让也,恶其盖人也。夫人性,陵上者也,不可盖也。求盖人,其抑下滋甚,故圣人贵让。且谚曰:'兽恶其网,民恶其上。'故《书》曰:'民可近也,而不可上也。'《诗》曰:'恺悌君子,求福不回。'在礼,敌必三让,是则圣人知民之不可加也。"

周语下

鲁侯曰:"寡人惧不免于晋,今君曰'将有乱',敢问天道乎,抑人故也?"对曰:"吾非瞽、史,焉知天道?吾见晋君之容,而听三邰之语矣,殆必祸者也。夫君子目以定体,足以从之,是以观其容而知其心矣。目以处义,足以步目,今晋侯视远而足高,目不在体,而足不步目,其心必异矣。"

《诗》曰:"其类维何?室家之壶。君子万年,永锡祚胤。"类也者,不忝前哲之谓也。壶也者,广裕民人之谓也。万年也者,令闻不忘之谓也。胤也者,子孙蕃育之谓也。

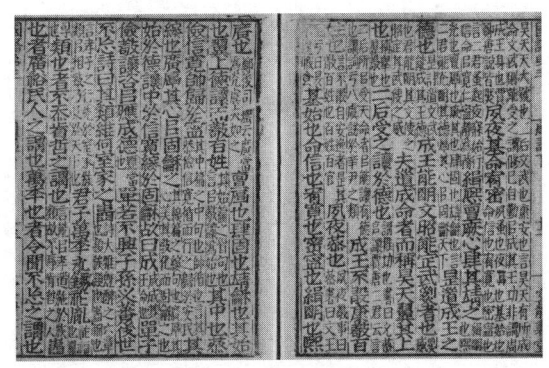

《国语》书影(明嘉靖四年许宗鲁宜静书堂刊本)

景王二十一年,将铸大钱。单穆公曰:"不可。……周固嬴国也,天未厌祸焉,而又离民以佐灾,无乃不可乎?将民之与处而离之,将灾是备而召之,则何以经国?国无经,何以出令?令之不从,上之患也,故圣人树德于民以除之。《夏书》有之曰:'关石和钧,王府则有。'《诗》亦有之曰:'瞻彼旱麓,榛楛济济。恺悌君子,干禄恺悌。'夫旱麓之榛楛殖,故君子得以易乐干禄焉。若夫山林匮竭,林麓散亡,薮泽肆既,民力凋尽,田畴荒芜,资用乏匮,君子将险哀之不暇,而何易乐之有焉?"

二十三年，王将铸无射，而为之大林。单穆公曰："不可。作重币以绝民资，又铸大钟以鲜其继。若积聚既丧……是故先王之制钟也，大不出钧，重不过石。律度量衡于是乎生，小大器用于是乎出，故圣人慎之。今王……三年之中，而有离民之器二焉，国其危哉！"

王弗听，问之伶州鸠，对曰："臣之守官弗及也。臣闻之，琴瑟尚宫，钟尚羽，石尚角，匏竹利制，大不逾宫，细不过羽。夫宫，音之主也，第以及羽。圣人保乐而爱财，财以备器，乐以殖财。故乐器重者从细，轻者从大。"

鲁语上

长勺之役，曹刿问所以战于庄公。公曰："余不爱衣食于民，不爱牲玉于神。"对曰："夫惠大而后民归之志，民和而后神降之福。若布德于民而平均其政事，君子务治而小人务力；动不违时，器不过用；财用不匮，莫不共祀。是以用民无不听，求福无不丰。"

鲁饥，臧文仲言于庄公曰："夫为四邻之援……今国病矣，君盍以名器请籴于齐？"公曰："谁使？"对曰："国有饥馑，卿出告籴，古之制也。辰也备卿，辰请如齐。"公使往。从者曰："君不命吾子，吾子请之，其为选事乎？"文仲曰："贤者急病而让夷，居官者当事不避难，在位者恤民之患，是以国家无违。今我不如齐，非急病也。在上不恤下，居官而惰，非事君也。"

展禽使乙喜以膏沐犒师，曰："寡君不佞，不能事疆埸之司，使君盛怒，以暴露于敝邑之野，敢犒舆师。"齐侯见使者曰："鲁国恐乎？"对曰："小人恐矣，君子则否。"公曰："室如悬磬，野无青草，何恃而不恐？"对曰："恃二先君之所职业。昔者成王命我先君周公及齐先君大公曰……"齐侯乃许为平而还。

鲁语下

襄公如楚，及汉，闻康王卒，欲还。叔仲昭伯曰："君之来也，非为一人也，为其名与其众也。今王死，其名未改，其众未败，何为还？"诸大夫皆欲还。子服惠伯曰："不知所为，姑从君乎？"叔仲曰："子之来也，非欲安身也，为国家之利也……若从君以走患，则不如违君以避难。且夫君子计成而后行，二三子计乎？有御楚之术而有守国之备，则可也；若未有，不如往也。"乃遂行。

晋乐王鲋求货于穆子，曰："吾为子请于楚。"穆子不予。梁其跫谓穆子曰："有货，以卫身也。出货而可以免，子何爱焉？"穆子曰："非女所知也。承君命以会大事，而国有罪，我以货私免，是我会吾私也。苟如是，则又可以出货而成私欲乎？虽可以免，吾岂若诸侯之事何？夫必将或循之，曰：'诸侯之卿有然者故也。'则我求安身而为诸侯法矣。君子是以患作。作而不衷，将或道之，是昭其不衷也。余非爱货，恶不衷也。且罪非我之由，为戮何害？"楚人乃赦之。

季康子问于公父文伯之母曰："主亦有以语肥也？"对曰："吾能老而已，何以语子。"康子曰："虽然，肥愿有闻于主。"对曰："吾闻之先姑曰：'君子能劳，后世有继。'"子夏闻之，曰："善哉！商闻之曰：'古之嫁者，不及舅姑，谓之不幸。'夫妇，学于舅姑者也。"

公父文伯退朝，朝其母，其母方绩。文伯曰："以歜之家而主犹绩，惧干季孙之怒也，其以歜为不能事主乎？"其母叹曰："鲁其亡乎！使僮子备官而未之闻耶？居，吾语女。……君子劳心，小人劳力，先王之训也。自上以下，谁敢淫心舍力？今我寡也，尔又在下位……"

晋语一

史苏朝，告大夫曰："二三子其戒之乎，乱本生矣！日，君以骊姬为夫人，民之疾心固皆至矣。……吾闻君子好好而恶恶，乐乐而安安，是以能有常。

伐木不自其本，必复生；塞水不自其源，必复流；灭祸不自其基，必复乱。今君灭其父而畜其子，祸之基也。……乱必自女戎，三代皆然。"骊姬果作难，杀大子以逐二公子。君子曰："知难本矣。"

是故使申生伐东山，衣之偏裻之衣，佩之金玦。仆人赞闻之，曰："太子殆哉！君赐之奇，奇生怪，怪生无常，无常不立。使之出征，先以观之，故告之以离心，而示之以坚忍之权，则必恶其心而害其身矣。恶其心，必内险之；害其身，必外危之。危自中起，难哉！且是衣也，狂夫阻之衣也。其言曰：'尽敌而反。'虽尽敌，其若内谗何！"申生胜狄而反，谗言作于中。君子曰："知微。"

里克退，见大子。大子曰："君赐我偏衣、金玦，何也？"里克曰："孺子惧乎？衣躬之偏，而握金玦，令不偷矣。孺子何惧！夫为人子者，惧不孝，不惧不得。且吾闻之曰：'敬贤于请。'孺子勉之乎！"君子曰："善处父子之间矣。"

至于稷桑，狄人出逆，申生欲战。狐突谏曰："不可。突闻之：国君好艾，大夫殆；好内，适子殆，社稷危。若惠于父而远于死，惠于众而利社稷，其可以图之乎？况其危身于狄以起谗于内也？"申生曰："不可。君之使我……不战而反，我罪滋厚；我战死，犹有令名焉。"果战，败狄于稷桑而反。谗言益起，狐突杜门不出。君子曰："善深谋也。"

晋语二

杜原款将死，使小臣圉告于申生，曰："款也不才，寡智不敏，不能教导，以至于死。……然款也不敢爱死，唯与谗人钩是恶也。吾闻君子不去情，不反谗，谗行身死可也，犹有令名焉。死不迁情，强也。守情说父，孝也。杀身以成志，仁也。死不忘君，敬也。孺子勉之！死必遗爱，死民之思，不亦可乎？"申生许诺。

宰孔谓其御曰："晋侯将死矣！景霍以为城，而汾、河、涑、浍以为渠，戎、狄之民实环之。汪是土也，苟违其违，谁能惧之！今晋侯不量齐德之丰否，不度诸侯之势，释其闭修，而轻于行道，失其心矣。君子失心，鲜不夭昏。"

既杀奚齐，荀息将死之。人曰："不如立其弟而辅之。"荀息立卓子。里克又杀卓子，荀息死之。君子曰："不食其言矣。"

穆公问冀芮曰："公子谁恃于晋？"对曰："臣闻之，亡人无党，有党必有雠。夷吾之少也，不好弄戏，不过所复，怒不及色，及其长也弗改。是故出亡无怨于国，而众安之。不然，夷吾不佞，其谁能恃乎？"君子曰："善以微劝。"

晋语三

惠公入而背外内之赂。舆人诵之曰："佞之见佞，果丧其田。诈之见诈，果丧其赂。得国而狃，终逢其咎。丧田不惩，祸乱其兴。"既里、丕死，祸，公陨于韩。郭偃曰："善哉！夫众口祸福之门。是以君子省众而动，监戒而谋，谋度而行，故无不济。内谋外度，考省不倦，日考而习，戒备毕矣。"

吕甥逆君于秦，穆公讯之曰："晋国和乎？"对曰："不和。"公曰："何故？"对曰："其小人不念其君之罪，而悼其父兄子弟之死丧者，不惮征缮以立孺子，曰：'必报雠，吾宁事齐、楚，齐、楚又交辅之。'其君子思其君，且知其罪，曰：'必事秦，有死无他。'故不和。比其和之而来，故久。"

公曰："而无来，吾固将归君。国谓君何？"对曰："小人曰不免，君子则否。"公曰："何故？"对曰："小人忌而不思，愿从其君而与报秦，是故云。其君子则否，曰：'吾君之入也，君之惠也。能纳之，则能执之；能执之，则能释之。德莫厚焉，惠莫大焉。纳而不遂，废而不起，以德为怨，君其不然？'"秦君曰："然。"乃改馆晋君，馈七牢焉。

晋语四

阳人不服，公围之，将残其民，仓葛呼曰："君补王阙，以顺礼也。阳人未狎君德，而未敢承命。君将残之，无乃非礼乎！阳人有夏、商之嗣典，有周室之师旅，樊仲之官守焉，其非官守，则皆王之父兄甥舅也。君定王室而残其姻族，民将焉放？敢私布之于吏，唯君图之！"公曰："是君子之言也。"乃出阳人。

子玉释宋围，从晋师。楚既陈，晋师退舍，军吏请曰："以君避臣，辱也。且楚师老矣，必败。何故退？"子犯曰："二三子忘在楚乎？偃也闻之：战斗，直为壮，曲为老。未报楚惠而抗宋，我曲楚直，其众莫不生气，不可谓老。若我以君避臣，而不去，彼亦曲矣。"退三舍避楚。楚众欲止，子玉不肯，至于城濮，果战，楚众大败。君子曰："善以德劝。"

晋语五

阳处父如卫，反，过宁，舍于逆旅宁嬴氏。嬴谓其妻曰："吾求君子久矣，今乃得之。"举而从之，阳子道与之语，及山而还。其妻曰："子得所求而不从之，何其怀也！"曰："吾见其貌而欲之，闻其言而恶之。……今阳子之情慝矣，以济盖也，且刚而主能，不本而犯，怨之所聚也。吾惧未获其利而及其难，是故去之。"期年，乃有贾季之难，阳子死之。

晋语六

鄢之战，郤至以韎韦之跗注，三逐楚平王卒，见王必下奔退战。王使工尹襄问之以弓，曰："方事之殷也，有韎韦之跗注，君子也。属见不谷而下，无乃伤乎？"郤至甲胄而见客，免胄而听命，曰："君之外臣至，以寡君之灵，间蒙甲胄，不敢当拜君命之辱，为使者故，敢三肃之。"君子曰："勇以知礼。"

鄢之役，晋伐郑，荆救之。大夫欲战，范文子不欲，曰："吾闻之，君人者刑其民，成，而后振武于外，是以内和而外威。今吾司寇之刀锯日弊……且唯圣人能无外患，又无内忧，讵非圣人，必偏而后可。偏而在外，犹可救也，疾自中起，是难。盍姑释荆与郑以为外患乎？"

鄢之役，晋伐郑，荆救之。栾武子将上军，文子将下军。栾武子欲战，范文子不欲，曰："吾闻之，唯厚德者能受多福，无德而服者众，必自伤也。……且唯圣人能无外患又无内忧，讵非圣人，不有外患，必有内忧，盍姑释荆与郑以为外患乎！诸臣之内相与……战若不胜，则晋国之福也；战若胜，乱地之秩者也，其产将害大，盍姑无战乎！"

郤锜谓郤至曰："君不道于我，我欲以吾宗与吾党夹而攻之，虽死必败国，国败君必危，其可乎？"郤至曰："不可。至闻之，武人不乱，智人不诈，仁人不党。夫利君之富以聚党，利党以危君，君之杀我也后矣。且众何罪，钧之死也，不若听君之命。"是故皆自杀。

晋语七

公锡魏绛女乐一八、歌钟一肆，曰："子教寡人和诸戎、狄而正诸华，于今八年，七合诸侯，寡人无不得志，请与子共乐之。"魏绛辞曰："夫和戎、狄，君之幸也。八年之中，七合诸侯，君之灵也。二三子之劳也，臣焉得之？"公曰："微子，寡人无以待戎，无以济河，二三子何劳焉！子其受之。"君子曰："能志善也。"

晋语八

平公六年，箕遗及黄渊、嘉父作乱，不克而死。公遂逐群贼，谓阳毕曰："自穆侯以至于今，乱兵不辍，民志不厌，祸败无已。离民且速寇，恐及吾身，若之何？"阳毕对曰："本根犹树，枝叶益长，本根益茂，是以难已也。今若大其柯，去其枝叶，绝其本根，可以少间。"公曰："子实图之。"对曰："图在明训，明训在威权，威权在君。君抡贤人之后有常位于国者而立之，亦抡逞志亏君以乱国者之后而去之，是遂威而远权也。……威与怀各当其所。则国安矣,君治而国安,欲作乱者谁与?"

叔向见司马侯之子,抚而泣之,曰:"自此其父之死,吾蔑与比而事君矣!昔者此其父始之,我终之,我始之,夫子终之,无不可。"籍偃在侧,曰:"君子有比乎?"叔向曰:"君子比而不别。比德以赞事,比也;引党以封己,利己而忘君,别也。"

赵文子为室,斫其椽而砻之,张老夕焉而见之,不谒而归。文子闻之,驾而往,曰:"吾不善,子亦告我,何其速也?"对曰:"天子之室,斫其椽而砻之,加密石焉;诸侯砻之,大夫斫之,士首之。备其物,义也;从其等,礼也。今子贵而忘义,富而忘礼,吾惧不免,何敢以告。"文子归,令之勿砻也。匠人请皆斫之,文子曰:"止。为后世之见之也,其斫者,仁者之为也,其砻者,不仁者之为也。"

秦后子来奔,赵文子见之,问曰:"秦君道乎?"对曰:"不识。"文子曰:"公子辱于敝邑,必避不道也。"对曰:"有焉。"文子曰:"犹可以久乎?"对曰:"铖闻之,国无道而年谷龢熟,鲜不五稔。"文子视日曰:"朝夕不相及,谁能俟五!"文子出,后子谓其徒曰:"赵孟将死矣!夫君子宽惠以恤后,犹恐不济。今赵孟相晋国,以主诸侯之盟,思长世之德,历远年之数,犹惧不终其身;今忱日而岁,怠偷甚矣,非死逮之,必有大咎。"冬,赵文子卒。

晋语九

范献子聘于鲁,问具山、敖山,鲁人以其乡对。献子曰:"不为具、敖乎?"对曰:"先君献、武之讳也。"献子归,遍戒其所知曰:"人不可以不学。吾适鲁而名其二讳,为笑焉,唯不学也。人之有学也,犹木之有枝叶也。木有枝叶,犹庇荫人,而况君子之学乎?"

献子将食,问谁于庭,曰:"阎明、叔褒在。"召之,使佐食。比已食,三叹。既饱,献子问焉,曰:"人有言曰:唯食可以忘忧。吾子一食之间而三叹,何也?"同辞对曰:"吾小人也,贪。馈之始至,惧其不足,故叹。

中食而自咎也，曰：岂主之食而有不足？是以再叹。主之既食，愿以小人之腹，为君子之心，属餍而已，是以三叹。"

赵简子问于壮驰兹曰："东方之士孰为愈？"壮驰兹拜曰："敢贺！"简子曰："未应吾问，何贺？"对曰："臣闻之：国家之将兴也，君子自以为不足；其亡也，若有余。今主任晋国之政而问及小人，又求贤人，吾是以贺。"

赵简子叹曰："雀入于海为蛤，雉入于淮为蜃。鼋鼍鱼鳖，莫不能化，唯人不能。哀夫！"窦犨侍，曰："臣闻之：君子哀无人，不哀无贿；哀无德，不哀无宠；哀名之不令，不哀年之不登。夫范、中行氏不恤庶难，欲擅晋国，今其子孙将耕于齐，宗庙之牺为畎亩之勤，人之化也，何日之有！"

还自卫，三卿宴于蓝台，智襄子戏韩康子而侮段规。智伯国闻之，谏曰："主不备，难必至矣。"曰："难将由我，我不为难，谁敢兴之！"对曰："异于是。夫郤氏有车辕之难……《周书》有之曰：'怨不在大，亦不在小。'夫君子能勤小物，故无大患。今主一宴而耻人之君相，又弗备，曰'不敢兴难'，无乃不可乎！夫谁不可喜，而谁不可惧？蚋蚁蜂虿，皆能害人，况君相乎！"弗听。

楚语上

司马子期欲以妾为内子，访之左史倚相，曰："吾有妾而愿，欲笄之，其可乎？"对曰："昔先大夫子囊违王之命谥；子夕嗜芰，子木有羊馈而无芰荐。君子曰：违而道。谷阳竖爱子反之劳也，而献饮焉，以毙于鄢；芋尹申亥从灵王之欲，以陨于乾溪。君子曰：从而逆。君子之行，欲其道也，故进退周旋，唯道是从。夫子木能违若敖之欲，以之道而去芰荐，吾子经楚国，而欲荐芰以干之，其可乎？"子期乃止。

楚语下

子西叹于朝,蓝尹亹曰:"吾闻君子唯独居思念前世之崇替,与哀殡丧,于是有叹,其余则否。君子临政思义,饮食思礼,同宴思乐,在乐思善,无有叹焉。今吾子临政而叹,何也?"子西曰:"阖庐能败吾师。阖庐即世,吾闻其嗣又甚焉。吾是以叹。"

王孙圉聘于晋,定公飨之,赵简子鸣玉以相,问于王孙圉曰:"楚之白珩犹在乎?"对曰:"然。"简子曰:"其为宝也,几何矣。"曰:"未尝为宝。……圉闻国之宝六而已。明王圣人能制议百物,以辅相国家,则宝之;玉足以庇荫嘉谷,使无水旱之灾,则宝之;龟足以宪臧否,则宝之;珠足以御火灾,则宝之;金足以御兵乱,则宝之;山林薮泽足以备财用,则宝之。若夫哗嚣之美,楚虽蛮夷,不能宝也。"

子西曰:"德其忘怨乎!余善之,夫乃其宁。"子高曰:"不然。吾闻之,唯仁者可好也,可恶也,可高也,可下也。好之不逼,恶之不怨,高之不骄,下之不惧。不仁者则不然。人好之则逼,恶之则怨,高之则骄,下之则惧。骄有欲焉,惧有恶焉,欲恶怨逼,所以生诈谋也。……吾闻国家将败,必用奸人,而嗜其疾味,其子之谓乎?"

越语下

越王句践即位三年而欲伐吴,范蠡进谏曰:"夫国家之事,有持盈,有定倾,有节事。"王曰:"为三者,奈何?"范蠡对曰:"持盈者与天,定倾者与人,节事者与地。王不问,蠡不敢言。天道盈而不溢,盛而不骄,劳而不矜其功。夫圣人随时以行,是谓守时。天时不作,弗为人客;人事不起,弗为之始。今君王未盈而溢……王若行之,将妨于国家,靡王躬身。"王弗听。

王曰:"不谷之国家,蠡之国家也,蠡其图之!"范蠡对曰:"四封之内,百姓之事,时节三乐,不乱民功,不逆天时,五谷睦熟,民乃蕃滋,君臣上下交得其志，蠡不如种也。四封之外，敌国之制，立断之事，因阴阳之恒，顺天地之常，柔而不屈，强而不刚，德虐之行，因以为常；死生因天地之刑，天因人，圣人因天；人自生之，天地形之，圣人因而成之。是故战胜而不报，取地而不反，兵胜于外，福生于内，用力甚少而名声章明，种亦不如蠡也。"王曰："诺。"令大夫种为之。

又一年，王召范蠡而问焉，曰："吾与子谋吴，子曰：'未可也。'今吴王淫于乐而忘其百姓，乱民功，逆天时；信谗喜优，憎辅远弼，圣人不出，忠臣解骨；皆曲相御，莫适相非，上下相偷。其可乎？"范蠡对曰："人事至矣，天应未也，王姑待之。"王曰："诺。"

居军三年，吴师自溃。吴王帅其贤良，与其重禄，以上姑苏。使王孙雒行成于越，曰："昔者上天降祸于吴，得罪于会稽。今君王其图不谷，不谷请复会稽之和。"王弗忍，欲许之。范蠡进谏曰："臣闻之，圣人之功，时为之庸。得时不成，天有还形。天节不远，五年复反，小凶则近，大凶则远。先人有言曰：'伐柯者其则不远。'今君王不断，其忘会稽之事乎？"王曰："诺。"不许。

公羊传

《公羊传》简介

《公羊传》亦称《春秋公羊传》或《公羊春秋》，是专门解释《春秋》的儒家今文典籍，其起讫年代与《春秋》一致，上起鲁隐公元年（前722），止于鲁哀公十四年（前481），作者相传是战国时齐人公羊高，他受学于孔子的弟子子夏。起初只是口耳相传，西汉景帝时，传至公羊高的玄孙公羊寿，方与齐人胡毋生一起将其"著于竹帛"。所以《汉书·艺文志》把《公羊传》的作者笼统地称为"公羊子"。

公羊高像

《公羊传》传文用问答的方式逐句传述《春秋》经文的"微言大义"，其中颇多牵强附会之处，而释史十分简略，不同于《左传》以记载史实为主。由于《公羊传》的"大同一统"思想迎合了封建统治者的需要，因而公羊学屡兴不绝。西汉是公羊学极盛的时期，提出"罢黜百家，独尊儒术"的董仲舒即为公羊学大师。

后世《公羊传》的注释主要有东汉何休《春秋公羊解诂》、唐朝徐彦《公羊传疏》、清朝陈立《公羊义疏》等。作为今文经学的重要典籍，历代今文经学家常用《公羊传》作为议政的工具，同时，《公羊传》也是研究先秦至汉儒家思想的重要资料。

《公羊传》中的"君子"

《公羊传》中的"君子"所指有不同，大致可分为三类。第一类是指

《春秋》的作者或整理者，一般认为就是孔子，出现的频次较多。例如《庄公七年》云："君子修之曰：'星霣如雨。'何以书？记异也。"指的是孔子修《春秋》。又如《宣公十五年》云："君子不可不记也。"再如《公羊传》有三处云："何以书葬？君子辞也。"这是针对《春秋》

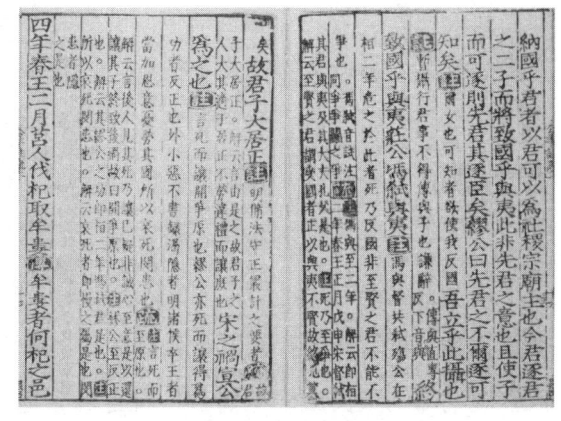

《十三经注疏·春秋公羊注疏》书影（明嘉靖李元阳福建刻隆庆二年重修刊本）

所记"葬某君""葬某公"的解释，指出这是作者的专门用词。《公羊传》最后还解释了"君子曷为为《春秋》"的问题，对孔子修《春秋》的动机和目的作了分析：

拨乱世，反诸正，莫近乎《春秋》。则未知其为是与？其诸君子乐道尧舜之道与？末不亦乐乎尧舜之知君子也？制《春秋》之义以俟后圣，以君子之为，亦有乐乎此也。（《哀公十四年》）

孔子在《春秋》中寄托了治世（拨乱反正）的政治理想，意欲通过针砭世事，辨明是非、区分善恶，以绳当世、纲纪天下，并垂法于后人。所以《春秋》的作者是史事的评判者，以儒家的政治思想和伦理道德为价值标准，如《隐公三年》："故君子大居正，宋之祸，宣公为之也。"宋宣公舍太子而传位于其弟，造成宋国以后的祸乱，"国以不宁者十世"。"大居正"，何休注："明修法守正，最计之要者。"即以恪守正道为贵，这里具体指据守嫡子继位的正统。《东观汉记·下伾惠王衍传》："礼重嫡庶之序，《春秋》之义大居正。"又《文公十四年》："晋人纳接菑于邾娄，弗克纳。"

郏娄文公死，齐姜之子貜且即位，晋姬之子接菑奔晋，晋国郤缺率军欲以武力纳接菑，但这一企图并未实现，终从大义，引师而回。《公羊传》云："故君子大其弗克纳也。"对于这次不成功的行动，君子却加以赞赏，这是因为立貜且符合儒家"立嫡以长"的主张。再如《春秋·宣公十五年》"宋人及楚人平"，楚王包围宋国都城，楚大夫子反和宋大夫华元两人以诚相待、主动讲和，《公羊传》云："故君子大其平乎己也。"春秋无义战，给人民带来灾难，两国大夫背着国君私自讲和，虽然有超越权限、自作主张之嫌，但客观上却为人民减轻了痛苦，符合儒家追求和平的理想和人道主义的精神。这里的"大"有推崇、尊尚之义。

君子对史事的评判中多次出现"义"字。义者，宜也。"义"可以理解为符合儒家价值标准，也可以说符合当事人的身份、地位或角色。如《庄公二十四年》："三谏，不从，遂去之，故君子以为得君臣之义也。"曹羁三谏曹君，曹君不听，曹羁离去，作为臣子尽到了对君主应尽的义务。又如《襄公二十九年》："于是使专诸刺僚，而致国乎季子。季子不受……去之延陵，终身不入吴国。故君子以其不受为义，以其不杀为仁。"阖闾杀了吴王僚，要把国家交给季札，季札认为自己如果接受的话，就是与阖闾一起篡夺君位，这不是臣子所应该做的，因而坚决不受。

君子评判史事还体现出一定的宽容性。如《僖公十七年》云："孰灭之？齐灭之。曷为不言齐灭之？为桓公讳也。《春秋》为贤者讳。此灭人之国，何贤尔？君子之恶恶也疾始，善善也乐终。桓公尝有继绝存亡之功，故君子为之讳也。"何休注："绝其始，则不得终其恶。""乐贤者终其行。"齐桓公灭项国是不光彩的事，但桓公有过继绝世、存亡国的功绩，故依然不失为贤者，可见君子不苛责人，而重在称扬人善。又如《昭公二十年》云："君子之善善也长，恶恶也短，恶恶止其身，善善及子孙。"君子对于恶行不过分苛责，对于善行则尽力褒扬，这背后似乎蕴含着儒家对于人性善的基本信念。

第二类是属于伦理范畴的"君子",在《公羊传》中也相对出现较多。《公羊传》编撰于战国,至西汉才写定成书。战国以后社会阶层分级变少,不同阶层之间的流动性变大,"君子"早已不是地位高者的专称。经过儒家的重新诠释,"君子"被更多地赋予了道德的含义。身处礼崩乐坏、道德沦丧的时代,君子依然以"礼"为行事的准则,不做损人利己之事。《宣公十二年》云:"君子笃于礼而薄于利。"《桓公十一年》云:"杀人以自生,亡人以自存,君子不为也。"比如主张仁义的宋襄公。宋、楚两国约定在泓水北岸交战,楚军涉泓水而来,有人提议乘楚军正在渡水的时候发起进攻,但宋襄公说"君子不厄人",也就是不乘人之危,正如《宣公十五年》华元所说的,"君子见人之厄则矜之,小人见人之厄则幸之"。当楚军渡过泓水但还没布好阵,又有人提议乘此之机攻打楚军,宋襄公却说"君子不鼓不成列"。宋襄公信守春秋时期的战争礼仪,后人多视其迂腐,但《公羊传》云:"君子大其不鼓不成列,临大事而不忘大礼。有君而无臣。以为虽文王之战,亦不过此也。"给予他较高的评价。

第三类是指统治者或贵族阶级,在《公羊传》中出现的次数较少,主要有以下一些:其一,《庄公二十八年》:"君子之为国也,必有三年之委。一年不熟,告籴,讥也。"这是对国君治国为政的告诫,国家必须要有三年以上的余粮储备,鲁国一年没有收成就得向齐国求购粮食,这是应该加以讥刺的。其二,《桓公八年》:"君子之祭也,敬而不黩。疏则怠,怠则忘。"祭祀有常规,祠、礿、尝、烝是天子诸侯宗庙之祭,分别为春、夏、秋、冬四时的祭祀,君子举行祭祀不能太过频繁。其三,《襄公二十九年》云:"君子不近刑人,近刑人则轻死之道也。"《礼记·曲礼上》:"刑人不在君侧。"郑玄注:"为怨恨为害也。"又《祭统》:"阍者,守门之贱者也。古者不使刑人守门,此四守者,吏之至贱者也。"郑注:"古者不使刑人守门,谓夏、殷时。"《王制》"公家不畜刑人",孔颖达疏:"周家畜刑人,异于夏殷法也。"由此可知,夏、殷古礼要求君主远离刑人,因而刑人不可以充当看门者。

所以"君子不近刑人"的"君子"是指君主。

资料摘编

隐公三年

宣公死，缪公立。缪公逐其二子庄公冯与左师勃，曰："尔为吾子，生毋相见，死毋相哭。"与夷复曰："先君之所为不与臣国而纳国乎君者，以君可以为社稷宗庙主也。今君逐君之二子而将致国乎与夷，此非先君之意也。且使子而可逐，则先君其逐臣矣。"缪公曰："先君之不尔逐可知矣，吾立乎此，摄也。"终致国乎与夷。庄公冯弑与夷。故君子大居正，宋之祸，宣公为之也。

桓公五年

春正月，甲戌、己丑，陈侯鲍卒。曷为以二日卒之？怴也。甲戌之日亡，己丑之日死而得，君子疑焉，故以二日卒之也。

桓公八年

烝者何？冬祭也。春曰祠，夏曰礿，秋曰尝，冬曰烝。常事不书，此何以书？讥。何讥尔？讥亟也。亟则黩，黩则不敬。君子之祭也，敬而不黩。疏则怠，怠则忘。士不及兹四者，则冬不裘、夏不葛。

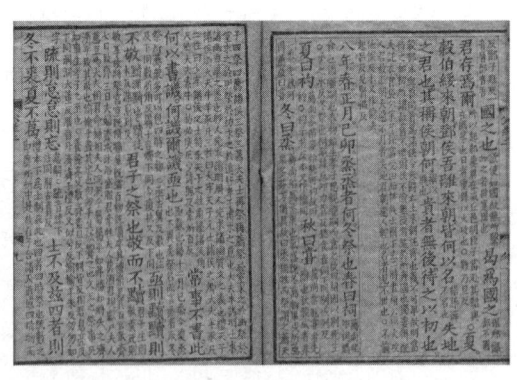

《春秋公羊经传解诂》书影（清道光四年扬州汪氏问礼堂影刊南宋绍熙余氏万卷堂本）

桓公十一年

古人之有权者，祭仲之权是也。权者何？权者反于经，然后有善者也。权之所设，舍死亡无所设。行权有道，自贬损以行权，不害人以行权，杀人以自生，亡人以自存，君子不为也。

桓公十八年

冬，十有二月己丑，葬我君桓公。贼未讨，何以书葬？仇在外也。仇在外则何以书葬？君子辞也。

庄公七年

夏，四月，辛卯，夜，恒星不见。夜中，星霣如雨。恒星者何？列星也。列星不见，何以知夜之中？星反也。如雨者何？如雨者，非雨也。非雨则曷为谓之如雨？不修《春秋》曰："雨星不及地尺而复。"君子修之曰："星霣如雨。"何以书？记异也。

庄公二十四年

冬，戎侵曹，曹羁出奔陈。曹羁者何？曹大夫也。曹无大夫，此何以书？贤也。何贤乎曹羁？戎将侵曹，曹羁谏曰："戎众以无义，君请勿自敌也。"曹伯曰："不可。"三谏，不从，遂去之，故君子以为得君臣之义也。

庄公二十七年

秋，公子友如陈，葬原仲。原仲者何？陈大夫也。大夫不书葬，此何以书？通乎季子之私行也。何通乎季子之私行？辟内难也。君子辟内难而不辟外难。内难者何？公子庆父、公子牙、公子友皆庄公之母弟也。公子庆父、公子牙通乎夫人以胁公，季子起而治之，则不得与于国政，坐而视之，则亲亲，因不忍见也。故于是复请至于陈，而葬原仲也。

庄公二十八年

臧孙辰告籴于齐。告籴者何？请籴也。何以不称使？以为臧孙辰之私行也。曷为以臧孙辰之私行？君子之为国也，必有三年之委。一年不熟，告籴，讥也。

闵公元年

冬，齐仲孙来。齐仲孙者何？公子庆父也。公子庆父，则曷为谓之齐仲孙？系之齐也。曷为系之齐？外之也。曷为外之？《春秋》为尊者讳，为亲者讳，为贤者讳，子女子曰："以《春秋》为《春秋》，齐无仲孙，其诸吾仲孙与？"

僖公十七年

夏，灭项。孰灭之？齐灭之。曷为不言齐灭之？为桓公讳也。《春秋》为贤者讳。此灭人之国，何贤尔？君子之恶恶也疾始，善善也乐终。桓公尝有继绝存亡之功，故君子为之讳也。

僖公二十二年

冬，十有一月，己巳，朔，宋公及楚人战于泓，宋师败绩。偏战者日尔，此其言朔何？《春秋》辞繁而不杀者，正也。何正尔？宋公与楚人期，战于泓之阳。楚人济泓而来。有司复曰："请迨其未毕济而击之。"宋公曰："不可。吾闻之也，君子不厄人。吾虽丧国之余，寡人不忍行也。"既济，未毕陈，有司复曰："请迨其未毕陈而击之。"宋公曰："不可。吾闻之也，君子不鼓不成列。"已陈，然后襄公鼓之，宋师大败。故君子大其不鼓不成列，临大事而不忘大礼。有君而无臣。以为虽文王之战，亦不过此也。

僖公二十八年

晋人执卫侯归之于京师。归之于者何？归于者何？归之于者，罪已定矣；归于者，罪未定也。罪未定，则何以得为伯讨？归之于者，执之于天子之侧者也，罪定不定已可知矣。归于者，非执之于天子之侧者也，罪定不定未可知也。卫侯之罪何？杀叔武也。何以不书？为叔武讳也。《春秋》为贤者讳。何贤乎叔武？让国也。

文公十二年

秦伯使遂来聘。遂者何？秦大夫也。秦无大夫，此何以书？贤缪公也。何贤乎缪公？以为能变也。其为能变奈何？惟诎诎善竫言，俾君子易怠，而况乎我多有之。惟一介断断焉无他技，其心休休，能有容，是难也。

文公十四年

晋人纳接菑于邾娄，弗克纳。纳者何？入辞也。其言弗克纳何？大其弗克纳也。何大乎其弗克纳？晋郤缺帅师，革车八百乘，以纳接菑于邾娄，力沛若有余而纳之。邾娄人言曰："接菑，晋出也；貜且，齐出也。子以其指，则接菑也四，貜且也六。子以大国压之，则未知齐、晋孰有之也。贵则皆贵矣，虽然，貜且也长。"郤缺曰："非吾力不能纳也，义实不尔克也。"引师而去之，故君子大其弗克纳也。此晋郤缺也，其称人何？贬。曷为贬？不与大夫专废置君也。曷为不与？实与而文不与。文曷为不与？大夫之义，不得专废置君也。

宣公六年

赵盾逡巡北面再拜稽首，趋而出，灵公心怍焉，欲杀之。于是使勇士某者往杀之。勇士入其大门，则无人门焉者；入其闺，则无人闺焉者；上其堂，则无人焉。俯而窥其户，方食鱼飱。勇士曰："嘻！子诚仁人也！吾入子之大门，则无人焉；入子之闺，则无人焉；上子之堂，则无人焉：是子之易也。子为晋国重卿而食鱼飧，是子之俭也。君将使我杀子，吾不忍杀子也。虽然，吾亦不可复见吾君矣。"遂刎颈而死。

宣公十二年

十有二年，春，葬陈灵公。讨此贼者非臣子也，何以书葬？君子辞也。楚已讨之矣，臣子虽欲讨之而无所讨也。

庄王伐郑，胜乎皇门，放乎路衢。郑伯肉袒，左执茅旌，右执鸾刀，以逆庄王曰："寡人无良边垂之臣，以干天祸，是以使君王沛焉，辱到敝邑。君如矜此丧人，锡之不毛之地，使帅一二耋老而绥焉，请唯君王之命。"庄王曰："君之不令臣交易为言，是以使寡人得见君之玉面，而微至乎此。"庄王亲自手旌，左右㧑军，退舍七里。将军子重谏曰："南郢之与郑相去数千里，诸大夫死者数人，厮役扈养死者数百人，今君胜郑而不有，无乃失民臣之力乎？"庄王曰："古者杆不穿、皮不蠹，则不出于四方。是以君子笃于礼而薄于利，要其人而不要其土，告从，不赦，不详，吾以不详道民，灾及吾身，何日之有？"

宣公十五年

庄王围宋，军有七日之粮尔，尽此不胜，将去而归尔。于是使司马子反乘堙而窥宋城，宋华元亦乘堙而出见之。司马子反曰："子之国何如？"华元曰："惫矣。"曰："何如？"曰："易子而食之，析骸而炊之。"司马子反曰："嘻！甚矣惫！虽然，吾闻之也，围者，柑马而秣之，使肥者应客，是何子之情也？"华元曰："吾闻之，君子见人之厄则矜之，小人见人之厄则幸之。吾见子之君子也，是以告情于子也。"司马子反曰："诺，勉之矣！吾军亦有七日之粮尔，尽此不胜，将去而归尔。"揖而去之，反于庄王。

庄王曰："何如？"司马子反曰："惫矣！"曰："何如？"曰："易子

而食之，析骸而炊之。"庄王曰："嘻！甚矣惫！虽然，吾今取此，然后而归尔。"司马子反曰："不可。臣已告之矣，军有七日之粮尔。"庄王怒曰："吾使子往视之，子曷为告之？"司马子反曰："以区区之宋，犹有不欺人之臣，可以楚而无乎？是以告之也。"庄王曰："诺。舍而止。虽然，吾犹取此然后归尔。"司马子反曰："然则君请处于此，臣请归尔。"庄王曰："子去我而归，吾孰与处于此？吾亦从子而归尔。"引师而去之，故君子大其平乎已也。

六月，癸卯，晋师灭赤狄潞氏，以潞子婴儿归。潞何以称子？潞子之为善也躬，足以亡尔。虽然，君子不可不记也。离于夷狄，而未能合于中国，晋师伐之，中国不救，狄人不有，是以亡也。

成公十六年

曹伯归自京师。执而归者名，曹伯何以不名？而不言复归于曹何？易也。其易奈何？公子喜时在内也。公子喜时在内，则何以易？公子喜时者，仁人也，内平其国而待之，外治诸京师而免之。其言自京师何？言甚易也，舍是无难矣。

襄公二十九年

阍弑吴子余祭。阍者何？门人也，刑人也。刑人则曷为谓之阍？刑人非其人也。君子不近刑人，近刑人则轻死之道也。

阖庐曰："先君之所以不与子国而与弟者，凡为季子故也。将从先君之命与，则国宜之季子者也。如不从先君之命与，则我宜立者也，僚恶得为君乎？"于是使专诸刺僚，而致国乎季子。季子不受，曰："尔弑吾君，吾受尔国，是吾与尔为篡也。尔杀吾兄，吾又杀尔，是父子兄弟相杀，终身无已也。"去之延陵，终身不入吴国。故君子以其不受为义，以其不杀为仁。贤季子，则吴何以有君、有大夫？以季子为臣，则宜有君者也。札者何？吴季子之名也。《春秋》贤者不名，此何以名？许夷狄者不壹而足也。季子者所贤也，曷为不足乎季子？许人臣者必使臣，许人子者必使子也。

襄公三十年

冬十月，葬蔡景公。贼未讨，何以书葬？君子辞也。

昭公元年

夏，秦伯之弟鍼出奔晋。秦无大夫，此何以书？仕诸晋也。曷为仕诸晋？有千乘之国，而不能容其母弟，故君子谓之出奔也。

昭公十一年

夏，四月，丁巳，楚子虔诱蔡侯般，杀之于申。楚子虔何以名？绝也。曷为绝之？为其诱讨也。此讨贼也，虽诱之则曷为绝之？怀恶而讨不义，君子不予也。

昭公十三年

八月，甲戌，同盟于平丘。公不与盟，晋人执季孙隐如以归。公至自会。公不与盟者何？公不见与盟也。公不见与盟，大夫执，何以致会？不耻也。曷为不耻？诸侯遂乱，反陈、蔡，君子耻不与焉！

昭公十六年

楚子诱戎曼子，杀之。楚子何以不名？夷狄相诱，君子不疾也。曷为不疾？若不疾，乃疾之也。

昭公十九年

冬，葬许悼公。贼未讨，何以书葬？不成于弑也。曷为不成于弑？止进药而药杀也。止进药而药杀，则曷为加弑焉尔？讥子道之不尽也。其讥子道之不尽奈何？曰：乐正子春之视疾也，复加一饭则脱然愈，复损一饭则脱然愈；复加一衣则脱然愈，复损一衣则脱然愈。止进药而药杀，是以君子加弑焉尔，曰"许世子止弑其君买"，是君子之听止也；"葬许悼公"，是君子之赦止也。赦止者，免止之罪辞也。

昭公二十年

夏，曹公孙会自鄸出奔宋。奔未有言自者，此其言自何？畔也。畔则曷为不言其畔？为公子喜时之后讳也。《春秋》为贤者讳。何贤乎公子喜时？让国也。其让国奈何？曹伯庐卒于师，则未知公子喜时从与？公子负刍从与？或为主于国，或为主于师。公子喜时见公子负刍之当主也，逡巡而退。贤公子喜时，则曷为为会讳？君子之善善也长，恶恶也短，恶恶止其身，善善及子孙。贤者子孙，故君子为之讳也。

昭公三十一年

冬，黑弓以滥来奔。文何以无邾娄？通滥也。曷为通滥？贤者子孙宜有地也。贤者孰谓？谓叔术也。何贤乎叔术？让国也。

哀公十四年

麟者仁兽也。有王者则至，无王者则不至。有以告者曰："有麇而角者。"孔子曰："孰为来哉！孰为来哉！"反袂拭面，涕沾袍。颜渊死，子曰："噫！天丧予。"子路死，子曰："噫！天祝予。"西狩获麟，孔子曰："吾道穷矣！"《春秋》何以始乎隐？祖之所逮闻也。所见异辞，所闻异辞，所传闻异辞。何以终乎哀十四年？曰：备矣！君子曷为为《春秋》？拨乱世，反诸正，莫近乎《春秋》。则未知其为是与？其诸君子乐道尧舜之道与？末不亦乐乎尧舜之知君子也？制《春秋》之义以俟后圣，以君子之为，亦有乐乎此也。

穀梁传

《穀梁传》简介

《穀梁传》又名《穀梁春秋》或《春秋穀梁传》，与《左传》《公羊传》并为解说《春秋》的三传。《穀梁传》的作者相传是子夏的弟子、战国时鲁人穀梁赤。起初为口头传授，至西汉时正式成书。晋范宁撰《春秋穀梁传集解》，唐杨士勋作《春秋穀梁传疏》，清钟文烝撰《穀梁补注》，皆为可参考的注本。

《穀梁传》与《公羊传》体例相同，采取自问自答的形式解说《春秋》的微言大义，阐明和宣扬儒家思想。《穀梁传》阐发《春秋》经文较为审慎，信以传信，疑以传疑，主张贵义而不贵惠，信道而不

穀梁赤像

信邪，成人之美而不成人之恶。宋代的胡安国有"其事莫备于《左氏》，例莫明于《公羊》，义莫精于《穀梁》"的评语。

《穀梁传》强调尊重君王的权威，不限制王权，严格区别贵贱尊卑，君臣各有职分，各有行为准则。同时，强调礼义教化，力主仁德之治，提倡宗法情谊，这些主张对于巩固封建统治具有积极意义，因此受到汉代统治阶级的极大重视。《穀梁传》是研究秦汉间及西汉初年儒家思想的重要资料，虽然它在史实记载上远不及《左传》丰富，但也有不少反映春秋时期社会情况

《春秋穀梁传》书影（四部丛刊初编影铁琴铜剑楼宋本）

的宝贵史料，可以作为《左传》的补充。

《穀梁传》中的"君子"

《穀梁传》中"君子"共出现十六次，远少于《左传》和《公羊传》，而且大多数是指修《春秋》的孔子。钟文烝《穀梁补注》指出："凡言君子者，谓修《春秋》之君子也。"这与《公羊传》是一样的。对于一件事情，《春秋经》为什么这么记载，为何这样用字措辞，其中暗含怎样的褒贬，体现了孔子怎样的思想倾向，这就是所谓的春秋笔法、微言大义。《穀梁传》的作者在自身的思想体系和框架中，结合可用的材料阐述修《春秋》者当时的想法和意图，当然，这里面有相当程度的先入之见，免不了主观推测，而且这些解释最终是为作者所要宣扬的儒家思想服务的。

《穀梁传》通过"君子"的观点来表达对于某件事情的态度和看法，如《庄公二十八年》："古者税什一，丰年补败，不外求而上下皆足也，虽累凶年民弗病也。一年不艾而百姓饥，君子非之。"鲁国没有粮食贮备，一年没有收成，百姓便遭受饥荒，"君子"为此责备当政者。又如《僖公十二年》："贯之盟，管仲曰：'江、黄远齐而近楚，楚为利之国也。若伐而不能救，则无以宗诸侯矣！'桓公不听，遂与之盟。管仲死，楚伐江、灭黄，桓公不能救。故君子闵之也。"齐桓公没有能力去救助江、黄，失去了霸主的威信，"君子"为此而伤悼。

《穀梁传》关注《春秋》的用字措辞，从"君子"的视角出发推测其背后的含义，并作具体的解释。例如，《春秋·隐公元年》："秋，七月，天王使宰咺来归惠公仲子之赗。"《传》："母以子氏，仲子者何？惠公之母、孝公之妾也。礼，赗人之母则可，赗人之妾则不可。君子以其可辞受之，其志，不及事也。"《春秋》为什么称"惠公仲子"？《传》解释说这是以惠公之母的身份来对待她，因为赠送助葬之物给别人的母亲是合乎礼制的。

《春秋》为什么要记载这件事呢？《传》解释说因为赠送得迟了，没有赶上丧事，这不合礼制。可见，"君子"记事用词在细微之处体现礼制的规定。又如，《春秋·桓公二年》："三月，公会齐侯、陈侯、郑伯于稷，以成宋乱。"《传》："以者，内为志焉尔。公为志乎成是乱也，此成矣，取不成事之辞而加之焉。于内之恶，而君子无遗焉尔。"《春秋》用一个"以"字表明"成宋乱"是鲁桓公的主观愿望，乱已成，还用表愿望的"以"，这是为了强调桓公心存不善，可见"君子"对史事的秉笔直书。

《春秋》作为史书，其叙事和用词力求精确，《穀梁传》对此颇为称颂，如僖公十六年《经》："是月，六鹢退飞，过宋都。"《传》："是月者，决不日而月也。六鹢退飞过宋都，先数，聚辞也，目治也。子曰：'石，无知之物；鹢，微有知之物。石无知，故日之；鹢，微有知之物，故月之。君子之于物，无所苟而已。石、鹢且犹尽其辞，而况于人乎！故五石六鹢之辞不设，则王道不亢矣！'"修《春秋》的"君子"连对陨石和鸟的记录都准确无误，更不用说对于人事的记载，而这样的一丝不苟目的就是为了高扬王道。

此外，《穀梁传》中也有两处"君子"并非指修《春秋》者，而是与小人相对的一般意义上的君子。《庄公四年》："大去者，不遗一人之辞也，言民之从者四年而后毕也。纪侯贤而齐侯灭之。不言灭，而曰大去其国者，不使小人加乎君子。"这里把纪侯视为君子，主要因为他是贤君，相比之下，齐侯灭其国则类乎小人的行径。《僖公二十二年》："宋公与楚人战于泓水之上，司马子反曰：'楚众我少，鼓险而击之，胜无幸焉！'襄公曰：'君子不推人危，不攻人厄，须其出。'既出，旌乱于上，陈乱于下。""君子"奉行春秋交战礼仪，是有身份地位又具仁德的国君或贵族统帅。

资料摘编

隐公元年

母以子氏,仲子者何?惠公之母、孝公之妾也。礼,赗人之母则可,赗人之妾则不可。君子以其可辞受之,其志,不及事也。赗者,何也?乘马曰赗,衣衾曰襚,贝玉曰含,钱财曰赙。

隐公二年

二年春,公会戎于潜。会者,外为主焉尔。知者虑,义者行,仁者守,有此三者然后可以出会。会戎,危公也。

九月,纪履緰来逆女。逆女,亲者也。使大夫,非正也。以国氏者,为其来交接于我,故君子进之也。

桓公二年

以者,内为志焉尔。公为志乎成是乱也,此成矣,取不成事之辞而加之焉。于内之恶,而君子无遗焉尔。

桓公十八年

冬,十有二月己丑,葬我君桓公。葬我君,接上下也。君弑贼不讨,不书葬,此其言葬,何也?不责逾国而讨于是也。桓公葬而后举谥,谥所以成德也,于卒事乎加之矣。知者虑,义者行,仁者守,有此三者备,然后可以会矣。

庄公四年

大去者,不遗一人之辞也,言民之从者四年而后毕也。纪侯贤而齐侯灭之。不言灭,而曰大去其国者,不使小人加乎君子。

庄公十年

荆者，楚也。何为谓之荆？狄之也。何为狄之？圣人立，必后至；天子弱，必先叛。故曰荆，狄之也。蔡侯何以名也？绝之也。何为绝之？获也。中国不言败，此其言败何也？中国不言败，蔡侯其见获乎！其言败何也？释蔡侯之获也。以归，犹愈乎执也。

庄公二十八年

国无三年之畜，曰国非其国也。一年不升，告籴诸侯。告，请也。籴，籴也。不正，故举臧孙辰以为私行也。国无九年之畜，曰不足；无六年之畜，曰急；无三年之畜，曰国非其国也。诸侯无粟，诸侯相归粟，正也。臧孙辰告籴于齐，告，然后与之，言内之无外交也。古者税什一，丰年补败，不外求而上下皆足也，虽累凶年民弗病也。一年不艾而百姓饥，君子非之。不言如，为内讳也。

庄公三十一年

秋，筑台于秦。不正罢民三时，虞山林薮泽之利。且财尽则怨，力尽则怼，君子危之，故谨而志之也。

僖公十二年

贯之盟，管仲曰："江、黄远齐而近楚，楚为利之国也。若伐而不能救，则无以宗诸侯矣！"桓公不听，遂与之盟。管仲死，楚伐江、灭黄，桓公不能救。故君子闵之也。

僖公十六年

是月者，决不日而月也。六鹢退飞过宋都，先数，聚辞也，目治也。子曰："石，无知之物；鹢，微有知之物。石无知，故日之；鹢，微有知之物，故月之。君子之于物，无所苟而已。石、鹢且犹尽其辞，而况于人乎！故五石六鹢之辞不设，则王道不亢矣！"民所聚曰都。

僖公十七年

夏，灭项。孰灭之？桓公也。何以不言桓公也？为贤者讳也。项，国也，不可灭而灭之乎？桓公知项之可灭也，而不知己之不可以灭也。既灭人之国矣，何贤乎？君子恶恶疾其始，善善乐其终。桓公尝有存亡继绝之功，故君子为之讳也。

僖公二十二年

宋公与楚人战于泓水之上，司马子反曰："楚众我少，鼓险而击之，胜无幸焉！"襄公曰："君子不推人危，不攻人厄，须其出。"既出，旌乱于上，陈乱于下。

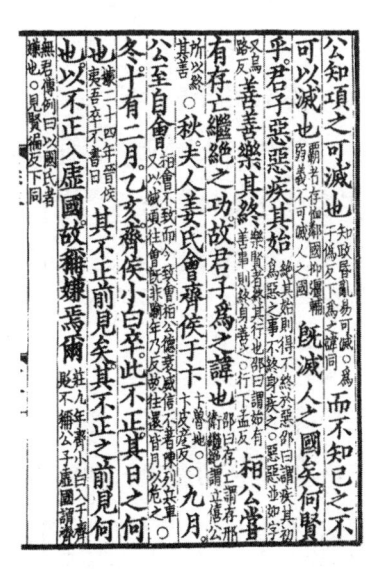

《春秋穀梁传》书影（四部丛刊初编影铁琴铜剑楼宋本）

文公二年

八月丁卯，大事于大庙，跻僖公。大事者何？大是事也，著祫尝。祫祭者，毁庙之主。陈于太祖，未毁庙之主，皆升合祭于太祖。跻，升也，先亲而后祖也，逆祀也。逆祀，则是无昭穆也。无昭穆，则是无祖也。无祖，则无天也。故曰：文无天。无天者，是无天而行也。君子不以亲亲害尊尊，此《春秋》之义也。

文公六年

晋杀其大夫阳处父。称国以杀，罪累上也。襄公已葬，其以累上之辞言之何也？君漏言也，上泄则下暗，下暗则上聋。且暗且聋，无以相通。射姑杀者也。射姑之杀奈何？曰：晋将与狄战，使狐射姑为将军，赵盾佐之。阳处父曰："不可！古者君之使臣也，使仁者佐贤者，不使贤者佐仁者。今赵盾贤，夜姑仁，其不可乎！"襄公曰："诺！"

宣公九年

陈杀其大夫泄冶。称国以杀其大夫，杀无罪也。泄冶之无罪如何？陈灵公通于夏征舒之家，公孙宁、仪行父亦通其家。或衣其衣，或衷其襦，以相戏于朝。泄冶闻之，入谏，曰："使国人闻之则犹可，使仁人闻之则不可。"君愧于泄冶，不能用其言而杀之。

宣公十七年

其曰公弟叔肸，贤之也。其贤之，何也？宣弑而非之也。非之，则胡为不去也？曰：兄弟也，何去而之？与之财，则曰："我足矣！"织屦而食，终身不食宣公之食。君子以是为通恩也，以取贵乎《春秋》。

成公二年

秋，七月，齐侯使国佐如师。己酉，及国佐盟于爰娄。鞍去国五百里。爰娄去国五十里。一战绵地五百里，焚雍门之荻，侵车东至海。君子闻之曰："夫甚甚之辞焉。齐有以取之也。"齐之有以取之何也？败卫师于新筑，侵我北鄙，敖郤献子，齐有以取之也。

成公九年

晋人执郑伯。晋栾书帅师伐郑。不言战，以郑伯也。为尊者讳耻，为贤者讳过，为亲者讳疾。

成公十五年

秋，八月庚辰，葬宋共公。月卒日葬，非葬者也，此其言葬，何也？以其葬共姬，不可不葬共公也。葬共姬则其不可不葬共公，何也？夫人之义不逾君也，为贤者崇也。

昭公七年

秋，八月戊辰，卫侯恶卒。乡曰卫齐恶，今曰卫侯恶，此何为君臣同名也？君子不夺人名，不夺人亲之所名，重其所以来也。王父名子也。

昭公十九年

夏五月戊辰，许世子止弑其君买。日弑，正卒也。正卒，则止不弑也。不弑而曰弑，责止也。止曰："我与夫弑者，不立乎其位。"以与其弟虺。哭泣歠饘粥，嗌不容粒。未逾年而死，故君子即止自责而责之也。

诸子类

《汉书·艺文志·诸子略》的序中列有儒家、道家、阴阳家、法家、名家、墨家、纵横家、杂家、农家、小说家共十家，云："诸子十家，其可观者九家而已。……今异家者，各推所长，穷知究虑，以明其指，虽有蔽短，合其要归，亦六经之支与流裔。"即认为周、秦九流十家的思想、学说都渊源于六经。这可能是符合事实的。儒家不必说，《墨子》一书中多次引用《诗》《书》的内容，道家与《易经》有着密切的关系，《韩非子》则多次引述《春秋》，《吕氏春秋》则广泛地引述六经及诸子的学说。因此可以说，六经是诸子共同的学术资源。当然，另一方面，诸子各家从不同角度对学术做了更为深细的推衍，共同构建了博大的先秦思想。我们选取了先秦诸子中有著作流传且较为重要的儒家、墨家、道家、法家和杂家，共十部典籍，归在"诸子"这个类目中，其中属于儒家的《论语》和《孟子》后来被奉为经典，地位远高于一般的诸子著作，《老子》和《庄子》后来成为道教的经典，也受到高度重视。

儒家

儒家作为先秦诸子百家中的一个流派，由孔子创立，经孟子、荀子的继承发展而趋于成熟。《说文·人部》："儒，柔也，术士之称。"关于儒字的本义、儒士的起源历来有很多争议，尚无确切的结论，不过可以肯定的是，在孔子之前已有从事专门职业的儒士（因此有"君子儒"和"小人儒"的划分），且儒家所尊崇倡导的"礼、乐、射、御、书、数"六艺以及贵族精神至少在春秋之前就已经存在，成为孔子和早期儒家思想形成、借鉴的基础。由于政治和社会的剧烈变动，原先的组织体系无法继续维持，呈现出"礼崩乐坏"的乱象，孔子便奋起对传统加以改造，创立儒学并使之发扬光大。到了战国时期，出现了孟子和荀子，他们于孔子的学说又有所因革损益，呈现出不同的路向。

论语

《论语》简介

《论语》是春秋战国时期记载孔子及其弟子言行的一本语录集，由孔子弟子和再传弟子编纂而成。

《论语》的流传比较复杂，一般认为，在西汉时有《齐论》《鲁论》《古论》之分，三者在版本来源、篇章次序、字句内容、具体解说上存在差异，经过东汉郑玄的整理，成为传世本《论语》的雏形。今本《论语》共二十篇，记录孔子、孔门弟子及时人的言

孔子像

行、对话，体现了孔子关于政治、伦理、教育、修养等方面的思想和主张。

最初《论语》的地位并不算很高，可算是蒙学之一种。东汉时被列为七经之一，到了宋代与《孟子》《中庸》《大学》合称为"四书"。后世为《论语》作注的主要有何晏《论语集解》、皇侃《论语义疏》、邢昺《论语注疏》、朱熹《论语集注》、刘宝楠《论语正义》，今人注本有程树德《论语集释》、杨树达《论语疏证》等。

《论语》中的"君子"

在中国传统文化中，孔子是一位承前启后式的人物，以他为中心建立起来的儒家学说，虽在当时只为诸子百家中的一个流派，但由于其实用主义和理性主义，为统治者所采纳和改造，成为此后中国政治社会、道德伦理和国人性格的基本色调。孔子删《诗》《书》、定礼乐，继承前代的思想，并作进一步发明，试图构建一套完整的组织体系来重建新的社会秩序，其中就包括对"君子"内涵和外延的重新阐释。

《论语》书影（古逸丛书初编覆正平本《论语集解》）

要理解"君子"，首先需要对它的指称对象有所界定。顾颉刚在《武士与文士之蜕化》中说："吾国古代之士，皆武士也。士为低级之贵族，居于国中（即都城中），有统驭平民之权利，亦有执干戈以卫社稷之义务，故谓之'国士'以示其地位之高。……谓之'君子'与'都君子'者，犹曰'国士'，所以表示其贵族之身分，为当时一般人所仰望者也。"顾颉刚认为"君子"即古代的"士"，原为武士，以保卫国都为职责，属于低级的贵族阶层。这个解释大体不差,只是稍显笼统。从先秦文献的记载来看,"君子"主要指处于社会中上层的统治阶级,特别是春秋中期以前,"君子"实际上包括天子、诸侯(又称君、国君)、卿、大夫和士,在"封建宗法"制度下是相对稳定的一个群体。他们可以接受良好的教育,即周代的王官之学,即《周礼·保氏》所云"养国子以道,乃教之六艺:一曰五礼,二曰六乐,三曰五射,四曰五御,五曰六书,六曰九数",以期能达到文武兼备。在社会分工上,这些贵族子弟是"劳心"者,"治人"(管理职能);与之相对的"平民"和"皂隶"则是"劳力"者,"治于人"(被管理者,生产职能)。也就是说,在孔子之前,"君子"是兼位和才二者而言的:处于统治阶层,制定和实施各项政治制度,同时又知书达礼、具备才干(当然,其社会地位是最重要的因素)。

到了孔子的时代,以血缘关系为纽带建立起来的"封建"秩序开始瓦解,周室式微,各诸侯国之间斗争剧烈,在经济方面,"井田制"逐渐崩溃等一系列变革,使得原先的贵族等级制度走向解体,与之相关的周代礼乐文明也难以维持,在动乱和战争中,百姓生活常常陷入困顿和窘迫。这个时候,孔子将目光再次转移到了"君子"身上,只不过这个"君子"不再是享受庇荫的世袭贵族,而是以新兴士人为主的群体,可以在位,也可以暂不在位,但都必须具备某些特质。如:

仪封人请见。曰:"君子之至于斯也,吾未尝不得见也。"从者见之。出曰:"二三子何患于丧乎?天下之无道也久矣,天将以夫子为木铎。"(《论语·八佾》)

"丧",何晏释为"夫子圣德之将丧亡",朱熹则解作"谓失位去国"。这一则记载孔子失去鲁司寇之位,周游列国,在卫国边地与仪封人(掌封疆之官)相见之事。当时孔子不在位,而仪封人仍称呼他为"君子"。孔子先祖本为宋国贵族，至孔子前几世开始没落，《史记·孔子世家》："孔子贫且贱。"在《论语·子罕》中，他自称"吾少也贱，故多能鄙事"。孔门弟子如颜渊、原宪、冉雍等也出身贫寒，居于陋巷。这对于具体的人来说是贵族世家没落的个案，而从其普遍性来看又反映了大环境的变化。原来由天子、诸侯、卿、大夫、士、平民、皂隶等组成的结构在经历了战争和土地制度的改革之后，诸侯、贵卿实际上取代了周天子，站在了金字塔的顶端，部分王公贵族没有获得军功或在转型中失利而沦为士或庶民，而个别优秀的庶民被拔擢成为士，这样在诸侯、贵卿以下就形成了一个或上升或下降、相对流动的局面，其中士是衔接上下的关键枢纽。所以孔子所说的"君子"实际上指的就是这样一个形成之中的、尚未稳固的阶层，他希望这一群人以进则从仕、退则著书的方式成为社会的中坚力量，恢复失落的"君子精神"，从而实现他的政治和社会理想。同时孔子也沿袭前代关于"君子"的定义，将已经在位的统治阶层都容纳到"君子"的范畴之中，因此《论语》抑或有"君子而不仁者有矣夫，未有小人而仁者也"的论述。当然，这不是孔子"君子"观的主体。

就"君子"的内涵来说，与前代相比，《论语》中的"君子"被注入了更多的道德因素，也是在此之后至于现代，"君子"慢慢成为道德品质高尚之人的专称，相反"小人"演变成了卑鄙无耻之人的代名词，所以孔子对"君子"观念的转变起了重要作用。

综观《论语》一书，"君子"必须具备"仁、义、礼"，其中又以"仁"为核心。仁即是爱，孔子从人最朴素的情感出发，认为爱亲是"仁"的根本，"仁"是亲子之爱的扩充。为仁之方在于"忠恕"。朱熹《论语集注》云："尽己之谓忠，推己之谓恕。"统而言之，忠恕实为一事，即对内以自身修养为中心，时时反省而不求诸他人；对外以己之心度他人之心，"己欲立而立人，己欲达而达人"（《雍也》），"己所不欲，勿施于人"（《颜渊》）。这样就自发地形成了一个"上下四方、均齐方正"的伦理网络，成为社会组织关系的基调，即所谓的"絜矩之道"。值得注意的是，《论语》中或者说孔子的"仁"和墨子所倡导的"兼爱"不同，这里的"仁"是有等差、有亲疏的爱。这一方面出于对等级秩序的维护，儒家认为每个人都有自己所当居处的"位"；另一方面，实行"仁"须从近处着眼，由爱亲而爱众，由爱人而及物，由父子之道推衍到君臣之道，因此《学而》篇中孔子的弟子有若说："其为人也孝弟，而好犯上者，鲜矣；不好犯上，而好作乱者，未之有也。君子务本，本立而道生。孝弟也者，其为仁之本与！""仁"又需要"礼"来加以节制，如：

子夏问曰："巧笑倩兮，美目盼兮，素以为绚兮。何谓也？"子曰："绘事后素。"曰："礼后乎？"子曰："起予者商也，始可与言诗已矣。"（《论语·八佾》）

"巧笑倩兮，美目盼兮，素以为绚兮"出自《诗·卫风·硕人》，形容女子的美貌。这里以诗起兴，说明"仁"和"礼"的关系，正如在素底之上施加文彩。有人认为"仁"在先，"礼"在后，也有说"仁"为内，"礼"为外。其实可以综合来看，"仁"与"礼"乃一体之两面。当两者对举的时候，是狭义的概念，"仁"专指仁爱之心，"礼"是礼节文饰，以仁爱之心为动因，参以义理之必然（义者，宜也，即判断举动是否恰当的标准。"义"在之后的儒家代表人物孟子、荀子那里得到反复论述，而在《论语》中仍以"仁"及"仁、礼"为主），然后以符合礼节的形式付诸行动，这才成其为"文质彬彬"的"君子"。当两者分别出现时，则是广义的概念，"礼"是包含了仁德的"礼"，"仁"是有礼有节的"仁"，也就是"道"。

要想成为"君子"、施行仁德之道，须通过"学"。学，《说文》释为"觉悟也"，古文作"斅"，"从教从冖"，意指接受教育之后由懵懂无知而产生觉悟。如前所述，春秋时期贵族阶级已经没落，周代系统的王官之学也不复存在,尽管卿、大夫、士仍可能保留、传承着礼乐的传统,但已日趋式微,与修身、齐家、治国、平天下的理想渐行渐远。在这种背景下,孔子及其弟子门人承担起了教育的重任,而且对象不分贫富、贵贱,主要的目标就是培养学生成为"君子"。"君子"教育则不同于一般的知识技能教育。《卫灵公》:"君子谋道不谋食。耕也,馁在其中矣;学也,禄在其中矣。君子忧道不忧贫。"这一点曾为人所诟病,以为孔门不屑于耕种稼穑等具体生产活动,而汲汲于利禄。其实,换一个角度看,儒家区分"劳心"与"劳力","劳力"者多从事体力劳动,提供生活必需品,"劳心"者从事脑力劳动,施行德政和保障社会的正常运作,从社会成员的组织和资源的分配角度来看,二者只是分工不同。"君子"如果执着于学习技艺则容易拘泥其中,忽视立身之本,如果过分在乎饮食衣物的好坏则可能损道以换取名利。孔子认为"君子"应当有所超越,有更高的追求,因此说"君子不器"。为此,"君子"时时诵习《诗》《书》等经典,躬亲实践,笃行不悖。《论语·里仁》:"君子无终食之间违仁,造次必于是,颠沛必于是。"先"用力于仁",而后可以"安仁"。同时亲近贤人,切磋琢磨,择善而从。"君子"在修身、习业的基础上应该承担起社会责任,所谓"学而优则仕",这是从以"道"修身到行"道"于天下的途径。当时的"君子"很少有可继承的职位,当他学有余裕、具备了"仁、义、礼"和一定的才干之后就希望走上仕途,施展抱负。"君子"既是为政者,也是"道"的传承者,君子施政主要是以道德文教感化民众。《颜渊》篇:"君子之德风,小人之德草,草上之风,必偃。"至此可以说,孔子通过培养和塑造"君子",来实现他的政治理想,而新兴士阶级在儒家思想的熏陶下具备了"君子"精神和品格,成为社会稳固的基础。

对于我们现代人来说,"君子"身上所体现的以天下为己任、亲亲爱仁以及孜孜于学的特质仍值得效仿。《论语》中提到"君子"达一百零八处,从外在的仪容举止到内在的品德修养都做了具体的规范和要求,也足以说明,"道不远人",就在洒扫应对等日常人伦之中。

资料摘编

学而

子曰:"学而时习之,不亦说乎?有朋自远方来,不亦乐乎?人不知而不愠,不亦君子乎?"

有子曰:"其为人也孝弟,而好犯上者,鲜矣;不好犯上,而好作乱者,未之有也。君子务本,本立而道生。孝弟也者,其为仁之本与!"

子曰:"君子不重则不威,学则不固。主忠信。无友不如己者。过,则勿惮改。"

子曰:"君子食无求饱,居无求安,敏于事而慎于言,就有道而正焉,可谓好学也已。"

为政

子曰:"君子不器。"

子贡问君子。子曰:"先行其言,而后从之。"

子曰:"君子周而不比,小人比而不周。"

八佾

子曰:"君子无所争,必也射乎!揖让而升,下而饮,其争也君子。"

仪封人请见。曰:"君子之至于斯也,吾未尝不得见也。"从者见之。出曰:"二三子何患于丧乎?天下之无道也久矣,天将以夫子为木铎。"

里仁

子曰:"不仁者不可以久处约,不可以长处乐。仁者安仁,知者利仁。"

子曰:"唯仁者能好人,能恶人。"

子曰:"苟志于仁矣,无恶也。"

子曰:"富与贵,是人之所欲也,不以其道得之,不处也;贫与贱,是人之所恶也,不以其道得之,不去也。君子去仁,恶乎成名?君子无终食之间违仁,造次必于是,颠沛必于是。"

子曰:"我未见好仁者,恶不仁者。好仁者,无以尚之;恶不仁者,其为仁矣,不使不仁者加乎其身。有能一日用其力于仁矣乎?我未见力不足者。盖有之矣,我未之见也。"

子曰:"君子之于天下也,无适也,无莫也,义之与比。"

子曰:"君子怀德,小人怀土;君子怀刑,小人怀惠。"

子曰:"君子喻于义,小人喻于利。"

子曰:"君子欲讷于言,而敏于行。"

公冶长

子谓子贱,"君子哉若人!鲁无君子者,斯焉取斯?"

子谓子产,"有君子之道四焉:其行己也恭,其事上也敬,其养民也惠,其使民也义。"

雍也

子华使于齐,冉子为其母请粟。子曰:"与之釜。"请益。曰:"与之庾。"冉子与之粟五秉。子曰:"赤之适齐也,乘肥马,衣轻裘。吾闻之也,君子周急不继富。"原思为之宰,与之粟九百,辞。子曰:"毋!以与尔邻里乡党乎!"

子谓子夏曰:"女为君子儒,无为小人儒。"

子曰:"质胜文则野,文胜质则史。文质彬彬,然后君子。"

子曰:"知者乐水,仁者乐山;知者动,仁者静;知者乐,仁者寿。"

宰我问曰："仁者，虽告之曰：'井有仁焉。'其从之也？"子曰："何为其然也？君子可逝也，不可陷也；可欺也，不可罔也。"

子曰："君子博学于文，约之以礼，亦可以弗畔矣夫！"

子贡曰："如有博施于民而能济众，何如？可谓仁乎？"子曰："何事于仁，必也圣乎！尧舜其犹病诸！夫仁者，己欲立而立人，己欲达而达人。能近取譬，可谓仁之方也已。"

述而

冉有曰："夫子为卫君乎？"子贡曰："诺。吾将问之。"入，曰："伯夷、叔齐何人也？"曰："古之贤人也。"曰："怨乎？"曰："求仁而得仁，又何怨？"出，曰："夫子不为也。"

子曰："圣人，吾不得而见之矣；得见君子者，斯可矣。"子曰："善人，吾不得而见之矣；得见有恒者，斯可矣。亡而为有，虚而为盈，约而为泰，难乎有恒矣。"

陈司败问："昭公知礼乎？"孔子曰："知礼。"孔子退，揖巫马期而进之，曰："吾闻君子不党。君子亦党乎？君取于吴为同姓，谓之吴孟子。君而知礼，孰不知礼？"巫马期以告。子曰："丘也幸，苟有过，人必知之。"

子曰："文，莫吾犹人也。躬行君子，则吾未之有得。"

子曰："君子坦荡荡，小人长戚戚。"

泰伯

子曰："恭而无礼则劳，慎而无礼则葸，勇而无礼则乱，直而无礼则绞。君子笃于亲，则民兴于仁；故旧不遗，则民不偷。"

曾子有疾，孟敬子问之。曾子言曰："鸟之将死，其鸣也哀；人之将死，其言也善。君子所贵乎道者三：动容貌，斯远暴慢矣；正颜色，斯近信矣；出辞气，斯远鄙倍矣。笾豆之事，则有司存。"

曾子曰："可以托六尺之孤，可以寄百里之命，临大节而不可夺也。君子人与？君子人也。"

子罕

太宰问于子贡曰："夫子圣者与？何其多能也？"子贡曰："固天纵之将圣，又多能也。"子闻之，曰："太宰知我乎！吾少也贱，故多能鄙事。君子多乎哉？不多也。"

牢曰："子云，'吾不试，故艺'。"

子欲居九夷。或曰："陋，如之何！"子曰："君子居之，何陋之有？"

子曰："知者不惑，仁者不忧，勇者不惧。"

乡党

君子不以绀緅饰，红紫不以为亵服。

先进

子曰："先进于礼乐，野人也；后进于礼乐，君子也。如用之，则吾从先进。"

子曰："论笃是与，君子者乎？色庄者乎？"

子路、曾皙、冉有、公西华侍坐。子曰："以吾一日长乎尔，毋吾以也。居则曰：'不吾知也！'如或知尔，则何以哉？"子路率尔而对曰……夫子哂之。"求！尔何如？"对曰："方六七十，如五六十，求也为之，比及三年，可使足民。如其礼乐，以俟君子。"

颜渊

司马牛问仁。子曰："仁者，其言也讱。"曰："其言也讱，斯谓之仁已乎？"子曰："为之难，言之得无讱乎？"

司马牛问君子。子曰:"君子不忧不惧。"曰:"不忧不惧,斯谓之君子已乎?"子曰:"内省不疚,夫何忧何惧?"

司马牛忧曰:"人皆有兄弟,我独亡。"子夏曰:"商闻之矣:死生有命,富贵在天。君子敬而无失,与人恭而有礼。四海之内,皆兄弟也。君子何患乎无兄弟也?"

棘子成曰:"君子质而已矣,何以文为?"子贡曰:"惜乎!夫子之说,君子也。驷不及舌。文犹质也,质犹文也。虎豹之鞟,犹犬羊之鞟。"

子曰:"君子博学于文,约之以礼,亦可以弗畔矣夫!"

子曰:"君子成人之美,不成人之恶。小人反是。"

季康子问政于孔子曰:"如杀无道,以就有道,何如?"孔子对曰:"子为政,焉用杀?子欲善,而民善矣。君子之德风,小人之德草。草上之风,必偃。"

樊迟问仁。子曰:"爱人。"问知。子曰:"知人。"樊迟未达。子曰:"举直错诸枉,能使枉者直。"樊迟退,见子夏。曰:"乡也吾见于夫子而问知,子曰'举直错诸枉,能使枉者直',何谓也?"子夏曰:"富哉言乎!舜有天下,选于众,举皋陶,不仁者远矣。汤有天下,选于众,举伊尹,不仁者远矣。"

曾子曰:"君子以文会友,以友辅仁。"

子路

子路曰:"卫君待子而为政,子将奚先?"子曰:"必也正名乎!"子路曰:"有是哉,子之迂也!奚其正?"子曰:"野哉,由也!君子于其所不知,盖阙如也。名不正,则言不顺;言不顺,则事不成;事不成,则礼乐不兴;礼乐不兴,则刑罚不中;刑罚不中,则民无所措手足。故君子名之必可言也,言之必可行也。君子于其言,无所苟而已矣。"

子曰:"君子和而不同,小人同而不和。"

子曰:"君子易事而难说也:说之不以道,不说也;及其使人也,器之。小人难事而易说也:说之虽不以道,说也;及其使人也,求备焉。"

子曰:"君子泰而不骄,小人骄而不泰。"

宪问

子曰:"有德者,必有言。有言者,不必有德。仁者,必有勇。勇者,不必有仁。"

南宫适问于孔子曰:"羿善射,奡荡舟,俱不得其死然;禹稷躬稼,而有天下。"夫子不答,南宫适出。子曰:"君子哉若人!尚德哉若人!"

子曰:"君子而不仁者有矣夫,未有小人而仁者也。"

子贡曰:"管仲非仁者与?桓公杀公子纠,不能死,又相之。"子曰:"管仲相桓公,霸诸侯,一匡天下,民到于今受其赐。微管仲,吾其被发左衽矣。岂若匹夫匹妇之为谅也,自经于沟渎,而莫之知也。"

子曰:"君子上达,小人下达。"

曾子曰:"君子思不出其位。"

子曰:"君子耻其言而过其行。"

子曰:"君子道者三,我无能焉:仁者不忧,知者不惑,勇者不惧。"子贡曰:"夫子自道也。"

子曰:"贤者辟世,其次辟地,其次辟色,其次辟言。"

子路问君子。子曰:"修己以敬。"曰:"如斯而已乎?"曰:"修己以安人。"曰:"如斯而已乎?"曰:"修己以安百姓。修己以安百姓,尧舜其犹病诸!"

卫灵公

卫灵公问陈于孔子。孔子对曰:"俎豆之事,则尝闻之矣;军旅之事,未之学也。"

明日遂行。在陈绝粮,从者病,莫能兴。子路愠见曰:"君子亦有穷乎?"

子曰："君子固穷，小人穷斯滥矣。"

子曰："直哉史鱼！邦有道，如矢；邦无道，如矢。君子哉蘧伯玉！邦有道，则仕；邦无道，则可卷而怀之。"

子曰："志士仁人，无求生以害仁，有杀身以成仁。"

子贡问为仁。子曰："工欲善其事，必先利其器。居是邦也，事其大夫之贤者，友其士之仁者。"

子曰："君子义以为质，礼以行之，孙以出之，信以成之。君子哉！"

子曰："君子病无能焉，不病人之不己知也。"

子曰："君子疾没世而名不称焉。"

子曰："君子求诸己，小人求诸人。"

子曰："君子矜而不争，群而不党。"

子曰："君子不以言举人，不以人废言。"

子曰："君子谋道不谋食。耕也，馁在其中矣；学也，禄在其中矣。君子忧道不忧贫。"

子曰："君子不可小知，而可大受也；小人不可大受，而可小知也。"

子曰："君子贞而不谅。"

季氏

冉有曰："今夫颛臾，固而近于费。今不取，后世必为子孙忧。"孔子曰："求！君子疾夫舍曰欲之，而必为之辞。丘也闻有国有家者，不患寡而患不均，不患贫而患不安。盖均无贫，和无寡，安无倾。夫如是，故远人不服，则修文德以来之。既来之，则安之。今由与求也，相夫子，远人不服而不能来也，邦分崩离析而不能守也，而谋动干戈于邦内。吾恐季孙之忧，不在颛臾，而在萧墙之内也。"

孔子曰："侍于君子有三愆：言未及之而言谓之躁，言及之而不言谓之隐，未见颜色而言谓之瞽。"

孔子曰："君子有三戒：少之时，血气未定，戒之在色；及其壮也，血气方刚，戒之在斗；及其老也，血气既衰，戒之在得。"

孔子曰："君子有三畏：畏天命，畏大人，畏圣人之言。小人不知天命而不畏也，狎大人，侮圣人之言。"

孔子曰："君子有九思：视思明，听思聪，色思温，貌思恭，言思忠，事思敬，疑思问，忿思难，见得思义。"

陈亢问于伯鱼曰："子亦有异闻乎？"对曰："未也。尝独立，鲤趋而过庭。曰：'学诗乎？'对曰：'未也。''不学诗，无以言。'鲤退而学诗。他日又独立，鲤趋而过庭。曰：'学礼乎？'对曰：'未也。''不学礼，无以立。'鲤退而学礼。闻斯二者。"陈亢退而喜曰："问一得三，闻诗，闻礼，又闻君子之远其子也。"

阳货

子之武城，闻弦歌之声。夫子莞尔而笑，曰："割鸡焉用牛刀？"子游对曰："昔者偃也闻诸夫子曰：'君子学道则爱人，小人学道则易使也。'"子曰："二三子！偃之言是也。前言戏之耳。"

佛肸召，子欲往。子路曰："昔者由也闻诸夫子曰：'亲于其身为不善者，君子不入也。'佛肸以中牟畔，子之往也，如之何？"子曰："然，有是言也。不曰坚乎，磨而不磷。不曰白乎，涅而不缁。吾岂匏瓜也哉？焉能系而不食？"

子曰："色厉而内荏，譬诸小人，其犹穿窬之盗也与？"

宰我问："三年之丧，期已久矣。君子三年不为礼，礼必坏；三年不为乐，乐必崩。旧谷既没，新谷既升，钻燧改火，期可已矣。"子曰："食夫稻，衣夫锦，于女安乎？"曰："安。""女安则为之！夫君子之居丧，食旨不甘，闻乐不乐，居处不安，故不为也。今女安，则为之！"宰我出。

子路曰："君子尚勇乎？"子曰："君子义以为上。君子有勇而无义为乱，小人有勇而无义为盗。"

子贡曰："君子亦有恶乎？"子曰："有恶：恶称人之恶者，恶居下流而讪上者，恶勇而无礼者，恶果敢而窒者。"曰："赐也亦有恶乎？""恶徼以为知者，恶不孙以为勇者，恶讦以为直者。"

微子

子路从而后，遇丈人，以杖荷蓧。子路问曰："子见夫子乎？"丈人曰："四体不勤，五谷不分。孰为夫子？"植其杖而芸。子路拱而立。止子路宿，杀鸡为黍而食之，见其二子焉。明日，子路行以告。子曰："隐者也。"使子路反见之。至，则行矣。子路曰："不仕无义。长幼之节，不可废也；君臣之义，如之何其废之？欲洁其身，而乱大伦。君子之仕也，行其义也。道之不行，已知之矣。"

周公谓鲁公曰："君子不施其亲，不使大臣怨乎不以。故旧无大故，则不弃也。无求备于一人。"

子张

子夏之门人问交于子张。子张曰："子夏云何？"对曰："子夏曰：'可者与之，其不可者拒之。'"子张曰："异乎吾所闻：君子尊贤而容众，嘉善而矜不能。我之大贤与，于人何所不容？我之不贤与，人将拒我，如之何其拒人也？"

子夏曰："虽小道，必有可观者焉；致远恐泥，是以君子不为也。"

子夏曰："百工居肆以成其事，君子学以致其道。"

子夏曰："小人之过也必文。"

子夏曰："君子有三变：望之俨然，即之也温，听其言也厉。"

子夏曰："君子信而后劳其民，未信则以为厉己也；信而后谏，未信则以为谤己也。"

子游曰:"子夏之门人小子,当洒扫、应对、进退,则可矣。抑末也,本之则无。如之何?"子夏闻之曰:"噫!言游过矣!君子之道,孰先传焉?孰后倦焉?譬诸草木,区以别矣。君子之道,焉可诬也?有始有卒者,其惟圣人乎!"

子贡曰:"纣之不善,不如是之甚也。是以君子恶居下流,天下之恶皆归焉。"

子贡曰:"君子之过也,如日月之食焉:过也,人皆见之;更也,人皆仰之。"

卫公孙朝问于子贡曰:"仲尼焉学?"子贡曰:"文武之道,未坠于地,在人。贤者识其大者,不贤者识其小者,莫不有文武之道焉。夫子焉不学?而亦何常师之有?"

叔孙武叔毁仲尼。子贡曰:"无以为也,仲尼不可毁也。他人之贤者,丘陵也,犹可逾也;仲尼,日月也,无得而逾焉。人虽欲自绝,其何伤于日月乎?多见其不知量也!"

陈子禽谓子贡曰:"子为恭也,仲尼岂贤于子乎?"子贡曰:"君子一言以为知,一言以为不知,言不可不慎也。夫子之不可及也,犹天之不可阶而升也。夫子之得邦家者,所谓立之斯立,道之斯行,绥之斯来,动之斯和。其生也荣,其死也哀,如之何其可及也。"

尧曰

尧曰:"咨!尔舜!天之历数在尔躬。允执其中。四海困穷,天禄永终。"舜亦以命禹。曰:"予小子履,敢用玄牡,敢昭告于皇皇后帝:有罪不敢赦。帝臣不蔽,简在帝心。朕躬有罪,无以万方;万方有罪,罪在朕躬。"周有大赉,善人是富。"虽有周亲,不如仁人。百姓有过,在予一人。"谨权量,审法度,修废官,四方之政行焉。兴灭国,继绝世,举逸民,天下之民归心焉。所重:民、食、丧、祭。宽则得众,信则民任焉,敏则有功,公则说。

子张问于孔子曰:"何如斯可以从政矣?"子曰:"尊五美,屏四恶,斯可以从政矣。"子张曰:"何谓五美?"子曰:"君子惠而不费,劳而不怨,欲而不贪,泰而不骄,威而不猛。"子张曰:"何谓惠而不费?"子曰:"因民之所利而利之,斯不亦惠而不费乎?择可劳而劳之,又谁怨?欲仁而得仁,又焉贪?君子无众寡,无小大,无敢慢,斯不亦泰而不骄乎?君子正其衣冠,尊其瞻视,俨然人望而畏之,斯不亦威而不猛乎?"

孔子曰:"不知命,无以为君子也。不知礼,无以立也。不知言,无以知人也。"

孟子

《孟子》简介

《孟子》一书是战国时期儒家思想家孟子的言论汇编,记录了孟子与其他诸家的辩论、对弟子的言传身教,以及游说诸侯等内容,由孟子及其弟子(万章等)共同编撰而成。

孟子像

孟子(约前372—前289),名轲,鲁国邹(今山东邹城东南)人,是战国中期著名的思想家、政治家和教育家,孔子学说的继承者,儒家的重要代表人物。相传孟子是鲁国贵族孟孙氏的后裔,幼年丧父,家庭贫困,曾受业于子思(孔伋,孔子之孙)。学成之后,游说诸侯,到过梁(魏)国、齐国、宋国、滕国、鲁国。其时战乱频仍,各国致力于富国强兵,以谋求在竞争中获胜,并企图以暴力手段实现统一,故孟子提倡的仁政学说被认为"迂远而阔于事情",得不到实行的机会。

孟子的文章词锋犀利、说理畅达,发挥详尽、气势充沛并长于论辩,但孟子的地位在宋代以前并不是很高。自唐代韩愈著《原道》,将孟子列为先秦儒家中唯一继承孔子"道统"的人物开始,孟子的地位才逐渐上升,并取代了颜回成为"亚圣",与孔子并称"孔孟"。《孟子》一书在宋代被升格为儒家经典,南宋朱熹将《孟子》与《论语》《大学》《中庸》合为"四书",对中国思想文化的发展产生了深远的影响。

《孟子》中的"君子"

"君子"一词在《孟子》中出现八十二次，是论述较多的一个概念。虽然《孟子》中的"君子"偶尔也作敬称用，指代有身份、地位之人，如《离娄下》："孟子不与右师言，右师不悦，曰：'诸君子皆与驩言，孟子独不与驩言，是简驩也。'"但绝大多数语境中的"君子"是从道德、人格层面而言的。孟子非常重视这种理想化的人格，认为君子人格具有很强的教化作用：

《孟子》书影（续古逸丛书影宋大字本《孟子》）

夫君子所过者化，所存者神，上下与天地同流，岂曰小补之哉！（《尽心上》）

赵岐注："过此世能化之，存在此国，其化如神，故言与天地同流也。天地化物，岁成其功，岂曰使人知其小补益之者哉。"孟子将这种人格和天地相提并论，君子的教化如同天地化物，极言其影响之广大和深远。因此说，"君子之守，修其身而天下平"（《尽心下》）。也就是说，治理天下的基础在于君子人格的培育和修养。《告子下》云："今居中国，去人伦，无君子，如之何其可也？陶以寡，且不可以为国，况无君子乎？"可见君子对于国家的重要性。一个为官者必须懂得君子之道，即君子的道德规范和行为标准。《尽心下》讲到盆成括仕于齐，孟子即预见他将被杀，后来果然应验，门人问其故，孟子说："其为人也小有才，未闻君子之大道也，则足以杀其躯而已矣。"

孟子和孔子一样提倡"仁"的思想，讲求"仁者爱人"。"仁"是君子的一个重要品质，《告子下》云："君子亦仁而已矣。"而"仁"的思想中最主要的一点就是以人为本，把人的生存和幸福视为根本。孟子叙述周太王迁邑之事：

昔者大王居邠，狄人侵之，事之以皮币，不得免焉；事之以犬马，不得免焉；事之以珠玉，不得免焉。乃属其耆老而告之曰："狄人之所欲者，吾土地也。吾闻之也，君子不以其所以养人者害人。二三子何患乎无君？我将去之。"（《梁惠王下》）

君子为了百姓能够安居，免受狄人侵害，不惜放弃本属于自己的土地，显然是将"仁"置于最高的地位。作为臣下，在自身践行仁德的同时，还要引导君主以仁为追求的目标："君子之事君也，务引其君以当道，志于仁而已。"（《告子下》）

君子之仁是在人与人的关系中实现的，离开了与他人的交互关联，仁也就失去了存在的土壤。因此，君子从来不是以自我为中心的，而总是在向别人学习的过程中，和大家一起朝着善的目标前行。孟子以大舜为君子人格的典型：

大舜有大焉，善与人同，舍己从人，乐取于人以为善。自耕稼陶渔以至为帝，无非取于人者。取诸人以为善，是与人为善者也。故君子莫大乎与人为善。（《公孙丑上》）

君子之仁所施及的对象还不仅仅是人，也包括动物。梁惠王见牛将被宰杀而生怜悯之心，让人用羊来换，孟子说：

是乃仁术也。见牛未见羊也。君子之于禽兽也，见其生不忍见其死，闻其声不忍食其肉。是以君子远庖厨也。（《梁惠王上》）

最后需要说明的是，从广义的角度来说，"仁"包括爱和亲，但是仁、爱、亲在程度或方式上有所不同，这是由关系的远近决定的。《尽心上》："君子之于物也，爱之而弗仁；于民也，仁之而弗亲。亲亲而仁民，仁民而爱物。""亲"本指父母，也泛指有血统关系或婚姻关系的人，对亲人的爱是基于血缘关系的亲密感情，这种感情与对其他人、对民众的仁有所不同，不过对他人的"仁"必然是从对父母的"亲"开始的，从另一个角度说，尽管君子"爱有差等"，有远近亲疏之别，但君子的仁爱无疑具有普遍性，对于万物都心存爱惜和怜悯，故对一牛一羊之死也会心存不忍。

除了"仁"之外，"义"也是君子的一个重要品质。孟子对于君子之义也有较多论述。"义"被视为君子必须遵守的行为规范和准则。《离娄上》云："君子犯义，小人犯刑，国之所存者，幸也。"说明君子是否守义，和普通人是否守法一样，关系到国家的生死存亡。特别是当"义"与"利"同时摆在面前的时候，孟子认为君子必须首先选择"义"。在他看来，君子所致力的事业是为了弘道，这和一般劳动者以技能谋生是不同的。他说："梓匠轮舆，其志将以求食也。君子之为道也，其志亦将以求食与？"（《滕文公下》）显然君子为道并不是为了求食，因此，无法用利益、财货来收买君子。《公孙丑下》："若于齐，则未有处也。无处而馈之，是货之也。焉有君子而可以货取乎？"君子绝不收受不义之财。取利必合乎义，有正当的理由，才能名正言顺；他人的馈赐合乎礼，方能接受，"苟善其礼际矣，斯君子受之"（《万章下》）；国君欲养君子须持恭敬的态度，否则就是不尊贤，故君子去之，为了"求富贵利达"而不择手段的行为是君子所不齿的。

正是包括仁义在内的独特品质使君子有别于一般人。《离娄下》云："人之所以异于禽兽者几希，庶民去之，君子存之。舜明于庶物，察于人伦，由仁义行，非行仁义也。"又云："君子所以异于人者，以其存心也。君子以仁存心，以礼存心。"由于"存心"的不同产生了君子与小人的区别。《告子上》中公都子问道，为什么同样是人，而"或为大人，或为小人"（《孟子》中有时用"大人"指代君子），孟子回答说："从其大体为大人，从其小体为小人。"根据孟子的观点，心是人之大体，耳目等感官是小体，耳目容易为外物所蒙蔽，而心有独立思考的能力，所以他主张"先立乎其大者，则其小者不能夺也"。

君子与小人内在的区别决定了外在社会分工的差异。《滕文公上》云："无君子莫治野人，无野人莫养君子。""野人"是小人的代称。孟子在与许行的门徒陈相辩论时提出君子劳心、小人劳力的区分：

然则治天下独可耕且为与？有大人之事，有小人之事。且一人之身而百工之所为备，如必自为而后用之，是率天下而路也。故曰：或劳心，或劳力。劳心者治人，劳力者治于人。治于人者食人，治人者食于人，天下之通义也。（《滕文公上》）

这种社会分工当然离不开战国时期生产力发展的现实，但也应该看到，君子、小人在存心上的区别使得他们关注和从事的领域有所不同，小人以劳力和技能谋生，君子则须肩负起管理、教育民众的责任。

不过，孟子一方面把教育看作社会赋予君子的责任，但另一方面他更认为，对于君子来说，从事教育是一件乐事。他提出的"君子有三乐"，其中之一就是"得天下英才而教育之"，这种发自内心的满足和快乐是权力和金钱无法换取的。当然，君子所教育的对象并不限于英才，正如孔子所谓"有教无类"，孟子认为"教亦多术"，对于不同材性的对象，君子施教的方式和所达到的效果各有不同，如《尽心上》：

孟子曰："君子之所以教者五：有如时雨化之者，有成德者，有达财者，有答问者，有私淑艾者。此五者，君子之所以教也。"

以上孟子举了不同类型的受教育者，有的在潜移默化中受到教育，如春风化雨、润物无声，有的在德行上有所成就，有的在才干方面得到发展，有的从问答中受到启发，有的虽未得到亲炙但私下敬仰君子而向学。所有这些都源自君子在品性、德行上的感召力和影响力。《滕文公上》引用了孔子说过的一个比喻："君子之德，风也；小人之德，草也。草上之风，必偃。"形象地说明了君子对于民众的教化。

资料摘编

梁惠王上

孟子见梁惠王，王立于沼上，顾鸿雁麋鹿，曰："贤者亦乐此乎？"孟子对曰："贤者而后乐此；不贤者，虽有此，不乐也。《诗》云：'经始灵台，经之营之。庶民攻之，不日成之。经始勿亟，庶民子来。王在灵囿，麀鹿攸伏。麀鹿濯濯，白鸟鹤鹤。王在灵沼，於牣鱼跃。'文王以民力为台为沼，而民欢乐之，谓其台曰灵台，谓其沼曰灵沼，乐其有麋鹿鱼鳖。古之人与民偕乐，故能乐也。《汤誓》曰：'时日害丧？予及女皆亡。'民欲与之皆亡，虽有台池鸟兽，岂能独乐哉？"

梁惠王曰："晋国，天下莫强焉，叟之所知也。及寡人之身，东败于齐，长子死焉，西丧地于秦七百里，南辱于楚。寡人耻之，愿比死者壹洒之，如之何则可？"孟子对曰："地方百里而可以王。王如施仁政于民，省刑罚，薄税敛，深耕易耨，壮者以暇日修其孝悌忠信，入以事其父兄，出以事其长上，可使制梃以挞秦、楚之坚甲利兵矣。彼夺其民时，使不得耕耨以养其父母。父母冻饿，兄弟妻子离散。彼陷溺其民，王往而征之，夫谁与王敌？故曰'仁者无敌'。王请勿疑。"

王曰："然。诚有百姓者，齐国虽褊小，吾何爱一牛？即不忍其觳觫，若无罪而就死地，故以羊易之也。"曰："王无异于百姓之以王为爱也。以小易大，彼恶知之。王若隐其无罪而就死地，则牛羊何择焉？"王笑曰："是诚何心哉！我非爱其财而易之以羊也。宜乎百姓之谓我爱也。"曰："无伤也，是乃仁术也。见牛未见羊也。君子之于禽兽也，见其生不忍见其死，闻其声不忍食其肉。是以君子远庖厨也。"

曰："无恒产而有恒心者，惟士为能。若民，则无恒产，因无恒心。苟无恒心，放辟邪侈，无不为已。及陷于罪，然后从而刑之，是罔民也。焉有仁人在位，罔民而可为也？是故明君制民之产，必使仰足以事父母，俯足以畜妻子，乐岁终身饱，凶年免于死亡……老者衣帛食肉，黎民不饥不寒，然而不王者，未之有也。"

梁惠王下

齐宣王问曰："交邻国有道乎？"孟子对曰："有。惟仁者为能以大事小，是故汤事葛，文王事混夷。惟智者为能以小事大，故大王事獯鬻，句践事吴。以大事小者，乐天者也；以小事大者，畏天者也。乐天者保天下，畏天者保其国。《诗》云：'畏天之威，于时保之。'"

齐宣王见孟子于雪宫。王曰："贤者亦有此乐乎？"孟子对曰："有。人不得则非其上矣。不得而非其上者，非也。为民上而不与民同乐者，亦非也。乐民之乐者，民亦乐其乐；忧民之忧者，

《孟子》书影（续古逸丛书影宋大字本《孟子》）

民亦忧其忧。乐以天下，忧以天下，然而不王者，未之有也。"

滕文公问曰："齐人将筑薛，吾甚恐。如之何则可？"孟子对曰："昔者大王居邠，狄人侵之，去之岐山之下居焉。非择而取之，不得已也。苟为善，后世子孙必有王者矣。君子创业垂统，为可继也；若夫成功，则天也。君如彼何哉？强为善而已矣。"

滕文公问曰："滕，小国也，竭力以事大国，则不得免焉，如之何则可？"孟子对曰："昔者大王居邠，狄人侵之，事之以皮币，不得免焉；事之以犬马，不得免焉；事之以珠玉，不得免焉。乃属其耆老而告之曰：'狄人之所欲者，吾土地也。吾闻之也，君子不以其所以养人者害人。二三子何患乎无君？我将去之。'去邠，逾梁山，邑于岐山之下居焉。邠人曰：'仁人也，不可失也。'从之者如归市。或曰：'世守也，非身之所能为也，效死勿去。'君请择于斯二者。"

鲁平公将出，嬖人臧仓者请曰："他日君出，则必命有司所之。今乘舆已驾矣，有司未知所之，敢请。"公曰："将见孟子。"曰："何哉！君所为轻身以先于匹夫者，以为贤乎？礼义由贤者出，而孟子之后丧逾前丧。君无见焉。"公曰："诺。"

公孙丑上

曰："文王何可当也。由汤至于武丁，贤圣之君六七作，天下归殷久矣，久则难变也。武丁朝诸侯，有天下，犹运之掌也。纣之去武丁未久也，其故家遗俗、流风善政，犹有存者；又有微子、微仲、王子比干、箕子、胶鬲，皆贤人也，相与辅相之，故久而后失之也。"

"何谓知言？"曰："诐辞知其所蔽，淫辞知其所陷，邪辞知其所离，遁辞知其所穷。生于其心，害于其政；发于其政，害于其事。圣人复起，必从吾言矣。"

"宰我、子贡善为说辞，冉牛、闵子、颜渊善言德行，孔子兼之，曰：'我于辞命,则不能也。'然则夫子既圣矣乎?"曰:"恶!是何言也!昔者子贡问于孔子曰:'夫子圣矣乎?'孔子曰:'圣则吾不能,我学不厌而教不倦也。'子贡曰:'学不厌,智也。教不倦,仁也。仁且智,夫子既圣矣。'夫圣,孔子不居,是何言也!"

"昔者窃闻之:子夏、子游、子张,皆有圣人之一体,冉牛、闵子、颜渊则具体而微,敢问所安。"曰:"姑舍是。"

曰:"敢问其所以异。"曰:"宰我、子贡、有若,智足以知圣人,污不至阿其所好。宰我曰:'以予观于夫子,贤于尧舜远矣。'子贡曰:'见其礼而知其政,闻其乐而知其德。由百世之后,等百世之王,莫之能违也。自生民以来,未有夫子也。'有若曰:'岂惟民哉!麒麟之于走兽,凤凰之于飞鸟,泰山之于丘垤,河海之于行潦,类也。圣人之于民,亦类也。出于其类,拔乎其萃。自生民以来,未有盛于孔子也。'"

孟子曰:"仁则荣,不仁则辱。今恶辱而居不仁,是犹恶湿而居下也。如恶之,莫如贵德而尊士。贤者在位,能者在职,国家闲暇,及是时明其政刑,虽大国必畏之矣。"

孟子曰:"子路,人告之以有过则喜。禹,闻善言则拜。大舜有大焉,善与人同,舍己从人,乐取于人以为善。自耕稼陶渔以至为帝,无非取于人者。取诸人以为善,是与人为善者也。故君子莫大乎与人为善。"

孟子曰:"伯夷非其君不事,非其友不友;不立于恶人之朝,不与恶人言。立于恶人之朝,与恶人言,如以朝衣朝冠坐于涂炭。推恶恶之心,思与乡人立,其冠不正,望望然去之,若将浼焉。是故诸侯虽有善其辞命而至者,不受也。不受也者,是亦不屑就已。柳下惠不羞污君,不卑小官。进不隐贤,必以其道,遗佚而不怨,厄穷而不悯。故曰:'尔为尔,我为我;虽袒裼裸裎于我侧,尔焉能浼我哉!'故由由然与之偕而不自失焉,援而止之而止。援而止之而止者,是亦不屑去已。"孟子曰:"伯夷隘,柳下惠不恭。隘与不恭,君子不由也。"

公孙丑下

孟子曰："天时不如地利，地利不如人和。三里之城，七里之郭，环而攻之而不胜。夫环而攻之，必有得天时者矣，然而不胜者，是天时不如地利也。城非不高也，池非不深也，兵革非不坚利也，米粟非不多也，委而去之，是地利不如人和也。故曰域民不以封疆之界，固国不以山溪之险，威天下不以兵革之利。得道者多助，失道者寡助。寡助之至，亲戚畔之；多助之至，天下顺之。以天下之所顺，攻亲戚之所畔，故君子有不战，战必胜矣。"

陈臻问曰："前日于齐，王馈兼金一百而不受；于宋，馈七十镒而受；于薛，馈五十镒而受。前日之不受是，则今日之受非也。今日之受是，则前日之不受非也。夫子必居一于此矣。"孟子曰："皆是也。当在宋也，予将有远行，行者必以赆，辞曰'馈赆'，予何为不受？当在薛也，予有戒心，辞曰'闻戒'，故为兵馈之，予何为不受？若于齐，则未有处也。无处而馈之，是货之也。焉有君子而可以货取乎？"

孟子自齐葬于鲁。反于齐，止于嬴。充虞请曰："前日不知虞之不肖，使虞敦匠，事严，虞不敢请。今愿窃有请也，木若以美然。"曰："古者棺椁无度，中古棺七寸，椁称之，自天子达于庶人。非直为观美也，然后尽于人心。不得不可以为悦，无财不可以为悦。得之为有财，古之人皆用之，吾何为独不然？且比化者，无使土亲肤，于人心独无恔乎？吾闻之也：君子不以天下俭其亲。"

见孟子，问曰："周公何人也？"曰："古圣人也。"曰："使管叔监殷，管叔以殷畔也，有诸？"曰："然。"曰："周公知其将畔而使之与？"曰："不知也。""然则圣人且有过与？"曰："周公，弟也；管叔，兄也。周公之过，不亦宜乎？且古之君子，过则改之；今之君子，过则顺之。古之君子，其过也如日月之食，民皆见之；及其更也，民皆仰之。今之君子，岂徒顺之？又从为之辞。"

孟子去齐。尹士语人曰："不识王之不可以为汤武，则是不明也。识其不可，然且至，则是干泽也。千里而见王，不遇故去，三宿而后出昼，是何濡滞也！士则兹不悦。"高子以告。曰："夫尹士恶知予哉？千里而见王，是予所欲也。不遇故去，岂予所欲哉？予不得已也。……谏于其君而不受则怒，悻悻然见于其面，去则穷日之力而后宿哉！"尹士闻之，曰："士诚小人也。"

孟子去齐，充虞路问曰："夫子若有不豫色然。前日虞闻诸夫子曰：'君子不怨天，不尤人。'"曰："彼一时，此一时也。五百年必有王者兴，其间必有名世者。由周而来，七百有余岁矣，以其数则过矣，以其时考之则可矣。夫天未欲平治天下也，如欲平治天下，当今之世，舍我其谁也？吾何为不豫哉？"

滕文公上

然友复之邹，问孟子。孟子曰："然，不可以他求者也。孔子曰：'君薨，听于冢宰。'歠粥，面深墨，即位而哭。百官有司，莫敢不哀，先之也。上有好者，下必有甚焉者矣。君子之德，风也；小人之德，草也。草尚之风，必偃。是在世子。"

滕文公问为国。孟子曰："民事不可缓也。《诗》云：'昼尔于茅，宵尔索绹；亟其乘屋，其始播百谷。'民之为道也，有恒产者有恒心，无恒产者无恒心。苟无恒心，放辟邪侈，无不为已。及陷乎罪，然后从而刑之，是罔民也。焉有仁人在位罔民而可为也？是故贤君必恭俭礼下，取于民有制。"

使毕战问井地。孟子曰："子之君将行仁政，选择而使子，子必勉之。夫仁政必自经界始。经界不正，井地不均，谷禄不平。是故暴君污吏必慢其经界。经界既正，分田制禄，可坐而定也。夫滕，壤地褊小，将为君子焉，将为野人焉。无君子莫治野人，无野人莫养君子。请野九一而助，国中什一使自赋。卿以下必有圭田……公事毕,然后敢治私事,所以别野人也。此其大略也。若夫润泽之,则在君与子矣。"

有为神农之言者许行,自楚之滕,踵门而告文公,曰:"远方之人,闻君行仁政,愿受一廛而为氓。"文公与之处。其徒数十人,皆衣褐,捆屦、织席以为食。陈良之徒陈相与其弟辛,负耒耜而自宋之滕。曰:"闻君行圣人之政,是亦圣人也,愿为圣人氓。"

陈相见孟子,道许行之言曰:"滕君则诚贤君也。虽然,未闻道也。贤者与民并耕而食,饔飧而治。今也滕有仓廪府库,则是厉民而以自养也,恶得贤?"

曰:"百工之事,固不可耕且为也。""然则治天下独可耕且为与?有大人之事,有小人之事。且一人之身而百工之所为备,如必自为而后用之,是率天下而路也。故曰:或劳心,或劳力。劳心者治人,劳力者治于人。治于人者食人,治人者食于人,天下之通义也。"

后稷教民稼穑,树艺五谷。五谷熟而民人育。人之有道也,饱食暖衣,逸居而无教,则近于禽兽。圣人有忧之,使契为司徒,教以人伦:父子有亲,君臣有义,夫妇有别,长幼有序,朋友有信。放勋曰:"劳之来之,匡之直之,辅之翼之,使自得之,又从而振德之。"圣人之忧民如此……

昔者孔子没,三年之外,门人治任将归,入揖于子贡,相向而哭,皆失声,然后归。子贡反,筑室于场,独居三年,然后归。他日,子夏、子张、子游以有若似圣人,欲以所事孔子事之。强曾子,曾子曰:"不可,江汉以濯之,秋阳以暴之,皜皜乎不可尚已。"

夷子曰:"儒者之道,'古之人若保赤子',此言何谓也?之则以为爱无差等,施由亲始。"徐子以告孟子。孟子曰:"夫夷子信以为人之亲其兄之子为若亲其邻之赤子乎?彼有取尔也。赤子匍匐将入井,非赤子之罪也。且天之生物也,使之一本,而夷子二本故也。盖上世尝有不葬其亲者,其亲死,则举而委之于壑。他日过之,狐狸食之,蝇蚋姑嘬之。其颡有泚,睨而不视。夫泚也，非为人泚，中心达于面目，盖归反虆梩而掩之。掩之诚是也，则孝子仁人之掩其亲，亦必有道矣。"

滕文公下

孟子曰："……昔者赵简子使王良与嬖奚乘，终日而不获一禽。嬖奚反命曰：'天下之贱工也。'或以告王良。良曰：'请复之。'强而后可，一朝而获十禽。嬖奚反命曰：'天下之良工也。'简子曰：'我使掌与女乘。'谓王良。良不可，曰：'吾为之范我驰驱，终日不获一；为之诡遇，一朝而获十。《诗》云："不失其驰，舍矢如破。"我不贯与小人乘，请辞。'御者且羞与射者比，比而得禽兽，虽若丘陵，弗为也。如枉道而从彼，何也？且子过矣！枉己者，未有能直人者也。"

周霄问曰："古之君子仕乎？"孟子曰："仕。《传》曰：'孔子三月无君，则皇皇如也。出疆必载质。'公明仪曰：'古之人，三月无君则吊。'""三月无君则吊，不以急乎？"曰："士之失位也，犹诸侯之失国家也。《礼》曰：'诸侯耕助，以供粢盛。夫人蚕缫，以为衣服。牺牲不成，粢盛不洁，衣服不备，不敢以祭。惟士无田，则亦不祭。'牲杀、器皿、衣服不备，不敢以祭，则不敢以宴，亦不足吊乎？""出疆必载质，何也？"曰："士之仕也，犹农夫之耕也。农夫岂为出疆舍其耒耜哉？"

曰："晋国亦仕国也，未尝闻仕如此其急。仕如此其急也，君子之难仕，何也？"曰："丈夫生而愿为之有室，女子生而愿为之有家。父母之心，人皆有之。不待父母之命、媒妁之言，钻穴隙相窥，逾墙相从，则父母、国人皆贱之。古之人未尝不欲仕也，又恶不由其道。不由其道而往者，与钻穴隙之类也。"

曰："梓匠轮舆，其志将以求食也。君子之为道也，其志亦将以求食与？"曰："子何以其志为哉？其有功于子，可食而食之矣。且子食志乎？食功乎？"曰："食志。"曰："有人于此，毁瓦画墁，其志将以求食也，则子食之乎？"曰："否。"曰："然则子非食志也，食功也。"

万章问曰："宋，小国也，今将行王政，齐、楚恶而伐之，则如之何？"孟子曰："汤居亳，与葛为邻。葛伯放而不祀。……汤始征，自葛载，十一征而无敌于天下。东面而征，西夷怨；南面而征，北狄怨，曰：'奚为后我？'民之望之，若大旱之望雨也。归市者弗止，芸者不变。诛其君，吊其民，如时雨降，民大悦。《书》曰：'徯我后，后来其无罚。''有攸不惟臣，东征绥厥士女。篚厥玄黄，绍我周王见休，惟臣附于大邑周。'其君子实玄黄于篚以迎其君子，其小人箪食壶浆以迎其小人。救民于水火之中，取其残而已矣。《太誓》曰：'我武惟扬，侵于之疆。则取于残，杀伐用张，于汤有光。'不行王政云尔。苟行王政，四海之内皆举首而望之，欲以为君。齐楚虽大，何畏焉？"

公孙丑问曰："不见诸侯何义？"孟子曰："古者不为臣，不见。段干木逾垣而辟之，泄柳闭门而不纳。是皆已甚，迫，斯可以见矣。阳货欲见孔子而恶无礼。大夫有赐于士，不得受于其家，则往拜其门。阳货瞰孔子之亡也而馈孔子蒸豚，孔子亦瞰其亡也而往拜之。当是时，阳货先，岂得不见？曾子曰：'胁肩谄笑，病于夏畦。'子路曰：'未同而言，观其色赧赧然，非由之所知也。'由是观之，则君子之所养，可知已矣。"

戴盈之曰："什一，去关市之征，今兹未能。请轻之，以待来年然后已，何如？"孟子曰："今有人日攘其邻之鸡者，或告之曰：'是非君子之道。'曰：'请损之，月攘一鸡，以待来年，然后已。'如知其非义，斯速已矣，何待来年？"

公都子曰："外人皆称夫子好辩，敢问何也？"孟子曰："予岂好辩哉？予不得已也。……尧舜既没，圣人之道衰。暴君代作，坏宫室以为污池，民无所安息；弃田以为园囿，使民不得衣食。邪说暴行又作……吾为此惧，闲先圣之道，距杨墨，放淫辞，邪说者不得作。作于其心，害于其事；作于其事，害于其政。圣人复起，不易吾言矣。昔者禹抑洪水而天下平，周公兼夷狄、驱猛兽而百姓宁，孔子成《春秋》而乱臣贼子惧。《诗》云：'戎狄是膺，荆舒是惩，则莫我敢承。'无父无君，是周公所膺也。我亦欲正人心，息邪说，距诐行，放淫辞，以承三圣者，岂好辩哉？予不得已也。能言距杨墨者，圣人之徒也。"

离娄上

孟子曰："……今有仁心仁闻，而民不被其泽，不可法于后世者，不行先王之道也。故曰徒善不足以为政，徒法不能以自行。《诗》云：'不愆不忘，率由旧章。'遵先王之法而过者，未之有也。圣人既竭目力焉，继之以规矩准绳，以为方员平直，不可胜用也。既竭耳力焉，继之以六律正五音，不可胜用也。既竭心思焉，继之以不忍人之政，而仁覆天下矣。故曰，为高必因丘陵，为下必因川泽，为政不因先王之道，可谓智乎？是以惟仁者宜在高位。不仁而在高位，是播其恶于众也。上无道揆也，下无法守也，朝不信道，工不信度，君子犯义，小人犯刑，国之所存者，幸也。故曰：城郭不完，兵甲不多，非国之灾也；田野不辟，货财不聚，非国之害也。"

孟子曰："规矩，方员之至也。圣人，人伦之至也。欲为君，尽君道；欲为臣，尽臣道。二者皆法尧舜而已矣。不以舜之所以事尧事君，不敬其君者也；不以尧之所以治民治民，贼其民者也。……《诗》云'殷鉴不远，在夏后之世'，此之谓也。"

公孙丑曰："君子之不教子，何也？"孟子曰："势不行也。教者必以正。以正不行，继之以怒；继之以怒，则反夷矣。夫子教我以正，夫子未出于正也，则是父子相夷也。父子相夷，则恶矣。古者易子而教之，父子之间不责善，责善则离，离则不祥莫大焉。"

孟子曰："不孝有三，无后为大。舜不告而娶，为无后也，君子以为犹告也。"

离娄下

子产听郑国之政，以其乘舆济人于溱、洧。孟子曰："惠而不知为政，岁十一月徒杠成，十二月舆梁成，民未病涉也。君子平其政，行辟人可也；焉得人人而济之？故为政者，每人而悦之，日亦不足矣。"

孟子曰："君子深造之以道，欲其自得之也。自得之则居之安，居之安则资之深，资之深则取之左右逢其原。故君子欲其自得之也。"

徐子曰："仲尼亟称于水曰：'水哉！水哉！'何取于水也？"孟子曰："源泉混混，不舍昼夜，盈科而后进，放乎四海。有本者如是，是之取尔。苟为无本，七八月之间雨集，沟浍皆盈，其涸也，可立而待也。故声闻过情，君子耻之。"

孟子曰："人之所以异于禽兽者几希，庶民去之，君子存之。舜明于庶物，察于人伦，由仁义行，非行仁义也。"

孟子曰："君子之泽，五世而斩；小人之泽，五世而斩。予未得为孔子徒也，予私淑诸人也。"

公行子有子之丧，右师往吊。入门，有进而与右师言者，有就右师之位而与右师言者。孟子不与右师言，右师不悦曰："诸君子皆与驩言，孟子独不与驩言，是简驩也。"孟子闻之，曰："礼，朝庭不历位而相与言，不逾阶而相揖也。我欲行礼，子敖以我为简，不亦异乎？"

孟子曰："君子所以异于人者，以其存心也。君子以仁存心，以礼存心。仁者爱人，有礼者敬人。爱人者，人恒爱之；敬人者，人恒敬之。有人于此，其待我以横逆，则君子必自反也：我必不仁也，必无礼也，此物奚宜至哉？其自反而仁矣，自反而有礼矣，其横逆由是也，君子必自反也：我必不忠。自反而忠矣。其横逆由是也，君子曰：'此亦妄人也已矣。如此，则与禽兽奚择哉？于禽兽又何难焉！'是故君子有终身之忧，无一朝之患也。乃若所忧则有之。舜，人也；我，亦人也。舜为法于天下，可传于后世，我由未免为乡人也，是则可忧也。忧之如何？如舜而已矣。若夫君子所患则亡矣。非仁无为也，非礼无行也。如有一朝之患，则君子不患矣。"

齐人有一妻一妾而处室者，其良人出，则必餍酒肉而后反。其妻问所与饮食者，则尽富贵也。其妻告其妾曰："良人出，则必餍酒肉而后反，问其与饮食者，尽富贵也，而未尝有显者来。吾将瞯良人之所之也。"蚤起，施从良人之所之，遍国中无与立谈者。卒之东郭墦间，之祭者，乞其余，不足，又顾而之他，此其为餍足之道也。其妻归，告其妾曰："良人者，所仰望而终身也。今若此！"与其妾讪其良人而相泣于中庭，而良人未之知也，施施从外来，骄其妻妾。由君子观之，则人之所以求富贵利达者，其妻妾不羞也而不相泣者，几希矣。

万章上

曰："然则舜伪喜者与？"曰："否。昔者有馈生鱼于郑子产，子产使校人畜之池。校人烹之，反命曰：'始舍之，圉圉焉，少则洋洋焉，攸然而逝。'子产曰：'得其所哉，得其所哉！'校人出，曰：'孰谓子产智？予既烹而食之，曰得其所哉，得其所哉！'故君子可欺以其方，难罔以非其道。彼以爱兄之道来，故诚信而喜之。奚伪焉？"

万章曰："舜流共工于幽州，放驩兜于崇山，杀三苗于三危，殛鲧于羽山，四罪而天下咸服，诛不仁也。象至不仁，封之有庳。有庳之人奚罪焉？仁人固如是乎？在他人则诛之，在弟则封之。"曰："仁人之于弟也，不藏怒焉，不宿怨焉，亲爱之而已矣。亲之，欲其贵也；爱之，欲其富也。封之有庳，富贵之也。身为天子，弟为匹夫，可谓亲爱之乎？"

咸丘蒙问曰："语云：'盛德之士，君不得而臣，父不得而子。舜南面而立，尧帅诸侯北面而朝之，瞽瞍亦北面而朝之。舜见瞽瞍，其容有蹙。孔子曰：于斯时也，天下殆哉，岌岌乎！'不识此语，诚然乎哉？"孟子曰："否，此非君子之言，齐东野人之语也。尧老而舜摄也。《尧典》曰：'二十有八载，放勋乃徂落，百姓如丧考妣。三年，四海遏密八音。'孔子曰：'天无二日，民无二王。'舜既为天子矣，又帅天下诸侯以为尧三年丧，是二天子矣。"

万章问曰："人有言'伊尹以割烹要汤'，有诸？"孟子曰："否，不然。伊尹耕于有莘之野，而乐尧舜之道焉。非其义也，非其道也，禄之以天下弗顾也，系马千驷弗视也。非其义也，非其道也，一介不以与人，一介不以取诸人。……吾未闻枉己而正人者也，况辱己以正天下者乎？圣人之行不同也，或远或近，或去或不去，归洁其身而已矣。吾闻其以尧舜之道要汤，未闻以割烹也。《伊训》曰：'天诛造攻自牧宫，朕载自亳。'"

万章问曰："或曰'百里奚自鬻于秦养牲者五羊之皮，食牛，以要秦穆公'，信乎？"孟子曰："否，不然。好事者为之也。百里奚，虞人也。晋人以垂棘之璧与屈产之乘，假道于虞以伐虢。宫之奇谏，百里奚不谏。知虞公之不可谏而去之秦，年已七十矣，曾不知以食牛干秦穆公之为污也，可谓智乎？不可谏而不谏，可谓不智乎？知虞公之将亡而先去之，不可谓不智也。时举于秦，知缪公之可与有行也而相之，可谓不智乎？相秦而显其君于天下，可传于后世，不贤而能之乎？自鬻以成其君，乡党自好者不为，而谓贤者为之乎？"

万章下

曰："今之诸侯取之于民也，犹御也。'苟善其礼际矣，斯君子受之'，敢问何说也？"曰："子以为有王者作，将比今之诸侯而诛之乎？其教之不改而后诛之乎？夫谓非其有而取之者盗也，充类至义之尽也。孔子之仕于鲁也，鲁人猎较，孔子亦猎较。猎较犹可，而况受其赐乎？"

曰："敢问国君欲养君子，如何斯可谓养矣？"曰："以君命将之，再拜稽首而受；其后廪人继粟，庖人继肉，不以君命将之。子思以为鼎肉使己仆仆尔亟拜也，非养君子之道也。尧之于舜也，使其子九男事之，二女女焉，百官牛羊仓廪备，以养舜于畎亩之中，后举而加诸上位。故曰王公之尊贤者也。"

曰:"敢问招虞人何以?"曰:"以皮冠。庶人以旃,士以旂,大夫以旌。以大夫之招招虞人,虞人死不敢往;以士之招招庶人,庶人岂敢往哉?况乎以不贤人之招招贤人乎?欲见贤人而不以其道,犹欲其入而闭之门也。夫义,路也;礼,门也。惟君子能由是路,出入是门也。《诗》云:'周道如底,其直如矢;君子所履,小人所视。'"

告子上

孟子曰:"富岁,子弟多赖;凶岁,子弟多暴。非天之降才尔殊也,其所以陷溺其心者然也。今夫麰麦,播种而耰之,其地同,树之时又同,浡然而生,至于日至之时,皆熟矣。虽有不同,则地有肥硗,雨露之养、人事之不齐也。故凡同类者举相似也,何独至于人而疑之,圣人与我同类者。故龙子曰:'不知足而为屦,我知其不为蒉也。'屦之相似,天下之足同也。……故曰:口之于味也,有同耆焉;耳之于声也,有同听焉;目之于色也,有同美焉。至于心,独无所同然乎?心之所同然者何也?谓理也,义也。圣人先得我心之所同然耳。故理义之悦我心,犹刍豢之悦我口。"

孟子曰:"鱼,我所欲也,熊掌,亦我所欲也。二者不可得兼,舍鱼而取熊掌者也。生,亦我所欲也,义,亦我所欲也。二者不可得兼,舍生而取义者也。……由是则生而有不用也,由是则可以辟患而有不为也,是故所欲有甚于生者,所恶有甚于死者,非独贤者有是心也,人皆有之,贤者能勿丧耳。一箪食,一豆羹,得之则生,弗得则死。"

孟子曰:"人之于身也兼所爱,兼所爱,则兼所养也。无尺寸之肤不爱焉,则无尺寸之肤不养也。所以考其善不善者,岂有他哉?于己取之而已矣。体有贵贱,有小大。无以小害大,无以贱害贵。养其小者为小人,养其大者为大人。"

公都子问曰:"钧是人也,或为大人,或为小人,何也?"孟子曰:"从其大体为大人,从其小体为小人。"曰:"钧是人也,或从其大体,或从其小体，何也？"曰："耳目之官不思，而蔽于物。物交物，则引之而已矣。心之官则思，思则得之，不思则不得也。此天之所与我者。先立乎其大者，则其小者不能夺也。此为大人而已矣。"

告子下

公孙丑问曰："高子曰：《小弁》，小人之诗也。"孟子曰："何以言之？"曰："怨。"曰："固哉，高叟之为诗也！有人于此，越人关弓而射之，则己谈笑而道之，无他，疏之也。其兄关弓而射之，则己垂涕泣而道之，无他，戚之也。《小弁》之怨，亲亲也。亲亲，仁也。固矣夫，高叟之为诗也！"

淳于髡曰："先名实者，为人也。后名实者，自为也。夫子在三卿之中，名实未加于上下而去之，仁者固如此乎？"孟子曰："居下位，不以贤事不肖者，伯夷也。五就汤、五就桀者，伊尹也。不恶污君，不辞小官者，柳下惠也。三子者不同道，其趋一也。""一者何也？"曰："仁也。君子亦仁而已矣，何必同？"

曰："鲁缪公之时，公仪子为政，子柳、子思为臣，鲁之削也滋甚。若是乎贤者之无益于国也。"曰："虞不用百里奚而亡，秦缪公用之而霸。不用贤则亡，削何可得与？"曰："昔者王豹处于淇而河西善讴，绵驹处于高唐而齐右善歌，华周、杞梁之妻善哭其夫而变国俗。有诸内必形诸外，为其事而无其功者，髡未尝睹之也。是故无贤者也，有则髡必识之。"

曰："孔子为鲁司寇，不用，从而祭，燔肉不至，不税冕而行。不知者以为为肉也，其知者以为为无礼也。乃孔子则欲以微罪行，不欲为苟去。君子之所为，众人固不识也。"

鲁欲使慎子为将军。孟子曰："不教民而用之，谓之殃民，殃民者，不容于尧舜之世。一战胜齐，遂有南阳，然且不可。"慎子勃然不悦，曰："此则滑釐所不识也。"曰："吾明告子，天子之地方千里，不千里，不足以待诸侯。诸侯之地方百里，不百里，不足以守宗庙之典籍。周公之封于鲁，为方百里也，地非不足，而俭于百里。太公之封于齐也，亦为方百里也，地非不足也，而俭于百里。今鲁方百里者五，子以为有王者作，则鲁在所损乎？在所益乎？徒取诸彼以与此，然且仁者不为，况于杀人以求之乎？君子之事君也，务引其君以当道，志于仁而已。"

白圭曰："吾欲二十而取一，何如？"孟子曰："子之道，貉道也。万室之国一人陶，则可乎？"曰："不可，器不足用也。"曰："夫貉，五谷不生，惟黍生之，无城郭宫室宗庙祭祀之礼，无诸侯币帛饔飧，无百官有司，故二十取一而足也。今居中国，去人伦，无君子，如之何其可也？陶以寡，且不可以为国，况无君子乎？欲轻之于尧舜之道者，大貉小貉也；欲重之于尧舜之道者，大桀小桀也。"

白圭曰："丹之治水也愈于禹。"孟子曰："子过矣。禹之治水，水之道也。是故禹以四海为壑。今吾子以邻国为壑。水逆行谓之洚水，洚水者，洪水也，仁人之所恶也。吾子过矣。"

孟子曰："君子不亮，恶乎执？"

陈子曰："古之君子，何如则仕？"孟子曰："所就三，所去三。迎之致敬以有礼，言将行其言也，则就之；礼貌未衰，言弗行也，则去之。其次，虽未行其言也，迎之致敬以有礼，则就之；礼貌衰，则去之。其下，朝不食，夕不食，饥饿不能出门户，君闻之曰：'吾大者不能行其道，又不能从其言也，使饥饿于我土地，吾耻之，周之。'亦可受也，免死而已矣。"

尽心上

孟子曰："霸者之民，驩虞如也。王者之民，皞皞如也。杀之而不怨，利之而不庸，民日迁善而不知为之者。夫君子所过者化，所存者神，上下与天地同流，岂曰小补之哉！"

孟子曰："君子有三乐，而王天下不与存焉。父母俱存，兄弟无故，一乐也。仰不愧于天，俯不怍于人，二乐也。得天下英才而教育之，三乐也。君子有三乐，而王天下不与存焉。"

孟子曰："广土众民，君子欲之，所乐不存焉。中天下而立，定四海之民，君子乐之，所性不存焉。君子所性，虽大行不加焉，虽穷居不损焉，分定故也。君子所性，仁义礼智根于心。其生色也睟然，见于面，盎于背，施于四体，四体不言而喻。"

孟子曰："伯夷辟纣，居北海之滨，闻文王作兴，曰：'盍归乎来！吾闻西伯善养老者。'太公辟纣，居东海之滨，闻文王作兴，曰：'盍归乎来！吾闻西伯善养老者。'天下有善养老，则仁人以为己归矣。五亩之宅，树墙下以桑，匹妇蚕之，则老者足以衣帛矣。"

孟子曰："易其田畴，薄其税敛，民可使富也。食之以时，用之以礼，财不可胜用也。民非水火不生活，昏暮叩人之门户求水火，无弗与者，至足矣。圣人治天下，使有菽粟如水火。菽粟如水火，而民焉有不仁者乎？"

孟子曰："孔子登东山而小鲁，登泰山而小天下。故观于海者难为水，游于圣人之门者难为言。观水有术，必观其澜。日月有明，容光必照焉。流水之为物也，不盈科不行；君子之志于道也，不成章不达。"

公孙丑曰："伊尹曰：'予不狎于不顺。'放太甲于桐，民大悦。太甲贤，又反之，民大悦。贤者之为人臣也，其君不贤，则固可放与？"孟子曰："有伊尹之志则可，无伊尹之志则篡也。"

公孙丑曰："《诗》曰：'不素餐兮。'君子之不耕而食，何也？"孟子曰："君子居是国也，其君用之，则安富尊荣；其子弟从之，则孝弟忠信。'不素餐兮'，孰大于是？"

孟子曰："食而弗爱，豕交之也。爱而不敬，兽畜之也。恭敬者，币之未将者也。恭敬而无实，君子不可虚拘。"

孟子曰："形色，天性也。惟圣人然后可以践形。"

孟子曰："君子之所以教者五：有如时雨化之者，有成德者，有达财者，有答问者，有私淑艾者。此五者，君子之所以教也。"

孟子曰："大匠不为拙工改废绳墨，羿不为拙射变其彀率。君子引而不发，跃如也。中道而立，能者从之。"

孟子曰："君子之于物也，爱之而弗仁；于民也，仁之而弗亲。亲亲而仁民，仁民而爱物。"

孟子曰："知者无不知也，当务之为急；仁者无不爱也，急亲贤之为务。尧舜之知而不遍物，急先务也。尧舜之仁不遍爱人，急亲贤也。不能三年之丧而缌小功之察，放饭流歠而问无齿决：是之谓不知务。"

尽心下

孟子曰："不仁哉梁惠王也！仁者以其所爱及其所不爱，不仁者以其所不爱及其所爱。"公孙丑问曰："何谓也？""梁惠王以土地之故，糜烂其民而战之，大败，将复之，恐不能胜，故驱其所爱子弟以殉之，是之谓以其所不爱及其所爱也。"

孟子曰："尽信《书》，则不如无《书》。吾于《武成》，取二三策而已矣。仁人无敌于天下。以至仁伐至不仁，而何其血之流杵也？"

孟子曰："圣人百世之师也，伯夷、柳下惠是也。故闻伯夷之风者，顽夫廉，懦夫有立志。闻柳下惠之风者，薄夫敦，鄙夫宽。奋乎百世之上，百世之下闻者莫不兴起也。非圣人而能若是乎？而况于亲炙之者乎？"

孟子曰："君子之厄于陈蔡之间，无上下之交也。"

孟子曰："贤者以其昭昭，使人昭昭；今以其昏昏，使人昭昭。"

孟子曰："口之于味也，目之于色也，耳之于声也，鼻之于臭也，四肢之于安佚也，性也。有命焉，君子不谓性也。仁之于父子也，义之于君臣也，礼之于宾主也，知之于贤者也，圣人之于天道也，命也。有性焉，君子不谓命也。"

孟子曰："有布缕之征，粟米之征，力役之征。君子用其一，缓其二。用其二而民有殍，用其三而父子离。"

盆成括仕于齐。孟子曰:"死矣盆成括!"盆成括见杀,门人问曰:"夫子何以知其将见杀?"曰:"其为人也小有才,未闻君子之大道也,则足以杀其躯而已矣。"

孟子曰:"言近而指远者,善言也;守约而施博者,善道也。君子之言也,不下带而道存焉。君子之守,修其身而天下平。人病舍其田而芸人之田,所求于人者重,而所以自任者轻。"

孟子曰:"尧、舜,性者也;汤、武,反之也。动容周旋中礼者,盛德之至也。哭死而哀,非为生者也。经德不回,非以干禄也。言语必信,非以正行也。君子行法以俟命而已矣。"

万子曰:"一乡皆称原人焉,无所往而不为原人,孔子以为德之贼,何哉?"曰:"非之无举也,刺之无刺也。同乎流俗,合乎污世。居之似忠信,行之似廉絜,众皆悦之,自以为是,而不可与入尧舜之道,故曰'德之贼'也。孔子曰:'恶似而非者:恶莠,恐其乱苗也;恶佞,恐其乱义也;恶利口,恐其乱信也;恶郑声,恐其乱乐也;恶紫,恐其乱朱也;恶乡原,恐其乱德也。'君子反经而已矣。经正,则庶民兴;庶民兴,斯无邪慝矣。"

孟子曰:"由尧、舜至于汤,五百有余岁。若禹、皋陶,则见而知之;若汤,则闻而知之。由汤至于文王,五百有余岁。若伊尹、莱朱,则见而知之;若文王,则闻而知之。由文王至于孔子,五百有余岁。若太公望、散宜生,则见而知之;若孔子,则闻而知之。由孔子而来至于今,百有余岁,去圣人之世若此其未远也,近圣人之居若此其甚也,然而无有乎尔,则亦无有乎尔。"

荀子

《荀子》简介

《荀子》以战国末年思想家、政治家荀况命名，被认为是先秦儒家学说的集大成之作，内容涉及修身、治国以及思想、文化等众多方面，治国中又包括《王制篇》《王霸篇》篇对政治理想的构拟，和《君道篇》《臣道篇》《致士篇》《富国篇》《议兵篇》《强国篇》等篇对具体施政原则的阐述，其中不乏前后重复或相互扞格之处。《荀子》通过对法家、道家及部分墨家学说的吸收整合，提出一个以"礼"为核心的新的儒家思想体系。而从单篇的论述来看，或各家杂糅，或略有侧重，因此，较难对其学派归属进行截然区分，部分学者倾向于把《荀子》归入法家、黄老道家或杂家，也有一定的道理。

《荀子》大约成书于荀况在世及去世后一个世纪以内，西汉刘向根据皇室所藏在《孙卿书》名下的文本，整理出一份三十二卷的完本。之后由于各种原因，该书未受到足够的重视，以致多有亡佚。直到唐代，杨倞重新进行整理、注释，将《孙卿子》复命名为《荀子》，调整篇章次序，把《礼论篇》从原来的第二十三篇移到第十九篇，《性恶篇》从第二十六篇移到第二十三篇。自此，始成定本。清代有不少学者对杨注进行校勘和修正，其中最为精当、影响最大的是王先谦整理的《荀子集解》。今人注释

《荀子》书影（古逸丛书初编影宋台州本）

本有梁启雄《荀子简释》、张觉《荀子译注》、王天海《荀子校释》等，英译本有美国约翰·诺布洛克（John Knoblock）的《荀子》（*Xunzi*）。

《荀子》中的"君子"

《荀子》中出现"君子"的频率很高，大致指卿大夫士群体，"君子"凭借自身的学问和修养进入仕途，以辅佐国君、教化民众为主要职责。需要注意的是，其时已在战国末期，新兴士阶层已趋向稳定，成为"士、农、工、商"四民之首。但他们并没有按照孔子所构想的实现一个以"仁"为核心的礼乐文明，自然也没有出现一位以道自任、又掌握了政治权威的圣王；相反，各国兼并战争愈演愈烈，几近白热化，国君任人只重才而不重德。与此同时，诸子游说各国，期冀自己的学说和政治主张能被采纳和推行。在这样的背景下，作为儒家代表人物之一的荀子重申"君子"，有其独特的含义和价值。

对于荀子来说，最重要的是解决如何"治"的问题，包括政治秩序、伦理道德和现实生活。当周朝"郁郁乎文哉"的礼乐制度不足以维系人与人之间的关系，礼乐的操作流于形式化时，墨家主张"节用""节葬"和"非乐"，在与民为利的立场上反对礼乐，崇尚功用。而儒家则倾向于从传统中寻找经验，对原有的制度予以修改和扩充，希望能够恢复"先王之政"。孔子在礼的"外衣"下发掘出仁爱的核心，以"仁"来释"礼"；孟子以更为深刻的人性作为依据发展了"仁义"；荀子则看到了"礼"或者说"礼义"在辨治人群中的作用。不同于孔孟将"道"寄托于新兴的士民，荀子将他的礼义之道归于"君子"，在流品甚杂的士中只有那些符合"道"的才可以被称作"君子"或"士君子"。

狭义的礼通常指的是具体的礼节仪式，比如祭祀之礼。荀子则剔除了原始祭祀中所含的迷信色彩，而赋予它人文的意义。如：

日月食而救之，天旱而雩，卜筮然后决大事，非以为得求也，以文之也。故君子以为文，而百姓以为神。以为文则吉，以为神则凶也。(《天论篇》)

百姓祭祀神灵来祈福、避祸，在荀子看来，这种祈祷与其说是向神灵求雨，不如说是一种"神道设教"，"意在维持'百姓'的固有习俗，这与他的'政教习俗，相顺而后行'的主张是一致的"(陈文洁《荀子的辩说》)。当然也可以从心理的角度来理解，对一般民众来说，占卜祭祀以告求上天也是一种自我的慰藉。所以"君子"认为，礼作为一种"文饰"具有宣导和节制情绪的功能。譬如在丧礼的问题上，荀子就极力反对墨子"节葬"的主张，坚持儒家对养生丧死的一贯看法，"故有血气之属莫知于人，故人之于其亲也，至死无穷"(《礼论篇》)。人有血气有性情，有亲亲之爱，有丧死之哀，丧、葬、祭礼不过是为了顺乎人情，通过一种可见的仪式化程序来表达追慕和哀思。如果仅仅因为固化和操作不当而彻底否定它的价值，无异于因噎废食。更何况在这套程序的背后蕴含的是具有移风易俗效用的人文关怀，因此"君子"对这类"以为文"的礼节仪式持正面积极的态度，尽管百姓犹以为鬼神之事，也不妨作为"道"的一端来加以推行。

广义的礼则包括一切规范行为、维持秩序的礼义法度，其作用在"明分使群"，这也是荀子所说的最根本的"道"。纷争的现实，抑或荀子本人对礼作为万世不变之法的确信，使得他做出这样的推断：社会是由一个个的人组成的，而人有自然的欲望，当人群居而处时势必发生争夺冲突，就需由礼来对内修养性情、节制个人欲望，对外明确分工和等级。那么，作为"道"的承载者的"君子"首先要以礼正身，言行举止符合礼的要求，然后推之于他人、国家甚至天下。国君若要实现王霸之业，则必须倚重"君子"："故人主欲得善射，射远中微则莫若羿、逢门矣；欲得善驭，及速致远，则莫若王良、造父矣；欲得调壹天下，制秦、楚，则莫若聪明君子矣。"(《王霸篇》)荀子重视"君子"是因为他相信人世的治乱和"天"没有必然的联系:"天行有常,不为尧存,不为桀亡。"(《天论篇》)"天"究竟是如何运行的,不可知也不必知,现实政治的失序不是"天灾"而是"人祸",需要由守道的"君子"来改变。

"君子"立身处世的根本是"礼义",在将"道"付诸实践时,"君子"衡量和把握"礼义"的尺度,随时应变,使制度和人事相互配合弥缝,发挥最大的效用。为了说明礼义之道的正当性和必要性,荀子一方面以"循环变化的不变论"为外在依据,社会的演变和天的运行一样是不断循环变化的,但"大本"不变,就是礼义(说见郭沫若《荀子的批判》)。同时,荀子又从人性的角度来寻求内在的根据,也就是在这个方面,荀子和孟子的君子观存在根本的分歧。

人之性恶,其善者伪也。今人之性,生而有好利焉,顺是,故争夺生而辞让亡焉;生而有疾恶焉,顺是,故残贼生而忠信亡焉;生而有耳目之欲,有好声色焉,顺是,故淫乱生而礼义文理亡焉。然则从人之性,顺人之情,必出于争夺,合于犯分乱理,而归于暴。故必将有师法之化,礼义之道,然后出于辞让,合于文理,而归于治。用此观之,然则人之性恶明矣,其善者伪也。(《性恶篇》)

"性"是"生"的孳乳字,指人的自然天性;"伪",从人、为,会意,指人为地矫正本性。此前一般认为,荀、孟各执人性中的善恶两端:孟子把他的仁学思想建立在人性善的基础之上,"仁义礼智非由外铄我也,我固有之也"(《孟子·告子上》),人的不善是因为丧失了本性,所以要反诸自身,通过修养来恢复良知良能;荀子以为人生而具有"恶端",譬如好利疾恶、有耳目声色之欲,顺此则不能避免争夺,终将至于悖乱,需要礼义从外部来矫饰,从而改变本性。不过,通观全书可知上述说法略显片面,以下面两段为例:

性者，本始材朴也；伪者，文理隆盛也。无性则伪之无所加，无伪则性不能自美。性伪合，然后圣人之名一，天下之功于是就也。（《礼论篇》）

凡性者，天之就也，不可学，不可事。礼义者，圣人之所生也，人之所学而能、所事而成者也。（《性恶篇》）

这里说"性"是天生而成，"本始材朴"，并未强调"性恶"，圣人能"积思虑，习伪故"，"生礼义而起法度"，常人能隆礼义而尊法度，"化性起伪"，从而成为"君子"。由此可见，荀子并不完全否定孟子所谓"仁义礼知"四端本乎人心的说法，而是着眼于礼义之道的现实效用来逆推礼义的起源，并从中发现如何运用礼义来辨治人群、改良社会的机制。在荀子的这条逻辑链上，他承认人生而有材性上的高低差别，这也是唯圣人能制礼义的原因，就像泥土需要陶匠塑造才能成为容器、木材需要工人削斫才能成形一样，质朴的人性需要外在的礼义来成就合道的人格。但这个原始的圣人毕竟是假想的，荀子也不着意于借上古的帝王来"包装"出一个人格神，而是把眼光对准现世的人群，他的礼义是为"常人"而设的"常法"，希望"常人"能修习礼义成为"君子"，向上进一步到达圣人的境界，向下推行礼义教化众人（这个"下"指向的是在道的修为上尚未达到"君子"境界的人，在当时主要是具备"潜在可能"的士）。

"士""君子"和"圣人"是儒家人格修养的三个层次。"学恶乎始？恶乎终？曰：其数则始乎诵经，终乎读礼；其义则始乎为士，终乎为圣人。"（《劝学篇》）"圣人"是人格修养的最高理想，但对于大多数人来说高不可及，而成为"君子"这个目标对于"士"来说更切近一些，可以通过"学"来实现。下面从两方面具体阐述。

其一，系于师法，始于立志。所谓"师法"，牟宗三在《荀学大略》中说："笃行者是君子，君子所依之道是礼义法度。……笃行之人，其生命必强毅而刚健，又能依乎礼义法度而以法行，以类举。此笃行之大君子既为师，又为法，故曰师法。……真实生命者，人类之精英，价值之所在，涌发理想之源泉也。""师"是既成之"君子"，是"礼义"之所从出。荀子非常重视"师法"的作用，"师"的地位有时甚至高于"礼义"，因为"礼义"就其可见可知的形式而言不过是一些规矩教条，死守教条难免走向偏邪，就会背离荀子以礼义之道匡时济俗的本心，且贻害无穷。为了避免"礼教吃人"，荀子提出"性伪合"，实际上是将自然的人性、人情导向礼义的正道，而不是用强迫的方式来压制人性（对于庶民，"刑法"是最低限度的社会规范）。这就需要"大君子"（"师"）的引导和示范。

有了师法的对象，"君子"不再只是遥远、空洞的理想，立志便有了坚实的基础。荀子还常将"君子"与"小人"对举，"君子，小人之反也"（《不苟篇》），通过正面、反面、交叉对比的反复论证来说明"君子"的概念，进一步丰富"君子"的形象，以期世人借鉴自省。按照荀子的主张，"君子"和"小人"在人性的根源上没有本质区别，"材性知能，君子小人一也；好荣恶辱，好利恶害，是君子小人之所同也"（《荣辱篇》）。两者的差异主要在合"道"（礼义）与否，在于面对自然的欲望时所采取的方式不同。荀子在很多篇目中论及"君子""小人"，看似一褒一贬，实际是以宽容的态度面对更广大的人群："君子"之道并非遥不可及。孟子也说"人人皆可为尧舜"，是就其人性深处的善端而言；荀子说"尧舜之与桀跖，其性一也"，是就人性的质朴灵活能趋向于"道"的可能性而言。

其二，成于积习，致诚养心。如前所述，"君子"是"道"的承载者和施行者，以"礼义"为立身之本、行世之基，学习成为"君子"也就是积礼义、化性起伪的过程：

故积土而为山，积水而为海……人积耨耕而为农夫，积斫削而为工匠，积反货而为商贾，积礼义而为君子。工匠之子，莫不继事，而都国之民安习其服，居楚而楚，居越而越，居夏而夏，是非天性也，积靡使然也。（《儒

效篇》）

荀子十分重视环境的渐染作用，他认为"君子"和"小人"的分歧始于"注错习俗"，"错"即措置，"蓬生麻中，不扶而直；白沙在涅，与之俱黑"（《劝学篇》），故"君子居必择乡，游必就士"（《劝学篇》），"隆师而亲友"（《修身篇》），不断矫正自己的言行、坚定自己的意志。当作为外在动因的礼义积累到一定程度之后，就能"长迁而不反其初"（《不苟篇》）。

相较于孟子的学说，荀子的习礼义起初是向外求，但最终还是要回归自身，所以"心"在君子的修身中起着至关重要的作用：

心者，形之君也，而神明之主也，出令而无所受令。（《解蔽篇》）
心也者，道之工宰也。（《正名篇》）
君子养心莫善于诚，致诚则无它事矣。唯仁之为守，唯义之为行。（《不苟篇》）

"君子"修身，从外到内的转向，始终贯穿着"心"的作用，《劝学篇》中说，"小人"之学"入乎耳，出乎口"，"君子"之学"入乎耳，著乎心"。唯有用心，才能将所学内化为自身的修养；唯有专一，才能守道不迁，以达于至诚。同时，也是由于"诚"而能排斥一切干扰，孜孜于礼义之道，使心愈加明澈。如此循环往复，不断上升到更高的阶段。

另外，荀子的君子观主张"君子必辩"，特别强调了"文辞"用于论辩的一面。辩，以言语来分别、判别，这与荀子主"分"的观点具有内在的一致性。"信信，信也；疑疑，亦信也。贵贤，仁也；贱不肖，亦仁也。"（《非十二子篇》）践行礼义之道的是君子，反对异说以维护"正道"的也是君子。因为"人莫不好言其所善"，既然已成"全""粹"之君子，就自然真切地想把善道宣扬出来，而保持沉默的"腐儒"或是没有以道自任的愿望，或是对"道"还存有疑虑而不够坚定。正是在这种意义上，荀子说"君子必辩"。"君子"所辩在于"仁"和"礼义"，和单纯逞口舌之才的"名家"所尚不同。从当时的背景来看，对"君子"之辩的重视也实在是不得已。王官之学湮没，诸子百家之说纷纷扰扰，荀子一方面要排除他家之说以维护儒家的"正统"，另一方面要向国君争取"君子"的政治地位以便于行"道"。与孟子向深处发掘内圣之道的做法有所不同，荀子侧重于以"礼义"来塑造"君子"并向外推求，以实现整个社会组织的稳定有序。荀子希望"君子"可以获得相应的政治地位，但当"道"和"势"发生冲突时，他坚持"道"尊于"势"，认为"君子"应该具有独立的人格和操守。由此，荀子中的"君子"也就和之前以"位"而言的专称不同，成为了符合道义、有学问修养之人的代名词。

资料摘编

劝学篇

君子曰：学不可以已。青，取之于蓝而青于蓝；冰，水为之而寒于水。木直中绳，𫐓以为轮，其曲中规，虽有槁暴，不复挺者，𫐓使之然也。故木受绳则直，金就砺则利，君子博学而日参省乎己，则知明而行无过矣。故不登高山，不知天之高也；不临深溪，不知地之厚也；不闻先王之遗言，不知学问之大也。干、越、夷、貉之子，生而同声，长而异俗，教使之然也。《诗》曰："嗟尔君子，无恒安息。靖共尔位，好是正直。神之听之，介尔景福。"神莫大于化道，福莫长于无祸。

吾尝终日而思矣，不如须臾之所学也。吾尝跂而望矣，不如登高之博见也。登高而招，臂非加长也，而见者远；顺风而呼，声非加疾也，而闻者彰。假舆马者，非利足也，而致千里；假舟楫者，非能水也，而绝江河。君子生非异也，善假于物也。

蓬生麻中，不扶而直；白沙在涅，与之俱黑。兰槐之根是为芷，其渐之滫，君子不近，庶人不服。其质非不美也，所渐者然也。故君子居必择乡，游必就士，所以防邪僻而近中正也。

《荀子》书影（明嘉靖顾氏世德堂刊本）

物类之起，必有所始。荣辱之来，必象其德。肉腐出虫，鱼枯生蠹。怠慢忘身，祸灾乃作。强自取柱，柔自取束。邪秽在身，怨之所构。施薪若一，火就燥也，平地若一，水就湿也。草木畴生，禽兽群焉，物各从其类也。是故质的张而弓矢至焉，林木茂而斧斤至焉，树成荫而众鸟息焉。醯酸而蚋聚焉。故言有招祸也，行有招辱也，君子慎其所立乎！

《诗》曰："尸鸠在桑，其子七兮。淑人君子，其仪一兮。其仪一兮，心如结兮。"故君子结于一也。

学恶乎始？恶乎终？曰：其数则始乎诵经，终乎读礼；其义则始乎为士，终乎为圣人。真积力久则入，学至乎没而后止也。故，学数有终，若其义则不可须臾舍也。为之，人也；舍之，禽兽也。

君子之学也，入乎耳，著乎心，布乎四体，形乎动静。端而言，蠕而动，一可以为法则。小人之学也，入乎耳，出乎口。口耳之间则四寸耳，曷足以美七尺之躯哉！古之学者为己，今之学者为人。君子之学也，以美其身；小人之学也，以为禽犊。故不问而告谓之傲，问一而告二谓之囋。傲，非也，囋，非也；君子如向矣。

学莫便乎近其人。《礼》《乐》法而不说，《诗》《书》故而不切，《春秋》约而不速。方其人之习君子之说，则尊以遍矣，周于世矣。故曰：学莫便乎近其人。

问楛者，勿告也；告楛者，勿问也；说楛者，勿听也；有争气者，勿与辩也。故，必由其道至，然后接之；非其道，则避之。故，礼恭，而后可与言道之方；辞顺，而后可与言道之理；色从，而后可与言道之致。故未可与言而言，谓之傲；可与言而不言，谓之隐；不观气色而言，谓之瞽。故君子不傲、不隐、不瞽，谨顺其身。

君子知夫不全不粹之不足以为美也，故诵数以贯之，思索以通之，为其人以处之，除其害者以持养之。使目非是无欲见也，使耳非是无欲闻也，使口非是无欲言也，使心非是无欲虑也。及至其致好之也，目好之五色，耳好之五声，口好之五味，心利之有天下。是故权利不能倾也，群众不能移也，天下不能荡也。生乎由是，死乎由是，夫是之谓德操。德操然后能定，能定然后能应。能定能应，夫是之谓成人。天见其明，地见其光，君子贵其全也。

修身篇

见善，修然必以自存也；见不善，愀然必以自省也。善在身，介然必以自好也；不善在身，菑然必以自恶也。故非我而当者，吾师也；是我而当者，吾友也；谄谀我者，吾贼也。故君子隆师而亲友，以致恶其贼。好善无厌，受谏而能诫，虽欲无进，得乎哉！小人反是：致乱而恶人之非己也；致不肖而欲人之贤己也；心如虎狼，行如禽兽而又恶人之贼己也。

志意修则骄富贵，道义重则轻王公，内省而外物轻矣。传曰："君子役物，小人役于物。"此之谓矣。身劳而心安，为之；利少而义多，为之；事乱君而通，不如事穷君而顺焉。故良农不为水旱不耕，良贾不为折阅不市，士君子不为贫穷怠乎道。

夫"坚白""同异""有厚无厚"之察，非不察也，然而君子不辩，止之也。倚魁之行，非不难也，然而君子不行，止之也。故学曰迟，彼止而待我，我行而就之；则亦或迟或速，或先或后，胡为乎其不可以同至也？

好法而行，士也；笃志而体，君子也；齐明而不竭，圣人也。

礼者，所以正身也；师者，所以正礼也。无礼何以正身？无师吾安知礼之为是也？礼然而然，则是情安礼也；师云而云，则是知若师也。情安礼，知若师，则是圣人也。

端悫顺弟，则可谓善少者矣；加好学逊敏焉，则有钧无上，可以为君子者矣。

君子之求利也略，其远害也早，其避辱也惧，其行道理也勇。君子贫穷而志广，富贵而体恭，安燕而血气不惰，劳倦而容貌不枯，怒不过夺，喜不过予。君子贫穷而志广，隆仁也；富贵而体恭，杀埶也；安燕而血气不惰，柬理也；劳倦而容貌不枯，好交也；怒不过夺，喜不过予，是法胜私也。《书》曰："无有作好，遵王之道。无有作恶，遵王之路。"此言君子之能以公义胜私欲也。

不苟篇

君子行不贵苟难，说不贵苟察，名不贵苟传，唯其当之为贵。故怀负石而投河，是行之难为者也，而申徒狄能之；然而君子不贵者，非礼义之中也。"山渊平，天地比，齐秦袭。入乎耳，出乎口。钩有须，卵有毛。"是说之难持者也，而惠施邓析能之。然而君子不贵者，非礼义之中也。盗跖凶贪，名声若日月，与舜禹俱传而不息；然而君子不贵者，非礼义之中也。故曰：君子行不贵苟难，说不贵苟察，名不贵苟传，唯其当之为贵。《诗》曰："物其有矣，唯其时矣。"此之谓也。

君子易知而难狎，易惧而难胁，畏患而不避义死，欲利而不为所非，交亲而不比，言辩而不辞，荡荡乎其有以殊于世也。

君子能亦好，不能亦好；小人能亦丑，不能亦丑。君子能则宽容易直以开道人，不能则恭敬繜绌以畏事人；小人能则倨傲僻违以骄溢人，不能则妒嫉怨诽以倾覆人。故曰：君子能则人荣学焉，不能则人乐告之；小人能则人贱学焉，不能则人羞告之。是君子小人之分也。

君子宽而不僈，廉而不刿，辩而不争，察而不激，直立而不胜，坚强而不暴，柔从而不流，恭敬谨慎而容。夫是之谓至文。《诗》曰："温温恭人，惟德之基。"此之谓矣。

君子崇人之德，扬人之美，非谄谀也；正义直指，举人之过，非毁疵也；言己之光美，拟于舜禹，参于天地，非夸诞也；与时屈伸，柔从若蒲苇，非慑怯也；刚强猛毅，靡所不信，非骄暴也；以义变应，知当曲直故也。《诗》曰："左之左之，君子宜之；右之右之，君子有之。"此言君子能以义屈信变应故也。

君子，小人之反也：君子大心则敬天而道，小心则畏义而节；知则明通而类，愚则端悫而法；见由则恭而止，见闭则敬而齐；喜则和而理，忧则静而理；通则文而明，穷则约而详。小人则不然：大心则慢而暴，小心则淫而倾；知则攫盗而渐，愚则毒贼而乱；见由则兑而倨，见闭则怨而险；喜则轻而翾，忧则挫而慑；通则骄而偏，穷则弃而儑。传曰："君子两进，小人两废。"此之谓也。

君子治治，非治乱也。曷谓邪？曰：礼义之谓治，非礼义之谓乱也。故君子者，治礼义者也，非治非礼义者也。然则国乱将弗治与？曰：国乱而治之者，非案乱而治之之谓也。去乱而被之以治。人污而修之者，非案污而修之之谓也，去污而易之以修。故去乱而非治乱也，去污而非修污也。治之为名，犹曰君子为治而不为乱，为修而不为污也。

君子絜其辩而同焉者合矣，善其言而类焉者应矣。故马鸣而马应之，牛鸣而牛应之，非知也，其埶然也。故新浴者振其衣，新沐者弹其冠，人之情也。其谁能以己之潐潐，受人之掝掝者哉！

君子养心莫善于诚，致诚则无它事矣。惟仁之为守，惟义之为行。诚心守仁则形，形则神，神则能化矣。诚心行义则理，理则明，明则能变矣。变化代兴，谓之天德。天不言而人推其高焉，地不言而人推其厚焉，四时不言而百姓期焉。夫此有常，以至其诚者也。君子至德，嘿然而喻，未施而亲，不怒而威：夫此顺命，以慎其独者也。善之为道者，不诚则不独，不独则不形，不形则虽作于心，见于色，出于言，民犹若未从也；虽从必疑。

天地为大矣，不诚则不能化万物；圣人为知矣，不诚则不能化万民。父子为亲矣，不诚则疏；君上为尊矣，不诚则卑。夫诚者，君子之所守也，而政事之本也，唯所居以其类至。操之则得之，舍之则失之。操而得之则轻，轻则独行，独行而不舍则济矣。济而材尽，长迁而不反其初则化矣。

君子位尊而志恭，心小而道大；所听视者近而所闻见者远。是何邪？则操术然也。故千人万人之情，一人之情是也。天地始者，今日是也。百王之道，后王是也。君子审后王之道，而论于百王之前，若端拜而议。推礼义之统，分是非之分，总天下之要，治海内之众，若使一人。故操弥约，而事弥大。五寸之矩，尽天下之方也。故君子不下室堂，而海内之情举积此者，则操术然也。

有通士者，有公士者，有直士者，有悫士者，有小人者。上则能尊君，下则能爱民，物至而应，事起而辨，若是则可谓通士矣。不下比以闇上，不上同以疾下，分争于中，不以私害之，若是则可谓公士矣。身之所长，上虽不知，不以悖君；身之所短，上虽不知，不以取赏；长短不饰，以情自竭，若是则可谓直士矣。庸言必信之，庸行必慎之，畏法流俗，而不敢以其所独甚，若是则可谓悫士矣。言无常信，行无常贞，唯利所在，无所不倾，若是则可谓小人矣。

公生明，偏生闇，端悫生通，诈伪生塞，诚信生神，夸诞生惑。此六生者，君子慎之，而禹桀所以分也。

人之所恶者，吾亦恶之。夫富贵者，则类傲之；夫贫贱者，则求柔之。是非仁人之情也，是奸人将以盗名于晻世者也，险莫大焉。故曰：盗名不如盗货。田仲、史䲡不如盗也。

荣辱篇

快快而亡者，怒也；察察而残者，忮也；博而穷者，訾也；清之而俞浊者，口也；豢之而俞瘠者，交也；辩而不说者，争也；直立而不见知者，胜也；廉而不见贵者，刿也；勇而不见惮者，贪也；信而不见敬者，好剸行也。此小人之所务，而君子之所不为也。

凡斗者，必自以为是，而以人为非也。己诚是也，人诚非也，则是己君子而人小人也，以君子与小人相贼害也。忧以忘其身，内以忘其亲，上以忘其君，岂不过甚矣哉！

有狗彘之勇者，有贾盗之勇者，有小人之勇者，有士君子之勇者。争饮食，无廉耻，不知是非，不辟死伤，不畏众强，悻悻然唯利饮食之见，是狗彘之勇也。为事利，争货财，无辞让，果敢而振，猛贪而戾，悻悻然唯利之见，是贾盗之勇也。轻死而暴，是小人之勇也。义之所在，不倾于权，不顾其利，举国而与之不为改视，重死持义而不桡，是士君子之勇也。

材性知能，君子小人一也；好荣恶辱，好利恶害，是君子小人之所同也；若其所以求之之道则异矣：小人也者，疾为诞而欲人之信己也，疾为诈而欲人之亲己也，禽兽之行而欲人之善己也；虑之难知也，行之难安也，持之难立也，成则必不得其所好，必遇其所恶焉。故君子者，信矣，而亦欲人之信己也；忠矣，而亦欲人之亲己也；修正治辨矣，而亦欲人之善己也；虑之易知也，行之易安也，持之易立也，成则必得其所好，必不遇其所恶焉。

是故穷则不隐，通则大明，身死而名弥白。小人莫不延颈举踵而愿曰："知虑材性，固有以贤人矣。"夫不知其与己无以异也。则君子注错之当，而小人注错之过也。故孰察小人之知能，足以知其有余，可以为君子之所为也。譬之越人安越，楚人安楚，君子安雅。是非知能材性然也，是注错习俗之节异也。仁义德行，常安之术也，然而未必不危也；污僈突盗，常危之术也，然而未必不安也。故君子道其常，而小人道其怪。

人之生固小人，无师无法则唯利之见耳。人之生固小人，又以遇乱世，得乱俗，是以小重小也，以乱得乱也。君子非得埶以临之，则无由得开内焉。

故曰：仁者好告示人。告之示之，靡之儇之，铄之重之，则夫塞者俄且通也，陋者俄且侗也，愚者俄且知也。是若不行，则汤、武在上曷益？桀、纣在上曷损？汤、武存，则天下从而治；桀、纣存，则天下从而乱。如是者，岂非人之情固可与如此、可与如彼也哉？

况夫先王之道，仁义之统，《诗》《书》《礼》《乐》之分乎！彼固天下之大虑也，将为天下生民之属长虑顾后而保万世也，其流长矣，其温厚矣，其功盛姚远矣，非孰修为之君子莫之能知也。故曰：短绠不可以汲深井之泉，知不几者不可与及圣人之言。

夫贵为天子，富有天下，是人情之所同欲也；然则从人之欲，则埶不能容，物不能赡也。故先王案为之制礼义以分之，使有贵贱之等，长幼之差，知愚、能不能之分，皆使人载其事，而各得其宜。然后使悫禄多少厚薄之称，是夫群居和一之道也。故仁人在上，则农以力尽田，贾以察尽财，百工以巧尽械器，士大夫以上至于公侯，莫不以仁厚知能尽官职。夫是之谓至平。

非相篇

相人，古之人无有也，学者不道也。古者有姑布子卿，今之世，梁有唐举，相人之形状颜色，而知其吉凶妖祥，世俗称之。古之人无有也，学者不道也。故相形不如论心，论心不如择术；形不胜心，心不胜术；术正而心顺之，则形相虽恶而心术善，无害为君子也。形相虽善而心术恶，无害为小人也。君子之谓吉，小人之谓凶。故长短、小大、善恶形相，非吉凶也。古之人无有也，学者不道也。

人有三必穷：为上则不能爱下，为下则好非其上，是人之一必穷也；乡则不若，偝则谩之，是人之二必穷也；知行浅薄，曲直有以相县矣，然而仁人不能推，知士不能明，是人之三必穷也。

人之所以为人者何已也？曰：以其有辨也。饥而欲食，寒而欲暖，劳而欲息，好利而恶害，是人之所生而有也，是无待而然者也，是禹桀之所同也。然则人之所以为人者，非特以二足而无毛也，以其有辨也。今夫狌狌形笑，亦二足而无毛也，然而君子啜其羹，食其胾。故人之所以为人者，非特以其二足而无毛也，以其有辨也。

夫禽兽有父子，而无父子之亲；有牝牡，而无男女之别。故，人道莫不有辨。辨莫大于分，分莫大于礼，礼莫大于圣王；圣王有百，吾孰法焉？故曰：文久而息，节族久而绝，守法数之有司，极礼而褫。故曰：欲观圣王之迹，则于其粲然者矣，后王是也。彼后王者，天下之君也；舍后王而道上古，譬之是犹舍己之君，而事人之君也。故曰：欲观千岁，则数今日；欲知亿万，则审一二；欲知上世，则审周道；欲审周道，则审其人所贵君子。

圣人何以不可欺？曰：圣人者，以己度者也。故以人度人，以情度情，以类度类，以说度功，以道观尽，古今一也。类不悖，虽久同理，故乡乎邪曲而不迷，观乎杂物而不惑，以此度之。五帝之外无传人，非无贤人也，久故也。五帝之中无传政，非无善政也，久故也。禹汤有传政而不若周之察也，非无善政也，久故也。

凡言不合先王，不顺礼义，谓之奸言；虽辩，君子不听。法先王，顺礼义，党学者，然而不好言，不乐言，则必非诚士也。故君子之于言也，志好之，行安之，乐言之，故君子必辩。凡人莫不好言其所善，而君子为甚。故赠人以言，重于金石珠玉；观人以言，美于黼黻文章；听人以言，乐于钟鼓琴瑟。故君子之于言无厌。鄙夫反是：好其实，不恤其文，是以终身不免埤污佣俗。故《易》曰："括囊无咎无誉。"腐儒之谓也。

凡说之难：以至高遇至卑，以至治接至乱，未可直至也；远举则病缪，近举则病佣。善者于是间也，亦必远举而不缪，近举而不佣；与时迁徙，与世偃仰，缓急嬴绌，府然若渠匽、檃栝之于己也，曲得所谓焉，然而不折伤。故君子之度己则以绳，接人则用抴。度己以绳，故足以为天下法则矣；接人用抴，故能宽容，因众以成天下之大事矣。故君子贤而能容罢，知而能容愚，博而能容浅，粹而能容杂，夫是之谓兼术。

谈说之术：矜庄以莅之，端诚以处之，坚强以持之，譬称以喻之，分别以明之，欣欢芬芗以送之，宝之，珍之，贵之，神之。如是则说常无不受。虽不说人，人莫不贵。夫是之谓为能贵其所贵。传曰："唯君子为能贵其所贵。"此之谓也。

君子必辩。凡人莫不好言其所善，而君子为甚焉。是以小人辩言险，而君子辩言仁也。言而非仁之中也，则其言不若其默也，其辩不若其呐也。言而仁之中也，则好言者上矣，不好言者下也。故仁言大矣。起于上所以道于下，政令是也；起于下所以忠于上，谋救是也。故君子之行仁也无厌。志好之，行安之，乐言之，故言君子必辩。

小辩不如见端，见端不如见本分。小辩而察，见端而明，本分而理，圣人士君子之分具矣。有小人之辩者，有士君子之辩者，有圣人之辩者：不先虑，不早谋，发之而当，成文而类，居错迁徙，应变不穷，是圣人之辩者也。先虑之，早谋之，斯须之言而足听，文而致实，博而党正，是士君子之辩者也。

非十二子篇

略法先王而不知其统，犹然而材剧志大，闻见杂博。案往旧造说，谓之五行，甚僻违而无类，幽隐而无说，闭约而无解。案饰其辞而祇敬之曰：此真先君子之言也。子思唱之，孟轲和之。世俗之沟犹瞀儒，嚾嚾然不知其所非也，遂受而传之，以为仲尼子弓为兹厚于后世，是则子思孟轲之罪也。

若夫总方略，齐言行，壹统类，而群天下之英杰，而告之以大古，教之以至顺，奥窔之间，簟席之上，敛然圣王之文章具焉，佛然平世之俗起焉，六说者不能入也，十二子者不能亲也。无置锥之地，而王公不能与之争名，在一大夫之位，则一君不能独畜，一国不能独容，成名况乎诸侯，莫不愿以为臣，是圣人之不得埶者也，仲尼子弓是也。

一天下，财万物，长养人民，兼利天下，通达之属莫不从服，六说者立息，十二子者迁化，则圣人之得埶者，舜禹是也。今夫仁人也，将何务哉？上则法舜禹之制，下则法仲尼子弓之义，以务息十二子之说。如是则天下之害除，仁人之事毕，圣王之迹著矣。

信信，信也；疑疑，亦信也。贵贤，仁也；贱不肖，亦仁也。言而当，知也；默而当，亦知也。故知默犹知言也。故多言而类，圣人也；少言而法，君子也；多言无法，而流湎然，虽辩，小人也。

兼服天下之心：高上尊贵，不以骄人；聪明圣知，不以穷人；齐给速通，不争先人；刚毅勇敢，不以伤人；不知则问，不能则学，虽能必让，然后为德。遇君则修臣下之义，遇乡则修长幼之义，遇长则修子弟之义，遇友则修礼节辞让之义，遇贱而少者，则修告导宽容之义。无不爱也，无不敬也，无与人争也，恢然如天地之苞万物。如是，则贤者贵之，不肖者亲之；如是，而不服者，则可谓讹怪狡猾之人矣，虽则子弟之中，刑及之而宜。

士君子之所能不能为：君子能为可贵，不能使人必贵己；能为可信，不能使人必信己；能为可用，不能使人必用己。故君子耻不修，不耻见污；耻不信，不耻不见信；耻不能，不耻不见用。是以不诱于誉，不恐于诽，率道而行，端然正己，不为物倾侧，夫是之谓诚君子。《诗》云："温温恭人，维德之基。"此之谓也。

士君子之容：其冠进，其衣逢，其容良，俨然，壮然，祺然，蕼然，恢恢然，广广然，昭昭然，荡荡然，是父兄之容也。其冠进，其衣逢，其容悫，俭然，恀然，辅然，端然，訾然，洞然，缀缀然，瞀瞀然，是子弟之容也。

弟佗其冠，衶襌其辞，禹行而舜趋，是子张氏之贱儒也。正其衣冠，齐其颜色，嗛然而终日不言，是子夏氏之贱儒也。偷儒惮事，无廉耻而耆饮食，必曰君子固不用力，是子游氏之贱儒也。彼君子则不然。佚而不惰，劳而不僈，宗原应变，曲得其宜，如是，然后圣人也。

仲尼篇

仲尼之门，五尺之竖子，言羞称乎五伯。是何也？曰：然！彼诚可羞称也。齐桓，五伯之盛者也，前事则杀兄而争国；内行则姑姊妹之不嫁者七人，闺门之内，般乐奢汰，以齐之分奉之而不足；外事则诈邾袭莒，并国三十五。其事行也若是其险污淫汰也。彼固曷足称乎大君子之门哉！

然而仲尼之门，五尺之竖子，言羞称五伯，是何也？曰：然！彼非本政教也，非致隆高也，非綦文理也，非服人之心也。乡方略，审劳佚，畜积修斗，而能颠倒其敌者也。诈心以胜矣。彼以让饰争，依乎仁而蹈利者也，小人之杰也，彼固曷足称乎大君子之门哉！

少事长，贱事贵，不肖事贤，是天下之通义也。有人也，埶不在人上，而羞为人下，是奸人之心也。志不免乎奸心，行不免乎奸道，而求有君子圣人之名，辟之是犹伏而咶天，救经而引其足也。说必不行矣，俞务而俞远。故君子时诎则诎，时伸则伸也。

儒效篇

成王冠成人，周公归周，反籍焉，明不灭主之义也。周公无天下矣；乡有天下，今无天下，非擅也；成王乡无天下，今有天下，非夺也；变埶次序节然也。故以枝代主而非越也，以弟诛兄而非暴也，君臣易位而非不顺也。因天下之和，遂文武之业，明枝主之义，抑亦变化矣，天下厌然犹一也。非圣人莫之能为。夫是之谓大儒之效。

先王之道，仁之隆也，比中而行之。曷谓中？曰：礼义是也。道者，非天之道，非地之道，人之所以道也，君子之所道也。君子之所谓贤者，非能遍能人之所能之谓也；君子之所谓知者，非能遍知人之所知之谓也；君子之所谓辩者，非能遍辩人之所辩之谓也；君子之所谓察者，非能遍察人之所察之谓也；有所止矣。

相高下，视垸肥，序五种，君子不如农人；通货财，相美恶，辩贵贱，君子不如贾人；设规矩，陈绳墨，便备用，君子不如工人；不恤是非然不然之情，以相荐撙，以相耻怍，君子不若惠施、邓析。若夫谲德而定次，量能而授官，使贤不肖皆得其位，能不能皆得其官，万物得其宜，事变得其应，慎墨不得进其谈，惠施、邓析不敢窜其察，言必当理，事必当务，是然后君子之所长也。

若夫充虚之相施易也，"坚白""同异"之分隔也，是聪耳之所不能听也，明目之所不能见也，辩士之所不能言也，虽有圣人之知，未能偻指也。不知无害为君子，知之无损为小人。工匠不知，无害为巧；君子不知，无害为治。

我欲贱而贵，愚而智，贫而富，可乎？曰：其唯学乎。彼学者，行之，曰士也；敦慕焉，君子也；知之，圣人也。上为圣人，下为士君子，孰禁我哉！

故君子无爵而贵，无禄而富，不言而信，不怒而威，穷处而荣，独居而乐，岂不至尊、至富、至重、至严之情举积此哉！故曰：贵名不可以比周争也，不可以夸诞有也，不可以执重胁也，必将诚此，然后就也。争之则失，让之则至；遵道则积，夸诞则虚。故君子务修其内，而让之于外；务积德于身，而处之以遵道；如是，则贵名起如日月，天下应之如雷霆。故曰：君子隐而显，微而明，辞让而胜。

以从俗为善，以货财为宝，以养生为己至道，是民德也。行法志坚，不以私欲乱所闻，如是，则可谓劲士矣。行法至坚，好修正其所闻，以桥饰其情性；其言多当矣，而未谕也；其行多当矣，而未安也；其知虑多矣，而未周密也；上则能大其所隆，下则能开道不已若者：如是，则可谓笃厚君子矣。修百王之法，若辨白黑；应当时之变，若数一二；行礼要节而安之，若生四枝；要时立功之巧，若诏四时；平正和民之善，亿万之众而搏若一人：如是，则可谓圣人矣。

井井兮其有理也，严严兮其能敬己也，分分兮其有终始也，猒猒兮其能长久也，乐乐兮其执道不殆也，炤炤兮其用知之明也，修修兮其用统类之行也，绥绥兮其有文章也，熙熙兮其乐人之臧也，隐隐兮其恐人之不当也：如是，则可谓圣人矣。

此其道出乎一。曷谓一？曰：执神而固。曷谓神？曰：尽善挟治之谓神，万物莫足以倾之之谓固。神固之谓圣人。圣人也者，道之管也。天下之道管是矣，百王之道一是矣。

不闻不若闻之，闻之不若见之，见之不若知之，知之不若行之，学至于行之而止矣。行之，明也；明之为圣人。圣人也者，本仁义，当是非，齐言行，不失豪厘，无它道焉，已乎行之矣。

故积土而为山，积水而为海，旦暮积谓之岁，至高谓之天，至下谓之地，宇中六指谓之极；涂之人百姓积善而全尽，谓之圣人。彼求之而后得，为之而后成，积之而后高，尽之而后圣，故圣人也者，人之所积也。人积耨耕而为农夫，积斫削而为工匠，积反货而为商贾，积礼义而为君子。工匠之子，莫不继事，而都国之民安习其服，居楚而楚，居越而越，居夏而夏，是非天性也，积靡使然也。

故人知谨注错，慎习俗，大积靡，则为君子矣。纵情性而不足问学，则为小人矣。为君子则常安荣矣，为小人则常危辱矣。凡人莫不欲安荣而恶危辱，故唯君子为能得其所好，小人则日徼其所恶。

君子言有坛宇，行有防表，道有一隆。言政治之求，不下于安存；言志意之求，不下于士；言道德之求，不二后王。道过三代谓之荡，法二后王谓之不雅。高之下之，小之巨之，不外是矣。是君子之所以骋志意于坛宇宫廷也。故诸侯问政，不及安存，则不告也。匹夫问学，不及为士，则不教也。百家之说，不及后王，则不听也。夫是之谓君子言有坛宇，行有防表也。

王制篇

故，法而不议，则法之所不至者必废；职而不通，则职之所不及者必队。故法而议，职而通，无隐谋，无遗善，而百事无过，非君子莫能。故公平者，听之衡也；中和者，听之绳也。其有法者以法行，无法者以类举，听之尽也。偏党而无经，听之辟也。故有良法而乱者有之矣，有君子而乱者，自古及今，未尝闻也。《传》曰："治生乎君子，乱生乎小人。"此之谓也。

马骇舆，则君子不安舆；庶人骇政，则君子不安位。马骇舆，则莫若静之；庶人骇政，则莫若惠之。选贤良，举笃敬，兴孝弟，收孤寡，补贫穷。如是，则庶人安政矣。庶人安政，然后君子安位。

北海则有走马吠犬焉，然而中国得而畜使之；南海有羽翮齿革曾青丹干焉，然而中国得而财之；东海有紫绐鱼盐焉，然而中国得而衣食之；西海有皮革文旄焉，然而中国得而用之。故泽人足乎木，山人足乎鱼，农夫不斫削、不陶冶而足械用，工贾不耕田而足菽粟。故虎豹为猛矣，然君子剥而用之。故天之所覆，地之所载，莫不尽其美致其用，上以饰贤良，下以养百姓而安乐之。夫是之谓大神。

以类行杂，以一行万。始则终，终则始，若环之无端也，舍是而天下以衰矣。天地者，生之始也；礼义者，治之始也；君子者，礼义之始也；为之，贯之，积重之，致好之者，君子之始也。故天地生君子，君子理天地。君子者，天地之参也，万物之揔也，民之父母也。无君子，则天地不理，礼义无统，上无君师，下无父子，夫是之谓至乱。

圣王之用也：上察于天，下错于地，塞备天地之间，加施万物之上，微而明，短而长，狭而广，神明博大以至约。故曰：一与一是为人者，谓之圣人。

富国篇

足国之道：节用裕民，而善臧其余。节用以礼，裕民以政。彼裕民，故多余。裕民，则民富；民富，则田肥以易；田肥以易，则出实百倍，上以法取焉，而下以礼节用之，余若丘山，不时焚烧，无所臧之。夫君子奚患乎无余？故知节用裕民，则必有仁义圣良之名，而且有富厚丘山之积矣。此无它故焉，生于节用裕民也。

若夫重色而衣之，重味而食之，重财物而制之，合天下而君之，非特以为淫泰夸丽也，固以为主天下，治万变，材万物，养万民；兼制天下者，为莫若仁人之善也夫。故其知虑足以治之，其仁厚足以安之，其德音足以化之。得之则治，失之则乱。百姓诚赖其知也，故相率而为之劳苦，以务佚之，以养其知也；诚美其厚也，故为之出死断亡以覆救之，以养其厚也；诚美其德也，故为之雕琢刻镂黼黻文章，以藩饰之，以养其德也。故仁人在上，百姓贵之如帝，亲之如父母，为之出死断亡而愉者，无它故焉，其所是焉诚美，其所得焉诚大，其所利焉诚多也。《诗》曰："我任我辇，我车我牛，我行既集，盖云归哉。"此之谓也。

故曰：君子以德，小人以力。力者，德之役也。百姓之力，待之而后功；百姓之群，待之而后和；百姓之财，待之而后聚；百姓之埶，待之而后安；百姓之寿，待之而后长；父子不得不亲，兄弟不得不顺，男女不得不欢。少者以长，老者以养。故曰："天地生之，圣人成之。"此之谓也。

故先王圣人为之不然。知夫为人主上者，不美不饰之不足以一民也，不富不厚之不足以管下也，不威不强之不足以禁暴胜悍也；故必将撞大钟，击鸣鼓，吹笙竽，弹琴瑟，以塞其耳，必将锢琢刻镂，黼黻文章，以塞其目；必将刍豢稻粱，五味芬芳，以塞其口；然后众人徒，备官职，渐庆赏，严刑罚，以戒其心；使天下生民之属，皆知己之所愿欲之举在于是也，故其赏行；皆知己之所畏恐之举在于是也，故其罚威。赏行、罚威，则贤者可得而进也，不肖者可得而退也，能不能可得而官也。

将脩大小强弱之义，以持慎之，礼节将甚文，圭璧将甚硕，货赂将甚厚，所以说之者，必将雅文辩慧之君子也。彼苟有人意焉，夫谁能忿之？

若是，则为忿者不攻也。

为名者否，为利者否，为忿者否，则国安于盘石，寿于旗翼；人皆乱，我独治；人皆危，我独安；人皆失丧之，我按起而治之。故仁人之用国，非特将持其有而已也，又将兼人。《诗》曰："淑人君子，其仪不忒；其仪不忒，正是四国。"此之谓也。

王霸篇

国者，天下之利用也；人主者，天下之利埶也。得道以持之，则大安也，大荣也，积美之源也。不得道以持之，则大危也，大累也，有之不如无之；及其綦也，索为匹夫，不可得也；齐湣、宋献是也。故，人主，天下之利埶也，然而不能自安也；安之者，必将道也。故用国者，义立而王，信立而霸，权谋立而亡。三者，明主之所谨择也，仁人之所务白也。

挈国以呼礼义，而无以害之；行一不义、杀一无罪而得天下，仁者不为也，拵然扶持心、国，且若是其固也。

善择者制人，不善择者人制之。国者，天下之大器也，重任也，不可不善为择所而后错之，错险则危；不可不善为择道然后道之，涂薉则塞，危塞则亡。彼国错者，非封焉之谓也，何法之道，谁子之与也。故道王者之法与王者之人为之，则亦王；道霸者之法与霸者之人为之，则亦霸；道亡国之法与亡国之人为之，则亦亡。三者，明主之所以谨择也，而仁人之所以务白也。

故国者，重任也，不以积持之则不立。故国者，世所以新者也，是惮惮非变也，改王改行也。故一朝之日也，一日之人也，然而厌焉有千岁之固，何也？曰：援夫千岁之信法以持之也，安与夫千岁之信士为之也。人无百岁之寿，而有千岁之信士，何也？曰：以夫千岁之法自持者，是乃千岁之信士矣。故与积礼义之君子为之则王，与端诚信全之士为之则霸，与权谋倾覆之人为之则亡。三者，明主之所以谨择也，而仁人之所以务白也。

羿、逢门者，善服射者也；王良、造父者，善服驭者也；聪明君子者，善服人者也。人服而埶从之，人不服而埶去之，故王者已于服人矣。故人主欲得善射，射远中微则莫若羿、逢门矣；欲得善驭，及速致远，则莫若王良、造父矣；欲得调壹天下，制秦、楚，则莫若聪明君子矣。

若夫贯日而治详，权物而称用；使衣服有制，宫室有度，人徒有数，丧祭械用皆有等宜，以是用挟于万物，尺寸寻丈莫得不循乎制度数量然后行，则是官人使吏之事也，不足数于大君子之前。故君人者立隆政本朝而当，所使要百事者诚仁人也，则身佚而国治，功大而名美，上可以王，下可以霸；立隆正本朝而不当，所使要百事者非仁人也，则身劳而国乱，功废而名辱，社稷必危，是人君者之枢机也。

伤国者何也？曰：以小人尚民而威，以非所取于民而巧，是伤国之大灾也。

君道篇

法者，治之端也；君子者，法之原也。故有君子，则法虽省，足以遍矣；无君子，则法虽具，失先后之施，不能应事之变，足以乱矣。

故械数者，治之流也，非治之原也；君子者，治之原也。官人守数，君子养原。原清则流清，原浊则流浊。

古者，先王审礼，以方皇、周浃于天下，动无不当也。故君子恭而不难，敬而不巩，贫穷而不约，富贵而不骄，并遇变态而不穷，审之礼也。

故君子之于礼，敬而安之；其于事也，径而不失；其于人也，寡怨宽裕而无阿；其为身也，谨修饰而不危；其应变故也，齐给便捷而不惑；其于天地万物也，不务说其所以然而致善用其材；其于百官之事、技艺之人也，不与之争能而致善用其功；其待上也，忠顺而不懈；其使下也，均遍而不偏；其交游也，缘类而有义；其居乡里也，容而不乱。是故穷则必有名，达则必有功，仁厚兼覆天下而不闵，明达用天地、理万变而不疑，血气和平，志意广大，行义塞于天地之间，仁智之极也。夫是之谓圣人，审之礼也。

人习其事而固。人之百事，如耳、目、鼻、口之不可以相借官也。故职分而民不慢，次定而序不乱，兼听齐明而百姓不留。如是，则臣下百吏至于庶人，莫不修己而后敢安正，诚能而后敢受职；百姓易俗，小人变心，奸怪之属莫不反悫：夫是之谓政教之极。

今人主有六患：使贤者为之，则与不肖者规之；使知者虑之，则与愚者论之；使修士行之，则与污邪之人疑之，虽欲成功，得乎哉！

故伯乐不可欺以马，而君子不可欺以人，此明王之道也。人主欲得善射，射远中微者，县贵爵重赏以招致之。内不可以阿子弟，外不可以隐远人，能中是者取之，是岂不必得之之道也哉！虽圣人不能易也。欲得善驭速致远者，一日而千里，县贵爵重赏以招致之。内不可以阿子弟，外不可以隐远人，能致是者取之，是岂不必得之之道也哉！虽圣人不能易也。

臣道篇

事人而不顺者，不疾者也；疾而不顺者，不敬者也；敬而不顺者，不忠者也；忠而不顺者，无功者也；有功而不顺者，无德者也。故无德之为道也，伤疾、堕功、灭苦，故君子不为也。

仁者必敬人。凡人非贤，则案不肖也。人贤而不敬，则是禽兽也；人不肖而不敬，则是狎虎也。禽兽则乱，狎虎则危，灾及其身矣。《诗》曰："不敢暴虎，不敢冯河；人知其一，莫知其它。战战兢兢，如临深渊，如履薄冰。"此之谓也。故仁者必敬人。

敬人有道，贤者则贵而敬之，不肖者则畏而敬之；贤者则亲而敬之，不肖者则疏而敬之。其敬一也，其情二也。若夫忠信端悫，而不害伤，则无接而不然，是仁人之质也。

恭敬，礼也；调和，乐也；谨慎，利也；斗怒，害也。故君子安礼乐利，谨慎而无斗怒，是以百举而不过也。小人反是。

致士篇

衡听、显幽、重明、退奸、进良之术：朋党比周之誉，君子不听；残贼加累之谮，君子不用；隐忌雍蔽之人，君子不近；货财禽犊之请，君子不许。凡流言、流说、流事、流谋、流誉、流愬，不官而衡至者，君子慎之，闻听而明誉之，定其当而当，然后士其刑赏而还与之；如是则奸言、奸说、奸事、奸谋、奸誉、奸愬，莫之试也；忠言、忠说、忠事、忠谋、忠誉、忠愬，莫不明通，方起以尚尽矣。夫是之谓衡听、显幽、重明、退奸、进良之术。

川渊深而鱼鳖归之，山林茂而禽兽归之，刑政平而百姓归之，礼义备而君子归之。故礼及身而行修，义及国而政明，能以礼挟而贵名白，天下愿，令行禁止，王者之事毕矣。《诗》曰："惠此中国，以绥四方。"此之谓也。

川渊者，龙鱼之居也；山林者，鸟兽之居也；国家者，士民之居也。川渊枯则鱼龙去之，山林险则鸟兽去之，国家失政则士民去之。无土则人不安居，无人则土不守，无道法则人不至，无君子则道不举。故土之与人也，道之与法也者，国家之本作也。君子也者，道法之揔要也，不可少顷旷也。得之则治，失之则乱；得之则安，失之则危；得之则存，失之则亡。故有良法而乱者有之矣，有君子而乱者，自古及今，未尝闻也。《传》曰："治生乎君子，乱生于小人。"此之谓也。

人主之患，不在乎不言用贤，而在乎不诚必用贤。夫言用贤者，口也；却贤者，行也。口行相反，而欲贤者之至，不肖者之退也，不亦难乎！夫耀蝉者，务在明其火，振其树而已；火不明，虽振其树，无益也。今人主有能明其德者，则天下归之，若蝉之归明火也。

赏不欲僭，刑不欲滥。赏僭则利及小人，刑滥则害及君子。若不幸而过，宁僭无滥。与其害善，不若利淫。

议兵篇

孙卿子曰:"不然。臣之所道,仁人之兵,王者之志也;君之所贵,权谋埶利也;所行,攻夺变诈也,诸侯之事也。仁人之兵,不可诈也。彼可诈者,怠慢者也,路亶者也;君臣上下之间,涣然离德者也。故以桀诈桀,犹巧拙有幸焉;以桀诈尧,譬之若以卵投石,以指挠沸,若赴水火,入焉焦没耳!故仁人上下、百将一心,三军同力;臣之于君也,下之于上也,若子之事父,弟之事兄,若手臂之扞头目而覆胸腹也。诈而袭之,与先惊而后击之,一也。且仁人之用十里之国,则将有百里之听;用百里之国,则将有千里之听;用千里之国,则有四海之听;必将聪明警戒,和传而一。故仁人之兵,聚则成卒,散则成列;延则若莫邪之长刃,婴之者断;兑则若莫邪之利锋,当之者溃;圜居而方止,则若磐石然,触之者角摧,案角鹿埵、陇种、东笼而退耳。且夫暴国之君,将谁与至哉?彼其所与至者,必其民也;而其民之亲我,欢若父母,其好我,芬若椒兰;彼反顾其上,则若灼黥,若仇雠。人之情,虽桀跖,岂又肯为其所恶,贼其所好者哉?是犹使人之子孙自贼其父母也,彼必将来告之。夫又何可诈也?故仁人用,国日明。诸侯先顺者安,后顺者危,虑敌之者削;反之者亡。《诗》曰:'武王载发,有虔秉钺,如火烈烈,则莫我敢遏。'此之谓也。"

孝成王、临武君曰:"善。请问王者之兵,设何道何行而可?"孙卿子曰:"凡在大王,将率,末事也。……故,兵大齐,则制天下;小齐,则治邻敌。若夫招近募选,隆埶诈,尚功利之兵,则胜不胜无常,代翕代张,代存代亡,相为雌雄耳矣。夫是之谓盗兵,君子不由也。故齐之田单……"

陈嚣问孙卿子曰:"先生议兵,常以仁义为本。仁者爱人,义者循理,然则又何以兵为?凡所为有兵者,为争夺也。"孙卿子曰:"非女所知也。彼仁者爱人,爱人,故恶人之害也。义者循理,循理,故恶人之乱也。彼兵者,所以禁暴除害也,非争夺也。故仁人之兵,所存者神,所过者化;若时雨之降,莫不说喜。是以尧伐驩兜,舜伐有苗,禹伐共工,汤伐有夏,文王伐崇，武王伐纣，此四帝两王，皆以仁义之兵行于天下也。故近者亲其善，远方慕其德，兵不血刃，远迩来服，德盛于此，施及四极。《诗》曰：'淑人君子，其仪不忒。其仪不忒，正是四国。'此之谓也。"

强国篇

荀卿子说齐相曰："处胜人之埶，行胜人之道……今相国上则得专主，下则得专国，相国之于胜人之埶，亶有之矣。然则胡不驱此胜人之埶，赴胜人之道，求仁厚明通之君子而托王焉，与之参国政，正是非，如是，则国孰敢不为义矣？……为人臣者，不恤己行之不行，苟得利而已矣，是渠冲入穴而求利也，是仁人之所羞而不为也。故人莫贵乎生，莫乐乎安。所以养生乐安者，莫大乎礼义。人知贵生乐安而弃礼义，辟之是犹欲寿而歾颈也，愚莫大焉。故君人者爱民而安，好士而荣，两者无一焉，而亡。《诗》曰：'价人维藩，大师维垣。'此之谓也。"

威动海内，强殆中国，然而忧患不可胜校也，諰諰然常恐天下之一合而轧己也。此所谓广大乎舜禹也。然则奈何？曰：节威反文，案用夫端诚信全之君子治天下焉，因与之参国政，正是非，治曲直，听咸阳，顺者错之，不顺者而后诛之。若是，则兵不复出于塞外，而令行于天下矣。若是，则虽为之筑明堂于塞外，而朝诸侯，殆可矣。假今之世，益地不如益信之务也！

天论篇

列星随旋，日月递炤，四时代御，阴阳大化，风雨博施，万物各得其和以生，各得其养以成，不见其事，而见其功，夫是之谓神。皆知其所以成，莫知其无形，夫是之谓天功。唯圣人为不求知天。

天职既立，天功既成，形具而神生，好恶、喜怒、哀乐臧焉，夫是之谓天情。耳目鼻口形能，各有接而不相能也，夫是之谓天官。心居中虚，以治五官，夫是之谓天君。财非其类，以养其类，夫是之谓天养。顺其类者谓之福，逆其类者谓之祸，夫是之谓天政。暗其天君，乱其天官，弃其天养，逆其天政，背其天情，以丧天功，夫是之谓大凶。圣人清其天君，正其天官，备其天养，顺其天政，养其天情，以全其天功。如是，则知其所为，知其所不为矣；则天地官而万物役矣。其行曲治，其养曲适，其生不伤，夫是之谓知天。

天不为人之恶寒也辍冬，地不为人之恶辽远也辍广，君子不为小人之匈匈也辍行。天有常道矣，地有常数矣，君子有常体矣。君子道其常，而小人计其功。《诗》曰："礼义之不愆，何恤人之言兮！"此之谓也。

楚王后车千乘，非知也；君子啜菽饮水，非愚也；是节然也。若夫志意修，德行厚，知虑明，生于今而志乎古，则是其在我者也。故君子敬其在己者，而不慕其在天者；小人错其在己者，而慕其在天者。君子敬其在己者，而不慕其在天者，是以日进也；小人错其在己者，而慕其在天者，是以日退也。故君子之所以日进，与小人之所以日退，一也。君子小人之所以相县者，在此耳。

雩而雨，何也？曰：无何也，犹不雩而雨也。日月食而救之，天旱而雩，卜筮然后决大事，非以为得求也，以文之也。故君子以为文，而百姓以为神。以为文则吉，以为神则凶也。

正论篇

故天子唯其人。天下者，至重也，非至强莫之能任；至大也，非至辨莫之能分；至众也，非至明莫之能和。此三至者，非圣人莫之能尽。故非圣人莫之能王。圣人备道全美者也，是县天下之权称也。

桀、纣者，其知虑至险也，其志意至暗也，其行为至乱也；亲者疏之，贤者贱之，生民怨之。

故可以有夺人国，不可以有夺人天下；可以有窃国，不可以有窃天下也。可以夺之者可以有国，而不可以有天下；窃可以得国，而不可以得天下。是何也？曰：国，小具也，可以小人有也，可以小道得也，可以小力持也；天下者，大具也，不可以小人有也，不可以小道得也，不可以小力持也。国者，小人可以有之，然而未必不亡也；天下者，至大也，非圣人莫之能有也。

夫乱今然后反是。上以无法使，下以无度行；知者不得虑，能者不得治，贤者不得使。若是，则上失天性，下失地利，中失人和。

子宋子曰："见侮不辱。"应之曰：凡议……有义荣者、有埶荣者；有义辱者，有埶辱者。志意修，德行厚，知虑明，是荣之由中出者也，夫是之谓义荣。爵列尊，贡禄厚，形埶胜，上为天子、诸侯，下为卿相士大夫，是荣之从外至者也，夫是谓之埶荣。流淫、污漫、犯分、乱理、骄暴、贪利，是辱之由中出者也，夫是谓之义辱。詈侮、捽搏、捶笞、膑脚、斩断、枯磔、藉靡、舌纒，是辱之由外至者也，夫是谓之埶辱。是荣辱之两端也。故君子可以有埶辱，而不可以有义辱；小人可以有埶荣，而不可以有义荣。有埶辱无害为尧，有埶荣无害为桀。义荣埶荣，唯君子然后兼有之；义辱埶辱，唯小人然后兼有之。是荣辱之分也。圣王以为法，士大夫以为道，官人以为守，百姓以为成俗，万世不能易也。

礼论篇

君子既得其养，又好其别。曷谓别？曰：贵贱有等，长幼有差，贫富轻重皆有称者也。

天地以合，日月以明，四时以序，星辰以行，江河以流，万物以昌，好恶以节，喜怒以当；以为下则顺，以为上则明；万物变而不乱，贰之则丧也。礼岂不至矣哉！立隆以为极，而天下莫之能损益也。本末相顺，终始相应，至文以有别，至察以有说，天下从之者治，不从者乱，从之者安，不从者危，从之者存，不从者亡，小人不能测也。

礼之理诚深矣，"坚白""同异"之察入焉而溺；其理诚大矣，擅作典制辟陋之说，入焉而丧；其理诚高矣，暴慢、恣睢、轻俗以为高之属入焉而队。故绳墨诚陈矣，则不可欺以曲直；衡诚县矣，则不可欺以轻重；规矩诚设矣，则不可欺以方圆；君子审于礼，则不可欺以诈伪。

礼之中焉能思索，谓之能虑；礼之中焉能勿易，谓之能固。能虑能固，加好者焉，斯圣人矣。故天者，高之极也；地者，下之极也；无穷者，广之极也；圣人者，道之极也。故学者固学为圣人也，非特学为无方之民也。

礼者，以财物为用，以贵贱为文，以多少为异，以隆杀为要。文理繁，情用省，是礼之隆也；文理省，情用繁，是礼之杀也；文理、情用相为内外表里，并行而杂，是礼之中流也。故君子上致其隆，下尽其杀，而中处其中。步骤、驰骋厉骛不外是矣。是君子之坛宇、宫廷也。人有是，士君子也；外是，民也；于是其中焉，方皇周挟，曲得其次序，是圣人也。

礼者，谨于治生死者也。生，人之始也，死，人之终也，终始俱善，人道毕矣。故君子敬始而慎终，终始如一，是君子之道，礼义之文也。

夫厚其生而薄其死，是敬其有知而慢其无知也，是奸人之道而倍叛之心也。君子以倍叛之心接臧榖，犹且羞之，而况以事其所隆亲乎！故死之为道也，一而不可再得其复也。臣之所以致重其君，子之所以致重其亲，于是尽矣。故事生不忠厚、不敬文，谓之野；送死不忠厚、不敬文，谓之瘠。君子贱野而羞瘠，故天子棺椁七重，诸侯五重，大夫三重，士再重，然后皆有衣食多少厚薄之数，皆有翣菨文章之等，以敬饰之；使生死终始若一，一足以为人愿。是先王之道，忠臣孝子之极也。

丧礼之凡，变而饰，动而远，久而平。故死之为道也，不饰则恶，恶则不哀，尔则玩，玩则厌，厌则忘，忘则不敬。一朝而丧其严亲，而所以送葬之者不哀不敬，则嫌于禽兽矣，君子耻之。

故情貌之变，足以别吉凶，明贵贱亲疏之节，期止矣。外是，奸也；虽难，君子贱之。

故，说豫、娩泽、忧戚、萃恶，是吉凶忧愉之情发于颜色者也。……疏房、樏颏、越席、床笫、几筵、属茨、倚庐、席薪、枕块，是吉凶忧愉之情发于居处者也。两情者，人生固有端焉。若夫断之继之，博之浅之，益之损之，类之尽之，盛之美之，使本末终始莫不顺比，足以为万世则，则是礼也，非顺孰修为之君子，莫之能知也。

故曰：性者，本始材朴也；伪者，文理隆盛也。无性则伪之无所加，无伪则性不能自美。性伪合，然后圣人之名一，天下之功于是就也。故曰：天地合而万物生，阴阳接而变化起，性伪合而天下治。天能生物，不能辨物也；地能载人，不能治人也；宇中万物、生人之属，待圣人然后分也。

故丧礼者，无它焉，明死生之义，送以哀敬，而终周藏也。故葬埋，敬藏其形也；祭祀，敬事其神也；其铭诔系世，敬传其名也。事生，饰始也；送死，饰终也；终始具，而孝子之事毕，圣人之道备矣。

将由夫愚陋淫邪之人与，则彼朝死而夕忘之，然而纵之，则是曾鸟兽之不若也，彼安能相与群居而无乱乎？将由夫修饰之君子与，则三年之丧，二十五月而毕，若驷之过隙，然而遂之，则是无穷也。故先王圣人安为之立中制节，一使足以成文理，则舍之矣。

君之丧所以取三年，何也？曰：君者，治辨之主也，文理之原也，情貌之尽也，相率而致隆之，不亦可乎？《诗》曰："恺悌君子，民之父母。"彼君子者，固有为民父母之说焉。父能生之，不能食之；母能食之，不能教诲之。君者，已能食之矣，又善教诲之者也。

故曰：祭者，志意思慕之情也。忠信爱敬之至矣，礼节文貌之盛矣，苟非圣人，莫之能知也。圣人明知之，士君子安行之，官人以为守，百姓以成俗。其在君子，以为人道也；其在百姓，以为鬼事也。故钟鼓、管磬，琴瑟、竽笙，《韶》《夏》《护》《武》《汋》《桓》《箾》《简象》，是君子之所以为愅诡其所喜乐之文也。齐衰、苴杖、居庐、食粥、席薪、枕块，是君子之所以为愅诡其所哀痛之文也。师旅有制，刑法有等，莫不称罪，是君子之所以为愅诡其所敦恶之文也。

乐论篇

墨子曰:"乐者,圣王之所非也,而儒者为之,过也。"君子以为不然。

故君子耳不听淫声,目不视女色,口不出恶言,此三者,君子慎之。

凡奸声感人而逆气应之,逆气成象而乱生焉;正声感人而顺气应之,顺气成象而治生焉。唱和有应,善恶相象,故君子慎其所去就也。

君子以钟鼓道志,以琴瑟乐心,动以干戚,饰以羽旄,从以磬管。故其清明象天,其广大象地,其俯仰周旋有似于四时。

君子乐得其道,小人乐得其欲。以道制欲,则乐而不乱;以欲忘道,则惑而不乐。故乐者,所以道乐也。金石丝竹,所以道德也。乐行而民乡方矣。故乐者,治人之盛者也,而墨子非之。

且乐也者,和之不可变者也;礼也者,理之不可易者也。乐合同,礼别异,礼乐之统,管乎人心矣。穷本极变,乐之情也;著诚去伪,礼之经也。墨子非之,几遇刑也。明王已没,莫之正也。愚者学之,危其身也。君子明乐,乃其德也。乱世恶善,不此听也。於乎哀哉!不得成也。弟子勉学,无所营也。

解蔽篇

凡人之患,蔽于一曲,而闇于大理。治则复经,两疑则惑矣。天下无二道,圣人无两心。今诸侯异政,百家异说,则必或是或非,或治或乱。

圣人知心术之患,见蔽塞之祸,故无欲、无恶、无始、无终、无近、无远、无博、无浅、无古、无今,兼陈万物而中县衡焉。是故众异不得相蔽以乱其伦也。

农精于田,而不可以为田师;贾精于市,而不可以为市师;工精于器,而不可以为器师;有人也,不能此三技而可使治三官。曰:精于道者也,精于物者也。精于物者以物物,精于道者兼物物。故君子壹于道而以赞稽物。壹于道则正,以赞稽物则察,以正志行察论,则万物官矣。

昔者舜之治天下也，不以事诏而万物成；处一之危，其荣满侧；养一之微，荣矣而未知。故《道经》曰："人心之危，道心之微。"危微之几，惟明君子而后能知之。

夫微者，至人也。至人也，何强，何忍，何危？故浊明外景，清明内景，圣人纵其欲，兼其情，而制焉者理矣。夫何强，何忍，何危？故仁者之行道也，无为也；圣人之行道也，无强也。仁者之思也恭，圣人之思也乐。此治心之道也。

故，学也者，固学止之也。恶乎止之？曰：止诸至足。曷谓至足？曰：圣也。圣也者，尽伦者也；王也者，尽制者也；两尽者，足以为天下极矣。故学者以圣王为师，案以圣王之制为法，法其法以求其统类，以务象效其人。向是而务，士也；类是而几，君子也；知之，圣人也。

若夫非分是非，非治曲直，非辨治乱，非治人道，虽能之，无益于人；不能，无损于人；案直将治怪说，玩奇辞，以相挠滑也；案强钳而利口，厚颜而忍诟，无正而恣睢，妄辨而几利，不好辞让，不敬礼节，而好相推挤。此乱世奸人之说也。则天下之治说者方多然矣。《传》曰："析辞而为察，言物而为辨，君子贱之。博闻强志，不合王制，君子贱之。"此之谓也。

周而成，泄而败，明君无之有也。宣而成，隐而败，闇君无之有也。故君人者，周则谗言至矣，直言反矣；小人迩而君子远矣！《诗》云："墨以为明，狐狸而苍。"此言上幽而下险也。君人者，宣则直言至矣，而谗言反矣；君子迩而小人远矣！《诗》云："明明在下，赫赫在上。"此言上明而下化也。

正名篇

今圣王没，名守慢，奇辞起，名实乱，是非之形不明，则虽守法之吏，诵数之儒，亦皆乱也。

"见侮不辱"，"圣人不爱己"，"杀盗非杀人也"，此惑于用名以乱名者也。验之所为有名，而观其孰行，则能禁之矣。

今圣王没，天下乱，奸言起，君子无埶以临之，无刑以禁之，故辨说也。有兼听之明，而无矜奋之容；有兼覆之厚，而无伐德之色。说行则天下正，说不行则白道而冥穷。是圣人之辨说也。《诗》曰："颙颙卬卬，如珪如璋，令闻令望。岂弟君子，四方为纲。"此之谓也。

辞让之节得矣，长少之理顺矣，忌讳不称，祅辞不出，以仁心说，以学心听，以公心辨；不动乎众人之非誉，不治观者之耳目，不赂贵者之权埶，不利传者之辟辞；故能处道而不贰，咄而不夺，利而不流，贵公正而贱鄙争，是士君子之辨说也。

君子之言，涉然而精，俛然而类，差差然而齐。彼正其名，当其辞，以务白其志义者也。彼名辞也者，志义之使也，足以相通，则舍之矣。苟之，奸也。故名足以指实，辞足以见极，则舍之矣。外是者谓之讱，是君子之所弃，而愚者拾以为己宝。

无稽之言，不见之行，不闻之谋，君子慎之。

性恶篇

古者圣王，以人之性恶，以为偏险而不正，悖乱而不治，是以为之起礼义，制法度，以矫饰人之情性而正之，以扰化人之情性而导之也，始皆出于治，合于道者也。今之人，化师法，积文学，道礼义者为君子；纵性情，安恣睢，而违礼义者为小人。用此观之，然则人之性恶，明矣；其善者，伪也。

孟子曰："人之学者，其性善。"曰：是不然。是不及知人之性，而不察乎人之性伪之分者也。凡性者，天之就也，不可学，不可事。礼义者，圣人之所生也，人之所学而能、所事而成者也。不可学、不可事而在人者，谓之性；可学而能、可事而成之在人者，谓之伪。是性伪之分也。

问者曰："人之性恶，则礼义恶生？"应之曰：凡礼义者，是生于圣人之伪，非故生于人之性也。故陶人埏埴而为器，然则器生于陶人之伪，非故生于人之性也。故工人斫木而成器，然则器生于工人之伪，非故生于人之性也。圣人积思虑，习伪故，以生礼义而起法度，然则礼义法度者，是生于圣人之伪，非故生于人之性也。

若夫目好色，耳好声，口好味，心好利，骨体肤理好愉佚，是皆生于人之情性者也；感而自然，不待事而后生之者也。夫感而不能然，必且待事而后然者，谓之伪。是性、伪之所生，其不同之征也。故圣人化性而起伪，伪起而生礼义，礼义生而制法度。然则，礼义法度者，是圣人之所生也。故圣人之所以同于众而不过于众者，性也；所以异而过众者，伪也。

孟子曰："人之性善。"曰：是不然。凡古今天下之所谓善者，正理平治也；所谓恶者，偏险悖乱也：是善恶之分也已。今诚以人之性固正理平治邪？则有恶用圣王，恶用礼义矣哉？虽有圣王礼义，将曷加于正理平治也哉？今不然，人之性恶。故古者圣人以人之性恶，以为偏险而不正，悖乱而不治，故为之立君上之埶以临之，明礼义以化之，起法正以治之，重刑罚以禁之，使天下皆出于治，合于善也。是圣王之治而礼义之化也。今当试去君上之埶，无礼义之化，去法正之治，无刑罚之禁，倚而观天下民人之相与也。若是，则夫强者害弱而夺之，众者暴寡而哗之，天下之悖乱而相亡，不待顷矣。用此观之，然则，人之性恶，明矣；其善者，伪也。

问者曰："礼义积伪者，是人之性，故圣人能生之也。"应之曰：是不然。夫陶人埏埴而生瓦，然则瓦埴岂陶人之性也哉？工人斫木而生器，然则器木岂工人之性也哉？夫圣人之于礼义也，辟则陶埏而生之也。然则礼义积伪者，岂人之本性也哉！凡人之性者，尧舜之与桀跖，其性一也；君子之与小人，其性一也。今将以礼义积伪为人之性邪？然则有曷贵尧禹，曷贵君子矣哉！凡所贵尧、禹、君子者，能化性，能起伪，伪起而生礼义。然则圣人之于礼义积伪也，亦犹陶埏而生之也。用此观之，然则礼义积伪者，岂人之性也哉？所贱于桀、跖、小人者，从其性，顺其情，安恣睢，以出乎贪利争夺。故人之性恶明矣，其善者伪也。

"涂之人可以为禹。"曷谓也？曰：凡禹之所以为禹者，以其为仁义法正也。然则……今涂之人者，皆内可以知父子之义，外可以知君臣之正，然则其可以知之质，可以能之具，其在涂之人明矣。今使涂之人者，以其可以知之质，可以能之具，本夫仁义之可知之理，可能之具，然则其可以为禹明矣。今使涂之人伏术为学，专心一志，思索孰察，加日县久，积善而不息，则通于神明，参于天地矣。故圣人者，人之所积而致矣。

曰：圣可积而致，然而皆不可积，何也？曰：可以而不可使也。故小人可以为君子，而不肯为君子；君子可以为小人，而不肯为小人。小人君子者，未尝不可以相为也，然而不相为者，可以而不可使也。

尧问于舜曰："人情何如？"舜对曰："人情甚不美，又何问焉！妻子具而孝衰于亲，嗜欲得而信衰于友，爵禄盈而忠衰于君。人之情乎！人之情乎！甚不美，又何问焉！唯贤者为不然。"

有圣人之知者，有士君子之知者，有小人之知者，有役夫之知者。多言则文而类，终日议其所以，言之千举万变，其统类一也，是圣人之知也。少言则径而省，论而法，若佚之以绳，是士君子之知也。其言也诣，其行也悖，其举事多悔，是小人之知也。齐给便敏而无类，杂能旁魄而无用，析速粹孰而不急，不恤是非，不论曲直，以期胜人为意，是役夫之知也。

有上勇者，有中勇者，有下勇者。天下有中，敢直其身；先王有道，敢行其意；上不循于乱世之君，下不俗于乱世之民；仁之所在无贫穷，仁之所亡无富贵；天下知之，则欲与天下同苦乐之；天下不知之，则傀然独立天地之间而不畏，是上勇也。礼恭而意俭，大齐信焉，而轻货财；贤者敢推而尚之，不肖者敢援而废之，是中勇也。轻身而重货，恬祸而广解，苟免，不恤是非然不然之情，以期胜人为意，是下勇也。

君子篇

论法圣王，则知所贵矣；以义制事，则知所利矣。论知所贵，则行知所养矣；事知所利，则动知所出矣。二者，是非之本，得失之原也。故，成王之于周公也，无所往而不听，知所贵也；桓公之于管仲也，国事无所往而不用，知所利也；吴有伍子胥而不能用，国至于亡，倍道、失贤也。故尊圣者王，贵贤者霸，敬贤者存，慢贤者亡，古今一也。

故尚贤使能，等贵贱，分亲疏，序长幼，此先王之道也。故尚贤使能，则主尊下安；贵贱有等，则令行而不流；亲疏有分，则施行而不悖；长幼有序，则事业捷成而有所休。故仁者，仁此者也；义者，分此者也；节者，死生此者也；忠者，惇慎此者也；兼此而能之，备矣。备而不矜，一自善也，谓之圣。不矜矣，夫故天下不与争能，而致善用其功。有而不有也，夫故为天下贵矣。《诗》曰："淑人君子，其仪不忒。其仪不忒，正是四国。"此之谓也。

成相篇

请布基，慎圣人，愚而自专事不治。
请牧基，贤者思，尧在万世如见之。逸人罔极，险陂倾侧此之疑。
治复一，修之吉，君子执之心如结。众人贰之，谗夫弃之形是诘。
水至平，端不倾，心术如此象圣人。人而有埶，直而用抴必参天。
世无王，穷贤良，暴人刍豢仁糟糠。礼乐灭息，圣人隐伏墨术行。
治之经，礼与刑，君子以修百姓宁。明德慎罚，国家既治四海平。
治之志，后埶富，君子诚之好以待。处之敦固，有深藏之能远思。
思乃精，志之荣，好而壹之神以成。精神相反，一而不贰为圣人。
治之道，美不老，君子由之佼以好。下以教诲子弟，上以事祖考。
成相竭，辞不蹷，君子道之顺以达。宗其贤良，辨其殃孽。

赋篇

爰有大物,非丝非帛,文理成章;非日非月,天下以明;生者以寿,死者以葬;城郭以固,三军以强;粹而王,驳而伯,无一焉而亡。臣愚不识,敢请之王。王曰:此夫文而不采者与?简然易知而致有理者与?君子所敬而小人所不者与?性不得则若禽兽,性得之则甚雅似者与?匹夫隆之则为圣人,诸侯隆之则一四海者与?致明而约,甚顺而体,请归之礼。

皇天隆物,以施下民,或厚或薄,常不齐均。桀纣以乱,汤武以贤。涽涽淑淑,皇皇穆穆。周流四海,曾不崇日。君子以修,跂以穿室。大参乎天,精微而无形,行义以正,事业以成。可以禁暴足穷,百姓待之而后泰宁。臣愚不识,愿问其名。曰:此夫安宽平而危险嗌者邪?修洁之为亲,而杂污之为狄者邪?甚深藏而外胜敌者邪?法禹舜而能弇迹者邪?行为动静,待之而后适者邪?血气之精也,志意之荣也,百姓待之而后宁也,天下待之而后平也,明达纯粹而无疵也,夫是之谓君子之知。

有物于此,居则周静致下,动则綦高以钜,圆者中规,方者中矩,大参天地,德厚尧禹,精微乎毫毛,而充盈乎大寓。忽兮其极之远也,攭兮其相逐而反也,卬卬兮天下之咸蹇也。德厚而不捐,五采备而成文,往来惛惫,通于大神,出入甚极,莫知其门。天下失之则灭,得之则存。弟子不敏,此之愿陈,君子设辞,请测意之。曰:此夫大而不塞者与?充盈大宇而不窕……冬日作寒,夏日作暑,广大精神,请归之云。

天下不治,请陈佹诗:天地易位,四时易乡。列星殒坠,旦暮晦盲。幽闇登昭,日月下藏。公正无私,见谓纵横。志爱公利,重楼疏堂。无私罪人,憼革贰兵。道德纯备,谗口将将。仁人绌约,敖暴擅强。天下幽险,恐失世英。螭龙为蝘蜓,鸱枭为凤皇。比干见刳,孔子拘匡。昭昭乎其知之明也,郁郁乎其遇时之不祥也。拂乎其欲礼义之大行也,阇乎天下之晦盲也。皓天不复,忧无疆也。千岁必反,古之常也。弟子勉学,天不忘也。圣人共手,时几将矣。与愚以疑,愿闻反辞。其《小歌》曰:念彼远方,何其塞矣！仁人绌约，暴人衍矣。忠臣危殆，谗人服矣。

大略篇

舜曰："维予从欲而治。"故礼之生，为贤人以下至庶民也，非为成圣也；然而亦所以成圣也，不学不成。尧学于君畴，舜学于务成昭，禹学于西王国。

君子之于子，爱之而勿面，使之而勿视，道之以道而勿强。

仁，爱也，故亲；义，理也，故行；礼，节也，故成。仁有里，义有门，仁非其里而处之，非仁也；义非其门而由之，非义也。推恩而不理，不成仁；遂理而不敢，不成义；审节而不和，不成礼；和而不发，不成乐。故曰：仁义礼乐，其致一也。君子处仁以义，然后仁也；行义以礼，然后义也；制礼反本成末，然后礼也。三者皆通，然后道也。

君臣不得不尊，父子不得不亲，兄弟不得不顺，夫妇不得不欢，少者以长，老者以养。故天地生之，圣人成之。

礼之于正国家也，如权衡之于轻重也，如绳墨之于曲直也。故人无礼不生，事无礼不成，国家无礼不宁。

和乐之声，步中《武》《象》，趋中《韶》《护》。君子听律习容而后出。

士有妒友，则贤交不亲；君有妒臣，则贤人不至。蔽公者谓之昧，隐贤者谓之妒，奉妒昧者谓之交谮。交谮之人，妒昧之臣，国之薉孽也。

天下、国有俊士，世有贤人。迷者不问路，溺者不问遂，亡人好独。《诗》曰："我言维服，勿用为笑。先民有言，询于刍荛。"言博问也。

君子之学如蜕，幡然迁之。故其行效，其立效，其坐效，其置颜色、出辞气效。无留善，无宿问。

君子立志如穷，虽天子三公问，正以是非对。

君子隘穷而不失，劳倦而不苟，临患难而不忘细席之言。岁不寒无以知松柏，事不难无以知君子无日不在是。

雨小，汉故潜。夫尽小者大，积微者著，德至者色泽洽，行尽而声问远,小人不诚于内而求之于外。

曾子行,晏子从于郊,曰:"婴闻之:君子赠人以言,庶人赠人以财。婴贫无财,请假于君子,赠吾子以言:乘舆之轮,太山之木也,示诸檃栝,三月五月,为帱菜敝而不反其常。君子之檃栝不可不谨也。慎之!兰茞槁本,渐于蜜醴,一佩易之。正君渐于香酒,可谗而得也。君子之所渐,不可不慎也。"

君子疑则不言,未问则不言,道远日益矣。

多知而无亲,博学而无方,好多而无定者,君子不与。

君子壹教,弟子壹学,亟成。

君子进则能益上之誉,而损下之忧。不能而居之,诬也;无益而厚受之,窃也。学者非必为仕,而仕者必如学。

孔子曰:"望其圹,皋如也,巅如也,鬲如也,此则知所息矣。"子贡曰:"大哉死乎!君子息焉,小人休焉。"

君子也者而好之,其人也;其人而不教,不祥。非君子而好之,非其人也;非其人而教之,赍盗粮,借贼兵也。

不自嗛其行者,言滥过。古之贤人,贱为布衣,贫为匹夫,食则饘粥不足,衣则竖褐不完;然而非礼不进,非义不受,安取此?

君人者不可以不慎取臣,匹夫不可以不慎取友。友者,所以相有也。道不同,何以相有也?均薪施火,火就燥;平地注水,水流湿。夫类之相从也,如此之著也,以友观人,焉所疑?取友善人,不可不慎,是德之基也。《诗》曰:"无将大车,维尘冥冥。"言无与小人处也。

流言灭之,货色远之。祸之所由生也,生自纤纤也。是故君子蚤绝之。

知者明于事,达于数,不可以不诚事也。故曰:"君子难说,说之不以道,不说也。"

无用吾之所短遇人之所长。故塞而避所短,移而从所仕。疏知而不法,辨察而操僻,勇果而亡礼,君子之所憎恶也。

多言而类，圣人也；少言而法，君子也；多言无法而流湎然，虽辩，小人也。

君子能为可贵，不能使人必贵己；能为可用，不能使人必用己。

宥坐篇

孔子为鲁摄相，朝七日而诛少正卯。门人进问曰："夫少正卯，鲁之闻人也，夫子为政而始诛之，得无失乎？"孔子曰："居！吾语女其故。人有恶者五，而盗窃不与焉：一曰心达而险，二曰行辟而坚，三曰言伪而辩，四曰记丑而博，五曰顺非而泽。此五者有一于人，则不得免于君子之诛，而少正卯兼有之。故居处足以聚徒成群，言谈足以饰邪营众，强足以反是独立，此小人之桀雄也，不可不诛也。是以汤诛尹谐，文王诛潘止，周公诛管叔，太公诛华仕，管仲诛付里乙，子产诛邓析、史付。此七子者，皆异世同心，不可不诛也。《诗》曰：'忧心悄悄，愠于群小。'小人成群，斯足忧矣。"

孔子为鲁司寇，有父子讼者。孔子拘之，三月不别。其父请止，孔子舍之。季孙闻之不说。曰："是老也欺予。语予曰：'为国家，必以孝。'今杀一人以戮不孝，又舍之！"冉子以告。孔子慨然叹曰："呜呼！上失之，下杀之，其可乎？不教其民而听其狱，杀不辜也。……今夫世之陵迟亦久矣，而能使民勿逾乎？《诗》曰：'周道如砥，其直如矢。君子所履，小人所视。眷焉顾之，潸焉出涕。'岂不哀哉！"

孔子观于东流之水。子贡问于孔子曰："君子之所以见大水必观焉者是何？"孔子曰："夫水，遍与诸生而无为也，似德。其流也埤下，裾拘必循其理，似义。其洸洸乎不淈尽，似道。若有决行之，其应佚若声响，其赴百仞之谷不惧，似勇。主量必平，似法。盈不求概，似正。淖约微达，似察。以出以入以就鲜絜，似善化。其万折也必东，似志。是故君子见大水必观焉。"

孔子曰："吾有耻也，吾有鄙也，吾有殆也。幼不能强学，老无以教之，吾耻之；去其故乡，事君而达，卒遇故人曾无旧言，吾鄙之；与小人处者，吾殆之也。"

孔子南适楚，厄于陈、蔡之间，七日不火食，藜羹不糁，弟子皆有饥色。子路进问之曰："由闻之：为善者天报之以福，为不善者天报之以祸。今夫子累德、积义、怀美，行之日久矣，奚居之隐也？"孔子曰："由不识，吾语女。女以知者为必用邪？王子比干不见剖心乎！女以忠者为必用邪？关龙逢不见刑乎！女以谏者为必用邪？吴子胥不磔姑苏东门外乎！夫遇不遇者，时也；贤不肖者，材也；君子博学深谋不遇时者多矣！由是观之，不遇世者众矣，何独丘也哉！且夫芷兰生于深林，非以无人而不芳。君子之学，非为通也，为穷而不困，忧而意不衰也，知祸福终始而心不惑也。夫贤不肖者，材也；为不为者，人也；遇不遇者，时也；死生者，命也。今有其人，不遇其时，虽贤，其能行乎？苟遇其时，何难之有？故君子博学深谋，修身端行，以俟其时。"

子道篇

孝子所以不从命有三：从命则亲危，不从命则亲安，孝子不从命乃衷；从命则亲辱，不从命则亲荣，孝子不从命乃义；从命则禽兽，不从命则修饰，孝子不从命乃敬。故可以从而不从，是不子也；未可以从而从，是不衷也；明于从不从之义，而能致恭敬、忠信、端悫以慎行之，则可谓大孝矣。传曰："从道不从君，从义不从父。"此之谓也。故劳苦雕萃而能无失其敬，灾祸患难而能无失其义，则不幸不顺见恶而能无失其爱，非仁人莫能行。《诗》曰："孝子不匮。"此之谓也。

鲁哀公问于孔子曰："子从父命，孝乎？臣从君命，贞乎？"三问，孔子不对。孔子趋出以语子贡曰："乡者，君问丘也，曰：'子从父命，孝乎？臣从君命，贞乎？'三问而丘不对，赐以为何如？"子贡曰："子从父命，孝矣。臣从君命，贞矣。夫子有奚对焉？"孔子曰："小人哉！赐不识也！昔万乘之国，有争臣四人，则封疆不削；千乘之国，有争臣三人，则社稷不危；百乘之家，有争臣二人，则宗庙不毁。父有争子，不行无礼；士有争友，不为不义。故子从父，奚子孝？臣从君，奚臣贞？审其所以从之之谓孝、之谓贞也。"

子路问于孔子曰："有人于此，夙兴夜寐，耕耘树艺，手足胼胝，以养其亲，然而无孝之名，何也？"孔子曰："意者身不敬与？辞不逊与？色不顺与？古之人有言曰：'衣与！缪与！不女聊。'今夙兴夜寐，耕耘树艺，手足胼胝，以养其亲，无此三者，则何为而无孝之名也？意者所友非人邪？"孔子曰："由志之，吾语女。虽有国士之力，不能自举其身。非无力也，势不可也。故入而行不修，身之罪也；出而名不章，友之过也。故君子入则笃行，出则友贤，何为而无孝之名也！"

子路盛服见孔子。孔子曰："由，是裾裾何也？昔者，江出于岷山，其始出也，其源可以滥觞，及其至江之津也，不放舟、不避风，则不可涉也。非维下流水多邪？今女衣服既盛，颜色充盈，天下且孰肯谏女矣？"子路趋而出，改服而入，盖犹若也。孔子曰："由志之，吾语女。奋于言者华，奋于行者伐，色知而有能者，小人也。故君子知之曰知之，不知曰不知，言之要也；能之曰能之，不能曰不能，行之至也。言要则知，行至则仁；既知且仁，夫恶有不足矣哉！"

子路入，子曰："由，知者若何？仁者若何？"子路对曰："知者使人知己，仁者使人爱己。"子曰："可谓士矣。"子贡入，子曰："赐，知者若何？仁者若何？"子贡对曰："知者知人，仁者爱人。"子曰："可谓士君子矣。"颜渊入，子曰："回，知者若何？仁者若何？"颜渊对曰："知者自知，仁者自爱。"子曰："可谓明君子矣。"

子路问于孔子曰："君子亦有忧乎？"孔子曰："君子，其未得也，则乐其意，既已得之，又乐其治。是以有终生之乐，无一日之忧。小人者，其未得也，则忧不得；既已得之，又恐失之。是以有终身之忧，无一日之乐也。"

法行篇

公输不能加于绳墨，圣人不能加于礼。礼者，众人法而不知，圣人法而知之。

曾子病，曾元持足，曾子曰："元志之！吾语汝。夫鱼鳖鼋鼍犹以渊为浅而堀其中，鹰鸢犹以山为卑而增巢其上，及其得也，必以饵。故君子苟能无以利害义，则耻辱亦无由至矣。"

子贡问于孔子曰："君子之所以贵玉而贱珉者，何也？为夫玉之少而珉之多邪？"孔子曰："恶！赐，是何言也！夫君子岂多而贱之、少而贵之哉！夫玉者，君子比德焉。温润而泽，仁也；栗而理，知也；坚刚而不屈，义也；廉而不刿，行也；折而不挠，勇也；瑕适并见，情也；扣之，其声清扬而远闻，其止辍然，辞也。故虽有珉之雕雕，不若玉之章章。《诗》曰：'言念君子，温其如玉。'此之谓也。"

南郭惠子问于子贡曰："夫子之门何其杂也？"子贡曰："君子正身以俟，欲来者不距，欲去者不止。且夫良医之门多病人，檃栝之侧多枉木，是以杂也。"

孔子曰："君子有三恕：有君不能事，有臣而求其使，非恕也；有亲不能报，有子而求其孝，非恕也；有兄不能敬，有弟而求其听令，非恕也。士明于此三恕，则可以端身矣。"

孔子曰："君子有三思而不可不思也：少而不学，长无能也；老而不教，死无思也；有而不施，穷无与也。是故君子少思长，则学；老思死，则教；有思穷，则施也。"

哀公篇

孔子曰："人有五仪：有庸人，有士，有君子，有贤人，有大圣。"

哀公曰："善！敢问何如斯可谓之君子矣？"孔子对曰："所谓君子者，言忠信而心不德，仁义在身而色不伐，思虑明通而辞不争，故犹然如将可及者，君子也。"

哀公曰："善！敢问何如斯可谓贤人矣？"孔子对曰："所谓贤人者，行中规绳而不伤于本，言足法于天下而不伤于身，富有天下而无怨财，布施天下而不病贫；如此则可谓贤人矣。"

鲁哀公问于孔子曰："寡人生于深宫之中，长于妇人之手；寡人未尝知哀也，未尝知忧也，未尝知劳也，未尝知惧也，未尝知危也。"孔子曰："君之所问，圣君之问也。丘，小人也，何足以知之？"曰："非吾子无所闻之也。"孔子曰："君入庙门而右，登自阼阶，仰视榱栋，俯见几筵，其器存，其人亡。君以此思哀，则哀将焉而不至矣？君昧爽而栉冠，平明而听朝，一物不应，乱之端也。君以此思忧，则忧将焉而不至矣？君平明而听朝，日昃而退，诸侯之子孙必有在君之末庭者。君以此思劳，则劳将焉而不至矣？君出鲁之四门以望鲁之四郊，亡国之虚列必有数盖焉。君以此思惧，则惧将焉而不至矣？且丘闻之：君者舟也，庶人者水也，水则载舟，水则覆舟。君以此思危，则危将焉而不至矣？"

定公问于颜渊曰："子亦闻东野毕之善驭乎？"颜渊对曰："善则善矣，虽然，其马将失。"定公不悦，入谓左右曰："君子固谗人乎！"三日而校来谒，曰："东野毕之马失。两骖列，两服入厩。"定公越席而起曰："趋驾召颜渊！"颜渊至，定公曰："前日寡人问吾子，吾子曰：'东野毕之驭善则善矣，虽然，其马将失。'不识吾子何以知之？"颜渊对曰："臣以政知之。昔舜巧于使民而造父巧于使马，舜不穷其民，造父不穷其马，是以舜无失民，造父无失马也。今东野毕之驭，上车执辔，衔体正矣；步骤驰骋，朝礼毕矣；历险致远，马力尽矣；然犹求马不已，是以知之也。"

尧问篇

伯禽将归于鲁,周公谓伯禽之傅曰:"汝将行,盍志而子美德乎?"对曰:"其为人宽,好自用,以慎。此三者,其美德已。"周公曰:"呜呼!以人恶为美德乎?君子好以道德,故其民归道。彼其宽也,出无辨矣,女又美之!彼其好自用也,是所以窭小也。君子力如牛,不与牛争力;走如马,不与马争走;知如士,不与士争知。彼争者,均者之气也。女又美之!彼其慎也,是其所以浅也。"

为说者曰:"孙卿不及孔子。"是不然。孙卿迫于乱世,鳍于严刑,上无贤主,下遇暴秦,礼义不行,教化不成,仁者绌约,天下冥冥,行全刺之,诸侯大倾。当是时也,知者不得虑,能者不得治,贤者不得使。故君上蔽而无睹,贤人距而不受。然则孙卿怀将圣之心,蒙佯狂之色,视天下以愚。《诗》曰:"既明且哲,以保其身。"此之谓也。是其所以名声不白,徒与不众,光辉不博也。

孔子、孟子、荀子君子观之比较

一、孔子与孟子、荀子

在先秦文献中，君子本来指贵族统治阶级。"子"的本义为"儿"，周初称子者为"某之子"的简称，如王子、公子，则君子当是"君（据有一方的国君即诸侯）之子"。在西周宗法制维系下，天子、诸侯、卿大夫本有血缘上的联系，此后即便已经疏远，不如周初那般密切，仍可称呼卿大夫士即在位者为"君子"（"子"的释义参傅斯年《论所谓五等爵》）。宗族子弟能够受到古典的贵族教育，承担治理国政甚至出兵征战的重任，随着西周末年至春秋初年一系列事件的发生，处于统治阶层的君子德位不符的现象逐渐增多。为了重新构建有序的社会，振兴失落的士人精神，孔子反复申说的君子偏指"德行君子"，此后孟子、荀子递相沿用，使君子的含义有了根本性的转变。孔子、孟子、荀子的理想人格深受礼乐文化的熏陶浸染，进退举止皆符合礼义（义，宜也，也就是判断行为是否合宜的标准，表明君子具备独立人格）的规范，同时在"诗教""乐教"的影响下培养出从容不迫、文质彬彬的气质。进而步入仕途，将礼乐之道推广开去，由安定民心、维持政教到最终实现天下和同的盛况。简言之，儒家的理想是成就"内圣外王"，君子是其中不可或缺的一环（达到与天合德的大君子被称为"圣人"）。在孔子以及荀子、孟子看来，圣人固然难为，但君子却并非遥不可及。《论语》中提及君子有百余处，从仪容举止到追求的目标（道），涉及面颇广；《孟子·告子下》曹交问"人皆可以为尧舜，有诸"，孟子给予了肯定的回答；《荀子·性恶篇》也说"涂之人可以为禹"。这就避免了落入"宿命论"的窠臼，将施教的对象扩大到更广泛的人群。他们一致认为通过自主的学习可以达到君子境界，因此"学"在早期儒家的著作中被提到很高的位置。这是孔子、孟子、荀子三者的共通之处。

由于时代背景、学派传承、孟子荀子本身对孔学的接受以及发挥程度等方面的差异，三者仍体现出比较显著的特点。在指称上，《论语》中的君子包括四类：有德者、有位者、德位并存者、孔子，以德行为主要标准。《孟子》和《荀子》书中进一步淡化了"位"的因素，尽管《荀子》的论述多谈及君子执政，从表面上看"位"占有很大比重，但经春秋时期的"洗牌"，当时的执政者已是（或荀子希望是）通过自身才德而获取名位，与早先宗法制贵族有所不同。

在内涵上，孔子援仁义入礼，君子德行的核心特质是三者兼具而以"仁"为主导。"仁"字从人、从二，本身包含了人与人之间的相互关系这层意思，原只是"仁爱""亲善"，在孔子这里得到了进一步深化。仁也就是忠恕，朱熹《论语集注》："尽己之谓忠，推己之谓恕。"由反躬自省而向外体察人情，不仅"己欲达而达人"，也注重"己所不欲，勿施于人"，强调一种顺乎自然心性的克制和节度。通过外在的形式来表现"仁"，就需要借助礼。"礼"繁体写作"禮"，从示、从豊，最初是以玉和豆为象征表示祭祀，后演化为礼节、文饰、品级、制度、政教风俗等等相关概念的集合。孔子特别提出"义"是"礼"的本质，"君子义以为质，礼以行之"（《论语·卫灵公》）。因为有礼的宣导，使得"恭""慎""勇""直"发挥出恰如其分的作用，不至于"劳""葸""乱""绞"。仁和礼的浸染，于君子个人而言可以促使他达到内外兼修的境界，于社会组织而言有使上下左右亲信和睦、各守其位的效用。孟子将"仁—礼"的思想推演为"仁义礼智"四端，向内发掘人超越自身的可能性，基于"道德先验"，让人通过有意识的努力恢复其"良知""良能"。"仁"在孟子的学说里得到了比较充分的阐述，而"礼"仅被简单地处理成礼让、谦敬等一般行事态度。荀子则偏重"礼"，尽管"仁"也被认为是根本、不可或缺的（《荀子·大略篇》"故王者先仁而后礼，天施然也"），他主张从外部施加约束、限制，敦促人克制非分的欲望，经过长期的"注错习俗"使内在也发生积极的改变。孟子的"仁"追求一种"普遍的个人体验",属于"内圣"的层面(再由内到外推行仁政);荀子的"礼"除针对个人修养外直接涉及政治制度和风俗,因为礼法是否有效会体现于个人和社会,是一种"可验证的通用法"。它们都可以算是道德伦理的范畴,但"仁"从一开始就提出了最高的要求,"礼"则提供了最低限度的规范,孔子所谓的"仁""礼"被孟子、荀子赋予了新的含义。

为了证明各自学说的正确性,孟子、荀子向上追溯,直探人性这一问题。就目前所见文献,孔子很少谈论人性,《论语》中只有两例。《阳货》:"子曰:性相近也,习相远也。"《公冶长》:"子贡曰:夫子之文章,可得而闻也。夫子之言性与天道,不可得而闻也。"孔子、孟子、荀子都认为人性本相差不远,至于是善还是恶,孟子、荀子各执一词。孟子主"性善",以水设喻,认为人的本性像水流可任意东西,没有定向,却无一例外都向下而不向上,"人性之善也,犹水之就下也"(《孟子·告子上》),其内在驱动力是仁义礼智四端。荀子主"性恶",认为人性质朴,可向善也可向恶,用"礼"加以疏导犹如开浚河道。"性善""性恶"作为逻辑的起点常引起激烈讨论,但其实并非不可调和。回归日常经验,无论先天还是后天,都可通过习得(学)的方式使自身的品性得到提高。

关于人性的探讨已显示出孟子、荀子思想较孔子朴素的伦理道德观来说具有更形而上的哲学意味。与此同时,孟子、荀子还引入了"心"的概念。与"心"相关的学说在战国时期蔚为大观,其可能的来源是以齐地为代表的神仙方术。孟子和荀子都受到齐国稷下学宫黄老思想的影响,把"心"理解为思维和感知的器官。孟子用"心善"来说明"性善",由"恻隐之心""羞恶之心""恭敬之心""是非之心"推出"仁义礼智"四端,当作人之为人的基础,君子和小人的区别正在于能否发动本心;荀子则把心解释成"认知心"而非"道德心",发挥"心知"的能力辨别善恶,再用"礼"加以引导以就正途。对于君子的修养,荀子、孟子都提到了"致诚"和"养心":荀子认为心必须做到"虚一而静"("虚"类似于孔子的"毋意、毋必、毋固、毋我"），才能达到"大清明"的境界；孟子在"玄"的路上走得更远，"我善养吾浩然之气"（《孟子·公孙丑上》），就是说使自身充盈刚强正直的精神气质，来抵御、对抗外界的干扰诱惑，做到"不动心"。

"君子"经过孔子、孟子、荀子的阐释，已从早先特指贵族统治阶级转变为理想道德人格的象征。孟子和荀子在继承的基础上分别就孔子所论的其中一端推衍、强化。我们无意于争论谁得孔学正宗，而是认为应当在明确其历史演变的同时将三者综合观之，以期对儒家"君子"有比较全面的认识。

二、孟子与荀子

孟子和荀子是继孔子之后先秦儒家的两位重要代表。他们前后相随，在很大程度上丰富和发展了儒家的学说，对后世产生了至为深远的影响。他们彼此之间在思想上又颇不一致，孟子强调人性之善，继承并推广了孔子仁学的心理情感原则；荀子则主张人性恶，发掘并强调了礼作为外在规范的约束作用。简而言之，前者由内而外，后者由外而内。对于二者的异同，前贤已论之甚详。孟子、荀子同为儒家，都以"君子"为人格理想，他们的君子观随其思想主张的不一致而有所不同。

孟子继承孔子仁学的思想体系，但是孟子的时代相比孔子的时代已经发生了剧烈的变化。关于春秋与战国的区别，顾炎武在《日知录》中有过精辟的论述：

> 如春秋时，犹尊礼重信，而七国则绝不言礼与信矣；春秋时，犹宗周王，而七国则绝不言王矣；春秋时，犹严祭祀，重聘享，而七国则无其事矣；春秋时，犹论宗姓氏族，而七国则无一言及之矣；春秋时，犹宴会赋诗，而七国则不闻矣；春秋时，犹有赴告策书，而七国则无有矣。

周朝的宗法制度到了战国时期已被彻底破坏,"礼乐"成为虚设,在这样一个时代,孟子承袭了孔子"仁"的核心内涵,但不像孔子那样以"仁"来解释"礼"和维护"礼",而是加以推演和发展,提出并构建了"仁政"说。他主张在经济上实行井田制,并且"制民之产""薄其税敛""不违农时";在政治上以民为本,提出"民为贵,社稷次之,君为轻",要求国君推行"仁政",同时"尊贤使能"。《梁惠王下》:"君子创业垂统,为可继也。"《公孙丑下》:"以天下之所顺,攻亲戚之所畔,故君子有不战,战必胜矣。"在孟子看来,国君应该具备君子的德行,而君子最基本、最重要的品性是"仁"。《告子下》曰:"君子亦仁而已矣。"孟子视三代圣王为君子的代表,可见君子在他心目中地位之高。《尽心下》曰:"仁人无敌于天下。"孟子把"仁政王道"的经济政治纲领建立在心理的情感原则上,提出"以不忍人之心,行不忍人之政"。这清楚地表明孟子思想体系中由内(心)而外(政)的特质。《离娄下》云:"君子所以异于人者,以其存心也。君子以仁存心,以礼存心。"存心的不同,决定了君子与普通人的差别。作为统治者,"广土众民"是君子所希望实现的目标,但他并不以为乐,"中天下而立,定四海之民",才是君子之所乐,但也仅此而已。要说君子内在的本性,还需归结到"仁",正如《尽心上》所说:"君子所性,仁义礼智根于心。"由此可见,无论仁政还是王道,在孟子看来,都是由君子的本性、仁心向外推扩的结果。齐宣王见牛将被宰而"不忍其觳觫",孟子认为"是心足以王矣"。反过来,存心不仁,言辞偏颇、邪僻,就会"生于其心,害于其政,发于其政,害于其事"。当然,"君子"也可以指在位的卿大夫,或者说地位较高的贵族。孟子听说郑国的子产"以其乘舆济人于溱、洧",颇不以为然,评论说:

惠而不知为政。岁十一月徒杠成,十二月舆梁成,民未病涉也。君子平其政,行辟人可也,焉得人人而济之?故为政者,每人而悦之,日亦不足矣。(《离娄下》)

孟子认为子产的行为只是小恩小惠，作为一个政治家，关键在于把国家治理好，哪里能够一个一个地帮助别人渡河，哪有时间去讨每个人的欢心。

子产出身于郑国的公族，后被立为卿，执掌郑国国政。所以这里的"君子"就是指"为政者"。

"君子"从身份地位的概念至于取得道德品质的内涵，是一个随着社会的发展而逐渐演变的过程。在孔子那里，君子已正式成为一种道德的理想和人格的典范。并未在位的士可以因其品格的高尚和德行的修养而被称为君子。《告子下》云："古之君子，何如则仕？"这指的是尚未入仕的君子。君子之所以为君子，重在其德而不在其位，不过，以孔孟为代表的儒家又主张君子应该积极求仕：

周霄问曰："古之君子仕乎？"孟子曰："仕。《传》曰：'孔子三月无君，则皇皇如也。出疆必载质。'"……"士之失位也，犹诸侯之失国家也。"（《滕文公下》）

同时，孟子提出求仕要遵循一定的原则。《滕文公下》："古之人未尝不欲仕也，又恶不由其道。不由其道而往者，与钻穴隙之类也。"这个"道"具体来说就是"义"，"义"被视作君子必须遵守的行为规范和准则，孟子把"义"比作路，《万章下》曰："惟君子能由是路。"只有君子能从"义"这一条大路行走。另一方面，从国君的角度来说，则要遵守"养君子之道"。鲁缪公屡次问候子思，同时送肉给他，子思为此不得不屡次作揖磕头，因而颇为不悦，认为这不是"养君子之道"。在孟子看来，国君对待君子，首先要有恭敬的态度，所谓"迎之致敬以有礼"，其次要尊重并乐于接受君子的意见，所谓"言将行其言也"，否则就是不尊贤。君子见国君"礼貌衰，则去之"，或者即使国君"礼貌未衰"，但"言弗行也"，亦去之。所以从这个意义上可以说君子"难仕"。

荀子对君子做了很多直接或间接的论述（比如《不苟篇》主要论述君子的立身行事。《君子篇》专论为君之道，或认为此篇的"君子"即指天子，或以为这里的"君子"是"天子"的误写），这里择其要点略述一二，以与《孟子》相对照。荀子偏重和强调"礼"，即外在规范的约束。"礼"对于君子来说具有极为重要的意义。荀子对君子和"礼"的关系有深刻而独到的认识。值得注意的是，荀子所说的"礼"已不只着眼于个体的仁义孝悌，而更强调整体的礼法纲纪。正是由于这一转变，荀子视"礼"为君子的治术，也就是治国的工具或方法。比如他说：

君子位尊而志恭，心小而道大；所听视者近，而所闻见者远。是何邪？则操术然也。故千人万人之情，一人之情是也。天地始者，今日是也。百王之道，后王是也。君子审后王之道，而论于百王之前，若端拜而议。推礼义之统，分是非之分，总天下之要，治海内之众，若使一人。故操弥约，而事弥大。五寸之矩，尽天下之方也。故君子不下室堂，而海内之情举积此者，则操术然也。（《不苟篇》）

"推礼义之统"是说以礼义作为纲纪来辨别是非、治理民众，这样才能得其要领、以简驭繁，故《劝学篇》云："礼者，法之大分，类之纲纪也。"君子能够"不下室堂"而"治海内之众，若使一人"的前提是国家讲究礼义，整然有序，所以说：

君子治治，非治乱也。曷谓邪？曰："礼义之谓治，非礼义之谓乱也。故君子者，治礼义者也，非治非礼义者也。"然则国乱将弗治与？曰："国乱而治之者，非案乱而治之之谓也。去乱而被之以治。人污而修之者，非案污而修之之谓也，去污而易之以修。"（《不苟篇》）

对于乱国而言，如果仅仅依赖礼义，并不能拨乱反正，以礼治国的前提是"去乱""去污"。由此可见，"礼"本身并不具有明显的刚性或强制力（荀子之后的法家提倡法治，强调了"法"的刚性和强制性）。"礼"作为道德规范的约束力对君子起作用，但并非对所有人都有效。荀子认为，"礼"必须通过君子才能得到推行，换言之，君子是"礼"施于众人的关键中介和重要环节：

天地者，生之始也；礼义者，治之始也；君子者，礼义之始也，为之，贯之，积重之，致好之者，君子之始也。故天地生君子，君子理天地。君子者，天地之参也，万物之总也，民之父母也。无君子，则天地不理，礼义无统，上无君师，下无父子，夫是之谓至乱。君臣、父子、兄弟、夫妇，始则终，终则始，与天地同理，与万世同久，夫是之谓大本。（《王制篇》）

天地是万物生存的根本，礼义是治理国家的根本，君子则是推行礼义的开端，君子的责任在于实践和贯彻礼义，在不断的力行和熟习中达到尽善尽美的程度。这明确界定了君子在施行礼义中的主体地位和能动作用，而且荀子在这里将君子推崇到"与天地参"的地位，离开了君子，天地就不能得到治理，礼义也会无所统纪，以致造成社会人伦的大乱，因此可以说，君子是构建儒家理想社会的基石和核心。在君子和法律，即"人"和"法"之间，荀子认为前者更具有基础性和决定性。他说：

君子也者，道法之总要也，不可少顷旷也。得之则治，失之则乱；得之则安，失之则危；得之则存，失之则亡。故有良法而乱者有之矣，有君子而乱者，自古及今，未尝闻也。（《致士篇》）

对于治理国家来说，完善的法律制度固然重要，但荀子却指出仅有"良法"是靠不住的，人的因素更为重要，能不能得到君子才是治乱的关键。而让君子来归聚的前提条件是有完善周备的礼义。《致士篇》云："川渊深而鱼鳖归之，山林茂而禽兽归之，刑政平而百姓归之，礼义备而君子归之。"从这个角度说，在荀子眼中"礼义"要优先于"良法"，这一点表明了荀子的儒家立场，鲜明地区别于后代的法家。荀子在《君道篇》中进一步表达了这个意思：

有乱君，无乱国；有治人，无治法。羿之法非亡也，而羿不世中；禹之法犹存，而夏不世王。故法不能独立，类不能自行；得其人则存，失其人则亡。法者，治之端也；君子者，法之原也。故有君子，则法虽省，足以遍矣；无君子，则法虽具，失先后之施矣，不能应事之变，足以乱矣。

荀子把人的因素放到首位，认为只有以君子为基础和前提，"法"才能对治国起积极的作用。不过，《君道篇》中的"君子"可能特指国君，比如下面一段同样出自《君道篇》的话：

故械数者，治之流也，非治之原也；君子者，治之原也。官人守数，君子养原。原清则流清，原浊则流浊。故上好礼义，尚贤使能，无贪利之心，则下亦将綦辞让，致忠信，而谨于臣子矣。

这里说国君是政治的源头，普通官吏的职责是遵守法数，作为一国之君需要培养本源，因为上行下效，源头的清浊决定了支流的清浊。在荀子看来，"法数"是"官人"之事，"君子"应该重视、喜好"礼义"。在《荀子》一书的其他地方，"君子"一般指卿大夫或士，也就是治国理政的人才。例如《强国篇》："节威反文，案用夫端诚信全之君子治天下焉，因与之参国政，正是非，治曲直，听咸阳，顺者错之，不顺者而后诛之。"这里，"君子"为君主所任用。

在关注整体的礼法纲纪的同时,荀子并未忽视"礼"对于个体的意义。他注重外在道德规范对君子的陶铸作用,极为推崇"礼"在"君子之学"中的地位。对于个体来说,"礼者,所以正身也"(《修身篇》),"礼"首先表现于外在的言行,荀子特别提到君子言行都要有规矩:"君子言有坛宇,行有防表"(《儒效篇》)。王念孙《读书杂志》云:"言有坛宇,犹曰言有界域。"杨倞注:"行有防表,谓有标准也。"就是说君子的言行要符合规范。"君子之言"中规中矩,所谓"涉然而精,俯然而类,差差然而齐"(《正名篇》)。与之相对的,《非相篇》说:"凡言不合先王,不顺礼义,谓之奸言。"君子排斥奸邪之言。在"行"的方面,君子"率道而行,端然正己,不为物倾侧"(《非十二子篇》)。《大略篇》明确地说"夫行也者,行礼之谓也",又说"行之得其节,礼之序也"。总之,君子要依礼而言、循礼而行,"礼"是君子言行的规范。

荀子主张"性恶",认为"其善者伪也",这可以理解为人要自觉地用现实社会的秩序规范来改造自己,即所谓"化性起伪",强调将外在的"礼"加于自身,故《致士篇》曰:"礼及身而行修。"《乐论篇》曰:"礼修而行成。"可见,荀子提倡的修养方法主要是由外而内,通过"学"和"为"来习得,故《劝学篇》云:"木受绳则直,金就砺则利,君子博学而日参省乎己,则知明而行无过矣。"在荀子看来,只有用礼义规范自己的言行,不断地实践和修习,才能成为君子。《性恶篇》说:"今之人化师法、积文学、道礼义者为君子。"《儒效篇》也说:"人积耨耕而为农夫,积斫削而为工匠,积反货而为商贾,积礼义而为君子。"值得一提的是,荀子所提倡的"礼义"和"仁"是相通的,尽管他强调外在的一面,但并没有抛弃内在的一面。《大略篇》云"礼以顺人心为本",即使《礼经》上没有记载,只要合乎人情、顺应人心的行为都可以看作"礼"。从这一点也可以看出荀子对儒家传统的继承,只不过他将"仁"含摄于"礼",认为内在的"仁"需要通过外在的"礼"才能存在或者表现出来：

仁、义、礼、乐，其致一也。君子处仁以义，然后仁也；行义以礼，然后义也；制礼反本成末，然后礼也。三者皆通，然后道也。（《大略篇》）

这里就提到，"仁"要通过"义"而得到实现，"义"要通过"礼"而表现出来。如果说"仁"是自然的心理情感，那么荀子则将其转化为一种道德情感，上升到更为现实的理性层面。简括而言，荀子重"礼"，一方面指出道德规范由外而内对君子的约束和陶铸，另一方面强调君子在推行礼法纲纪中的关键性作用。

如上所论，孟子、荀子君子观的侧重点不同，选取的角度不一样，从中反映出他们思想主张的差异。但同时也应看到，作为孔子学说的继承者和发展者，同处战国纷争、礼崩乐坏的时代，孟子、荀子对于君子人格的理想也有不少共同点。比如，关于"时"和"命"，孟子提出："君子行法以俟命而已矣。"（《尽心下》）又说：

尽其心者，知其性也。知其性，则知天矣。存其心，养其性，所以事天也。夭寿不贰，修身以俟之，所以立命也。（《尽心上》）

就是说君子安身立命，应当遵循法度，修养内在的心性，做到"尽心""知性"，然后等待天命的安排。

荀子也引孔子的话表达了类似的观点：

夫贤不肖者，材也；为不为者，人也；遇不遇者，时也；死生者，命也。今有其人，不遇其时，虽贤，其能行乎？苟遇其时，何难之有！故君子博学深谋，修身端行，以俟其时。（《宥坐篇》）

虽然时机是能否实现理想的重要因素，但君子能做的是博学深思，修身正行，以待时机。

因此，把他们的观点参照起来看，可以得到更为完整、立体的先秦儒家的君子形象。

另外，孟子、荀子在心性修养方面也有可资参照之处。如前所述，孟子在君子修养方面突出了心性内省的一面，强调"存心"和"养性"的重要，认为"养心莫善于寡欲"，并指出，"其为人也寡欲，虽有不存焉者，寡矣。其为人也多欲，虽有存焉者，寡矣"（《尽心下》）。与之相类似的，荀子提出"君子养心莫善于诚"：

> 君子养心莫善于诚，致诚则无他事矣。惟仁之为守，惟义之为行。诚心守仁则形，形则神，神则能化矣。诚心行义则理，理则明，明则能变矣。（《不苟篇》）

"致诚"的观点很容易让人联想到《孟子·离娄上》中的话："诚身有道，不明乎善，不诚其身矣。……至诚而不动者，未之有也。不诚，未有能动者也。"而荀子也说：

> 善之为道者，不诚则不独，不独则不形。……天地为大矣，不诚则不能化万物；圣人为知矣，不诚则不能化万民；父子为亲矣，不诚则疏；君上为尊矣，不诚则卑。"（《不苟篇》）

又如，孟子曾提出颇具神秘主义倾向的"养气"说，他说"我善养吾浩然之气"：

> 其为气也，至大至刚，以直养而无害，则塞于天地之间。其为气也，

配义与道；无是，馁也。是集义所生者，非义袭而取之也。行有不慊于心，则馁矣。（《公孙丑上》）

这段表述一方面涉及先秦养生的思想理论，另一方面主要是讲伦理学中理性凝聚的问题。可与之相联系的是，荀子也提到"治气养心之术"，涉及生理和心理两个方面，特别是他所主张的"虚一而静，谓之大清明"，很可能是受了道家黄老学派气功养生的影响。不过，荀子即使是讲内在心性这一面，也还是不离外在的"礼"。比如他讲"治气养心"，依然强调用"礼"来调理心性、涵养性情：

凡用血气、志意、知虑，由礼则治通，不由礼则勃乱提僈；食饮、衣服、居处、动静，由礼则和节，不由礼则触陷生疾；容貌、态度、进退、趋行，由礼则雅，不由礼则夷固、僻违、庸众而野。（《修身篇》）

他总结说："凡治气养心之术，莫径由礼。"无论是属于生理范畴的血气，还是属于心理范畴的知虑、志意，都可以通过"礼"加以调节，使之由乱转化为治。

墨家

墨家的代表就是墨子。"孔子、墨子俱道尧舜而取舍不同",冯友兰先生说墨子是孔子的第一个反对者,先秦时期儒墨是相互对立乃至相互攻击的两个学派。儒家提倡亲亲,爱有差等,墨家则主张兼爱。儒家重视礼乐,将其作为治国的重要手段,并固化形成制度,而墨家则不满于礼的烦琐,并且主张非乐,认为音乐是供贵族享受的奢侈品,过于重视礼乐会造成铺张浪费。儒家为了体现孝道,主张厚葬久丧,而墨家则提倡节俭,要求薄葬短丧。与儒家相比,《墨子》中的"君子"最大的特点是具有鲜明的庶民色彩。虽然作为社会的治理者,身处社会上层,但他们一方面重视百姓的利益,关心人民的疾苦,另一方面还身体力行,亲自参加农业生产,自食其力,为下层群众做出表率。《墨子》中的"君子"之所以具有这些特点,是因为墨家学派的成员多数来自下层劳动者,他们具有农业生产的经验和底层生活的经历,因而他们理想中的"君子"具有更多的平民色彩。

墨子

《墨子》简介

《墨子》是记载墨子思想的著作,由墨子门人弟子及后学记录、整理、编纂而成。

墨子是先秦时期重要的思想家,生卒年不详,《史记》对其生平仅有"盖墨翟,宋之大夫,善守御,为节用,或曰并孔子时,或曰在其后"的记载。墨子提出了"兼爱""非攻""尚贤""尚同""天志""明鬼""非命""非乐""节葬""节用"等观点。他的思想在战国时期一度影响很大,成为一时显学,但秦汉以后衰微并逐渐失传。

《墨子》一书，据《汉书·艺文志》记载为七十一篇，现存五十三篇，其中《经上》《经下》《经说上》《经说下》《大取》《小取》等六篇，一般称作墨辩或墨经，着重阐述墨家的认识论和逻辑思想，还包含许多自然科学的内容。

墨学研究从汉代开始长期处于低谷。清代诸子学、考据学大兴，墨学研究有所恢复，毕沅、王念孙、孙诒让等对《墨子》都做过考订，其中成就最高的是孙诒让《墨子间诂》，该书在校勘、训诂方面精审详备，是墨学史上的里程碑。近现代以来的主要成果有吴毓江《墨子校注》、谭戒甫《墨辩发微》、岑仲勉《墨子城守各篇简注》等。

《墨子》书影（四部丛刊初编影明刊本）

《墨子》中的"君子"

《墨子》中多见"士君子"一词，共有三十六例，在其他先秦典籍中只有《荀子》中用到"士君子"这个词，但《荀子》中的"士君子"是指有学问而品德高尚之人，《墨子》中的"士君子"则是指上层的统治阶级，如：

而今天下之士君子，居处言语皆尚贤，逮至其临众发政而治民，莫知尚贤而使能。我以此知天下之士君子，明于小而不明于大也。（《尚贤下》）

曰：今也天下之士君子，皆欲富贵而恶贫贱。曰：然女何为而得富贵而辟贫贱？莫若为贤。（《尚贤下》）

今天下之士君子，忠实欲天下之富而恶其贫，欲天下之治而恶其乱，

执有命者之言不可不非,此天下之大害也。(《非命上》)

今天下之士君子,中实将欲求兴天下之利,除天下之害,当若有命者之言,不可不强非也。(《非命下》)

作为"临众发政而治民"的统治阶层,"士君子"有他们的政治理想:"欲天下之富""欲天下之治""欲求兴天下之利,除天下之害"。墨子指出,想要实现这些理想,就应该采取他所谓的"尚贤""非攻""非命""非乐""节葬"等主张。下面一例比较特殊:

今天下之士君子之书,不可胜载,言语不可尽计,上说诸侯,下说列士,其于仁义则大相远也。(《天志上》)

康有为《孔子改制考》中说:"书不胜载,语不可计,则当时子书多甚,如今诸教之藏经矣。墨子皆遍攻之,以为远于仁义。"据此,所谓的"士君子之书"是指诸子的著作,诸子著书立说的目标对象包括"诸侯"和"列士",所以这里的"士君子"应该理解为士和君子。此外,《墨子》中还多次提到"世俗之君子(世之君子)":

子墨子曰:"世俗之君子,贫而谓之富,则怒;无义而谓之有义,则喜。岂不悖哉!"(《耕柱》)

子墨子曰:"世之君子欲其义之成,而助之修其身则愠,是犹欲其墙之成,而人助之筑则愠也。岂不悖哉!"(《贵义》)

世俗之君子,视义士不若负粟者。今有人于此,负粟息于路侧,欲起而不能,君子见之,无长少贵贱,必起之。何故也?曰义也。今为义之君子,奉承先王之道以语之,纵不说而行,又从而非毁之。则是世俗之君子之视义士也,不若视负粟者也。(《贵义》)

世俗之君子，皆知小物而不知大物。今有人于此，窃一犬一彘则谓之不仁，窃一国一都则以为义。譬犹小视白谓之白，大视白则谓之黑。是故世俗之君子，知小物而不知大物者，此若言之谓也。（《鲁问》）

"世俗之君子"与"为义之君子"相对，是墨子批评的对象，作为合乎墨家理想的"君子"的对立面而出现。

儒、墨是先秦时期的两大显学，面对礼崩乐坏的社会现实，两家有各自的主张，形成了各具特色的思想体系，可以说是两个对立的学派，相互之间有过激烈的争辩。孙诒让云："春秋之后，道术纷歧，倡异说以名家者十余，然惟儒墨为最盛，其相非亦最甚。"不过，儒、墨两家也有不少相通之处，比如关于理想中的君子人格和君子之道，都注重自身内在的修养，而不苛求于外物、苛责于他人。《墨子》有如下一些描述："是故君子自难而易彼，众人自易而难彼。君子进不败其志，内究其情，虽杂庸民，终无怨心，彼有自信者也。"（《亲士》）可相参照的是，《论语·卫灵公》："躬自厚而薄责于人,则远怨矣。"又《修身》："君子察迩而迩修者也。见不修行，见毁，而反之身者也，此以怨省而行修矣。"可相参照的是，《孟子·离娄上》："行有不得者，皆反求诸己。"又《修身》："君子之道也，贫则见廉，富则见义，生则见爱，死则见哀。"《论语·宪问》也说"见利思义"，《孟子·滕文公下》云"富贵不能淫，贫贱不能移，威武不能屈"。

墨家也讲"仁义"。《非儒下》："夫一道术学业，仁义也。皆大以治人，小以任官，远施周偏，近以修身，不义不处，非理不行，务兴天下之利，曲直周旋，（不）利则止，此君子之道也。以所闻孔丘之行，则本与此相反谬也。"这里提到真正的仁义目的是"务兴天下之利"，而在儒家思想中，"利"与"仁义"是相互对立、相互排斥的。《论语·里仁》："君子喻于义，小人喻于利。"《孟子》首章云："王何必曰利？亦有仁义而已矣。"在墨子看来，孔子所行的是假仁假义，与真正的君子之道相背离。不过，需要说明的是,"利"有偏狭的自利与天下之利的区别,《论语》《孟子》与《墨子》中所说的"利"应该有所不同。对于宋襄公式的迂腐的仁义,墨子更是明确地反对。《非儒下》:"又曰:'君子胜不逐奔,掩函弗射,施则助之胥车。'应之曰:若皆仁人也,则无说而相与。……若两暴交争,其胜者欲不逐奔,掩函弗射,施则助之胥车,虽尽能犹且不得为君子也。……暴乱之人也得活,天下害不除,是为群残父母而深贱世也,不义莫大焉!"在墨子看来,如果双方都是仁人,那么大家以理服人,没有必要相争。如果两方相争,皆为残暴之人,那么即使胜者不追射逃敌,还去帮助逃敌推车,也不能成为君子。墨子认为残暴之人是天下的祸害,不除掉他们,会遗祸于父母及世人,是为不义。

儒家与墨家在诸多问题上存在分歧,为此争论不止,相互批评对方。反映在君子观上,两家也有较大差异。《墨子》中作为正面形象的"君子"虽然也和儒家的"君子"一样强调修身,但是两者的具体形象有所不同。与儒家相比,《墨子》中的君子更重视下层人民,并且亲自参与农业生产。《辞过》云:"古之民未知为饮食时,素食而分处。故圣人作诲男耕稼树艺,以为民食。"《尚贤中》云:"贤者之治邑也,蚤出莫入,耕稼、树艺、聚菽粟,是以菽粟多而民足乎食。"这里的"圣人"和"贤者"就是君子的代表,他们教老百姓耕稼栽种,并且亲自参加劳作,为百姓做出表率。而儒家的君子则更注重"求道",即关注内在的道德修养和治国理政的能力,对于具体的生产劳动有所轻视。如《子路》篇云:"樊迟请学稼,子曰:'吾不如老农。'请学为圃,曰:'吾不如老圃。'樊迟出,子曰:'小人哉樊须也!上好礼,则民莫敢不敬;上好义,则民莫敢不服;上好信,则民莫敢不用情。夫如是,则四方之民襁负其子而至矣,焉用稼?'"儒家的君子首先是一个"士",即读书人,他们在教育和文化程度上优于平民,但很少参加生产劳动。而墨家重视实践胜过学识,《修身》云:"士虽有学,而行为本焉。"

墨子不认同儒家君子的一些主张和做法,并做了有针对性的辩驳。例如,《非儒下》:"儒者曰:'君子必服古言然后仁。'应之曰:'所谓古之言服者,皆尝新矣,而古人言之、服之,则非君子也。然则必服非君子之服,言非君子之言,而后仁乎?'又曰:'君子循而不作。'应之曰:'古者羿作弓,伃作甲,奚仲作车,巧垂作舟。然则今之鲍、函、车、匠皆君子也,而羿、伃、奚仲、巧垂皆小人邪?且其所循,人必或作之,然则其所循皆小人道也?'"由此可见,在墨子看来,君子不必保守复古、因循守旧,而应具有创新的精神和能力。墨子对于儒家的"述而不作"也有不同的看法,《耕柱》:"公孟子曰:'君子不作,术(述)而已。'子墨子曰:'不然,人之其不君子者,古之善者不诛(述),今也善者不作。其次不君子者,古之善者不遂(述),己有善则作之,欲善之自己出也。今诛而不作,是无所异于不好遂而作者矣。吾以为古之善者则诛之,今之善者则作之,欲善之益多也。'"墨子把不述也不做看作最不君子的表现,即不继承前人,也不自己创造。同时,他不赞成单述而不作,即只是继承前人,而没有自己的创新,也不赞成不述而作,即不继承前人,而一心只想自己有所创造。墨子认为一方面要继承前代的优秀传统,另一方面则要与时俱进、锐意革新。

此外,《墨子》中的"君子"崇尚"节用",避免不必要的损失和浪费,又主张"节葬":"若以中国之君子观之,则亦犹厚矣。如彼则大厚,如此则大薄,然则葬埋之有节矣。故衣食者,人之生利也,然且犹尚有节;葬埋者,人之死利也,夫何独无节于此乎。"这与主张"礼""孝"从而提倡厚葬的儒家有很大区别。然而过分的节用尚俭,乃至违背人之常情,将使一般人望而却步。《庄子·天下》曾评论墨家说:"其生也勤,其死也薄,其道大觳。使人忧,使人悲,其行难为也。恐其不可以为圣人之道,反天下之心,天下不堪。"庄子批评墨子之道没有顾及人伦之常,不能顺天下人之性。这也是墨家后来趋于衰微,影响逐渐减小的重要原因。

墨家学派成员的组成和墨家成员的经历影响和决定了墨家君子观的形成。墨家主要由下层劳动者组成,如墨子的弟子耕柱子、跌鼻、索卢参、田系、彭轻生、苦获等都出身底层平民，他们的思想带有理想主义色彩，追求人人平等、和睦相处。另外，他们具有丰富的生产和生活的实际经验，他们的知识也主要来源于此。因此，墨家的君子参与劳作，自食其力，重视稼穑知识以及手工业技术，具有鲜明的庶民色彩。

总体上说，墨家的君子是蕴含了墨家的政治理念、精神追求的人格形象，充分体现了墨子的主张。君子的美好品德是建立在兼爱互利的基础上的。在墨子看来，道德与利不能分离，利应该成为善的标准，当然这种利不是一种偏狭的自利，而是民众的共同利益。从这个角度出发，才能更好地理解《墨子》中独特的君子人格和形象。

现实启示

《墨子》中的理想"君子"因与儒家君子概念存在区别，而显示出独特的意义。也可以说，《墨子》提供了君子的另一种可能，或者说，《墨子》补充和丰富了先秦君子的形象。其中有一些关于君子的论述对于当下可能更有现实价值和启发意义。下面试举几例。

《亲士》："是故君子自难而易彼，众人自易而难彼。君子进不败其志，内（退）究其情，虽杂庸民，终无怨心，彼有自信者也。"这段话的前面提及晋文公、齐桓公和越王勾践三位贤君，所以这里的"君子"盖有所指。墨子特别强调君子的"自信"，这种自信绝不是高傲自恃、自以为是，把自己凌驾于他人之上，而是"自难而易彼"，即严于律己、宽以待人。君子对自己的要求高，是因为相信自己能够克服各种困难，达成自己的理想。这种自信还体现在，无论是顺境还是逆境，君子都能初心不改、素志不变，而且从不怨天尤人，因为他相信，穷居于陋巷、杂处于庸众、不被人了解是暂时的，自己终有机会施展才能、实现抱负。如果我们能够保持内心的强大，有足够的自信，那么外在的处境就不足以对我们产生影响，无论别人怎么对待我们，我们也不会心生计较。因此，唯有自信之人，方能宽容待人。

《非攻中》："古者有语曰：'君子不镜于水，而镜于人。镜于水见面之容，镜于人则知吉与凶。'"唐太宗李世民说："以铜为鉴，可正衣冠；以古为鉴，可知兴替；以人为鉴，可明得失。"正是本于这句古语。虽然我们每个人都觉得最了解自己的人是本人，没有人能比自己更了解"我"，但是一个人对自己的认识是会有盲点的，特别是当我们被一些主观的情绪遮蔽的时候，往往难以看清自己的弱点和缺失，所以必须借助于别人来更全面地认识自己。这就是为什么要以别人为镜子。我们在生活和工作中会接触到各种各样的人，一方面，通过观察别人，有时就可以照见我们自身，也就是《论语》所说的"见贤思齐，见不贤而内自省也"，别人的经验教训可以给我们很大的帮助；另一方面，别人会有意、无意地对我们的所作所为给予反馈，有的是通过言语，有的是通过表情，有的是通过动作，我们应该细心留意别人对我们的态度，时刻反省自己，如果别人对我们提出意见甚至批评，我们更应该感谢，并且虚心接受。所以说他人这面镜子对于我们至为重要。

《公孟》："公孟子谓子墨子曰：'君子共己以待，问焉则言，不问焉则止。譬若钟然，扣则鸣，不扣则不鸣。'子墨子曰：'……若大人为政，将因于国家之难，譬若机之将发也然，君子之必以谏，然而大人之利，若此者，虽不扣必鸣者也。'"这段话中墨子针对公孟子所说的君子"问焉则言，不问焉则止"，提出不同的观点，认为在某些特殊的情况下，比如关涉国家安危的时候，君子应该挺身而出，当仁不让，勇于发声，敢于直言。这体现出墨家有别于儒、道之处。儒家主张中庸，道家明哲保身，相比之下，墨家可贵的地方在于可以为了利益天下而牺牲自己。这种为了国家的安危而不计个人利益的无私精神，应该得到推崇和弘扬。

资料摘编

亲士

吾闻之曰："非无安居也，我无安心也；非无足财也，我无足心也。"是故君子自难而易彼，众人自易而难彼。君子进不败其志，内究其情，虽杂庸民，终无怨心，彼有自信者也。

故虽有贤君，不爱无功之臣；虽有慈父，不爱无益之子。是故不胜其任而处其位，非此位之人也；不胜其爵而处其禄，非此禄之主也。良弓难张，然可以及高入深；良马难乘，然可以任重致远；良才难令，然可以致君见尊。是故江河不恶小谷之满己也，故能大。圣人者，事无辞也，物无违也，故能为天下器。

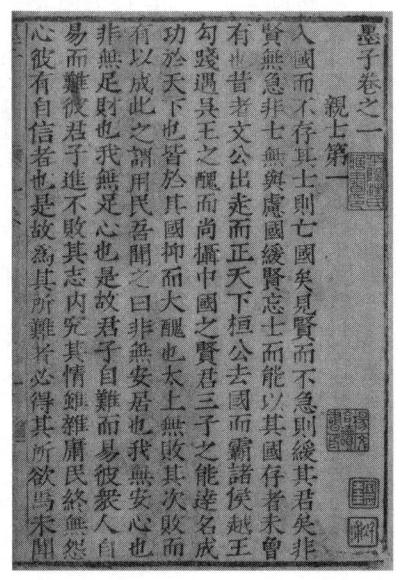

《墨子》书影（嘉靖三十一年芝城铜活字蓝印本）

修身

君子战虽有陈，而勇为本焉；丧虽有礼，而哀为本焉；士虽有学，而行为本焉。是故置本不安者，无务丰末；近者不亲，无务来远；亲戚不附，无务外交；事无终始，无务多业；举物而闇，无务博闻。是故先王之治天下也，必察迩来远。君子察迩而迩修者也。见不修行，见毁，而反之身者也，此以怨省而行修矣。

谮慝之言，无入之耳；批扞之声，无出之口；杀伤人之孩，无存之心；虽有诋讦之民，无所依矣。故君子力事日强，愿欲日逾，设壮日盛。

君子之道也，贫则见廉，富则见义，生则见爱，死则见哀。四行者不可虚假，反之身者也。藏于心者无以竭爱，动于身者无以竭恭，出于口者无以竭驯。畅之四支，接之肌肤，华发隳颠，而犹弗舍者，其唯圣人乎！

法仪

然则奚以为治法而可？当皆法其父母，奚若？天下之为父母者众，而仁者寡，若皆法其父母，此法不仁也。法不仁，不可以为法。当皆法其学，奚若？天下之为学者众，而仁者寡，若皆法其学，此法不仁也。法不仁，不可以为法。当皆法其君，奚若？天下之为君者众，而仁者寡，若皆法其君，此法不仁也。法不仁，不可以为法。故父母、学、君三者，莫可以为治法。

七患

食者国之宝也，兵者国之爪也，城者所以自守也，此三者国之具也。故曰：以其极役赏以赐无功，虚其府库以备车马衣裘奇怪，苦其役徒以治宫室观乐，死又厚为棺椁，多为衣裘，生时治台榭，死又修坟墓，故民苦于外，府库单于内，上不厌其乐，下不堪其苦。故国离寇敌则伤，民见凶饥则亡，此皆备不具之罪也。且夫食者，圣人之所宝也。故《周书》曰："国无三年之食者，国非其国也；家无三年之食者，子非其子也。"此之谓国备。

辞过

古之民未知为衣服时，衣皮带茭，冬则不轻而温，夏则不轻而清。圣王以为不中人之情，故作诲妇人治丝麻，捆布绢，以为民衣。为衣服之法：冬则练帛之中，足以为轻且暖，夏则绤绤之中，足以为轻且清。谨此则止。故圣人之为衣服，适身体、和肌肤而足矣，非荣耳目而观愚民也。

古之民未知为饮食时，素食而分处。故圣人作诲男耕稼树艺，以为民食。其为食也，足以增气充虚、强体适腹而已矣。故其用财节，其自养俭，民富国治。

凡回于天地之间，包于四海之内，天壤之情，阴阳之和，莫不有也，虽至圣不能更也。何以知其然？圣人有传：天地也，则曰上下；四时也，则曰阴阳；人情也，则曰男女；禽兽也，则曰牡牝雄雌也。真天壤之情，虽有先王，不能更也。虽上世至圣，必蓄私不以伤行，故民无怨。

凡此五者，圣人之所俭节也，小人之所淫佚也。俭节则昌，淫佚则亡。此五者不可不节，夫妇节而天地和，风雨节而五谷孰，衣服节而肌肤和。

尚贤上

故古者圣王之为政，列德而尚贤，虽在农与工肆之人，有能则举之，高予之爵，重予之禄，任之以事，断予之令，曰："爵位不高，则民弗敬，蓄禄不厚，则民不信，政令不断，则民不畏。"举三者授之贤者，非为贤赐也，欲其事之成。

尚贤中

子墨子言曰：今王公大人之君人民、主社稷、治国家，欲修保而勿失，故不察尚贤为政之本也。何以知尚贤之为政本也？曰：自贵且智者为政乎愚且贱者则治，自愚且贱者为政乎贵且智者则乱，是以知尚贤之为政本也。故古者圣王甚尊尚贤而任使能，不党父兄，不偏贵富，不嬖颜色。贤者举而上之，富而贵之，以为官长；不肖者抑而废之，贫而贱之，以为徒役，是以民皆劝其赏，畏其罚，相率而为贤。是以贤者众而不肖者寡，此谓进贤。然后圣人听其言，迹其行，察其所能而慎予官，此谓事能。故可使治国者使治国，可使长官者使长官，可使治邑者使治邑。凡所使治国家、官府、邑里，此皆国之贤者也。

贤者之治国也，蚤朝晏退，听狱治政，是以国家治而刑法正。贤者之长官也，夜寝夙兴，收敛关市、山林、泽梁之利，以实官府，是以官府实而财不散。贤者之治邑也，蚤出莫入，耕稼、树艺、聚菽粟，是以菽粟多而民足乎食。故国家治则刑法正，官府实则万民富。上有以絜为酒醴粢盛，以祭祀天鬼。外有以为皮币，与四邻诸侯交接。内有以食饥息劳，将养其万民，外有以怀天下之贤人。是故上者天鬼富之，外者诸侯与之，内者万民亲之，贤人归之。以此谋事则得，举事则成，入守则固，出诛则强。故唯昔三代圣王尧舜禹汤文武之所以王天下、正诸侯者，此亦其法已。

古者圣王唯毋得贤人而使之，般爵以贵之，裂地以封之，终身不厌。贤人唯毋得明君而事之，竭四肢之力以任君之事，终身不倦。若有美善则归之上，是以美善在上而所怨谤在下，宁乐在君，忧戚在臣，故古者圣王之为政若此。

事则不与，禄则不分，请问天下之贤人将何自至乎王公大人之侧哉？若苟贤者不至乎王公大人之侧，则此不肖者在左右也。不肖者在左右，则其所誉不当贤，而所罚不当暴。王公大人尊此以为政乎国家，则赏亦必不当贤，而罚亦必不当暴。若苟赏不当贤，而罚不当暴，则是为贤者不劝，而为暴者不沮矣。

古者舜耕历山，陶河濒，渔雷泽，尧得之服泽之阳，举以为天子，与接天下之政，治天下之民。伊挚，有莘氏女之私臣，亲为庖人，汤得之，举以为己相，与接天下之政，治天下之民。傅说被褐带索，庸筑乎傅岩，武丁得之，举以为三公，与接天下之政，治天下之民。此何故始贱卒而贵，始贫卒而富？则王公大人明乎以尚贤使能为政。是以民无饥而不得食，寒而不得衣，劳而不得息，乱而不得治者。故古圣王以审以尚贤使能为政，而取法于天。虽天亦不辩贫富贵贱，远迩亲疏，贤者举而尚之，不肖者抑而废之。

然则天之所使能者，谁也？曰：若昔者禹稷皋陶是也。何以知其然也？先王之书《吕刑》道之曰："皇帝清问下民，有辞有苗，曰：'群后之肆在下，明明不常，鳏寡不盖。德威维威，德明维明。'乃名三后，恤功于民。伯夷降典，哲民维刑。禹平水土，主名山川。稷隆播种，农殖嘉谷。三后成功，维假于民。"则此言三圣人者，谨其言，慎其行，精其思虑，索天下之隐事遗利以上事天，则天乡其德。下施之万民，万民被其利，终身无已。

《周颂》道之曰："圣人之德，若天之高，若地之普。其有昭于天下也，若地之固，若山之承。不坏不崩，若日之光，若月之明，与天地同常。"则此言圣人之德章明博大，埴固以修久也。故圣人之德，盖总乎天地者也。

今王公大人欲王天下、正诸侯，夫无德义，将何以哉？其说将必挟震威强。今王公大人将焉取挟震威强哉？倾者民之死也。民，生为甚欲，死为甚憎，所欲不得而所憎屡至，自古及今，未尝能有以此王天下、正诸侯者也。今大人欲王天下、正诸侯，将欲使意得乎天下，名成乎后世，故不察尚贤为政之本也？此圣人之厚行也。

尚贤下

而今天下之士君子，居处言语皆尚贤，逮至其临众发政而治民，莫知尚贤而使能。我以此知天下之士君子，明于小而不明于大也。何以知其然乎？今王公大人有一牛羊之财不能杀，必索良宰。有一衣裳之财不能制，必索良工。当王公大人之于此也，虽有骨肉之亲、无故富贵、面目美好者，实知其不能也，不使之也。是何故？恐其败财也。当王公大人之于此也，则不失尚贤而使能。王公大人有一罢马不能治，必索良医。有一危弓不能张，必索良工。……逮至其国家则不然，王公大人骨肉之亲、无故富贵、面目美好者，则举之。则王公大人之亲其国家也，不若亲其一危弓、罢马、衣裳、牛羊之财与！我以此知天下之士君子皆明于小而不明于大也。

古者圣王既审尚贤，欲以为政，故书之竹帛，琢之盘盂，传以遗后世子孙。于先王之书《吕刑》之书然："王曰：於！来，有国有土，告女讼刑。在今而安百姓，女何择言人？何敬不刑？何度不及？"能择人而敬为刑，尧舜禹汤文武之道可及也。是何也？则以尚贤及之。于先王之书《竖年》之言然，曰："晞夫圣武知人，以屏辅而身。"此言先王之治天下也，必选择贤者，以为其群属辅佐。

曰：今也天下之士君子，皆欲富贵而恶贫贱。曰：然女何为而得富贵而辟贫贱？莫若为贤。

是故昔者尧有舜，舜有禹，禹有皋陶，汤有小臣，武王有闳夭、泰颠、南宫括、散宜生，而天下和，庶民阜。是以近者安之，远者归之，日月之所照，舟车之所及，雨露之所渐，粒食之民，莫不劝誉。且今天下之王公大人士君子，中实将欲为仁义，求为上士，上欲中圣王之道，下欲中国家百姓之利。故尚贤之为说，而不可不察此者也。

尚同上

夫明虖天下之所以乱者，生于无政长，是故选天下之贤可者……是故里长者，里之仁人也。里长发政里之百姓，言曰："闻善而不善，必以告其乡长。乡长之所是必皆是之，乡长之所非必皆非之。去若不善言，学乡长之善言。去若不善行，学乡长之善行。"则乡何说以乱哉？察乡之所治者，何也？乡长唯能一同乡之义，是以乡治也。

乡长者，乡之仁人也。乡长发政乡之百姓，言曰："闻善而不善者，必以告国君。国君之所是必皆是之，国君之所非必皆非之。去若不善言，学国君之善言；去若不善行，学国君之善行。"则国何说以乱哉？察国之所以治者，何也？国君唯能壹同国之义，是以国治也。

国君者，国之仁人也。国君发政国之百姓，言曰："闻善而不善，必以告天子。天子之所是皆是之，天子之所非皆非之。去若不善言，学天子之善言；去若不善行，学天子之善行。"则天下何说以乱哉？察天下之所以治者，何也？天子唯能壹同天下之义，是以天下治也。

尚同中

是故里长顺天子政，而一同其里之义。里长既同其里之义，率其里之万民以尚同乎乡长，曰："凡里之万民，皆尚同乎乡长，而不敢下比。乡长之所是必亦是之，乡长之所非必亦非之。去而不善言，学乡长之善言；去而不善行，学乡长之善行。"乡长固乡之贤者也，举乡人以法乡长，夫乡何说而不治哉？察乡长之所以治乡者，何故之以也？曰：唯以其能一同其乡之义，是以乡治。

国君治其国，而国既已治矣，有率其国之万民，以尚同乎天子，曰："凡国之万民，上同乎天子，而不敢下比。天子之所是必亦是之，天子之所非必亦非之。去而不善言，学天子之善言。去而不善行，学天子之善行。"天子者，固天下之仁人也。举天下之万民以法天子，夫天下何说而不治哉？察天子之所以治天下者，何故之以也？曰：唯以其能一同天下之义，是以天下治。

故古者圣人之所以济事成功、垂名于后世者，无他故异物焉，曰唯能以尚同为政者也。是以先王之书《周颂》之道之曰："载来见彼王，聿求厥章。"则此语古者国君诸侯之以春秋来朝聘天子之廷，受天子之严教，退而治国，政之所加，莫敢不宾。

是故子墨子曰：今天下之王公大人士君子，请将欲富其国家，众其人民，治其刑政，定其社稷，当若尚同之不可不察，此之本也。

尚同下

然计得下之情将奈何可？故子墨子曰：唯能以尚同一义为政，然后可矣。何以知尚同一义之可而为政于天下也？然胡不审稽古之治为政之说乎？古者天之始生民未有正长也，百姓为人。若苟百姓为人，是一人一义，十人十义，百人百义，千人千义，逮至人之众不可胜计也，则其所谓义者亦不可胜计。此皆是其义而非人之义，是以厚者有斗而薄者有争。是故天下之欲同一天下之义也，是故选择贤者立为天子。

圣王皆以尚同为政，故天下治。何以知其然也？于先王之书也《大誓》

之言然，曰："小人见奸巧乃闻，不言也，发罪钧。"此言见淫辟不以告者，其罪亦犹淫辟者也。

古者有语焉，曰："一目之视也，不若二目之视也。一耳之听也，不若二耳之听也。一手之操也，不若二手之强也。"夫唯能信身而从事，故利若此。是故古之圣王之治天下也，千里之外有贤人焉，其乡里之人皆未之均闻见也，圣王得而赏之；千里之内有暴人焉，其乡里未之均闻见也，圣王得而罚之。故唯毋以圣王为聪耳明目与？岂能一视而通见千里之外哉，一听而通闻千里之外哉。圣王不往而视也，不就而听也，然而使天下之为寇乱盗贼者，周流天下无所重足者，何也？其以尚同为政善也。

是以子墨子曰：今天下王公大人士君子，中情将欲为仁义，求为上士，上欲中圣王之道，下欲中国家百姓之利，故当尚同之说而不可不察。尚同为政之本，而治要也。

兼爱上

圣人以治天下为事者也，必知乱之所自起，焉能治之；不知乱之所自起，则不能治。譬之如医之攻人之疾者然，必知疾之所自起，焉能攻之；不知疾之所自起，则弗能攻。治乱者何独不然，必知乱之所自起，焉能治之；不知乱之所自起，则弗能治。

圣人以治天下为事者也，不可不察乱之所自起。当察乱何自起？起不相爱。

故圣人以治天下为事者，恶得不禁恶而劝爱？故天下兼相爱则治，交相恶则乱。故子墨子曰：不可以不劝爱人者，此也。

兼爱中

子墨子言曰：仁人之所以为事者，必兴天下之利，除去天下之害，以此为事者也。然则天下之利何也？天下之害何也？子墨子言曰：今若国之与国之相攻，家之与家之相篡，人之与人之相贼，君臣不惠忠，父子不慈孝，兄弟不和调，此则天下之害也。

天下之人皆不相爱，强必执弱，众不劫寡，富必侮贫，贵必敖贱，诈必欺愚。凡天下祸篡怨恨，其所以起者，以不相爱生也，是以仁者非之。

天下之人皆相爱，强不执弱，众不劫寡，富不侮贫，贵不敖贱，诈不欺愚。凡天下祸篡怨恨可使毋起者，以相爱生也，是以仁者誉之。

然而今天下之士君子曰：然，乃若兼则善矣。虽然，天下之难物于故也。子墨子言曰：天下之士君子，特不识其利、辩其故也。今若夫攻城野战，杀身为名，此天下百姓之所皆难也。苟君说之，则士众能为之。况于兼相爱、交相利，则与此异。夫爱人者，人必从而爱之；利人者，人必从而利之。恶人者，人必从而恶之；害人者，人必从而害之。此何难之有？特上弗以为政，士不以为行故也。

然而今天下之士君子曰：然！乃若兼则善矣。虽然，不可行之物也，譬若挈太山越河济也。子墨子言：是非其譬也。夫挈太山而越河济，可谓毕劫有力矣，自古及今未有能行之者也。况乎兼相爱，交相利，则与此异，古者圣王行之。何以知其然？古者禹治天下……《传》曰："泰山，有道曾孙周王有事。大事既获，仁人尚作，以祗商夏蛮夷丑貉。虽有周亲，不若仁人。万方有罪，维予一人。"此言武王之事，吾今行兼矣。

是故子墨子言曰：今天下之君子，忠实欲天下之富而恶其贫，欲天下之治而恶其乱，当兼相爱，交相利。此圣王之法，天下之治道也，不可不务为也。

兼爱下

子墨子言曰：仁人之事者，必务求兴天下之利，除天下之害。然当今之时，天下之害孰为大？曰：若大国之攻小国也，大家之乱小家也，强之劫弱，众之暴寡，诈之谋愚，贵之敖贱，此天下之害也。又与为人君者之不惠也，臣者之不忠也，父者之不慈也，子者之不孝也，此又天下之害也。又与今人之贱人，执其兵刃毒药水火，以交相亏贼，此又天下之害也。姑尝本原若众害之所自生，此胡自生？此自爱人利人生与？即必曰非然也，必曰从恶人贼人生。分名乎天下恶人而贼人者，兼与？别与？即必曰别也。然即之交别者，果生天下之大害者与？是故别非也。

且乡吾本言曰：仁人之事者，必务求兴天下之利，除天下之害。今吾本原兼之所生天下之大利者也，吾本原别之所生天下之大害者也。是故子墨子曰：别非而兼是者，出乎若方也。

故兼者，圣王之道也，王公大人之所以安也，万民衣食之所以足也。故君子莫若审兼而务行之。为人君必惠，为人臣必忠，为人父必慈，为人子必孝，为人兄必友，为人弟必悌。故君子莫若欲为惠君、忠臣、慈父、孝子、友兄、悌弟，当若兼之不可不行也，此圣王之道而万民之大利也。

非攻上

今有一人，入人园圃，窃其桃李，众闻则非之，上为政者得则罚之。此何也？以亏人自利也。至攘人犬豕鸡豚者，其不义又甚入人园圃窃桃李。是何故也？以亏人愈多，其不仁兹甚，罪益厚。至入人栏厩，取人马牛者，其不仁义又甚攘人犬豕鸡豚。此何故也？以其亏人愈多。苟亏人愈多，其不仁兹甚，罪益厚。至杀不辜人也，扡其衣裘、取戈剑者，其不义又甚入人栏厩、取人马牛。此何故也？以其亏人愈多，苟亏人愈多，其不仁兹甚矣，罪益厚。当此，天下之君子皆知而非之，谓之不义。今至大为攻国，则弗知非，从而誉之，谓之义。此可谓知义与不义之别乎？

杀一人谓之不义，必有一死罪矣。若以此说往，杀十人，十重不义，必有十死罪矣。杀百人，百重不义，必有百死罪矣。当此，天下之君子皆知而非之，谓之不义。今至大为不义攻国，则弗知而非，从而誉之，谓之义。情不知其不义也，故书其言以遗后世。若知其不义也，夫奚说书其不义以遗后世哉。

今小为非，则知而非之。大为非攻国，则不知而非，从而誉之，谓之义。此可谓知义与不义之辩乎？是以知天下之君子也，辩义与不义之乱也。

非攻中

是故子墨子言曰：古者有语曰："君子不镜于水，而镜于人。镜于水见面之容，镜于人则知吉与凶。"今以攻战为利，则盖尝鉴之于智伯之事乎？此其为不吉而凶，既可得而知矣。

非攻下

子墨子言曰：今天下之所誉善者，其说将何哉？为其上中天之利，而中中鬼之利，而下中人之利，故誉之与？意亡非为其上中天之利，而中中鬼之利，而下中人之利，故誉之与？虽使下之愚人，必曰："将为其上中天之利，而中中鬼之利，而下中人之利，故誉之。"今天下之所同义者，圣王之法也。今天下之诸侯将犹多皆免攻伐并兼，则是有誉义之名，而不察其实也。……是故古之仁人有天下者，必反大国之说，一天下之和，总四海之内，焉率天下之百姓，以农臣事上帝山川鬼神。利人多，功故又大，是以天赏之，鬼富之，人誉之，使贵为天子，富有天下，名参乎天地，至今不废。此则知者之道也，先王之所以有天下者也。

夫无兼国覆军，贼虐万民，以乱圣人之绪。意将以为利天乎？夫取天之人，以攻天之邑，此刺杀天民，剥振神之位，倾覆社稷，攘杀其牺牲，则此上不中天之利矣。意将以为利鬼乎？夫杀之神，灭鬼神之主，废灭先王，贼虐万民，百姓离散，则此中不中鬼之利矣。意将以为利人乎？夫杀之人，为利人也博矣。又计其费，此为害生之本，竭天下百姓之财用不可胜数也，则此下不中人之利矣。

今不尝观其说好攻伐之国？若使中兴师，君子庶人也必且数千，徒倍十万，然后足以师而动矣。久者数岁，速者数月。是上不暇听治，士不暇治其官府，农夫不暇稼穑，妇人不暇纺绩织纴，则是国家失卒，而百姓易务也。然而又与其车马之罢弊也，幔幕帷盖，三军之用，甲兵之备，五分而得其一，则犹为序疏矣。然而又与其散亡道路，道路辽远，粮食不继傺，食饮之时，厕役以此饥寒冻馁疾病而转死沟壑中者，不可胜计也。此其为不利于人也，天下之害厚矣。

是故子墨子曰：今且天下之王公大人士君子，中情将欲求兴天下之利，除天下之害，当若繁为攻伐，此实天下之巨害也。今欲为仁义，求为上士，尚欲中圣王之道，下欲中国家百姓之利，故当若非攻之为说，而将不可不察者此也。

节用上

圣人为政一国，一国可倍也；大之为政天下，天下可倍也。其倍之，非外取地也，因其国家，去其无用之费，足以倍之。圣王为政，其发令兴事、使民用财也，无不加用而为者。是故用财不费，民德不劳，其兴利多矣。

其为甲盾五兵何？以为以圉寇乱盗贼。若有寇乱盗贼，有甲盾五兵者胜，无者不胜，是故圣人作为甲盾五兵。凡为甲盾五兵，加轻以利、坚而难折者，芊鉏不加者去之。

节用中

子墨子言曰：古者明王圣人所以王天下，正诸侯者，彼其爱民谨忠，利民谨厚，忠信相连，又示之以利，是以终身不餍，殁世而不卷。古者明王圣人，其所以王天下、正诸侯者，此也。

古者圣人为猛禽狡兽暴人害民，于是教民以兵行。

节葬下

子墨子言曰：仁者之为天下度也，辟之无以异乎孝子之为亲度也。今孝子之为亲度也，将奈何哉？曰：亲贫则从事乎富之，人民寡则从事乎众之，众乱则从事乎治之。当其于此也，亦有力不足、财不赡、智不智然后已矣，无敢舍余力、隐谋遗利，而不为亲为之者矣。若三务者，孝子之为亲度也，既若此矣。虽仁者之为天下度，亦犹此也。曰：天下贫则从事乎富之，人民寡则从事乎众之，众而乱则从事乎治之。当其于此，亦有力不足、财不赡、智不智然后已矣，无敢舍余力、隐谋遗利，而不为天下为之者矣。若三务者，此仁者之为天下度，既若此矣。

今逮至昔者三代圣王既没，天下失义。后世之君子，或以厚葬久丧以为仁也，义也，孝子之事也。或以厚葬久丧以为非仁义，非孝子之事也。曰二子者，言则相非，行即相反，皆曰："吾上祖述尧舜禹汤文武之道者也。"而言即相非，行即相反。于此乎后世之君子皆疑惑乎二子者言也。若苟疑惑乎之二子者言，然则姑尝传而为政乎国家万民而观之，计厚葬久丧，奚当此三利者哉。意若使法其言，用其谋，厚葬久丧实可以富贫众寡、定危治乱乎？此仁也，义也，孝子之事也，为人谋者不可不劝也。仁者将求兴之天下，谁贾而使民誉之，终勿废也。意亦使法其言，用其谋，厚葬久丧实不可以富贫众寡、定危治乱乎？此非仁非义，非孝子之事也，为人谋者不可不沮也。仁者将求除之天下，相废而使人非之，终身勿为。

今天下之士君子，将犹多皆疑惑厚葬久丧之为中是非利害也。故子墨子言曰：然则姑尝稽之。今虽毋法执厚葬久丧者言，以为事乎国家。此存乎王公大人有丧者，曰棺椁必重，葬埋必厚，衣衾必多，文绣必繁，丘陇必巨。……细计厚葬为多埋赋之财者也，计久丧为久禁从事者也。财以成者，扶而埋之。后得生者，而久禁之。以此求富，此譬犹禁耕而求获也，富之说无可得焉。是故求以富国家而既已不可矣。

今执厚葬久丧者言曰：厚葬久丧果非圣王之道，夫胡说中国之君子为而不已、操而不择哉？子墨子曰：此所谓便其习而义其俗者也。昔者越之东有……楚之南有炎人国者，其亲戚死，朽其肉而弃之，然后埋其骨，乃成为孝子。秦之西有仪渠之国者，其亲戚死，聚柴薪而焚之，熏上，谓之登遐，然后成为孝子。此上以为政，下以为俗，为而不已，操而不择。则此岂实仁义之道哉？此所谓便其习而义其俗者也。若以此若三国者观之，则亦犹薄矣。若以中国之君子观之，则亦犹厚矣。如彼则大厚，如此则大薄，然则葬埋之有节矣。故衣食者，人之生利也，然且犹尚有节；葬埋者，人之死利也，夫何独无节于此乎。

故子墨子言曰：今天下之士君子，中请将欲为仁义，求为上士，上欲中圣王之道，下欲中国家百姓之利，故当若节丧之为政，而不可不察此者也。

天志上

子墨子言曰：今天下之士君子，知小而不知大。何以知之？以其处家者知之。若处家得罪于家长，犹有邻家所避逃之。然且亲戚兄弟所知识，共相儆戒，皆曰："不可不戒矣，不可不慎矣，恶有处家而得罪于家长而可为也？"非独处家者为然，虽处国亦然。处国得罪于国君，犹有邻国所避逃之。然且亲戚兄弟所知识，共相儆戒，皆曰："不可不戒矣，不可不慎矣，谁亦有处国得罪于国君而可为也？"此有所避逃之者也，相儆戒犹若其厚。况无所避逃之者，相儆戒岂不愈厚然后可哉。且语言有之曰："焉而晏日，焉而得罪，将恶避逃之？"曰：无所避逃之。夫天不可为林谷幽闲无人，明必见之。然而天下之士君子之于天也，忽然不知以相儆戒，此我所以知天下士君子知小而不知大也。

子墨子言曰：我有天志，譬若轮人之有规，匠人之有矩。轮匠执其规矩，以度天下之方圜，曰："中者是也，不中者非也。"今天下之士君子之书，不可胜载，言语不可尽计，上说诸侯，下说列士，其于仁义则大相远也。何以知之？曰：我得天下之明法以度之。

天志中

子墨子言曰：今天下之君子之欲为仁义者，则不可不察义之所从出。既曰不可以不察义之所欲出，然则义何从出？子墨子曰：义不从愚且贱者出，必自贵且知者出。何以知义之不从愚且贱者出，而必自贵且知者出也？曰：义者，善政也。何以知义之为善政也？曰：天下有义则治，无义则乱，是以知义之为善政也。夫愚且贱者，不得为政乎贵且知者。贵且知者，然后得为政乎愚且贱者，此吾所以知义之不从愚且贱者出，而必自贵且知者出也。然则孰为贵？孰为知？曰：天为贵、天为知而已矣。然则义果自天出矣。

子墨子曰：吾所以知天之贵且知于天子者，有矣。曰：天子为善，天能赏之。天子为暴，天能罚之。天子有疾病祸祟，必斋戒沐浴，洁为酒醴粢盛，以祭祀天鬼，则天能除去之。然吾未知天之祈福于天子也，此吾所以知天之贵且知于天子者，不止此而已矣。又以先王之书驯天明不解之道也知之。曰："明哲维天，临君下土。"则此语天之贵且知于天子。不知亦有贵知夫天者乎？曰：天为贵、天为知而已矣。然则义果自天出矣。是故子墨子曰：今天下之君子，中实将欲遵道利民，本察仁义之本，天之意不可不慎也。

子墨子曰：天之意，不欲大国之攻小国也，大家之乱小家也。强之暴寡，诈之谋愚，贵之傲贱，此天之所不欲也。不止此而已，欲人之有力相营，有道相教，有财相分也。又欲上之强听治也，下之强从事也。上强听治，则国家治矣。下强从事，则财用足矣。……故唯毋明乎顺天之意，奉而光施之天下，则刑政治，万民和，国家富，财用足，百姓皆得暖衣饱食，便宁无忧。是故子墨子曰：今天下之君子，中实将欲遵道利民，本察仁义之本，天之意不可不慎也。

人之所不欲者何也？曰：病疾祸祟也。若己不为天之所欲，而为天之所不欲，是率天下之万民以从事乎祸祟之中也。故古者圣王明知天鬼之所福，而辟天鬼之所憎，以求兴天下之利，而除天下之害。是以天之为寒热也节，四时调，阴阳雨露也时，五谷孰，六畜遂，疾菑戾疫凶饥则不至。是故子墨子曰：今天下之君子，中实将欲遵道利民，本察仁义之本，天意不可不慎也。

且夫天下盖有不仁不祥者，曰："当若子之不事父，弟之不事兄，臣之不事君也。"故天下之君子与谓之不祥者。今夫天兼天下而爱之，撽遂万物以利之，若豪之末，非天之所为也，而民得而利之，则可谓否矣。然独无报夫天，而不知其为不仁不祥也。此吾所谓君子明细而不明大也。

今有人于此，骥若爱其子，竭力单务以利之。其子长，而无报乎求父，故天下之君子与谓之不仁不祥。今夫天兼天下而爱之，撽遂万物以利之，若豪之末，非天之所为，而民得而利之，则可谓否矣。然独无报夫天，而不知其为不仁不祥也。此吾所谓君子明细而不明大也。

是故子墨子曰：今天下之王公大人士君子，中实将欲遵道利民，本察仁义之本，天之意不可不顺也。顺天之意者，义之法也。

天志下

子墨子言曰：天下之所以乱者，其说将何哉？则是天下士君子皆明于小而不明于大。何以知其明于小不明于大也？以其不明于天之意也。何以知其不明于天之意也？以处人之家者知之。今人处若家得罪，将犹有异家所以避逃之者，然且父以戒子，兄以戒弟，曰："戒之慎之，处人之家不戒不慎之，而有处人之国者乎？"今人处若国得罪，将犹有异国所以避逃之者矣，然且父以戒子，兄以戒弟，曰："戒之慎之，处人之国者不可不戒慎也！"今人皆处天下而事天，得罪于天，将无所以避逃之者矣。然而莫知以相极戒也，吾以此知大物则不知者也。

今天下之士君子之欲为义者，则不可不顺天之意矣。曰：顺天之意何若？曰：兼爱天下之人。何以知其兼爱天下之人也？以兼而食之也。何以知其兼而食之也？自古及今，无有远灵孤夷之国，皆犓豢其牛羊犬彘，絜为粢盛酒醴，以敬祭祀上帝山川鬼神，以此知兼而食之也。苟兼而食焉，必兼而爱之。譬之若楚越之君，今是楚王食于楚之四境之内，故爱楚之人；越王食于越之四境之内，故爱越之人。今天兼天下而食焉，我以此知其兼爱天下之人也。

何以知天之爱百姓也？吾以贤者之必赏善罚暴也。何以知贤者之必赏善罚暴也？吾以昔者三代之圣王知之。故昔也三代之圣王尧舜禹汤文武之兼爱天下也，从而利之，移其百姓之意焉，率以敬上帝山川鬼神。天以为从其所爱而爱之，从其所利而利之，于是加其赏焉，使之处上位，立为天子以法也，名之曰"圣人"。以此知其赏善之证。是故昔也三代之暴王桀纣幽厉之兼恶天下也，从而贼之，移其百姓之意焉，率以诟侮上帝山川鬼神。天以为不从其所爱而恶之，不从其所利而贼之，于是加其罚焉，使之父子离散，国家灭亡，抎失社稷，忧以及其身。是以天下之庶民属而毁之，业万世子孙继嗣，毁之贲不之废也，名之曰"失王"。以此知其罚暴之证。今天下之士君子欲为义者，则不可不顺天之意矣。

是故子墨子置立天之，以为仪法，吾以此知天下之士君子之去义远也。何以知天下之士君子之去义远也？今知氏大国之君宽者然曰："吾处大国而不攻小国，吾何以为大哉！"是以差论蚤牙之士，比列其舟车之卒，以攻罚无罪之国……则夫好攻伐之君，有重不知此为不仁不义也，有书之竹帛，藏之府库。为人后子者，必且欲顺其先君之行，曰："何不当发吾府库，视吾先君之法美。"必不曰文、武之为正者若此矣，曰："吾攻国覆军，杀将若干人矣。"则夫好攻伐之君，不知此为不仁不义也，其邻国之君不知此为不仁不义也，是以攻伐世世而不已者，此吾所谓大物则不知也。

且今天下之士君子，中实将欲为仁义，求为上士，上欲中圣王之道，下欲中国家百姓之利者，当天之志而不可不察也。天之志者，义之经也。

明鬼下

今执无鬼者曰："鬼神者，固无有。"旦暮以为教诲乎天下之，疑天下之众，使天下之众皆疑惑乎鬼神有无之别，是以天下乱。是故子墨子曰：今天下之王公大人士君子，实将欲求兴天下之利，除天下之害，故当鬼神之有与无之别，以为将不可以不明察此者也。

是故子墨子曰：今天下之王公大人士君子，中实将欲求兴天下之利，除天下之害，当若鬼神之有也，将不可不尊明也，圣王之道也。

非乐上

子墨子言曰：仁之事者，必务求兴天下之利，除天下之害。将以为法乎天下，利人乎即为，不利人乎即止。且夫仁者之为天下度也，非为其目之所美，耳之所乐，口之所甘，身体之所安，以此亏夺民衣食之财，仁者弗为也。

今大钟鸣鼓、琴瑟竽笙之声既已具矣，大人锈然奏而独听之，将何乐得焉哉？其说将必与贱人不与君子，与君子听之，废君子听治；与贱人听之，废贱人之从事。今王公大人惟毋为乐，亏夺民之衣食之财以拊乐如此多也。是故子墨子曰：为乐非也。

君子不强听治，即刑政乱；贱人不强从事，即财用不足。今天下之士君子以吾言不然，然即姑尝数天下分事，而观乐之害。王公大人蚤朝晏退，听狱治政，此其分事也。士君子竭股肱之力，亶其思虑之智，内治官府，外收敛关市、山林、泽梁之利，以实仓廪府库，此其分事也。农夫蚤出暮入……今惟毋在乎王公大人说乐而听之，即必不能蚤朝晏退，听狱治政，是故国家乱而社稷危矣。今惟毋在乎士君子说乐而听之，即必不能竭股肱之力，亶其思虑之智，内治官府，外收敛关市、山林、泽梁之利，以实仓廪府库，是故仓廪府库不实。

是故子墨子曰：今天下士君子，请将欲求兴天下之利，除天下之害，当在乐之为物，将不可不禁而止也。

非命上

然而今天下之士君子或以命为有，盖尝尚观于圣王之事？古者桀之所乱，汤受而治之；纣之所乱，武王受而治之。此世未易，民未渝，在于桀纣则天下乱，在于汤武则天下治，岂可谓有命哉。

然而今天下之士君子或以命为有，盖尝尚观于先王之书？先王之书，所以出国家、布施百姓者，宪也。先王之宪，亦尝有曰"福不可请，而祸不可讳，敬无益，暴无伤"者乎？所以听狱制罪者，刑也。先王之刑，亦尝有曰"福不可请，祸不可讳，敬无益，暴无伤"者乎？所以整设师旅、进退师徒者，誓也。先王之誓，亦尝有曰"福不可请，祸不可讳，敬无益，暴无伤"者乎？是故子墨子言曰：吾当未尽数，天下之良书不可尽计数，大方论数，而五者是也。今虽毋求执有命者之言，不必得，不亦可错乎。

是故子墨子言曰：今天下之士君子，忠实欲天下之富而恶其贫，欲天下之治而恶其乱，执有命者之言不可不非，此天下之大害也。

非命中

今天下之士君子，或以命为亡。我所以知命之有与亡者，以众人耳目之情知有与亡。有闻之，有见之，谓之有。莫之闻，莫之见，谓之亡。

且今天下之士君子，将欲辩是非利害之故，当天有命者，不可不疾非也。执有命者，此天下之厚害也，是故子墨子非之也。

非命下

《太誓》之言也，于《去发》曰："恶乎君子！天有显德，其行甚章。为鉴不远，在彼殷王。谓人有命，谓敬不可行，谓祭无益，谓暴无伤。上帝不常，九有以亡。上帝不顺，祝降其丧。惟我有周，受之大帝。"昔者纣执有命而行，武王为《太誓·去发》以非之。曰：子胡不尚考之乎商周虞夏之记，从十简之篇以尚皆无之，将何若者也？

是故子墨子曰：今天下之君子之为文学、出言谈也，非将勤劳其惟舌，而利其唇呡也，中实将欲其国家邑里万民刑政者也。

是故子墨子言曰：今天下之士君子，中实将欲求兴天下之利，除天下之害，当若有命者之言，不可不强非也。曰：命者，暴王所作，穷人所术，非仁者之言也。今之为仁义者，将不可不察而强非者此也。

非儒下

且夫繁饰礼乐以淫人，久丧伪哀以谩亲，立命缓贫而高浩居，倍本弃事而安怠傲，贪于饮食，惰于作务，陷于饥寒，危于冻馁，无以违之。是若人气，鼸鼠藏，而羝羊视，贲彘起。君子笑之，怒曰："散人，焉知良儒！"夫夏乞麦禾，五谷既收，大丧是随，子姓皆从，得厌饮食，毕治数丧，足以至矣。因人之家以为翠，恃人之野以为尊，富人有丧，乃大说喜，曰："此衣食之端也。"

儒者曰："君子必服古言然后仁。"应之曰：所谓古之言服者，皆尝新矣，而古人言之、服之，则非君子也。然则必服非君子之服，言非君子之言，而后仁乎？

又曰："君子循而不作。"应之曰：古者羿作弓，伃作甲，奚仲作车，巧垂作舟。然则今之鲍、函、车、匠皆君子也，而羿、伃、奚仲、巧垂皆小人邪？且其所循，人必或作之，然则其所循皆小人道也？

又曰："君子胜不逐奔，掩函弗射，施则助之胥车。"应之曰：若皆仁人也，则无说而相与。仁人以其取舍是非之理相告，无故从有故也，弗知从有知也，无辞必服，见善必迁，何故相？若两暴交争，其胜者欲不逐奔，掩函弗射，施则助之胥车，虽尽能犹且不得为君子也。意暴残之国也，圣将为世除害，兴师诛罚，胜将因用儒术令士卒曰："毋逐奔，掩函勿射，施则助之胥车。"

暴乱之人也得活，天下害不除，是为群残父母而深贼世也，不义莫大焉。

又曰："君子若钟，击之则鸣，弗击不鸣。"应之曰：夫仁人事上竭忠，事亲得孝，务善则美，有过则谏，此为人臣之道也。今击之则鸣，弗击不鸣，隐知豫力，恬漠待问而后对，虽有君亲之大利，弗问不言。若将有大寇乱，盗贼将作，若机辟将发也，他人不知，己独知之，虽其君亲皆在，不问不言，是夫大乱之贼也。以是为人臣不忠，为子不孝，事兄不弟，交遇人不贞良。夫执后不言之朝，物见利使，己虽恐后言，君若言而未有利焉，则高拱下视，会噎为深，曰："惟其未之学也。"用谁急，遗行远矣。

夫一道术学业，仁义也。皆大以治人，小以任官，远施周偏，近以修身，不义不处，非理不行，务兴天下之利，曲直周旋，利则止，此君子之道也。

齐景公问晏子曰："孔子为人何如？"晏子不对。公又复问，不对。景公曰："以孔某语寡人者众矣，俱以贤人也。今寡人问之，而子不对，何也？"晏子对曰："婴不肖，不足以知贤人。虽然，婴闻所谓贤人者，入人之国，必务合其君臣之亲，而弭其上下之怨。孔丘之荆，知白公之谋，而奉之以石乞，君身几灭，而白公僇。婴闻贤人得上不虚，得下不危，言听于君必利人，教行下必于上，是以言明而易知也，行易而易从也，行义可明乎民，谋虑可通乎君臣。今孔丘深虑同谋以奉贼，劳思尽知以行邪，劝下乱上，教臣杀君，非贤人之行也。入人之国而与人之贼，非义之类也。知人不忠，趣之为乱，非仁义之也。逃人而后谋，避人而后言，行义不可明于民，谋虑不可通于君臣，婴不知孔丘之有异于白公也，是以不对。"

大取

天之爱人也，薄于圣人之爱人也；其利人也，厚于圣人之利人也。大人之爱小人也，薄于小人之爱大人也；其利小人也，厚于小人之利大人也。

圣人恶疾病，不恶危难。正体不动，欲人之利也，非恶人之害也。圣人不为其室臧之，故在于臧。圣人不得为子之事。圣人之法，死亡亲，为天下也。厚亲，分也，以死亡之，体渴兴利。有厚薄而毋伦列之兴利，为己。

圣人有爱而无利，伣日之言也，乃客之言也。天下无人，子墨子之言也。

诸圣人所先为，人欲名实，名实不必名。

圣人之附渍也，仁而无利爱，利爱生于虑。昔者之虑也，非今日之虑也。昔者之爱人也，非今之爱人也。爱获之爱人也，生于虑获之利，非虑臧之利也。而爱臧之爱人也，乃爱获之爱人也。去其爱而天下利，弗能去也。

夫辞以故生，以理长，以类行者也。立辞而不明于其所生，忘也。今人非道无所行，唯有强股肱，而不明于道，其困也，可立而待也。夫辞以类行者也，立辞而不明于其类，则必困矣。故浸淫之辞，其类在鼓栗。圣人也，为天下也，其类在于追迷。

耕柱

巫马子谓子墨子曰："鬼神孰与圣人明智？"子墨子曰："鬼神之明智于圣人，犹聪耳明目之与聋瞽也。昔者夏后开使蜚廉折金于山川，而陶铸之于昆吾，是使翁难雉乙卜于白若之龟，曰：'鼎成三足而方，不炊而自烹，不举而自臧，不迁而自行，以祭于昆吾之虚，上乡！'乙又言兆之由曰：'飨矣！逢逢白云，一南一北，一西一东，九鼎既成，迁于三国。'夏后氏失之，殷人受之。殷人失之，周人受之。夏后、殷、周之相受也，数百岁矣。使圣人聚其良臣与其桀相而谋，岂能智数百岁之后哉？而鬼神智之。是故曰鬼神之明智于圣人也，犹聪耳明目之与聋瞽也。

子墨子使管黔滶游高石子于卫，卫君致禄甚厚，设之于卿。高石子三朝必尽言，而言无行者。去而之齐，见子墨子，曰："卫君以夫子之故，致禄甚厚，设我于卿。石三朝必尽言，而言无行，是以去之也。卫君无乃以石为狂乎？"子墨子曰："去之苟道，受狂何伤？古者周公旦非关叔，辞三公，东处于商盖，人皆谓之狂。后世称其德，扬其名，至今不息。且翟闻之，为义非避毁就誉，去之苟道，受狂何伤？"高石子曰："石去之，焉敢不道也？昔者夫子有言曰：'天下无道，仁士不处厚焉。今卫君无道，而贪其禄爵，则是我为苟陷人长也。"子墨子说，而召子禽子，曰："姑听此乎！夫倍义而乡禄者，我常闻之矣，倍禄而乡义者，于高石子焉见之也。"

子墨子曰：世俗之君子，贫而谓之富，则怒；无义而谓之有义，则喜。岂不悖哉！

公孟子曰："君子不作，术而已。"子墨子曰："不然，人之其不君子者，古之善者不诛，今也善者不作。其次不君子者，古之善者不遂，己有善则作之，欲善之自己出也。今诛而不作，是无所异于不好遂而作者矣。吾以为古之善者则诛之，今之善者则作之，欲善之益多也。"

贵义

子墨子曰：必去六辟。嘿则思，言则诲，动则事，使三者代御，必为圣人。必去喜，去怒，去乐，去悲，去爱，而用仁义。手足口鼻耳从事于义，必为圣人。

子墨子曰：世之君子，使之为一犬一彘之宰，不能则辞之；使为一国之相，不能而为之。岂不悖哉！

子墨子曰："今瞽曰：'钜者白也，黔者黑也。'虽明目者无以易之。兼白黑，使瞽取焉，不能知也。故我曰瞽不知白黑者，非以其名也，以其取也。今天下之君子之名仁也，虽禹、汤无以易之。兼仁与不仁，而使天下之君子取焉，不能知也。故我曰天下之君子不知仁者，非以其名也，亦以其取也。"

子墨子曰：世之君子欲其义之成，而助之修其身则愠，是犹欲其墙之成，而人助之筑则愠也。岂不悖哉！

子墨子曰：世俗之君子，视义士不若负粟者。今有人于此，负粟息于路侧，欲起而不能，君子见之，无长少贵贱，必起之。何故也？曰：义也。今为义之君子，奉承先王之道以语之，纵不说而行，又从而非毁之。则是世俗之君子之视义士也，不若视负粟者也。

公孟

公孟子谓子墨子曰："君子共己以待，问焉则言，不问焉则止。譬若钟然，扣则鸣，不扣则不鸣。"

子墨子曰："是言有三物焉，子乃今知其一身也，又未知其所谓也。若大人行淫暴于国家，进而谏，则谓之不逊，因左右而献谏，则谓之言议。此君子之所疑惑也。若大人为政，将因于国家之难，譬若机之将发也然，君子之必以谏，然而大人之利。若此者，虽不扣必鸣者也。若大人举不义之异行，虽得大巧之经，可行于军旅之事，欲攻伐无罪之国，有之也，君得之，则必用之矣，以广辟土地，著税伪材。出必见辱，所攻者不利，而攻者亦不利，是两不利也。若此者，虽不扣必鸣者也。且子曰：'君子共己待，问焉则言，不问焉则止。譬若钟然，扣则鸣，不扣则不鸣。'今未有扣子而言，是子之谓不扣而鸣邪？是子之所谓非君子邪？"

公孟子戴章甫，搢忽，儒服，而以见子墨子，曰："君子服然后行乎？其行然后服乎？"子墨子曰："行不在服。"公孟子曰："何以知其然也？"子墨子曰："昔者齐桓公高冠博带，金剑木盾，以治其国，其国治。昔者晋文公大布之衣，牂羊之裘，韦以带剑，以治其国，其国治。昔者楚庄王鲜冠组缨，绛衣博袍，以治其国，其国治。昔者越王句践剪发文身，以治其国，其国治。此四君者，其服不同，其行犹一也。翟以是知行之不在服也。"公孟子曰："善！吾闻之曰：宿善者不祥。请舍忽，易章甫，复见夫子，可乎？"子墨子曰："请因以相见也。若必将舍忽、易章甫而后相见，然则行果在服也。"

公孟子曰："君子必古言服，然后仁。"子墨子曰："昔者商王纣卿士费仲为天下之暴人，箕子、微子为天下之圣人，此同言而或仁不仁也。周公旦为天下之圣人，关叔为天下之暴人，此同服或仁或不仁。然则不在古服与古言矣。且子法周而未法夏也，子之古非古也。"

公孟子曰："贫富寿夭，齰然在天，不可损益。"又曰："君子必学。"子墨子曰："教人学而执有命，是犹命人葆而去亓冠也。"

子墨子谓公孟子曰："丧礼，君与父母、妻、后子死，三年丧服。伯父、叔父、兄弟期，族人五月；姑、姊、舅、甥皆有数月之丧。或以不丧之间诵诗三百，弦诗三百，歌诗三百，舞诗三百。若用子之言，则君子何日以听治？庶人何日以从事？"

公孟子曰："无鬼神。"又曰："君子必学祭祀。"子墨子曰："执无鬼而学祭礼，是犹无客而学客礼也，是犹无鱼而为鱼罟也。"

子墨子有疾，跌鼻进而问曰："先生以鬼神为明，能为祸福，为善者赏之，为不善者罚之。今先生圣人也，何故有疾？意者，先生之言有不善乎？鬼神不明知乎？"子墨子曰："虽使我有病，何遽不明？人之所得于病者多方，有得之寒暑，有得之劳苦。百门而闭一门焉，则盗何遽无从入？"

鲁问

子墨子为鲁阳文君曰："世俗之君子，皆知小物而不知大物。今有人于此，窃一犬一彘则谓之不仁，窃一国一都则以为义。譬犹小视白谓之白，大视白则谓之黑。是故世俗之君子，知小物而不知大物者，此若言之谓也。"

道家

先秦道家主要以老子和庄子为代表。司马谈《论六家要旨》云:"道家无为,又曰无不为。……其术以虚无为本,以因循为用。无成势,无常形,故能究万物之情。不为物先,不为物后,故能为万物主。"《汉书·艺文志》云:"道家者流……知秉要执本,清虚以自守,卑弱以自持,此君人南面之术也。合于尧之克攘,易之嗛嗛,一谦而四益,此其所长也。及放者为之,则欲绝去礼学,兼弃仁义,曰独任清虚可以为治。"《老子》中提到"君子"只有两处,但多次论及"圣人",《庄子》提到"君子"和"圣人"较多。道家所谈到的"君子"除了袭用儒家的君子概念,即指地位高贵或德行高尚之人,更多的是不争、无为、自谦、主静的形象。在老子看来,君主就应该是这样一种形象,不逞强施威,不尚用兵和征战,"虚无为本,因循为用",以此实现"无为无不为",这与儒家主张仁义,为政以德,以礼治国大相径庭。与老子有所不同的是,庄子心目中的"君子"无关乎君人南面之术,而更接近于其所谓"真人"的形象,即纯任自然、自在逍遥,不累心于物欲,不牵绊于名利,视弃天下如弃敝屣。他所追求的最高境界是通过顺应自然达到物我一体,从而实现绝对的自由,这与儒家君子博学于文、约之以礼的修身方式,如履薄冰、如临深渊的处世态度迥然殊途。

老子

《老子》简介

《老子》,又称《道德经》《道德真经》《老子五千文》及《五千言》,是先秦道家的代表作,春秋战国时期被道家学派奉为创始典籍。目前所见年代最早的《老子》抄本是郭店楚墓出土的竹简本《老子》,为战国中期

老子像

的传本。《老子》原本不分章。马王堆汉墓出土的帛书《老子》甲乙本都分两篇,《德经》在前,《道经》在后。河上公将《老子》分为八十一章,前三十七章为《道经》,后四十四章为《德经》,故名《道德经》。至此,定下《道经》在前、《德经》在后的传世格局。自汉初被尊为《道德经》后,东汉高诱注《吕氏春秋》时又称之为《上至经》。至唐代,唐太宗曾敕令玄奘法师将《老子》翻译为梵文,唐高宗尊称《老子》为上经,唐玄宗时,将之尊为《道德真经》。

汉末张陵创五斗米道,奉老子为教祖,以《老子五千文》为教典,并作《老子想尔注》,《老子》由此成为道教的基本经典。《老子》阐述"无""道""德""守柔""寡欲""居后不争"等观念,体现无为、善为下、小国寡民等政治主张。这些观念和主张在政治、经济等领域可以缓解人民内部矛盾,对促进社会稳定起到一定的作用,因此成为我国历史上某些朝代特定时期(如西汉初年)的治国方略。

历代《老子》注本颇多,这里列举其中一部分。一、汉代:《河上公章句》,西汉严遵《老子指归》,东汉张道陵《老子想尔注》,东汉边韶《老子铭》。二、魏晋南北朝:魏王弼《老子道德经注》。三、唐代:唐玄宗撰《唐明皇御注道德经》,成玄英《老子注》,陆希声《道德真经传》。四、宋代:范应元《老子道德经古本集注》,李霖《道德真经取善

《道德经》书影(古逸丛书初编集唐字道德经注)

集》。五、元代：吴澄《道德真经注》。六、明代：薛蕙《老子集解》，沈一贯《老子通》，焦竑《老子翼》。七、清代：魏源《老子本义》。

《老子》中的"君子"

《老子》第三十一章："君子居则贵左，用兵则贵右。兵者，不祥之器，非君子之器。"这里的"君子"显然是指统治者，掌握着使用武力、发动战争的权力。本章指出："夫兵者，不祥之器，物或恶之，故有道者不处。"君子只有在"不得已"的情况下才可以用兵，即使动用武力，也应该"恬淡为上，胜而不美"，因为动武杀人为"凶事"。这里提到君子在日常居处与行军打仗之时对于方位的不同讲究，前者以左为贵，后者则以右为贵，表明用兵是非常、不吉之事，所谓"吉事尚左，凶事尚右"。儒家经典中也曾提及这一原则，如《礼记·檀弓上》云："孔子与门人立，拱而尚右，二三子亦皆尚右。孔子曰：'二三子之嗜学也。我则有姊之丧故也。'二三子皆尚左。"孔子因有姊之丧，所以尚右，对于他的弟子来说，日常居处应该尚左。至于为何吉事要尚左，凶事要尚右，郑玄云："丧尚右，右，阴也。吉尚左，左，阳也。"左为阳，右为阴，所以左吉而右凶。又如《礼记·内则》云："凡男拜，尚左手。""凡女拜，尚右手。"先秦时期的人们认为天道左行，地道右行，左升右降，因而有天道尚左、地道尚右的观念，由此衍生出"吉事尚左，凶事尚右"的原则，这一原则为当时人普遍奉行，成为社会的习俗，直到秦汉以后才有所变化。

虽然"君子"一词仅见两次，但《老子》中有时用"圣人"来指称理想的统治者，这类"圣人"是清静无为、率性而动的得道者，代表了道家所追求的至高境界。如"圣人处无为之事，行不言之教"，"故圣人云：我无为而民自化，我好静而民自正，我无事而民自富，我无欲而民自朴"，"圣人无为故无败，无执故无失"。在五千言的《老子》全文中，"圣人"一词共出现三十二次，足见它在《老子》思想体系中的分量。天地因为无心，才能平等地养育一切众生，圣人领悟了这一真谛，也像天地一样没有私心，平等地对待天下百姓。《老子》将天地与万物、圣人与百姓对举，如"天地不仁，以万物为刍狗；圣人不仁，以百姓为刍狗"，"圣人无常心，以百姓心为心"，正是基于这一类比。

资料摘编

二章

天下皆知美之为美，斯恶已。皆知善之为善，斯不善已。有无相生，难易相成，长短相形，高下相倾，音声相和，前后相随。恒也。是以圣人处无为之事，行不言之教。万物作而弗始，生而弗有，为而弗恃，功成而不居。夫唯弗居，是以不去。

三章

不尚贤，使民不争；不贵难得之货，使民不为盗；不见可欲，使民心不乱。是以圣人之治，虚其心，实其腹，弱其志，强其骨。常使民无知无欲。使夫智者不敢为也。为无为，则无不治。

五章

天地不仁，以万物为刍狗；圣人不仁，以百姓为刍狗。天地之间，其犹橐籥乎？虚而不屈，动而愈出。多言数穷，不如守中。

七章

天长地久。天地所以能长且久者，以其不自生，故能长生。是以圣人后其身而身先，外其身而身存。

十二章

五色令人目盲，五音令人耳聋，五味令人口爽，驰骋畋猎令人心发狂，难得之货令人行妨。是以圣人为腹不为目，故去彼取此。

二十二章

曲则全，枉则直，洼则盈，敝则新，少则得，多则惑。是以圣人抱一，为天下式。

二十六章

重为轻根，静为燥君，是以圣人终日行不离辎重。虽有荣观，燕处超然。

二十七章

善行无辙迹，善言无瑕谪，善数不用筹策，善闭无关楗而不可开，善结无绳约而不可解。是以圣人常善救人，故无弃人；常善救物，而无弃物。是谓袭明。

二十八章

知其雄，守其雌，为天下溪。为天下溪，常德不离，复归于婴儿。知其白，守其黑，为天下式。为天下式，常德不忒，复归于无极。知其荣，守其辱，为天下谷。为天下谷，常德乃足，复归于朴。朴散则为器，圣人用之为官长。故大制不割。

二十九章

将欲取天下而为之，吾见其不得已。天下神器，不可为也。为者败之，执者失之。故物或行或随，或呴或吹，或强或羸，或载或隳。是以圣人去甚，去奢，去泰。

三十一章

君子居则贵左,用兵则贵右。兵者,不祥之器,非君子之器。

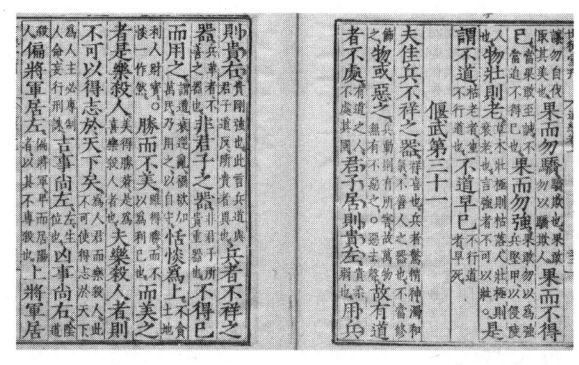

《老子道德经》书影(明嘉靖时期顾春世德堂刊本)

四十七章

不出户,知天下;不窥牖,见天道。其出弥远,其知弥少。是以圣人不行而知,不见而名,不为而成。

四十九章

圣人无常心,以百姓心为心。

圣人在天下歙歙,为天下浑其心。百姓皆注其耳目,圣人皆孩之。

五十七章

以正治国,以奇用兵,以无事取天下。吾何以知其然哉?以此。天下多忌讳,而民弥贫;民多利器,国家滋昏;人多伎巧,奇物滋起;法令滋章,盗贼多有。故圣人云:我无为而民自化,我好静而民自正,我无事而民自富,我无欲而民自朴。

五十八章

其政闷闷,其民淳淳;其政察察,其民缺缺。祸兮福之所倚,福兮祸之所伏。孰知其极?其无正耶!正复为奇,善复为妖。人之迷也,其日固久。是以圣人方而不割,廉而不刿,直而不肆,光而不耀。

六十章

治大国若烹小鲜。以道莅天下，其鬼不神；非其鬼不神，其神不伤人；非其神不伤人，圣人亦不伤人。夫两不相伤，故德交归焉。

六十三章

天下难事必作于易，天下大事必作于细。是以圣人终不为大，故能成其大。夫轻诺必寡信，多易必多难，是以圣人犹难之。故终无难矣。

六十四章

合抱之木，生于毫末；九层之台，起于累土；千里之行，始于足下。为者败之，执者失之。是以圣人无为故无败，无执故无失。民之从事，常于几成而败之。慎终如始，则无败事。是以圣人欲不欲，不贵难得之货；学不学，复众人之所过。以辅万物之自然而不敢为。

六十六章

江海之所以能为百谷王者，以其善下之，故能为百谷王。是以圣人欲上民，必以言下之。欲先民，必以身后之。是以圣人处上而民不重，处前而民不害，是以天下乐推而不厌。以其不争，故天下莫能与之争。

七十章

知我者希，则我者贵，是以圣人被褐怀玉。

七十一章

知不知，上；不知知，病。夫唯病病，是以不病。圣人不病，以其病病，是以不病。

七十二章

民不畏威，则大威至矣。无狎其所居，无厌其所生。夫惟不厌，是以不厌。是以圣人自知，不自见；自爱，不自贵。故去彼取此。

七十三章

勇于敢则杀，勇于不敢则活。此两者，或利或害。天之所恶，孰知其故？是以圣人犹难之。

七十七章

天之道，其犹张弓乎？高者抑之，下者举之；有余者损之，不足者补之。天之道，损有余而补不足。人之道则不然，损不足而奉有余。孰能以有余奉天下，惟有道者。是以圣人为而不恃，功成而不处，其不欲见贤。

七十八章

天下莫柔弱于水。而攻坚强者，莫之能胜。以其无以易之。弱之胜强，柔之胜刚，天下莫不知，莫能行。是以圣人云，受国之垢，是谓社稷主；受国不祥，是为天下王。正言若反。

七十九章

和大怨，必有余怨，安可以为善？是以圣人执左契，而不责于人。有德司契，无德司彻。天道无亲，常与善人。

八十一章

圣人不积，既以为人，己愈有；既以与人，己愈多。天之道，利而不害。圣人之道，为而不争。

庄子

《庄子》简介

《庄子》是重要的道家典籍,一般认为集合了庄子及庄学后人的学说,它被道教奉为经典,又称《南华真经》或《南华经》。

庄子像

《庄子》于战国中晚期逐步流传、糅杂、附益,至西汉大致成形。当时流传的不少版本,今已失传。目前所传《庄子》包含《内篇》《外篇》与《杂篇》三部分,凡三十三篇,一般认为经郭象整理而成,篇目章节与汉代相比已经有所不同。《内篇》大体可代表战国时期庄子思想核心;而《外篇》《杂篇》则横跨百余年,掺杂了黄老学说、庄子后学思想等,成分较为复杂。司马迁在《史记》中指出庄子思想"其要本归于老子",说明老、庄的关系密不可分。魏晋玄学将《老子》《庄子》《易经》统称为"三玄",成为当时士族清谈的主要内容。唐代时,《庄子》与《老子》《文子》《列子》并列为道教四部经典。

历代《庄子》注本,以郭象注、成玄英疏流传最广,其他注本举要如下:宋林希逸《庄子口义》,明焦竑《庄子翼》,清王先谦《庄子集解》、郭庆藩《庄子集释》、宣颖《南华经解》,刘武《庄子集

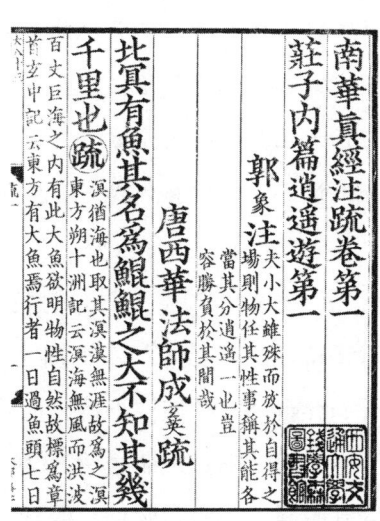

《南华经注疏》书影(古逸丛书初编覆宋本)

先秦典籍君子专论 | 359

解内篇补正》等。

《庄子》中的"君子"

"君子"一词在《庄子》中出现三十六次，多数指的是所谓的"世俗之君子"。如《骈拇》："彼其所殉仁义也，则俗谓之君子；其所殉货财也，则俗谓之小人。其殉一也，则有君子焉，有小人焉。"《让王》："今世俗之君子，多危身弃生以殉物，岂不悲哉！"《盗跖》："小人殉财，君子殉名，其所以变其情、易其性，则异矣；乃至于弃其所为而殉其所不为，则一也。"这主要是指符合儒家标准的"君子"，以仁义为最高道德准则，为名节而不惜舍身。道家对于这类"君子"较为轻蔑，如《田子方》："吾闻中国之君子，明乎礼义而陋于知人心，吾不欲见也。"庄子推崇的是"全德之君子"，《田子方》中对这类"君子"的形象有所描述：

子方曰："其为人也真，人貌而天，虚缘而葆真，清而容物。物无道，正容以悟之，使人之意也消。无择何足以称之？"子方出，文侯傥然终日不言，召前立臣而语之曰："远矣，全德之君子！始吾以圣知之言、仁义之行为至矣，吾闻子方之师，吾形解而不欲动，口钳而不欲言。吾所学者直土梗耳，夫魏真为我累耳！"

以"真""虚""清"为特点，"全德之君子"俨然是得道者的形象。对于这样的"君子"，"圣知之言、仁义之行"不过是"土梗"，他视弃天下如弃敝屣，即使"不得已而临莅天下"，也是奉行"无为"的原则，"无为也，而后安其性命之情"。如《在宥》云："故君子苟能无解其五藏，无擢其聪明，尸居而龙见，渊默而雷声，神动而天随，从容无为而万物炊累焉。吾又何暇治天下哉！"

如何才能成为"全德之君子"？《外物》篇中老莱子告诫孔子说："丘！去汝躬矜，与汝容知，斯为君子矣。"即态度应该随和不矜持，而且不要表现出机智。《天地》："夫道，覆载万物者也，洋洋乎大哉！君子不可以不刳心焉。……不拘一世之利以为己私分，不以王天下为己处显。""刳心"是指摒除杂念。简言之，道家"君子"的修炼途径，无论是向外还是向内，都不是通过逐求和增上，而是通过舍去和荄除，也就是冯友兰先生所谓"负的方法"。

孔子是儒家君子的典型，《庄子》三十三篇中，有二十篇都提到了孔子，而且往往是被讽刺的对象。如《天道》中老聃告诫孔子："又何偈偈乎揭仁义，若击鼓而求亡子焉？意，夫子乱人之性也！"又如《盗跖》中盗跖大骂孔子："尔作言造语，妄称文武，冠枝木之冠，带死牛之胁，多辞缪说，不耕而食，不织而衣，摇唇鼓舌，擅生是非，以迷天下之主，使天下学士不反其本，妄作孝弟而侥幸于封侯富贵者也。"再如《天运》中师金讥讽孔子"取先王已陈刍狗，聚弟子游居寝卧其下"。从中也可以看出道家对"世俗之君子"的轻蔑，对儒家一面提倡仁义道德、一面汲汲于富贵功名的批判。不过，《庄子》中的孔子是一个具有多面性的寓言化的形象，人物的性格和特质没有统一的核心，不属于同一个人，只是作为临时角色服务于说理。而儒家经典中的孔子，则多以圣人的形象出现，是人们学习的典范，其形象较为一致。

儒家注重人事，而道家注重天道。儒家是入世之学，强调通过修身齐家来实现治国平天下的理想，而道家则更关注天地和自然。《知北游》云："圣人者，原天地之美而达万物之理。"在政治领域，道家强调"无为而治"，理想中的"君子"就是达到了"无为"境界的人，具体表现在全生保身，逍遥无为，回归淳朴自然，遵循自然法则，不妄自作为。

《庄子》中也有"君子"与"小人"的对举，如《大宗师》："天之小人，人之君子；人之君子，天之小人也。""君子"与"小人"在"天"与

"人"两个不同的层面中交互对应。合于天道者往往不合于人世间的要求，世间所看重的则往往是天道所鄙弃的。又如《山木》："夫相收之与相弃亦远矣，且君子之交淡若水，小人之交甘若醴。君子淡以亲，小人甘以绝。彼无故以合者，则无故以离。"君子的交情淡而清澈，细水长流，又不失亲切，小人的交情虽甘美浓烈，但小人汲汲营营，只顾当前利益，与人相交难以持久。可见，在与"小人"的对举中，"君子"处于被尊尚的地位。但是，当和其他相关的构成等级的人格形象并列出现时，"君子"则被定位于较低的层次，常常处于人格序列的末端。《天地》："始也我以女为圣人邪，今然君子也。"《外物》："圣人之所以骇天下，神人未尝过而问焉；贤人所以骇世，圣人未尝过而问焉；君子所以骇国，贤人未尝过而问焉；小人所以合时，君子未尝过而问焉。""君子"排在"神人""圣人""贤人"之后。《天下》："不离于宗，谓之天人；不离于精，谓之神人；不离于真，谓之至人。以天为宗，以德为本，以道为门，兆于变化，谓之圣人。以仁为恩，以义为理，以礼为行，以乐为和，薰然慈仁，谓之君子。"这里"天人""至人""圣人""君子"构成一个降级序列，境界逐级递减。不过，"君子"毕竟还是和这些道家所推崇的人格并列在一起的。如《知北游》："夫体道者，天下之君子所系焉。""天人""神人""至人""圣人"皆可谓"体道者"，"君子"系于其后，也就是依归于这些境界更高的人。可见，"君子"尚存有慕道之心，乐于追随得道者。

资料摘编

齐物论

物无非彼，物无非是。自彼则不见，自知则知之。故曰彼出于是，是亦因彼。彼是方生之说也，虽然，方生方死，方死方生；方可方不可，方不可方可；因是因非，因非因是。是以圣人不由而照之于天，亦因是也。

劳神明为一而不知其同也，谓之朝三。何谓朝三？狙公赋芧，曰："朝三而暮四。"众狙皆怒。曰："然则朝四而暮三。"众狙皆悦。名实未亏而喜怒为用，亦因是也。是以圣人和之以是非，而休乎天钧，是之谓两行。

是非之彰也，道之所以亏也。道之所以亏，爱之所以成，果且有成与亏乎哉？果且无成与亏乎哉？有成与亏，故昭氏之鼓琴也；无成与亏，故昭氏之不鼓琴也。昭文之鼓琴也，师旷之枝策也，惠子之据梧也，三子之知几乎，皆其盛者也，故载之末年。唯其好之也，以异于彼，其好之也，欲以明之。彼非所明而明之，故以坚白之昧终。而其子又以文之纶终，终身无成。若是而可谓成乎？虽我亦成也。若是而不可谓成乎？物与我无成也。是故滑疑之耀，圣人之所图也。为是不用而寓诸庸，此之谓以明。

夫道未始有封，言未始有常，为是而有畛也，请言其畛：有左，有右，有伦，有义，有分，有辩，有竞，有争，此之谓八德。六合之外，圣人存而不论；六合之内，圣人论而不议。春秋经世先王之志，圣人议而不辩。故分也者，有不分也；辩也者，有不辩也。曰：何也？圣人怀之，众人辩之以相示也。

瞿鹊子问乎长梧子曰："吾闻诸夫子，圣人不从事于务，不就利，不违害，不喜求，不缘道，无谓有谓，有谓无谓，而游乎尘垢之外。夫子以为孟浪之言，而我以为妙道之行也。吾子以为奚若？"长梧子曰："是黄帝之所听荧也，而丘也，何足以知之！且女亦大早计，见卵而求时夜，见弹而求鸮炙。予尝为汝妄言之，汝以妄听之，奚旁日月，挟宇宙？为其脗合，置其滑涽，以隶相尊。众人役役，圣人愚芚，参万岁而一成纯。万物尽然，而以是相蕴。"

人间世

且昔者桀杀关龙逢，纣杀王子比干，是皆修其身以下伛拊人之民，以下拂其上者也，故其君因其修以挤之。是好名者也。昔者尧攻丛枝、胥敖，禹攻有扈，国为虚厉，身为刑戮，其用兵不止，其求实无已。是皆求名实者也，而独不闻之乎？名实者，圣人之所不能胜也，而况若乎。

孔子适楚，楚狂接舆游其门曰："凤兮凤兮，何如德之衰也！来世不可待，往世不可追也。天下有道，圣人成焉；天下无道，圣人生焉。方今之时，仅免刑焉。福轻乎羽，莫之知载；祸重乎地，莫之知避。已乎已乎，临人以德！殆乎殆乎，画地而趋！迷阳迷阳，无伤吾行！吾行郤曲，无伤吾足！"

德充符

鲁有兀者王骀，从之游者与仲尼相若。常季问于仲尼曰："王骀，兀者也。从之游者，与夫子中分鲁。立不教，坐不议，虚而往，实而归。固有不言之教，无形而心成者邪？是何人也？"仲尼曰："夫子，圣人也，丘也直后而未往耳。丘将以为师，而况不若丘者乎！奚假鲁国！丘将引天下而与从之。"

申徒嘉，兀者也，而与郑子产同师于伯昏无人。子产谓申徒嘉曰："我先出则子止，子先出则我止。"其明日，又与合堂同席而坐。子产谓申徒嘉曰："我先出则子止，子先出则我止。今我将出，子可以止乎，其未邪？且子见执政而不违，子齐执政乎？"申徒嘉曰："先生之门，固有执政焉如此哉？子而悦子之执政而后人者也？闻之曰：'鉴明则尘垢不止，止则不明也。久与贤人处则无过。'今子之所取大者，先生也，而犹出言若是，不亦过乎！"

闉跂支离无脤说卫灵公，灵公说之；而视全人，其脰肩肩。瓮㼜大瘿说齐桓公，桓公说之；而视全人，其脰肩肩。故德有所长而形有所忘，人不忘其所忘而忘其所不忘，此谓诚忘。故圣人有所游，而知为孽，约为胶，德为接，工为商。圣人不谋，恶用知？不斫，恶用胶？无丧，恶用德？不货，恶用商？四者，天鬻也。天鬻者，天食也。既受食于天，又恶用人！有人之形，无人之情。有人之形，故群于人，无人之情，故是非不得于身。眇乎小哉，所以属于人也！謷乎大哉，独成其天！

大宗师

若然者，其心志，其容寂，其颡頯；凄然似秋，暖然似春，喜怒通四时，与物有宜而莫知其极。故圣人之用兵也，亡国而不失人心，利泽施乎万世，不为爱人。故乐通物，非圣人也；有亲，非仁也；天时，非贤也；利害不通，非君子也；行名失己，非士也；亡身不真，非役人也。若狐不偕、务光、伯夷、叔齐、箕子、胥余、纪他、申徒狄，是役人之役，适人之适，而不自适其适者也。

夫藏舟于壑，藏山于泽，谓之固矣。然而夜半有力者负之而走，昧者不知也。藏小大有宜，犹有所遁。若夫藏天下于天下而不得所遁，是恒物之大情也。特犯人之形而犹喜之。若人之形者，万化而未始有极也，其为乐可胜计邪！故圣人将游于物之所不得遁而皆存。

南伯子葵问乎女偊曰："子之年长矣，而色若孺子，何也？"曰："吾闻道矣。"南伯子葵曰："道可得学邪？"曰："恶！恶可！子非其人也。夫卜梁倚有圣人之才而无圣人之道，我有圣人之道而无圣人之才。吾欲以教之，庶几其果为圣人乎。不然，以圣人之道告圣人之才，亦易矣。吾犹守而告之，三日而后能外天下；已外天下矣，吾又守之，七日而后能外物；已外物矣，吾又守之，九日而后能外生；已外生矣，而后能朝彻；朝彻，而后能见独；见独，而后能无古今；无古今，而后能入于不死不生。杀生者不死，生生者不生。其为物，无不将也，无不迎也；无不毁也，无不成也。其名为撄宁。撄宁也者，撄而后成者也。"

子贡曰："敢问畸人。"曰："畸人者，畸于人而侔于天。故曰：天之小人，人之君子；人之君子，天之小人也。"

应帝王

肩吾见狂接舆。狂接舆曰："日中始何以语女？"肩吾曰："告我君人者以己出经式义度人，孰敢不听而化诸！"狂接舆曰："是欺德也。其于治天下也，犹涉海凿河而使蚉负山也。夫圣人之治也，治外乎？正而后行，确乎能其事者而已矣。且鸟高飞以避矰弋之害，鼷鼠深穴乎神丘之下，以避熏凿之患，而曾二虫之无知！"

阳子居见老聃，曰："有人于此，向疾强梁，物彻疏明，学道不倦。如是者，可比明王乎？"老聃曰："是于圣人也，胥易技系，劳形怵心者也。且也虎豹之文来田，猨狙之便执斄之狗来藉。如是者，可比明王乎？"

骈拇

枝于仁者，擢德塞性，以收名声，使天下簧鼓以奉不及之法，非乎？而曾史是已。

彼正正者，不失其性命之情。故合者不为骈，而枝者不为跂；长者不为有余，短者不为不足。是故凫胫虽短，续之则忧；鹤胫虽长，断之则悲。故性长非所断，性短非所续，无所去忧也。意仁义其非人情乎！彼仁人何其多忧也？

今世之仁人，蒿目而忧世之患；不仁之人，决性命之情而饕贵富。故意仁义其非人情乎？自三代以下者，天下何其嚣嚣也！

夫小惑易方，大惑易性。何以知其然邪？自虞氏招仁义以挠天下也，天下莫不奔命于仁义，是非以仁义易其性与？故尝试论之，自三代以下者，天下莫不以物易其性矣。小人则以身殉利，士则以身殉名，大夫则以身殉家，圣人则以身殉天下。

伯夷死名于首阳之下，盗跖死利于东陵之上，二人者，所死不同，其于残生伤性均也，奚必伯夷之是而盗跖之非乎！天下尽殉也。彼其所殉仁义也，则俗谓之君子；其所殉货财也，则俗谓之小人。其殉一也，则有君子焉，有小人焉；若其残生损性，则盗跖亦伯夷已，又恶取君子小人于其间哉。

马蹄

夫至德之世，同与禽兽居，族与万物并，恶乎知君子小人哉。同乎无知，其德不离；同乎无欲，是谓素朴；素朴而民性得矣。及至圣人，蹩躠为仁，踶跂为义，而天下始疑矣；澶漫为乐，摘僻为礼，而天下始分矣。故纯朴不残，孰为牺尊！白玉不毁，孰为珪璋！道德不废，安取仁义！性情不离，安用礼乐！五色不乱，孰为文采！五声不乱，孰应六律！夫残朴以为器，工匠之罪也；毁道德以为仁义，圣人之过也。

夫赫胥氏之时，民居不知所为，行不知所之，含哺而熙，鼓腹而游，民能以此矣。及至圣人，屈折礼乐以匡天下之形，县跂仁义以慰天下之心，而民乃始踶跂好知，争归于利，不可止也。此亦圣人之过也。

胠箧

昔者齐国邻邑相望，鸡狗之音相闻，罔罟之所布，耒耨之所刺，方二千余里。阖四竟之内，所以立宗庙社稷、治邑屋州闾乡曲者，曷尝不法圣人哉？然而田成子一旦杀齐君而盗其国。所盗者岂独其国邪？并与其圣知之法而盗之。故田成子有乎盗贼之名，而身处尧舜之安；小国不敢非，大国不敢诛，十二世有齐国，则是不乃窃齐国，并与其圣知之法以守其盗贼之身乎？

夫妄意室中之藏，圣也；入先，勇也；出后，义也；知可否，知也；分均，仁也。五者不备而能成大盗者，天下未之有也。由是观之，善人不得圣人之道不立，跖不得圣人之道不行；天下之善人少而不善人多，则圣人之利天下也少而害天下也多。故曰：唇竭则齿寒，鲁酒薄而邯郸围，圣人生而大盗起。掊击圣人，纵舍盗贼，而天下始治矣。夫川竭而谷虚，丘夷而渊实。圣人已死，则大盗不起，天下平而无故矣！

圣人不死，大盗不止。虽重圣人而治天下，则是重利盗跖也。为之斗斛以量之，则并与斗斛而窃之；为之权衡以称之，则并与权衡而窃之；为之符玺以信之，则并与符玺而窃之；为之仁义以矫之，则并与仁义而窃之。何以知其然邪？彼窃钩者诛，窃国者为诸侯，诸侯之门而仁义存焉，则是非窃仁义圣知邪？故逐于大盗，揭诸侯，窃仁义并斗斛权衡符玺之利者，虽轩冕之赏弗能劝，斧钺之威弗能禁。此重利盗跖而使不可禁者，是乃圣人之过也。故曰："鱼不可脱于渊，国之利器不可示人。"彼圣人者，天下之利器也，非所以明天下也。

子独不知至德之世乎？昔者容成氏、大庭氏、伯皇氏、中央氏、栗陆氏、骊畜氏、轩辕氏、赫胥氏、尊卢氏、祝融氏、伏牺氏、神农氏，当是时也，民结绳而用之，甘其食，美其服，乐其俗，安其居，邻国相望，鸡狗之音相闻，民至老死而不相往来。若此之时，则至治已。今遂至使民延颈举踵，曰"某所有贤者"，赢粮而趣之，则内弃其亲而外去其主之事，足迹接乎诸侯之境，车轨结乎千里之外。则是上好知之过也。

在宥

故君子不得已而临莅天下，莫若无为。无为也而后安其性命之情。故贵以身于为天下，则可以托天下；爱以身于为天下，则可以寄天下。故君子苟能无解其五藏，无擢其聪明，尸居而龙见，渊默而雷声，神动而天随，从容无为而万物炊累焉。吾又何暇治天下哉！

天下脊脊大乱，罪在撄人心。故贤者伏处大山嵁岩之下，而万乘之君忧栗乎庙堂之上。

大人之教，若形之于影，声之于响。有问而应之，尽其所怀，为天下配。处乎无响，行乎无方。挈汝适，复之挠挠，以游无端；出入无旁，与日无始；颂论形躯，合乎大同，大同而无己。无己，恶乎得有有！睹有者，昔之君子；睹无者，天地之友。

贱而不可不任者，物也；卑而不可不因者，民也；匿而不可不为者，事也；粗而不可不陈者，法也；远而不可不居者，义也；亲而不可不广者，仁也；

节而不可不积者，礼也；中而不可不高者，德也；一而不可不易者，道也，神而不可不为者，天也。故圣人观于天而不助，成于德而不累，出于道而不谋，会于仁而不恃，薄于义而不积，应于礼而不讳，接于事而不辞，齐于法而不乱，恃于民而不轻，因于物而不去。物者莫足为也，而不可不为。不明于天者，不纯于德；不通于道者，无自而可；不明于道者，悲夫！

天地

夫子曰："夫道，覆载万物者也，洋洋乎大哉！君子不可以不刳心焉。无为为之之谓天，无为言之之谓德，爱人利物之谓仁，不同同之之谓大，行不崖异之谓宽，有万不同之谓富。故执德之谓纪，德成之谓立，循于道之谓备，不以物挫志之谓完。君子明于此十者，则韬乎其事心之大也，沛乎其为万物逝也。"

尧观乎华。华封人曰："嘻，圣人！请祝圣人，使圣人寿。"尧曰："辞。""使圣人富。"尧曰："辞。""使圣人多男子。"尧曰："辞。"封人曰："寿、富、多男子，人之所欲也。女独不欲，何邪？"尧曰："多男子则多惧，富则多事，寿则多辱。是三者非所以养德也，故辞。"

封人曰："始也我以女为圣人邪，今然君子也。天生万民，必授之职。多男子而授之职，则何惧之有！富而使人分之，则何事之有！夫圣人，鹑居而鷇食，鸟行而无彰；天下有道，则与物皆昌；天下无道，则修德就闲；千岁厌世，去而上仙；乘彼白云，至于帝乡；三患莫至，身常无殃；则何辱之有！"

夫子问于老聃曰："有人治道若相放，可不可，然不然。辩者有言曰：'离坚白，若县寓。'若是则可谓圣人乎？"老聃曰："是胥易技系，劳形怵心者也。执留之狗成思，猿狙之便自山林来。丘，予告若，而所不能闻与而所不能言。凡有首有趾无心无耳者众，有形者与无形无状而皆存者尽无。其动，止也；其死，生也；其废，起也。此又非其所以也。有治在人，忘乎物，忘乎天，其名为忘己。忘己之人，是之谓入于天。"

为圃者曰："子非夫博学以拟圣，于于以盖众，独弦哀歌以卖名声于天下者乎？汝方将忘汝神气，堕汝形骸，而庶几乎！而身之不能治，而何暇治天下乎！子往矣，无乏吾事！"子贡卑陬失色，顼顼然不自得，行三十里而后愈。其弟子曰："向之人何为者邪？夫子何故见之变容失色，终日不自反邪？"曰："始吾以为天下一人耳，不知复有夫人也。吾闻之夫子，事求可，功求成。用力少，见功多者，圣人之道。今徒不然。执道者德全，德全者形全，形全者神全。神全者，圣人之道也。……天下之非誉，无益损焉，是谓全德之人哉！我之谓风波之民。"

门无鬼与赤张满稽观于武王之师。赤张满稽曰："不及有虞氏乎！故离此患也。"门无鬼曰："天下均治而有虞氏治之邪？其乱而后治之与？"赤张满稽曰："天下均治之为愿，而何计以有虞氏为！有虞氏之药疡也，秃而施髢，病而求医。孝子操药，以修慈父，其色燋然，圣人羞之。至德之世，不尚贤，不使能……"

天道

圣人之静也，非曰静也善，故静也；万物无足以铙心者，故静也。水静则明，烛须眉，平中准，大匠取法焉。水静犹明，而况精神。圣人之心静乎。天地之鉴也，万物之镜也。

夫虚静恬淡寂漠无为者，天地之平而道德之至，故帝王圣人休焉。休则虚，虚则实，实则伦矣。虚则静，静则动，动则得矣。静则无为，无为也则任事者责矣。无为则俞俞，俞俞者忧患不能处，年寿长矣。夫虚静恬淡寂漠无为者，万物之本也。

庄子曰："吾师乎！吾师乎！䪠万物而不为戾，泽及万世而不为仁，长于上古而不为寿，覆载天地刻雕众形而不为巧，此之谓天乐。故曰：'知天乐者。其生也天行，其死也物化。静而与阴同德，动而与阳同波。'故知天乐者，无天怨，无人非，无物累，无鬼责。故曰：'其动也天，其静也地，一心定而王天下；其鬼不祟，其魂不疲，一心定而万物服。'言以虚静推于天地，通于万物，此之谓天乐。天乐者，圣人之心，以畜天下也。"

君先而臣从，父先而子从，兄先而弟从，长先而少从，男先而女从，夫先而妇从。夫尊卑先后，天地之行也，故圣人取象焉。

士成绮见老子而问曰："吾闻夫子圣人也，吾固不辞远道而来愿见，百舍重趼而不敢息。今吾观子非圣人也，鼠壤有余蔬而弃妹之者，不仁也。生熟不尽于前，而积敛无崖。"

桓公读书于堂上。轮扁斫轮于堂下，释椎凿而上，问桓公曰："敢问公之所读者何言邪？"公曰："圣人之言也。"曰："圣人在乎？"公曰："已死矣。"

天运

北门成问于黄帝曰："帝张咸池之乐于洞庭之野，吾始闻之惧，复闻之怠，卒闻之而惑；荡荡默默，乃不自得。"帝曰："汝殆其然哉！吾奏之以人……吾又奏之以无怠之声，调之以自然之命，故若混逐丛生，林乐而无形；布挥而不曳，幽昏而无声。动于无方，居于窈冥；或谓之死，或谓之生；或谓之实，或谓之荣；行流散徙，不主常声。世疑之，稽于圣人。圣也者，达于情而遂于命也。天机不张而五官皆备，此之谓天乐，无言而心悦。故有焱氏为之颂曰：'听之不闻其声，视之不见其形，充满天地，苞裹六极。'汝欲听之而无接焉，而故惑也。乐也者，始于惧，惧故祟；吾又次之以怠，怠故遁；卒之于惑，惑故愚；愚故道，道可载而与之俱也。"

老聃曰："子来乎？吾闻子，北方之贤者也，子亦得道乎？"孔子曰："未得也。"

曰："吾求之于阴阳，十有二年而未得。"老子曰："然。使道而可献，则人莫不献之于其君；使道而可进，则人莫不进之于其亲；使道而可以告人，则人莫不告其兄弟；使道而可以与人，则人莫不与其子孙。然而不可者，无佗也，中无主而不止，外无正而不行。由中出者，不受于外，圣人不出；由外入者，无主于中，圣人不隐。"

子贡曰："夫三皇五帝之治天下不同，其系声名一也。而先生独以为非圣人，如何哉？"

老聃曰："小子少进！余语汝三皇五帝之治天下。黄帝之治天下，使民心一，民有其亲死不哭而民不非也。尧之治天下……禹之治天下，使民心变，人有心而兵有顺，杀盗非杀，人自为种而天下耳，是以天下大骇，儒墨皆起。其作始有伦，而今乎妇女，何言哉！余语汝，三皇五帝之治天下，名曰治之，而乱莫甚焉。三皇之知，上悖日月之明，下睽山川之精，中堕四时之施。其知憯于蛎虿之尾，鲜规之兽，莫得安其性命之情者，而犹自以为圣人，不可耻乎？其无耻也。"

刻意

若夫不刻意而高，不仁义而修，无功名而治，无江海而闲，不道引而寿，无不忘也，无不有也，澹然无极而众美从之。此天地之道，圣人之德也。

故曰，圣人休焉，休则平易矣，平易则恬淡矣。平易恬惔，则忧患不能入，邪气不能袭，故其德全而神不亏。

故曰，圣人之生也天行，其死也物化，静而与阴同德，动而与阳同波。不为福先，不为祸始；感而后应，迫而后动，不得已而后起。

纯素之道，唯神是守；守而勿失，与神为一；一之精通，合于天伦。野语有之曰："众人重利，廉士重名，贤士尚志，圣人贵精。"故素也者，谓其无所与杂也；纯也者，谓其不亏其神也。能体纯素，谓之真人。

缮性

道无以兴乎世，世无以兴乎道，虽圣人不在山林之中，其德隐矣。

秋水

北海若曰："井蛙不可以语于海者，拘于虚也；夏虫不可以语于冰者，笃于时也；曲士不可以语于道者，束于教也。今尔出于崖涘，观于大海，乃知尔丑，尔将可与语大理矣。……计四海之在天地之间也，不似礨空之在大泽乎？计中国之在海内，不似稊米之在大仓乎？号物之数谓之万，人处一焉；人卒九州，谷食之所生，舟车之所通，人处一焉；此其比万物也，不似豪末之在于马体乎？五帝之所连，三王之所争，仁人之所忧，任士之所劳，尽此矣。伯夷辞之以为名，仲尼语之以为博，此其自多也，不似尔向之自多于水乎？"

蛇谓风曰："予动吾脊胁而行，则有似也。今子蓬蓬然起于北海，蓬蓬然入于南海，而似无有，何也？"风曰："然。予蓬蓬然起于北海而入于南海也，然而指我则胜我，鳅我亦胜我。虽然，夫折大木、蜚大屋者，唯我能也，以众小不胜为大胜也。为大胜者，唯圣人能之。"

孔子游于匡，宋人围之数匝，而弦歌不辍。子路入见，曰："何夫子之娱也？"孔子曰："来！吾语汝。我讳穷久矣，而不免，命也；求通久矣，而不得，时也。当尧舜而天下无穷人，非知得也；当桀纣而天下无通人，非知失也；时势适然。夫水行不避蛟龙者，渔父之勇也；陆行不避兕虎者，猎夫之勇也；白刃交于前，视死若生者，烈士之勇也；知穷之有命，知通之有时，临大难而不惧者，圣人之勇也。由处也，吾命有所制矣。"

达生

子列子问关尹曰："至人潜行不窒，蹈火不热，行乎万物之上而不栗。请问何以至于此？"关尹曰："是纯气之守也，非知巧果敢之列。居，予语女！……夫醉者之坠车，虽疾不死。骨节与人同而犯害与人异，其神全也，乘亦不知也，坠亦不知也，死生惊惧不入乎其胸中，是故遌物而不慑。彼得全于酒而犹若是，而况得全于天乎？圣人藏于天，故莫之能伤也。"

山木

孔子问子桑雽曰:"吾再逐于鲁,伐树于宋,削迹于卫,穷于商周,围于陈蔡之间。吾犯此数患,亲交益疏,徒友益散,何与?"子桑雽曰:"子独不闻假人之亡与?林回弃千金之璧,负赤子而趋。或曰:'为其布与?赤子之布寡矣;为其累与?赤子之累多矣;弃千金之璧,负赤子而趋,何也?'林回曰:'彼以利合,此以天属也。'夫以利合者,迫穷祸患害相弃也;以天属者,迫穷祸患害相收也。夫相收之与相弃亦远矣,且君子之交淡若水,小人之交甘若醴。君子淡以亲,小人甘以绝。彼无故以合者,则无故以离。"

"何谓无受人益难?"仲尼曰:"始用四达,爵禄并至而不穷,物之所利,乃非己也,吾命其在外者也。君子不为盗,贤人不为窃。吾若取之,何哉!故曰,鸟莫知于鹢鸸,目之所不宜处,不给视,虽落其实,弃之而走。其畏人也,而袭诸人间,社稷存焉尔。"

"何谓人与天一邪?"仲尼曰:"有人,天也;有天,亦天也。人之不能有天,性也,圣人晏然体逝而终矣。"

田子方

田子方侍坐于魏文侯,数称谿工。文侯曰:"谿工,子之师邪?"子方曰:"非也,无择之里人也;称道数当,故无择称之。"文侯曰:"然则子无师邪?"子方曰:"有。"曰:"子之师谁邪?"子方曰:"东郭顺子。"文侯曰:"然则夫子何故未尝称之?"子方曰:"其为人也真,人貌而天,虚缘而葆真,清而容物。物无道,正容以悟之,使人之意也消。无择何足以称之!"子方出,文侯傥然终日不言,召前立臣而语之曰:"远矣,全德之君子!始吾以圣知之言、仁义之行为至矣,吾闻子方之师,吾形解而不欲动,口钳而不欲言。吾所学者直土梗耳,夫魏真为我累耳!"

温伯雪子适齐,舍于鲁。鲁人有请见之者,温伯雪子曰:"不可。吾闻中国之君子,明乎礼义而陋于知人心,吾不欲见也。"

孔子曰："夫子德配天地，而犹假至言以修心。古之君子，孰能脱焉？"老聃曰："不然。夫水之于汋也，无为而才自然矣。至人之于德也，不修而物不能离焉，若天之自高，地之自厚，日月之自明，夫何修焉！"

庄子见鲁哀公。哀公曰："鲁多儒士，少为先生方者。"庄子曰："鲁少儒。"哀公曰："举鲁国而儒服，何谓少乎？"庄子曰："周闻之，儒者冠圜冠者，知天时；履句屦者，知地形；缓佩玦者，事至而断。君子有其道者，未必为其服也；为其服者，未必知其道也。公固以为不然，何不号于国中曰：'无此道而为此服者，其罪死？'"于是哀公号之五日，而鲁国无敢儒服者，独有一丈夫儒服而立乎公门。公即召而问以国事，千转万变而不穷。庄子曰："以鲁国而儒者一人耳，可谓多乎？"

知北游

知问黄帝曰："我与若知之，彼与彼不知也，其孰是邪？"黄帝曰："彼无为谓真是也，狂屈似之；我与汝终不近也。夫知者不言，言者不知，故圣人行不言之教。道不可致，德不可至。仁可为也，义可亏也，礼相伪也。……人之生，气之聚也。聚则为生，散则为死。若死生为徒，吾又何患！故万物一也，是其所美者为神奇，其所恶者为臭腐；臭腐复化为神奇，神奇复化为臭腐。故曰'通天下一气耳。'圣人故贵一。"

天地有大美而不言，四时有明法而不议，万物有成理而不说。圣人者，原天地之美而达万物之理，是故至人无为，大圣不作，观于天地之谓也。

孔子问于老聃曰："今日晏闲，敢问至道。"老聃曰："汝齐戒，疏瀹而心，澡雪而精神，掊击而知！夫道，窅然难言哉！将为汝言其崖略。夫昭昭生于冥冥，有伦生于无形，精神生于道，形本生于精，而万物以形相生……且夫博之不必知，辩之不必慧，圣人以断之矣。若夫益之而不加益，损之而不加损者，圣人之所保也。渊渊乎其若海，魏魏乎其终则复始也，运量万物而不匮，则君子之道，彼其外与！万物皆往资焉而不匮，此其道与！"

中国有人焉，非阴非阳，处于天地之间，直且为人，将反于宗。自本观之，生者，喑醷物也。虽有寿夭，相去几何？须臾之说也。奚足以为尧桀之是非！果蓏有理，人伦虽难，所以相齿。圣人遭之而不违，过之而不守。调而应之，德也；偶而应之，道也；帝之所兴，王之所起也。人生天地之间，若白驹之过郤，忽然而已。

妸荷甘与神农同学于老龙吉。神农隐几阖户昼瞑，妸荷甘日中奓户而入，曰："老龙死矣！"神农隐几拥杖而起，嚗然放杖而笑，曰："天知予僻陋慢訑，故弃予而死！已矣夫子！无所发予之狂言而死矣夫！"弇堈吊闻之，曰："夫体道者，天下之君子所系焉。今于道，秋豪之端万分未得处一焉，而犹知藏其狂言而死，又况夫体道者乎。视之无形，听之无声，于人之论者，谓之冥冥，所以论道而非道也。"

仲尼曰："昔之昭然也，神者先受之；今之昧然也，且又为不神者求邪？无古无今，无始无终。未有子孙而有子孙，可乎？"冉求未对。仲尼曰："已矣，未应矣！不以生生死，不以死死生。死生有待邪？皆有所一体。有先天地生者物邪？物物者非物。物出不得先物也，犹其有物也。犹其有物也，无已。圣人之爱人也，终无已者，亦乃取于是者也。"

颜渊问乎仲尼曰："回尝闻诸夫子曰：'无有所将，无有所迎。'回敢问其游。"仲尼曰："古之人，外化而内不化，今之人，内化而外不化。与物化者，一不化者也。安化安不化，安与之相靡，必与之莫多。狶韦氏之囿，黄帝之圃，有虞氏之宫，汤武之室。君子之人，若儒墨者师，故以是非相𩐐也。而况今之人乎。圣人处物不伤物。不伤物者，物亦不能伤也。唯无所伤者，为能与人相将迎。"

庚桑楚

老聃之役有庚桑楚者，偏得老聃之道，以北居畏垒之山，其臣之画然知者去之，其妾之挈然仁者远之；拥肿之与居，鞅掌之为使。居三年，畏垒大壤。畏垒之民相与言曰："庚桑子之始来，吾洒然异之。今吾日计之而不足，岁计之而有余。庶几其圣人乎。子胡不相与尸而祝之，社而稷之乎？"

庚桑子闻之，南面而不释然。弟子异之。庚桑子曰："弟子何异于予？夫春气发而百草生，正得秋而万宝成。夫春与秋，岂无得而然哉？天道已行矣。吾闻至人，尸居环堵之室，而百姓猖狂不知所如往。今以畏垒之细民而窃窃焉欲俎豆予于贤人之间，我其杓之人邪！吾是以不释于老聃之言。"

出无本，入无窍。有实而无乎处，有长而无乎本剽，有所出而无窍者有实。有实而无乎处者，宇也。有长而无本剽者，宙也。有乎生，有乎死，有乎出，有乎入，入出而无见其形，是谓天门。天门者，无有也，万物出乎无有，有不能以有为有，必出乎无有，而无有一无有。圣人藏乎是。

羿工乎中微而拙乎使人无己誉。圣人工乎天而拙乎人。夫工乎天而俍乎人者，唯全人能之。唯虫能虫，唯虫能天。全人恶天？恶人之天？而况吾天乎人乎！

欲静则平气，欲神则顺心，有为也。欲当则缘于不得已。不得已之类，圣人之道。

徐无鬼

啮缺遇许由，曰："子将奚之？"曰："将逃尧。"曰："奚谓邪？"曰："夫尧，畜畜然仁，吾恐其为天下笑。后世其人与人相食与！夫民，不难聚也；爱之则亲，利之则至，誉之则劝，致其所恶则散。爱利出乎仁义，捐仁义者寡，利仁义者众。夫仁义之行，唯且无诚，且假乎禽贪者器。是以一人之断制利天下，譬之犹一覕也。夫尧知贤人之利天下也，而不知其贼天下也，夫唯外乎贤者知之矣。"

则阳

彭阳曰:"公阅休奚为者邪?"曰:"冬则擉鳖于江,夏则休乎山樊。有过而问者,曰:'此予宅也。'夫夷节已不能,而况我乎!吾又不若夷节。……故圣人,其穷也使家人忘其贫,其达也使王公忘爵禄而化卑。其于物也,与之为娱矣;其于人也,乐物之通而保己焉;故或不言而饮人以和,与人并立而使人化。父子之宜,彼其乎归居,而一闲其所施。其于人心者若是其远也。故曰待公阅休。"

圣人达绸缪,周尽一体矣,而不知其然,性也。复命摇作而以天为师,人则从而命之也。忧乎知而所行恒无几时,其有止也若之何!

圣人之爱人也,人与之名,不告则不知其爱人也。若知之,若不知之,若闻之,若不闻之,其爱人也终无已,人之安之亦无已,性也。

夫圣人未始有天,未始有人,未始有始,未始有物,与世偕行而不替,所行之备而不洫,其合之也若之何?汤得其司御门尹登恒为之傅之,从师而不囿;得其随成,为之司其名;之名嬴法,得其两见。仲尼之尽虑,为之傅之。容成氏曰:"除日无岁,无内无外。"

客出,惠子见。君曰:"客,大人也,圣人不足以当之。"惠子曰:"夫吹筦也,犹有嗃也;吹剑首者,吷而已矣。尧舜,人之所誉也;道尧舜于戴晋人之前,譬犹一吷也。"

孔子之楚,舍于蚁丘之浆。其邻有夫妻臣妾登极者,子路曰:"是稯稯何为者邪?"仲尼曰:"是圣人仆也。是自埋于民,自藏于畔。其声销,其志无穷,其口虽言,其心未尝言,方且与世违而心不屑与之俱。是陆沈者也,是其市南宜僚邪?"

仲尼问于大史大弢、伯常骞、狶韦曰:"夫卫灵公饮酒湛乐,不听国家之政;田猎毕弋,不应诸侯之际;其所以为灵公者何邪?"大弢曰:"是因是也。"伯常骞曰:"夫灵公有妻三人,同滥而浴。史鳅奉御而进所,搏币而扶翼。其慢若彼之甚也,见贤人若此其肃也,是其所以为灵公也。"

外物

老莱子之弟子出薪，遇仲尼，反以告，曰："有人于彼，修上而趋下，末偻而后耳，视若营四海，不知其谁氏之子。"老莱子曰："是丘也。召而来。"仲尼至。曰："丘，去汝躬矜，与汝容知，斯为君子矣。"

仲尼揖而退，蹙然改容而问曰："业可得进乎？"老莱子曰："夫不忍一世之伤，而骜万世之患，抑固窭邪？亡其略弗及邪？惠以欢为骜，终身之丑，中民之行进焉耳。相引以名，相结以隐，与其誉尧而非桀，不如两忘而闭其所誉。反无非伤也，动无非邪也。圣人踌躇以兴事，以每成功。奈何哉！其载焉终矜尔！"

庄子曰："人有能游，且得不游乎？人而不能游，且得游乎？夫流遁之志，决绝之行，噫，其非至知厚德之任与！覆坠而不反，火驰而不顾，虽相与为君臣，时也，易世而无以相贱。故曰至人不留行焉。……圣人之所以骇天下，神人未尝过而问焉；贤人所以骇世，圣人未尝过而问焉；君子所以骇国，贤人未尝过而问焉；小人所以合时，君子未尝过而问焉。……荃者所以在鱼，得鱼而忘荃；蹄者所以在兔，得兔而忘蹄；言者所以在意，得意而忘言。吾安得夫忘言之人而与之言哉！"

让王

故曰，道之真以治身，其绪余以为国家，其土苴以治天下。由此观之，帝王之功，圣人之余事也，非所以完身养生也。今世俗之君子，多危身弃生以殉物，岂不悲哉！凡圣人之动作也，必察其所以之与其所以为。今且有人于此，以随侯之珠弹千仞之雀，世必笑之。是何也？则其所用者重而所要者轻也。夫生者，岂特随侯之重哉！

孔子穷于陈蔡之间，七日不火食，藜羹不糁，颜色甚惫，而弦歌于室。颜回择菜，子路子贡相与言曰："夫子再逐于鲁，削迹于卫，伐树于宋，穷于商周，围于陈蔡，杀夫子者无罪，藉夫子者无禁。弦歌鼓琴，未尝绝音，君子之无耻也若此乎？"

颜回无以应，入告孔子。孔子推琴喟然而叹曰："由与赐，细人也。召而来，吾语之！"子路子贡入。子路曰："如此者可谓穷矣！"孔子曰："是何言也！君子通于道之谓通，穷于道之谓穷。今丘抱仁义之道以遭乱世之患，其何穷之为？故内省而不穷于道，临难而不失其德，天寒即至，霜雪即降，吾是以知松柏之茂也。陈蔡之隘，于丘其幸乎！"

汤又让瞀光曰："知者谋之，武者遂之，仁者居之，古之道也。吾子胡不立乎？"瞀光辞曰："废上，非义也；杀民，非仁也；人犯其难，我享其利，非廉也。吾闻之曰，非其义者，不受其禄，无道之世，不践其土。况尊我乎！吾不忍久见也。"乃负石而自沈于庐水。

盗跖

孔子曰："丘闻之，凡天下有三德：生而长大，美好无双，少长贵贱见而皆说之，此上德也；知维天地，能辩诸物，此中德也；勇悍果敢，聚众率兵，此下德也。凡人有此一德者，足以南面称孤矣。今将军兼此三者，身长八尺二寸，面目有光，唇如激丹，齿如齐贝，音中黄钟，而名曰盗跖，丘窃为将军耻不取焉。将军有意听臣，臣请南使吴越，北使齐鲁，东使宋卫，西使晋楚，使为将军造大城数百里，立数十万户之邑，尊将军为诸侯，与天下更始，罢兵休卒，收养昆弟，共祭先祖。此圣人才士之行，而天下之愿也。"

盗跖大怒曰："丘，来前！夫可规以利而可谏以言者，皆愚陋恒民之谓耳。……子以甘辞说子路而使从之，使子路去其危冠，解其长剑，而受教于子，天下皆曰孔丘能止暴禁非。其卒之也，子路欲杀卫君而事不成，身菹于卫东门之上，是子教之不至也。子自谓才士圣人邪？则再逐于鲁，削迹于卫，穷于齐，围于陈蔡，不容身于天下。子教子路菹此患，上无以为身，下无以为人，子之道岂足贵邪？……丘之所言，皆吾之所弃也，亟去走归,无复言之!子之道,狂狂汲汲,诈巧虚伪事也,非可以全真也,奚足论哉!"

子张曰:"昔者桀纣贵为天子,富有天下,今谓臧聚曰,汝行如桀纣,则有怍色,有不服之心者,小人所贱也。仲尼墨翟,穷为匹夫,今谓宰相曰,子行如仲尼墨翟,则变容易色称不足者,士诚贵也。故势为天子,未必贵也;穷为匹夫,未必贱也;贵贱之分,在行之美恶。"

子张曰:"子不为行,即将疏戚无伦,贵贱无义,长幼无序;五纪六位,将何以为别乎?"满苟得曰:"尧杀长子,舜流母弟,疏戚有伦乎?汤放桀,武王杀纣,贵贱有义乎?王季为适,周公杀兄,长幼有序乎?儒者伪辞,墨者兼爱,五纪六位将有别乎?且子正为名,我正为利。名利之实,不顺于理,不监于道。吾日与子讼于无约曰:'小人殉财,君子殉名,其所以变其情、易其性,则异矣;乃至于弃其所为而殉其所不为,则一也。'故曰:无为小人,反殉而天;无为君子,从天之理。若枉若直,相而天极;面观四方,与时消息。若是若非,执而圆机;独成而意,与道徘徊。"

无足曰:"夫富之于人,无所不利,穷美究势,至人之所不得逮,贤人之所不能及,侠人之勇力而以为威强,秉人之知谋以为明察,因人之德以为贤良,非享国而严若君父。且夫声色滋味权势之于人,心不待学而乐之,体不待象而安之。夫欲恶避就,固不待师,此人之性也。天下虽非我,孰能辞之!"

渔父

孔子游乎缁帷之林,休坐乎杏坛之上。弟子读书,孔子弦歌鼓琴。奏曲未半,有渔父者下船而来,须眉交白,被发揄袂,行原以上,距陆而止,左手据膝,右手持颐以听。曲终而招子贡、子路二人俱对。客指孔子曰:"彼何为者也?"子路对曰:"鲁之君子也。"客问其族。子路对曰:"族孔氏。"客曰:"孔氏者何治也?"子路未应,子贡对曰:"孔氏者,性服忠信,身行仁义，饰礼乐，选人伦，上以忠于世主，下以化于齐民，将以利天下。此孔氏之所治也。"又问曰："有土之君与？"子贡曰："非也。""侯王之佐与？"子贡曰："非也。"客乃笑而还行，言曰："仁则仁矣，恐不免其身，苦心劳形以危其真。呜乎远哉！其分于道也！"

子贡还，报孔子。孔子推琴而起，曰："其圣人与！"乃下求之，至于泽畔，方将杖拏而引其船，顾见孔子，还乡而立。孔子反走，再拜而进。

孔子再拜而起曰："丘少而修学，以至于今，六十九岁矣，无所得闻至教，敢不虚心！"客曰："同类相从，同声相应，固天之理也。吾请释吾之所有而经子之所以。……且人有八疵，事有四患，不可不察也。非其事而事之，谓之摠；莫之顾而进之，谓之佞；希意道言，谓之谄；不择是非而言，谓之谀；好言人之恶，谓之谗；析交离亲，谓之贼；称誉诈伪以败恶人，谓之慝；不择善否，两容颊适，偷拔其所欲，谓之险。此八疵者，外以乱人，内以伤身，君子不友，明君不臣。所谓四患者：好经大事，变更易常，以挂功名，谓之叨；专知擅事，侵人自用，谓之贪；见过不更，闻谏愈甚，谓之很；人同于己则可，不同于己，虽善不善，谓之矜。此四患也。能去八疵，无行四患，而始可教已。"

孔子愀然曰："请问何谓真？"客曰："真者，精诚之至也。不精不诚，不能动人。……礼者，世俗之所为也；真者，所以受于天也，自然不可易也。故圣人法天贵真，不拘于俗。愚者反此，不能法天而恤于人，不知贵真，禄禄而受变于俗，故不足。惜哉，子之蚤湛于人伪而晚闻大道也！"

孔子伏轼而叹曰："甚矣由之难化也！湛于礼义有间矣，而朴鄙之心至今未去。进，吾语汝！夫遇长不敬，失礼也；见贤不尊，不仁也。彼非至人，不能下人，下人不精，不得其真，故长伤身。惜哉！不仁之于人也，祸莫大焉，而由独擅之。且道者，万物之所由也，庶物失之者死，得之者生，为事逆之则败，顺之则成。故道之所在，圣人尊之。今渔父之于道，可谓有矣，吾敢不敬乎！"

列御寇

圣人安其所安，不安其所不安；众人安其所不安，不安其所安。

圣人以必不必，故无兵；众人以不必必之，故多兵。顺于兵，故行有求。兵，恃之则亡。

孔子曰："凡人心险于山川，难于知天；天犹有春秋冬夏旦暮之期，人者厚貌深情。故有貌愿而益，有长若不肖，有顺懁而达，有坚而缦，有缓而釬。故其就义若渴者，其去义若热。故君子远使之而观其忠，近使之而观其敬，烦使之而观其能，卒然问焉而观其知，急与之期而观其信，委之以财而观其仁，告之以危而观其节，醉之以酒而观其侧，杂之以处而观其色。九征至，不肖人得矣。"

天下

不离于宗，谓之天人；不离于精，谓之神人；不离于真，谓之至人。以天为宗，以德为本，以道为门，兆于变化，谓之圣人。以仁为恩，以义为理，以礼为行，以乐为和，薰然慈仁，谓之君子。

黄帝有《咸池》，尧有《大章》，舜有《大韶》，禹有《大夏》，汤有《大濩》，文王有辟雍之乐，武王周公作《武》。古之丧礼，贵贱有仪，上下有等，天子棺椁七重，诸侯五重，大夫三重，士再重。今墨子独生不歌，死不服，桐棺三寸而无椁，以为法式。以此教人，恐不爱人；以此自行，固不爱己。未败墨子道，虽然，歌而非歌，哭而非哭，乐而非乐，是果类乎？其生也勤，其死也薄，其道大觳；使人忧，使人悲，其行难为也，恐其不可以为圣人之道，反天下之心。天下不堪。墨子虽独能任，奈天下何。

相里勤之弟子五侯之徒，南方之墨者苦获、已齿、邓陵子之属，俱诵《墨经》，而倍谲不同，相谓别墨；以坚白同异之辩相訾，以觭偶不仵之辞相应；以巨子为圣人，皆愿为之尸，冀得为其后世，至今不决。

虽然，其为人太多，其自为太少，曰："请欲固置五升之饭足矣。"先生恐不得饱，弟子虽饥，不忘天下，日夜不休，曰："我必得活哉！"图傲乎救世之士哉！曰："君子不为苛察，不以身假物。"以为无益于天下者，明之不如已也，以禁攻寝兵为外，以情欲寡浅为内，其小大精粗，其行适至是而止。

法家

法家之学又称"刑名法术之学"。《汉书·艺文志》说:"法家者流,盖出于理官,信赏必罚,以辅礼制。《易》曰:'先王以明罚饬法。'此其所长也。及刻者为之,则无教化,去仁爱,专任刑法而欲以致治,至于残害至亲,伤恩薄厚。"先秦时期对法家思想的发展有所贡献的人物包括管仲、士匄、子产、李悝、吴起、商鞅、慎到、申不害、乐毅、剧辛等,战国末期的韩非对这些人的学说作了总结和综合,可以说集先秦法家之大成。

韩非是荀子的学生,在他所处的时代,儒家的君子观已为当时社会所认同和接受,因此,《韩非子》中的"君子"在一定程度上与儒家的君子相一致。但值得注意的是,作为法家的韩非子出于治理国家的需要,对君子有碍于统治的方面有所批判。如《八说》云:"为故人行私谓之不弃,以公财分施谓之仁人,轻禄重身谓之君子……不弃者,吏有奸也;仁人者,公财损也;君子者,民难使也。"仁人"以公财分施",君子"轻禄重身",都是对法家治国的妨害。另一方面,韩非之学"其本归于黄老",因此,《韩非子》中的"君子"有时也有道家的影子。如《大体》:"古之牧天下者,不使匠石极巧以败太山之体,不使贲、育尽威以伤万民之性。因道全法,君子乐而大奸止;澹然闲静,因天命,持大体。故使人无离法之罪,鱼无失水之祸。"综合来看,《韩非子》中的"君子"承袭了儒家和道家中的部分形象,同时,韩非对儒家君子观中不符合法家治国要求的内容做了批判,相比于君子的仁义道德,他认为治国更需要"智术之士"和"能法之士"。

韩非子

《韩非子》简介

韩非是战国末期著名的思想家，是法家思想的集大成者。根据《史记·老子申韩列传》记载，韩非是战国末期韩国的贵族子弟。他喜好刑名法术，根本归于黄老之学。他为人口吃，不善言说，但擅长写书。梁启超在其《要籍解题及其读法》中充分肯定了韩非的思想成就，将其视为先秦诸子之殿军，认为他兼通儒、道、墨诸家，对申不害、商鞅、惠施、公孙龙等人之学皆有研究，同时又能不受拘限，自成一家之言。在梁启超看来，对于一般人，《韩非子》一书与《老子》《墨子》《庄子》《孟子》《荀子》都是不可不读之书。

《韩非子》书影（四部丛刊初编影黄荛圃校宋本）

韩非的文章收集在《韩非子》一书中，共五十五篇。该书旧称《韩子》，至宋，因尊唐代韩愈为韩子，故改称韩非书为《韩非子》。一般认为《韩非子》的最大成就在于其思想性，韩非能够综合运用法、术、势处理君、臣、民关系，形成了独特的政治思想体系。

韩非所处的战国时期是中国历史上诸侯争霸的动荡时期。明末清初大思想家王夫之曾说："战国者，古今一大变革之会也。"《韩非子》的思想与战国时期社会变革是相一致的。《韩非子》笔锋犀利，文风峻刻，是法家代表人物在历史转折时期的思想精华之体现，在先秦诸子散文中独树一帜，是中国传统典籍中的杰作。

《韩非子》中的"君子"

韩非子是荀子的学生,《韩非子》中也提到"君子"和"礼"的关系,《解老》:"君子之为礼,以为其身,以为其身,故神之为上礼;上礼神而众人贰,故不能相应;不能相应,故曰:'上礼为之而莫之应。'众人虽贰,圣人之复恭敬尽手足之礼也不衰,故曰:'攘臂而仍之。'"君子恭敬地行礼,一举一动皆合乎规范,丝毫不敢懈怠,迥别于三心二意的普通人。君子遵守"礼"所规定的等级制度,强调人伦的尊卑和事物的贵贱,从不越礼行事。《外储说左下》:"丘之闻也,君子以贱雪贵,不闻以贵雪贱。"意谓君子用下等的东西去擦拭上等的东西,没听说用上等的去擦拭下等的。这种对礼的追求和恪守,成为君子的一个重要"标签"。《难一》云:"繁礼君子,不厌忠信;战阵之间,不厌诈伪。""君子"被当成"繁礼"的代表,"忠信"是他们的人格特点。不过,与荀子"重文尚饰"不同,韩非子更倾向于"重质轻文"。《解老》:"礼为情貌者也,文为质饰者也。夫君子取情而去貌,好质而恶饰。夫恃貌而论情者,其情恶也;须饰而论质者,其质衰也。"由此可见,韩非定义的君子不重外貌的修饰,而注重内在的本质,相比外在的容貌,品行对于君子来说更为重要。《显学》:"澹台子羽,君子之容也,仲尼几而取之,与处久而行不称其貌。"其实,这看似有点自相矛盾的两方面,从法家崇尚实用、追求功利的角度出发,则是可以统一起来的。君子清楚行礼是为了他自己,为了治身、御下的需要,所以才会那样地专心一意,而"众人之为礼也,以尊他人也,故时劝时衰"。韩非子是从法治出发来解说礼的,换言之,他看重的是礼具有的实用功能,而并不只是外在的文饰。君子看轻形式而重视本质,是因为文饰过于美好往往会令人忽略了本质。本质美好的事物并不需要华丽的文饰,"夫物之待饰而后行者,其质不美"。

《韩非子》中的"君子"可指辅佐君王之贤臣。他们或者进言于君主,为尽到劝谏的职责，不避戮辱，甚至不顾惜自己的生命。如《难言》："此十数人者，皆世之仁贤忠良有道术之士也，不幸而遇悖乱闇惑之主而死。然则虽贤圣不能逃死亡避戮辱者何也？则愚者难说也，故君子不少也。且至言忤于耳而倒于心，非贤圣莫能听。愿大王熟察之也。"或者为君主出谋划策、决断政事，帮他实现政治理想。如《外储说左下》："昔周成王近优侏儒以逞其意，而与君子断事，是能成其欲于天下。"

《韩非子》中"君子"与"小人"的对举，有的立足于修身的层面，如《解老》："至圣人不然，一建其趋舍，虽见所好之物不能引，不能引之谓不'拔'。一于其情，虽有可欲之类，神不为动，神不为动之谓'不脱'。……今治身而外物不能乱其精神，故曰：'修之身，其德乃真。'真者，慎之固也。……修身者以此别君子小人。""此"指前文"其德乃真"的"真"，即德行的纯真，这是区别君子与小人的重要标准。但更多还是侧重于政治、社会的层面，如《安危》："治世使人乐生于为是，爱身于为非。小人少而君子多，故社稷常立，国家久安。"这里"小人"指"为非"之人，即奸盗之流，则"君子"就是遵纪守法、行善之人。《用人》："人主立难为而罪不及，则私怨生；人臣失所长而奉难给，则伏怨结。劳苦不抚循，忧悲不哀怜。喜则誉小人，贤不肖俱赏；怒则毁君子，使伯夷与盗跖俱辱；故臣有叛主。"《守道》："古之善守者，以其所重禁其所轻，以其所难止其所易。故君子与小人俱正，盗跖与曾、史俱廉。"又如《难二》："夫言语辩，听之说，不度于义者，谓之窕言。……听者，非小人则君子也。小人无义，必不能度之义也；君子度之义，必不肯说也。"对待"窕言"（动听然而虚假不实之言），君子会用"义"去衡量，不为其迷惑，而小人不懂"义"，自然不知道如何判断。这里的"义"显然不是儒家所说的"义"，而可以理解为法。这反映出法家最为关切的还是政治统治和社会治理。另外，《韩非子》中也有个别"君子""小人"是从身份地位来说的，如《说林下》："吴反覆六十里，其君子必休，小人必食，我行三十里击之，必可败也。"这里的"君子"指领兵的将官，"小人"指前线的兵卒。

"圣人"是和"君子"关系较为密切的概念。《韩非子》中"君子"一词出现三十四次，而"圣人"一词则出现七十一次，这些"圣人"在不同语境中的具体所指有所不同。"圣人"可以指君主，如《扬权》云："圣人执要，四方来效。虚而待之，彼自以之。"又云："故圣人执一以静，使名自命，令事自定。不见其采，下故素正。因而任之，使自事之。"君主应持虚静的态度，把握政事的纲要，而不用过多地加以干预。这显然是受道家的影响。"圣人"也可以指大臣，如《说难》："伊尹为宰，百里奚为虏，皆所以干其上也，此二人者，皆圣人也，然犹不能无役身以进，如此其污也。"伊尹是商汤的名相，百里奚是秦穆公的重臣。当然，《韩非子》中也提到就德行而言的"圣人"，如《五蠹》："仲尼，天下圣人也，修行明道以游海内，海内说其仁，美其义，而为服役者七十人，盖贵仁者寡，能义者难也。"《功名》："圣人德若尧、舜，行若伯夷，而位不载于世，则功不立，名不遂。"这显然是从儒家的角度说的。

最后，"仁"是儒家君子最重要、最核心的特质，但是韩非子对于"仁"有不同的看法。《八说》云："故存国者，非仁义也。仁者，慈惠而轻财者也；暴者，心毅而易诛者也。慈惠则不忍，轻财则好与。心毅则憎心见于下，易诛则妄杀加于人。不忍则罚多宥赦，好与则赏多无功。憎心见则下怨其上，妄诛则民将背叛。"韩非子对于"仁者"和"暴者"都有批判，认为他们都有害于国家。《八说》又云："故仁人在位，下肆而轻犯禁法，偷幸而望于上；暴人在位，则法令妄而臣主乖，民怨而乱心生。"仁人处于君位，臣民就会心存侥幸，放肆妄为，轻易违法犯禁；残暴者处于君位，则会滥用法令，随意责罚，臣子乖离，民众怨恨而生作乱之心。据此，在韩非子看来，作为统治者的君子不应该心存仁慈，换言之，"仁"在韩非子的君子观中并不是重要的、核心的内容。

总之，与其他先秦典籍相比，《韩非子》中所体现的君子观既有所传承，更有不同。《韩非子》中的君子形象，深受法家治国理念的影响，带有法家思想独特的烙印。

资料摘编

难言

故曰：以至智说至圣，未必至而见受，伊尹说汤是也。以智说愚必不听，文王说纣是也。故文王说纣而纣囚之，翼侯炙，鬼侯腊，比干剖心，梅伯醢，夷吾束缚，而曹羁奔陈，伯里子道乞，傅说转鬻，孙子膑脚于魏。吴起收泣于岸门，痛西河之为秦，卒枝解于楚。公叔痤言国器，反为悖，公孙鞅奔秦。关龙逢斩，苌弘分胣，尹子穽于棘，司马子期死而浮于江，田明辜射，宓子贱、西门豹不斗而死人手，董安于死而陈于市，宰予不免于田常，范雎折胁于魏。此十数人者，皆世之仁贤忠良有道术之士也，不幸而遇悖乱阇惑之主而死。然则虽贤圣不能逃死亡避戮辱者何也？则愚者难说也，故君子不少也。且至言忤于耳而倒于心，非贤圣莫能听。愿大王熟察之也。

主道

故曰：寂乎其无位而处，漻乎莫得其所。明君无为于上，群臣竦惧乎下。明君之道，使智者尽其虑，而君因以断事，故君不穷于智；贤者敕其材，君因而任之，故君不穷于能；有功则君有其贤，有过则臣任其罪，故君不穷于名。是故不贤而为贤者师，不智而为智者正。臣有其劳，君有其成功，此之谓贤主之经也。

有度

贤者之为人臣，北面委质，无有二心，朝廷不敢辞贱，军旅不敢辞难，顺上之为，从主之法，虚心以待令而无是非也。

扬权

事在四方，要在中央。圣人执要，四方来效。虚而待之，彼自以之。

用一之道，以名为首，名正物定，名倚物徙。故圣人执一以静，使名自命，令事自定。不见其采，下故素正。因而任之，使自事之；因而予之，彼将自

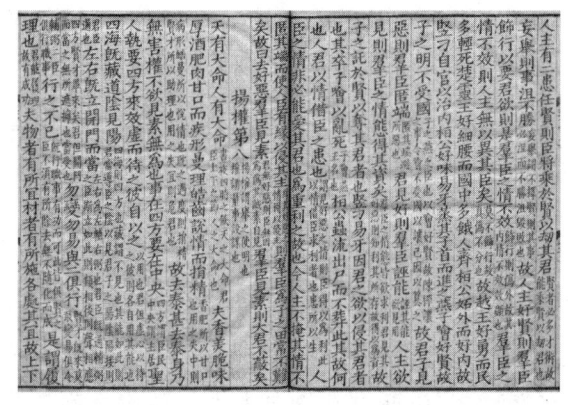

《韩非子》（清嘉庆二十三年影刻宋乾道黄三八郎本）

举之；正与处之，使皆自定之。上以名举之，不知其名，复修其形；形名参同，用其所生。二者诚信，下乃贡情。

谨修所事，待命于天。毋失其要，乃为圣人。圣人之道，去智与巧，智巧不去，难以为常。民人用之，其身多殃，主上用之，其国危亡。

主上不神，下将有因；其事不当，下考其常。若天若地，是谓累解。若地若天，孰疏孰亲？能象天地，是谓圣人。

八奸

明主之为官职爵禄也，所以进贤材，劝有功也。故曰：贤材者，处厚禄任大官；功大者，有尊爵受重赏。官贤者量其能，赋禄者称其功。是以贤者不诬能以事其主，有功者乐进其业，故事成功立。今则不然，不课贤不肖，论有功劳，用诸侯之重，听左右之谒，父兄大臣上请爵禄于上，而下卖之以收财利及以树私党。故财利多者买官以为贵，有左右之交者请谒以成重。功劳之臣不论，官职之迁失谬。是以吏偷官而外交，弃事而财亲。是以贤者懈怠而不劝，有功者隳而简其业，此亡国之风也。

十过

襄子惧，乃召张孟谈曰："寡人行城郭及五官之藏，皆不备具，吾将何以应敌？"张孟谈曰："臣闻圣人之治，藏于臣不藏于府库，务修其教不治城郭。君其出令，令民自遗三年之食，有余粟者入之仓，遗三年之用，有余钱者入之府，遗有奇人者使治城郭之缮。"

昔者，戎王使由余聘于秦，穆公问之曰："寡人尝闻道而未得目见之也，愿闻古之明主得国失国何常以？"由余对曰："臣尝得闻之矣，常以俭得之，以奢失之。"穆公曰："寡人不辱而问道于子，子以俭对寡人，何也？"由余对曰："臣闻昔者尧有天下，饭于土簋，饮于土铏。其地南至交趾，北至幽都，东西至日月之所出入者，莫不宾服。……夏后氏没，殷人受之，作为大路而建九旒，食器雕琢，觞酌刻镂，四壁垩墀，茵席雕文，此弥侈矣，而国之不服者五十三。君子皆知文章矣，而欲服者弥少，臣故曰俭其道也。"

由余出，公乃召内史廖而告之，曰："寡人闻邻国有圣人，敌国之忧也。今由余，圣人也，寡人患之，吾将奈何？"内史廖曰："臣闻戎王之居，僻陋而道远，未闻中国之声，君其遗之女乐，以乱其政，而后为由余请期，以疏其谏，彼君臣有间而后可图也。"

说难

伊尹为宰，百里奚为虏，皆所以干其上也，此二人者，皆圣人也，然犹不能无役身以进，如此其污也。

故绕朝之言当矣，其为圣人于晋，而为戮于秦也，此不可不察。

奸劫弑臣

人主诚明于圣人之术，而不苟于世俗之言，循名实而定是非，因参验而审言辞。

是以臣得陈其忠而不弊，下得守其职而不怨。此管仲之所以治齐，而商君之所以强秦也。从是观之,则圣人之治国也,固有使人不得不爱我之道,而不恃人之以爱为我也。

夫世愚学之人比有术之士也,犹蚁垤之比大陵也,其相去远矣。而圣人者,审于是非之实,察于治乱之情也。

圣人为法国者,必逆于世,而顺于道德。

凡人臣者,有罪固不欲诛,无功者皆欲尊显。而圣人之治国也,赏不加于无功,而诛必行于有罪者也。

夫严刑者,民之所畏也;重罚者,民之所恶也。故圣人陈其所畏以禁其邪,设其所恶以防其奸,是以国安而暴乱不起。

南面

人主之过,在己任在臣矣,又必反与其所不任者备之,此其说必与其所任者为雠,而主反制于其所不任者。今所与备人者,且曩之所备也。人主不能明法而以制大臣之威,无道得小人之信矣。

不知治者,必曰:"无变古,毋易常。"变与不变,圣人不听,正治而已。然则古之无变,常之毋易,在常古之可与不可。

解老

仁者,谓其中心欣然爱人也。其喜人之有福而恶人之有祸也,生心之所不能已也,非求其报也。故曰:"上仁为之而无以为也。"

凡人之为外物动也,不知其为身之礼也。众人之为礼也,以尊他人也,故时劝时衰。君子之为礼,以为其身;以为其身,故神之为上礼;上礼神而众人贰,故不能相应;不能相应,故曰:"上礼为之而莫之应。"众人虽贰,圣人之复恭敬尽手足之礼也不衰,故曰:"攘臂而仍之。"道有积而德有功,德者道之功。功有实而实有光,仁者德之光。光有泽而泽有事,义者仁之事也。事有礼而礼有文,礼者义之文也。故曰:"失道而后失德,失德而后失仁，失仁而后失义，失义而后失礼。"

礼为情貌者也，文为质饰者也。夫君子取情而去貌，好质而恶饰。夫恃貌而论情者，其情恶也；须饰而论质者，其质衰也。何以论之？和氏之璧，不饰以五采，隋侯之珠，不饰以银黄，其质至美，物不足以饰之。夫物之待饰而后行者，其质不美也。

今众人之所以欲成功而反为败者，生于不知道理，而不肯问知而听能。众人不肯问知听能，而圣人强以其祸败适之，则怨。众人多而圣人寡，寡之不胜众，数也。

众人之用神也躁，躁则多费，多费之谓侈。圣人之用神也静，静则少费，少费之谓啬。啬之谓术也，生于道理。夫能啬也，是从于道而服于理者也。众人离于患，陷于祸，犹未知退，而不服从道理。圣人虽未见祸患之形，虚无服从于道理，以称蚤服。故曰："夫谓啬，是以蚤服。"

圣人在上则民少欲，民少欲则血气治而举动理，举动理则少祸害。

民不犯法则上亦不行刑，上不行刑之谓上不伤人，故曰："圣人亦不伤民。"

人有欲则计会乱，计会乱而有欲甚，有欲甚则邪心胜，邪心胜则事经绝，事经绝则祸难生。由是观之，祸难生于邪心，邪心诱于可欲。可欲之类，进则教良民为奸，退则令善人有祸。奸起则上侵弱君，祸至则民人多伤。然则可欲之类，上侵弱君而下伤人民。夫上侵弱君而下伤人民者，大罪也。故曰："祸莫大于可欲。"是以圣人不引五色，不淫于声乐，明君贱玩好而去淫丽。

人无毛羽，不衣则不犯寒；上不属天而下不著地，以肠胃为根本，不食则不能活；是以不免于欲利之心。欲利之心不除，其身之忧也。故圣人衣足以犯寒，食足以充虚，则不忧矣。众人则不然：大为诸侯，小余千金之资，其欲得之忧不除也。胥靡有免，死罪时活，今不知足者之忧终身不解，故曰："祸莫大于不知足。"

天得之以高，地得之以藏，维斗得之以成其威，日月得之以恒其光，五常得之以常其位，列星得之以端其行，四时得之以御其变气，轩辕得之以擅四方，赤松得之与天地统，圣人得之以成文章。

道譬诸若水：溺者多饮之即死，渴者适饮之即生；譬之若剑戟：愚人以行忿则祸生，圣人以诛暴则福成。

今道虽不可得闻见，圣人执其见功以处见其形，故曰："无状之状，无物之象。"

夫物之一存一亡，乍死乍生，初盛而后衰者，不可谓常。唯夫与天地之剖判也俱生，至天地之消散也不死不衰者谓"常"。而常者，无攸易，无定理。无定理，非在于常，是以不可道也。圣人观其玄虚，用其周行，强字之曰道，然而可论，故曰："道之可道，非常道也。"

人始于生而卒于死。始之谓出，卒之谓入。故曰："出生入死。"人之身三百六十节，四肢九窍，其大具也。四肢与九窍十有三者，十有三者之动静尽属于生焉。属之谓徒也，故曰："生之徒也，十有三者。"至其死也，十有三具者皆还而属之于死，死之徒亦有十三。故曰："生之徒十有三，死之徒十有三。"凡之生生，而生者固动，动尽则损也；而动不止，是损而不止也。损而不止则生尽，生尽之谓死，则十有三具者皆为死死地也。故曰："民之生生而动，动皆之死地，亦十有三。"是以圣人爱精神而贵处静。

凡兵革者，所以备害也。重生者虽入军无忿争之心，无忿争之心则无所用救害之备。此非独谓野处之军也，圣人之游世也无害人之心，无害人之心则必无人害，无人害则不备人，故曰："陆行不遇兕虎。"

圣人之于万事也，尽如慈母之为弱子虑也，故见必行之道。见必行之道则明，其从事亦不疑，不疑之谓勇。

周公曰："冬日之闭冻也不固，则春夏之长草木也不茂。"天地不能常侈常费，而况于人乎。故万物必有盛衰，万事必有弛张，国家必有文武，官治必有赏罚。是以智士俭用其财则家富，圣人爱宝其神则精盛，人君重战其卒则民众。民众则国广，是以举之曰："俭故能广。"

圣人尽随于万物之规矩，故曰："不敢为天下先。"不敢为天下先，则事无不事，功无不功，而议必盖世，欲无处大官，其可得乎！处大官之谓为成事长，是以故曰："不敢为天下先，故能为成事长。"

人无愚智，莫不有趋舍。恬淡平安，莫不知祸福之所由来。得于好恶，怵于淫物，而后变乱。所以然者，引于外物，乱于玩好也。恬淡有趋舍之义，平安知祸福之计，而今也玩好变之，外物引之。引之而往，故曰"拔"。至圣人不然，一建其趋舍，虽见所好之物不能引，不能引之谓不"拔"。一于其情，虽有可欲之类，神不为动，神不为动之谓"不脱"。为人子孙者，体此道以守宗庙，不灭之谓"祭祀不绝"。

身以积精为德，家以资财为德，乡国天下皆以民为德。今治身而外物不能乱其精神，故曰："修之身，其德乃真。"真者，慎之固也。……莅天下者行此节，则民之生莫不受其泽，故曰："修之天下，其德乃普。"修身者以此别君子小人，治乡治邦莅天下者，各以此科适观息耗，则万不失一，故曰："以身观身，以家观家，以乡观乡，以邦观邦，以天下观天下，吾奚以知天下之然也？以此。"

喻老

制在己曰重，不离位曰静。重则能使轻，静则能使躁。故曰："重为轻根，静为躁君。"故曰："君子终日行不离辎重也。"

故良医之治病也，攻之于腠理，此皆争之于小者也。夫事之祸福，亦有腠理之地，故曰："圣人蚤从事焉。"

句践入宦于吴，身执干戈为吴王洗马，故能杀夫差于姑苏。文王见詈于王门，颜色不变，而武王擒纣于牧野。故曰："守柔曰强。"越王之霸也不病宦，武王之王也不病詈。故曰："圣人之不病也，以其不病，是以无病也。"

宋之鄙人得璞玉而献之子罕，子罕不受，鄙人曰："此宝也，宜为君子器，不宜为细人用。"子罕曰:"尔以玉为宝,我以不受子玉为宝。"是鄙人欲玉,而子罕不欲玉。故曰:"欲不欲,而不贵难得之货。"

白公胜虑乱,罢朝,倒杖而策锐贯颐,血流至于地而不知。郑人闻之曰:"颐之忘,将何为忘哉!"故曰:"其出弥远者,其智弥少。"此言智周乎远,则所遗在近也,是以圣人无常行也。能并智,故曰:"不行而知。"能并视,故曰:"不见而明。"随时以举事,因资而立功,用万物之能而获利其上,故曰:"不为而成。"

周有玉版,纣令胶鬲索之,文王不予,费仲来求,因予之。是胶鬲贤而费仲无道也。周恶贤者之得志也,故予费仲。

说林上

管仲、隰朋从桓公伐孤竹,春往冬反,迷惑失道。管仲曰:"老马之智可用也。"乃放老马而随之,遂得道。行山中无水,隰朋曰:"蚁冬居山之阳,夏居山之阴,蚁壤寸而有水。"乃掘地,遂得水。以管仲之圣,而隰朋之智,至其所不知,不难师于老马与蚁。今人不知以其愚心而师圣人之智,不亦过乎。

纣为象箸而箕子怖,以为象箸必不盛羹于土铏,则必犀玉之杯;玉杯象箸必不盛菽藿,则必旄象豹胎;旄象豹胎,必不衣短褐而舍茅茨之下,则必锦衣九重,高台广室也。称此以求,则天下不足矣。圣人见微以知萌,见端以知末,故见象箸而怖,知天下不足也。

说林下

卫将军文子见曾子,曾子不起而延于坐席,正身于奥。文子谓其御曰:"曾子,愚人也哉!以我为君子也,君子安可毋敬也?以我为暴人也,暴人安可侮也?曾子不僇,命也。"

崇侯、恶来知不适纣之诛也,而不见武王之灭之也。比干、子胥知其君之必亡也，而不知身之死也。故曰："崇侯、恶来知心而不知事，比干、子胥知事而不知心。"圣人其备矣。

荆伐陈，吴救之，军闲三十里，雨十日夜，星。左史倚相谓子期曰："雨十日，甲辑而兵聚，吴人必至，不如备之。"乃为陈，陈未成也而吴人至，见荆陈而反。左史曰："吴反覆六十里，其君子必休，小人必食，我行三十里击之，必可败也。"乃从之，遂破吴军。

安危

使天下皆极智能于仪表，尽力于权衡，以动则胜，以静则安。治世使人乐生于为是，爱身于为非。小人少而君子多，故社稷常立，国家久安。奔车之上无仲尼，覆舟之下无伯夷。

闻古扁鹊之治其病也，以刀刺骨；圣人之救危国也，以忠拂耳。刺骨，故小痛在体而长利在身；拂耳，故小逆在心而久福在国。故甚病之人利在忍痛，猛毅之君以福拂耳。忍痛，故扁鹊尽巧；拂耳，则子胥不失；寿安之术也。病而不忍痛，则失扁鹊之巧；危而不拂耳，则失圣人之意。如此，长利不远垂，功名不久立。

守道

古之善守者，以其所重禁其所轻，以其所难止其所易。故君子与小人俱正，盗跖与曾、史俱廉。何以知之？夫贪盗不赴溪而掇金，赴溪而掇金则身不全；贲、育不量敌则无勇名，盗跖不计可则利不成。

用人

明主立可为之赏，设可避之罚。故贤者劝赏而不见子胥之祸，不肖者少罪而不见伛剖背，盲者处平而不遇深溪，愚者守静而不陷险危。

人主立难为而罪不及，则私怨生；人臣失所长而奉难给，则伏怨结。

劳苦不抚循，忧悲不哀怜。喜则誉小人，贤不肖俱赏；怒则毁君子，使伯夷与盗跖俱辱；故臣有叛主。

释仪的而妄发，虽中小不巧；释法制而妄怒，虽杀戮而奸人不恐。罪生甲，祸归乙，伏怨乃结。故至治之国，有赏罚，而无喜怒，故圣人极；有刑法而死，无螫毒，故奸人服。发矢中的，赏罚当符，故尧复生，羿复立。如此，则上无殷、夏之患，下无比干之祸，君高枕而臣乐业，道蔽天地，德极万世矣。

功名

圣人德若尧、舜，行若伯夷，而位不载于世，则功不立，名不遂。故古之能致功名者，众人助之以力，近者结之以成，远者誉之以名，尊者载之以势。如此，故太山之功长立于国家，而日月之名久著于天地。此尧之所以南面而守名，舜之所以北面而效功也。

大体

使匠石以千岁之寿操钩，视规矩，举绳墨，而正太山；使贲、育带干将而齐万民；虽尽力于功，极盛于寿，太山不正，民不能齐。故曰：古之牧天下者，不使匠石极巧以败太山之体，不使贲、育尽威以伤万民之性。因道全法，君子乐而大奸止；澹然闲静，因天命，持大体。故使人无离法之罪，鱼无失水之祸。如此，故天下少不可。

内储说上

江乙为魏王使荆，谓荆王曰："臣入王之境内，闻王之国俗曰：君子不蔽人之美，不言人之恶，诚有之乎？"王曰："有之。""然则若白公之乱，得庶无危乎！诚得如此，臣免死罪矣。"

内储说下

荆王使人之秦,秦王甚礼之。王曰:"敌国有贤者,国之忧也。今荆王之使者甚贤,寡人患之。"群臣谏曰:"以王之贤圣与国之资厚,愿荆王之贤人。王何不深知之而阴有之,荆以为外用也,则必诛之。"

外储说左上

楚王谓田鸠曰:"墨子者,显学也。其身体则可,其言多而不辩,何也?"曰:"昔秦伯嫁其女于晋公子,令晋为之饰装,从衣文之媵七十人。至晋,晋人爱其妾而贱公女,此可谓善嫁妾而未可谓善嫁女也。楚人有卖其珠于郑者,为木兰之柜,薰以桂椒,缀以珠玉,饰以玫瑰,辑以翡翠,郑人买其椟而还其珠,此可谓善卖椟矣,未可谓善鬻珠也。今世之谈也,皆道辩说文辞之言,人主览其文而忘有用。墨子之说,传先王之道,论圣人之言以宣告人,若辩其辞,则恐人怀其文忘其直,以文害用也。此与楚人鬻珠、秦伯嫁女同类,故其言多不辩。"

叔向御坐平公请事,公腓痛足痹转筋而不敢坏坐,晋国闻之,皆曰:"叔向贤者,平公礼之,转筋而不敢坏坐。"晋国之辞仕托,慕叔向者国之锤矣。

宋襄公与楚人战于涿谷上,宋人既成列矣,楚人未及济,右司马购强趋而谏曰:"楚人众而宋人寡,请使楚人半涉未成列而击之,必败。"襄公曰:"寡人闻君子曰:不重伤,不擒二毛,不推人于险,不迫人于厄,不鼓不成列。今楚未济而击之,害义。请使楚人毕涉成阵而后鼓士进之。"

外储说左下

一曰:哀公问于孔子曰:"吾闻夔一足,信乎?"曰:"夔,人也,何故一足?彼其无他异,而独通于声,尧曰:'夔一而足矣。'使为乐正。故君子曰:'夔有一足,非一足也。'"

季孙好士,终身庄,居处衣服,常如朝廷,而季孙适懈,有过失,而不能长为也，故客以为厌易已，相与怨之，遂杀季孙。故君子去泰去甚。

南宫敬子问颜涿聚曰："季孙养孔子之徒，所朝服与坐者以十数而遇贼，何也？"曰："昔周成王近优侏儒以逞其意，而与君子断事，是能成其欲于天下。今季孙养孔子之徒，所朝服而与坐者以十数，而与优侏儒断事，是以遇贼。故曰：不在所与居，在所与谋也。"

孔子御坐于鲁哀公，哀公赐之桃与黍，哀公曰："请用。"仲尼先饭黍而后啖桃，左右皆掩口而笑，哀公曰："黍者，非饭之也，以雪桃也。"仲尼对曰："丘知之矣。夫黍者，五谷之长也，祭先王为上盛。果蓏有六，而桃为下，祭先王不得入庙。丘之闻也，君子以贱雪贵，不闻以贵雪贱。今以五谷之长雪果蓏之下，是从上雪下也，丘以为妨义，故不敢以先于宗庙之盛也。"

阳虎去齐走赵，简主问曰："吾闻子善树人。"虎曰："臣居鲁，树三人，皆为令尹，及虎抵罪于鲁，皆搜索于虎也。臣居齐，荐三人，一人得近王，一人为县令，一人为候吏，及臣得罪，近王者不见臣，县令者迎臣执缚，候吏者追臣至境上，不及而止。虎不善树人。"主俯而笑曰："夫树橘柚者，食之则甘，嗅之则香；树枳棘者，成而刺人。故君子慎所树。"

外储说右上

太公望东封于齐，齐东海上有居士曰狂矞、华士，昆弟二人者立议曰："吾不臣天子，不友诸侯，耕作而食之，掘井而饮之，吾无求于人也。无上之名，无君之禄，不事仕而事力。"太公望至于营丘，使吏执杀之以为首诛。周公旦从鲁闻之，发急传而问之曰："夫二子，贤者也。今日飨国而杀贤者，何也？"太公望曰："是昆弟二人……已自谓以为世之贤士，而不为主用，行极贤而不用于君，此非明主之所臣也，亦骥之不可左右矣，是以诛之。"

一曰：太公望东封于齐，海上有贤者狂矞，太公望闻之往请焉，三却马于门而狂矞不报见也,太公望诛之。当是时也,周公旦在鲁,驰往止之,比至,已诛之矣。周公旦曰:"狂矞,天下贤者也,夫子何为诛之?"太公望曰:"狂矞也议不臣天子,不友诸侯,吾恐其乱法易教也,故以为首诛。今有马于此,形容似骥也,然驱之不往,引之不前,虽臧获不托足以旋其轸也。"

外储说右下

临渊而摇木,鸟惊而高,鱼恐而下。善张网者引其纲,不一一摄万目而后得,则是劳而难,引其纲而鱼已囊矣。故吏者,民之本纲者也,故圣人治吏不治民。

救火者,令吏挈壶瓮而走火,则一人之用也,操鞭棰指麾而趣使人,则制万夫。是以圣人不亲细民,明主不躬小事。

椎锻者所以平不夷也,榜檠者所以矫不直也,圣人之为法也,所以平不夷,矫不直也。

延陵卓子乘苍龙挑文之乘,钩饰在前,错锲在后,马欲进则钩饰禁之,欲退则错锲贯之,马因旁出。造父过而为之泣涕曰:"古之治人亦然矣。夫赏所以劝之而毁存焉,罚所以禁之而誉加焉,民中立而不知所由,此亦圣人之所为泣也。"

一曰:延陵卓子乘苍龙与翟文之乘,前则有错饰,后则有利锲,进则引之,退则笑之,马前不得进,后不得退,遂避而逸,因下抽刀而刎其脚。造父见之而泣,终日不食,因仰天而叹曰:"笑所以进之也,错饰在前;引所以退之也,利锲在后。今人主以其清洁也进之,以其不适左右也退之,以其公正也誉之,以其不听从也废之。民惧,中立而不知所由,此圣人之所为泣也。"

难一

晋文公将与楚人战，召舅犯问之，曰："吾将与楚人战，彼众我寡，为之奈何？"舅犯曰："臣闻之，繁礼君子，不厌忠信；战阵之间，不厌诈伪。君其诈之而已矣。"文公辞舅犯，因召雍季而问之，曰："我将与楚人战，彼众我寡，为之奈何？"雍季对曰："焚林而田，偷取多兽，后必无兽；以诈遇民，偷取一时，后必无复。"文公曰："善。"辞雍季，以舅犯之谋与楚人战以败之。归而行爵，先雍季而后舅犯。群臣曰："城濮之事，舅犯谋也，夫用其言而后其身可乎？"文公曰："此非君所知也。夫舅犯言，一时之权也；雍季言，万世之利也。"仲尼闻之，曰："文公之霸也，宜哉！既知一时之权，又知万世之利。"

舅犯曰"繁礼君子，不厌忠信"者，忠所以爱其下也，信所以不欺其民也。夫既以爱而不欺矣，言孰善于此？然必曰出于诈伪者，军旅之计也。舅犯前有善言，后有战胜，故舅犯有二功而后论，雍季无一焉而先赏。

历山之农者侵畔，舜往耕焉，期年，甽亩正。河滨之渔者争坻，舜往渔焉，期年而让长。东夷之陶者器苦窳，舜往陶焉，期年而器牢。仲尼叹曰："耕、渔与陶，非舜官也，而舜往为之者，所以救败也。舜其信仁乎，乃躬藉处苦而民从之。故曰：圣人之德化乎！"

或问儒者曰："方此时也，尧安在？"其人曰："尧为天子。""然则仲尼之圣尧奈何？圣人明察在上位，将使天下无奸也。今耕渔不争，陶器不窳，舜又何德而化？舜之救败也，则是尧有失也；贤舜则去尧之明察，圣尧则去舜之德化，不可两得也。"

晋平公与群臣饮，饮酣，乃喟然叹曰："莫乐为人君！惟其言而莫之违。"师旷侍坐于前，援琴撞之，公披衽而避，琴坏于壁。公曰："太师谁撞？"师旷曰："今者有小人言于侧者，故撞之。"公曰："寡人也。"师旷曰："哑！是非君人者之言也。"左右请除之。公曰："释之，以为寡人戒。"

难二

齐桓公饮酒醉，遗其冠，耻之，三日不朝。管仲曰："此非有国之耻也，公胡不雪之以政？"公曰："善。"因发仓囷赐贫穷，论囹圄出薄罪。处三日而民歌之曰："公乎，公乎，胡不复遗其冠乎！"或曰：管仲雪桓公之耻于小人，而生桓公之耻于君子矣。使桓公发仓囷而赐贫穷，论囹圄而出薄罪，非义也，不可以雪耻使之而义也。桓公宿义，须遗冠而后行之，则是桓公行义，非为遗冠也。是虽雪遗冠之耻于小人，而亦遗义之耻于君子矣。且夫发囷仓而赐贫穷者，是赏无功也，论囹圄而出薄罪者，是不诛过也。夫赏无功则民偷幸而望于上，不诛过则民不惩而易为非，此乱之本也，安可以雪耻哉？

齐桓公之时，晋客至，有司请礼，桓公曰"告仲父"者三。而优笑曰："易哉为君，一曰'仲父'，二曰'仲父'。"桓公曰："吾闻'君人者劳于索人，佚于使人。'吾得仲父已难矣，得仲父之后，何为不易乎哉！"或曰：桓公之所应优，非君人者之言也。桓公以君人为劳于索人，何索人为劳哉！伊尹自以为宰干汤，百里奚自以为虏干穆公，虏所辱也，宰所羞也，蒙羞辱而接君上，贤者之忧世急也。然则君人者无逆贤而已矣，索贤不为人主难。且官职所以任贤也，爵禄所以赏功也，设官职，陈爵禄，而士自至，君人者奚其劳哉！

李兑治中山，苦陉令上计而入多。李兑曰："语言辨，听之说，不度于义，谓之窕言。无山林泽谷之利而入多者，谓之窕货。君子不听窕言，不受窕货，子姑免矣。"或曰：李子设辞曰："夫言语辨，听之说，不度于义者，谓之窕言。"辩在言者，说在听者，言非听者也。所谓不度于义，非谓听者，必谓所听也。听者，非小人则君子也。小人无义，必不能度之义也；君子度之义，必不肯说也。夫曰"言语辨，听之说，不度于义"者，必不诚之言也。

难三

鲁穆公问于子思曰:"吾闻庞𰜳氏之子不孝,其行奚如?"子思对曰:"君子尊贤以崇德,举善以观民。若夫过行,是细人之所识也,臣不知也。"子思出,子服厉伯入见,问庞𰜳氏子,子服厉伯对曰:"其过三,皆君之所未尝闻。"自是之后,君贵子思而贱子服厉伯也。

叶公子高问政于仲尼,仲尼曰:"政在悦近而来远。"哀公问政于仲尼,仲尼曰:"政在选贤。"齐景公问政于仲尼,仲尼曰:"政在节财。"三公出,子贡问曰:"三公问夫子政一也,夫子对之不同,何也?"仲尼曰:"叶都大而国小,民有背心,故曰'政在悦近而来远'。鲁哀公有大臣三人,外障距诸侯四邻之士,内比周而以愚其君,使宗庙不扫除,社稷不血食者,必是三臣也。故曰'政在选贤'。齐景公筑雍门,为路寝,一朝而以三百乘之家赐者三,故曰'政在节财'。"或曰:仲尼之对,亡国之言也。……哀公有臣外障距内比周以愚其君,而说之以"选贤",此非功伐之论也,选其心之所谓贤者也。使哀公知三子外障距内比周也,则三子不一日立矣。哀公不知选贤,选其心之所谓贤,故三子得任事。

难四

郑伯将以高渠弥为卿,昭公恶之,固谏不听。及昭公即位,惧其杀己也,辛卯,弑昭公而立子亹也。君子曰:"昭公知所恶矣。"公子圉曰:"高伯其为戮乎,报恶已甚矣。"

或曰:公子圉之言也,不亦反乎!昭公之及于难者,报恶晚也。然则高伯之晚于死者,报恶甚也,明君不悬怒,悬怒则臣罪,轻举以行计,则人主危。故灵台之饮,卫侯怒而不诛,故褚师作难;食鼋之羹,郑君怒而不诛,故子公杀君。君子之举知所恶,非甚之也,曰知之若是其明也,而不行诛焉,以及于死,故曰"知所恶",以见其无权也。人君非独不足于见难而已,或不足于断制。今昭公见恶稽罪而不诛,使渠弥含憎惧死以徼幸，故不免于杀，是昭公之报恶不甚也。

或曰：侏儒善假于梦以见主道矣，然灵公不知侏儒之言也。"去雍鉏，退弥子瑕，而用司空狗"者，是去所爱而用所贤也。郑子都贤庆建而壅焉，燕子哙贤子之而壅焉，夫去所爱而用所贤，未免使一人炀己也。不肖者炀主不足以害明，今不加知而使贤者炀己，则必危矣。

或曰屈到嗜芰，文王嗜菖蒲菹，非正味也，而二贤尚之，所味不必美。晋灵侯说参无恤，燕哙贤子之，非正士也，而二君尊之，所贤不必贤也。非贤而贤用之，与爱而用之同。贤诚贤而举之，与用所爱异状。故楚庄举叔孙而霸，商辛用费仲而灭，此皆用所贤而事相反也。燕哙虽举所贤而同于用所爱，卫奚距然哉？则侏儒之未可见也。君壅而不知其壅也，已见之后而知其壅也，故退壅臣，是加知之也。曰"不加知而使贤者炀己则必危"，而今以加知矣，则虽炀己必不危矣。

难势

慎子曰："飞龙乘云，腾蛇游雾，云罢雾霁，而龙蛇与螾蚁同矣，则失其所乘也。贤人而诎于不肖者，则权轻位卑也；不肖而能服于贤者，则权重位尊也。尧为匹夫不能治三人，而桀为天子能乱天下，吾以此知势位之足恃，则贤智之不足慕也。夫弩弱而矢高者，激于风也；身不肖而令行者，得助于众也。尧教于隶属而民不听，至于南面而王天下，令则行，禁则止。由此观之，贤智未足以服众，而势位足以诎贤者也。"

应慎子曰："飞龙乘云，腾蛇游雾，吾不以龙蛇为不托于云雾之势也。虽然，夫释贤而专任势，足以为治乎？则吾未得见也。夫有云雾之势而能乘游之者，龙蛇之材美之也。今云盛而螾弗能乘也，雾酞而蚁不能游也，夫有盛云酞雾之势而不能乘游者，螾蚁之材薄也。今桀纣南面而王天下，以天子之威为之云雾，而天下不免乎大乱者，桀纣之材薄也。且其人以尧之势以治天下也，其势何以异桀之势也，乱天下者也。夫势者，非能必使贤者用已，而不肖者不用已也。贤者用之则天下治，不肖者用之则天下乱。人之情性，贤者寡而不肖者众，而以威势之利济乱世之不肖人，则是以势乱天下者多矣，以势治天下者寡矣。"

问田

徐渠问田鸠曰："臣闻智士不袭下而遇君，圣人不见功而接上。令阳成义渠，明将也，而措于毛伯；公孙亶回，圣相也，而关于州部，何哉？"田鸠曰："此无他故异物，主有度，上有术之故也。且足下独不闻楚将宋觚而失其政，魏相冯离而亡其国？二君者，驱于声词，眩乎辩说，不试于毛伯，不关乎州部，故有失政亡国之患。由是观之，夫无毛伯之试，州部之关，岂明主之备哉！"

诡使

圣人之所以为治道者三：一曰利，二曰威，三曰名。夫利者所以得民也，威者所以行令也，名者上下之所同道也。

凡乱上反世者，常士有二心私学者也。故《本言》曰："所以治者，法也；所以乱者，私也。法立，则莫得为私矣。"故曰："道私者乱，道法者治。"上无其道，则智者有私词，贤者有私意。上有私惠，下有私欲，圣智成群，造言作辞，以非法措于上。上不禁塞，又从而尊之，是教下不听上、不从法也。是以贤者显名而居，奸人赖赏而富。贤者显名而居，奸人赖赏而富，是以上不胜下也。

六反

圣人之治也，审于法禁，法禁明著则官法；必于赏罚，赏罚不阿则民用。

今家人之治产也，相忍以饥寒，相强以劳苦，虽犯军旅之难，饥馑之患，温衣美食者必是家也。相怜以衣食，相惠以佚乐，天饥岁荒，嫁妻卖子者必是家也。故法之为道，前苦而长利；仁之为道，偷乐而后穷。圣人权其轻重，出其大利，故用法之相忍，而弃仁人之相怜也。学者之言，皆曰轻刑，此乱亡之术也。

八说

为故人行私谓之不弃，以公财分施谓之仁人，轻禄重身谓之君子，枉法曲亲谓之有行，弃官宠交谓之有侠，离世遁上谓之高傲，交争逆令谓之刚材，行惠取众谓之得民。不弃者，吏有奸也；仁人者，公财损也；君子者，民难使也；有行者，法制毁也；有侠者，官职旷也；高傲者，民不事也；刚材者，令不行也；得民者，君上孤也。此八者，匹夫之私誉，人主之大败也。

察士然后能知之，不可以为令，夫民不尽察。贤者然后能行之，不可以为法，夫民不尽贤。杨朱、墨翟，天下之所察也，千世乱而卒不决，虽察而不可以为官职之令。鲍焦、华角，天下之所贤也，鲍焦木枯，华角赴河，虽贤不可以为耕战之士。

先圣有言曰："规有摩而水有波，我欲更之，无奈之何。"此通权之言也。是以说有必立而旷于实者，言有辞拙而急于用者，故圣人不求无害之言，而务无易之事。

处多事之时，用寡事之器，非智者之备也；当大争之世而循揖让之轨，非圣人之治也。故智者不乘推车，圣人不行推政也。

仁者，慈惠而轻财者也；暴者，心毅而易诛者也。慈惠则不忍，轻财则好与。心毅则憎心见于下，易诛则妄杀加于人。不忍则罚多宥赦，好与则赏多无功。憎心见则下怨其上，妄诛则民将背叛。故仁人在位，下肆而轻犯禁法，偷幸而望于上；暴人在位，则法令妄而臣主乖，民怨而乱心生。故曰：仁暴者，皆亡国者也。

书约而弟子辩，法省而民讼简。是以圣人之书必著论，明主之法必详事。

八经

其位至而任大者,以三节持之,曰质、曰镇、曰固。亲戚妻子,质也。爵禄厚而必,镇也。参伍贵帑,固也。贤者止于质,贪饕化于镇,奸邪穷于固。

五蠹

上古之世,人民少而禽兽众,人民不胜禽兽虫蛇,有圣人作,构木为巢以避群害,而民悦之,使王天下,号曰有巢氏。民食果蓏蚌蛤,腥臊恶臭而伤害腹胃,民多疾病,有圣人作,钻燧取火,以化腥臊,而民说之,使王天下,号之曰燧人氏。

今有构木钻燧于夏后氏之世者,必为鲧禹笑矣;有决渎于殷周之世者,必为汤武笑矣。然则今有美尧、舜、汤、武、禹之道于当今之世者,必为新圣笑矣。是以圣人不期修古,不法常可,论世之事,因为之备。

夫山居而谷汲者,膢腊而相遗以水,泽居苦水者,买庸而决窦。故饥岁之春,幼弟不饷;穰岁之秋,疏客必食:非疏骨肉爱过客也,多少之实异也。是以古之易财,非仁也,财多也;今之争夺,非鄙也,财寡也。轻辞天子,非高也,势薄也;重争土橐,非下也,权重也。故圣人议多少、论薄厚为之政,故罚薄不为慈,诛严不为戾,称俗而行也。故事因于世,而备适于事。

仲尼,天下圣人也,修行明道以游海内,海内说其仁,美其义,而为服役者七十人,盖贵仁者寡,能义者难也,故以天下之大,而为服役者七十人,而仁义者一人。

显学

澹台子羽,君子之容也,仲尼几而取之,与处久而行不称其貌。宰予之辞,雅而文也,仲尼几而取之,与处而智不充其辩。故孔子曰:"以容取人乎,失之子羽;以言取人乎,失之宰予。"

夫圣人之治国,不恃人之为吾善也,而用其不得为非也。恃人之为吾善也,境内不什数;用人不得为非,一国可使齐。

心度

圣人之治民,度于本,不从其欲,期于利民而已。

圣人之治民也,先治者强,先战者胜。

时移而治不易者乱,能治众而禁不变者削。故圣人之治民也,法与时移而禁与能变。

杂家

胡适认为："杂家是道家的前身，道家是杂家的新名。汉以前的道家可叫做杂家，秦以后的杂家应叫做道家。"司马谈《论六家要旨》说道家"采儒墨之善，撮名法之要"，这个道家其实可以看作杂家。杂家以道为本，兼收并蓄，采集各家言论，以贯彻和实现其政治意图和学术主张。《汉书·艺文志》："杂家者流，盖出于议官。兼儒、墨，合名、法，知国体之有此，见王治之无不贯，此其所长也。及荡者为之，则漫羡而无所归心。"据《艺文志·诸子略》所载，杂家的代表著作主要是战国末年的《吕氏春秋》和西汉初年的《淮南子》。不过，我们把先秦的《管子》和《晏子春秋》也归入杂家类。《汉书·艺文志》将《管子》列于道家，《隋书·经籍志》则将其列于法家。但马端临《文献通考》引叶适之说已指出："《管子》非一人之笔，亦非一时之书。"据今人研究，《管子》很可能包括了齐威、宣、湣这三个时期稷下学者的著作，最终成书于战国晚期。《管子》书中几乎可以找到战国诸子任何一家的思想和言说，而它的学术思想主旨是政治实用主义的"王治"。因此，将《管子》归为杂家著作是有根据的。《晏子春秋》在《汉书·艺文志》中列于儒家，不过，有研究者认为它的思想不属儒家，不属墨家，也并非原本的晏子思想，而是兼采儒、墨、名、道、法等思想为一体，具有杂家的特征。

管子

《管子》简介

《管子》一书得名自春秋时期齐国政治家管仲。尽管在作者、成书年代、学派归属等问题上还存在争议，但一般认为，《管子》的主体部分成于战国时期，由齐国一些推崇管仲业绩及其思想的稷下学士共同编集创作而成。到西汉末年，刘向、刘歆父子重新进行整理校勘，定著八十六篇。今存七十六篇，分经言、外言、内言、短语、区言、杂著、管子解、轻重八组。

《管子》内容驳杂，包含儒、道、法、名、墨、阴阳、农等百家之学，但主要是把老学的无为之道与法家的治国原则结合起来，体现出"兼容并包""采各家之长"的黄老道家思想。《管子》不如儒家经典长期受到统治者和读书人的重视，尤其是

《管子》书影（四部丛刊初编影铁琴铜剑楼宋本）

在六朝时期，士人崇尚"清言"，以功利为耻，加以战火等其他外部因素影响，导致《管子》书缺简脱、散佚严重。

为《管子》作注的有唐代的尹知章，一说房玄龄。通行的今人整理本有郭沫若、闻一多、许维遹等的《管子集校》、黎翔凤《管子校注》和马非百《管子轻重篇新诠》等。

《管子》中的"君子"

《管子》中提到"君子"有三十五处，常常与"小人"对举。与儒家尤其是孔孟赋予"君子"较多的道德内涵不同，《管子》中的"君子"多数仍是封建贵族的专称，与表示一般民众的"小人"相区别。这可能与作者收集、整理管仲事迹，祖述稷下先生旧说的撰书背景和学派渊源有关，而尚未完全脱离封建贵族以血缘关系为纽带的宗法制度的影响。

就其地位和德性而言，"君子"在"士"之上，不过，士通过自我修

养和人生历练可以成长为君子,下面这段对话用譬喻描述了贵族成长而至成熟的不同阶段:

> 桓公放春三月观于野。桓公曰:"何物可比于君子之德乎?"隰朋对曰:"夫粟,内甲以处,中有卷城,外有兵刃,未敢自恃,自命曰粟,此其可比于君子之德乎!"管仲曰:"苗,始其少也,眴眴乎,何其孺子也!至其壮也,庄庄乎,何其士也!至其成也,由由乎兹免,何其君子也!天下得之则安,不得则危,故命之曰禾。此其可比于君子之德矣。"(《小问》)

尹知章注:"眴,目摇也。眴眴,柔顺貌。"暮春三月,齐桓公观于郊野,感万物萌发而有所问。管仲用庄稼的生长比喻"君子"的成长过程:初为"孺子"之时,如禾苗一般幼小柔顺;继而像苗之壮大,成为庄重矜直的"士";及其长成,则如禾之结穗,子实愈多愈俯向地面,"君子"德行越高而越谦逊谨勉。禾者,和也,人以谷为食物,禾的作用在于调和人的性命,正如"君子"之于天下国家,须臾不可离。这是管子将"君子"比作"禾"的另一重深意。

《管子》一书多讲王霸之术,主张君臣分职,君无为而臣有为,并依托以老子"道"论为基础发展起来的"心气说"作为形而上的哲学依据。它把老子"玄之又玄"的"道"具象化为"精气",即一种周流天地之间、充形万物的精微之气,当"心"处于不受外物干扰的本然状态时,"精气"就会进驻其中,使其获得生命和思虑的能力,由此打破了天人悬隔的状态,将不可知见的"天道"引入人间,并进一步落实到用人"心"去受"道"。《管子》将其形象地比喻为"敬除其舍"则"神将入舍":"心"如同馆舍,"精气"犹如贵人,心舍不洁,精气就不肯留处;精舍若打扫干净,贵人("精气")自然就会来到,常居其中。心性本虚,具备充盈"精气"的可能性,但由于受到来自外界的诱惑,"心"便充满私欲。只有通过内心的修养,使"心"

复归平静安宁的状态才能接受、留存并不断扩充"精气",才能"与日月同光"。

《管子》将"心气说"运用到社会政治层面。就君臣关系而言,《心术上》云:"心术者,无为而制窍者也,故曰君。"君主如"心之在体",在政治组织中处于支配地位;臣下如"九窍之有职",处于被支配的地位。"心"能虚静受"道",使"精气"遍布周身,筋骨坚强;对应于君主,则当无为而治,使百官各司其职、各尽所能。对于处在高位的"君子"来说,首先要保持自身心性的安定镇静,专注于一事一物,尽力消除喜怒忧惧等情绪的过分搅扰,戒骄戒躁,持静节欲,长此以往就能"反性""定性",养成志气专一、不为物使的独立品格,才能"君万物",继而向外推行,以恬淡之心处无为之事,不以个人意见干涉执事者,使之能尽其所长。当然,所谓的"无为"并非全无作为,"君子"于人事上有举贤任能的重要职责,这关系到整个社会组织能否有效有序地运行;而在治国的基本原则上,"君子"又致力于"礼法"的施行。《管子》将"道"接入世俗生活时,以"法"作为"道"的具体体现,成为衡量一切行为准则和政治制度的基础。同时以"权"来调和"法"与"人情"之间的关系,援"礼"入"法"。下面这段论述包含了管子在政治上的一些主张:

> 明君在上,忠臣佐之,则齐民以政刑。牵于衣食之利,故愿而易使,愚而易塞。君子食于道,小人食于力,分民。咸无势也无所立,事无为也无所生,若此则国平而奸省矣。君子食于道,则义审而礼明。义审而礼明,则伦等不逾,虽有偏卒之大夫,不敢有幸心,则上无危矣。(《君臣下》)

由此可见,《管子》的政治方案有以下几个重要观点:其一,在社会分工上,"君子食于道,小人食于力","君子"负责治理国家,"小人"则致力于生产。其二,礼法并用,重视道德教化。狭义的"法"是"刑","礼"

是各种礼仪文饰，广义的"礼法"指一切规范社会的制度措施。"君子"一方面顺应人的自然天性，以"衣食之利"为引导民众守法的途径，另一方面以"礼义廉耻"（称为"四维"）进行道德的教化，以期人民能自愿自觉地遵循法制。而教化的推行、"法"的实行有赖于统治阶层的以身作则，这与儒家树立道德楷模的做法较为接近，而与法家纯粹用"法"的强制手段维持秩序有所区别。其三，尊"势"、尊"君"。"威无势也无所立"，如果"君子"没有权势就没有威望，礼义就难以推行；而礼义在社会中被广泛接受，是构成"法"之普及的心理或者伦理因素；"礼法"初期作为一种政教号令而颁布，当"礼法"真正深入人心之后，就成为了统治者政令得以顺利执行的保证。因此，管子推行道德教化的根本目的与儒家不同，《论语·为政》云"道之以德，齐之以礼，有耻且格"，《管子》只说"齐民以政刑""故愿而易使，愚而易塞"。萧公权指出："儒家以教为政，其目的在兼善天下，使人人皆有'成人'之机会。……管子教育之目的则不在个人道德发展之完成，而在人民之顺服以事君国。"（见《中国政治思想史》）

相较于"君子"，《管子》中更多提到的是"圣人""圣王""贤人""贤者"。"君子"主要是从社会政治地位而言，"贤人"（"贤者"）和"圣人"主要从才能和修养的境界而言，是两个不同的维度。综观《管子》全书，似乎不曾提及"君子"的进退黜陟问题，"君子"是已然在位者，而且大致属于贵族诸侯、公卿等权贵阶层。"贤者"与"不肖者"相对，指有德有才之人，为"君子"所提拔任用，"善为政者……贤人进而奸民退。其君子上中正而下谄谀……"（《五辅》），可见"主逸臣劳"的构思在这里体现为"君子"抛弃主观的偏见、任命多才多能的"贤者"来辅佐自己治理国家；"贤者"在某种意义上与孔孟的"士"、荀子的"士君子"有相似之处，以"道"自任，着意于推行"礼法"，而不刻意追求"尊爵重禄"。在"贤人"之上，又有"圣人"，其得"道"行"道"的标准更高了一层。《管子》一书假托管子之名，《小匡》称管子为"贤人"，在《小称》中又借桓公之口，视管子为"圣人",这是自相抵牾处,也可能是桓公有意抬高管子以示尊重,不过由此可见,"贤人"和"圣人"就是否合"道"而言有才性境界的高低。"圣人"能够遵循"静因之道",保持内心之虚静,以排除私见、顺应物性,进而依物性之高低短长有所处置安排,使物尽其用、人尽其才。

不过"君子"与"贤者""圣人"常常有概念的交叉。无论从君主的角度还是社会的期许来看,地位较高的"君子"往往需要具备治国的才干和高尚的品行,并且符合"与道合德"的更高要求。如前所述,"君子"也主"虚静",据《管子》的论述,"君子"侧重"执一而不失",而"圣人"偏重"与时变而不化"。这可能有几方面的原因:其一,"君子"重在任用贤能,"设官分职",故强调"不动";"圣人"为君主所任用,需要制定和执行政令,重在发挥本身的作用,故强调"变易"。其二,《管子》成于众手,各篇成书时代不尽一致,在不同篇章中一些专名所指的对象和含义可能会有出入。其三,当"贤者""圣人"凭借其才干进入仕途时,就上升成为在位者。尤其春秋战国时期阶层变化,流动性较强,世袭的爵位难以保持,"贤者""圣人"实际上也就处在了"君子"的位置上,因此"君子""贤人""贤者""圣人"的指称意义就比较模糊,不易分辨。

要理解《管子》的"道"和治国理想,除"君子"之外,需多关注与"圣人""贤人""贤者"相关的描写论述,毕竟在"论德使能"的社会环境中,作为封建贵族之称的"君子"逐渐退出了历史舞台。从这个角度看,《管子》的"君子"观与儒家的"君子"观存在显著的差异。

资料摘编

牧民

御民之辔,在上之所贵;道民之门,在上之所先;召民之路,在上之所好恶。故君求之则臣得之,君嗜之则臣食之,君好之则臣服之,君恶之则臣匿之。毋蔽汝恶，毋异汝度，贤者将不汝助。言室满室，言堂满堂，是谓圣王。

故知时者可立以为长，无私者可置以为政。审于时而察于用而能备官者，可奉以为君也。缓者后于事，吝于财者失所亲，信小人者失士。

立政

君之所审者三：一曰德不当其位，二曰功不当其禄，三曰能不当其官。此三本者，治乱之原也。故国有德义未明于朝者，则不可加于尊位；功力未见于国者，则不可授与重禄；临事不信于民者，则不可使任大官。故德厚而位卑者谓之过，德薄而位尊者谓之失。宁过于君子，而毋失于小人。过于君子，其为怨浅；失于小人，其为祸深。

《管子》书影（四部丛刊初编影铁琴铜剑楼宋本）

乘马

圣人之所以为圣人者，善分民也。圣人不能分民，则犹百姓也，于己不足，安得名圣！是故有事则用，无事则归之民，唯圣人为善托业于民。

幼官

九本搏大，人主之守也。八分有职，卿相之守也。十官饰胜备威，将军之守也。六纪审密，贤人之守也。五纪不解，庶人之守也。

五辅

曰：然则得人之道，莫如利之；利之之道，莫如教之以政。故善为政者，田畴垦而国邑实，朝廷闲而官府治，公法行而私曲止，仓廪实而囹圄空，贤人进而奸民退。其君子上中正而下谄谀，其士民贵武勇而贱得利，其庶人好耕农而恶饮食，于是财用足而饮食薪菜饶。

不能为政者，田畴荒而国邑虚，朝廷凶而官府乱，公法废而私曲行，仓廪虚而囹圄实，贤人退而奸民进。其君子上谄谀而下中正，其士民贵得利而贱武勇，其庶人好饮食而恶耕农，于是财用匮而食饮薪菜乏。

实圹虚，垦田畴，修墙屋，则国家富。节饮食，搏衣服，则财用足。举贤良，务功劳，布德惠，则贤人进。逐奸人，诘诈伪，去谗慝，则奸人止。修饥馑，救灾害，赈罢露，则国家定。明王之务，在于强本事，去无用，然后民可使富。论贤人，用有能，而民可使治。薄税敛，毋苟于民，待以忠爱，而民可使亲。三者，霸王之事也。

宙合

天淯阳，无计量；地化生，无法崖。所谓是而无非，非而无是，是非有，必交来。苟信是，以有不可先规之，必有不可识虑之。然将卒而不戒，故圣人博闻多见，畜道以待物，物至而对，形曲均存矣。

春采生，秋采蓏，夏处阴，冬处阳，此言圣人之动静、开阖、诎信、涅儒、取与之必因于时也。时则动，不时则静，是以古之士有意而未可阳也，故愁其治，言含愁而藏之也。贤人之处乱世也，知道之不可行，则沈抑以辟罚，静默以侔免。辟之也，犹夏之就清，冬之就温焉，可以无反于寒暑之菑矣，非为畏死而不忠也。

明乃哲，哲乃明，奋乃苓，明哲乃大行，此言擅美主盛自奋也。以琅汤凌轹人，人之败也常自此。是故圣人著之简筴，传以告后进曰：奋盛苓落也。盛而不落者，未之有也。故有道者不平其称，不满其量，不依其乐，不致其度。

失植之正而不谬,不可贤也。植而无能,不可善也。所贤美于圣人者,以其与变随化也。渊泉而不尽,微约而流施,是以德之流,润泽均加于万物,故曰:圣人参于天地。鸟飞准绳,此言大人之义也。夫鸟之飞也,必还山集谷,不还山则困,不集谷则死。山与谷之处也,不必正直,而还山集谷,曲则曲矣,而名绳焉。以为鸟起于北,意南而至于南;起于南,意北而至于北。苟大意得,不以小缺为伤。故圣人美而著之曰:"千里之路,不可扶以绳。万家之都,不可平以准。"

天不一时,地不一利,人不一事,是以著业不得不多,人之名位不得不殊。方明者察于事,故不官于物而旁通于道。道也者,通乎无上,详乎无穷,运乎诸生。是故辩于一言,察于一治,攻于一事者,可以曲说,而不可以广举。圣人由此知言之不可兼也,故博为之治而计其意;知事之不可兼也,故名为之说而况其功。

夫天地一险一易,若鼓之有桴,摘挡则击,言苟有唱之,必有和之,和之不差,因以尽天地之道。景不为曲物直,响不为恶声美,是以圣人明乎物之性者,必以其类来也。故君子绳绳乎慎其所先。

天地,万物之橐也,宙合有橐天地。天地苴万物,故曰:万物之橐。宙合之意,上通于天之上,下泉于地之下,外出于四海之外,合络天地以为一裹,散之至于无闲,不可名而山,是大之无外,小之无内,故曰:有橐天地。其义不传,一典品之,不极一薄,然而典品无治也。多内则富,时出则当,而圣人之道,贵富以当。奚谓当?本乎无妄之治,运乎无方之事,应变不失之谓当。

枢言

生而不死者二,立而不立者四:喜也者,怒也者,恶也者,欲也者,天下之败也,而贤者宝之。

圣人用其心，沌沌乎博而圜，豚豚乎莫得其门，纷纷乎若乱丝，遗遗乎若有从治。

众人之用其心也，爱者，憎之始也；德者，怨之本也。其事亲也，妻子具则孝衰矣。其事君也，有好业、家室富足则行衰矣，爵禄满则忠衰矣。唯贤者不然，故先王不满也。

法法

使贤者食于能，斗士食于功。贤者食于能，则上尊而民从；斗士食于功，则卒轻患而傲敌。上尊而民从，卒轻患而傲敌，二者设于国，则天下治而主安矣。

使君子食于道，小人食于力。君子食于道，则上尊而民顺；小人食于力，则财厚而养足。上尊而民顺，财厚而养足，四者备体则胥足，上尊时而王不难矣。

明王在上，道法行于国，民皆舍所好而行所恶。故善用民者，轩冕不下儗，而斧钺不上因。如是则贤者劝而暴人止。贤者劝而暴人止，则功名立其后矣。蹈白刃，受矢石，入水火，以听上令，上令尽行，禁尽止。引而使之，民不敢转其力；推而战之，民不敢爱其死。不敢转其力，然后有功；不敢爱其死，然后无敌。进无敌，退有功，是以三军之众皆得保其首领，父母妻子完安于内。故民未尝可与虑始，而可与乐成功。是故仁者、知者、有道者，不与人虑始。

政者，正也。正也者，所以正定万物之命也。是故圣人精德立中以生正，明正以治国，故正者所以止过而逮不及也。

规矩者，方圜之正也。虽有巧目利手，不如拙规矩之正方圜也。故巧者能生规矩，不能废规矩而正方圜；虽圣人能生法，不能废法而治国。故虽有明智高行，倍法而治，是废规矩而正方圜。

令入而不出谓之蔽，令出而不入谓之壅，令出而不行谓之牵，令入而不至谓之瑕。牵瑕蔽雍之事君者，非敢杜其门而守其户也，为令之有所不行也。此其所以然者，由贤人不至，而忠臣不用也。故人主不可以不慎其令。令者，人主之大宝也。

一曰：贤人不至谓之蔽，忠臣不用谓之塞，令而不行谓之障，禁而不止谓之逆。蔽塞障逆之君者，不敢杜其门而守其户也，为贤者之不至，令之不行也。

钓名之人，无贤士焉；钓利之君，无王主焉。贤人之行其身也，忘其有名也；王主之行其道也，忘其成功也。贤人之行，王主之道，其所不能已也。

诬能之人易知也。臣度之先王者，舜之有天下也，禹为司空，契为司徒，皋陶为李，后稷为田。此四士者，天下之贤人也，犹尚精一德，以事其君。今诬能之人，服事任官，皆兼四贤之能，自此观之，功名之不立，亦易知也。

大匡

文姜通于齐侯，桓公闻，责文姜。文姜告齐侯，齐侯怒，飨公，使公子彭生乘鲁侯，胁之，公薨于车。竖曼曰："贤者死忠以振疑，百姓寓焉。智者究理而长虑，身得免焉。今彭生二于君，无尽言而谀行，以戏我君，使我君失亲戚之礼命，又力成吾君之祸，以搆二国之怨，彭生其得免乎，祸理属焉！夫君以怒遂祸，不畏恶亲，闻容昏生，无丑也，岂及彭生而能止之哉！鲁若有诛，必以彭生为说。"

中匡

公曰："请问为国。"对曰："远举贤人，慈爱百姓，外存亡国，继绝世，起诸孤，薄税敛，轻刑罚，此为国之大礼也。法行而不苛，刑廉而不赦，有司宽而不凌，菀浊困滞，皆法度不亡，往行不来，而民游世矣，此为天下也。"

小匡

施伯谓鲁侯曰："勿予。非戮之也,将用其政也。管仲者,天下之贤人也,大器也。在楚则楚得意于天下,在晋则晋得意于天下,在狄则狄得意于天下。今齐求而得之,则必长为鲁国忧。君何不杀而受之其尸？"鲁君曰："诺。"将杀管仲。鲍叔进曰："杀之齐,是戮齐也。杀之鲁,是戮鲁也。弊邑寡君愿生得之,以徇于国,为群臣僇。若不生得,是君与寡君贼比也,非弊邑之君所请也,使臣不能受命。"

于是鲁君乃不杀,遂生束缚而柙以予齐。鲍叔受而哭之,三举,施伯从而笑之,谓大夫曰："管仲必不死。夫鲍叔之忍不僇贤人,其智称贤以自成也。鲍叔相公子小白,先入得国。管仲、召忽奉公子纠,后入,与鲁以战,能使鲁败。功足以得天与失天,其人事一也。今鲁惧,杀公子纠、召忽,囚管仲以予齐,鲍叔知无后事,必将勤管仲以劳其君,愿以显其功。众必予之有得。力死之功,犹尚可加也。显生之功,将何如？是昭德以贰君也。鲍叔之知不是失也。"

公令官长期而书伐以告,且令选官之贤者而复之。曰："有人居我官,有功,休德维顺,端悫以待时使,使民恭敬以劝。其称秉言,则足以补官之不善政。"

是故天下之于桓公,远国之民望如父母,近国之民从如流水。故行地滋远,得人弥众。是何也？怀其文而畏其武。故杀无道,定周室,天下莫之能圉,武事立也。定三革,偃五兵,朝服以济河,而无怵惕焉,文事胜也。是故大国之君惭愧,小国诸侯附比。是故大国之君事如臣仆,小国诸侯欢如父母。夫然,故大国之君不尊,小国诸侯不卑。是故大国之君不骄,小国诸侯不慑。于是列广地以益狭地,损有财以与无财。周其君子,不失成功。周其小人,不失成命。夫如是,居处则顺,出则有成功,不称动甲兵之事,以遂文、武之近于天下。

霸言

国修而邻国无道，霸王之资也。夫国之存也，邻国有焉。国之亡也，邻国有焉。邻国有事，邻国得焉。邻国有事，邻国亡焉。天下有事，则圣王利也。国危则圣人知矣。夫先王所以王者，资邻国之举不当也。举而不当，此邻敌之所以得意也。

夫权者，神圣之所资也；独明者，天下之利器也；独断者，微密之营垒也。此三者，圣人之所则也。圣人畏微，而愚人畏明。圣人之憎恶也内，愚人之憎恶也外。圣人将动必知，愚人至危易辞。圣人能辅时，不能违时，知者善谋，不如当时。精时者，日少而功多。

戒

桓公将东游，问于管仲曰："我游犹由转毂，南至琅邪。司马曰，亦先王之游已，何谓也？"管仲对曰："先王之游也，春出，原农事之不本者，谓之游。秋出，补人之不足者，谓之夕。夫师行而粮食其民者，谓之亡。从乐而不反者，谓之荒。先王有游夕之业于人，无荒亡之行于身。"桓公退，再拜命曰："宝法也！"管仲复于桓公曰："无翼而飞者，声也；无根而固者，情也；无立而贵者，生也。公亦固情谨声，以严尊生，此谓道之荣。"桓公退，再拜："请若此言。"管仲复于桓公曰："任之重者莫如身，涂之畏者莫如口，期而远者莫如年。以重任行畏涂，至远期，唯君子乃能矣。"

桓公退，再拜之曰："夫子数以此言者教寡人。"管仲对曰："滋味动静，生之养也。好恶喜怒哀乐，生之变也。聪明当物，生之德也。是故圣人齐滋味而时动静，御正六气之变，禁止声色之淫。邪行亡乎体，违言不存口，静然定生，圣也。仁从中出，义从外作。仁，故不以天下为利。义，故不以天下为名。仁，故不代王。义，故七十而致政。是故圣人上德而下功，尊道而贱物。道德当身，故不以物惑。是故身在草茅之中而无慑意，南面听天下而无骄色。如此而后可以为天下王。所以谓德者，不动而疾，不相告而知，不为而成，不召而至……"

桓公外舍而不鼎馈。中妇诸子谓宫人："盍不出从乎？君将有行。"宫人皆出从。公怒曰："孰谓我有行者？"宫人曰："贱妾闻之中妇诸子。"公召中妇诸子曰："女焉闻吾有行也？"对曰："妾人闻之，君外舍而不鼎馈，非有内忧，必有外患。今君外舍而不鼎馈，君非有内忧也，妾是以知君之将有行也。"公曰："善。此非吾所与女及也，而言乃至焉，吾是以语女。吾欲致诸侯而不至，为之奈何？"中妇诸子曰："自妾之身之不为人持接也，未尝得人之布织也，意者更容不审邪？"明日，管仲朝，公告之。管仲曰："此圣人之言也，君必行也。"

参患

故凡用兵之计，三惊当一至，三至当一军，三军当一战。故一期之师，十年之蓄积殚；一战之费，累代之功尽。今交刃接兵而后利之，则战之自胜者也。攻城围邑，主人易子而食之，析骸而爨之，则攻之自拔者也。是以圣人小征而大匡，不失天时，不空地利，用日维梦，其数不出于计。故计必先定，而兵出于竟。计未定而兵出于竟，则战之自败，攻之自毁者也。

制分

凡兵之所以先争。圣人贤士，不为爱尊爵。道术知能，不为爱官职。巧伎勇力，不为爱重禄。聪耳明目，不为爱金财。故伯夷、叔齐非于死之日而后有名也，其前行多修矣；武王非于甲子之朝而后胜也，其前政多善矣。

君臣上

故曰：主身者，正德之本也；官治者，耳目之制也。身立而民化，德正而官治。治官化民，其要在上。是故君子不求于民。

虽有明君，百步之外，听而不闻；闲之堵墙，窥而不见也。而名为明君者，君善用其臣，臣善纳其忠也。信以继信，善以传善，是以四海之内可得而治。是以明君之举其下也，尽知其短长，知其所不能益，若任之以事。贤人之臣其主也，尽知短长与身力之所不至，若量能而授官。上以此畜下，下以此事上，上下交期于正，则百姓男女皆与治焉。

君臣下

古者未有君臣上下之别，未有夫妇妃匹之合，兽处群居，以力相征。于是智者诈愚，强者凌弱，老幼孤独不得其所。故智者假众力以禁强虐，而暴人止。为民兴利除害，正民之德，而民师之。是故道术德行出于贤人，其从义理兆形于民心，则民反道矣。

有道之国，发号出令，而夫妇尽归亲于上矣，布法出宪，而贤人列士尽功能于上矣。千里之内，束布之罚，一亩之赋，尽可知也。治斧钺者不敢让刑，治轩冕者不敢让赏。坟然若一父之子，若一家之实，义礼明也。

夫下不戴其上，臣不戴其君，则贤人不来。贤人不来，则百姓不用。百姓不用，则天下不至。

君子食于道，小人食于力，分民。威无势也无所立，事无为也无所生，若此则国平而奸省矣。君子食于道，则义审而礼明。义审而礼明，则伦等不逾，虽有偏卒之大夫，不敢有幸心，则上无危矣。

齐民食于力，作本。作本者众，农以听命。是以明君立世，民之制于上，犹草木之制于时也。故民赶则流之，民流通则迁之。决之则行，塞之则止。虽有明君能决之，又能塞之。决之则君子行于礼，塞之则小人笃于农。君子行于礼，则上尊而民顺。小民笃于农，则财厚而备足。

故曰：有宫中之乱，有兄弟之乱，有大臣之乱，有中民之乱，有小人之乱，五者一作，则为人上者危矣。宫中乱曰妒纷，兄弟乱曰党偏，大臣乱曰称述，中民乱曰眚谆，小民乱曰财匮。财匮生薄，眚谆生慢，称述、党偏、妒纷生变。

小称

管子曰："身不善之患，毋患人莫己知。丹青在山，民知而取之；美珠在渊，民知而取之。……在于身者孰为利？气与目为利。圣人得利而托焉，故民重而名遂，我亦托焉。圣人托可好，我托可恶。我托可恶以来美名，又可得乎？爱且不能为我能也。毛嫱、西施，天下之美人也，盛怨气于面，不能以为可好，我且恶面而盛怨气焉。怨气见于面，恶言出于口，去恶充以求美名，又可得乎？甚矣，百姓之恶人之有余忌也。是以长者断之，短者续之，满者洫之，虚者实之。"

管仲摄衣冠起，对曰："臣愿君之远易牙、竖刁、堂巫、公子开方。夫易牙以调和事公，公曰惟烝婴儿之未尝，于是烝其首子而献之公。人情非不爱其子也，于子之不爱，将何有于公？公喜宫而妒，竖刁自刑，而为公治内。人情非不爱其身也，于身之不爱，将何有于公？公子开方事公，十五年，不归视其亲，齐卫之间，不容数日之行。臣闻之：务为不久，盖虚不长；其生不长者，其死必不终。"桓公曰："善。"管仲死，已葬。公憎四子者，废之官。逐堂巫而苛病起兵，逐易牙而味不至，逐竖刁而宫中乱，逐公子开方而朝不治。桓公曰："嗟！圣人固有悖乎！"乃复四子者。

处期年，四子作难，围公一室不得出。有一妇人，遂从窦入，得至公所。公曰："吾饥而欲食，渴而欲饮，不可得，其故何也？"妇人对曰："易牙、竖刁、堂巫、公子开方四人分齐国，涂十日不通矣。公子开方以书社七百下卫矣，食将不得矣。"公曰："嗟兹乎！圣人之言长乎哉！死者无知则已，若有知，吾何面目以见仲父于地下也。"乃援素幭以裹首而绝。

四称

桓公又问曰："仲父，寡人幼弱惛愚，不通四邻诸侯之义，仲父不当尽告我昔者有道之君乎？吾亦鉴焉。"管子对曰："夷吾闻之于徐伯曰，昔者有道之君，敬其山川、宗庙、社稷，及至先故之大臣，收举以忠而大富之。

固其武臣，宣用其力。圣人在前，贞廉在侧，竞称于义，上下皆饰。……此亦可谓昔者有道之君也。"桓公曰："善哉。"

桓公曰："仲父既已语我昔者有道之君与昔者无道之君矣，仲父不当尽语我昔者有道之臣乎？吾以鉴焉。"管子对曰："夷吾闻之徐伯曰，昔者有道之臣，委质为臣，不宾事左右。君知则仕，不知则已。若有事必图国家，遍其发挥，循其祖德，辩其顺逆。推育贤人，谗慝不作。事君有义，使下有礼。……君若有过，进谏不疑。君若有忧，则臣服之。此亦可谓昔者有道之臣矣。"桓公曰："善哉。"

桓公曰："仲父既以语我昔者有道之臣矣，不当尽语我昔者无道之臣乎？吾亦鉴焉。"管子对曰："夷吾闻之于徐伯曰，昔者无道之臣，委质为臣，宾事左右，执说以进，不蕲亡已。遂进不退，假宠鬻贵。尊其货贿，卑其爵位。进曰辅之，退曰不可。以败其君，皆曰非我。不仁群处，以攻贤者。见贤若货，见贱若过。……君若有过，各奉其身。此亦谓昔者无道之臣。"桓公曰："善哉。"

侈靡

问曰："古之时与今之时同乎？"曰："同。""其人同乎？不同乎？"曰："不同。可与政其诛。佶、尧之时，混吾之美在下，其道非独出人也。山不同而用掞，泽不弊而养足。耕以自养，以其余应良天子，故平。牛马之牧不相及，人民之俗不相知，不出百里而来足。故卿而不理，静也。其狱一踦腓、一踦屦而当死。今周公断满稽，断首满稽，断足满稽，而死民不服，非人性也，敝也。地重人载，毁敝而养不足，事末作而民兴之，是以下名而上实也。圣人者，省诸本而游诸乐。大昏也，博夜也。"

"政与教孰急？"管子曰："夫政教相似而殊方。若夫教者，标然若秋云之远，动人心之悲。蔼然若夏之静云，乃及人之体。鹍然若谯之静，动人意以怨。荡荡若流水，使人思之。人所生往，教之始也，身必备之。辟之若秋云之始见，贤者、不肖者化焉。敬而待之，爱而使之，若樊神山祭之。贤者少，不肖者多，使其贤，不肖恶得不化？今夫政则少则，若夫成形之征者也。去则少，可使人乎？"

圣人者，阴阳理，故平外而险中。故信其情者伤其神，美其质者伤其文。化之美者应其名，变其美者应其时，不能兆其端者菑及之。

祭之时，上贤者也，故君臣掌。君臣掌，则上下均。此以知上贤无益也，其亡兹适。上贤者亡，而役贤者昌。

中寝诸子告宫中女子曰："公将有行，故不送公。"公言："无行，女安闻之？"曰："闻之中寝诸子。"索中寝诸子而问之："寡人无行，女安闻之？""吾闻之先人，诸侯舍于朝不鼎馈者，非有外事，必有内忧。"公曰："吾不欲与汝及若，女言至焉，不得毋与女及若言。吾欲致诸侯，诸侯不至，若何哉？""女子不辩于致诸侯，自吾不为污杀之事，人布职不可得而衣，故虽有圣人，恶用之？"

君子者，勉于纣人者也，非见纣者也。故轻者轻，重者重，前后不慈。凡轻者操实也，以轻则可使；重不可起轻，轻重有齐。重以为国，轻以为死。毋全禄，贫国而用不足；毋全赏，好德恶使常。

利不可法，故民流。神不可法，故事之。天地不可留，故动，化故从新。是故得天者，高而不崩。得人者，卑而不可胜。是故圣人重之，人君重之。

法制度量，王者典器也。执故义道，畏变也。天地若夫神之动，化变者也，天地之极也。能与化起而善用，则不可以道山也。仁者善用，智者善用，非其人，则与神往矣。衣食之于人也，不可以一日违也。亲戚可以时大也。是故圣人万民，艰处而立焉。

问曰："多贤可云？"对曰："鱼鳖之不食呞者，不出其渊。树木之胜霜雪者，不听于天。士能自治者，不从圣人。岂云哉？夷吾之闻之也，不欲强能不服，智而不牧。若旬虚期于月津，若出于一明，然则可以虚矣。故厄其道而薄其所予，则士云矣。不择人而予之，谓之好人。不择人而取人,谓之好利。审此两者以为处行,则云矣。"

"请问形有时而变乎?"对曰:"阴阳之分定,则甘苦之草生也。从其宜,则酸咸和焉,而形色定焉,以为声乐。夫阴阳进退满虚时亡,其散合可以视岁。唯圣人不为岁,能知满虚,夺余满补不足,以通政事,以赡民常。地之变气,应其所出。水之变气,应之以精,受之以豫。天之变气,应之以正。且夫天地精气有五,不必为沮,其弫而反其重陔,动毁之进退即此,数之难得者也。此形之时变也。"

心术上

物固有形,形固有名,名当谓之圣人。

人之可杀,以其恶死也。其可不利,以其好利也。是以君子不忧乎好,不迫乎恶,恬愉无为,去智与故。其应也,非所设也;其动也,非所取也。过在自用,罪在变化。是故有道之君,其处也若无知,其应物也若偶之,静因之道也。

道在天地之间也,其大无外,其小无内,故曰"不远而难极也"。虚之与人也无间,唯圣人得虚道,故曰"并处而难得"。

"物固有形,形固有名",此言不得过实,实不得延名。姑形以形,以形务名,督言正名,故曰圣人。不言之言,应也。应也者,以其为之人者也。执其名,务其应,所以成之,应之道也。无为之道,因也。因也者,无益无损也。以其形因为之名,此因之术也。

名者,圣人之所以纪万物也。人者,立于强,务于善,未于能,动于故者也。圣人无之,无之则与物异矣。异则虚,虚者万物之始也,故曰"可以为天下始"。人迫于恶则失其所好,忧于好则忘其所恶,非道也。故曰:不忧乎好,不迫乎恶。恶不失其理,欲不过其情,故曰:君子恬愉无为,去智与故,言虚素也。

君子之处也,若无知,言至虚也。其应物也,若偶之,言时适也。若影之象形，响之应声也。故物至则应，过则舍矣。舍矣者，言复所于虚也。

心术下

气者身之充也，行者正之义也。充不美则心不得，行不正则民不服。是故圣人若天然，无私覆也；若地然，无私载也。私者，乱天下者也。凡物载名而来，圣人因而财之，而天下治；实不伤，不乱于天下，而天下治。

慕选者，所以等事也。极变者，所以应物也。慕选而不乱，极变而不烦，执一之君子。执一而不失，能君万物，日月之与同光，天地之与同理，圣人裁物，不为物使。

圣人之道，若存若亡。援而用之，殁世不亡，与时变而不化；应物而不移，日用而不化。

凡心之形，过知失主，是故内聚以为原。泉之不竭，表里遂通；泉之不涸，四支坚固。能令用之，被服四固。是故圣人一言解之，上察于天，下察于地。

白心

原始计实，本其所生。知其象则索其形，缘其理则知其情，索其端则知其名。故苞物众者莫大于天地，化物多者莫多于日月，民之所急莫急于水火。然而天不为一物枉其时，明君圣人亦不为一人枉其法。天行其所行而万物被其利，圣人亦行其所行而百姓被其利，是故万物均既夸众矣。是以圣人之治也，静身以待之，物至而名自治之。正名自治之，奇身名废，名正法备，则圣人无事。

水地

万物莫不以生，唯知其托者能为之正。具者，水是也。故曰：水者何也？万物之本原也，诸生之宗室也，美恶、贤不肖、愚俊之所产也。何以知其然也？夫齐之水遒躁而复，故其民贪粗而好勇；楚之水淖弱而清，故其民轻果而贼；越之水……宋之水轻劲而清，故其民闲易而好正。是以圣人之化世也，其解在水。故水一则人心正，水清则民心易。一则欲不污，民心易则行无邪。是以圣人之治于世也，不人告也，不户说也，其枢在水。

四时

管子曰：令有时，无时则必视顺天之所以来。五漫漫，六惛惛，孰知之哉！唯圣人知四时。不知四时，乃失国之基。不知五谷之故，国家乃路。

道生天地，德出贤人。道生德，德生正，正生事。是以圣王治天下，穷则反，终则始。

五行

睹丙子，火行御。天子出令，命行人内御，令掘沟浍，津旧涂，发臧任君赐赏。君子修游驰以发地气，出皮币，命行人修春秋之礼于天下诸侯，通天下，遇者兼和。然则天无疾风，草木发奋，郁气息，民不疾而荣华蕃。七十二日而毕。

睹戊子，土行御。天子出令，命左右司徒内御，不诛不贞，农事为敬，大扬惠言，宽刑死，缓罪人。出国，司徒令命顺民之功力，以养五谷。君子之静居，而农夫修其功力极。然则天为粤宛，草木养长，五谷蕃实秀大，六畜牺牲具，民足财，国富，上下亲，诸侯和。七十二日而毕。

睹庚子，金行御。天子出令，命祝宗选禽兽之禁，五谷之先熟者，而荐之祖庙与五祀。鬼神飨其气焉，君子食其味焉。然则凉风至，白露下。天子出令，命左右司马衍组甲厉兵，合什为伍，以修于四境之内，诛然告民有事，所以待天地之杀敛也。然则昼炙阳，夕下露，地竞环，五谷邻熟，草木茂。实岁农丰，年大茂。七十二日而毕。

势

天因人，圣人因天。天时不作，勿为客。人事不起，勿为始。慕和其众，以修天地之从。人先生之，天地刑之，圣人成之，则与天同极。正静不争，动作不迣，素质不留，与地同极。未得天极，则隐于德；已得天极，则致其力。既成其功，顺守其从，人不能代。

成功之道，嬴缩为宝。毋亡天极，究数而止。事若未成，毋改其形，毋失其始，静民观时，待令而起。故曰，修阴阳之从，而道天地之常。嬴嬴缩缩，因而为当。死死生生，因天地之形。天地之形，圣人成之。小取者小利，大取者大利，尽行之者有天下。

故贤者诚信以仁之，慈惠以爱之。端政象，不敢以先人。中静不留，裕德无求，形于女色。其所处者，柔安静乐，行德而不争，以待天下之溃作也。故贤者安徐正静，柔节先定。行于不敢，而立于不能，守弱节而坚处之。

正世

故古之所谓明君者，非一君也。其设赏有薄有厚，其立禁有轻有重，迹行不必同，非故相反也，皆随时而变，因俗而动。夫民躁而行僻，则赏不可以不厚，禁不可以不重。故圣人设厚赏，非侈也；立重禁，非戾也。赏薄则民不利，禁轻则邪人不畏。设人之所不利，欲以使，则民不尽力；立人之所不畏，欲以禁，则邪人不止。

圣人者，明于治乱之道，习于人事之终始者也。其治人民也，期于利民而止，故其位齐也。不慕古，不留今，与时变，与俗化。

内业

凡物之精，此则为生。下生五谷，上为列星。流于天地之间，谓之鬼神。藏于胸中，谓之圣人。

凡道无根无茎，无叶无荣。万物以生，万物以成，命之曰道。天主正，地主平,人主安静。春秋冬夏,天之时也。山陵川谷,地之枝也。喜怒取予,人之谋也。是故圣人与时变而不化,从物而不移。

一物能化谓之神,一事能变谓之智。化不易气,变不易智。惟执一之君子能为此乎!执一不失,能君万物。君子使物,不为物使,得一之理。治心在于中,治言出于口,治事加于人,然则天下治矣。

小问

楚伐莒,莒君使人求救于齐,桓公将救之。管仲曰:"君勿救也。"公曰:"其故何也?"管仲对曰:"臣闻其使者言,三辱其君,颜色不变。臣使官无满其礼,三强。其使者争之以死。莒君,小人也,君勿救。"桓公果不救而莒亡。

桓公放春三月观于野。桓公曰:"何物可比于君子之德乎?"隰朋对曰:"夫粟,内甲以处,中有卷城,外有兵刃,未敢自恃,自命曰粟,此其可比于君子之德乎!"管仲曰:"苗,始其少也,昫昫乎,何其孺子也!至其壮也,庄庄乎,何其士也!至其成也,由由乎兹免,何其君子也!天下得之则安,不得则危,故命之曰禾。此其可比于君子之德矣。"

桓公北伐孤竹,未至卑耳之溪十里,阚然止,瞠然视,援弓将射,引而未敢发也。谓左右曰:"见是前人乎?"左右对曰:"不见也。"公曰:"事其不济乎!寡人大惑。今者寡人见人,长尺而人物具焉,冠,右祛衣,走马前疾,事其不济乎!寡人大惑。岂有人若此者乎?"管仲对曰:"臣闻登山之神,有俞儿者,长尺而人物具焉。霸王之君兴而登山,神见,且走马前疾,道也。祛衣,示前有水也。右祛衣,示从右方涉也。"至卑耳之溪,有赞水者曰:"从左方涉,其深及冠。从右方涉,其深及膝。若右涉,其大济。"桓公立拜管仲于马前曰:"仲父之圣至若此,寡人之抵罪也久矣。"管仲对曰:"夷吾闻之,圣人先知无形,今已有形而后知之,臣非圣也,善承教也。"

桓公与管仲闭门而谋伐莒,未发也,而已闻于国,其故何也?管仲曰:

"国必有圣人。"桓公曰:"然。夫之役者,有执席食以视上者,必彼是邪?"于是乃令之复役,毋复相代。少焉东郭邮至,桓公令傧者延而上,与之分级而上,问焉。曰:"子言伐莒者乎?"东郭邮曰:"然,臣也。"桓公曰:"寡人不言伐莒,而子言伐莒,其故何也?"东郭邮对曰:"臣闻之,君子善谋,而小人善意,臣意之也。"桓公曰:"子奚以意之?"东郭邮曰:"夫欣然喜乐者,钟鼓之色也。夫渊然清静者,缞绖之色也。漻然丰满而手足拇动者,兵甲之色也。日者臣视二君之在台上也,口开而不阖,是言莒也。举手而指,势当莒也。且臣观小国诸侯之不服者,唯莒于是。臣故曰伐莒。"

禁藏

故圣人之制事也,能节宫室、适车舆以实藏,则国必富,位必尊;能适衣服、去玩好以奉本,而用必赡,身必安矣;能移无益之事,无补之费,通币行礼,而党必多,交必亲矣。

故适身行义,俭约恭敬,其唯无福,祸亦不来矣。骄傲侈泰,离度绝理,其唯无祸,福亦不至矣。是故君子上观绝理者,以自恐也。下观不及者,以自隐也。故曰:誉不虚出,而患不独生,福不择家,祸不索人,此之谓也。

九守

心不为九窍,九窍治。君不为五官,五官治。为善者君予之赏,为非者君予之罚。君因其所以来,因而予之,则不劳矣。圣人因之,故能掌之。因之修理,故能长久。

度地

昔者,桓公问管仲曰:"寡人请问度地形而为国者,其何如而可?"管仲对曰:"夷吾之所闻:能为霸王者,盖天子圣人也。故圣人之处国者,必于不倾之地。而择地形之肥饶者,乡山,左右经水若泽,内为落渠之写,因大川而注焉。"

桓公曰："寡人悖，不知四害之服，奈何？"管仲对曰："冬作土功，发地藏，则夏多暴雨，秋霖不止。春不收枯骨朽脊，伐枯木而去之，则夏旱至矣。夏有大露，原烟噎，下百草，人采食之，伤人。人多疾病而不止，民乃恐殆。君令五官之吏，与三老里有司伍长，行里顺之，令之家起火为温，其田及宫中皆盖井，毋令毒下及食器，将饮伤人。有下虫伤禾稼。凡天菑害之下也，君子谨避之，故不八九死也。大寒大暑，大风大雨，其至不时者，此谓四刑。或遇以死，或遇以生，君子避之，是亦伤人。故吏者，所以教顺也，三老里有司伍长者，所以为率也。"

形势解

毁訾贤者之谓訾，推誉不肖之谓誉。訾誉之人得用，则人主之明蔽，而毁誉之言起。任之大事，则事不成而祸患至。故曰：訾誉之人，勿与任大。

圣人择可言而后言，择可行而后行。偷得利而后有害，偷得乐而后有忧者，圣人不为也。故圣人择言必顾其累，择行必顾其忧。故曰：顾忧者可与致道。

小人者，枉道而取容，适主意而偷说，备利而偷得。如此者，其得之虽速，祸患之至亦急，故圣人去而不用也。故曰：其计也速，而忧在近者，往而勿召也。

圣人之求事也，先论其理义，计其可否。故义则求之，不义则止。可则求之，不可则止。故其所得事者，常为身宝。小人之求事也，不论其理义，不计其可否。不义亦求之，不可亦求之。故其所得事者，未尝为赖也。故曰：必得之事，不足赖也。

圣人之诺已也，先论其理义，计其可否。义则诺，不义则已。可则诺，不可则已。故其诺未尝不信也。小人不义亦诺，不可亦诺。言而必诺，故其诺未必信也。故曰：必诺之言，不足信也。

明主之举事也，任圣人之虑，用众人之力，而不自与焉，故事成而福生。乱主自智也，而不因圣人之虑，矜奋自功，而不因众人之力，专用己而不听正谏，故事败而祸生。故曰：伐矜好专，举事之祸也。

圣人之与人约结也，上观其事君也，内观其事亲也，必有可知之理，然后约结。约结而不袭于理，后必相倍。故曰：不重之结，虽固必解。道之用也，贵其重也。

明主与圣人谋，故其谋得；与之举事，故其事成。乱主与不肖者谋，故其计失；与之举事，故其事败。夫计失而事败，此与不可之罪。故曰：毋与不可。

狂惑之人，告之以君臣之义、父子之理、贵贱之分，不信圣人之言也，而反害伤，故圣人不告也。故曰：毋告不知。

明主不用其智，而任圣人之智；不用其力，而任众人之力。故以圣人之智思虑者，无不知也。以众人之力起事者，无不成也。能自去而因天下之智力，则其身逸而福多。乱主独用其智，而不任圣人之智；独用其力，而不任众人之力，故其身劳而祸多。故曰：独任之国，劳而多祸。

明主之治天下也，必用圣人而后天下治。妇人之求夫家也，必用媒而后家事成。故治天下而不用圣人，则天下乖乱而民不亲也。求夫家而不用媒，则丑耻而人不信也。故曰：自媒之女，丑而不信。

立政九败解

人君唯无好金玉货财，必欲得其所好，然则必有以易之。所以易之者何也？大官尊位，不然则尊爵重禄也。如是则不肖者在上位矣。然则贤者不为下，智者不为谋，信者不为约，勇者不为死。如是则殴国而捐之也。故曰：金玉货财之说胜，则爵服下流。

人君唯毋听观乐玩，好则败。凡观乐者，宫室台池，珠玉声乐也。此皆费财尽力，伤国之道也。而以此事君者，皆奸人也。而人君听之，焉得毋败！然则府仓虚，蓄积竭，且奸人在上，则壅遏贤者而不进也。然则国适有患，则优倡侏儒起而议国事矣，是欧国而捐之也。故曰：观乐玩好之说胜，则奸人在上位。

版法解

版法者，法天地之位，象四时之行，以治天下。四时之行，有寒有暑，圣人法之，故有文有武。天地之位，有前有后，有左有右，圣人法之，以建经纪。春生于左，秋杀于右，夏长于前，冬藏于后。生长之事，文也。收藏之事，武也。是故文事在左，武事在右。圣人法之，以行法令，以治事理。

凡人君者，覆载万民而兼有之，烛临万族而事使之，是故以天地日月四时为主为质以治天下。天覆而无外也，其德无所不在；地载而无弃也，安固而不动，故莫不生殖。圣人法之，以覆载万民，故莫不得其职姓。得其职姓，则莫不为用。故曰：法天合德，象地无亲。日月之明无私，故莫不得光。圣人法之，以烛万民，故能审察，则无遗善，无隐奸。无遗善，无隐奸，则刑赏信必。刑赏信必，则善劝而奸止。故曰：参于日月四时之行，信必而著明。圣人法之，以事万民，故不失时功，故曰伍于四时。

桓公谓管子曰："今子教寡人法天合德，合德长久。合德而兼覆之，则万物受命。象地无亲，无亲安固。无亲而兼载之，则诸生皆殖。参于日月，无私葆光。无私而兼照之，则美恶不隐。然则君子之为身，无好无恶，然已乎？"管子对曰："不然。夫学者所以自化，所以自抚。故君子恶称人之恶，恶不忠而怨妒，恶不公议而名当称，恶不位下而位上，恶不亲外而内放。此五者，君子之所恐行，而小人之所以亡，况人君乎！"

明法解

明主之择贤人也，言勇者试之以军，言智者试之以官。试于军而有功者则举之，试于官而事治者则用之。故以战功之事定勇怯，以官职之治定愚智。故勇怯愚智之见也，如白黑之分。乱主则不然，听言而不试，故妄言者得用；任人而不言，故不肖者不困。故明主以法案其言而求其实，以官任其身而课其功，专任法，不自举焉。故明法曰：先王之治国也，使法择人，不自举也。

山至数

桓公曰："何谓夺之以会？"管子对曰："粟之三分在上，谓民萌皆受上粟，度君藏焉。五谷相靡而重，去什三为余，以国币谷准反行，大夫无什于重。君以币赋禄，什在上。君出谷，什而去七。君敛三，上赋七。散振不资者，仁义也。五谷相靡而轻，数也。以乡完重而籍国，数也。出实财，散仁义，万物轻，数也。乘时进退。故曰：王者乘时，圣人乘易。"

桓公问管子曰："请问争夺之事何如？"管子曰："以戚始。"桓公曰："何谓用戚始？"管子对曰："君人之主，弟兄十人，分国为十；兄弟五人，分国为五。三世则昭穆同祖，十世则为祧。故伏尸满衍，兵决而无止，轻重之家复游于其间。故曰：毋予人以壤，毋授人以财。财终则有始，与四时废起。圣人理之以徐疾，守之以决塞，夺之以轻重，行之以仁义，故与天壤同数。此王者之大礜也。"

轻重甲

桓公曰："何谓致天下之民？"管子对曰："请使州有一掌，里有积五窌。民无以与正籍者予之长假，死而不葬者予之长度。饥者得食，寒者得衣，死者得葬，不资者得振，则天下之归我者若流水。此之谓致天下之民。故圣人善用非其有，使非其人。动言摇辞，万民可得而亲。"

桓公忽然作色曰："万民、室屋、六畜、树木且不可得藉，鬼神乃可得而藉夫？"管子对曰："厌宜乘势，事之利得也；计议因权，事之囿大也。

王者乘势，圣人乘幼，与物皆耳。"

轻重乙

管子曰："泉雨五尺，其君必辱。食称之国必亡。待五谷者众也。故树木之胜霜露者，不受令于天。家足其所者，不从圣人。故夺然后予，高然后下，喜然后怒，天下可举。"

轻重己

清神生心，心生规，规生矩，矩生方，方生正，正生历，历生四时，四时生万物。圣人因而理之，道遍矣。

晏子春秋

《晏子春秋》简介

《晏子春秋》是记录春秋时期齐国晏婴思想言行的一部书,书名始见于《史记·管晏列传》。疑古派曾认为该书是伪书,但 1972 年银雀山汉墓出土竹简证明传世本《晏子春秋》并非伪书。

关于《晏子春秋》的成书年代和作者,争论颇多,一般认为是秦统一六国后由原齐国学者搜集古书零星记载和民间故事并加以改造而成,后经汉代刘向编辑整理,得以流传下来,现存内、外八篇,二百一十五章。刘向叙录认为"其书六篇,皆忠谏其君,文章可观,义理可法,皆合《六经》之义"。

晏婴像

《晏子春秋》书影(四部丛刊影明活字本)

《晏子春秋》的思想内容非一家一派所能完全统摄,所以关于此书所属学派,历来有许多争论。综其所论,大体有四说:儒家说、墨家说、亦儒亦墨说、非儒非墨说。客观来讲,晏婴本人的思想在当时并未形成独立流派,其书亦难以完全归入某一学派,故暂隶于杂家。

该书多由短小的故事组成,其中"二桃杀三士""晏子使楚"等流传甚广。这些故事阐释了以礼治国、任用贤能、虚心纳谏、省刑薄赋、勤俭节约等理念,蕴含着丰富的政治思想。编作者所用语言简练生动，故事多富于戏剧性，颇具引人入胜之效。晏子故事的编作者和传诵者在历史史实的基础上了做了加工和改造，因此，书中的晏子已不完全是历史上真实的晏婴，而应该看作一个艺术形象。

《晏子春秋》中的"君子"

《晏子春秋》中晏子说过一段话，较为全面、集中地总结了他认为君子应该遵循的基本行为准则：

叔向问晏子曰："君子之大义何若？"晏子对曰："君子之大义，和调而不缘，溪盎而不苛，庄敬而不狡，和柔而不铨，刻廉而不刿，行精而不以明污，齐尚而不以遗罢，富贵不傲物，贫穷不易行，尊贤而不退不肖。此君子之大义也。"（《内篇问下》）

王念孙解释"和调而不缘"云："言虽与俗和调，而不循俗以行，犹言'君子和而不同'也。"关于这一点，晏子还用五味和五声作比方，为齐景公做过具体的阐释，所谓五味相济、五声相和，"以平其心，成其政也"，"若以水济水，谁能食之？若琴瑟之专一，谁能听之"。总体来看，"君子之大义"的原则可概括为秉持中道、过犹不及：明察事物但不苛求，庄敬从容而不急切，和顺柔缓但不卑下，棱角分明但不伤害人，立身清白但并非为了显明别人的污浊，崇尚同一但不遗弃弱者，富贵而不骄，贫穷而不变操守，尊重贤能之人但也不黜退平庸之辈。于此可见，君子既坚持自己立身行事的原则，同时也体贴地照顾到身边的人。晏子还有一段话具体描述了君子言行举止的规范：

景公问晏子曰："君子常行曷若？"晏子对曰："衣冠不中，不敢以入朝；所言不义，不敢以要君；身行不顺，治事不公，不敢以莅众。衣冠无不中，故朝无奇僻之服；所言无不义，故下无伪上之报；身行顺，治事公，故国无阿党之义。三者，君子之常行也。"（《内篇问上》）

衣冠端正、言语得体、行为遵循道义、办事公正，这些是君子日常必须做到的，因为君子的一举一动、一言一行会影响到政风，关系着国家的政治兴衰。

晏子历仕灵公、庄公、景公，辅政长达五十余年，可谓三朝元老。他的践履躬行、"折冲尊俎"，维护了齐国的稳定，捍卫了国格和国威。在数十年的从政生涯中，他积累了极为丰富的学识和政治经验。庄公被弑，晏子不死君难，弃个人小义而求国家、百姓之大利，体现了他作为一个政治家的成熟和远见。《晏子春秋》多处记载了晏子关于君子立身处世特别是出处进退的观点。比如：

吴王曰："国如何则可处，如何则可去也？"晏子对曰："婴闻之，亲疏得处其伦，大臣得尽其忠，民无怨治，国无虐刑，则可处矣。是以君子怀不逆之君，居治国之位。亲疏不得居其伦，大臣不得尽其忠，民多怨治，国有虐刑，则可去矣。是以君子不怀暴君之禄，不处乱国之位。"（《内篇问下》）

这与孔子所说"危邦不入，乱邦不居""天下有道则见，无道则隐"（《论语·泰伯》）是一致的，体现了君子对于现实的清醒认识：只有依托有德行的君主，身处有权力的职位，才能推行政治理想、施展政治抱负；如果遇到乱国和暴君，不但治国的愿望无法实现，而且还可能身陷囹圄、性命难保。下面这段对话也表达了类似的观念：

叔向问晏子曰:"齐国之德衰矣,今子何若?"晏子对曰:"婴闻事明君者,竭心力以没其身,行不逮则退,不以诬持禄;事惰君者,优游其身以没其世,力不能则去,不以谀持危。且婴闻君子之事君也,进不失忠,退不失行。不苟合以隐忠,可谓不失忠;不持利以伤廉,可谓不失行。"叔向曰:"善哉。《诗》有之曰:'进退维谷。'其此之谓欤?"(《内篇问下》)

君子在出处进退上遵循"进不失忠,退不失行"的原则,即在位谋事则尽心竭力,引退赋闲也不失操行。如果遇到懈惰的昏君,晏子提出应保护自己、独善其身,实在不行,不如尽早离去,切勿用阿谀奉承的方式去勉强维持危局。在他看来,君子需要对自己的仕隐掌握主动权,既具有原则性,又不失灵活性,根据实际的形势作出适宜的决定。所以晏子认为"君子之行"应该是:"君顺怀之,政治归之。不怀暴君之禄,不居乱国之位。君子见兆则退,不与乱国俱灭,不与暴君偕亡。"另一方面,晏子还提出君子应该对老百姓负责,他说:"君子有力于民,则进爵禄,不辞富贵;无力于民而旅食,不恶贫贱。"君子有能力为百姓做事,则享受爵禄理所应当,但如果没有能力,那就安心地过普通百姓的生活,而不必嫌贫爱富,这样仍然不失为"君子"。后一种"君子"其实就是退隐乡里的贤良之士:

有所谓君子者,能不足以补上,退处不顺上,治唐园,考菲履,共恤上令,弟长乡里,不夸言,不愧行,君子也。(《内篇问下》)

比这一类"君子"更高一层的是"大贤"。大贤之人"徒处与有事无择也,随时宜者也",就是说能根据时势的变化,在仕与隐之间自如地转换身份,正如晏子所说"养世之君子,从重不为进,从轻不为退"。除了"大贤"和"君子"之外,晏子还提到"狂僻之民""处封之民""傲上""乱贼""乱国",

这些人对于国家则是有害的。

当然，与"君子"相对立的是"小人"。二者的区别可以是指地位和权力，如《内篇谏下》："（逢于何）对曰：'夫君子则有以，如我者倚小人，吾将左手拥格，右手梱心，立饿枯槁而死……'"这里所说的"君子"盖指晏子，晏子作为上大夫，是朝廷的重臣，而"小人"则指地位低下、力量微弱如逢于何者。但"君子"与"小人"的区别更多的是在于德行，如《内篇谏下》："仲尼闻之曰：'星之昭昭，不若月之曀曀，小事之成，不若大事之废，君子之非，贤于小人之是也。其晏子之谓欤！'"君子出于公心，以国家利益为重，即使有所过失，也如日月之食，虽暂有掩翳而无损其光明。晏子还通过美山与土丘的对比来说明君子与小人之别：

且君子之难得也，若美山然，名山既多矣，松柏既茂矣，望之相相然，尽目力不知厌。而世有所美焉，固欲登彼相相之上，伦伦然不知厌。小人者与此异，若部娄之未登，善。登之无蹊，维有楚棘而已。远望无见也，俯就则伤婴，恶能无独立焉。（《内篇杂下》）

君子给人"高山仰止"之感，令人见贤思齐，所以与君子相处，可以使自己得到提升；而小人没有高尚的品行值得学习，接近小人只会给自己带来伤害。此外，君子、小人之别还体现在具体的细节上，晏子也有相关的阐述，例如：

叔向问晏子曰："啬、吝、爱之于行何如？"晏子对曰："啬者，君子之道；吝、爱者，小人之行也。"叔向曰："何谓也？"晏子曰："称财多寡而节用之，富无金藏，贫不假贷，谓之啬；积多不能分人，而厚自养，谓之吝；不能分人，又不能自养，谓之爱。故夫啬者，君子之道；吝、爱者，小人之行也。"（《内篇问下》）

"啬""吝""爱"三者有所不同：君子节用，量入为出，称为"啬"；小人只顾独享，而不愿分享，称为"吝"；既不能分享，又舍不得自享，称为"爱"。晏子对君子节俭的美德与小人吝啬的习性做了清晰的界定。

晏子和孔子是同时代人，相互有过交往且了解对方，在思想上也有不少相通之处，比如他们都重视"礼"，晏子曾说："君子无礼，是庶人也；庶人无礼，是禽兽也。"又说："群臣皆欲去礼以事君，婴恐君子之不欲也。"还说："君子不犯非礼，小人不犯不祥，古之制也。"晏子长孔子二十多岁，《论语》中孔子对晏子的评价是"晏平仲善与人交，久而敬之"，可见作为晚辈的孔子对于晏子是怀有敬意的。《晏子春秋》记载了更多孔子称赞晏子的话，如"夫不出于尊俎之间，而知千里之外，其晏子之谓也"。孔子甚至还尊晏子为师："丘闻君子过人以为友，不及人以为师。今丘失言于夫子，讥之，是吾师也。"不过，孔子对晏子的认识有一个过程：

仲尼曰："灵公污，晏子事之以整齐；庄公壮，晏子事之以宣武；景公奢，晏子事之以恭俭：君子也。相三君而善不通下，晏子细人也。"晏子闻之，见仲尼曰："婴闻君子有讥于婴，是以来见。如婴者，岂能以道食人者哉！婴之宗族待婴而祀其先人者数百家，与齐国之简士待婴而举火者数百家，婴为此仕者也。如婴者，岂能以道食人者哉！"晏子出，仲尼送之以宾客之礼，再拜其辱。反，命门弟子曰："救民之姓而不夸，行补三君而不有，晏子果君子也。"（《外篇》）

起初孔子赞赏晏子辅佐三君的功绩，但认为他未能泽惠百姓，后来了解了实际情况，认识到晏子对于齐国上至君主、下至平民都有很大的贡献，更难能可贵的是不居功、不自恃，所谓"省行而不伐，让利而不夸"，故孔子许其为君子。相较之下，晏子对于孔子的评价并不太高，他认为孔子比不上舜：

> 孔子行一节者也，处民之中，其过之识，况乎处君子之中乎！舜者处民之中，则自齐乎士；处君子之中，则齐乎君子；上与圣人，则固圣人之林也。此乃孔子之所以不逮舜也。（《外篇》）

这可能是指儒家"异其服，勉于容"，因而与众不同。这段话让人联想到《史记》中记载老子告诫孔子的话，"去子之骄气与多欲，态色与淫志"，"聪明深察而近于死者，好议人者也；博辩广大危其身者，发人之恶者也"，"为人子者毋以有己，为人臣者毋以有己"。《晏子春秋》中还有一段话也让人联想到《史记》。《内篇杂上》："曾子将行，晏子送之曰：'君子赠人以轩，不若以言。吾请以言之，以轩乎？'曾子曰：'请以言。'"《史记·孔子世家》："（孔子）辞去，而老子送之曰：'吾闻富贵者送人以财，仁人者送人以言。吾不能富贵，窃仁人之号，送子以言。'"两者表达方式相近，也可相类比。

《晏子春秋》中出现了不少"君子曰"，以君子的身份评价晏子的言行，这很可能是对《左传》的模仿。姑引数条如下：

> 君子曰："尽忠不豫交，不用不怀禄，晏子可谓廉矣。"（《内篇问上》）
>
> 君子曰："政则晏子欲发粟与民而已，若使不可得，则依物而偶于政。"（《内篇杂上》）
>
> 君子曰："圣贤之君，皆有益友，无偷乐之臣，景公弗能及，故两用之，仅得不亡。"（《内篇杂上》）

"君子"的具体身份不明，或是当时亲历其事之贤人，或是后世编写故事之人。据他们所发言论判断，其人具备卓越的德才识见，能对人物或事件发表中肯的看法，从而引导社会舆论导向，且为后世读者垂鉴之用。

另外，需要指出的是，据吴则虞《晏子春秋集释》，在现今通行本中存在一些衍文，有些地方本应是"君"，而误作"君子"。如《内篇杂上》："晏子对曰：'君子也。问年谷而对以冰，礼也。'"此处"子也"为衍文，全句当作"君问年谷而对以冰"。又如《外篇》："君之言过矣！群臣皆欲去礼以事君，婴恐君子之不欲也。"此处"君子"亦当为"君"，"子"为衍文。不过考虑到当时本有将"君子"作"君主"的用法，这种衍文对原意并无妨碍。

资料摘编

内篇谏上

景公信用谗佞，赏无功，罚不辜。晏子谏曰："臣闻明君望圣人而信其教，不闻听谗佞以诛赏。今与左右相说颂也，曰：'比死者勉为乐乎！吾安能为仁而愈黩民耳矣！'故内宠之妾迫夺于国，外宠之臣矫夺于鄙，执法之吏并荷百姓。民愁苦约病，而奸驱尤佚，隐情奄恶，蔽诒其上，故虽有至圣大贤，岂能胜若谗哉！是以忠臣之常有灾伤也。臣闻古者之士，可与得之，不可与失之；可与进之，不可与退之。臣请逃之矣。"遂鞭马而出。

翟王子羡臣于景公，以重驾。公观之而不说也。嬖人婴子欲观之，公曰："及晏子寝病也。"居囿中台上以观之。婴子说之，因为之请曰："厚禄之。"公许诺。晏子起病而见公，公曰："翟王子羡之驾，寡人甚说之，请使之示乎？"晏子曰："驾御之事，臣无职焉。"公曰："寡人一乐之，是欲禄之以万钟，其足乎？"对曰："昔卫士东野之驾也，公说之，婴子不说，公因不说，遂不观。今翟王子羡之驾也，公不说，婴子说，公因说之；为请，公许之，则是妇人为制也。且不乐治人而乐治马，不厚禄贤人而厚禄御夫。昔者，先君桓公之地狭于今，修法治，广政教，以霸诸侯。今君，一诸侯无能亲也。岁凶年饥，道途死者相望也，君不此忧耻，而惟图耳目之乐。不修先君之功烈，而惟饰驾御之伎，则公不顾民而忘国甚矣。且《诗》曰：

'载骖载驷,君子所届。'夫驾八,固非制也。今又重此,其为非制也,不滋甚乎。且君苟美乐之,国必众为之。田猎则不便,道行致远则不可。然而用马数倍,此非御下之道也。"

景公游于牛山,北临其国城而流涕曰:"若何滂滂去此而死乎?"艾孔、梁丘据皆从而泣,晏子独笑于旁。公刷涕而顾晏子,曰:"寡人今日之游悲,孔与据皆从寡人而涕泣,子之独笑,何也?"晏子对曰:"使贤者常守之,则太公、桓公将常守之矣;使勇者常守之,则庄公、灵公将常守之矣。数君者将守之,则吾君安得此位而立焉?以其迭处之,迭去之,至于君也,而独为之流涕,是不仁也。不仁之君见一,谄谀之臣见二,此臣之所以独窃笑也。"

景公出游于公阜,北面望,睹齐国曰:"呜呼!使古而无死,何如?"晏子曰:"昔者上帝以人之没为善,仁者息焉,不仁者伏焉。若使古而无死,太公、丁公将有齐国,桓、襄、文、武将皆相之,君将戴笠、衣褐、执铫耨以蹲行畎亩之中,孰暇患死。"公忿然作色,不说。

公西面望,睹彗星。召伯常骞,使禳去之。晏子曰:"不可!此天教也。日月之气,风雨不时,彗星之出,天为民之乱见之,故诏之妖祥,以戒不敬。今君若设文而受谏,谒圣贤人,虽不去彗,星将自亡。今君嗜酒而并于乐,政不饰而宽于小人,近谗好优,恶文而疏圣贤人,何暇在彗!茀又将见矣。"

景公之时,荧惑守于虚,期年不去。公异之。召晏子而问曰:"吾闻之,人行善者天赏之,行不善者天殃之。荧惑,天罚也,今留虚,其孰当之?"晏子曰:"齐当之。"公不说,曰:"天下大国十二,皆曰诸侯,齐独何以当之?"晏子曰:"虚,齐野也。且天之下殃,固于富强,为善不用,出政不行,贤人使远,谗人反昌,百姓疾怨,自为祈祥,录录强食,进死何伤!是以列舍无次,变星有芒,荧惑回逆,孽星在旁,有贤不用,安得不亡。"

内篇谏下

景公藉重而狱多，拘者满圄，怨者满朝。晏子谏，公不听。公谓晏子曰："夫狱，国之重官也，愿托之夫子。"晏子对曰："君将使婴勅其功乎，则婴有壹妾能书，足以治之矣。君将使婴勅其意乎，夫民无欲残其家室之生以奉暴上之僻者，则君使吏比而焚之而已矣。"景公不说，曰："勅其功则使壹妾，勅其意则比而焚，如是，夫子无所谓能治国乎？"晏子曰："婴闻与君异。……且夫饰民之欲，而严其听，禁其心，圣人所难也，而况夺其财而饥之，劳其力而疲之，常致其苦而严听其狱，痛诛其罪，非婴所知也。"

景公春夏游猎，又起大台之役。晏子谏曰："春夏起役，且游猎，夺民农时，国家空虚，不可。"景公曰："吾闻相贤者国治，臣忠者主逸。吾年无几矣，欲遂吾所乐，卒吾所好，子其息矣。"

景公为履，黄金之綦，饰以银，连以珠，良玉之絇，其长尺，冰月服之以听朝。晏子朝，公迎之，履重，仅能举足。问曰："天寒乎？"晏子曰："君奚问天之寒也？古圣人制衣服也，冬轻而暖，夏轻而清，今君之履，冰月服之，是重寒也，履重不节，是过任也，失生之情矣。故鲁工不知寒温之节、轻重之量，以害正生，其罪一也。作服不常，以笑诸侯，其罪二也。用财无功，以怨百姓，其罪三也。请拘而使吏度之。"

景公为巨冠长衣以听朝，疾视矜立，日晏不罢。晏子进曰："圣人之服，中侻而不驵，可以导众，其动作侻顺而不逆，可以奉生，是以下皆法其服，而民争学其容。今君之服驵华，不可以导众。疾视矜立，不可以奉生。日晏矣，君不若脱服就燕。"

景公成路寝之台，逢于何遭丧，遇晏子于途，再拜乎马前。晏子下车挹之，曰："子何以命婴也？"对曰："于何之母死，兆在路寝之台塯下，愿请合骨。"晏子曰："嘻，难哉！虽然，婴将为子复之。适为不得，子将若何？"对曰："夫君子则有以，如我者倚小人，吾将左手拥格，右手梱心，立饿枯槁而死，以告四方之士曰：'于何不能葬其母者也。'"

景公之嬖妾婴子死，公守之，三日不食，肤着于席而不去……晏子令棺人入敛，已敛而复曰："医不能治病，已敛矣，不敢不以闻。"公作色不说，曰："夫子以医命寡人而不使视，将敛而不以闻，吾之为君，名而已矣。"晏子曰："君独不知死者之不可以生邪？婴闻之，君正臣从谓之顺，君僻臣从谓之逆。……昔吾先君桓公用管仲而霸，嬖乎竖刁而灭，今君薄于贤人之礼，而厚嬖妾之哀。且古圣王畜私不伤行，敛死不失爱，送死不失哀。行伤则溺己，爱失则伤生，哀失则害性。是故圣王节之也，死即毕敛，不以留生事；棺椁衣衾，不以害生养；哭泣处哀，不以害生道。今朽尸以留生，广爱以伤行，循哀以害性，君之失矣。"

公曰："寡人不识，请因夫子而为之。"晏子复曰："国之士大夫、诸侯四邻宾客皆在外，君其哭而节之。"仲尼闻之曰："星之昭昭，不若月之曀曀，小事之成，不若大事之废，君子之非，贤于小人之是也。其晏子之谓欤！"

景公登射，晏子修礼而侍。公曰："选射之礼，寡人厌之矣。吾欲得天下勇士与之图国。"晏子对曰："君子无礼，是庶人也；庶人无礼，是禽兽也。夫臣勇多则弑其君，子力多则弑其长，然而不敢者，维礼之谓也。礼者，所以御民也。辔者，所以御马也。无礼而能治国家者，婴未之闻也。"

内篇问上

庄公问晏子曰："威当世而服天下，时耶？"晏子对曰："行也。"公曰："何行？"对曰："能爱邦内之民者，能服境外之不善；重士民之死力者，能禁暴国之邪逆；中听任贤者，能威诸侯；安仁义而乐利世者，能服天下。不能爱邦内之民者，不能服境外之不善；轻士民之死力者，不能禁暴国之邪逆；愎谏傲贤者，不能威诸侯；倍仁义而贪名实者，不能服天下。威当世而服天下者，此其道也已。"而公不用，晏子退而穷处。公任勇力之士，而轻臣仆之死，用兵无休，国罢民害，期年，百姓大乱，而身及崔氏祸。君子曰："尽忠不豫交，不用不怀禄，晏子可谓廉矣！"

景公问晏子曰："昔吾先君桓公，有管仲夷吾保乂齐国，能遂武功而立文德，纠合兄弟，抚存冀州，吴、越受令，荆、楚惛忧，莫不宾服，勤于周室，天子加德。先君昭功，管子之力也。今寡人亦欲存齐国之政于夫子，夫子以佐佑寡人，彰先君之功烈，而继管子之业。"晏子对曰："昔吾先君桓公能任用贤，国有什伍，治遍细民……今君欲彰先君之功烈而继管子之业，则无以多辟伤百姓，无以嗜欲玩好怨诸侯，臣孰敢不承善尽力以顺君意。今君疏远贤人而任谗谀，使民若不胜，藉敛若不得，厚取于民而薄其施，多求于诸侯而轻其礼，府藏朽蠹而礼悖于诸侯，菽粟藏深而怨积于百姓，君臣交恶而政刑无常，臣恐国之危失而公不得享也，又恶能彰先君之功烈而继管子之业乎。"

景公问晏子曰："古之盛君，其行如何？"晏子对曰："薄于身而厚于民，约于身而广于世。其处上也，足以明政行教，不以威天下。其取财也，权有无，均贫富，不以养嗜欲。诛不避贵，赏不遗贱。不淫于乐，不遁于哀。尽智导民而不伐焉，劳力事民而不责焉。政尚相利，故下不以相害为行。教尚相爱，故民不以相恶为名。刑罚中于法，废置顺于民。是以贤者处上而不华，不肖者处下而不怨，四海之内，社稷之中，粒食之民，一意同欲。"

景公问晏子曰："君子常行曷若？"晏子对曰："衣冠不中，不敢以入朝；所言不义，不敢以要君；行己不顺，治事不公，不敢以莅众。衣冠无不中，故朝无奇僻之服；所言无不义，故下无伪上之报；身行顺，治事公，故国无阿党之义。三者，君子之常行者也。"

景公问晏子曰："圣人之不得意何如？"晏子对曰："上作事反天时，从政逆鬼神，藉敛殚百姓；四时易序，神祇并怨；道忠者不听，荐善者不行，谀过者有赏，救失者有罪。故圣人伏匿隐处，不干长上，洁身守道，不与世陷乎邪，是以卑而不失义，瘁而不失廉。此圣人之不得意也。"

公曰："圣人之得意何如？"对曰："世治政平，举事调乎天，藉敛和乎民，百姓乐其政，远者怀其德；四时不失序，风雨不降虐；天明象而赞，地长育而具物；神降福而不靡，民服教而不伪；治无怨业，居无废民：此圣人之得意也。"

景公问晏子曰："古者离散其民而陨失其国者，其常行何如？"晏子对曰："国贫而好大，智薄而好专；贵贱无亲焉，大臣无礼焉；尚谗谀而贱贤人，乐简慢而玩百姓。国无常法，民无经纪。好辩以为智，刻民以为忠，流湎而忘国，好兵而忘民。肃于罪诛，而慢于庆赏；乐人之哀，利人之难；德不足以怀人，政不足以惠民；赏不足以劝善，刑不足以防非。此亡国之行也。今民闻公令如寇雠，此古之离散其民、陨失其国者之常行也。"

内篇问下

景公问于晏子曰："昔吾先君桓公，善饮酒穷乐，食味方丈，好色无别，辟若此，何以能率诸侯以朝天子乎？"晏子对曰："昔吾先君桓公，变俗以政，下贤以身。管仲，君之贼者也，知其能足以安国济功，故迎之于鲁郊，自御，礼之于庙。异日，君过于康庄，闻宁戚歌，止车而听之，则贤人之风也，举以为大田。先君见贤不留，使能不怠，是以内政则民怀之，征伐则诸侯畏之。今君闻先君之过，而不能明其大节，桓公之霸也，君奚疑焉？"

吴王曰："国如何则可处，如何则可去也？"晏子对曰："婴闻之，亲疏得处其伦，大臣得尽其忠，民无怨治，国无虐刑，则可处矣。是以君子怀不逆之君，居治国之位。亲疏不得居其伦，大臣不得尽其忠，民多怨治，国有虐刑，则可去矣。是以君子不怀暴君之禄，不处乱国之位。"

晏子使鲁。见昭公，昭公说曰："天下以子大夫语寡人者众矣，今得见而羡乎所闻，请私而无为罪。寡人闻大国之君，盖回曲之君也，曷为以子大夫之行事回曲之君乎？"晏子逡循对曰："婴不肖，婴之族又不若婴，待婴而祀先者五百家，故婴不敢择君。"晏子出，昭公语人曰："晏子，仁人也。反亡君，安危国，而不私利焉；僇崔杼之尸，灭贼乱之徒，不获名焉；使齐外无诸侯之忧，内无国家之患，不伐功焉；锴然不满，退托于族，晏子可谓仁人矣。"

晏子使晋，晋平公飨之文室。既静矣，晏以，平公问焉，曰："昔吾先君得众若何？"晏子对曰："君飨寡君，施及使臣，御在君侧，恐惧不知所以对。"平公曰："闻子大夫数矣，今乃得见，愿终闻之。"晏子对曰："臣闻君子如美，渊泽容之，众人归之，如鱼有依，极其游泳之乐；若渊泽决竭，其鱼动流，夫往者维雨乎，不可复已。"

叔向问晏子曰："齐国之德衰矣，今子何若？"晏子对曰："婴闻事明君者，竭心力不没其身，行不逮则退，不以诬持禄；事惰君者，优游其身以没其世，力不能则去，不以诿持危。且婴闻君子之事君也，进不失忠，退不失行。不苟合以隐忠，可谓不失忠；不持利以伤廉，可谓不失行。"

叔向问晏子曰："事君之伦，徒处之义，奚如？"晏子对曰："事君之伦，知虑足以安国，誉厚足以导民，和柔足以怀众，不廉上以为名，不倍民以为行，上也；洁于治己，不饰过以求先，不谗谀以求进，不阿久私，不诬所能，次也；尽力守职不怠，奉官从上不敢隋，畏上故不苟，忌罪故不辟，下也。三者，事君之伦也。及夫大贤，则徒处与有事无择也，随时宜者也。有所谓君子者，能不足以补上，退处不顺上，治唐园，考菲履，共恤上令，弟长乡里，不夸言，不愧行，君子也。不以上为本，不以民为忧，内不恤其家，外不顾其身游，夸言愧行，自勒于饥寒，不及丑佾，命之曰狂僻之民，明上之所禁也。"

叔向问晏子曰："啬、吝、爱之于行何如？"晏子对曰："啬者，君子之道；吝、爱者，小人之行也。"叔向曰："何

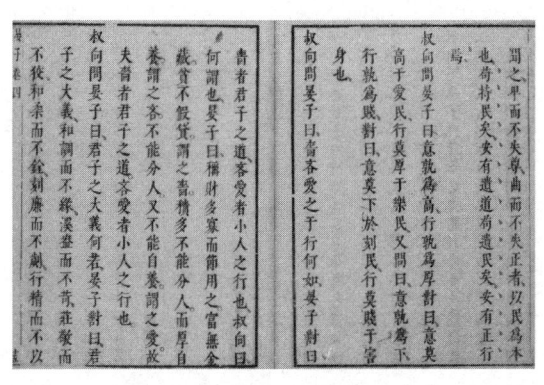

《晏子春秋》（明吴兴凌澄初朱墨套印本）

谓也？"晏子曰："称财多寡而节用之，富无金藏，贫不假贷，谓之啬；积多不能分人，而厚自养，谓之吝；不能分人，又不能自养，谓之爱。故夫啬者，君子之道；吝、爱者，小人之行也。"

叔向问晏子曰："君子之大义何若？"晏子对曰："君子之大义，和调而不缘，溪盎而不苛，庄敬而不狡，和柔而不铨，刻廉而不刿，行精而不以明污，齐尚而不以遗罢，富贵不傲物，贫穷不易行，尊贤而不退不肖。此君子之大义也。"

曾子问晏子曰："古者尝有上不谏上，下不顾民，退处山谷，以成行义者也？"晏子对曰："察其身，无能也，而托乎不欲谏上，谓之诞意也。上惛乱，德义不行，而邪辟朋党，贤人不用，士亦不易其行，而从邪以求进，故有隐有不隐。其行法士也？乃夫议上，则不取也。夫上不谏上，下不顾民，退处山谷，婴不识其何以为成行义者也。"

梁丘据问晏子曰："子事三君，君不同心，而子俱顺焉，仁人固多心乎？"晏子对曰："晏闻之，顺爱不懈，可以使百姓，强暴不忠，不可以使一人。一心可以事百君，三心不可以事一君。"

柏常骞去周之齐，见晏子曰："骞，周室之贱史也，不量其不肖，愿事君子。敢问正道直行则不容于世，隐道危行则不忍，道亦无灭，身亦无废者何若？"晏子对曰："善哉！问事君乎。婴闻之，执二法裾，则不取也；轻进苟合，则不信也；直易无讳，则速伤也；新始好利，则无敝也。且婴闻养世之君子，从重不为进，从轻不为退，省行而不伐，让利而不夸，陈物而勿专，见象而勿强，道不灭，身不废矣。"

内篇杂上

晏子臣于庄公，公不说，饮酒，令召晏子。晏子至，入门，公令乐人奏歌曰："已哉已哉！寡人不能说也，尔何来为？"晏子入坐，乐人三奏，然后知其谓己也。遂起，北面坐地。公曰："夫子从席，曷为坐地？"晏子对曰："婴闻讼夫坐地，今婴将与君讼，敢毋坐地乎？婴闻之，众而无义，强而无礼，好勇而恶贤者，祸必及其身，若公者之谓矣。且婴言不用，愿请身去。"遂趋而归，管籥其家者纳之公，财在外省斥之市。曰："君子有力于民，则进爵禄，不辞富贵；无力于民而旅食，不恶贫贱。"遂徒行而东，耕于海滨。居数年，果有崔杼之难。

崔杼既弑庄公而立景公，杼与庆封相之，劫诸将军大夫及显士庶人于太宫之坎上，令无得不盟者。……崔子谓晏子曰："子变子言，则齐国吾与子共之；子不变子言，戟既在脰，剑既在心，维子图之也。"晏子曰："劫吾以刃而失其志，非勇也；回吾以利而倍其君，非义也。崔子！子独不为夫《诗》乎！《诗》云：'莫莫葛藟，施于条枚。恺恺君子，求福不回。'今婴且可以回而求福乎？曲刃钩之，直兵推之，婴不革矣。"

景公之时饥，晏子请为民发粟，公不许。当为路寝之台，晏子令吏重其赁，远其兆，徐其日而不趋。三年，台成而民振。故上说乎游，民足乎食。君子曰："政则晏子欲发粟与民而已，若使不可得，则依物而偶于政。"

景公饮酒，夜移于晏子之家。前驱款门曰："君至。"晏子被玄端，立于门，曰："诸侯得微有故乎？国家得微有事乎？君何为非时而夜辱？"公曰："酒醴之味，金石之声，愿与夫子乐之。"晏子对曰："夫布荐席、陈簠簋者有人，臣不敢与焉。"公曰："移于司马穰苴之家。"前驱款门曰："君至。"穰苴介胄操戟立于门，曰："诸侯得微有兵乎？大臣得微有叛者乎？君何为非时而夜辱？"公曰："酒醴之味，金石之声，愿与夫子乐之。"穰苴对曰："夫布荐席、陈簠簋者有人，臣不敢与焉。"公曰："移于梁丘据之家。"前驱款门曰："君至。"梁丘据左操瑟，右挈竽，行歌而出。公曰："乐哉，今夕吾饮也。微彼二子者，何以治吾国。微此一臣者，何以乐吾身。"君子曰："圣贤之君，皆有益友，无偷乐之臣，景公弗能及，故两用之，仅得不亡。"

景公伐鲁，傅许，得东门无泽。公问焉："鲁之年谷何如？"对曰："阴冰凝，阳冰厚五寸。"公不知，以告晏子。晏子对曰："君子也。问年谷而对以冰，礼也。阴水厥，阳冰厚五寸者，寒温节，节则刑政平，平则上下和，和则年谷熟，年充众和而伐之，臣恐罢民弊兵，不成君之意。请礼鲁以息吾怨，遣其执，以明吾德。"

景公予鲁君地，山阴数百社，使晏子致之。鲁使子叔昭伯受地，不尽受也。晏子曰："寡君献地，忠廉也，曷为不尽受？"子叔昭伯曰："臣受命于君曰：'诸侯相见，交让，争处其卑，礼之文也；交委多，争受少，行之实也。礼成文于前，行成章于后，交之所以长久也。'且吾闻君子不尽人之欢，不竭人之忠，吾是以不尽受也。"

晏子归报公，公喜，笑曰："鲁君犹若是乎？"晏子曰："臣闻大国贪于名，小国贪于实，此诸侯之公患也。今鲁处卑而不贪乎尊，辞实而不贪乎多，行廉不为苟得，道义不为苟合，不尽人之欢，不竭人之忠，以全其交，君之道义，殊于世俗，国免于公患。"公曰："寡人说鲁君，故予之地。今行果若此，吾将使人贺之。"晏子曰："不。君以骤予之地而贺其辞，则交不亲而地不为德矣。"公曰："善。"于是重鲁之币，毋比诸侯，厚其礼，毋比宾客。君子于鲁，而后明行廉辞地之可为重名也。

景公游于纪，得金壶，发而视之，中有丹书，曰："无食反鱼，勿乘驽马。"公曰："善哉。如若言，食鱼无反，则恶其鳋也；勿乘驽马，恶其不远取道也。"晏子对曰："不然。食鱼无反，毋尽民力乎。勿乘驽马，则无置不肖于侧乎。"公曰："纪有书，何以亡也？"晏子对曰："有以亡也。婴闻之，君子有道，悬之闾，纪有此言，注之壶，不亡何待乎！"

曾子将行，晏子送之曰："君子赠人以轩，不若以言。吾请以言之，以轩乎？"曾子曰："请以言。"晏子曰："今夫车轮，山之直木也，良匠揉之，其圆中规，虽有槁暴，不复赢矣。故君子慎隐揉。和氏之璧，井里之困也，良工修之，则为存国之宝，故君子慎所修。今夫兰本，三年而成，湛之苦酒，则君子不近，庶人不佩；湛之縻醢，而贾匹马矣。非兰本美也，所湛然也。愿子之必求所湛。婴闻之，君子居必择邻，游必就士，择居所以求士，求士所以避患也。婴闻汩常移质，习俗移性，不可不慎也。"

晏子之晋，至中牟，睹敝冠反裘负刍，息于途侧者，以为君子也，使人问焉。曰："子何为者也？"对曰："我越石父也。"晏子曰："何为至此？"曰："吾为人臣仆于中牟，见使将归。"晏子曰："何为为仆？"对曰："不免冻饿之切吾身，是以为仆也。"晏子曰："为仆几何？"对曰："三年矣。"晏子曰："可得赎乎？"对曰："可。"遂解左骖以赎之，因载而与之俱归。

至舍，不辞而入。越石父怒而请绝。晏子使人应之曰："吾未尝得交夫子也，子为仆三年，吾乃今日睹而赎之，吾于子尚未可乎？子何绝我之暴也？"越石父对之曰："臣闻之，士者诎乎不知己，而申乎知己，故君子不以功轻人之身，不为彼功诎身之理。吾三年为人臣仆，而莫吾知也。今子赎我，吾以子为知我矣；向者子乘，不我辞也，吾以子为忘；今又不辞而入，是与臣我者同矣。我犹且为臣，请鬻于世。"

晏子出，见之曰："向者见客之容，而今也见客之意。婴闻之，省行者不引其过，察实者不讥其辞，婴可以辞而无弃乎！婴诚革之。"乃令粪洒改席，尊醮而礼之。越石父曰："吾闻之，至恭不修途，尊礼不受擯。夫子礼之，仆不敢当也。"晏子遂以为上客。君子曰："俗人之有功则德，德则骄，晏子有功，免人于厄，而反诎下之，其去俗亦远矣。此全功之道也。"

有间，晏子见疑于景公，出奔，过北郭骚之门而辞。北郭骚沐浴而见晏子曰："夫子将焉适？"晏子曰："见疑于齐君，将出奔。"北郭骚曰："夫子勉之矣！"晏子上车太息而叹曰："婴之亡岂不宜哉！亦不知士甚矣。"晏子行，北郭子召其友而告之曰："吾说晏子之义，而尝乞所以养母者焉。吾闻之，养其亲者身伉其难，今晏子见疑，吾将以身死白之。"着衣冠，令其友操剑，奉笥而从，造于君庭，求复者曰："晏子，天下之贤者也。今去齐国，齐必侵矣。方见国之必侵，不若死，请以头托白晏子也。"

内篇杂下

景公畋于梧丘,夜犹早,公姑坐睡,而詟有五丈夫北面韦庐,称无罪焉。公觉,召晏子而告其所詟。公曰:"我其尝杀无罪邪?"晏子对曰:"昔者先君灵公畋,有五丈夫来骇兽,故并断其头而葬之,命曰五丈夫之丘。此其地邪?"公令人掘而求之,则五头同穴而存焉。公曰:"嘻。"令吏葬之。国人不知其詟也,曰:"君悯白骨,而况于生者乎。不遗余力矣,不释余知矣。"故曰:"君子之为善易矣。"

景公病疽,在背。高子、国子请公曰:"职当抚疡。"高子进而抚疡。公曰:"热乎?"曰:"热。""热何如?"曰:"如火。""其色何如?"曰:"如未熟李。""大小何如?"曰:"如豆。""堕者何如?"曰:"如屦辨。"二子者出,晏子请见。公曰:"寡人有病,不能胜衣冠以出见夫子。夫子其辱视寡人乎?"晏子入,呼宰人具盥,御者具巾,刷手温之,发席傅荐,跪请抚疡。公曰:"其热何如?"曰:"如日。""其色何如?"曰:"如苍玉。""大小何如?"曰:"如璧。""其堕者何如?"曰:"如珪。"晏子出,公曰:"吾不见君子,不知野人之拙也。"

晏子使楚,楚人以晏子短,为小门于大门之侧而延晏子。晏子不入,曰:"使狗国者从狗门入,今臣使楚,不当从此门入。"傧者更道从大门入。见楚王,王曰:"齐无人耶?"晏子对曰:"齐之临淄三百闾,张袂成阴,挥汗成雨,比肩继踵而在,何为无人?"王曰:"然则何为使子?"晏子对曰:"齐命使,各有所主。其贤者使使贤王,不肖者使使不肖王。婴最不肖,故直使楚矣。"

晏子至,楚王赐晏子酒。酒酣,吏二缚一人诣王。王曰:"缚者曷为者也?"对曰:"齐人也,坐盗。"王视晏子曰:"齐人固善盗乎?"晏子避席对曰:"婴闻之,橘生淮南则为橘,生于淮北则为枳,叶徒相似,其实味不同。所以然者何?水土异也。今民生长于齐不盗,入楚则盗,得无楚之水土使民善盗耶?"王笑曰:"圣人非所与熙也,寡人反取病焉。"

田桓子见晏子独立于墙阴,曰:"子何为独立而不忧?何不求四方之学士可者而与坐?"晏子曰:"共立似君子,出言而非也。婴恶得学士之可者而与之坐?且君子之难得也,若美山然,名山既多矣,松柏既茂矣,望之相相然,尽目力不知厌。而世有所美焉,固欲登彼相相之上,仡仡然不知厌。小人者与此异,若部娄之未登,善。登之无蹊,维有楚棘而已。远望无见也,俯就则伤婴,恶能无独立焉?且人何忧,静处远虑,见岁若月,学问不厌,不知老之将至,安用从酒!"

景公禄晏子以平阴与槁邑,反市者十一社。晏子辞曰:"吾君好治宫室,民之力弊矣。又好盘游玩好以饬女子,民之财竭矣。又好兴师,民之死近矣。弊其力,竭其财,近其死,下之疾其上甚矣。此婴之所为不敢受也。"公曰:"是则可矣。虽然,君子独不欲富与贵乎?"晏子曰:"婴闻为人臣者,先君后身,安国而度家,宗君而处身,曷为独不欲富与贵也。"

晏子方食,景公使使者至,分食食之,使者不饱,晏子亦不饱。使者反,言之公。公曰:"嘻!晏子之家,若是其贫也。寡人不知,是寡人之过也。"使吏致千金与市租,请以奉宾客。晏子辞,三致之,终再拜而辞曰:"婴之家不贫。……婴闻之,夫厚取之君而施之民,是臣代君君民也,忠臣不为也。厚取之君,而不施于民,是为筐箧之藏也,仁人不为也。进取于君,退得罪于士,身死而财迁于它人,是为宰藏也,智者不为也。夫十总之布,一豆之食,足于中免矣。"

景公谓晏子曰:"昔吾先君桓公以书社五百封管仲,不辞而受,子辞之何也?"晏子曰:"婴闻之,圣人千虑,必有一失;愚人千虑,必有一得。意者管仲之失,而婴之得者耶?故再拜而不敢受命。"

景公赐晏子邑,晏子辞。田桓子谓晏子曰:"君欢然与子邑,必不受以恨君,何也?"晏子对曰:"婴闻之,节受于上者,宠长于君;俭居处者,名广于外。夫长宠广名,君子之事也。婴独庸能已乎?"

景公欲更晏子之宅,曰:"子之宅近市,湫隘嚣尘,不可以居,请更诸爽垲者。"晏子辞曰："君之先臣容焉，臣不足以嗣之，于臣侈矣。且小人近市，朝夕得所求，小人之利也。敢烦里旅！"公笑曰："子近市，识贵贱乎？"对曰："既窃利之，敢不识乎。"公曰："何贵何贱？"是时也，公繁于刑，有鬻踊者，故对曰："踊贵而屦贱。"公愀然改容。公为是省于刑。君子曰："仁人之言，其利博哉！晏子一言，而齐侯省刑。《诗》曰：'君子如祉，乱庶遄已。'其是之谓乎。"

晏子使晋，景公更其宅，反则成矣。既拜，乃毁之，而为里室，皆如其旧，则使宅人反之。曰："谚曰：'非宅是卜，维邻是卜。'二三子先卜邻矣，违卜不祥。君子不犯非礼，小人不犯不祥，古之制也，吾敢违诸乎？"卒复其旧宅，公弗许。因陈桓子以请，乃许之。

外篇

景公饮酒数日而乐，释衣冠，自鼓缶，谓左右曰："仁人亦乐是夫？"梁丘据对曰："仁人之耳目，亦犹人也，夫奚为独不乐此也？"公曰："趣驾迎晏子。"晏子朝服而至，受觞，再拜。公曰："寡人甚乐此乐，欲与夫子共之，请去礼。"晏子对曰："君之言过矣！群臣皆欲去礼以事君，婴恐君子之不欲也。今齐国五尺之童子，力皆过婴，又能胜君，然而不敢乱者，畏礼义也。……《诗》曰：'人而无礼，胡不遄死。'故礼不可去也。"

景公置酒于泰山之上，酒酣，公四望其地，喟然叹，泣数行而下，曰："寡人将去此堂堂国而死乎。"左右佐哀而泣者三人，曰："臣，细人也，犹将难死，而况公乎。弃是国也而死，其孰可为乎！"晏子独搏其髀，仰天而大笑曰："乐哉，今日之饮也。"公怫然怒曰："寡人有哀，子独大笑，何也？"晏子对曰："今日见怯君一，谀臣三，是以大笑。"公曰："何谓谀怯也？"晏子曰："夫古之有死也，令后世贤者得之以息，不肖者得之以伏。若使古之王者如毋有死，自昔先君太公至今尚在，而君亦安得此国而哀之？夫盛之有衰，生之有死，天之分也。物有必至，事有常然，古之道也。曷为可悲？至老尚哀死者，怯也。左右助哀者，谀也。怯谀聚居，是故笑之。"

景公至自畋，晏子侍于遄台，梁丘据造焉。公曰："维据与我和夫！"晏子对曰："据亦同也，焉得为和？"公曰："和与同异乎？"对曰："异。和如羹焉，水火醯醢盐梅，以烹鱼肉，燀之以薪，宰夫和之，齐之以味，济其不及；以泄其过，君子食之，以平其心。……声亦如味，一气，二体，三类，四物，五声，六律，七音，八风，九歌，以相成也；清浊，大小，短长，疾徐，哀乐，刚柔，迟速，高下，出入，周疏，以相济也。君子听之，以平其心，心平德和。故《诗》曰：'德音不瑕。'今据不然，君所谓可，据亦曰可；君所谓否，据亦曰否。若以水济水，谁能食之？若琴瑟之专一，谁能听之？同之不可也如是。"

景公问晏子曰："治国之患亦有常乎？"对曰："佞人谗夫之在君侧者，好恶良臣，而行与小人，此国之长患也。"

景公与晏子立于曲潢之上，望见齐国，问晏子曰："后世孰将践有齐国者乎？"晏子对曰："非贱臣之所敢议也。"公曰："胡必然也。得者无失，则虞、夏常存矣。"晏子对曰："臣闻见不足以知之者，智也；先言而后当者，惠也。夫智与惠，君子之事，臣奚足以知之乎。虽然，臣请陈其为政。君强臣弱，政之本也。君唱臣和，教之隆也。刑罚在君，民之纪也。今夫田无宇，二世有功于国，而利取分寡，公室兼之，国权专之，君臣易施，而无衰乎。婴闻之，臣富主亡。由是观之，其无宇之后为几。齐国，田氏之国也。婴老，不能待公之事，公若即世，政不在公室。"

晏子聘于吴，吴王问："君子之行何如？"晏子对曰："君顺怀之，政治归之。不怀暴君之禄，不居乱国之位。君子见兆则退，不与乱国俱灭，不与暴君偕亡。"

晏子使吴，吴王曰："寡人得寄僻陋蛮夷之乡，希见教君子之行，请私而无为罪。"晏子蹴然辟位。

晏子治东阿，三年，景公召而数之曰："吾以子为可，而使子治东阿。

今子治而乱,子退而自察也,寡人将加大诛于子。"晏子对曰:"臣请改道易行而治东阿三年,不治,臣请死之。"景公许之。于是明年上计,景公迎而贺之曰:"甚善矣,子之治东阿也。"晏子对曰:"前臣之治东阿也,属托不行,货赂不至,陂池之鱼,以利贫民。当此之时,民无饥,君反以罪臣。今臣后之东阿也,属托行,货赂至,并重赋敛,仓库少内,便事左右,陂池之鱼,入于权宗。当此之时,饥者过半矣,君乃反迎而贺。臣愚,不能复治东阿,愿乞骸骨,避贤者之路。"

公召晏子而告之,曰:"寡人问太卜曰:'汝之道何能?'对曰:'能动地。'地可动乎?"晏子默然不对。出,见太卜曰:"昔吾见钩星在四心之间,地其动乎?"太卜曰:"然。"晏子曰:"吾言之,恐子之死也。默然不对,恐君之惶也。子言,君臣俱得焉。忠于君者,岂必伤人哉。"晏子出,太史走入见公,曰:"臣非能动地,地固将动也。"陈子阳闻之,曰:"晏子默而不对者,不欲太卜之死也;往见太卜者,恐君之惶也。晏子,仁人也,可谓忠上而惠下也。"

晏子使高纠治家,三年而辞焉。傧者谏曰:"高纠之事夫子三年,曾无以爵位而逐之,敢请其罪。"晏子曰:"若夫方立之人,维圣人而已。如婴者,仄陋之人也。若夫左婴右婴之人不举,四维将不正。今此子事吾三年,未尝弼吾过也。吾是以辞之。"

景公谓晏子曰:"昔吾先君桓公,予管仲狐与谷,其县十七,著之于帛,申之以策,通之诸侯,以为其子孙赏邑。寡人不足以辱而先君,今为夫子赏邑,通之子孙。"晏子辞曰:"昔圣王论功而赏贤,贤者得之,不肖者失之,御德修礼,无有荒怠。今事君而免于罪者,其子孙奚宜与焉?若为齐国大夫者必有赏邑,则齐君何以共其社稷与诸侯币帛?婴请辞。"遂不受。

仲尼曰:"灵公污,晏子事之以整齐;庄公壮,晏子事之以宣武;景公奢,晏子事之以恭俭:君子也!相三君而善不通下,晏子细人也。"晏子闻之,见仲尼曰:"婴闻君子有讥于婴,是以来见。如婴者,岂能以道食人者哉!

婴之宗族待婴而祀其先人者数百家，与齐国之闲士待婴而举火者数百家，臣为此仕者也。如臣者，岂能以道食人者哉！"晏子出，仲尼送之以宾客之礼，再拜其辱。反，命门弟子曰："救民之姓而不夸，行补三君而不有，晏子果君子也。"

景公上路寝，闻哭声。曰："吾若闻哭声，何为者也？"梁丘据对曰："鲁孔丘之徒鞠语者也。明于礼乐，审于服丧。其母死，葬埋甚厚，服丧三年，哭泣甚疾。"公曰："岂不可哉！"而色说之。晏子曰："古者圣人，非不知能繁登降之礼，制规矩之节，行表缀之数以教民，以为烦人留日，故制礼不羡于便事；非不知能扬干戚钟鼓竽瑟以劝众也，以为费财留工，故制乐不羡于和民；非不知能累世殚国以奉死，哭泣处哀以持久也，而不为者，知其无补死者而深害生者，故不以导民。今品人饰礼烦事，羡乐淫民，崇死以害生，三者，圣王之所禁也。贤人不用，德毁俗流，故三邪得行于世。是非贤不肖杂，上妄说邪，故好恶不足以导众。此三者，路世之政，单事之教也。公曷为不察，声受而色说之。"

仲尼之齐，见景公而不见晏子。子贡曰："见君不见其从政者，可乎？"仲尼曰："吾闻晏子事三君而顺焉，吾疑其为人。"晏子闻之，曰："婴则齐之世民也，不维其行，不识其过，不能自立也。婴闻之，有幸见爱，无幸见恶，诽誉为类，声响相应，见行而从之者也。婴闻之，以一心事三君者，所以顺焉。以三心事一君者，不顺焉。今未见婴之行，而非其顺也？婴闻之，君子独立不惭于影，独寝不惭于魂。"

仲尼闻之，曰："语有之：言发于尔，不可止于远也；行存于身，不可掩于众也。吾窃议晏子而不中夫人之过，吾罪几矣！丘闻君子过人以为友，不及人以为师。今丘失言于夫子，讥之，是吾师也。"

景公出田，寒，故以为浑，犹顾而问晏子曰："若人之众，则有孔子焉乎？"晏子对曰："有孔子焉则无有，若舜焉则婴不识。"公曰："孔子之不逮舜为间矣，曷为'有孔子焉则无，有若舜焉则婴不识'？"晏子对曰：

"是乃孔子之所以不逮舜。孔子行一节者也,处民之中,其过之识,况乎处君之中乎!舜者处民之中,则自齐乎士;处君子之中,则齐乎君子;上与圣人,则固圣人之林也。此乃孔子之所以不逮舜也。"

仲尼相鲁,景公患之,谓晏子曰:"邻国有圣人,敌国之忧也。今孔子相鲁若何?"晏子对曰:"君其勿忧。彼鲁君,弱主也;孔子,圣相也。君不如阴重孔子,设以相齐,孔子强谏而不听,必骄鲁而有齐,君勿纳也。夫绝于鲁,无主于齐,孔子困矣。"

景公游于牛山,少乐。公曰:"请晏子一愿。"晏子对曰:"不,婴何愿?"公曰:"晏子一愿。"对曰:"臣愿有君而见畏,有妻而见归,有子而可遗。"公曰:"善乎,晏子之愿也。载一愿。"晏子对曰:"臣愿有君而明,有妻而材,家不贫,有良邻。有君而明,日顺婴之行;有妻而材,则使婴不忘;家不贫,则不愠朋友所识;有良邻,则日见君子:婴之愿也。"

庄公阖门而图莒,国人以为有乱也,皆操长兵而立于衢间。公召睢休相而问曰:"寡人阖门而图莒,国人以为有乱,皆操长兵而立于衢间,奈何?"休相对曰:"诚无乱,而国以为有,则仁人不存。请令于国,言晏子之在也。"公曰:"诺。"以令于国:"孰谓国有乱者,晏子在焉。"然后皆散兵而归。君子曰:"夫行不可不务也。晏子存而民心安,此非一日之所为也,所以见于前信于后者。是以晏子立人臣之位,而安万民之心。"

晏子没十有七年,景公饮诸大夫酒。公射,出质,堂上唱善,若出一口。公作色太息,播弓矢。弦章入,公曰:"章!自晏子没后,不复闻不善之事。"弦章对曰:"君好之,则臣服之;君嗜之,则臣食之。尺蠖食黄则黄,食苍则苍是也。"公曰:"善。吾不食谄人以言也。"以鱼五十乘赐弦章。章归,鱼车塞涂,抚其御之手,曰:"昔者晏子辞党以正君,故过失不掩之。今诸臣谀以干利,吾若受鱼,是反晏子之义,而顺谄谀之欲。"固辞鱼不受。君子曰:"弦章之廉,晏子之遗行也。"

吕氏春秋

《吕氏春秋》简介

《吕氏春秋》是秦相吕不韦及其门人集体编纂，成书于秦王政八年（前239）。全书共二十六卷，分十二纪、八览、六论三大部分，纲举目张，条理分明。因书中有"八览"，故别称《吕览》。"十二纪"按四季、十二个月份排列，每一纪有纪首一篇、论文四篇，最末又有《序意》一篇。"八览"各览有论文八篇（《有始览》缺一篇）。"六论"每论有六篇。全书计有子篇一百六十，总二十余万言。

先秦时代百家并起，各有著作，一般先具篇章，历经数代之后于秦汉时期再形成整书。《吕氏春秋》则可谓我国最早的有形式系统的私人著述。然而，草创之始，形制未备，因而在书志学的分类上存在分歧：此书虽然在形式上具有严密系统，但因内容成于众手，各记所闻，在思想上并不统一。《四库全书总目》谓其"大抵以儒为主而参以道家、墨家"。除显学之外，战国时代流行的名、法、农、阴阳等诸家言论亦多有采择，可谓熔诸子百家学说为一炉。因此，历代书志一般习惯上将其归于子部杂家。但是，此书自名"春秋"，《史记·吕不韦列传》云："以为备天地万物古今之事，号曰《吕氏春秋》。"似亦可以史乘视之，故许维遹《集释》序即曰："此书虽非子部之要籍，而实乃史家之宝库也。"同时，《吕氏春秋》

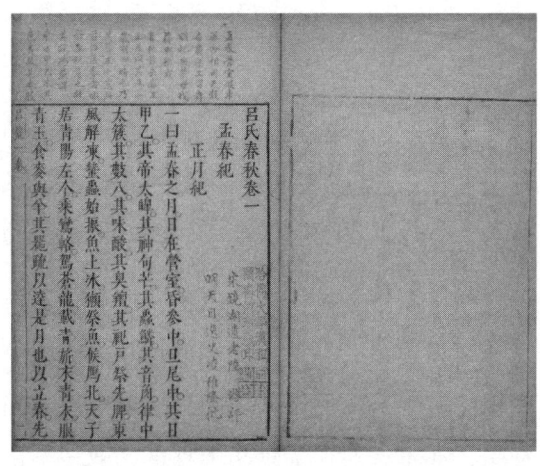

《吕氏春秋》书影（明万历四十八年吴兴凌氏刊朱墨套印本）

具有博采并包的综合性特点,也是中国古代类书的起源,现代学者可以从不同的角度切入对其展开研究,不断挖掘它的丰富内涵。

《吕氏春秋》旧有东汉高诱注,清儒注本中以毕沅《吕氏春秋新校正》最为著名,当代较通行的注本有许维遹《吕氏春秋集释》、陈奇猷《吕氏春秋校释》、王利器《吕氏春秋注疏》、王晓明《吕氏春秋通诠》等。

《吕氏春秋》中的"君子"

中国的"君子"形象产生较早,西周至春秋时期的文献中,"君子"与"小人"的两分,最初只是对不同社会阶级的笼统划分。居于社会中上层的"君子"往往占有更为丰富的社会资源,有机会接受良好的贵族教育,久而久之,"君子""小人"之分便引申出道德素质的高下之别。一些符合贵族身份的具体的道德行为逐渐集聚并人格化,形成道德意义上的"君子"。

作为道德标准的"君子"思想是根据社会习惯自然形成的,葛兆光先生在《中国思想史》中指出:"在精英和经典的思想与普通的社会和生活之间,还有一个'一般知识、思想与信仰的世界',而这个知识、思想与信仰世界的延续,也构成一个思想的历史过程。""真正在社会生活中延续并直接起作用的,却常常不是那些高明的思想,而是一般性的普遍性的知识与思想。"在先秦的历史条件下,"君子"思想正是这样的具有普遍性的社会共识,在战国末期这一共识早已深入人心,同时,随着社会流动的增大,"士"已成为一个社会阶层,在一些情况下"君子"可以视作"士"的代名词。从《吕氏春秋》这样的"杂家"作品来看,虽然书中以儒为主,兼涉诸家,但在对道德化"君子"形象的认知上则呈现出难得的一致性,形成了一套围绕"君子"的话语共识:其中既有对古籍、故事中涉及"君子"内容的征引,亦不乏对作为理想人格的"君子"的具体形象、品德、行为的正面论述,并通过与"小人"的对比突显君子的人格。从中可以看出《吕氏春秋》中的君子思想主要受儒道两家的影响。

对于君子的形象,《士容》中有具体的描写:"故君子之容,纯乎其若钟山之玉,桔乎其若陵上之木。淳淳乎慎谨畏化而不肯自足,乾乾乎取舍不悦而心甚素朴。"古人所谓的"容"当然可以指仪容、容貌,但更准确地说是由内而外的精神状态和气质,而并不侧重于外在的装扮和修饰,后者一般称"貌",故有"容言其内,貌言其外"之说。所以有客来见田骈,其人"被服中法,进退中度,趋翔闲雅,辞令逊敏",然而田骈却认为他徒有其表,算不上是"士","士"也就是君子,"君子之容"应该是纯粹、正直、谨慎、自谦、朴素的。田骈是稷下道家学派的中坚人物,因此,这里所描述的君子形象接近于道家的理想人格。

《察贤》中所提到的"君子"同样受道家思想的影响:"宓子则君子矣,逸四肢,全耳目,平心气,而百官以治义矣,任其数而已矣。巫马期则不然,弊生事精,劳手足,烦教诏,虽治犹未至也。"宓子贱对巫马期说:"我之谓任人,子之谓任力。任力者故劳,任人者故逸。"这里的"君子"应该是指在位的大夫,之所以能无为而治,其术在于使百官各司其职,而巫马期则事必躬亲,故劳而无功。

作为"士"的君子要对政治发生影响,需要通过言说和论辩,他们在言论上体现着谨慎的特点。《怀宠》中谈到士君子的言说议论及其产生的作用:"凡君子之说也,非苟辨也;士之议也,非苟语也。必中理然后说,必当义然后议。故说义而王公大人益好理矣,士民黔首益行义矣。"士君子绝不苟且、随便地发议论,言说必符合"理""义",故其言辞会带来积极的影响,王公贵族乐于接受君子的说教,老百姓则更懂得遵行道义。《正名》中提到君子的言论是为预期目的服务的,不应超过适宜的限度,特别要力戒浮夸失实:"故君子之说也,足以言贤者之实、不肖者之充而已矣,足以喻治之所悖、乱之所由起而已矣,足以知物之情、人之所获以生而已矣。"超过限度、浮夸失实就是"淫说","说淫则可不可而然不然,是不是而非不非",所以"至治之务,在于正名","名正则治,名丧则乱"。这里的"名"应该看作伦理学、政治学意义上的"名",阐述的是言论和政治的关系,重点在说明君子的言论对于政治的影响。

"君子"不但在言说上能把握适宜的度,而且在行事上更懂得反省自己,由此造就了"慎谨畏化"的性格。《贵当》云:"汤、武修其行而天下从,桀、纣慢其行而天下畔……君子审在己者而已矣。"这便是孔子所谓的"君子求诸己"。《遇合》云:"故君子不处幸,不为苟,必审诸己然后任,任然后动。"君子不心存侥幸,不苟且随便,任事之前必慎重考虑,对自己做一番分析,然后决定能否担此重任,从中可见君子既具政治智慧又对自我要求严格。不过,在举荐别人时,要求的标准就降低了。《举难》云:"故君子责人则以人,自责则以义。责人以人则易足,易足则得人。自责以义则难为非,难为非则行饰,故任天地而有余。"君子用来要求别人的标准较低,要求自己的标准很高,这体现了君子"不肯自足"的性格。从另一个角度也可以说,君子"依自不依他",尽其在己而不苟责于人。《必己》云:"君子之自行也,敬人而不必见敬,爱人而不必见爱。敬爱人者,己也;见敬爱者,人也。君子必在己者,不必在人者也。必在己,无不遇矣。"这和孟子所谓的"行有不得,反求诸己"很接近,可以看出较为鲜明的儒家思想的印记。

《音初》篇末有一长段对于音乐和乐教的论述,其中有不少语句略同于《礼记·乐记》,很可能是引用之文。其文曰:"凡音者,产乎人心者也。感于心则荡乎音,音成于外而化乎内。是故闻其声而知其风,察其风而知其志,观其志而知其德。盛衰、贤不肖、君子小人皆形于乐,不可隐匿,故曰乐之为观也深矣。"透过音乐可以观人心,兴盛与衰亡、贤明与不肖、君子与小人都会在音乐中表现出来。这其实就是儒家以乐观风的传统,即《礼记·乐记》所谓"治世之音安以乐,其政和;乱世之音怨以怒,其政乖;亡国之音哀以思,其民困:声音之道,与政通矣"。《音初》又云:"故君子反道以修德，正德以出乐，和乐以成顺。乐和而民乡方矣。"这和《乐记》所云"是故君子反情以和其志，广乐以成其教，乐行而民乡方，可以观德矣"很接近，说明的正是儒家的乐教思想。

关于人生际遇"君子穷通"的观念也反映了儒家的思想。《高义》云："君子之自行也，动必缘义，行必诚义，俗虽谓之穷，通也。行不诚义，动不缘义，俗虽谓之通，穷也。然则君子之穷通，有异乎俗者也。"君子的行事标准是"义"，个人际遇的穷通在他们看来并不重要。《慎人》中对于孔子在周游列国途中的遭际，子路与子贡感到羞耻，子贡称"如此者，可谓穷矣"，但孔子不以为然，他说："君子达于道之谓达，穷于道之谓穷。"认为君子即使在困厄之中，对于厚禄也不苟取。《高义》云："孔子见齐景公，景公致廪丘以为养，孔子辞不受，入谓弟子曰：'吾闻君子当功以受禄。今说景公，景公未之行而赐之廪丘，其不知丘亦甚矣。'"君子对于骗取富贵的行径更是嗤之以鼻。《务本》云："今功伐甚薄而所望厚，诬也；无功伐而求荣富，诈也，诈诬之道，君子不由。"孔子曾说"君子喻于义，小人喻于利"，这是君子与小人的重要区别，《慎行》云："君子计行虑义，小人计行其利，乃不利。有知不利之利者，则可与言理矣。"君子把道义摆在前，而小人则把利益放在先。

最后，《吕氏春秋》中的儒家伦理道德集中体现于君子的尊师敬贤。《期贤》篇中叙述"魏文侯过段干木之闾而轼之"，使秦君不敢加兵于魏，由此称魏文侯"善用兵"，云："君子之用兵，莫见其形，其功已成，其此之谓也？野人之用兵也，鼓声则似雷，号呼则动地，尘气充天，流矢如雨，扶伤舆死，履肠涉血，无罪之民其死者量于泽矣，而国之存亡、主之死生犹不可知也。其离仁义亦远矣！"段干木是魏国的贤者，魏文侯经过他的居处里巷，手扶车轼而表示敬意。魏文侯的这个具有象征意义的小小举动，在无形中起到的作用胜过千军万马。这里的"君子"主要是指君主，礼贤下士是有为的君主应有的品德。与敬贤同样重要的是尊师，《劝学》云："故为师之务，在于胜理，在于行义。理胜义立则位尊矣，王公大人弗敢骄也，上至于天子，朝之而不惭。"认为即使是处于高位的天子和王公大人，也须折节尊师。此篇和《尊师》篇为儒家者流所作。儒家推崇师道尊严，《劝学》云"事师之犹事父也"，一方面，正如《礼记·学记》所言"师严然后道尊，道尊然后民知敬学"，师为传道者，尊师就是尊道，亦即尊崇学问，另一方面，学生懂得尊敬老师，老师则尽心教学生，从而形成良好的循环，如《劝学》云："颜回之于孔子也，犹曾参之事父也。古之贤者与其尊师若此，故师尽智竭道以教。"《尊师》还特别提出，君子应该发扬光大老师的学说，而不能背叛自己的老师："君子之学也，说义必称师以论道，听从必尽力以光明。听从不尽力，命之曰背，说义不称师，命之曰叛，背叛之人，贤主弗内之于朝，君子不与交友。"于此可见儒家对于师承的重视，这是其思想学说绵延不断的重要原因。

现实启示

春秋战国是诸子百家争鸣的时代，也是"君子"的人格形象逐渐形成、道德内涵逐渐深化的时期。在这个过程中，儒家对于"君子"的内涵与外延的建构起到了核心作用，儒家特别是孔子在后世的地位以及儒家经典对于后世的影响是其中的主要原因。因此，我们今天提到"君子"，在很大程度上指的是儒家君子。但同时，我们也应该看到，除了儒家之外，先秦诸子各家对"君子"形象和内涵的确立和完善也都有贡献，可以说"君子"形象是先秦诸子集体塑造的，我们今天解读和诠释"君子"的内涵，应该把诸子各家有价值的观点都纳入视野之中，从而使"君子"的形象更为多元、立体和丰富。

这里以前文已经提及的一些观点为例。比如，墨家的君子观在一定程度上受成员出身的影响，墨家的君子对下层人民有较深的了解和同情，他们提倡"节用"，亲自参加生产劳动，为百姓作出表率，同时，相较于理论的学习，他们更重视具体的实践，认为"士虽有学，而行为本焉"。与儒家君子相对照，墨家的君子在勇毅、无私、奋不顾身方面似乎更胜一筹，他们的自信似乎更为坚定，表现在"自难而易彼"，亦即待己严苛、待人宽容，表现在无论顺逆、进退都能不改其志、心无怨言，他们为了国家的安危可以不计个人的得失。

又如，道家在君子观方面与儒家有较大的差异，在他们理想的人格序列中，儒家君子，也就是世俗的君子，排在较为靠后的位置。不过，道家有自己理想中的君子形象，《庄子》中说"君子不得已而临莅天下，莫若无为"，这里的"君子"是指君王，"无为"亦即顺其自然，这是道家君子的理想状态，做到了"无为"，才能"安其性命之情"。具体来说，君子应该"无解其五藏，无擢其聪明，尸居而龙见，渊默而雷声，神动而天随"，即安居不动但又神采奕奕，沉静缄默却能感人深切，精神的活动合于自然，君子的"从容无为"犹如和煦的春阳，在它的照射之下，万物的繁殖如炊气层累而升。君子的"从容无为"也体现在与他人的交往中，所谓"君子之交淡若水，小人之交甘若醴。君子淡以亲，小人甘以绝"，这里的"君子"可以理解为不为利益所动之人，君子之间的交往不是为了利益，而是关注志趣的相投和心灵的沟通，因此，这种友谊是纯粹精神层面的交流，不会被外界物质干扰，从世俗角度看，似乎淡泊无味，但这种心灵的相互吸引、精神的相互靠近，往往能够长久持续。

再如，晏子提倡节俭，他心目中的"君子之道"有一个重要的标准，就是所谓的"啬"，"啬"与"吝""爱"不同，不是吝啬、小气和贪财，而是"称财多寡而节用之，富无金藏，贫不假贷"，也就是量入为出，恰当地使用财富，让每一分钱都发挥它的作用，在他所理想中的社会中，富人将多余的财产施舍出去，用于公益，穷人则有生活的保障而不必借贷过日。另外，《晏子春秋》中还描写了一类很特别的"君子"："有所谓君子者，能不足以补上，退处不顺上，治唐园，考菲履，共恤上令，弟长乡里，不夸言，不愧行，君子也。"他们自认为身无才能，不足以任官，而退处乡里，平日里做些整理菜圃、编织草鞋之类的事情，遵纪守法，孝亲悌长，言不夸张，行不怪异，洁身自好，晏子亦许之为"君子"。这类君子与儒家君子显然有很大的差别，由此也可见先秦时期的"君子"具有多元性，人的天分、禀赋、才能、个性各不相同，今天我们提倡君子精神，也应该承认这种多元性。

最后，我们说诸子集体塑造了先秦君子的形象，在诸子的著作中有不少对君子形象的具体生动的描述和深刻集中的概括，如前所述，比如《晏子春秋》中晏子对"君子大义"的阐述，又如《吕氏春秋》中对"君子之容"的描写，等等。这些叙述使我们在两千多年之后依然可以想见先秦君子的凛凛生气。

总之，先秦不同学派对于"君子"的认知有共同之处，也有所区别，甚至相互矛盾，但正是由于诸子各家的关注、讨论、阐释乃至争辩，使得"君子"获得了如此丰富的内涵，并最终成为中国人独特的文化标识，成为中国文化的集体人格。

资料摘编

本生

今有声于此，耳听之必慊己，听之则使人聋，必弗听。有色于此，目视之必慊己，视之则使人盲，必弗视。有味于此，口食之必慊己，食之则使人瘖，必弗食。是故圣人之于声色滋味也，利于性则取之，害于性则舍之，此全性之道也。

万人操弓，共射其一招，招无不中。万物章章，以害一生，生无不伤；以便一生，生无不长。故圣人之制万物也，以全其天也。天全则神和矣，目明矣，耳聪矣，鼻臭矣，口敏矣，三百六十节皆通利矣。若此人者，不言而信，不谋而当，不虑而得，精通乎天地，神覆乎宇宙；其于物无不受也，无不裹也，若天地然；上为天子而不骄，下为匹夫而不惛，此之谓全德之人。

重己
使乌获疾引牛尾，尾绝力勯而牛不可行，逆也。使五尺竖子引其棬，而牛恣所以之，顺也。世之人主贵人，无贤不肖，莫不欲长生久视，而日逆其生，欲之何益？凡生之长也顺之也，使生不顺者欲也，故圣人必先适欲。

去私
庖人调和而弗敢食，故可以为庖。若使庖人调和而食之，则不可以为庖矣。王伯之君亦然，诛暴而不私，以封天下之贤者，故可以为王伯。若使王伯之君诛暴而私之，则亦不可以为王伯矣。

贵生
圣人深虑天下，莫贵于生。夫耳目鼻口，生之役也。耳虽欲声，目虽欲色，鼻虽欲芬香，口虽欲滋味，害于生则止。在四官者不欲，利于生者则弗为。由此观之，耳目鼻口不得擅行，必有所制。譬之若官职不得擅为，必有所制。此贵生之术也。

鲁君闻颜阖得道之人也，使人以币先焉。颜阖守闾，鹿布之衣，而自饭牛。鲁君之使者至，颜阖自对之。使者曰："此颜阖之家邪？"颜阖对曰："此阖之家也。"使者致币，颜阖对曰："恐听缪而遗使者罪，不若审之。"使者还反审之，复来求之，则不得已。故若颜阖者，非恶富贵也，由重生恶之也。世之人主多以富贵骄得道之人，其不相知，岂不悲哉！故曰：道之真以持身，其绪余以为国家，其土苴以治天下。由此观之，帝王之功，圣人之余事也，非所以完身养生之道也。

今世俗之君子,危身弃生以徇物,彼且奚以此之也？彼且奚以此为也？凡圣人之动作也,必察其所以之与其所以为。今有人于此,以随侯之珠弹千仞之雀,世必笑之。是何也？所用重,所要轻也。夫生岂特随侯珠之重也哉！

情欲

天生人而使有贪有欲。欲有情,情有节,圣人修节以止欲,故不过行其情也。故耳之欲五声,目之欲五色,口之欲五味,情也。此三者,贵贱愚智贤不肖欲之若一,虽神农、黄帝其与桀、纣同。圣人之所以异者,得其情也。由贵生动则得其情矣,不由贵生动则失其情矣。此二者,死生存亡之本也。

功名

大寒既至,民暖是利。大热在上,民清是走。是故民无常处,见利之聚,无之去。欲为天子,民之所走,不可不察。今之世,至寒矣,至热矣,而民无走者,取则行钧也。欲为天子,所以示民,不可不异也。行不异,乱虽信今,民犹无走。民无走,则王者废矣,暴君幸矣,民绝望矣。故当今之世,有仁人在焉,不可而不此务；有贤主,不可而不此事。

三月纪

是月也,生气方盛,阳气发泄,生者毕出,萌者尽达,不可以内。天子布德行惠,命有司发仓窌,赐贫穷,振乏绝,开府库,出币帛,周天下,勉诸侯,聘名士,礼贤者。

尽数

天生阴阳寒暑燥湿,四时之化,万物之变,莫不为利,莫不为害。圣人察阴阳之宜，辨万物之利以便生，故精神安乎形，而年寿得长焉。长也者，非短而续之也，毕其数也。毕数之务，在乎去害。何谓去害？大甘、大酸、大苦、大辛、大咸，五者充形则生害矣。大喜、大怒、大忧、大恐、大哀，五者接神则生害矣。大寒、大热、大燥、大湿、大风、大霖、大雾，七者动精则生害矣。故凡养生，莫若知本，知本则疾无由至矣。

精气之集也，必有入也。集于羽鸟与为飞扬，集于走兽与为流行，集于珠玉与为精朗，集于树木与为茂长，集于圣人与为复明。精气之来也，因轻而扬之，因走而行之，因美而良之，因长而养之，因智而明之。

先己

《诗》曰："淑人君子，其仪不忒。其仪不忒，正是四国。"言正诸身也。故反其道而身善矣；行义则人善矣；乐备君道而百官已治矣，万民已利矣。三者之成也，在于无为。无为之道曰胜天，义曰利身，君曰勿身。勿身督听，利身平静，胜天顺性。顺性则聪明寿长，平静则业进乐乡，督听则奸塞不皇。

《诗》曰："执辔如组。"孔子曰："审此言也可以为天下。"子贡曰："何其躁也？"孔子曰："非谓其躁也，谓其为之于此而成文于彼也。"圣人组修其身而成文于天下矣，故子华子曰："丘陵成而穴者安矣，大水深渊成而鱼鳖安矣，松柏成而涂之人已荫矣。"

论人

主道约，君守近。太上反诸己，其次求诸人。其索之弥远者，其推之弥疏。其求之弥强者，失之弥远。何谓反诸己也？适耳目，节嗜欲，释智谋，去巧故，而游意乎无穷之次，事心乎自然之涂，若此则无以害其天矣。无以害其天则知精，知精则知神，知神之谓得一。凡彼万形，得一后成。……故知知一则可动作当务，与时周旋，不可极也。举错以数，取与遵理，不可惑也。言无遗者，集肌肤，不可革也。逸人困穷，贤者遂兴，不可匿也。

故知知一则若天地然,则何事之不胜,何物之不应!譬之若御者,反诸己则车轻马利,致远复食而不倦。

圜道

先王之立高官也,必使之方。方则分定,分定则下不相隐。尧、舜,贤主也,皆以贤者为后,不肯与其子孙,犹若立官必使之方。今世之人主皆欲世勿失矣,而与其子孙,立官不能使之方,以私欲乱之也。何哉?其所欲者之远,而所知者之近也。今五音之无不应也,其分审也。宫、徵、商、羽、角各处其处,音皆调均,不可以相违,此所以不受也。贤主之立官有似于此,百官各处其职、治其事以待主,主无不安矣。以此治国,国无不利矣。以此备患,患无由至矣。

劝学

曾子曰:"君子行于道路,其有父者可知也,其有师者可知也。夫无父而无师者,余若夫何哉!"此言事师之犹事父也。曾点使曾参,过期而不至,人皆见曾点曰:"无乃畏邪?"曾点曰:"彼虽畏,我存,夫安敢畏?"孔子畏于匡,颜渊后,孔子曰:"吾以汝为死矣。"颜渊曰:"子在,回何敢死?"颜回之于孔子也,犹曾参之事父也。古之贤者与其尊师若此,故师尽智竭道以教。

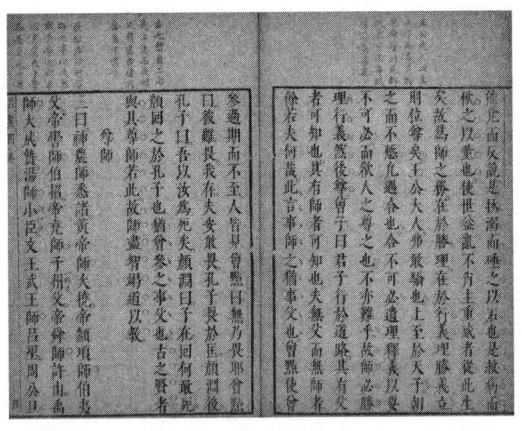

《吕氏春秋》(明万历四十八年吴兴凌氏刊朱墨套印本)

尊师

神农师悉诸，黄帝师大挠，帝颛顼师伯夷父，帝喾师伯招，帝尧师子州支父，帝舜师许由，禹师大成贽，汤师小臣，文王、武王师吕望、周公旦，齐桓公师管夷吾，晋文公师咎犯、随会，秦穆公师百里奚、公孙枝，楚庄王师孙叔敖、沈尹巫，吴王阖闾师伍子胥、文之仪，越王句践师范蠡、大夫种。此十圣人、六贤者，未有不尊师者也。今尊不至于帝，智不至于圣，而欲无尊师，奚由至哉？此五帝之所以绝，三代之所以灭。

君子之学也，说义必称师以论道，听从必尽力以光明。听从不尽力，命之曰背，说义不称师，命之曰叛，背叛之人，贤主弗内之于朝，君子不与交友。故教也者，义之大者也；学也者，知之盛者也。义之大者莫大于利人，利人莫大于教。知之盛者莫大于成身，成身莫大于学。身成，则为人子弗使而孝矣，为人臣弗令而忠矣，为人君弗强而平矣，有大势可以为天下正矣。

诬徒

达师之教也，使弟子安焉，乐焉，休焉，游焉，肃焉，严焉。此六者得于学，则邪辟之道塞矣，理义之术胜矣。此六者不得于学，则君不能令于臣，父不能令于子，师不能令于徒。人之情，不能乐其所不安，不能得于其所不乐。为之而乐矣，奚待贤者，虽不肖者犹若劝之。为之而苦矣，奚待不肖者，虽贤者犹不能久。反诸人情，则得所以劝学矣。子华子曰："王者乐其所以王，亡者亦乐其所以亡，故烹兽不足以尽兽，嗜其脯则几矣。"然则王者有嗜乎理义也，亡者亦有嗜乎暴慢也，所嗜不同，故其祸福亦不同。

用众

无丑不能，无恶不知。丑不能、恶不知，病矣。不丑不能，不恶不知，尚矣。虽桀、纣犹有可畏可取者，而况于贤者乎！

五月纪

是月也,日长至,阴阳争,死生分。君子斋戒,处必掩,身欲静,无躁,止声色,无或进,薄滋味,无致和,退嗜欲,定心气,百官静,事无刑,以定晏阴之所成。鹿角解,蝉始鸣,半夏生,木堇荣。

大乐

大乐,君臣父子长少之所欢欣而说也。欢欣生于平,平生于道。道也者,视之不见,听之不闻,不可为状。有知不见之见、不闻之闻、无状之状者,则几于知之矣。道也者,至精也,不可为形,不可为名,强为之谓之太一。故一也者制令,两也者从听。先圣择两法一,是以知万物之情。故能以一听政者,乐君臣,和远近,说黔首,合宗亲。能以一治其身者,免于灾,终其寿,全其天。能以一治其国者,奸邪去,贤者至,成大化。能以一治天下者,寒暑适,风雨时,为圣人。故知一则明,明两则狂。

古乐

乐所由来者尚也,必不可废。有节有侈,有正有淫矣。贤者以昌,不肖者以亡。

音初

凡音者,产乎人心者也。感于心则荡乎音,音成于外而化乎内,是故闻其声而知其风,察其风而知其志,观其志而知其德。盛衰、贤不肖、君子小人皆形于乐,不可隐匿,故曰乐之为观也深矣。土弊则草木不长,水烦则鱼鳖不大,世浊则礼烦而乐淫。郑、卫之声,桑间之音,此乱国之所好,衰德之所说。流辟诐越慆滥之音出,则滔荡之气、邪慢之心感矣,感则百奸众辟从此产矣。故君子反道以修德,正德以出乐,和乐以成顺。乐和而民乡方矣。

怀宠

凡君子之说也，非苟辨也，士之议也，非苟语也，必中理然后说，必当义然后议。故说义而王公大人益好理矣，士民黔首益行义矣。义理之道彰，则暴虐奸诈侵夺之术息也。

爱士

昔者，秦缪公乘马而车为败，右服失而野人取之。缪公自往求之，见野人方将食之于岐山之阳。缪公叹曰："食骏马之肉而不还饮酒，余恐其伤女也。"于是遍饮而去。处一年，为韩原之战，晋人已环缪公之车矣，晋梁由靡已扣缪公之左骖矣，晋惠公之右路石奋投而击缪公之甲，中之者已六札矣。野人之尝食马肉于岐山之阳者三百有余人，毕力为缪公疾斗于车下，遂大克晋，反获惠公以归。此《诗》之所谓曰"君君子则正，以行其德；君贱人则宽，以尽其力"者也。人主其胡可以无务行德爱人乎？行德爱人则民亲其上，民亲其上则皆乐为其君死矣。

精通

钟子期夜闻击磬者而悲，使人召而问之曰："子何击磬之悲也？"答曰："臣之父不幸而杀人，不得生；臣之母得生，而为公家为酒；臣之身得生，而为公家击磬。臣不睹臣之母三年矣。昔为舍氏睹臣之母，量所以赎之则无有，而身固公家之财也，是故悲也。"钟子期叹嗟曰："悲夫，悲夫！心非臂也，臂非椎非石也。悲存乎心而木石应之，故君子诚乎此而谕乎彼，感乎己而发乎人，岂必强说乎哉！"

异用

古之人贵能射也，以长幼养老也。今之人贵能射也，以攻战侵夺也。其细者以劫弱暴寡也，以遏夺为务也。仁人之得饴，以养疾侍老也。跖与企足得饴，以开闭取楗也。

十一月纪

是月也，日短至。阴阳争，诸生荡。君子斋戒，处必弇，身欲宁，去声色，禁嗜欲，安形性，事欲静，以待阴阳之所定。芸始生，荔挺出，蚯蚓结，麋角解，水泉动。日短至则伐林木，取竹箭。

有始

天地万物，一人之身也，此之谓大同。众耳目鼻口也，众五谷寒暑也，此之谓众异，则万物备也。天斟万物，圣人览焉，以观其类。

谨听

名不徒立，功不自成，国不虚存，必有贤者。贤者之道，牟而难知，妙而难见。故见贤者而不耸，则不惕于心，不惕于心，则知之不深。不深知贤者之所言，不祥莫大焉。

主贤世治，则贤者在上，主不肖世乱，则贤者在下。

务本

今有人于此，修身会计则可耻，临财物资尽则为己，若此而富者，非盗则无所取。故荣富非自至也，缘功伐也。今功伐甚薄而所望厚，诬也；无功伐而求荣富，诈也，诈诬之道，君子不由。

孝行

乐正子春下堂而伤足，瘳而数月不出，犹有忧色。门人问之曰："夫子下堂而伤足，瘳而数月不出，犹有忧色，敢问其故？"乐正子春曰："善乎而问之。吾闻之曾子，曾子闻之仲尼：父母全而生之，子全而归之，不亏其身，不损其形，可谓孝矣。君子无行咫步而忘之。余忘孝道，是以忧。"故曰，身者，非其私有也，严亲之遗躬也。

民之本教曰孝，其行孝曰养。养可能也，敬为难。敬可能也，安为难。安可能也，卒为难。父母既没，敬行其身，无遗父母恶名，可谓能终矣。仁者仁此者也，礼者履此者也，义者宜此者也，信者信此者也，强者强此者也。乐自顺此生也，刑自逆此作也。

本味

汤闻伊尹，使人请之有侁氏。有侁氏不可。伊尹亦欲归汤。汤于是请取妇为婚。有侁氏喜，以伊尹媵女。故贤主之求有道之士无不以也，有道之士求贤主无不行也，相得然后乐。不谋而亲，不约而信，相为殚智竭力，犯危行苦，志欢乐之，此功名所以大成也。固不独。士有孤而自恃，人主有奋而好独者，则名号必废熄，社稷必危殆。故黄帝立四面，尧、舜得伯阳、续耳然后成，凡贤人之德，有以知之也。

伯牙鼓琴，钟子期听之，方鼓琴而志在太山，钟子期曰："善哉乎鼓琴，巍巍乎若太山。"少选之间，而志在流水，钟子期又曰："善哉乎鼓琴，汤汤乎若流水。"钟子期死，伯牙破琴绝弦，终身不复鼓琴，以为世无足复为鼓琴者。非独琴若此也，贤者亦然。虽有贤者而无礼以接之，贤奚由尽忠？犹御之不善，骥不自千里也。

首时

圣人之于事似缓而急、似迟而速，以待时。王季历困而死，文王苦之，有不忘羑里之丑，时未可也。武王事之，夙夜不懈，亦不忘王门之辱，立十二年而成甲子之事。

有汤、武之贤而无桀、纣之时不成，有桀、纣之时而无汤、武之贤亦不成。圣人之见时，若步之与影不可离。故有道之士未遇时，隐匿分窜，勤以待时。时至，有从布衣而为天子者，有从千乘而得天下者，有从卑贱而佐三王者，有从匹夫而报万乘者。故圣人之所贵，唯时也。

饥马盈厩，嘒然，未见刍也。饥狗盈窖，嘒然，未见骨也。见骨与刍，动不可禁。乱世之民，嘒然，未见贤者也，见贤人则往不可止。往者非其形，心之谓乎？

长攻

越国大饥，王恐，召范蠡而谋。范蠡曰："王何患焉？今之饥，此越之福而吴之祸也。夫吴国甚富而财有余，其王年少，智寡才轻，好须臾之名，不思后患。王若重币卑辞以请籴于吴，则食可得也。食得，其卒越必有吴，而王何患焉？"越王曰："善。"乃使人请食于吴，吴王将与之。伍子胥进谏曰："不可与也。夫吴之与越……今将输之粟，与之食，是长吾雠而养吾仇也。财匮而民恐，悔无及也。不若勿与而攻之，固其数也，此昔吾先王之所以霸。且夫饥，代事也，犹渊之与阪，谁国无有！"吴王曰："不然。吾闻之'义兵不攻服，仁者食饥饿'，今服而攻之，非义兵也。饥而不食，非仁体也。不仁不义，虽得十越，吾不为也。"遂与之食。不出三年而吴亦饥，使人请食于越，越王弗与，乃攻之，夫差为禽。

慎人

孔子穷于陈、蔡之间，七日不尝食，藜羹不糁。宰予备矣。孔子弦歌于室，颜回择菜于外，子路与子贡相与而言曰："夫子逐于鲁，削迹于卫，伐树于宋，穷于陈、蔡，杀夫子者无罪，藉夫子者不禁，夫子弦歌鼓舞，未尝绝音，盖君子之无所丑也若此乎？"颜回无以对，入以告孔子。孔子愀然推琴，喟然而叹曰："由与赐，小人也。召，吾语之。"子路与子贡入。子贡曰："如此者，可谓穷矣。"孔子曰："是何言也！君子达于道之谓达，穷于道之谓穷。今丘也拘仁义之道，以遭乱世之患，其所也，何穷之谓？

故内省而不疚于道,临难而不失其德。大寒既至,霜雪既降,吾是以知松柏之茂也。昔桓公得之莒,文公得之曹,越王得之会稽。陈、蔡之厄,于丘其幸乎!"

遇合

凡遇,合也。时不合,必待合而后行。故比翼之鸟死乎木,比目之鱼死乎海。孔子周流海内,再干世主,如齐至卫,所见八十余君。委质为弟子者三千人,达徒七十人。七十人者,万乘之主得一人用可为师,不为无人,以此游仅至于鲁司寇。此天子之所以时绝也,诸侯之所以大乱也。乱则愚者之多幸也,幸则必不胜其任矣。任久不胜,则幸反为祸。其幸大者,其祸亦大,非祸独及己也。故君子不处幸,不为苟,必审诸己然后任,任然后动。

必己

君子之自行也,敬人而不必见敬,爱人而不必见爱。敬爱人者,己也;见敬爱者,人也。君子必在己者,不必在人者也。必在己,无不遇矣。

权勋

利不可两,忠不可兼。不去小利,则大利不得,不去小忠,则大忠不至。故小利,大利之残也,小忠,大忠之贼也。圣人去小取大。

报更

国虽小,其食足以食天下之贤者,其车足以乘天下之贤者,其财足以礼天下之贤者,与天下之贤者为徒,此文王之所以王也。

贵因

武王使人候殷，反报岐周曰："殷其乱矣。"武王曰："其乱焉至？"对曰："谗慝胜良。"武王曰："尚未也。"又复往，反报曰："其乱加矣。"武王曰："焉至？"对曰："贤者出走矣。"武王曰："尚未也。"又往。反报曰："其乱甚矣。"武王曰："焉至？"对曰："百姓不敢诽怨矣。"武王曰："嘻！"遽告太公。太公对曰："谗慝胜良，命曰戮；贤者出走，命曰崩；百姓不敢诽怨，命曰刑胜。其乱至矣，不可以驾矣。"

武王入殷，闻殷有长者，武王往见之，而问殷之所以亡。殷长者对曰："王欲知之，则请以日中为期。"武王与周公旦明日早要期，则弗得也。武王怪之，周公曰："吾已知之矣。此君子也，取不能其主，有以其恶告王，不忍为也。若夫期而不当，言而不信，此殷之所以亡也，已以此告王矣。"

先识

凡国之亡也，有道者必先去，古今一也。地从于城，城从于民，民从于贤。故贤主得贤者而民得，民得而城得，城得而地得。

晋太史屠黍见晋之乱也，见晋公之骄而无德义也，以其图法归周。……威公又见屠黍而问焉，曰："孰次之？"屠黍不对。威公固问焉。对曰："君次之。"威公乃惧。求国之长者，得义莳、田邑而礼之，得史骈、赵骈以为谏臣，去苛令三十九物，以告屠黍。对曰："其尚终君之身乎！"曰："臣闻之，国之兴也，天遗之贤人与极言之士；国之亡也，天遗之乱人与善谀之士。"威公薨，肂，九月不得葬，周乃分为二。故有道者之言也，不可不重也。

观世

天下虽有有道之上，国犹少。千里而有一士，比肩也；累世而有一圣人，继踵也。士与圣人之所自来，若此其难也，而治必待之，治奚由至？虽幸而有，未必知也，不知则与无贤同。此治世之所以短，而乱世之所以长也。

譬之若登山，登山者处已高矣，左右视，尚巍巍焉山在其上。贤者之所与处有似于此，身已贤矣，行已高矣，左右视，尚尽贤于己。故周公旦曰："不如吾者，吾不与处，累我者也。与我齐者，吾不与处，无益我者也。"惟贤者必与贤于己者处。贤者之可得与处也，礼之也。主贤世治则贤者在上，主不肖世乱则贤者在下。

晏子之晋，见反裘负刍息于涂者，以为君子也，使人问焉，曰："曷为而至此？"对曰："齐人累之，名为越石父。"晏子曰："嘻！"遽解左骖以赎之，载而与归。至舍，弗辞而入。越石父怒，请绝。晏子使人应之曰："婴未尝得交也，今免子于患，吾于子犹未邪也？"越石父曰："吾闻君子屈乎不己知者，而伸乎己知者，吾是以请绝也。"晏子乃出见之曰："向也见客之容而已，今也见客之志。婴闻察实者不留声，观行者不讥辞，婴可以辞而无弃乎！"越石父曰："夫子礼之，敢不敬从。"晏子遂以为客。

知接

戎人见暴布者而问之曰："何以为之莽莽也？"指麻而示之。怒曰："孰之壤壤也，可以为之莽莽也？"故亡国，非无智士也，非无贤者也，其主无由接故也。无由接之患，自以为智，智必不接。今不接而自以为智，悖。若此则国无以存矣，主无以安矣。

管仲有疾，桓公往问之曰……管仲对曰："愿君之远易牙、竖刀、常之巫、卫公子启方。"……管仲死，尽逐之，食不甘，宫不治，苛病起，朝不肃。居三年，公曰："仲父不亦过乎？孰谓仲父尽之乎？"于是皆复召而反。明年，公有病，常之巫从中出曰："公将以某日薨。"易牙、竖刀、常之巫相与作乱，塞宫门，筑高墙，不通人，矫以公令。有一妇人逾垣入，至公所。公曰："我欲食。"妇人曰："吾无所得。"公又曰："我欲饮。"妇人曰："吾无所得。"公曰："何故？"对曰："常之巫从中出曰：'公将以某日薨。'易牙、竖刀、常之巫相与作乱，塞宫门，筑高墙，不通人，故无所得。卫公子启方以书社四十下卫。"公慨焉叹涕出曰："嗟乎！圣人之所见，岂不远哉！若死者有知，我将何面目以见仲父乎？"蒙衣袂而绝乎寿宫。

乐成

魏襄王与群臣饮，酒酣，王为群臣祝，令群臣皆得志。史起兴而对曰："群臣或贤或不肖，贤者得志则可，不肖者得志则不可。"王曰："皆如西门豹之为人臣也。"

察微

使治乱存亡，若高山之与深溪，若白垩之与黑漆，则无所用智，虽愚犹可矣。且治乱存亡则不然，如可知，如可不知，如可见，如可不见。故智士贤者相与积心愁虑以求之，犹尚有管叔、蔡叔之事与东夷八国不听之谋，故治乱存亡，其始若秋毫。察其秋毫，则大物不过矣。

去宥

荆威王学书于沈尹华，昭厘恶之。威王好制，有中谢佐制者为昭厘谓威王曰："国人皆曰，王乃沈尹华之弟子也。"王不说，因疏沈尹华。中谢，细人也，一言而令威王不闻先王之术，文学之士不得进，令昭厘得行其私，故细人之言，不可不察也。且数怒人主，以为奸人除路，奸路以除，而恶壅却，岂不难哉！夫激矢则远，激水则旱，激主则悖，悖则无君子矣。夫不可激者，其唯先有度。

正名

名正则治，名丧则乱。使名丧者，淫说也。说淫则可不可而然不然，是不是而非不非。故君子之说也，足以言贤者之实，不肖者之充而已矣；

足以喻治之所悖,乱之所由起而已矣;足以知物之情,人之所获以生而已矣。

审应

孔思请行,鲁君曰:"天下主亦犹寡人也,将焉之?"孔思对曰:"盖闻君子犹鸟也,骇则举。"鲁君曰:"主不肖而皆以然也,违不肖、过不肖而自以为能论天下之主乎?"凡鸟之举也,去骇从不骇。去骇从不骇,未可知也。去骇从骇则鸟曷为举矣?孔思之对鲁君也亦过矣。

重言

齐桓公与管仲谋伐莒,谋未发而闻于国,桓公怪之,曰:"与仲父谋伐莒,谋未发而闻于国,其故何也?"管仲曰:"国必有圣人也。"桓公曰:"嘻!日之役者,有执蹠癃而上视者,意者其是邪?"乃令复役,无得相代。少顷,东郭牙至。管仲曰:"此必是已。"乃令宾者延之而上,分级而立。管子曰:"子邪言伐莒者?"对曰:"然。"管仲曰:"我不言伐莒,子何故言伐莒?"对曰:"臣闻君子善谋,小人善意。臣窃意之也。"

管仲曰:"我不言伐莒,子何以意之?"对曰:"臣闻君子有三色:显然喜乐者,钟鼓之色也;湫然清静者,衰绖之色也;艴然充盈手足矜者,兵革之色也。日者,臣望君之在台上也,艴然充盈手足矜者,此兵革之色也。君呿而不吟,所言者'莒'也。君举臂而指,所当者莒也。臣窃以虑诸侯之不服者,其惟莒乎,故臣言之。"凡耳之闻以声也,今不闻其声而以其容与臂,是东郭牙不以耳听而闻也。桓公、管仲虽善匿,弗能隐矣。故圣人听于无声,视于无形,詹何、田子方、老耽是也。

精谕

圣人相谕不待言,有先言言者也。海上之人有好蜻者,每居海上,从蜻游,蜻之至者百数而不止,前后左右尽蜻也,终日玩之而不去。其父告之曰:"闻蜻皆从女居,取而来,吾将玩之。"明日之海上而蜻无至者矣。

孔子见温伯雪子,不言而出。子贡曰:"夫子之欲见温伯雪子好矣,今也见之而不言,其故何也?"孔子曰:"若夫人者,目击而道存矣,不可以容声矣。"故未见其人而知其志,见其人而心与志皆见,天符同也。圣人之相知,岂待言哉?

晋襄公使人于周曰:"弊邑寡君寝疾,卜以守龟曰:'三涂为祟。'弊邑寡君使下臣愿藉途而祈福焉。"天子许之。朝,礼使者事毕,客出。苌弘谓刘康公曰:"夫祈福于三涂而受礼于天子,此柔嘉之事也,而客武色,殆有他事,愿公备之也。"刘康公乃儆戎车卒士以待之。晋果使祭事先,因令杨子将卒十二万而随之,涉于棘津,袭聊阮、梁、蛮氏,灭三国焉。此形名不相当,圣人之所察也,苌弘则审矣。故言不足以断小事,唯知言之谓者可为。

不屈

魏惠王谓惠子曰:"上世之有国必贤者也,今寡人实不若先生,愿得传国。"惠子辞。王又固请曰:"寡人莫有之国于此者也,而传之贤者,民之贪争之心止矣。欲先生之以此听寡人也。"惠子曰:"若王之言,则施不可而听矣。王固万乘之主也,以国与人犹尚可。今施,布衣也,可以有万乘之国而辞之,此其止贪争之心愈甚也。"惠王谓惠子曰:"古之有国者,必贤者也。"夫受而贤者舜也,是欲惠子之为舜也;夫辞而贤者许由也,是惠子欲为许由也;传而贤者尧也,是惠王欲为尧也。尧、舜、许由之作,非独传舜而由辞也,他行称此。今无其他而欲为尧、舜、许由,故惠王布冠而拘于鄄,齐威王几弗受;惠子易衣变冠乘舆而走,几不出乎魏境。

匡章谓惠子于魏王之前曰:"蝗螟,农夫得而杀之,奚故?为其害稼也。今公行,多者数百乘,步者数百人;少者数十乘,步者数十人。此无耕而食者,其害稼亦甚矣。"惠王曰:"惠子施也,难以辞与公相应。虽然,请言其志。惠子曰：'今之城者，或者操大筑乎城上，或负畚而赴乎城下，或操表掇以善睎望。若施者，其操表掇者也。使工女化而为丝，不能治丝。使大匠化而为木，不能治木。使圣人化而为农夫，不能治农夫。施而治农夫者也。'公何事比施于螣蟓乎？"

白圭新与惠子相见也，惠子说之以强，白圭无以应。惠子出，白圭告人曰："人有新取妇者，妇至，宜安矜烟视媚行。竖子操蕉火而钜，新妇曰：'蕉火大钜。'入于门，门中有敛陷，新妇曰：'塞之，将伤人之足。'此非不便之家氏也，然而有大甚者。今惠子之遇我尚新，其说我有大甚者。"惠子闻之，曰："不然。《诗》曰：'恺悌君子，民之父母。'恺者，大也。悌者，长也。君子之德，长且大者，则为民父母。父母之教子也，岂待久哉？何事比我于新妇乎？《诗》岂曰'恺悌新妇'哉！"诽污因污，诽辟因辟，是诽者与所非同也。白圭曰"惠子之遇我尚新，其说我有大甚者"，惠子闻而诽之，因自以为为之父母，其非有甚于白圭，亦"有大甚者"。

离俗

汤将伐桀，因卞随而谋。卞随辞曰："非吾事也。"汤曰："孰可？"卞随曰："吾不知也。"汤又因务光而谋，务光曰："非吾事也。"汤曰："孰可？"务光曰："吾不知也。"汤曰："伊尹何如？"务光曰："强力忍诟，吾不知其他也。"汤遂与伊尹谋夏伐桀，克之。以让卞随，卞随辞曰："后之伐桀也，谋乎我，必以我为贼也。胜桀而让我，必以我为贪也。吾生乎乱世，而无道之人再来询我，吾不忍数闻也。"乃自投于颍水而死。汤又让于务光曰："智者谋之，武者遂之，仁者居之，古之道也。吾子胡不位之？请相吾子。"务光辞曰："废上，非义也。杀民，非仁也。人犯其难，我享其利，非廉也。吾闻之，非其义不受其利，无道之世不践其土，况于尊我乎？吾不忍久见也。"乃负石而沉于募水。

齐、晋相与战，平阿之余子亡戟得矛，却而去，不自快，谓路之人曰：

"亡戟得矛，可以归乎？"路之人曰："戟亦兵也，矛亦兵也，亡兵得兵，何为不可以归？"去行，心犹不自快，遇高唐之孤叔无孙，当其马前曰："今者战，亡戟得矛，可以归乎？"叔无孙曰："矛非戟也，戟非矛也，亡戟得矛，岂亢责也哉？"平阿之余子曰："嘻！还反战，趋尚及之。"遂战而死。叔无孙曰："吾闻之，君子济人于患，必离其难。"疾驱而从之，亦死而不反。

高义

君子之自行也，动必缘义，行必诚义，俗虽谓之穷，通也。行不诚义，动不缘义，俗虽谓之通，穷也。然则君子之穷通，有异乎俗者也。故当功以受赏，当罪以受罚。赏不当，虽与之必辞。罚诚当，虽赦之不外。度之于国，必利长久。长久之于主，必宜内反于心不惭然后动。

孔子见齐景公，景公致廪丘以为养，孔子辞不受，入谓弟子曰："吾闻君子当功以受禄。今说景公，景公未之行而赐之廪丘，其不知丘亦甚矣。"令弟子趣驾，辞而行。孔子，布衣也，官在鲁司寇，万乘难与比行，三王之佐不显焉，取舍不苟也夫。

上德

公子夷吾自屈奔梁，公子重耳自蒲奔翟。去翟过卫……之郑，郑文公不敬，被瞻谏曰："臣闻贤主不穷穷。今晋公子之从者皆贤者也。君不礼也，不如杀之。"郑君不听。去郑之荆，荆成王慢焉。去荆之秦，秦缪公入之。晋既定，兴师攻郑，求被瞻。被瞻谓郑君曰："不若以臣与之。"郑君曰："此孤之过也。"被瞻曰："杀臣以免国，臣愿之。"被瞻入晋军，文公将烹之。被瞻据镬而呼曰："三军之士皆听瞻也。自今以来，无有忠于其君，忠于其君者将烹。"文公谢焉，罢师，归之于郑。且被瞻忠于其君而君免于晋患也，行义于郑而见说于文公也，故义之为利博矣。

墨者钜子孟胜善荆之阳城君。阳城君令守于国，毁璜以为符，约曰：

"符合听之。"荆王薨，群臣攻吴起，兵于丧所。阳城君与焉，荆罪之。阳城君走，荆收其国。孟胜曰："受人之国，与之有符。今不见符，而力不能禁，不能死，不可。"其弟子徐弱谏孟胜曰："死而有益阳城君，死之可矣。无益也而绝墨者于世，不可。"孟胜曰："不然。……我将属钜子于宋之田襄子。田襄子，贤者也，何患墨者之绝世也？"徐弱曰："若夫子之言，弱请先死以除路。"还殁头前于孟胜。因使二人传钜子于田襄子。孟胜死，弟子死之者百八十。三人以致令于田襄子，欲反死孟胜于荆，田襄子止之曰："孟子已传钜子于我矣，当听。"遂反死之。墨者以为不听钜子不察，严罚厚赏不足以致此。今世之言治，多以严罚厚赏，此上世之若客也。

举难

以全举人固难，物之情也。人伤尧以不慈之名，舜以卑父之号，禹以贪位之意，汤、武以放弑之谋，五伯以侵夺之事。由此观之，物岂可全哉？故君子责人则以人，自责则以义。责人以人则易足，易足则得人。自责以义则难为非，难为非则行饰，故任天地而有余。

宁戚见，说桓公以治境内，明日复见，说桓公以为天下。桓公大说，将任之。群臣争之曰："客，卫人也。卫之去齐不远，君不若使人问之，而固贤者也，用之未晚也。"桓公曰："不然。问之，患其有小恶。以人之小恶，亡人之大美，此人主之所以失天下之士也已。"凡听必有以矣。今听而不复问，合其所以也。且人固难全，权而用其长者，当举也。桓公得之矣。

长利

辛宽见鲁缪公曰："臣而今而后知吾先君周公之不若太公望封之知也。昔者，太公望封于营丘，之渚海阻山高，险固之地也，是故地日广，子孙弥隆。吾先君周公封于鲁，无山林溪谷之险，诸侯四面以达，是故地日削，子孙弥杀。"辛宽出。南宫括入见,公曰:"今者宽也非周公,其辞若是也。"南宫括对曰:"宽,少者,弗识也。君独不闻成王之定成周之说乎?其辞曰:'惟余一人,营居于成周。惟余一人,有善易得而见也,有不善易得而诛也。'故曰善者得之,不善者失之,古之道也。夫贤者岂欲其子孙之阻山林之险以长为无道哉?小人哉宽也!今使燕爵为鸿鹄、凤凰虑,则必不得矣。其所求者,瓦之间隙、屋之翳蔚也,与一举则有千里之志,德不盛、义不大则不至其郊。愚庳之民,其为贤者虑,亦犹此也。固妄诽訾,岂不悲哉?"

知分

晏子与崔杼盟,其辞曰:"不与崔氏而与公孙氏者,受其不祥。"晏子俯而饮血,仰而呼天曰:"不与公孙氏而与崔氏者,受此不祥。"崔杼不说,直兵造胸,句兵钩颈,谓晏子曰:"子变子言,则齐国吾与子共之。子不变子言,则今是已。"晏子曰:"崔子,子独不为夫《诗》乎?《诗》曰:'莫莫葛藟,延于条枚。凯弟君子,求福不回。'婴且可以回而求福乎?子惟之矣。"崔杼曰:"此贤者,不可杀也。"罢兵而去。晏子援绥而乘,其仆将驰,晏子抚其仆之手曰:"安之,毋失节。疾不必生,徐不必死。鹿生于山而命悬于厨,今婴之命有所悬矣!"

召类

士尹池为荆使于宋,司城子罕觞之。南家之墙,犨于前而不直;西家之潦,径其宫而不止,士尹池问其故。司城子罕曰:"南家,工人也,为鞔者也。吾将徙之,其父曰:'吾恃为鞔以食三世矣。今徙之,是宋国之求鞔者不知吾处也,吾将不食。愿相国之忧吾不食也。'为是故,吾弗徙也。西家高,吾宫庳,潦之经吾宫也利,故弗禁也。"士尹池归荆,荆王适兴兵而攻宋,士尹池谏于荆王曰:"宋不可攻也。其主贤,其相仁。贤者能得民,仁者能用人。荆国攻之,其无功而为天下笑乎!"故释宋而攻郑。

开春

开春始雷则蛰虫动矣，时雨降则草木育矣，饮食居处适则九窍百节千脉皆通利矣。王者厚其德，积众善，而凤皇圣人皆来至矣。共伯和修其行，好贤仁，而海内皆以来为稽矣。周厉之难，天子旷绝，而天下皆来谓矣。以此言物之相应也，故曰行也成也。

叔向之弟羊舌虎善栾盈，栾盈有罪于晋，晋诛羊舌虎，叔向为之奴而朡。祈奚曰："吾闻小人得位，不争不祥。君子在忧，不救不祥。"乃往见范宣子而说也，曰："闻善为国者，赏不过而刑不慢。赏过则惧及淫人，刑慢则惧及君子。与其不幸而过，宁过而赏淫人，毋过而刑君子。故尧之刑也殛鲧于虞而用禹，周之刑也戮管、蔡而相周公。不慢刑也。"宣子乃命吏出叔向。

察贤

宓子贱治单父，弹鸣琴，身不下堂而单父治。巫马期以星出，以星入，日夜不居，以身亲之，而单父亦治。巫马期问其故于宓子，宓子曰："我之谓任人，子之谓任力。任力者故劳，任人者故逸。"宓子则君子矣，逸四肢，全耳目，平心气，而百官以治义矣，任其数而已矣。巫马期则不然，弊生事精，劳手足，烦教诏，虽治犹未至也。

期贤

魏文侯过段干木之闾而轼之，其仆曰："君胡为轼？"曰："此非段干木之闾欤？段干木盖贤者也，吾安敢不轼？且吾闻段干木未尝肯以已易寡人也，吾安敢骄之？段干木光乎德，寡人光乎地。段干木富乎义，寡人富乎财。"其仆曰："然则君何不相之？"于是君请相之，段干木不肯受，则君乃致禄百万，而时往馆之。于是国人皆喜，相与诵之曰："吾君好正，段干木之敬。吾君好忠，段干木之隆。"

居无几何，秦兴兵欲攻魏，司马唐谏秦君曰："段干木贤者也，而魏礼之，天下莫不闻，无乃不可加兵乎！"秦君以为然，乃按兵辍不敢攻之。魏文侯可谓善用兵矣。尝闻君子之用兵，莫见其形，其功已成，其此之谓也？野人之用兵也，鼓声则似雷，号呼则动地，尘气充天，流矢如雨，扶伤舆死，履肠涉血，无罪之民其死者量于泽矣，而国之存亡、主之死生犹不可知也。其离仁义亦远矣。

爱类

仁于他物，不仁于人，不得为仁。不仁于他物，独仁于人，犹若为仁。仁也者，仁乎其类者也。故仁人之于民也，可以便之，无不行也。神农之教曰："士有当年而不耕者，则天下或受其饥矣。女有当年而不绩者，则天下或受其寒矣。"故身亲耕，妻亲绩，所以见致民利也。贤人之不远海内之路，而时往来乎王公之朝，非以要利也，以民为务故也。人主有能以民为务者，则天下归之矣。

慎行

行不可不孰。不孰，如赴深溪，虽悔无及。君子计行虑义，小人计行其利，乃不利。有知不利之利者，则可与言理矣。

疑似

使人大迷惑者，必物之相似也。玉人之所患，患石之似玉者。相剑者之所患，患剑之似吴干者。贤主之所患，患人之博闻辩言而似通者。亡国之主似智，亡国之臣似忠。相似之物，此愚者之所大惑，而圣人之所加虑也，故墨子见歧道而哭之。

壹行

人之所乘船者，为其能浮而不能沉也。世之所以贤君子者，为其能行义而不能行邪辟也。

求人

身定，国安，天下治，必贤人。古之有天下也者，七十一圣。观于《春秋》，自鲁隐公以至哀公十有二世，其所以得之，所以失之，其术一也。得贤人，国无不安，名无不荣；失贤人，国无不危，名无不辱。先王之索贤人无不以也，极卑极贱，极远极劳。

尧传天下于舜，礼之诸侯，妻以二女，臣以十子，身请北面朝之，至卑也。伊尹，庖厨之臣也；傅说，殷之胥靡也，皆上相天子，至贱也。禹东至榑木之地，日出、九津、青羌之野，攒树之所，摺天之山，鸟谷、青丘之乡，黑齿之国；南至交阯、孙朴、续樠之国，丹粟、漆树、沸水、漂漂、九阳之山，羽人、裸民之处，不死之乡；西至三危之国，巫山之下，饮露、吸气之民，积金之山，其肱、一臂、三面之乡；北至人正之国，夏海之穷，衡山之上，犬戎之国，夸父之野，禺强之所，积水、积石之山，不有懈堕，忧其黔首，颜色黎黑，窍藏不通，步不相过，以求贤人，欲尽地利，至劳也。得陶、化益、真窥、横革、之交五人佐禹，故功绩铭乎金石，著于盘盂。

察传

子夏之晋，过卫，有读史记者曰："晋师三豕涉河。"子夏曰："非也，是己亥也。夫'己'与'三'相近，'豕'与'亥'相似。"至于晋而问之，则曰"晋师己亥涉河"也。辞多类非而是，多类是而非。是非之经，不可不分，此圣人之所慎也。然则何以慎？缘物之情及人之情以为所闻，则得之矣。

直谏

言极则怒，怒则说者危，非贤者孰肯犯危？而非贤者也，将以要利矣。要利之人，犯危何益？故不肖主无贤者。

荆文王得茹黄之狗、宛路之矰，以畋于云梦，三月不反。得丹之姬，淫，期年不听朝。葆申曰："先王卜，以臣为葆吉。今王得茹黄之狗、宛路之矰，畋三月不反。得丹之姬，淫，期年不听朝。王之罪当笞。"王曰："不谷免衣襁褓而齿于诸侯，愿请变更而无笞。"葆申曰："臣承先王之令，不敢废也。王不受笞，是废先王之令也。臣宁抵罪于王，毋抵罪于先王。"王曰："敬诺。"引席，王伏。葆申束细荆五十，跪而加之于背。如此者再，谓王："起矣。"王曰："有笞之名一也。"遂致之。申曰："臣闻君子耻之，小人痛之。耻之不变，痛之何益！"葆申趣出，自流于渊，请死罪。文王曰："此不谷之过也，葆申何罪！"王乃变更，召葆申，杀茹黄之狗，析宛路之矰，放丹之姬。后荆国兼国三十九。令荆国广大至于此者，葆申之力也，极言之功也。

赞能

贤者善人以人，中人以事，不肖者以财。得十良马，不若得一伯乐；得十良剑，不若得一欧冶；得地千里，不若得一圣人。舜得皋陶而舜受之，汤得伊尹而有夏民，文王得吕望而服殷商。夫德圣人，岂有里数哉？

孙叔敖、沈尹茎相与友。叔敖游于郢三年，声问不知，修行不闻。沈尹茎谓孙叔敖曰："说义以听，方术信行，能令人主上至于王、下至于霸，我不若子也。耦世接俗，说义调均，以适主心，子不若我也。子何以不归耕乎？吾将为子游。"沈尹茎游于郢五年，荆王欲以为令尹。沈尹茎辞曰："期思之鄙人有孙叔敖者，圣人也，王必用之，臣不若也。"荆王于是使人以王舆迎叔敖以为令尹，十二年而庄王霸，此沈尹茎之力也。功无大乎进贤。

贵当

名号大显，不可强求，必繇其道。治物者，不于物，于人。治人者，不于事，于君。治君者，不于君，于天子。治天子者，不于天子，于欲。治欲者，不于欲，于性。性者，万物之本也，不可长，不可短，因其固然而然之，此天地之数也。窥赤肉而乌鹊聚，狸处堂而众鼠散，衰绖陈而民知丧，竽瑟陈而民知乐，汤、武修其行而天下从，桀、纣慢其行而天下畔，岂待其言哉！君子审在己者而已矣。

夫事无大小，固相与通。田猎驰骋，弋射走狗，贤者非不为也，为之而智日得焉，不肖主为之而智日惑焉。

齐人有好猎者，旷日持久而不得兽，入则愧其家室，出则愧其知友州里。惟其所以不得之故，则狗恶也。欲得良狗，则家贫无以。于是还疾耕，疾耕则家富，家富则有以求良狗，狗良则数得兽矣，田猎之获常过人矣。非独猎也，百事也尽然。霸王有不先耕而成霸王者，古今无有。此贤者不肖之所以殊也。贤不肖之所欲与人同，尧、桀、幽、厉皆然，所以为之异。故贤主察之，以为不可，弗为；以为可，故为之。为之必繇其道，物莫之能害，此功之所以相万也。

别类

相剑者曰："白所以为坚也，黄所以为韧也，黄白杂，则坚且韧，良剑也。"难者曰："白所以为不韧也，黄所以为不坚也，黄白杂，则不坚且不韧也。又柔则锩，坚则折，剑折且锩，焉得为利剑？"剑之情未革而或以为良、或以为恶，说使之也。故有以聪明听说则妄说者止，无以聪明听说则尧、桀无别矣。此忠臣之所患也，贤者之所以废也。

骥骜绿耳背日而西走，至乎夕，则日在其前矣。目固有不见也，智固有不知也，数固有不及也。不知其说所以然而然，圣人因而兴制，不事心焉。

有度

客有问季子曰:"奚以知舜之能也?"季子曰:"尧固已治天下矣,舜言治天下而合己之符,是以知其能也。""若虽知之,奚道知其不为私?"季子曰:"诸能治天下者,固必通乎性命之情者,当无私矣。夏不衣裘,非爱裘也,暖有余也。冬不用簟,非爱簟也,清有余也。圣人之不为私也,非爱费也,节乎己也。节己,虽贪污之心犹若止,又况乎圣人?许由非强也,有所乎通也,有所通则贪污之利外矣。"

分职

人主之不通主道者则不然,自为人则不能,任贤者则恶之,与不肖者议之,此功名之所以伤,国家之所以危。

士容

客有见田骈者,被服中法,进退中度,趋翔闲雅,辞令逊敏。田骈听之毕而辞之。客出,田骈送之以目。弟子谓田骈曰:"客,士欤?"田骈曰:"殆乎非士也。今者客所禀敛,士所术施也。士所禀敛,客所术施也。客殆乎非士也。"故火烛一隅,则室偏无光。骨节蚤成,空窍哭历,身必不长。众无谋方,乞谨视见,多故不良。志必不公,不能立功。好得恶予,国虽大,不为王,祸灾日至。故君子之容,纯乎其若钟山之玉,桔乎其若陵上之木,淳淳乎慎谨畏化而不肯自足,乾乾乎取舍不悦而心甚素朴。

上农

后稷曰:"所以务耕织者,以为本教也。"是故天子亲率诸侯耕帝藉田,大夫士皆有功业。是故当时之务,农不见于国,以教民尊地产也。后妃率九嫔蚕于郊,桑于公田。是以春秋冬夏皆有麻枲丝茧之功,以力妇教也。是故丈夫不织而衣.妇人不耕而食,男女贸功以长生,此圣人之制也。

附录

君子研究论著目录

总体研究现状和趋势

君子的概念起源于先秦，经过一定时期的发展，它不仅成为一种人格的代表，也不只限于道德伦理层面，更可以看作一种思想范畴，乃至一种文化，具有极为丰富的内涵。先秦君子及君子文化的研究，从数量上、规模上来说，已经得到应有的关注，将各类研究文献（包括期刊论文、会议论文、论文集论文、学位论文等）汇总起来可以大致看出研究的现状和趋势。

从时间段上来说，二十世纪三十年代的学术刊物上已有关于君子的专题文章，如李崇元《君子篇》（《国学论衡》第六期，1935年）。民国时期在社会思潮的变革中依然有一部分学者固守传统学术，与此同时，在西学东渐的影响下，也有一部分学者运用新的理念和方法来整理国故，在这样的背景下以君子为专题的研究开始出现。其实早在1914年梁启超在清华大学就做过一个题为《论君子》的演讲，引用《易经》上的"自强不息""厚德载物"等话语阐释君子人格，并与西方的人格教育相比较，希望清华学子能够继承中华传统美德。当然，由于其时以"整理"为口号，因此还是以文献研究为主，如杨向奎《论〈左传〉"君子曰"》（《文澜学报》第1期，1936年）和杨明照《〈春秋左氏传〉"君子曰"征辞》（《文学年报》第3期，1937年），而《左传》"君子曰"此后也一直是学者关心的问题，相关的讨论甚至延续到今天。

值得注意的是，与中国一海之隔的日本这一时期在君子研究方面成果颇丰。据检索，1935年到1948年之间就有十篇以上的相关文章专门论述君子，涉及的文献有《论语》《诗经》《周易》等，就讨论的深度和思考的角度而言,即使放到今天也毫不逊色。众所周知,这前后十余年正是中日战争时期,当时的日本学者重视这方面的研究,显然是为了通过君子这个角度了解中国传统的思想意识形态,掌握中华民族的精神基因和人格特质。

再看二十世纪五十年代到七十年代的研究情况,中文期刊方面通过网络检索系统只查找到台湾地区发表的十余篇文章,其中有三篇还是讨论《左传》"君子曰"问题,其他有对《论语》《中庸》《孟子》等相关语句的阐释,有结合《论语》等文献对君子概念的分析和评述,也有从君子的角度来解读《诗经》,还有从语言学、文字学角度对君子的考察等。在角度上较为多样,但在思想上似乎未能较深开掘。而同时期的日本学界继承了三四十年代的传统,并且又有所推进和拓展,在数量上大概有二十余篇,在文献上除了五经之外,还特别关注到诸子(如《孟子》《荀子》),其中一部分是讲读儒家经典的记录,可以看出日本学者对于中国典籍文献的重视;另一部分则是专题论文,或从历时角度考察君子、小人意义的演变,或用比较方法阐述孔、孟君子观念的关联,或者结合文献探讨君子精神的修养和君子品格的教育。

从检索的情况来看,八十年代以后大陆地区的相关研究逐渐丰富起来,在整体上取得了较多的成果。其中前二十年相对来说还是起步阶段,论述的题目相对较为宽泛,内容主要还是介绍和叙述性质,深入的专题研究还不多见,但是从研究角度来说已经涉及较多方面,这也说明君子这个课题本身所具有的多学科性和综合性,涉及的先秦文献主要是《左传》《易经》《论语》《礼记》《荀子》等,可以看到其中部分题目其实日本学者早已做过,比如君子概念的历时演变等。不过九十年代中后期一些学者开始关注君子人格、君子思想对于现代社会的意义,如孙云峰、吴翠丽《儒家"君子"人格现代价值》(《华夏文化》1998年第2期)和鄯爱红、彭永捷《先秦儒家的人欲观及其当代价值》(《中国人民大学学报》1999年第5期)。经过近二十年的改革开放,中国的经济建设已经取得了较大的成就,此时精神文明建设也日益受到重视，一些学者尝试从传统中汲取精神元素，使之适用于当代社会，当然，其后这种以现实为出发点的研究逐渐成为君子研究中的一个重要方向。同时期日本学者的研究则基本是对前代的延续，似乎并没有特别突出的成绩，有的课题中国学者早已提出，可能是在已有基础上进一步的深入，如安本博《〈左传〉的"君子曰"与"君子谓"》（《爱知大学文学论丛》，1982年）。

进入二十一世纪，内地有关君子的研究在数量上大幅度增加，特别是2005年、2006年之后更是呈现逐年增长的态势，在数量增长的同时，内容和视角方面的多样性也表现得非常突出，几乎难以在某个特定的框架内进行归纳和概括，这里只能就几个主要方面做大致介绍。

首先，在文献上比以前略有拓展，即在儒家经典之外开始涉及诸子和史部，如萧汉明《庄生之说可因以通君子之道：论王夫之的〈庄子解〉与〈庄子通〉》（《中国哲学史》2004年第1期）、李长泰、夏金星《墨子君子思想与我国职业教育发展的关系研究》（《职业技术教育》2008年第28期）、李长泰《管子的"禾变"君子观及儒家的"合变"传承——以〈管子〉为中心》（《管子学刊》2009年第3期）和吴澍时、钱律进《〈国语〉和〈左传〉中"君子曰"之比较》（《古籍整理研究学刊》2010年第5期）等。此外，在传世文献之外开始关注出土文献，特别是九十年代出土的郭店楚简和二十世纪初开始陆续公布的上博简，如余开亮《〈性自命出〉的心性论和乐教美学》（《孔子研究》2010年第1期）、刘冬颖《上博简〈民之父母〉与孔子的"君子"观念》（《古籍整理研究学刊》2004年第4期）、晁福林《从上博简〈诗论〉看孔子的君子观》（《社会科学战线》2008年第3期）、徐少华《论竹书〈君子为礼〉的思想内涵与特征》（《中国哲学史》2007年第2期）和常佩雨《"言行相近，然后君子"——从上博简〈弟子问〉看孔子的言行观》（《文艺评论》2012年第4期）等。

其次，研究视角的多样化尤其表现在学科跨度的增大，君子的研究不再限于文献学、史学、哲学、伦理学、思想史等常规领域，而是包括了文艺学、政治学、教育学、社会学、音乐学等诸多领域，甚至还涉及建筑装饰方面，例如何小溪《现代装饰装潢设计中的儒家君子之说——文质彬彬，然后君子》（《艺术科技》2014年第2期），由此可见围绕君子范畴开展的研究触及面之广。近年来有学者还专门提出"君子学"的概念，如黎红雷《孔子"君子学"发微》（《中山大学学报（社会科学版）》2011年第1期）和《孔子"君子学"的三种境界——〈论语〉首章集译》（《孔子研究》2014年第3期）。

再次，除了内部比较，如余勇《孔荀君子观比较》（《中南民族大学学报（人文社会科学版）》2004年第3期），中西比较的研究方法也被运用到君子的相关研究中，如牟春《君子——亚里士多德与孔子共同的美德典范》（《洛阳师范学院学报》2009年第4期）、郭磊《中西视域下的儒家君子人格》（《时代文学（双月上半月）》2009年第5期）、谢文郁《康德的"善人"与儒家的"君子"》（《云南大学学报（社会科学版）》2011年第3期）和江锦年《理想人格：新亚当与君子——超验主义散文与先秦儒家经典的对读》（《湖北第二师范学院学报》2014年第5期）等。

不过，也应该看到，尽管这一时期论文数量相当可观，但是其中有一部分只是普及性或介绍性的文章，再者，部分论文的质量还有待提高，较多的论文在研究深度上还有欠缺，而且存在低水平重复研究的现象。比如，经大致统计，2000年以后发表的与《论语》中的君子相关的论文有四十余篇，其中有三篇都以《论语》中的君子形象为题；又如，有关孔子与君子的论文有五十余篇，其中以孔子的君子观、君子思想或君子人格为题的有近十篇；再如，同以《左传》"君子曰"为研究对象的论文也有十篇之多。

同时期港台地区的相关研究在数量上显然比内地要少很多，毕竟无论是研究人员还是刊物数量都相对较少，但是他们在观察视角和研究课题的选择上还是有其独到之处的，呈现出一定的特色，略举两个方面来说明。一方面，重视从经学、礼学等传统角度来研究君子，比如彭美玲《君子与容礼:儒家容礼述义》(《台大中文学报》16期,2002年);又如,同样探讨《左传》的"君子曰"问题,吴智雄的《论〈左传〉"君子曰"中的"礼"》(《国文学报》3期,2005年)和《论〈左传〉"君子曰"的道德意识——兼论"君子曰"的春秋书法观念》(《国文学志》8期,2004年)特别关注了礼学和经学方面。另一方面,尝试运用最新的理论或采取现代的视角来研究君子,如丁亮《从身体感论中国古代君子之"威"》(《考古人类学刊》74期,2011年)运用了文化人类学的身体感理论,林秀玲《〈诗经〉中女性的君子形象及塑造的艺术技巧》(《成大宗教与文化学报》,2011年)采取了女性主义的视角,廖崇斐《从"君子之射"思考习射的现代意义》(《当代儒学研究》14期,2013年)则从现代的角度探讨了古老的习射,都颇为新颖,具有启发意义。

这一时期海外学者(包括日、韩和西方国家等)的研究也不可忽视。一方面,国内和海外的相关研究在某些方面存在一致的趋势,简单举个例子,比如中外学者都有文章专门讨论儒家的君子思想在伦理教育、企业经营等方面的现代价值;另一方面,由于理论背景和思想观念的差异,海外研究者的视角往往有与国内不同之处,值得国内学者借鉴和学习。

国内研究论著目录

相关著作目录

【说明】

以下罗列的是以君子为主题的八十六部著作（不包括以君子为其中某一章节主题的著作，因为后者搜集难度颇大，所以只能付之阙如）。从中可以看到，相关专著的出版始于二十世纪九十年代，这和当时兴起的国学热存在一定关联。值得注意的是，近几年特别是自 2016 年以来，与君子相关的著作在数量上远远超过过去，无论是学术著作还是通俗读物的出版都取得了前所未有的蓬勃发展，这和社会对传统文化的关注是分不开的。国家经济快速发展，综合国力显著增强，随之而来的是民族自我意识的觉醒和民族文化的自觉，作为中华优秀传统文化的组成部分，君子文化很自然地获得越来越多的重视。希望将来能够有更多更好的既有较强的学术性又为大众喜闻乐见的深入透彻地阐发君子文化的相关著作问世。

书名	著者	出版社	时间
君子人格六讲	牟钟鉴著	中华书局	2020
君子名言	史哲文编著	福建教育出版社	2019
君子观象以进德修业：《易大象》导读	彭鹏著	九州出版社	2019
君子的风范：《论语》的人生理想	王正著	浙江工商大学出版社	2019
君子文化与高等商科教育	陈飞虎著	经济科学出版社	2019
谦谦君子：中国哲学	刘岩编著	清华大学出版社	2018

续表

书名	著者	出版社	时间
君子文化融入高校社会主义核心价值观培育的路径	卢勇著	电子科技大学出版社	2018
儒学与君子之道	孙聚友、石永之等著	中国社会科学出版社	2018
君子文化的当代实践：第三届君子文化论坛论文集	孙钦香、胡发贵主编	九州出版社	2018
君子的养成	徐新意编著	凤凰出版社	2018
君子文化与人格担当：湖南省首届君子文化学术研讨会论文集	李利君主编	中共中央党校出版社	2018
君子不同	李惟七著	群言出版社	2018
君子的春秋	申赋渔著	新星出版社	2018
君子之道	章创生、孙智康编著	重庆出版社	2018
潮州君子文化研究论丛	詹树荣主编	羊城晚报出版社	2018
君子文化的当代价值：第二届君子文化论坛论文集	钱念孙、胡发贵主编	安徽文艺出版社	2018
君子之学：养成圣贤的教育传统	闫广芬著	江苏人民出版社	2018
君子文化读本	何善蒙、乙小康著	九州出版社	2017
《孟子》的君子观研究	何善蒙、池静宜著	九州出版社	2017
义士君子：朱意夫	杨卫中著	九州出版社	2017
哲人君子：任继愈	孙钦香著	九州出版社	2017
大成君子：钱学森	顾锋著	九州出版社	2017
仁人君子：吴仁宝	朱凌著	九州出版社	2017
当代君子略论	冰火著	九州出版社	2017
君子养成	濮虹总编，李勇主编	吉林教育出版社	2017
君子之风与大学之道	徐林旗编著	清华大学出版社	2017
君子之言——《荀子选读》	胡凌编选	上海教育出版社	2017

续表

书名	著者	出版社	时间
君子之道与人格修养	苗春苗主编	现代教育出版社	2017
礼义、礼法与君子：荀子"群居和一"理想社会的构建	彭岁枫著	湖南大学出版社	2017
先秦君子风范	赵敏俐著	现代出版社	2016
君子格言选释	钱念孙等选著	黄山书社	2016
君子文化与当代社会	钱念孙、何善蒙主编	黄山书社	2016
君子乾坤	冰火著	黄山书社	2016
当代书法家书君子格言	钱念孙主编	安徽美术出版社	2016
君子之道：王岳川教授解读《大学》《中庸》	王岳川著	中国青年出版社	2016
君子必修课目	周丽霞主编	汕头大学出版社	2016
读书明理为君子：曾国藩与曾氏家风	刘凌著	大象出版社	2016
孔子论大君子做人处事	周殿富选编	北京时代华文书局	2016
孟子论君子人格与人性	商占祥主编，周殿富选注直解	北京时代华文书局	2016
礼记论君子礼敬人生	周殿富选注直解	北京时代华文书局	2016
晏子论君子操守	周殿富注释	北京时代华文书局	2016
墨子论君子行兼爱交利	周殿富选注	北京时代华文书局	2016
张居正解说士君子官德修治	高占祥主编，周殿富选编	北京时代华文书局	2016
中华文化读本－第四卷－君子之道	余秋雨著	中华书局	2016
君子之道	余秋雨著	北京联合出版公司	2016
君子文化在校园	张笃忠著	天津科学技术出版社	2016
"轴心时代"君子人格论	陈煜著	中国社会科学出版社	2016
论语之君子之说	陈永和著	东北大学出版社	2016
君子与小人	王军凝著	团结出版社	2015
君子之学：琴棋书画与六艺课目	肖东发主编，陈秀伶编著	现代出版社	2015

续表

书名	著者	出版社	时间
君子之为：修身齐家治国平天下	肖东发主编，钟双德编著	现代出版社	2015
既见君子：诗经中的君子之道	夏葳著	北京工业大学出版社	2015
向君子借智慧	中央电视台中文国际频道《文明之旅》栏目组编著	北京时代华文书局	2015
文明：孔子的君子之道	周非著	吉林人民出版社	2015
君子：《论语》与人生	夏海著	孔学堂书局	2014
君子道：实践《弟子规》的智慧	邱明正、孟勇著	中山大学出版社	2014
君子的世界：先秦儒家的诗教与欲望	赵新著	吉林大学出版社	2014
追寻君子的幸福：当代视域中的先秦儒家幸福观研究	张方玉著	吉林人民出版社	2014
君子修身之道：由《弟子规》入《论语》	钟茂森讲述	中国华侨出版社	2014
君子乐：中国古典音乐心理分析	徐光兴著	安徽人民出版社	2014
新君子教育读本	郝兰奇编著	国家行政学院出版社	2013
君子·尊德性：一本书通晓儒家君子文化	曼迪著	研究出版社	2013
天地人和：儒家君子思想研究	李长泰著	人民出版社	2012
美德·君子·风俗	姚中秋著	浙江大学出版社	2012
半部《论语》：孔门君子的德行坐标图	蓝锡麟著	重庆出版社	2012
君子文化教育校本教程	张玉莲、李怀志主编	河北大学出版社	2012
出土文献与君子慎独：慎独问题讨论集	梁涛、斯云龙编	漓江出版社	2012
骨气：君子不屑嗟来食	王新荣编著	北京工业大学出版社	2012
仪：君子重仪（中华传统美德百字经）	于永玉、刘凤华编	天津人民出版社	2012
君子哲学	谭长流著	九州出版社	2011
君子之道：中国人的处世哲学	高喜田著	中华书局	2011

续表

书名	著者	出版社	时间
和谐世界与君子国家：关于国际体系与中国的思考	高飞主编	世界知识出版社	2011
中国古代的君子文化	李洪峰著	紫禁城出版社	2011
孔子学堂（第3卷）：追求真理君子人格	吴祚来著	二十一世纪出版社	2011
《左传》"君子曰"研究	卢心懋著	花木兰文化出版社	2010
中国君子文化	任福申著	线装书局	2009
儒家君子人格初探	王宏亮著	山西人民出版社	2008
流浪的君子：孔子的最后二十年	王健文著	生活·读书·新知三联书店	2008
礼乐人生：成就你的君子风范	彭林著	中华书局	2006
君子儒与诗教：先秦儒家文学思想考论	俞志慧著	生活·读书·新知三联书店	2005
君子的达观	於大清著	中华工商联合出版社	2003
君子人格论	廖建平著	中国文联出版社	2001
先秦君子风范：中华民族文化人格的历史探源	赵敏俐著	东方出版社	1999
君子之风：古代圣贤的生活艺术	顾梦圆著	汉湘文化事业公司	1999
历史名人论君子	陆宝根编著	同济大学出版社	1996
君子论	陈俊明著	电子科技大学出版社	1993

期刊论文目录

【说明】

以下是以"君子"为主题或关键词的中文期刊论文目录,其中发表在内地的相关论文七百一十二篇,发表时间从二十世纪三十年代至今,港澳台地区的相关论文八十四篇,发表时间从二十世纪五十年代至今,内容涉及语言学、文献学、哲学、伦理学、教育学、社会学、思想史等诸多领域,作者包括各领域的知名专家和年轻学者,他们从不同视角对先秦君子以及君子文化做了阐释。君子是先秦儒家树立的人格典范,也是先秦思想史的一个重要范畴,因此,这些论文一方面通过对君子的认识来解读先秦文献,另一方面从文本出发探讨和分析诸子对于君子以及君子之道的观点。随着简帛的大量出土和整理工作的不断进展,近年来研究者还将视野从传世文献扩展到出土文献。与此同时,将君子的道德伦理和当前的社会现实相联系,说明其时代意义和价值,也是君子研究的一个重要方向。还有个别研究者借用西方哲学家的理论观点来诠释先秦思想家关于君子的论述,也不失为一种有益的角度。

内地期刊论文目录

题目	作者	期刊	发表时间
习近平传统文化思想视域下"君子人格"的应用和创新	欧阳琦	文化创新比较研究	2019 年 16 期
全球一体化视野下"君子之道"思想的当代价值	李昊天	课程教育研究	2019 年 16 期
君子文化与君子人格	张国龙、凌丽君	人民论坛	2019 年 14 期

续表

题目	作者	期刊	发表时间
王夫之的君子观探析——以《周易外传》为例	梅珍生	江汉论坛	2019 年 12 期
近代法国的儒家"君子"研究	马平均	理论月刊	2019 年 11 期
统合孟荀的新视角——从君子儒学与庶民儒学看	梁涛	哲学动态	2019 年 10 期
《国语》的思想取向:"君子之行,唯道是从"——"重写中国思想史"研究系列之一	祁志祥	湖北社会科学	2019 年 10 期
"君子曰"与《左传》的历史感伤情怀	傅道彬	学术交流	2019 年 10 期
《论语》中的君子观及其对当代教育的启示	李建萍、郑建鹏	人文天下	2019 年 09 期
《论语》里君子气象的美学内涵	吴博群	黑龙江教育学院学报	2019 年 09 期
理想与现实张力中的君子人格——以儒家为中心的考察	程广丽	湖州师范学院学报	2019 年 09 期
缺席的君子:苏轼理想人格追求的双重困境与自我突围	杨吉华	河南社会科学	2019 年 09 期
守义与知命——《论语》中君子人格的两个基本规定及其意义	郭美华	社会科学	2019 年 07 期
《周易》乾卦的哲学意义与君子文化内涵	李元贵	文化学刊	2019 年 07 期
论荀子的"君子之学"	张茂泽	人文杂志	2019 年 07 期
论君子文化融入立德树人实践的语境生成	程碧英	成都大学学报（社会科学版）	2019 年 06 期
论时代楷模的君子人格	邬静	西安石油大学学报（社会科学版）	2019 年 06 期
董仲舒的君子养生观与饮食思想	唐艳	衡水学院学报	2019 年 06 期
论君子人格的精神特质	陈诗师、邓名瑛	伦理学研究	2019 年 06 期
从君子文化的视角论陆九渊心学的意义	陈寒鸣	齐鲁学刊	2019 年 06 期

续表

题目	作者	期刊	发表时间
"君子不器"新探——基于先秦儒家"文""质"关系的一种可能性解读	胡振坤	泰山学院学报	2019年06期
"君子无所争"再解——兼论儒家"尊让"问题	尹赋	社会科学研究	2019年06期
《论语》《左传》中君子小人之异	刘敏	兰州教育学院学报	2019年06期
时代新人与传统君子漫议	钱念孙	群言	2019年06期
《论语·里仁》"君子怀刑,小人怀惠"解	张懋学	中国石油大学学报（社会科学版）	2019年05期
学而君子——《论语》开篇及"其为人也孝弟"章释义	唐根希	鲁东大学学报（哲学社会科学版）	2019年05期
"君子文化"的多维比照视域、历史局限及现代转型	周兰桂	湖南人文科技学院学报	2019年05期
儒家君子文化及其当代价值研究	王莹	无锡职业技术学院学报	2019年05期
儒家"君子"人格的实践性探析——以《论语》为中心	刘一奇	新经济	2019年05期
《论语》中的君子之道与和谐社会构建	邓易森、张春红	语文月刊	2019年05期
浅谈《论语》之君子人格	王伊妮	现代交际	2019年05期
先秦儒家君子荣辱思想浅析	亓琪	华夏文化	2019年04期
孔子君子人格思想的政治伦理价值探析	郑娟、丁成际	南京航空航天大学学报（社会科学版）	2019年04期
何以君子：胡宏君子观浅论	潘宁、冯俊	地方文化研究	2019年04期
君子之学的历史演变和超越性意义及其当代价值	蔡利民、崔维锋、解紫桐	华北电力大学学报（社会科学版）	2019年04期
孔、孟、荀的君子观	周书灿	南都学坛	2019年04期
从读通鉴论看王夫之的理想君子人格	刘一正	湖北经济学院学报（人文社会科学版）	2019年04期
"君子不器"与立德树人	赵今	教育科学论坛	2019年04期

续表

题目	作者	期刊	发表时间
《论语·宪问》篇"欲寡其过而未能也"说辨证——兼论"君子道者三"章"我无能焉"的释读	廖名春	孔子研究	2019年03期
君子人格的诠释及其现实价值	彭彦华	孔子研究	2019年03期
"君子不器"的课程论阐释及传承延续	吴刚平、余闻婧	湖南科技大学学报（社会科学版）	2019年03期
传统与当代语境下的"君子人格"及其现代性构建	朱哲恒、吴兆民	合肥工业大学学报（社会科学版）	2019年03期
《论语》君子人格与新时代基层公务员素质提升	王樱娜	湖北科技学院学报	2019年03期
论《论语》对陶渊明君子人格的影响	杨婷婷	周口师范学院学报	2019年03期
新时期君子文化创新发展研究	侯艳芳	河南科技学院学报	2019年03期
君子文化·立德树人·校本课程	蔡朝霞	中学语文教学参考	2019年03期
《论语》中"君子尚美"精神与当代中学生道德意识的培养	曾一智	大众文艺	2019年03期
建构西方世界中的"君子"——海外新移民读经教育的兴起及其文化实践	陈映婕	华侨华人历史研究	2019年02期
陆九渊君子人格思想述论	周接兵	集美大学学报（哲学社会科学版）	2019年02期
德、礼和乐：传统君子人格的三个维度	何善蒙	贵州大学学报（社会科学版）	2019年02期
《易经》"共同体"与"君子社会"思想同源、并存论	任国杰	大连海事大学学报（社会科学版）	2019年02期
孔子"君子""成人"核心素养观的现代转化及其实践策略	张传燧、康再兴	河北师范大学学报（教育科学版）	2019年02期
由《诗经》中的酒描写探析先秦君子观	周子靖	佛山科学技术学院学报（社会科学版）	2019年02期
君子文化的大众走向：公共阐释作为一种选择	师永伟	地域文化研究	2019年02期

续表

题目	作者	期刊	发表时间
王夫之之历史语境与现实语境中的君子小人之辨	朱迪光	衡阳师范学院学报	2019年02期
当代俄罗斯对《论语》"君子"的解读	王灵芝	孔子研究	2019年02期
"君子以人治人"的当代阐释	沈湘平	武汉科技大学学报（社会科学版）	2019年02期
良知学意域中阳明后学的君子视界	阮春晖	文化软实力	2019年01期
论中国传统音乐中的"君子音程"	孟凡玉	中国音乐学	2019年01期
论君子"乐德"的养成	杨隽、张与弛	江苏社会科学	2019年01期
说《论语》中的"君子"	臧宏	孔子研究	2019年01期
师德修养视域下的儒家君子人格	张晓庆、刘楠楠	武陵学刊	2019年01期
"君子"人格内涵与形成径路——以《诗经》为核心的探析	于涛	保山学院学报	2019年01期
传统君子人格思想涵养新时代大学生价值观的五个维度	刘朝阁	高校辅导员学刊	2019年01期
培养君子公民	王啸、黄上芳	教育学报	2019年01期
义利公私之间：张栻对君子人格的理学诠释	周接兵	河北师范大学学报（哲学社会科学版）	2019年01期
君子、文人"固穷观"的文艺场域理论阐释及当代意义	龚城	大众文艺	2019年01期
《左传》"君子曰"探微	白玉玮	河北北方学院学报（社会科学版）	2019年01期
论《论语》中的君子形象	田梦源	名作欣赏	2018年32期
文化翻译观下《论语》中概念词"仁"、"君子"的英译——以理雅各和安乐哲译本为例	李娜	文教资料	2018年31期
孟子"君子三乐"释义	廖雪	文化创新比较研究	2018年23期
《论语》君子人格及其对大学生健康人格培养的启示	孔令柱	人文天下	2018年18期
《论语》中君子型人格范式解读	涂爱荣	学校党建与思想教育	2018年18期

续表

题目	作者	期刊	发表时间
也谈"君子不器"	林志明	中国书法	2018年16期
孟子的君子观探析	刘朋娜	开封教育学院学报	2018年11期
《左传》中吴公子季札的君子风范	孙世亚	吉林广播电视大学学报	2018年11期
孔子与亚里士多德理想人格理论比较研究	刘祎程	铜仁学院学报	2018年11期
《论语》中的"君子"	顾明远	中国教师	2018年09期
君子不器	易中天	创造	2018年08期
论中国传统文化中的君子品格	史少博	社科纵横	2018年07期
君子文化视野下明清之际文人注杜潮流谫论	史哲文	中北大学学报（社会科学版）	2018年06期
孔子的君子观及其当代价值研究	黎千驹	贵州工程应用技术学院学报	2018年06期
儒家君子"五常"的当今价值审视	孙君恒	衡水学院学报	2018年06期
孔子孟子的君子观与新时代的廉君子修养	宋冬梅	济宁学院学报	2018年06期
从圣人到君子：春秋士人的精神内核转向	徐佳超	文艺评论	2018年06期
《中庸》君子之道论	韩星	中原文化研究	2018年06期
张栻君子范畴内涵的理学体系解析	李长泰	中原文化研究	2018年06期
《周易》乾卦"龙"德与君子修身	邵友伟	濮阳职业技术学院学报	2018年06期
君子文化的当代阐释和时代创新——以习近平新时代道德建设重要论述为视角	范成龙、吴锋	新疆社科论坛	2018年05期
论君子文化的时代内涵	程碧英	成都大学学报（社会科学版）	2018年05期
《春秋繁露》中的君子人格及其当代价值	白立强、金周昌	衡水学院学报	2018年05期
湖湘文化中的君子人格研究	彭龙富	湖南行政学院学报	2018年05期

续表

题目	作者	期刊	发表时间
《论语》君子人格对当代青年人格修养的启示	罗小玉、朱业宏	长江大学学报（社会科学版）	2018年05期
"否定主义"视域下《论语》中"君子"人格之审视	谭绍江、涂爱荣	湖北经济学院学报	2018年05期
"乡原"何以为"德之贼"——早期儒家对"学为君子"思想的反向阐释	赵清文	安徽师范大学学报（人文社会科学版）	2018年05期
出土文献中的"君子"新义	韩伟涛	寻根	2018年05期
庄子君子观的积极意义	孙君恒、刘可馨	黄河科技大学学报	2018年05期
从《论语义疏》看皇侃的君子观	付欢欢	华夏文化	2018年04期
王阳明"龙场悟道"中的君子之学发微——以龙场四学记为中心的考察	王胜军	贵州文史丛刊	2018年04期
君子之学：毛泽东一师二年级第一学期思想状况解析——基于对与萧子升通信的解读	刘东侠、车桂林	河北民族师范学院学报	2018年04期
儒家君子人格要义及当代价值研究	郑娟、丁成际	太原理工大学学报（社会科学版）	2018年04期
王船山关于小人与君子之差分与渡越何以可能——基于《四书训义·论语》为中心的考察	杨志刚	船山学刊	2018年04期
论曾国藩构建君子人格之道	江泳辉	湖南人文科技学院学报	2018年04期
习近平传统文化思想视域下孔子君子理想人格的当代价值	石莹、刘占祥	毛泽东思想研究	2018年04期
以"君子人格"涵养大学生健康社会心态的路径探析	曹均学、徐国平	西华师范大学学报（哲学社会科学版）	2018年04期
中国文学的君子形象与"君子曰"的思想话语	傅道彬	文学评论	2018年04期
学者，所以求为君子也——扬雄《法言》中的治学思想	杨金有、宋祥	古籍整理研究学刊	2018年04期

续表

题目	作者	期刊	发表时间
君子、理想人格及儒道君子文化的相异互补	洪修平、孙亦平	哲学研究	2018年04期
君子文化是造就时代新人的重要思想资源	孙汉生	海峡教育研究	2018年03期
中国文化中的君子与理想人格	洪修平	华夏文化	2018年03期
孔子"君子之道"的人文精神意蕴	赵馥洁	华夏文化	2018年03期
关联理论视角下《论语》"君子"形象构建	庄雅妗	长沙航空职业技术学院学报	2018年03期
浅析《论语》中的君子人格内涵	吕璐璐	重庆电子工程职业学院学报	2018年03期
荀子思想中君子内涵的分析	杨克宇	河套学院论坛	2018年03期
王船山《俟解》之君子与庶民图像——以《孟子》"人之所以异"章诠释为例	蔡家和	武汉科技大学学报（社会科学版）	2018年03期
先秦儒家君子人格的理论建构及其现代价值	高恒天、杨杰	船山学刊	2018年03期
《中庸》的"情感"与君子的"自我实现"——基于道德社会化视角的解读	张津梁	天中学刊	2018年03期
中和位育：君子养育的先秦儒家之道	吕颜君	科教导刊（上旬刊）	2018年03期
平民胡峄阳的君子观	刘蕾	东方论坛	2018年02期
严复的君子观念	孙汉生	集美大学学报（哲社版）	2018年02期
古老的教化命题：《论语》中的君子、小人之辨	史应勇	湖南师范大学教育科学学报	2018年02期
孔子"君子人格"思想探析	赖丽慧	四川职业技术学院学报	2018年02期
君子与"中道"	徐克谦	杭州师范大学学报（社会科学版）	2018年02期

续表

题目	作者	期刊	发表时间
试论孔子的君子学说	唐代兴、程碧英	中国社会科学院研究生院学报	2018年02期
孔子"君子之道"的开新意义及其时代价值	赵馥洁	唐都学刊	2018年02期
论墨子的君子观	王伟凯	社科纵横	2018年02期
成为君子的条件，只有一个	傅佩荣	思维与智慧	2018年02期
由性命之辩浅析君子立身之根据	赵晶、严则金	九江学院学报（社会科学版）	2018年01期
"孔颜之乐"：君子品格的修养与完善	闫伟	上饶师范学院学报	2018年01期
《周易》论君子的社会责任观	牛天宇、宋辉	西安石油大学学报（社会科学版）	2018年01期
黄道周对儒家"君子儒"人格的建构	许卉	河北大学学报（哲学社会科学版）	2018年01期
名士风范：身体物化展示中的艺术创造——从《论语》的"君子"到《世说新语》的"名士"	何光顺	名作欣赏	2018年01期
"君子知乐"与周代贵族的艺术修养	杨隽	中国高校社会科学	2018年01期
"公民式君子"抑或"君子式公民"——重新思考君子与公民	王苍龙	天府新论	2018年01期
《论语》中"君子"的英译比较研究	杨洋	河南理工大学学报（社会科学版）	2018年01期
容礼——君子修身之道	周琦	商业文化	2017年29期
君子坦荡荡	石保青	思维与智慧	2017年24期
论《诗经》之"君子"	张琪	戏剧之家	2017年24期
浅述《论语》中孔子及其弟子对"君子"的不同理解	张玉婷	人文天下	2017年21期
马克思主义价值观视角下《论语》君子观思想的当代价值	李璐	现代交际	2017年19期

续表

题目	作者	期刊	发表时间
先秦君子人格对我国公务员行政人格养成的启示	王江维	理论导刊	2017年12期
浸润在历史长河中的君子文化	朱万曙	智慧中国	2017年10期
君子文化的内涵与君子人格的养成	欧阳琦	文学教育（下）	2017年10期
简析儒家传统君子的现代传承	林祖浮	佳木斯职业学院学报	2017年10期
养君子人格行君子之政——从《爱莲说》谈官德文化建设	陈洁	领导之友	2017年10期
《诗经·关雎》中关于古代"君子"、"淑女"标准的解读	朱珠	佳木斯职业学院学报	2017年09期
"汤武之德"与帛书《衷》篇的君子形象	柳镛宾	人文杂志	2017年09期
《春秋》与君子政治	郜同麟	前线	2017年09期
君子人格的核心内涵："和而不同"的共存意识	陈仲庚	湖南科技学院学报	2017年09期
生死关口的道义和智慧——论《史记》中士君子的人格风范	康清莲	渭南师范学院学报	2017年09期
"君子有三乐，而王天下不与存焉"新解	罗贵绒、吴根友	理论月刊	2017年07期
"位"的践履与"德福一致"的证成——论儒家君子幸福观的实践维度	郭文	福建论坛（人文社会科学版）	2017年07期
孟子君子观的四重面向	戴兆国、毛加兴	安徽师范大学学报（人文社会科学版）	2017年06期
从圣坛到民间：王艮儒家君子观大众化建构及困限	孙君恒、刘可馨	深圳大学学报（人文社会科学版）	2017年06期
《易传》论君子修身方法	梅柳	北京印刷学院学报	2017年06期
先秦的君子威仪与"周文"之关系	付林鹏、张菡	华中师范大学学报（人文社会科学版）	2017年05期
"成于乐"：儒家君子人格养成的性格特征和精神向度——孔子文学教育思想探论之三	王齐洲	华中师范大学学报（人文社会科学版）	2017年05期

续表

题目	作者	期刊	发表时间
试析德能互补、仁智双彰的君子人格——以自强不息、厚德载物为内涵	王彩云	南阳理工学院学报	2017年05期
朱熹论"君子"之判别——围绕《论语》"视其所以"章展开的分析	徐国明	湖北大学学报（哲学社会科学版）	2017年05期
谁之中庸？——追寻人类伦理视域的新君子	任丑	湖北大学学报（哲学社会科学版）	2017年05期
市场逻辑就是君子之道	张维迎	中国中小企业	2017年05期
君子文化探析	李潇	湖北函授大学学报	2017年05期
为什么说"君子不器"	文史	人才资源开发	2017年05期
"君子"义绎	李飞跃	国学学刊	2017年04期
君子行礼，亦求变俗——北山学派的礼仪传播与实践	杨逸	中国文化研究	2017年04期
儒家君子人格与基督教义人位格之比照	杜君璞	山西大同大学学报（社会科学版）	2017年04期
《周易》卦爻辞之中的"君子"范畴	刘震	南京师大学报（社会科学版）	2017年04期
基于党争和人性的双重反思——论苏轼的"君子小人观"与易学思想	黄小珠	周易研究	2017年04期
生命成长与君子不忧——孔子生命成长观及其价值的当代审视	桂书生	合肥师范学院学报	2017年04期
论孟子的"君子三乐"	张晗	河南机电高等专科学校学报	2017年04期
"君子不器"的解读——"知识"与"德性"的融通	彭欣欣	河北北方学院学报（社会科学版）	2017年04期
儒家伦理的二维结构体系——从"君子喻于义，小人喻于利"谈起	张俊	文史哲	2017年04期
谈《诗经·淇奥》中君子形象的塑造	李佳卉	艺术科技	2017年04期
《论语》中"君子"身份含义文化探析	于泳	边疆经济与文化	2017年04期

续表

题目	作者	期刊	发表时间
《劝学》教人学什么？——荀子对孔子"君子学"思想的继承与阐发	李福建	管子学刊	2017年03期
《孟子》"君子有三乐"章中的幸福观及其现代意义	谢永鑫、刘科迪	商丘职业技术学院学报	2017年03期
君子人格与身份认同	陆保良	聊城大学学报（社会科学版）	2017年03期
王阳明道德精神的两面性深考：道德君子和狂者胸次	宣炳三	贵阳学院学报（社会科学版）	2017年03期
中国古代"个体"思想的现代阐释——论儒家"君子"之道与庄子"至人"追求的正反合	涂早玲	哈尔滨师范大学社会科学学报	2017年03期
"立于礼"：儒家君子人格养成的行为准则——孔子文学教育思想探论之二	王齐洲	社会科学研究	2017年03期
"君子远庖厨"的生态社会意蕴	王丽梅、贾福闯	自然辩证法研究	2017年03期
君子与小人	渊默	思维与智慧	2017年03期
余英时的君子思想及其价值述论	周良发、潘虹	湖南工程学院学报（社会科学版）	2017年02期
君子之道与现代生活——传统道德的现代转化侧论	王林伟	贵州大学学报（社会科学版）	2017年02期
梅长苏的君子形象解读	李潇	淮南职业技术学院学报	2017年02期
中国君子人格的责任意识	邓志敏	新余学院学报	2017年02期
君子以正位凝命——《周易》鼎卦大象传诠释	翟奎凤	湖南大学学报（社会科学版）	2017年02期
论《左传》人物语言中的评判语与君子评论的异同	刘盼	辽宁教育行政学院学报	2017年02期
论刘醒龙《蟠虺》中君子人格的"呐喊"	毛鑫	太原师范学院学报（社会科学版）	2017年02期
孔子的君子思想与领导干部道德修养的价值取向	李小坚、王珂珂	湖南行政学院学报	2017年02期

续表

题目	作者	期刊	发表时间
英汉民族的人格符号——从"gentleman"和"君子"谈起	王松鹤、韩晓惠	外语学刊	2017年02期
中国先秦儒家理想君子人格的自由性探究	邓志敏	赤峰学院学报（汉文哲学社会科学版）	2017年02期
君子文化的当代价值	张述存	理论学习	2017年02期
明代儒士"君子人格"管窥（上）——以张履祥《近古录》为中心	张瑞涛	中国文化论衡	2017年01期
论徐干的《中论》思想——以君子观为角度	丁娟	淮北师范大学学报（哲学社会科学版）	2017年01期
《四书》中君子及其"务本"内涵探析	左金众	新疆社科论坛	2017年01期
穷理尽性以至于命：《论语》"学而"章与君子之道	周浩翔	安徽师范大学学报（人文社会科学版）	2017年01期
《论语》"君子"成德路径考论	刘一奇	宜宾学院学报	2017年01期
韩非子的君子观审视	孙君恒、杨国哲	阜阳师范学院学报（社会科学版）	2017年01期
周易君子学与生命本体论的积极建构	李咏吟	徐州工程学院学报（社会科学版）	2017年01期
君子文化在传统文化中的地位和影响	钱念孙	学术界	2017年01期
"君子"观念的理论反思	朱承	学术界	2017年01期
儒家"君子"理想的当代考察	代训锋	人民论坛	2016年29期
论中庸作为君子之至德	梁舒娅	青年文学家	2016年23期
"学"与君子人格的形成	李申淼	商	2016年22期
儒家君子人格的发展历程	李申淼	商	2016年21期
论君子人格的养成	孟威、吕龙飞	学习月刊	2016年20期
君子文化与骑士精神	张昱琨	中国德育	2016年15期
君子和而不同	老孺	思维与智慧	2016年14期
君子的"三达德"	钟国兴、陈有勇	领导之友	2016年14期

续表

题目	作者	期刊	发表时间
《论语》中的君子之德及其当代价值	苗盼桃	青春岁月	2016年13期
论孔子的君子观及其历史发展	张茂泽	学术界	2016年12期
论《左传》史料系统与先秦君子问题起源——《左传》"君子"用法详析	张毅	北京社会科学	2016年12期
试析《论语》中典型人格类型的生成过程——以士、君子、圣人为论述中心	马晓政	宿州学院学报	2016年12期
"君子人与君子人也"——被长期错误"标点"的梁启超清华《君子》演讲	徐林旗	博览群书	2016年11期
简析《论语》中"君子人格"的内涵及现实启示	蒋昌丽、谢辉	吉林省教育学院学报	2016年10期
君子研究综述	张剑平、罗琼宇	名作欣赏	2016年08期
君子小人之别	侯建良	月读	2016年08期
浅谈《论语》中的"君子"与"小人"	马彦峰	参花（下）	2016年08期
《论语》中"君子"和"小人"的英译比较研究——以理雅各、威利译本为例	徐敏、余斌	现代语文（语言研究版）	2016年08期
君子：中华民族千锤百炼的人格基因	钱念孙	政策	2016年08期
《论语译注》"君子"译文商榷六则	黄佳琦	齐齐哈尔大学学报（哲学社会科学版）	2016年07期
《诗经》中"君子"含义浅析	张美玲	学理论	2016年07期
论君子文化及其当代意义	张述存	贵州社会科学	2016年06期
《诗经》"君子"意涵及其演变	邵杰	湖南人文科技学院学报	2016年06期
王夫之对君子理想人格的多重期许——以《读通鉴论》唐前史评为例	宋雪玲	船山学刊	2016年06期

续表

题目	作者	期刊	发表时间
对古代君子文化人文精神的思考	孙自胜	淮南师范学院学报	2016年06期
君子的意义与德行	楼宇烈	道德与文明	2016年06期
儒家君子人格的当代意义——以孔孟"君子"说为论域	蒋国保	道德与文明	2016年06期
儒家传统君子人格的现代价值及其困境与出路	孙钦香	江海学刊	2016年06期
从"君子"的英译看传统文化的海外传播	王小晶	英语广场	2016年05期
《论语》中君子人格的当代德育价值	韩绍杉	佳木斯职业学院学报	2016年05期
苏轼的君子小人论	孙君恒、孙宇辰	博览群书	2016年05期
君子文化与中韩文化交流	王桂云	博览群书	2016年05期
"我注六经"与"六经注我"——试论君子文化的时代性转化	何泽华	博览群书	2016年05期
君子：千锤百炼的人格基因	钱念孙	博览群书	2016年05期
仁义、中庸与乐——君子的人格特征	吴冬梅	博览群书	2016年05期
政治生活中的君子与圣人——《论语》三章镜诠	陈志伟	宝鸡文理学院学报（社会科学版）	2016年05期
从《左传》叙事看孔门"君子"教义与春秋时代	张毅	船山学刊	2016年05期
"文人"到"君子"：儒家君子主体人格的复归	马兰兰、李振纲	宁夏社会科学	2016年05期
《论语》中君子人格的当代德育价值	韩绍杉	佳木斯职业学院学报	2016年05期
"君子"要远"庖厨"吗	刘鹏飞	文史博览	2016年05期
从"君子"的英译看传统文化的海外传播	王小晶	英语广场	2016年05期
士君子、知识分子和意识形态	吴宁	原道	2016年04期

续表

题目	作者	期刊	发表时间
《菜根谭》"君子"英译"Junzi Gentleman"之理据探析	赵明	徐州工程学院学报（社会科学版）	2016年04期
从上博简孔子言论看孔子"君子观"	张海波	唐都学刊	2016年04期
君子三戒现代启示	刘文婧	中国报道	2016年04期
柳宗元的儒家君子观	孙君恒、温斌	常州大学学报（社会科学版）	2016年03期
儒家"君子文化"的哲学特征及其伦理价值	李季林	衡水学院学报	2016年03期
论传统君子人格在完善领导干部社会信任中的现代价值及运用	王自芳	广西社会科学	2016年03期
儒家的君子人格与现代公民道德建设	任云丽	中共山西省委党校学报	2016年03期
春秋人物品评的主体及其"君子曰"与"孔子曰"	孙董霞	青海师范大学学报（哲学社会科学版）	2016年03期
秦简"君子子"含义初探	李玥凝	鲁东大学学报（哲学社会科学版）	2016年03期
孝悌伦理与"君子"人格理想之确立	韩德民	当代中国价值观研究	2016年03期
春秋人物品评的主体及其"君子曰"与"孔子曰"	孙董霞	青海师范大学学报（哲学社会科学版）	2016年03期
君子三畏	黄玉顺	宜宾学院学报	2016年02期
《中庸》的君子观——以《中庸章句》为基础	何善蒙、楼闻佳	集美大学学报（哲社版）	2016年02期
《周易》的君子观	张涛、袁江玉	理论学刊	2016年02期
君子制义与两汉士人的政治际遇	曹胜高	古代文明	2016年02期
《左传》"君子曰"君臣观考论	蓝卉	鄂州大学学报	2016年02期
"君子文化"与大学生个人品德教育	朱哲恒、张德学	黄山学院学报	2016年02期
孔子的君子人格及其实践品格	伏爱华	合肥师范学院学报	2016年02期
君子之党与一党政制	衷鑫恋	原道	2016年02期

续表

题目	作者	期刊	发表时间
从"最贴近的自然对等"看"君子"和"小人"的英译	杨竟艺	西昌学院学报（社会科学版）	2016年02期
荀子论美德政治与君子权力	史大海、韩淑英	邯郸学院学报	2016年02期
从《论语》探究教育家孔子的"君子"标准	杨彦科	青年文学家	2016年02期
试论孔子君子人格的要义	胡发贵	江苏大学学报（社会科学版）	2016年01期
儒家"君子"概念英译浅析——以理雅各、韦利英译《论语》为例	韩星、韩秋宇	外语学刊	2016年01期
"君子不器"衍义——泛论儒家人文传统对现代教育的启示	陈多旭	湖南师范大学教育科学学报	2016年01期
从辜氏《〈论语〉英译》中"君子"译文论译者主体性	李英垣、杨锦宇、汪静	龙岩学院学报	2016年01期
重铸君子人格推动移风易俗	牟钟鉴	孔子研究	2016年01期
试论"君子爱财，取之有道"的现代意蕴	杨明辉	江苏大学学报（社会科学版）	2016年01期
"君子"、"小人"与"女子"辨析	张丰乾	山东师范大学学报（人文社会科学版）	2016年01期
孔子建构君子理想人格理论探析	王蒙	现代语文（学术综合版）	2016年01期
《庄子》中君子与小人之辨及其影响	陈红梅	河北广播电视大学学报	2016年01期
基于孔子君子人格思想的高校道德人格培育探析	张晓庆	黑龙江高教研究	2016年01期
世界主义视野下君子之"大"人格探析	庞瑶	开封大学学报	2016年01期
礼坏乐崩时代圣贤君子的坚持与抉择	叶国良	岭南学报	2016年01期
《左传》"君子曰"建构的礼论系统	蓝卉	阳明学刊	2016年00期

续表

题目	作者	期刊	发表时间
简述儒家君子教育的历史演变	林祖浮	中学教学参考	2015年25期
儒家君子思想对培育和践行社会主义核心价值观的启示	马平均、易琳	学校党建与思想教育	2015年24期
明朝周宪王朱有燉的文人剧与儒家君子人格追求	陈玉荣	兰台世界	2015年24期
浅谈儒家"君子"形象	兰敏	长江丛刊	2015年19期
《论语》中君子的人格之美	杜晓丹	青年文学家	2015年15期
浅析荀子的君子人格思想	何璐	赤子（上中旬）	2015年14期
让君子人格牵引我们——读《君子:〈论语〉与人生》	于民雄	当代贵州	2015年13期
君子风范与社会主义核心价值观的培育	卢毅彬、周燕琳	长春教育学院学报	2015年12期
孔子君子人格思想之道德意蕴	张晓庆	学术探索	2015年11期
试论《论语》中的君子人格和其对大学生教育的意义	环志峰	青春岁月	2015年11期
当代社会语境中的君子文化研究	韩清玉	兰州学刊	2015年10期
《论语》中的"君子"概念与孔子的通才教育理念	李瑛	高教学刊	2015年09期
儒家君子:另一种先知	黄启祥	理论学刊	2015年09期
谈《论语》英译版本中"君子"与"小人"的翻译	邓芬	语文学刊（外语教育教学）	2015年07期
由君子"恒德"到"观其德义"——《易传》和《帛书易传》的心性观比较	朱金发	哲学研究	2015年07期
理同事异、和而不流——睽卦《大象》辞"君子以同而异"诠释	翟奎凤、田泽人	周易研究	2015年06期
君子固穷:比较视域中的运气、幸福与道德	宋健	华东师范大学学报（哲学社会科学版）	2015年06期
"君子有党"论的发展与终结——再论道统与政统合一的士人理想	王处辉、刘肇阳	孔子研究	2015年06期

续表

题目	作者	期刊	发表时间
爱莲文化中的"君子"形象及其现实意义	熊素玲	社会科学家	2015年06期
周易君子学与古典生命伦理观的奠基	李咏吟、陈中雨	湖南师范大学社会科学学报	2015年06期
君子与公民：寻找中国文明脉络中的秩序主体	姚中秋、郭忠华、郭台辉、王苍龙	天府新论	2015年06期
"文质彬彬，然后君子"：孔子的君子意涵	孙钦香	学海	2015年05期
《论语》"君子不器"涵义探讨	李宁	学海	2015年05期
君子"为政以正"的境域化解读	陆月宏	学海	2015年05期
对《论语》中"君子"的解读	赵宏宾	济南职业学院学报	2015年05期
基于君子文化的中国式管理模式：德胜洋楼的案例研究	胡海波、吴照云	当代财经	2015年04期
《论语》中的君子理想人格培养及当代启示	张顺昌	人文天下	2015年04期
功能对等下《论语》"君子"、"小人"的英译研究	黄斐霞	漳州职业技术学院学报	2015年04期
论孔子"君子"的内涵及其生存选择性	段卓介	赤子（上中旬）	2015年04期
论王船山的君子与小人之辨	杨明	船山学刊	2015年04期
《论语》的君子人格与大学生理想人格的培育	余杭	高校辅导员学刊	2015年04期
权德舆对中唐士人品行的评骘及对君子德行的倡导——以权德舆的策问为中心	陈江英	甘肃高师学报	2015年04期
君子与小人——《论语》串读	吴永福	现代语文（教学研究版）	2015年04期
从《论语》的君子观看原始儒家的情怀	昌盛	宁夏社会科学	2015年03期

续表

题目	作者	期刊	发表时间
政治哲学语境中的君子人格及其当代反省	王光	道德与文明	2015年03期
先秦儒家"君子观"的流变	曹祎黎	西安文理学院学报（社会科学版）	2015年03期
基于"比德"视阈下的古代松柏君子人格象征考论	王颖	江淮论坛	2015年03期
儒家君子人格的内涵及其现代价值	王国良	武汉科技大学学报（社会科学版）	2015年02期
说孔子的"君子观"	王骏	佳木斯大学社会科学学报	2015年02期
《论语》中君子人格对当代大学生成长的现实价值	路丙辉、周开源	长春大学学报	2015年02期
孔子"君子"观新论	程建	沈阳大学学报（社会科学版）	2015年02期
从《味兰书屋》匾探析林则徐君子之义	蒋小薇	福建文博	2015年02期
"君子观"与"人的全面发展观"——中国传统智慧与马克思主义哲学之契合点	王敬慧	马克思主义美学研究	2015年02期
"无君子则天地不理"——荀子思想中作为政治之理想人格的君子	东方朔	诸子学刊	2015年02期
"仁"与"知"并重——品读《论语》之君子观	曾玉	鸭绿江（下半月版）	2015年02期
动态对应视角下"君子"一词的翻译	姜双权、张顺生	江苏外语教学研究	2015年02期
二十一世纪以来孔子的君子人格研究综述	何丹丽	地方文化研究辑刊	2015年02期
禅语"君子可八"释义商兑	王长林	语言研究	2015年01期
孔子"君子固穷"观要解	蔡先金	孔子研究	2015年01期
君子之道的仁义抱负与文教起点——试论介于质教与文教之间的儒家诗教	李旭	海南大学学报（人文社会科学版）	2015年01期

续表

题目	作者	期刊	发表时间
论王夫之君子人格思想的四层面向	李长泰	船山学刊	2015年01期
从"君子曰"之引诗看《左传》作者对《诗经》的接受	王晓敏	南阳理工学院学报	2015年01期
"游":"君子"和"至人"之间的张力及其释放	韩德民	中国美学研究	2015年01期
从"君子的基督徒"到"基督徒君子"——从对基督徒理想人格的理解看谢扶雅思想的演变	赵清文	基督教文化学刊	2015年01期
论《孔子诗论》第二十七简"中氏"——兼论孔子的"君子"观	安敏	诗经研究丛刊	2015年01期
君子的人格特征与养成	吴冬梅	伦理与文明	2015年00期
墨家的君子情怀	孙君恒、孙宇辰	阳明学刊	2015年00期
对《论语》中"君子"形象的探讨	张晓君	卫生职业教育	2014年20期
时代呼唤"知、仁、勇"的回归	李九龙	先锋队	2014年12期
论儒家君子人格与大学生的人格教育	马建新、司成伟、张长胜	淮海工学院学报（人文社会科学版）	2014年11期
君子学以美其身	周之良	前线	2014年09期
《左传》"君子曰"分析	张红亮	赤峰学院学报（汉文哲学社会科学版）	2014年08期
先秦儒家人格思想及其时代价值	胡娜	理论学习	2014年06期
《论语》语境中的君子论析	张敏	武汉理工大学学报（社会科学版）	2014年05期
理想人格：新亚当与君子——超验主义散文与先秦儒家经典的对读	江锦年	湖北第二师范学院学报	2014年05期
"道"与"君子"：儒家的自我修养论	黄光国	华中师范大学学报（人文社会科学版）	2014年03期
何谓道德成熟：来自先秦儒学的回答	张容南	道德与文明	2014年03期
乐仪之教与周代的君子威仪	付林鹏	中国文化研究	2014年03期

续表

题目	作者	期刊	发表时间
《荀子》论辩推理探究	林小燕	陕西学前师范学院学报	2014年03期
论春秋时期战争的君子风度	刘丽文	解放军艺术学院学报	2014年03期
"仁"的起源、本质特征及其对中华法系的影响	武树臣	山东大学学报（哲学社会科学版）	2014年03期
论先秦儒家君子型人才模式	邓名瑛、吴建国	湖湘论坛	2014年03期
孔子"君子学"的三种境界——《论语》首章集译	黎红雷	孔子研究	2014年03期
丁若镛《诗经讲义》的唯美政治思想与君子论	姜璋玮	湖南行政学院学报	2014年02期
现代装饰装潢设计中的儒家君子之说——文质彬彬，然后君子	何小溪	艺术科技	2014年02期
君子人格：李清照与先秦儒家的思想交汇	苏志敏	北京工业大学学报（社会科学版）	2014年01期
道不远人：早期儒家礼仪之道的形成	孔德立	南京大学学报（哲学·人文科学·社会科学版）	2014年01期
"君子"内涵的抽象化与意象的艺术升华	刘婧、桂胜、范长煜	江西社会科学	2014年01期
君子儒与小人儒	周贵有	国学	2014年01期
宓子贱的舍与得	陆传英	职业	2013年34期
孔子理想人格思想对现代的启示	杨晓君	教育教学论坛	2013年28期
感悟亚圣"反求诸己"	李华	学理论	2013年15期
茶道中的儒家君子之德	杨洁	茶博览	2013年11期
《诗经》"君子"含义的演变及君子风范的文学表现	陈冬梅	东岳论丛	2013年11期
君子不镜于水而镜于人	冯念学	人民司法	2013年09期
浅论先秦儒家"君子人格"思想及其现实价值	赵江燕、王悦霏	山东工业技术	2013年09期
浅析《论语》中"君子"的形象	刘国庆	大众文艺	2013年09期

续表

题目	作者	期刊	发表时间
先秦儒道哲学水之形态差异论	杨昱	成都师范学院学报	2013年06期
争与不争的境界	张海法	上海企业	2013年06期
从《中庸》看先秦儒家的君子之道	李燕	晋中学院学报	2013年06期
先秦儒家君子人格的价值内涵	尚建飞	内蒙古大学学报（哲学社会科学版）	2013年06期
君子恶居下流——兼论儒家的担当精神	曾海军	中山大学学报（社会科学版）	2013年06期
"君子学以致其道"——孔子对人最大的关怀即学以成君子	章忠民	上海商学院学报	2013年06期
谦谦君子，卑以自牧——由《周易》谦卦而引申出的一种儒家修身工夫	余治平	哲学分析	2013年05期
《左传》"君子曰"与"君子谓"辨析	邢猛	淮海工学院学报（人文社会科学版）	2013年05期
论孔子的教育价值观	吴哲	邢台学院学报	2013年04期
《左传》士人形象的道德评判	黄儒敏、韩再峰、宋国庆	佳木斯大学社会科学学报	2013年04期
从孔子理想中的"君子"看其幸福观的实质——以《论语》为分析文本	韦朝烈、黄炳境	中共南京市委党校学报	2013年04期
君子人格与人的现代化	潘星宇	学理论	2013年03期
《左传》中的释言句式与乱世君子	张毅	海南大学学报（人文社会科学版）	2013年03期
《礼记·檀弓上》曾子责子夏考辨——兼谈孔门弟子是"和而不同"的君子群体	高培华	史学月刊	2013年02期
楚简《缁衣》的"谨言慎行"论——第十五至十六章的本义考	郭静云	学术研究	2013年01期
先秦诸子嫉妒观论略	陈如松、雷凯	佳木斯大学社会科学学报	2013年01期
儒家的"君子"比喻	子清	文史杂志	2013年01期

续表

题目	作者	期刊	发表时间
君子风范：孔子思想本怀	马寄	信阳师范学院学报（哲学社会科学版）	2013年01期
浅论儒家哲学中的君子观——分析君子在《论语》中的主体地位	张寰	学周刊	2012年33期
从《礼记·大学》看《论语》中的君子人格	汤婧	学理论	2012年28期
论君子何以"不仁"——《论语》"君子而不仁者有矣夫，未有小人而仁者也"本义考	王俊鹏	黑龙江史志	2012年23期
论儒家思想在现代企业管理中的运用	孙翠菊、屈淑萍	中国商贸	2012年20期
从梁启超的《论君子》谈当前大学精神的重塑	贺利平	河南科技	2012年19期
儒家人格思想及其现代价值研究	易强	求索	2012年11期
儒家视阈中的人格理想	杨国荣	道德与文明	2012年05期
春秋时代君子集聚的家族考察——对晋国赵氏家族君子人格的个案研究	陈煜	通化师范学院学报	2012年05期
《天地人和——儒家君子思想研究》评介	赵馥洁	湖南农业大学学报（社会科学版）	2012年05期
先秦儒家核心价值观与浙江精神	崔华前	观察与思考	2012年04期
试论子产的君子人格内涵	陈煜	大连大学学报	2012年04期
论孔子的社会秩序观	王军	郑州轻工业学院学报（社会科学版）	2012年04期
透析孔子时代"君子"涵义之转向	杨孟	安康学院学报	2012年04期
春秋时代的"南冠"人格及影响	陈煜	北方论丛	2012年04期
孔子对于"君子"意义的另一种界定	张涅	船山学刊	2012年04期
"言行相近，然后君子"——从上博简《弟子问》看孔子的言行观	常佩雨	文艺评论	2012年04期

续表

题目	作者	期刊	发表时间
《论语》章句学诠释：以"君子不重则不威"章为例的讨论	王钧林	社会科学战线	2012年04期
从《论语》"君子"情怀看当代作家的文化品格	程碧英	广西社会科学	2012年03期
"松"的文化意义初探	韩起英	张家口职业技术学院学报	2012年02期
儒家美学思想的美善同一说	郭殿忱	美与时代（下）	2012年02期
"君子"与"小人"：先秦儒家人际传播思想中的人格角色分类	覃凤云	东南传播	2012年02期
论《诗经》大小雅中的君子文化	刘娜	扬州职业大学学报	2012年02期
儒的源起与真意："小人儒"如何跃升为"君子儒"	邵龙宝	晋阳学刊	2012年02期
先秦儒家孔孟乐道的人生旨趣	蓝香清	内蒙古农业大学学报（社会科学版）	2012年01期
"位"与"德"之间——从《周易·解卦》看孔子"君子小人"说的纠结	黎红雷	孔子研究	2012年01期
"克己复礼"论辩——儒学正本清源之一	姚曼波	江苏教育学院学报（社会科学版）	2012年01期
儒家君子，还是当代竞争者？——芮成钢峰会提问之争与国家认同（英文）	聂骅、高一虹	中国社会语言学	2012年01期
忠恕之道，推己及人——浅谈儒家"君子"人格的三维目标及其二重意蕴	萧苏	内蒙古农业大学学报（社会科学版）	2012年01期
谦谦君子——浅析《左传》中的季札	李一璐	群文天地	2011年21期
传承儒家文化实施君子教育初探	朱辉鹏	新作文（教育教学研究）	2011年15期
君子威仪	秋风	企业观察家	2011年11期
儒家君子范畴内涵新论	李长泰	江西社会科学	2011年10期

续表

题目	作者	期刊	发表时间
儒士与侠气	李欧	广东社会科学	2011年06期
《论语》"君子有三畏"章新释	廖名春	孔子研究	2011年06期
论孔子"君子"人格的结构及其特征	周宵、桑青松、姚本先	河北广播电视大学学报	2011年06期
《周南·樛木》"樛木"、"君子"辨说	周春健	现代哲学	2011年05期
先秦儒家道德人格层次辨析	林贵长	吉首大学学报（社会科学版）	2011年05期
"诗可以兴，可以观，可以群，可以怨"——孔子诗教与君子性情	刘美红	咸宁学院学报	2011年05期
政治生态中的君子——从孔子与冉有为政思想的分歧看孔子之惑	韩中谊	理论月刊	2011年04期
楚铭所见儒家道德对楚文化的影响	连秀丽	北方论丛	2011年04期
先秦儒家教化哲学及其影响	唐明燕	大连理工大学学报（社会科学版）	2011年04期
先秦儒家财富观的人文性	刘晓夏	皖西学院学报	2011年04期
"君子不以言举人不因人废言"——儒家语言观释义	张丽丽	红河学院学报	2011年03期
从先秦社会思想史看社会管理	朱博文	湖南农机	2011年03期
由"君子""小人"到"中民""公民"	于洪波	陕西师范大学学报（哲学社会科学版）	2011年03期
儒家君子的核心价值观及其对当代人才观的启示	李长泰	湖南农业大学学报（社会科学版）	2011年03期
康德的"善人"与儒家的"君子"	谢文郁	云南大学学报（社会科学版）	2011年03期
德性论视域下的荀子君子人格境界探析	陈光连	殷都学刊	2011年03期
试论《论语》中的"君子不器"	马强	华夏文化	2011年03期
先秦儒家的理想人格及其路径探析	刘益梅	兰州学刊	2011年02期
《论语》中的乐论	胡琼、雷长巍	美与时代（下）	2011年02期

续表

题目	作者	期刊	发表时间
论先秦儒家人格思想的双重影响	孙德玉	合肥师范学院学报	2011年02期
君子之道"善"而"厚"——《诗经》义理梳理	姚素华	青年作家（中外文艺版）	2011年02期
孔子对君子与小人的界定——从《论语》"未有小人而仁者也"的解读说起	周国正	北京大学学报（哲学社会科学版）	2011年02期
治世之道与君子之德——《礼记·缁衣》的政治哲学思想探析	吴默闻	湖湘论坛	2011年02期
荀学凸显"君子人格"的思考——兼谈荀学和《易传》的关系	侯屾	邯郸学院学报	2011年01期
上博简《君子为礼》首章所体现的仁、礼、义之关系——以《论语》"颜渊问仁"章为参照	王春华	中国哲学史	2011年01期
孔子"君子学"发微	黎红雷	中山大学学报（社会科学版）	2011年01期
儒家人格美理想与梁漱溟的"君子"形象	李启军	中国文化研究	2011年01期
先秦儒家理想人格简论	张桂珍	经济与社会发展	2010年12期
环境史视野下的自然物种人格化——中国古代文人与竹子的心灵交契	王利华	学术月刊	2010年12期
春秋人格与国民精神的健全	班忠玉	牡丹江大学学报	2010年11期
孔子的"君子"人格探析	崔艳天	商丘师范学院学报	2010年10期
试探先秦君子观念转变的原因	于涛	文艺生活·文艺理论	2010年10期
孔子诗、乐教育思想试探	张慧	东岳论丛	2010年09期
践行人伦 学为君子——儒家人学思想管窥	黄晓兵	湖北第二师范学院学报	2010年09期
儒家君子人格结构探析	许思安、张积家	教育研究	2010年08期
论中国古代道德教育中的圣人君子主体观念	李仁卿	湖北社会科学	2010年08期

续表

题目	作者	期刊	发表时间
竹林深处走来的翩翩君子——读《卫风·淇奥》	黄纡曲	湖北广播电视大学学报	2010年07期
《左传》"君子曰"与儒家君子之学	葛志毅	河北学刊	2010年06期
孟子人格尊严论及其教育价值	于建福	教育学报	2010年05期
先秦儒家"和谐"思想对当代高校德育的启示	董小琴	佳木斯教育学院学报	2010年05期
试论荀子的荣辱观	郭会宁、尹文涛	新西部	2010年05期
先秦人性论中的君子与圣人	池桢	河南师范大学学报（哲学社会科学版）	2010年05期
礼、仁与君子：中国古典政治生活的立基与敞开	曾誉铭	上饶师范学院学报	2010年05期
儒家政治美学论	陆庆祥	河南师范大学学报（哲学社会科学版）	2010年05期
《国语》和《左传》中"君子曰"之比较	吴澍时、钱律进	古籍整理研究学刊	2010年05期
《周易》中的"君子之德"思想及其现代意义	吴默闻	新乡学院学报（社会科学版）	2010年04期
先秦儒家"中和"音乐美学观源流辨正	于晓宁	邯郸学院学报	2010年04期
先秦儒家"君子"人格及其现代价值	林贵长	天府新论	2010年04期
从《孟子》看孟子的君子人格观	冯灵乔	时代文学（下半月）	2010年04期
陈独秀对儒家文化的"倒戈"及其滥觞——兼论儒家和而不同与君子理想的合理性	王琛	湖南城市学院学报	2010年04期
"器"的语境还原与"君子不器"的重新理解	刘泰然	宁夏大学学报（人文社会科学版）	2010年04期
君子之道——《论语》中的"君子"思想阐发	李海兆	巢湖学院学报	2010年04期

续表

题目	作者	期刊	发表时间
何必"必于信":"君子贞而不谅"思想发微	胡发贵	江海学刊	2010年04期
先秦义利观对客家廉洁文化的影响	刘东江	嘉应学院学报	2010年03期
荀子的荣辱观及其现代启示	田苗苗、周玉萍	河南理工大学学报（社会科学版）	2010年03期
荀子思想中的理想人格	赵文婧、董浩	商业文化（学术版）	2010年03期
《论语》中的君子人格内涵探析	常佩雨、金小娟	船山学刊	2010年03期
孔门"君子"释义	李振纲、孙云龙	河北大学学报（哲学社会科学版）	2010年03期
周易历史哲学体系中的君子观	张耀天、崔瑞	常州大学学报（社会科学版）	2010年03期
从"君子不器"看孔子所论"仁"与"礼"的关系	赵昀晖	学术探索	2010年03期
论孔子君子人格观的诗性言说方式	刘占祥	西南交通大学学报（社会科学版）	2010年02期
孔子由君子到圣人	冯治利	长春理工大学学报（社会科学版）	2010年02期
孔子仁学思想发微——孔子对儒家人格理想的奠定	王立贺	哈尔滨学院学报	2010年02期
先秦诸子"君子"与"小人"之价值取向	杨芳	宁夏社会科学	2010年02期
《诗经》君子观探析	石群勇	船山学刊	2010年02期
试析《卫风·淇奥》中的君子形象及"竹"意象	刘莉莎	华夏文化	2010年02期
《性自命出》的心性论和乐教美学	余开亮	孔子研究	2010年01期
孔子时代的"君子"和"小人"	吕方	孔子研究	2010年01期
《论语》"君子"词义辨析	程碧英	中华文化论坛	2010年01期
中国传统文化的人格追求	滕艳娇、王立云	黑龙江科技信息	2009年32期

续表

题目	作者	期刊	发表时间
季札与先秦礼乐思想	聂涛	科教文汇（中旬刊）	2009年12期
孔子的君子人格	于民雄	贵州社会科学	2009年12期
君子之言——以《论语》为中心	方勇	理论界	2009年11期
先秦儒家"君子与中庸"式的传播	张金萍	消费导刊	2009年11期
《诗经》服饰描写与《都人士》君子形象塑造	吕华亮	兰州学刊	2009年11期
"君子儒"与大学人文精神的培养	曹丽、彭卫民	社会科学论坛（学术研究卷）	2009年11期
郭店楚简中的民本思想	李国锋	求索	2009年09期
儒家文化在思想政治教育中的现代价值	赵福祯	学校党建与思想教育	2009年09期
君子的意义与儒家的困境	彭国翔	读书	2009年06期
《左传》中的"君子曰"与叙述人的观点	刘春雪	理论观察	2009年06期
试论孔子思想中"君子"含义的双重性	路懿菡	文化学刊	2009年05期
中西视域下的儒家君子人格	郭磊	时代文学（双月上半月）	2009年05期
浅论《论语》中的君子人格精神	边应东、吕秀峰	工会博览（理论研究）	2009年05期
也谈"君子与小人"	潘德熙	书法	2009年05期
亦说"君子与小人"	赵平江	书法	2009年05期
浅析荀子"荣辱观"	詹卫武	哈尔滨学院学报	2009年04期
君子人格与儒家修养中的美学悖论	彭锋	陕西师范大学学报（哲学社会科学版）	2009年04期
儒家言必称君子的话语根源及其现代训示	李长泰	湖南农业大学学报（社会科学版）	2009年04期
《论语》"君子"文化新探	程碧英	天府新论	2009年04期
君子——亚里士多德与孔子共同的美德典范	牟春	洛阳师范学院学报	2009年04期

续表

题目	作者	期刊	发表时间
君子——孔子的理想人格	胡继明、黄希庭	西南大学学报（社会科学版）	2009年04期
孔子君子论理论内涵的两重性	陈卫平	上海师范大学学报（哲学社会科学版）	2009年04期
从《论语》看孔子的"圣人"观念	杨和为	沧桑	2009年03期
孔子的君子论及其现代意义	罗安宪	探索与争鸣	2009年03期
管子的"禾变"君子观及儒家的"合变"传承——以《管子》为中心	李长泰	管子学刊	2009年03期
论礼学精神下的人格建构	翁礼明	西南石油大学学报（社会科学版）	2009年03期
作为符号资本的"君子"——看中国传统的君子人格	苏瑞娜	理论观察	2009年02期
大雅君子社稷纯臣——春秋时杰出的政治家韩厥	孟春娟	山西大同大学学报（社会科学版）	2009年02期
《论语》中君子含义的演变	张映伟	海南大学学报（人文社会科学版）	2009年02期
《左传》"君子"评论之文学研究	汪杏岑	巢湖学院学报	2009年02期
儒墨对修辞的道德修养准则的论述之比较	丁小静	三门峡职业技术学院学报	2009年01期
"君子谋道"：中国古代文学观念的主体意识——兼论中国早期知识分子的来历和特点	王齐洲	中山大学学报（社会科学版）	2009年01期
《左传·僖公二十三、二十四年》中的君子形象	王岩	白城师范学院学报	2009年01期
由矜庄到争讼——"君子矜而不争"辨义	曾海军	中国哲学史	2009年01期
浅析《论语》中君子之"道"与"人格美"的体用关系	徐长春	安徽文学（下半月）	2009年01期
《左传》"君子曰"与《史记》"太史公曰"比异	郭学利	广播电视大学学报（哲学社会科学版）	2009年01期
儒家德性修养论研究	漆素红	船山学刊	2009年01期

续表

题目	作者	期刊	发表时间
儒家通识教育思想的传统流变与现代诠释	胡莉芳	清华大学教育研究	2009年01期
荀子的"论德使能"思想探析	张静	南昌大学学报（人文社会科学版）	2009年01期
论管仲之"仁"	尹清忠	齐鲁学刊	2009年01期
儒家君子理想对现代人格修养的意义	高立梅、刘炬航	考试周刊	2008年30期
墨子君子思想与我国职业教育发展的关系研究	李长泰、夏金星	职业技术教育	2008年28期
孔子对君子人格理论的建构及其影响	陈洪澜	史学月刊	2008年12期
浅析儒家"君子人格"	陈乐	辽宁行政学院学报	2008年08期
先秦儒家理想人格思想之透视	杜继艳、房咏梅	通化师范学院学报	2008年07期
浅探"君子"与"真人"的人格境界——从孔子、庄子的理想人格看儒道两家的人生哲学	曹佳丽	安徽文学（下半月）	2008年07期
"君子比德"说与儒家的审美兴趣	王利民	江西社会科学	2008年07期
"说"、"乐"与"君子"之平和——解读《论语·学而篇》第一章	程海霞	孔子研究	2008年06期
孔子的"君子"人格论	梁国典	齐鲁学刊	2008年05期
论先秦儒家理论视域中的"同"	晁福林	文史哲	2008年05期
先秦儒家的理想人格	朱春红	山西高等学校社会科学学报	2008年05期
君子之学以美其身——略论荀子的人文教育思想	金明明	安康学院学报	2008年05期
儒家君子观对现代管理者的启示	陈颖	读与写(教育教学刊)	2008年05期
儒家君子理想与当代公民素质教育	高伟洁	郑州大学学报（哲学社会科学版）	2008年05期
君子比德于玉——兼议孔子儒家学说玉之人格观、道德观	李维翰	淮海文汇	2008年05期

续表

题目	作者	期刊	发表时间
天行健,君子以自强不息	廖曰文	浙江工商大学学报	2008 年 05 期
孔子界定"君子人格"与"小人人格"的十三条标准	汪凤炎、郑红	道德与文明	2008 年 04 期
从"君子曰"看《左传》作者关于战争的观点	牛坤杰	齐齐哈尔师范高等专科学校学报	2008 年 04 期
《易传·系辞》中的圣人与君子——兼论《易传·系辞》的学派归属	魏仕庆	船山学刊	2008 年 04 期
"智者不惑"的道德意涵	林贵长	伦理学研究	2008 年 03 期
孔子广义美育思想理论探究	王凌皓、高英彤	中国地质大学学报（社会科学版）	2008 年 03 期
试论屈原的君子人格	彭红卫	三峡大学学报（人文社会科学版）	2008 年 03 期
先秦君子风范与《曹风·鸤鸠》篇的解读	姚小鸥、陈潇	中国文化研究	2008 年 03 期
先秦儒家"君子"与洛克"绅士"人格之比较	高丽、顾军	内蒙古师范大学学报（教育科学版）	2008 年 03 期
儒家"君子人格"解读	耿建涛、石慧广	安徽文学（下半月）	2008 年 03 期
君子比德——论孔子的自然审美观	刘新玉、胡安武	湖北第二师范学院学报	2008 年 03 期
从上博简《诗论》看孔子的君子观	晁福林	社会科学战线	2008 年 03 期
古君子辩论中的价值取向给我们的启示	吴树勤、杨学坤	郧阳师范高等专科学校学报	2008 年 02 期
我国古代君子的辩论原则及其现实意义	吴树勤、杨学坤	桂林师范高等专科学校学报	2008 年 02 期
以公心辩：辩论理念的回归与超越	吴树勤、杨学坤	阿坝师范高等专科学校学报	2008 年 02 期
孔子与"君子"观念的转化	林贵长	天府新论	2008 年 02 期
儒家"和而不同"价值观念的批判及转型构想	张刚	玉溪师范学院学报	2008 年 01 期

续表

题目	作者	期刊	发表时间
子夏之"小人儒"探析	刘红霞、罗祖基	合肥师范学院学报	2008年01期
先秦儒家的"成人之道"思想	祖伟	淄博师专学报	2008年01期
先秦儒道对理想人格的不同追求	张颖慧	湖南工业职业技术学院学报	2008年01期
孔子的君子观与中庸思想	王龙	湖北第二师范学院学报	2008年01期
论孔子的人格思想之"和"	丁静	湖北广播电视大学学报	2008年01期
《左传》君子观及现代启示	赵志强、刘朝晖	语文学刊	2007年21期
浅议《论语》中"君子"人格特质之一的"仁"	钟义红、童新国	职业时空	2007年21期
君子思想与中国职业教育发展的关系研究	李长泰、易玉屏、夏金星	职业技术教育	2007年16期
"君子"与修身：儒家思想政治教育主体论——儒家传统思想政治教育理论模式研究之二	唐国军	广西社会科学	2007年12期
借君子之口行己评之实——《左传》"君子曰"评论体式解读	徐琳	黑龙江教育学院学报	2007年12期
《孟子》中的士与君子	刘杨	商业文化（学术版）	2007年10期
先秦儒家"礼以美身"的观念辨析	张艳艳	学术论坛	2007年07期
《易传》中君子人格的养育	孙劲松	西南民族大学学报（人文社科版）	2007年06期
君子理想人格在儒家和谐思想中的作用	张文安	郑州大学学报（哲学社会科学版）	2007年06期
儒家"君子"人格的美学内涵与社会和谐	伍永忠	长沙大学学报	2007年06期
先秦"君子"观念的流变	柯昊	宝鸡文理学院学报（社会科学版）	2007年05期

续表

题目	作者	期刊	发表时间
孔子的"君子"思想	刘飞	三峡大学学报（人文社会科学版）	2007年05期
神圣化的义利观转向平民化的义利观——儒家义利观的现代诠释	刘丽琴	重庆交通大学学报（社会科学版）	2007年05期
儒家君子人格的现代意义	王宏亮	山西广播电视大学学报	2007年04期
论儒家君子人格的塑造	王宏亮	内蒙古电大学刊	2007年04期
孔子"君子"教育思想浅探	申巧林	徐州教育学院学报	2007年04期
试论《论语》中"君子"人格的现代教育意义	程晓慧	衡水学院学报	2007年04期
培养君子与因材施教——孔子教育思想管窥	任丽娟	辽宁高职学报	2007年04期
《论语》中的精英式求知	童谨	天府新论	2007年04期
《易经》：君子的人生指南——读《易经》	于春海	东疆学刊	2007年03期
论竹书《君子为礼》的思想内涵与特征	徐少华	中国哲学史	2007年02期
先秦君子文化和立言传统	过常宝	励耘学刊（文学卷）	2007年02期
孔子的君子观	曲伶燕	渤海大学学报（哲学社会科学版）	2007年02期
"君子不器"辨析	王大庆	北京师范大学学报（社会科学版）	2007年02期
孔子的君子观	赵玉敏	吉林省社会主义学院学报	2007年01期
君子之道：走向传统儒家的理想人格	代训锋	河北科技大学学报（社会科学版）	2007年01期
君子通大道 无愿为世儒——以诗歌形象透析曹植的儒家人格	程晓菡	青海师范大学学报（哲学社会科学版）	2007年01期
君子概念辨难	孙英	吉首大学学报（社会科学版）	2007年01期

续表

题目	作者	期刊	发表时间
孔子育人思想的价值目标——"君子"（论纲）	董伯庸	合肥学院学报（社会科学版）	2007年01期
"君子不器"浅析	舒英	大学时代	2006年11期
先秦儒道诸子的水情结	张群	学术交流	2006年08期
"君子行礼，不求变俗"——析先秦时期冠礼的"特例"	戴庞海	河南师范大学学报（哲学社会科学版）	2006年06期
中国传统文化精神的承载与传承——《关雎》中"君子"形象分析及《关雎》的现代意义	史立群	赤峰学院学报（汉文哲学社会科学版）	2006年06期
先秦儒家论和谐社会的构建——兼论其对当代中国和谐社会法制建构的精神意义	赵明	湘潭大学学报（哲学社会科学版）	2006年05期
《论语》中的"君子""小人"——现象学语境中的一种阅读尝试	孙冠臣	齐鲁学刊	2006年05期
孟子"大丈夫"人格思想探析	李长泰	船山学刊	2006年04期
试论《左传》中的"君子曰"	孙震芳、乐帧益	上饶师范学院学报（社会科学版）	2006年04期
礼治与王权的客观化	李俸珪	安徽大学学报（哲学社会科学版）	2006年04期
政治追求与文化理想的多元组合——再论《论语》中"君子"的文化内涵	程碧英	西华师范大学学报（哲学社会科学版）	2006年03期
孔门乐教浅探	汤文琪	齐齐哈尔师范高等专科学校学报	2006年03期
《易传》中的君子观和圣人观	赵荣波	东岳论丛	2006年03期
儒家"君子人格"理论及当代价值	王孔雀	陕西理工学院学报（社会科学版）	2006年03期
君子与圣人——论《周易》的理想人格	辛亚民	重庆邮电大学学报（社会科学版）	2006年03期
《论语·里仁》"君子怀德"章考辨	俞志慧	中华文史论丛	2006年03期

续表

题目	作者	期刊	发表时间
司马迁对先秦儒家义利观的继承与创新	彭昊	湖南师范大学社会科学学报	2006 年 02 期
新的道德建构：从孔子学说看人文性伦理	胡伟希	探索与争鸣	2006 年 02 期
堂堂者华——从《左传》管窥先秦君子风范	唐晓娟	科教文汇（下半月）	2006 年 02 期
直面孔子：《论语》君子观片论	温新瑞、王娟	井冈山学院学报	2006 年 02 期
释"忠恕"	邵俊峰	大连大学学报	2006 年 01 期
《易传》与中国古典美学	薛富兴	思想战线	2006 年 01 期
试析荀子的理想人格理论	王颖	北京青年政治学院学报	2006 年 01 期
《论语》君子观及其现代启示	裘士京、孔读云	学术界	2006 年 01 期
中国的君子人格理想	龚群	伦理学研究	2006 年 01 期
儒家关于君子品与五伦十义思想及现实意义	张自然、任天飞	甘肃农业	2005 年 08 期
"君子人格"：《论语》的灵魂	肖起清、张意柳	江淮论坛	2005 年 06 期
孔子与君子的命运	唐子奕	山西大学学报（哲学社会科学版）	2005 年 06 期
先秦儒家"君子人格"的阳刚美及其现代价值	张学军	学术论坛	2005 年 05 期
浅谈"君子不器"	胡翼	吉林师范大学学报（人文社会科学版）	2005 年 05 期
先秦儒家思想道德教育目标理论及其现代价值	朱桂莲	唐都学刊	2005 年 04 期
战国四君子与吕不韦门客的比较及其启示	李西亚	长春工业大学学报（社会科学版）	2005 年 04 期
君子与政治——对《论语·述而》"夫子为卫君"章的解读	陈少明	中山大学学报（社会科学版）	2005 年 04 期

续表

题目	作者	期刊	发表时间
论先秦儒家理想人格的三个层次	张瑞雪	长安大学学报（社会科学版）	2005 年 03 期
"不器"：君子的"游"戏	崔发展	海南大学学报（人文社会科学版）	2005 年 03 期
"学而"章义探微——兼论孔门为学与交友之关系	程二行、杜建锋	淮阴师范学院学报（哲学社会科学版）	2005 年 03 期
孔子道德本位的社会秩序论	夏当英	安徽大学学报	2005 年 03 期
先秦诸子道德教育观比较	曾云莺、孙卫东	广西师范大学学报（哲学社会科学版）	2005 年 01 期
儒家的君子人格及其现代价值	张丽红	鞍山科技大学学报	2005 年 01 期
试论《论语》为仁之道的最高境界	郭志民	海南大学学报（人文社会科学版）	2005 年 01 期
从《诗经》中的君子形象看周人的人格追求	李卫军、李齐鑫	商丘职业技术学院学报	2005 年 01 期
儒家"君子人格"与现代理想人格教育	吴礼斌	安徽电子信息职业技术学院学报	2004 年 Z1 期
君子哲学与公民假设	高绫增	银行家	2004 年 04 期
《论语·里仁》"君子喻于义，小人喻于利"新解	刘洪波、刘凡	古籍整理研究学刊	2004 年 04 期
上博简《民之父母》与孔子的"君子"观念	刘冬颖	古籍整理研究学刊	2004 年 04 期
孔荀君子观比较	余勇	中南民族大学学报（人文社会科学版）	2004 年 03 期
郭店楚简《五行》篇理论结构探析	陈战峰	西北大学学报（哲学社会科学版）	2004 年 02 期
春秋会盟燕享与诗礼风流	刘毓庆	晋阳学刊	2004 年 02 期
《论语》的"君子"思想探微	黄炳文	青年思想家	2004 年 01 期
《论语》"君子不器"新解	庞光华	古籍研究	2004 年 01 期
庄生之说可因以通君子之道：论王夫之的《庄子解》与《庄子通》	萧汉明	中国哲学史	2004 年 01 期
《论语》中的"君子"	项菊	理论月刊	2003 年 06 期

续表

题目	作者	期刊	发表时间
也谈《论语》中的君子和小人	卢林茂	洛阳师范学院学报	2003年06期
儒家隐逸观与自然观自先秦至唐的演变	屈小宁、余志海	陕西师范大学学报（哲学社会科学版）	2003年03期
儒家君子人格与图书馆员修养	刘阳	河南图书馆学刊	2003年03期
儒家礼教论——论"仁"、"人性"、"文"和"礼"的关系	张静互	湖南大学学报（社会科学版）	2003年02期
先秦诸子著作中的"君子"	袁庆德	大连教育学院学报	2003年02期
《论语》中的"君子"形象	索宝祥、周菊艳	运城学院学报	2003年01期
论中国早期知识分子的文化精神	张三夕、王齐洲	江汉论坛	2002年09期
先秦文人君子人格的丰富性探讨：以屈原为中心的考察	方铭	中国文化研究	2002年04期
"君子"论——为先秦儒家道德形而上学立基的人文主体	李孺义	华南理工大学学报（社会科学版）	2002年04期
先秦两汉儒家理想人格思想论纲	张德文	职大学报	2002年01期
先秦儒家"重义轻利"思想新探	杨瑞玲	辽宁教育学院学报	2002年01期
先秦两汉儒家理想人格思想论纲	张德文	职大学报	2002年01期
论孔子的君子观	李谟润	广西民族学院学报（哲学社会科学版）	2001年05期
从孔子论"君子"看儒家的理想人格	汪渊之	苏州教育学院学报	2001年04期
春秋：城邦社会与城邦气象	傅道彬	北方论丛	2001年03期
略论儒家思想中的"君子"人格价值理想	刘姝	宁夏党校学报	2001年03期
"惟君子为能知乐"——试论儒家艺术鉴赏论在《乐记》中的发展	刘松来	江西财经大学学报	2001年03期
先秦儒家教育目标述评	刘德贵	青岛大学师范学院学报	2001年02期
文化象征的符号——《论语》中"君子"与"小人"文化现象探析	程碧英	四川师范学院学报（哲学社会科学版）	2001年02期

续表

题目	作者	期刊	发表时间
《论语》中的君子观	于春海	东疆学刊	2001 年 01 期
从云与水的意象看儒家"君子"的人格理想	胡雷	理论月刊	2000 年 05 期
孔子思想：从"礼"中心到"仁"中心	王岳川	益阳师专学报	2000 年 04 期
从《郭店楚墓竹简》论子思	王德裕	重庆师院学报（哲学社会科学版）	2000 年 03 期
论儒家"君子观"对大学生思想道德素质的塑造	李良俊	吉林工学院学报（高教研究版）	2000 年 03 期
先秦君子风范	李晚成	书品	2000 年 02 期
郭店楚简《忠信之道》简论	李刚	长安大学学报（社会科学版）	2000 年 01 期
先秦儒家的人欲观及其当代价值	鄯爱红、彭永捷	中国人民大学学报	1999 年 05 期
先秦儒家合理人生观与现代企业有效激励因素	周银霞	开发研究	1998 年 05 期
君子与小人	熊达	决策与信息	1998 年 05 期
荀子对君子人格的界定	韩石萍	齐鲁学刊	1998 年 02 期
儒家"君子"人格现代价值	孙云峰、吴翠丽	华夏文化	1998 年 02 期
"君子和而不同"的历史解读	刘蕴之	中国文化	1997 年 Z1 期
漫谈和合	张岱年	社会科学研究	1997 年 05 期
"君子"历史演变刍议	傅荣昌	理论与改革	1997 年 05 期
《易经》中的君子观	于春海、卞良君	周易研究	1997 年 04 期
孔子的义利观	叶瑞昕	山西大学学报（哲学社会科学版）	1997 年 04 期
先秦儒家君子人格及其现代价值浅议	杨钊	怀化师专学报	1997 年 04 期
先秦儒家人才思想述论	陈亚平	扬州师院学报（社会科学版）	1996 年 04 期

续表

题目	作者	期刊	发表时间
从《论语》中"士"、"君子"、"圣人"看孔子的培养目标	李明国	西昌师专学报（哲学社会科学版）	1996年04期
儒道理想人格之比较	张建仁	新疆师范大学学报（哲学社会科学版）	1996年03期
试论先秦儒家伦理美育的审美理想	唐迅	广州师院学报（社会科学版）	1996年02期
对儒家"君子人格"的思考	王孔雀	汉中师范学院学报（社会科学）	1996年02期
从"义利论"看孔子经济伦理思考	张明安、王学文	经济论坛	1995年24期
中庸：儒家君子人格的最高境界	廖建平	衡阳师专学报（社会科学版）	1995年04期
《学记》教学管理思想探微	覃照	教育科学	1995年03期
先秦儒家的人生哲学	张爱剑	湖北师范学院学报（哲学社会科学版）	1994年05期
试论孔子的义利观	魏启德	中国文学研究	1994年02期
论荀子对儒法教育思想融合的贡献	谭佛佑	贵州教育学院学报（社会科学版）	1992年04期
"君子"琐谈	刘佩芬、李子新	鞍山师范学院学报	1992年04期
"君子"一词的词义演变	罗江文	玉溪师专学报	1992年01期
荀子君子观简论	方尔加	中国青年政治学院学报	1991年04期
孔子的量才与选才思想初探	李如密、韩延明	河南师范大学学报（哲学社会科学版）	1991年03期
春秋战国时期知识分子的几个特征	赵锡元、赵玉宝	松辽学刊（社会科学版）	1991年02期
荀子论成才	魏实	中国人才	1990年11期
论《左传》"君子曰"之引《诗》	万平	乐山师专学报（社会科学版）	1990年02期
"彼君子兮，不素餐兮"杂说	马固钢	中国韵文学刊	1990年01期

续表

题目	作者	期刊	发表时间
论君子——孔孟荀理想人格剖析	王国良	孔子研究	1989年04期
论孔子的君子人格	张秉楠	孔子研究	1989年04期
君子小人辨——孔子论人格	张秉楠	社会科学战线	1989年04期
孔孟利义观新评	史东岳	东岳论丛	1989年03期
《晏子春秋》中晏子形象琐谈	董正春	管子学刊	1989年02期
论孔子的理想人格	覃遵祥	吉首大学学报（社会科学版）	1987年04期
"重义轻利"辨析	张锡金	安徽师大学报（哲学社会科学版）	1987年03期
《学心提纲》选登	吴林伯	文史哲	1987年02期
论孔子和先秦儒家思想中的独立人格觉醒问题——兼论"仁"、"礼"关系与人性善恶问题	周继旨	孔子研究	1986年01期
试论孔子的人才标准	翟宛华	兰州学刊	1984年03期
《春秋左氏传》"君子曰"征辞	杨明照	文学年报（3）	1937年
论《左传》"君子曰"	杨向奎	文澜学报	1936年01期
君子篇	李崇元	国学论衡（6）	1935年

港澳台地区期刊论文目录

题目	作者	期刊	期数	时间
屈原《离骚》之自传性与形象书写探析——兼论其理想君子形象之建构	许瑞哲（Hsu Jui-Che）	人文研究学报	53卷1期	2019
君子致权——阳明晚年政治思想新探	蔡至哲	政治大学历史学报	49期	2018
论春秋时期孔子弟子对君子思想的接受	张玉婷、李华	孔孟月刊	56卷5/6	2018
苏轼儒家"君子"论	江惜美	孔孟月刊	56卷1/2	2017
郁郁乎文君子 VS. 鄙野小人——中国传统气化观型文化的一个争胜点	周庆华	孔孟月刊	55卷9/10	2017
理雅各布《中国经典》中"君子"的历史译写与知识生产——从《论语》到《书经》《诗经》译本	谢雨珂	澳门理工学报（人文社会科学版）	20卷2期	2017
先秦"君子"意义的流变	张嵎	哲学与文化	44卷2期	2017
"君子九能"与先秦文章学的转型——兼论立言的双重意义："不朽"和"为大夫"	胡大雷	南国学术	1期	2017
司马光《太玄集注》中的君子与小人	侯道儒	台大历史学报	58期	2016
《春秋》内、外传"君子"与"君子曰"刍议	陈咏琳	屏东大学学报（人文社会类）	1期	2016
儒家圣人观之发源：《论语》圣人观探析	侯展捷	当代儒学研究	19期	2015
从文学角度浅析《诗经》中"君子"与"贵族"的关联	孙圣鉴	新亚论丛	16期	2015
《大学》传文首示先"慎独"是普成君子的导向	陈庆衍	孔孟月刊	52卷11/12	2014
儒家君子文化的哲学特征	李季林	孔孟月刊	52卷9/10	2014
"君子不器"的心学诠释	王腾	鹅湖月刊	471期	2014
论荀子"为学"的"终始"问题	曾昕杰	鹅湖月刊	470期	2014

续表

题目	作者	期刊	期数	时间
我们该如何理解与学习《论语》中的圣人	廖怡嘉	孔孟月刊	52卷3/4	2013
君子之道	余秋雨	澳门科技大学学报	7卷2期	2013
成就君子学的异他教学法（Hétérodidactique）——解构的《论语》阅读策略	蔡士玮	成大宗教与文化学报	20期	2013
从"君子之射"思考习射的现代意义	廖崇斐（Chong-Fay Laiw）	当代儒学研究	14期	2013
论荀子"唯圣人为不求知天"	李尚轩	辅仁国文学报	36期	2013
王安石《诗经新义》的"君臣"与"君子小人"观	张琬莹	东吴中文研究集刊	18期	2012
从孔孟谈君子之教子观	苏嫈雰	孔孟学报	90期	2012
论道与君子小人——为学的根本方向与领域	曾昭旭（Chao-Hsu Tseng）	鹅湖月刊	450期	2012
《论语》"君子不器"新诠——从传统诠释与康德目的论谈起	连育平	当代儒学研究	13期	2012
由出土文献论颜渊所好何学	赖怡璇	国文学志	24期	2012
《论语》"君子之学"析论	毛炳生	新亚论丛	12期	2011
儒家德性伦理的当代理论意义	龚群（Qun Gong）	哲学与文化	38卷4期	2011
从身体感论中国古代君子之"威"	丁亮（Liang Ting）	考古人类学刊	74期	2011
《诗经》中女性的君子形象及塑造的艺术技巧	林秀玲	成大宗教与文化学报	16期	2011
从传世儒典与郭店儒简看先秦儒学的忠信之德	陈丽桂（Li-Kuei Chen）	国文学报	47期	2010

题目	作者	期刊	期数	时间
从"君子和而不同"谈和谐的多元整全意涵——以先秦儒家典籍为主轴	潘小慧（Hsiao-Huei Pan）	哲学与文化	37卷7期	2010
先秦儒家的"君子"——"位"与"德"的重心移转	林家瑜（Chia-Yu Lin）	东方人文学志	9卷2期	2010
孔子《论语》中的君子与大人	李汉相	鹅湖月刊	419期	2010
君子养心莫善于诚：荀子诚论的精神修持意蕴	王楷（Kai Wang）	哲学与文化	36卷11期	2009
从"士君子之学"到现代"人生哲学"：论五四后梁启超对儒学与儒学史的重构及其思想意图	江湄	淡江中文学报	20期	2009
"小人"与分位之德——樊迟问学稼章疏解	陈雪雁	鹅湖月刊	391期	2008
着力构建人生的精神家园——诠释孔子的"君子谋道不谋食"的现代价值	葛荣晋（Rong-Jin Ge）	人文与社会学报	2卷1期	2008
管窥儒家的人学思想	黄晓兵	平原大学学报	25卷2期	2008
《论语》首末章义理发微	刘锦贤	兴大中文学报	22期	2007
先秦儒家的财富思想	叶仁昌（Jen-Chang Yeh）	人文及社会科学集刊	18卷3期	2006
文化精粹—论语—论君子（中英双语）	Teo, Sophie	春秋（香港）	962/963期	2006
《诗经》中"君子"的事例及言行特质	林叶连	兴大中文学报	19期	2006
孔子君子之道的思想与历史意涵	丁孝明	正修通识教育学报	3期	2006
《周易·系辞传》"圣人"释义	曾美云	新竹教育大学学报	22期	2006
由《论语》、《孟子》考察《易传》构成的儒学成素	曾春海	哲学论集	39期	2006
《诗经》中的"君子"身分	林叶连	辅仁国文学报	增刊	2006

续表

题目	作者	期刊	期数	时间
孔、孟的野人君子对比意涵	彭继中（Chi-Chung Peng）	哲学与文化	32卷10期	2005
先秦儒家思想中的社会局限——社会道德规范	徐舜彦（Shoon-Yann Shuy）	哲学与文化	32卷6期	2005
论《左传》"君子曰"中的"礼"	吴智雄	国文学报	3期	2005
孔子人道哲学之述要	黄培钰	兴国学报	4期	2005
论《左传》"君子曰"的道德意识——兼论"君子曰"的春秋书法观念	吴智雄	国文学志	8期	2004
论简帛《五行》君子内圣之进程	谢素菁	中国学术年刊	25期	2004
君子与容礼：儒家容礼述义	彭美玲	台大中文学报	16期	2002
孔子的君子论	蔡茂松	成功大学历史学报	25期	1999
君子与小人	鲁彬	春秋（香港）	741期	1998
论孟子的人生哲学	刘周堂（Zhou-Tang Liu）	哲学与文化	24卷1期	1997
《中庸》一书思想的基本结构及其重要概念的解读	袁长瑞	哲学与文化	24卷5期	1997
《左传》"君子曰"考诠	黄翠芬（Tsuey-Fen Huang）	朝阳学报	1期	1996
《论语·卫灵公篇》"君子疾没世而名不称焉"探义	杨晋龙	中国文学研究	8期	1994
从"君子儒"到"臭老九"——古代社会阶级与文化演变泛论	罗炳绵	史薮（香港）	1卷	1994
分、合之间：说"君子不器"	阎步克	中国社会科学季刊（香港）	6期	1994
周易大象君子哲学	王仁禄	兴大中文学报	5期	1992
孔孟德治思想的义蕴及其影响	谈远平	复兴岗学报	46期	1991

题目	作者	期刊	期数	时间
君子的精神	罗光（Kuang Lo）	哲学与文化	17卷1期	1990
"君子偕老"诗义辨正	余培林（Pei-Lin Yu）	教学与研究	12期	1990
论"君子以为文"——《周礼》内蕴的人文主义崇祀观	严定暹	复兴岗学报	41期	1988
儒家君子的理想	余英时	明报月刊	20卷11期	1985
论孔子"君子"概念	林义正	台湾大学文史哲学报	33期	1984
君子素其位而行	曾昭旭	鹅湖月刊	8卷6期	1982
再论《左传》"君子曰"非后人所附益	郑良树	台湾图书馆馆刊	8卷2期	1975
《论语》首章"说"、"乐"、"君子"释义	陈修武	台湾图书馆馆刊	7卷2期	1974
论《左传》"君子曰"非后人所附益	郑良树	书目季刊	8卷2期	1974
孔子论君子	陈丽芳	南洋大学中国语文学报（新加坡）	3期	1970
谈《论语》中的君子小人	邱镇京	孔孟月刊	2卷7期	1964
论"尹"、"君"与"君子"	王恒余	大陆杂志	29卷10、11合刊	1964
关于《左传》"君子曰"的一些问题	张以仁	孔孟月刊	3卷3期	1964
《论语》"君子之于天下"章解	赵海金	大陆杂志	23卷5期	1961
《中庸》"君子慎其独也"解	赵海金	大陆杂志	21卷7期	1960
讲授论孝、论学、论仁、论君子之我见	余少骊	中文通讯	15期	1959
君子小人之辨	罗联络	大学生活	4卷2期	1958
《孟子》"君子深造"章解	赵海金	大陆杂志	16卷10期	1958

续表

题目	作者	期刊	期数	时间
跋周法高先生"上古语末助词'与'（欤）之研究"兼论论语中"君子"一词之词性	杨联陞	历史语言研究所集刊	29本下册	1957
由君子来了解《诗经》	钟京铎	大学生活	2卷9期	1957

硕博士学位论文目录

【说明】

以下是以"君子"为主题的硕博士学位论文目录,其中大陆硕博士学位论文一百六十篇,台湾地区硕博士学位论文四十篇。大体来看,大陆和台湾地区以"君子"为主题的硕博士学位论文多数集中于探讨先秦哲学和思想,同时有一部分关注和论述"君子"的思想与精神对于当代社会的意义,还有个别涉及中西的对比。

大陆硕博士学位论文目录

题目	作者	毕业院校	学位	时间
从《左传》聘礼论其君子人格风范	刘敏	黑龙江大学	硕士	2019
荀子君子思想研究	赵琳	浙江大学	硕士	2019
孔子君子观研究	白玉玮	河北大学	硕士	2019
王船山《周易大象解》"君子之道"发微	王银宽	云南师范大学	硕士	2019
《论语》之君子精神及其当代价值研究	王泽茜	北方工业大学	硕士	2019
刘宗周君子人格思想研究	胡海丹	杭州师范大学	硕士	2019
君子人格与当代中国偶像塑造的文化选择	王榕	北京舞蹈学院	硕士	2019
对外汉语"君子"文化课程教学研究与设计——以《论语》中的成语为教学内容	闫宇娟	浙江科技学院	硕士	2019
儒家德育思想在中学生德育教育中的价值研究	王娟莉	西安理工大学	硕士	2018
君子文化融入大学生思想政治教育路径研究	钱媛	扬州大学	硕士	2018
《大学》"修己安人"的学理研究	刘兰娟	山东师范大学	硕士	2018

续表

题目	作者	毕业院校	学位	时间
孔孟君子观研究	周子樨	华侨大学	硕士	2018
"仁者不忧"析论	朱佳伦	吉首大学	硕士	2018
为仁由己：孔子德育思想及其人本价值研究	李健	西安科技大学	博士	2018
先秦儒家道德思想研究	梁焕然	吉林大学	硕士	2018
初中语文意涵君子人格古诗文教学研究	李淑雨	贵州师范大学	硕士	2018
《诗经》中的君子形象与君子观	李篮玉	辽宁师范大学	硕士	2018
周代礼玉与"君子"的养成	姜佳燕	南京师范大学	硕士	2018
《乾》卦君子观探析	吴虹羽	内蒙古大学	硕士	2018
马克思主义视域下《论语》君子观思想的基本内涵及其当代价值研究	李璐	辽宁工业大学	硕士	2018
小学君子文化建设的个案研究——以南宁市凤翔路小学为例	唐琳	广西师范大学	硕士	2018
孟子君子人格思想研究	王婉	西北师范大学	硕士	2018
孔子理想人格及其当代价值研究	董芳	西北师范大学	硕士	2018
孔子君子观	张贻珉	北方工业大学	硕士	2018
孔子君子人格思想对大学生道德人格塑造的启示	冯琳舒	长春理工大学	硕士	2017
君子教师：孔子修身哲学中的教育者形象研究	李伟民	浙江师范大学	硕士	2017
郭店儒家简圣人观研究	刘亚琼	山东师范大学	硕士	2017
《老子》中的圣人观	孟和萨楚日拉	内蒙古大学	硕士	2017
《论语》君子人格思想研究	邵朴	河北大学	硕士	2017
孔子"君子不器"思想的教化意义研究	王超群	山东师范大学	硕士	2017
"先知"与"圣人"：古代犹太教与儒学比较研究	王强伟	山东大学	博士	2017
论君子人格及其生态审美内涵	王晶晶	广西民族大学	硕士	2017
荀子君子观在初中思想品德教学中的运用研究	王森	信阳师范学院	硕士	2017

续表

题目	作者	毕业院校	学位	时间
《礼记》中的君子人格及其当代价值	朱凌	安徽大学	硕士	2017
《孟子》的君子观研究	池静宜	浙江大学	硕士	2016
《论语》的"君子"理想与当代大学生的道德人格塑造	邓丽	西南大学	硕士	2016
《论语》治道思想的核心	方思恒	深圳大学	硕士	2016
荀子王治思想研究	何璐	河北大学	硕士	2016
孔子君子与洛克绅士人格比较研究	黄泽龙	西南政法大学	硕士	2016
《左传》"君子曰"新探	蓝卉	贵州大学	硕士	2016
春秋君子论	李晓阳	哈尔滨师范大学	硕士	2016
《论语》中"君子"英译多样性研究	廉多珍	陕西师范大学	硕士	2016
《道德经》中"水"的哲学——从管理哲学角度看"圣人之治"	刘怡佐	海南大学	硕士	2016
儒家君子人格对当代大学生道德人格培养的价值研究	路振茂	兰州财经大学	硕士	2016
《庄子》"圣人"诸名研究	马正	华中师范大学	硕士	2016
圣人之教——先秦儒家道德教化范式及其现代价值	宋新雅	陕西师范大学	博士	2016
孔子君子人格教育探析	王婉冬	内蒙古大学	硕士	2016
荀子的君子政治哲学及其理论前提	熊帅	东北师范大学	硕士	2016
观念与名分——以《论语》为中心试论孔子的君子思想	杨凡	清华大学	硕士	2016
先秦儒家的德育目标思想及其当代价值研究	于洋	山东师范大学	硕士	2016
先秦君子观念研究	周学熙	河北大学	硕士	2016
周公及其祀典的伦理精神研究	谷文国	中共中央党校	博士	2015
君子教育与绅士教育比较研究	黄思记	河南大学	博士	2015
先秦儒道圣人观比较研究	李迪	黑龙江大学	硕士	2015
春秋时期的君子与君子文化	李伟杰	河南大学	硕士	2015
孔子的君子观研究	李怡颖	郑州大学	硕士	2015

续表

题目	作者	毕业院校	学位	时间
孔子道德教育思想及对当代教育的启示	林孟洋	牡丹江师范学院	硕士	2015
孔子"义"思想研究	卢彦晓	郑州大学	硕士	2015
荀子的君子思想研究	潘艺静	南京大学	硕士	2015
儒家"君子人格说"与当代企业家伦理精神的培育	孙丽霞	南京师范大学	硕士	2015
《道德经》圣人观研究	王昊	湖南师范大学	硕士	2015
哲学阐释学视域下"君子"翻译问题及对策探究	杨瑶	浙江工商大学	硕士	2015
论孔子君子人格与当代官德培养	袁媛	山西师范大学	硕士	2015
《庄子》圣人与"化"思想初探	张飞	华中科技大学	硕士	2015
孔子和老子的圣人观比较	邹彩娟	湘潭大学	硕士	2015
论儒家君子道德主体性及其对当代中国道德建设的意义	张伟	湖南大学	硕士	2015
《诗经》君子德性研究	曹勃昊	河北大学	硕士	2014
《左传》"君子曰"研究	段萍萍	西北师范大学	硕士	2014
孔子学习观及其对当代大学生学习的启示	段引香	陕西科技大学	硕士	2014
孔子道德教育思想及其当代价值	郭瑞香	郑州轻工业学院	硕士	2014
《老子》圣人观诠析	江兵	安徽师范大学	硕士	2014
道家圣人观——从《老子》到《庄子》	龙泽黯	湘潭大学	硕士	2014
政治哲学视域下的儒家君子研究	刘文一	东北师范大学	硕士	2014
先秦儒家圣人观演变探析	魏霏霏	山东师范大学	硕士	2014
公共精神、德行与政治意识——从"子产杀邓析"到"君子不器"的政治思想史解释	闫晟哲	陕西师范大学	硕士	2014
孔、孟、荀的"君子"论研究	张瑜	黑龙江大学	硕士	2014
《论语》君子思想研究	赵华洋	河南科技大学	硕士	2014
孔子君子观对当代青少年人格养成的启示	丁文远	辽宁大学	硕士	2013
先秦儒家君子人格研究	丁晓璐	杭州师范大学	硕士	2013

续表

题目	作者	毕业院校	学位	时间
先秦儒家君子论	邓广煜	河北大学	硕士	2013
孔子生命教育思想研究	黄艳	郑州大学	博士	2013
"绅士"与"君子"之比较及对中国当代大学生人格教育的启示	蒋琰	首都经济贸易大学	硕士	2013
孔子生命情态观研究	凌先威	安徽大学	硕士	2013
中国"君子"与英伦"绅士"之比较研究——基于语言文化视角	罗琼宇	湖北工业大学	硕士	2013
论《左传》中的武士形象	王蕾	辽宁师范大学	硕士	2013
先秦儒家工夫论研究	王正	中国社会科学院研究生院	博士	2013
《论语》君子三达德思想研究	冯婕	河北大学	硕士	2012
孔子正名思想研究	苟东锋	复旦大学	博士	2012
《礼记》中的礼乐教化美育思想与儒家审美人格的建构	韩丽娟	山东大学	博士	2012
《诗经》中的隐逸者和隐逸诗	李春燕	福建师范大学	硕士	2012
《左传》"君子曰"研究	李凯	陕西师范大学	硕士	2012
孟子君子人格思想研究	马冬婕	河北大学	硕士	2012
先秦儒家理想人格理论与当代大学生人格塑造研究	施方庭	杭州师范大学	硕士	2012
君子儒的文化用心——《诗》经典化及其审美文化意义	束舒娅	安徽师范大学	硕士	2012
《中庸》"诚"之伦理透视及现代价值	汤娜	重庆师范大学	硕士	2012
孔子君子人格理念与现代道德人格塑造	张晓兰	兰州大学	硕士	2012
儒家君子观与企业家品格塑造	钟同彬	山东大学	硕士	2012
先秦儒家君子德性观研究	毕建志	山东师范大学	硕士	2011
《论语》中的君子审美人格分析	边应东	河北大学	硕士	2011
孔子"成人"之动态过程考释	常国防	曲阜师范大学	硕士	2011
孔子君子人格思想的当代价值	洪玉芬	西南交通大学	硕士	2011
论《老子》圣人说	华淳谊	辽宁医学院	硕士	2011

续表

题目	作者	毕业院校	学位	时间
从文化翻译观看《论语》中仁、礼、君子的英译	孔维珍	中南大学	硕士	2011
论孔子"圣人境界"的管理观	刘玲嬿	沈阳师范大学	硕士	2011
孔子君子人格论对中国现代企业家人格建构的启示	刘倩	河北大学	硕士	2011
孔孟理想人格思想研究	刘友芳	上海师范大学	硕士	2011
《论语》中核心文化负载词的多维翻译——基于《论语》两个英译本的比较研究	罗丹	南华大学	硕士	2011
论荀子思想中的礼法关系	潘聪	西南政法大学	硕士	2011
君子品格诠释及对大学生人格培育的启示	宋凤琴	首都师范大学	硕士	2011
论美国汉学界对《论语》中"君子"的研究	辛颖	华东师范大学	硕士	2011
荀子圣人观思想研究	张伟	河北大学	硕士	2010
孔子的理想人格及其现代价值研究	费延伟	山东师范大学	硕士	2010
《论语》中文化负载概念的翻译——四种英译文之比较	郭婷	湖南师范大学	硕士	2010
通过对"君子"英译的文化透视探讨汉英翻译背后中国传统文化传递难点	胡蓓	上海师范大学	硕士	2010
荀子道德教化思想研究	黄文兵	福建师范大学	硕士	2010
儒家君子人格与当代大学生道德人格培养	霍青华	湖南科技大学	硕士	2010
君子之道——对孔子君子思想的实践解读	刘永春	南京师范大学	硕士	2010
孔子理想人格思想初探	庆格乐	华北电力大学（北京）	硕士	2010
巴别塔的建造——先秦儒家的至善政治追求及其影响	文之峰	中国政法大学	硕士	2010
韩非子历史观研究	武兆芳	河北大学	硕士	2010

题目	作者	毕业院校	学位	时间
孔子君子道德理想人格思想及其现代价值	叶豪芳	云南大学	硕士	2010
孔子与亚里士多德理想人格的比较研究	王果	河南大学	硕士	2010
孟子圣人观思想研究	王政燃	河北大学	硕士	2010
《论语》君子人格思想与当代行政人格塑造研究	陈彦孜	湘潭大学	硕士	2009
先秦儒家"君子"理想内涵研究	崔永舟	长春理工大学	硕士	2009
荀子的圣人观	楼燕芳	浙江大学	硕士	2009
先秦时代的"君子"与"小人"	吕方	河南大学	硕士	2009
孔子教育目标的再审视——以《论语》"学而"章为例的分析	牛冠恒	中共中央党校	硕士	2009
《论语》中的君子人格及其对大学生道德人格养成的启示	孙娟妮	武汉理工大学	硕士	2009
圣王与君子——《墨子》政治理想的形象表达	卫晶森	吉林大学	硕士	2009
荀子的理想人格观研究	徐良	河北大学	硕士	2009
孔子"君子"论的现代价值与限度	杨晓红	黑龙江大学	硕士	2009
《左传》"君子曰"引《诗》考论	朱闻宇	陕西师范大学	硕士	2009
先秦儒家理想人格探析——圣人、君子人格型态	窦建鹤	吉林大学	硕士	2008
孔子君子理念对道德人格养成的启示	刘德贵	西南大学	硕士	2008
《周易》与《论语》的君子观及其比较	刘利娜	山西大学	硕士	2008
君子人格与小人人格之研究	鲁石	南京师范大学	硕士	2008
荀子的礼法君子思想及其现实启示	彭岁枫	首都师范大学	博士	2008
孔子的君子论对加强当代中学生道德人格培养的启示	王林琪	首都师范大学	硕士	2008
从《诗经》到《左传》——先秦君子精神风范的演变	许波	重庆师范大学	硕士	2008
中庸:儒家君子人格的最高境界——《中庸》的君子论	张思敏	兰州大学	硕士	2008

续表

题目	作者	毕业院校	学位	时间
荀子的正义思想	李洪斌	湘潭大学	硕士	2007
从《论语》君子人格探析现代道德人格塑造	李智霞	首都师范大学	硕士	2007
英国绅士教育研究	平丽	华东师范大学	硕士	2007
孔子"文质彬彬，然后君子"思想的初探	王英	复旦大学	硕士	2007
论《周易》的理想人格	辛亚民	西北师范大学	硕士	2007
孔子君子观探析	熊燕华	华中科技大学	硕士	2007
从野人到君子——孔门弟子子路研究	周功	辽宁师范大学	硕士	2007
《论语》与《摩西五经》比较研究	陈会亮	河南大学	硕士	2006
先秦儒家圣人与社会秩序建构	成云雷	华东师范大学	博士	2006
《论语》中君子人格对现代教育的启迪	李步敏	华中师范大学	硕士	2006
先秦儒家理想人格理论对和谐社会人格建构的启示	吴希	东北师范大学	硕士	2006
孔子仁学及子张对仁学的发展	郭强	山西大学	硕士	2005
孔子"君子不器"说的生存论解读	崔发展	四川大学	硕士	2004
从《诗经》的君子之乐到孔子的人生之乐	贾学鸿	东北师范大学	硕士	2004
春秋时期君子文化人格研究——以《国语》《左传》为中心	李晓明	北京师范大学	硕士	2004
君子之道的外化历程——荀子理想人格的现世功用	王晓宁	东北师范大学	硕士	2004
圣人与真人——孟子、庄子人生理想之比较研究	吴涛	郑州大学	硕士	2004
"君子"的特征与历史价值	张聪	华中科技大学	硕士	2004
试论孔子的理想人格——君子	鲍彩莲	辽宁师范大学	硕士	2003

台湾地区硕博士学位论文目录

题目	作者	毕业院校	学位	时间
儒家人格典范——孔、孟、荀"君子观"之对比研究	蔡宜芳	华梵大学	硕士	2018
孔子的礼论及其现代义涵	王国静	华梵大学	硕士	2018
郭店和上博楚简的"君子"概念	林彦廷	台湾大学	硕士	2017
《论语·里仁》论仁与君子	刘章平	华梵大学	硕士	2017
君子必辩:行动视域中的荀子名辩论述	刘振兴	台湾大学	硕士	2017
"慎独"之学的形上思维及道德思想——以《四书》、《易传》为论	卢明金	辅仁大学	博士	2016
颜回形象与儒道理想"人观"	许从圣	政治大学	硕士	2016
《庄子》与人文——以孔子形象为例	杨景彦	台湾大学	硕士	2016
君子之道——《论语》中"君子"概念的分析	姚乃今	华梵大学	硕士	2016
从《周易》忧患九卦论君子成立之道	钟国伟	东海大学	硕士	2016
论先秦儒家的"圣人观"及其道统意识——以《论语》、《孟子》、《中庸》为焦点	侯展捷	台湾大学	硕士	2015
《论语》之君子观	温子琳	台湾大学	硕士	2015
《诗经·国风》"君子"研究	张宗扬	台湾"清华大学"	硕士	2015
孔子迄荀子"贤者图像"的变异——以君子为中心的开展	施坤利	中正大学	硕士	2013
《老子》的"圣"思想之研究	陈久雅	中兴大学	硕士	2012
《左传》"君子曰"中的君臣之道	郑惠方	台湾"清华大学"	硕士	2011
《上海博物馆藏战国楚竹书(五)君子为礼、弟子问》研究	陈觊亘	台湾师范大学	硕士	2010
郭店儒简的君子	林家瑜	台湾师范大学	硕士	2010
从郭店楚简《穷达以时》探究先秦儒道思想交融	毛琳琳	中兴大学	硕士	2010
《论语》仁智观研究——以"偏离论"切入作考察	王宣文	台湾师范大学	硕士	2010

续表

题目	作者	毕业院校	学位	时间
谦谦君子之理想人格探究	叶美玲	辅仁大学	硕士	2010
先秦诸子的宗教意识与社会道德学说类型	赵润昌	台湾大学	博士	2010
孔子修己安人思想之研究	陈德和	南华大学	硕士	2009
《论语》的"仁"思想探究	爱西里尔	辅仁大学	硕士	2008
先秦道家的心术与主术——以《老子》、《庄子》、《管子》四篇为核心	陈佩君	台湾大学	博士	2008
"君子之仕行其义"探论	李茂铿	华梵大学	硕士	2008
国小品德教育检讨与《易经》君子概念对其的启示	杨淑媛	台北市教育大学	硕士	2008
《论语》中有关孔子形象与君子形象章节之修辞现象的探索	陈玉青	新竹教育大学	硕士	2007
《周易·系辞》之"圣人观"	刘冠良	台湾大学	硕士	2006
荀子理想人格类型的三种境界及其意义——以士、君子、圣人为论述中心	林建邦	政治大学	硕士	2005
《易经》中理想人格之研究	朴荣雨	台湾大学	硕士	2005
尚-保罗·沙特《没有出口》与存在主义——以儒家对君子的观点试释	吴少方	成功大学	硕士	2005
先秦儒家君子说之研究	陈静宜	东海大学	硕士	2004
荀子人格教育之研究	黄小玲	华梵大学	硕士	2001
左传君子曰考述	叶文信	台湾师范大学	硕士	1999
《易》之原理及大象君子思想研究	郭千华	辅仁大学	硕士	1997
《论语》之"君子"概念研究	陈晓郁	辅仁大学	硕士	1993
《论语》中"君子"与"小人"描述语词之重组——兼论我国古籍中"人"之分类观念作现代应用之前提	任维廉	交通大学	博士	1991
儒家圣王思想之研究	许素娥	政治大学	硕士	1989
左传"君子曰"问题研究	龚慧治	台湾大学	硕士	1988

论文集论文目录

【说明】

以下是各类会议论文和学术论文集中以"君子"为主题的论文目录，包括大陆和台湾地区，总数六十八篇。由于国内对于会议论文的收录尚不完备，这个目录只呈现了很小的一部分，不过以管窥豹，或许也可以借此了解一部分研究情况。

题目	作者	会议/论文集名称	时间
《论语》英译研究——以"小人"和"君子"的英译为例	宋立英	外语教育与翻译发展创新研究（第七卷）	2018
浅析"君子"文化的社会能动性	吴海敏	孔学研究（第二十二辑）	2017
汲取传统文化锻造君子人格	陆典民	国家教师科研专项基金科研成果（五）	2017
《左传》"君子曰"建构的礼论系统	蓝卉	阳明学刊（第八辑）	2016
《周易·系辞》中的"君子"学说试探	凌俊峰	周易文化研究	2016
论竹简《五行》的君子思想	任蜜林	中国儒学	2016
芝兰不以无人不芳 君子不以穷困改节——雷锋精神与儒家文化的君子信仰	陈晓红	甘肃省雷锋精神研究会学习贯彻习近平总书记学雷锋系列讲话精神座谈会	2016
论《孔子诗论》第二十七简"中氏"——兼论孔子的"君子"观	安敏	诗经研究丛刊（第二十六辑）	2015
欧阳修的儒家君子思想观	陈星辰	东南大学人文学院哲学与科学系"中华传统美德的承扬实践"学术研讨会	2015
关于六尺巷和谐君子文化的思考	胡堡冬	第二届安徽文化论坛："文化安庆与社会主义文化建设新路径"研讨会	2014
《诗经》君子考论	张宝林	中国诗经学会第十届年会暨国际学术研讨会	2013

续表

题目	作者	会议/论文集名称	时间
孔孟儒学之君子之教的现代意涵	齐婉先	第五届世界儒学大会	2012
论孔子"君子"人格的结构及其特征	周宵、姚本先、桑青松	中国心理学会成立90周年纪念大会暨第十四届全国心理学学术会议	2011
先秦时期的君子与君子观——以《国语》为中心的考察	刘伟	长江·三峡古文化学术研讨会暨中国先秦史学会第九届年会论文集	2011
《中庸》君子论：困境和出路	谢文郁	首届尼山世界文明论坛	2010
君子概念的原型分析	谭旭运、杨昭宁	第十三届全国心理学学术大会	2010
传统君子德性与现代网络伦理	林贵长	中国信息伦理国际会议	2010
探赜"君子"人格	梁国典、彭彦华	国际儒学论坛	2010
孔子君子论的多重理论内涵	陈卫平	国际儒学研究（第十七辑）	2010
文质彬彬然后君子也——浅谈孔子的君子观	陈勇鸿	中华教育理论与实践科研论文成果选编（第2卷）	2010
《论语》中的君子之道与和谐社会构建	郭进萍	第四届寒山寺文化论坛·国际和合文化大会	2010
《左传》"君子曰"与儒家君子之学	葛志毅	2009年两岸四地《春秋》三传与经学文化学术研讨会	2009
君子不器	栾贵川	纪念孔子诞辰2560周年国际学术研讨会暨国际儒联第四次会员大会	2009
古代中国人的君子人格结构	胡凌燕、李建伟	第十二届全国心理学学术大会	2009
试论儒家的君子人格及其道德形上学理念	葛志毅	中国古代社会与思想文化研究论集（第三辑）	2008
孔子的君子人格与现代儒商的塑造	葛荣晋	中国儒学（第三辑）	2008
"无君子则天地不理"——荀子"心与道"关系片论	林宏星	2008年度上海市社会科学界第六届学术年会	2008

续表

题目	作者	会议/论文集名称	时间
管鲍之谊与君子之行	张军桥	管子和谐治国理念与当代科学发展观战略研讨会	2008
《曹风·鸤鸠》与先秦君子风范	姚小鸥、陈潇	"儒学与21世纪中国文化建设"学术研讨会	2007
由"天命"而谈君子人格	吴博	"儒学与21世纪中国文化建设"学术研讨会	2007
中国传统文化中关于"君子"人格的社会建构	燕良轼	第十一届全国心理学学术会议	2007
培育君子人格是落实和谐精神的重要举措	汪凤炎	第十一届全国心理学学术会议	2007
儒家君子人格和当代人才培养	孙君恒	第三届儒学国际学术研讨会	2006
论《左传》"君子曰"的政治思想	吴智雄	孔仲温教授逝世五周年纪念文集	2006
传统士君子与现代知识分子	崔宜明	上海文庙第三届儒学研讨会	2006
躬行君子与忘言名道——全球语境下中华文明的典型塑造	韩经太	北京论坛（2006）文明的和谐与共同繁荣——对人类文明方式的思考	2006
儒家君子人格的心理学意义阐释	谭淑新	全国教育科研"十五"成果论文集（第二卷）	2005
中国的君子人格理想	龚群	纪念孔子诞生2555周年国际学术研讨会	2004
言念君子，温其如玉——论"玉"在先秦两汉所反映的君子形象	陈美坊	中正大学"中研所"第三届硕士专班论文集刊	2004
复礼、为仁、君子——孔子思想的三个支撑点	周山	纪念孔子诞生2555周年国际学术研讨会	2004
郭店竹简与"君子慎独"	梁涛	古墓新知	2002
三重道德论	庞朴	郭店楚简与早期儒学	2002
先秦文人君子人格的丰富性探讨——以屈原为中心的考察	方铭	2002年楚辞学国际学术研讨会	2002
诗人之情与史家之议——试探《诗经》、《左传》对三良事件的看法	江雅茹	第一届研究生"春秋经学学术研讨会"论文集	2001

续表

题目	作者	会议/论文集名称	时间
天行健，君子以自强不息	刘太萼	华易学研究 2000 年学友文集	2001
先秦时期的君子观念与历史评论	戴晋新	先秦史学史论稿——观念与方法	2000
论《周易》中的大人、君子、小人	王国忠	首届海峡两岸青年易学论文发表会论文集	2000
君子人格：荀子社会理想的主体呈现	韩德民	面向二十一世纪：中外文化的冲突与融合学术研讨会	1998
孔子"君子"教育观的现代价值	余玫	孔学研究（第四辑）	1998
孔子的君子理论	李荣	云南孔子学术研究会第五次学术研讨会暨海峡两岸第三次孔学研讨会	1998
孔子论"君子"——兼谈对建设社会主义"四有"新人的启示	许宁	云南孔子学术研究会第五次学术研讨会暨海峡两岸第三次孔学研讨会	1998
孔子"君子"理论与当代精神文明建设	杨德华	孔学研究（第四辑）	1998
"窈窕淑女，君子好逑"句传笺异说探究	叶勇	第三届诗经国际学术研讨会	1997
《易》中之君子	江惜美	廉教授永英荣退纪念论文集	1996
孔子的"君子"与罗尔斯的"道德人"——一个方法学上的比较	冯国豪	博雅教育文集（第 3 辑）	1993
孔圣论君子——期望于现代知识分子	黄大受	中道：第一次两岸学术文化交流研讨会及名人书画展览大会论文集	1991
孔子对君子和小人的辨析	蒋励材	双桂堂学艺论著	1991
儒家"君子"的理想	余英时	中国思想传统的现代诠释	1989
君子的精神	罗光	中华文化与现代生活国际学术研讨会论文集	1989
史传论赞形式与《左传》"君子曰"	逯耀东	王任光教授七秩嵩庆论文集	1988
由《论语·君子怀德章》谈读经的方法	林义正	孔子学说探微	1987

续表

题目	作者	会议/论文集名称	时间
论孔子的"君子"概念	林义正	孔子学说探微	1987
论《左传》"君子曰"非后人所附益	郑良树	竹简帛书论文集	1982
再论《左传》"君子曰"非后人所附益	郑良树	竹简帛书论文集	1982
《中庸》"君子慎其独也"解	赵海金	《中庸》论文资料汇编	1981
由古文字中的"尹""君"论其与"君子"及其相关诸问题	王恒余	"中央研究院"成立五十周年纪念论文集：第二辑人文社会科学	1978
孔子所主张的"器之"与"不器"	陈大齐	浅见续集	1973
论"尹""君"与"君子"	王恒余	大陆杂志语文丛书第二辑第四册：语法声韵文字	1970

国外研究论著目录

英文文献

【说明】

以下是以"君子"为主题或与"君子"相关的部分英语文献目录,包括图书及其章节、期刊论文、学位论文以及会议论文等类型。从中可以看出,尽管数量并不是很多,但是英语世界对于"君子"也颇为关注,国外学者的研究成果也值得重视。西方研究者主要是从哲学、伦理学的角度探讨君子,并且以儒家体系为背景的居多,注重中西方思想文化特别是价值观的比较。不少学者讨论了"君子"一词在西方语言中的翻译问题,翻译家们曾经花了较大力气希望能够寻找到更为合适的对应词,不过由于中西历史文化语境的差异,这种努力似乎很难得到所期望的结果。值得一提的是,一些西方学者看到了君子思想和文化对于以经济为主导的当代社会的现实意义,特别是儒商对商业伦理的启示价值。

Books

1. The Confucian Philosophy of Harmony

Chenyang Li

Routledge, 2013

2. Virtue Ethics and Confucianism
Edited by Stephen Angle, Michael Slote
Routledge, 2013

3. Eastern Philosophy : The Basics
Victoria S. Harrison
Routledge, 2012

4. Moral Exemplars in the Analects
Amy Olberding
Routledge, 2011

5. The Trouble with Confucianism
De Bary, W. T.
Harvard University Press, 2009

6. The Quest for Gentility in China
Edited by Daria Berg, Chloe Starr
Routledge, 2008

7. The Ethics of Confucius and Aristotle
Jiyuan Yu
Routledge, 2007

8. Filial Piety in Chinese Thought and History
Alan Chan, Sor-Hoon Tan

Routledge, 2004

9. The Confucian Shi, Official Service, and the Confucian Analects
Shirley Chan
Lewiston, NY : Mellen, 2004

10. Confucius, and Global Philosophy
John Dewey
Albany, NY : State Univ. of New York Press, 2004

11. Encyclopedia of Chinese Philosophy
Edited by Antonio S. Cua
Routledge, 2003

12. Eastern Philosophy : Key Readings
Oliver Leaman
Routledge, 2000

13. Key Concepts in Eastern Philosophy
Oliver Leaman
Routledge, 1999

14. Morals and Society in Asian Philosophy
Brian Carr
Routledge, 1996

15. The Ethics of Confucius : The Sayings of The Master and His Disciples upon the Conduct of "the Superior Man"

Dawson, Miles Menander

New York : G. P. Putnam's sons, 1915

Repressed Publishing LLC; Reprint edition 2012

Book Chapters

1. A Confucian Conception of Citizenship Education

Charlene Tan

in *The Palgrave Handbook of Citizenship and Education*

Springer, 2018

2. An Introduction to the Aesthetic Ideas of Confucius

Jianping Gao

in *Aesthetics and Art*

Springer, 2018

3. Sincerity and the Impasse of the Exemplary Person : An Analysis of the Zhongyong, with Attention to Christian Faith

Wenyu Xie

in *Reconceptualizing Confucian Philosophy in the 21st Century*

Springer, 2017

4. Confucius' Elitism : The Concepts of junzi and xiaoren Revisited

Pines, Y., & Goldin, P. R.

in *A Concise Companion to Confucius*

Springer, 2017

5. Style and Poetic Diction in the Xunzi

Martin Kern

in *Dao Companion to the Philosophy of Xunzi*

Springer, 2016

6. The Confucian Filial Duty to Care (xiao 孝) for Elderly Parents

T. Brian Mooney

in *Religion and Culture in Dialogue*

Springer, 2016

7. The Chinese Way of Goodness

Chin–Hsieh Lu

in *Education as Cultivation in Chinese Culture*

Springer, 2015

8. How Confucius Influences Consumer's View on Socially Responsible Corporations

Felix TangVane–ing TianAlan Ching–biu TseEric Chee

in *Looking Forward, Looking Back : Drawing on the Past to Shape the Future of Marketing*

Springer, 2015

9. Early Confucian Virtue Ethics : The Virtues of Junzi

Antonio S. Cua

in *Dao Companion to Classical Confucian Philosophy*

Springer, 2014

10. Perspectives on Moral Failure in the Analects

Amy Olberding

in *Dao Companion to the Analects*

Springer, 2013

11. Ren 仁 : An Exemplary Life

Karyn Lai

in *Dao Companion to the Analects*

Springer, 2013

12. Uprightness, Indirection, Transparency

Lisa Raphals

in *Dao Companion to the Analects*

Springer, 2013

13. Developing Corporate Entrepreneurial Cultures : Inspirations from the Confucian Gentleman

Lauri J. Tenhunen, Seppo E. Niittym ki

in *Leadership through the Classics*

Springer, 2012

14. Sage-King and Philosopher-King : A Political and Moral Approach to

Confucius' and Plato's Leadership

Elena Avramidou

in *Leadership through the Classics*

Springer, 2012

15. Three sources of wisdom of Chinese traditional virtue and a contemporary examination

Chenggui Li

in *Frontiers of Philosophy in China*

Springer, 2006

16. Caizi versus Junzi : Irony, Subversion and Containment

Geng Song

in *The Fragile Scholar : Power and Masculinity in Chinese Culture*

Hong Kong : Hong Kong University Press, 2004

17. The Superior Man and the Way

Daniel Gardner

in *Zhu Xi's Reading of the Analects−Canon, Commentary and the Classical Tradition, 5*

New York : Columbia University Press, 2003

18. Junzi (Chun−Tzu) : the moral person

Cua, A. S.

in *Encyclopedia of Chinese Philosophy*

Routledge, 2003

Journal Articles

1. Confucius' *Junzi*：The conceptions of self in Confucian

Jinhua Song, Xiaomin Jiao

EDUCATIONAL PHILOSOPHY AND THEORY 卷：50 期：13 页：1171-1179

DOI：https://doi.org/10.1080/00131857.2017.1395738 出版年：NOV 2018

2. Engineering ethics education, ethical leadership, and Confucian ethics

Qin Zhu

INTERNATIONAL JOURNAL OF ETHICS EDUCATION 卷：3 期：2 页：169-179

DOI：10.1007/s40889-018-0054-6 出版年：OCT 2018

3. Hegemony and Post-Colonial Hong Kong Hybridity：Jūnzǐ, Yi, Li, Xin, and Concepts of the Rule of Law in a Confucian Context

Sherif A.Elgebeily

CHINESE JOURNAL OF COMPARATIVE LAW 卷：5 期：1 页：154-172

DOI：10.1093/cjcl/cxw014 出版年：MAR 2017

4. A Theory of Learning（学）in Confucian Perspective

Chung-ying Cheng

EDUCATIONAL PHILOSOPHY AND THEORY 卷：48 期：1 页：52-63

DOI：10.1080/00131857.2015.1084222 出版年：JAN 2 2016

5. A Critique of Confucian Learning：On Learners and Knowledge

Ruyu Hung

EDUCATIONAL PHILOSOPHY AND THEORY 卷：48 期：1 页：85-96

DOI：10.1080/00131857.2015.1084220 出版年：JAN 2 2016

6. Understanding creativity in East Asia：insights from Confucius'concept of junzi

Charlene Tan

INTERNATIONAL JOURNAL OF DESIGN CREATIVITY AND INNOVATION 卷：4 期：1 页：51-61

DOI：10.1080/21650349.2015.1026943 出版年：2016

7. Judgments of the Gentleman：A New Analysis of the Place of Junzi Comments in Zuozhuan Composition History

Newell Ann，Van Auken

MONUMENTA SERICA-JOURNAL OF ORIENTAL STUDIES 卷：64 期：2 页：277-302

DOI：10.1080/02549948.2016.1259819 出版年：2016

8. To Be As Not To Be：In Search of an Alternative Humanism in the Light of Early Daoism and Deconstruction

Ruyu Hung

JOURNAL OF PHILOSOPHY OF EDUCATION 卷：49 期：3 页：418-434

DOI：10.1111/1467-9752.12115 出版年：AUG 2015

9. Being or Becoming：Toward an Open-System, Process-Centric Model of Personality

Peter J Giordano

INTEGRATIVE PSYCHOLOGICAL AND BEHAVIORAL SCIENCE 卷：49 期：4 页：757-771

DOI：10.1007/s12124-015-9329-z 出版年：OCT 2015

10. Can Customer Loyalty Be Explained by Virtue Ethics？ The Chinese Way

Kenneth K. Kwong, Felix Tang, Vane-ing Tian, Alex L. K. Fung

ASIAN JOURNAL OF BUSINESS ETHICS 卷：4 期：1 页：101-115

DOI：10.1007/s13520-015-0045-z 出版年：SEP 2015

11. Balancing Power：The Ascent of the Vassal（chen）

Moss Roberts

CHINESE STUDIES IN HISTORY 卷：46 期：4 页：6-26

DOI：https://doi.org/10.2753/CSH0009-4633460401 出版年：SUM 2013

12. Sagehood and Supererogation in the Analects

Timothy Connolly

JOURNAL OF CHINESE PHILOSOPHY 卷：40 期：2 页：269-286

DOI：10.1111/1540-6253.12035 出版年：JUN 2013

13. Confucius's View of Courage

Xinyan Jiang

JOURNAL OF CHINESE PHILOSOPHY 卷：39 期：1 页：44-59

DOI：10.1111/j.1540-6253.2012.01701.x 出版年：MAY 2012

14. Li（Ritual/Rite）and Tian（Heaven/Nature）in the *Xunzi*：Does

Confucian *li* need metaphysics？

Sor Hoon Tan

SOPHIA 卷：51 期：2 页：155-175

DOI：10.1007/s11841-012-0304-6 出版年：APR 2012

15. Can Virtue Be Taught and How？ Confucius on the Paradox of Moral Education

Yong Huang

JOURNAL OF MORAL EDUCATION 卷：40 期：2 页：141-159

DOI：10.1080/03057240.2011.568096

16. The Concept of Junzi in the Zhongyong

Wenyu Xie

FRONTIERS OF PHILOSOPHY IN CHINA 卷：6 期：4 页：501-520

DOI：10.1007/s11466-011-0153-3 出版年：MAR 2010

17. Confucian Citizenship？ Against Two Greek Models

Sungmoon Kim

JOURNAL OF CHINESE PHILOSOPHY 卷：37 期：3 页：438-456

DOI：10.1111/j.1540-6253.2010.01595.x 出版年：AUG 2010

18. Courage in The Analects：A Genealogical Survey of the Confucian Virtue of Courage

Lisheng Chen, Huawei Liu

FRONTIERS OF PHILOSOPHY IN CHINA 卷：5 期：1 页：1-30

DOI：10.1007/s11466-010-0001-x 出版年：MAR 2010

19. Is Confucianism Good for Business Ethics in China？
Po-Keung Ip
JOURNAL OF BUSINESS ETHICS 卷：88 期：3 页：463-476
DOI：10.1007/s10551-009-0120-2 出版年：SEP 2009

20. "Why Use An Ox-cleaver to Carve A Chicken？" The Sociology of the Junzi ideal in the Lunyu
Erica Brindley
PHILOSOPHY EAST & WEST 卷：59 期：1 页：47-70
DOI：10.1353/pew.0.0033 出版年：JAN 2009

21. Junzi as a Tragic Person：A Self Psychological Interpretation of the Analects
Hosung Ahn
PASTORAL PSYCHOLOGY 卷：57 期：1 页：101-113
DOI：10.1007/s11089-008-0133-2 出版年：SEP 2008

22. Antonio S. Cua：A Confucian junzi
Vincent Shen
JOURNAL OF CHINESE PHILOSOPHY 卷：34 期：2 页：317-319
DOI：10.1111/j.1540-6253.2007.00417.x 出版年：JUN 2007

23. Virtues of "Junzi"（Confucius）
Antonio S. Cua
JOURNAL OF CHINESE PHILOSOPHY 增刊：S 页：125-142
International Conference on Confucianism

DOI：https：//doi.org/10.1111/j.1540-6253.2007.00456.x 出版年：SEP 2007

24. Confucius's aesthetic concept of noble man：Beyond moralism
Ha Poong Kim
ASIAN PHILOSOPHY 卷：16 期：2 页：111-121
DOI：10.1080/09552360600772736 出版年：JUL 2006

25. The Confucian Politics of Appearance--and Its Impact on Chinese Humor
Weihe Xu
PHILOSOPHY EAST & WEST 卷：54 期：4 页：514-532
DOI：10.1353/pew.2004.0025 出版年：OCT 2004

26. The Ethical Significance of Shame：Insights of Aristotle and Xunzi
A. S. Cua
PHILOSOPHY EAST & WEST 卷：52 期：2 页：147-202
DOI：10.1353/pew.2003.0013 出版年：APRIL 2003

27. The Confucian Gentleman and the Limits of Ethical Change
Benjamin Wong & Hui-chieh Loy
JOURNAL OF CHINESE PHILOSOPHY 卷：28 期：3 页：209-234
DOI：10.1111/0301-8121.00044 出版年：DEC 2002

28. "Junzi Yue" versus "Zhongni Yue" in Zuozhuan
Eric Henry

HARVARD JOURNAL OF ASIATIC STUDIES 卷：59 期：1 页：125-161

DOI：10.2307/2652685 出版年：JUN 1999

29. Archetypes, Model Emulation, and the Confucian Gentleman

William E. Savage

EARLY CHINA 卷：17 页：1-25

DOI：10.1017/S0362502800003667 出版年：JAN 1992

Academic Papers

1. A comparative study of Lin Yutang's and James Legge's translations of junzi in the Analects

Su, Yanping Angie 蘇燕萍

Outstanding Academic Papers by Students（OAPS）

Retrieved from City University of Hong Kong, CityU Institutional Repository, 2013

2. Confucian Junzi Leadership：A model of authentic moral transformation for educational leaders

Wong, Christine Tze Ngan

Doctoral Thesis of Simon Fraser University, 2013

3. Being Christian in Chinese Context：New Junzi, new Christian

Joseph Hongzhang Bai

Dissertations of St. Thomas University.bPractical Theology, 2013

4. The heroic saint, junzi, and bodhisattva : A cross-religious and cultural dialogue of moral exemplars

Park, Min-Kyu

Dissertations of The Claremont Graduate University, 2010

5. Classical Confucianism as a vision for the exemplary treatment of persons--a contribution to the East-West discourse on human rights

William Keli'i Akina

Dissertations of University of Hawai'I at Manoa, 2010

6. Jesus the Christ as a Jun-Zi in Confucian Perspectives

John Changjin Bai

Master of Arts in Theology, Graduate Paper of College of Saint Benedict/Saint John's University, 2009

7. The junzi doth protest : toward a philosophy of remonstrance in Confucianism

Suddath, Virginia D

Thesis (Ph. D.) --University of Hawaii at Manoa, 2005

8. Tradition, self-cultivation, and human becoming : a comparison between Nietzsche and Confucius

Chan, Florence

Dissertations of University of Hawaii at Manoa, 2003-08

9. The recently discovered Confucian classic "The Five Aspects of Conduct"

Kenneth William Holloway

Dissertations of University of Pennsylvania, 2002

10. The methodology of Confucius' philosophy in "The Analects"

Xin Hu

Dissertations of California Institute of Integral Studies, 2002

11. The spirit of Confucian philosophy in the "Dazhaun"

Snyder, Robert Charles

Dissertations of California Institute of Integral Studies, 2001

12. A study on Confucius' philosophy of junzi (the gentle person) in the "Analects"

Xin Hu

Dissertation of California Institute of Integral Studies, 1996

Conference Papers

The junzi prior to Confucius in the Shiji

Dorothee Schaab-Hanke

Paper for WSWG Conference 17, 17–18 September 2003, Leiden

日文文献

【说明】

以下是通过日本 CiNii 数据库和东洋学文献类目搜检到的与"君子"相关的日语文献目录，包括期刊论文、会议论文、论文集论文等，时间跨度从二十世纪三十年代至今。从中可以看出，日本学界对于中国古籍中的"君子"概念颇为关注，数量较为可观。日本是中国一衣带水的邻邦，具有浓厚的汉学传统，因此日本学者研究成果值得国内重视。日本人自古对汉文古籍十分重视，出现大量解说分析中国儒家经典的论文可以说不足为奇。在这些文章之中也必然有不少涉及了中国古籍中与"君子"有关的章节。中日两国的文化语境较为接近，"君子"的概念跨海东渡几乎不需要字面的翻译，所以日本学者在诠释"君子"概念之时，往往试图通过研读儒家经典文本本身，从而阐发"君子"概念背后深刻的内涵。在这一点上，与国内学者的视角十分相似，而与西方学者的视角有所不同。

1. 上博楚簡『君子爲禮』における德目の分化（特集 出土文獻と秦楚文化（1））

   今田 裕志

   特集　出土文獻と秦楚文化（Ⅰ）/ 編集責任　小寺敦

   東洋文化 = Oriental culture（98），pp.5-28，2018-03

2. 『論語集注』（朱熹撰）の日本語訳（學而第一）：『論語集注』を主とする朱子の『論語』解釈

   孫 路易

   岡山大学全学教育・学生支援機構教育研究紀要（2），pp.87-106，

2017-12-30

3. 朱子の「君子」

孫 路易

岡山大学大学院社会文化科学研究科紀要（44），pp.1-21，2017-11

4. 故（ふる）きを温（あたた）めて（第 55 回）君子として必要な要素

佚名

週刊教育資料 = Educational public opinion（1452），37，2017-10-23

5. 今週の論語（第 36 回・完）学びて時にこれを習う、亦た説ばしからずや、朋あり、遠方より来たる、亦た楽しからずや、人知らずして慍みず、亦た君子ならずや。

山田 充郎

金融財政事情 67（13），pp.37，2016-03-28

6. 其争也君子：论孔子的「武德」观

杨 传召

中国古典文学研究：広島大学中国古典文学プロジェクト研究センター年報（13），pp.122-130，2016-03

7. 故（ふる）きを温（あたた）めて（第 35 回）君子たる者の憂い

福本 郁子

週刊教育資料 = Educational public opinion（1377），pp.37，2016-02-22

8. 今週の論語（第 32 回）君子は争う所なし。必らずや射か。揖譲して升り下り、而して飲ましむ。

山田 充郎

金融財政事情 67（3），39，pp.2016-01-18

9. 今週の論語（第 19 回）君子は周して比せず、小人は比して周せず。

山田 充郎

金融財政事情 66（30），pp.50，2015-08-10

10. 今週の論語（第 18 回）君子は器ならず。

山田 充郎

金融財政事情 66（29），pp.50，2015-08-03

11. 今週の論語（第 1 回）君子は本を務む。

山田 充郎

金融財政事情 66（3），pp.35，2015-01-19

12. 朝四暮三 土（つち）積もりて山阜（さんぷ）を成（な）し、水積もりて江海を成し、行（おこない）積もりて君子を成す。：桓寛（かんかん）『塩鉄論』執務

加地 伸行

Will：マンスリーウイル（111），pp.17-19，2014-03

13.『易経』・『道徳経』・『論語』の君子論

汪 玉林

武蔵野短期大学研究紀要 = The bulletin of Musashino Junior College

（28）, pp.25-41, 2014

14. 君子の交わり：四君子
伊藤 紫虹
禅文化（232）, pp.101-109, 2014

15.『孔子家語』における君子：「仁」に関する記述を中心に
高橋 治世
国学院中国学会報（59）, pp.25-41, 2013-12

16. 藤原頼長の経学と「君子」観：『台記』を中心として
柳川 響
国文学研究（169）, pp.1-12, 2013-03

17. 君子は預言者かそれとも師儒か
傅 永軍, 田村 立波[訳]
研究東洋：東日本国際大学東洋思想研究所・儒学文化研究所紀要（3）, pp.83-91, 2013-02

18. 中井履軒の君子観
藤居 岳人, フジイ タケト
懐徳堂研究（4）, pp.15-34, 2013-02

19. 対談「小人」か「君子」か、その鍵は母親が握る「子育て論語」で子どもに「根っこ」をはらせよう
大平 光代, 加地 伸行

婦人公論 97（17），pp.112-115, 2012-08-07

20. 論語の対話（80）君子に三戒（さんかい）有り 君子に九思（きゅうし）有り
伊與田 覺
理念と経営：中小企業を活性化し、成功を探求する経営誌（80）, pp.86-89, 2012-08

21. 朝四暮三 君子 富むれば、好んで其（そ）の徳（社会貢献）を行ない、小人 富むれば、以（もっ）て其の力（威力）を適（たの）しむ。：『史記』貸殖（かしょく）列伝
加地 伸行
Will：マンスリーウイル（91），pp.17-19, 2012-07

22. よき指導者の人間像「君子」とは魅力的な男である（『論語』入門）
稲田 孝
プレジデント 49（23），pp.50-57, 2011-07-20

23. 非常時、人はいかに行動すべきか：「君子」を読み解きながら
荒木 雪葉
地域健康文化学会（4），pp.19-25, 2011-03-31

24. 論語の対話（その62）君子に三畏有り
伊與田 覺
理念と経営（62），pp.86-89, 2011-02

25.『左伝』の君子
花房 卓爾
哲学（63），pp.171-184，2011

26.『墨子』を読む（4）第三章「君子は鐘の如し」について
半藤 一利
ベストパートナ-22（4），pp.36-41，2010-04

27.『孟子』君子不謂性命章について
石原 伸一
二松学舎大学人文論叢（84），pp.164-186，2010-03

28. 孔子思想に於ける君子・小人―小人の用例から孔子思想、及びその倫理規範を探る
舘野 正生
桜文論叢（75・76），pp.188-156，2010-02

29. 孔門十哲の君子学 孔子と弟子たちの問答の読み方（Feature Articles『論語』の経営学）
三田 明弘
Diamondハーバード・ビジネス・レビュー34（10），pp.84-96，2009-10

30. 朱子學的君子論：主宰としての心
田中 秀樹
中國思想史研究（30），pp.59-95，2009-06

31. 聖人君子が国を滅ぼす
里見 清一
新潮45 28（8）, pp.128-133, 2009-08

32. 荀子における「士大夫」呼称の成立について
井上 了
中國研究集刊（44）, pp.20-31, 2007-12

33. 日本の諺・中国の諺（32）情は人のためならず・君子豹変
陳 力衛
日本語学 26（14）, pp.70-73, 2007-12

34. 戦国楚簡と儒家思想―「君子」の意味
湯浅 邦弘
中国研究集刊（43）, pp.1-17, 2007-06

35. 朱子は君子か―朱子像創出のための試論
垣内 景子
東洋の思想と宗教（24）, pp.27-44, 2007-03

36. 講演採録 為政者の条件―『論語』に学ぶ君子と小人を
的場 光昭
北の発言（23）, pp.66-73, 2007-01

37. 上博楚簡『君子爲禮』と孔子素王説（上博楚簡特集）
浅野 裕一

「戦国楚簡研究 2006」中國研究集刊（41），pp.56-75，2006-12

38. だから翻訳はおもしろい（37）君子、危うきに近寄らず
亀山 郁夫
図書（685），pp.28-30，2006-05

39. 君子が庖厨を遠ざける理由—朱熹の「臨床倫理学」序説
小路口 聡
白山中国学（11），pp.1-20，2004-12

40. 講演「子曰、君子不器」章（論語、爲政第二）
増田 周作
斯文（112），pp.53-58，2004-03

41.「君子の哲学」としての功利主義—西周『利学』と「人世三宝説」
菅原 光
政治思想研究（2），pp.73-94，2002-05

42.『論語』における「君子」の意味について
荒木 雪葉
比較思想研究（29），pp.67-71，2002

43. いま論語に 王道に学ぶ（50）君子の条件
宇野 精一
月刊カレント 38（8），pp.54-59，2001-08

44. いま論語に王道に学ぶ（37）君子の心得

宇野 精一

月刊カレント 37（7）, pp.52–57, 2000–07

45.『左傳』君子・會話部分の引詩について―内容分類を用いた予備的考察

小寺 敦

史料批判研究（3）, pp.28–51, 1999–12

46. 君子人 いま論語に 王道に学ぶ 15

宇野 精一

月刊カレント 35（8）, pp.4–9, 1998–09

47. 小人国、君子国そして女の国への旅―『鏡花縁』にみる空想の海外旅行（特集 空想旅行）

張 競

IS（80）, pp.21–24, 1998–06

48. 君子モ亦悪ムアリ―いま論語に 王道に学ぶ（9）

宇野 精一

月刊カレント 35（2）, pp.6–11, 1998–02

49. 君子ハ本ヲ務ム―いま論語に 王道に学ぶ（7）

宇野 精一

月刊カレント 34（12）, pp.30–33, 1997–12

50.『詩経』に於ける「君子」に就いて―祖霊祭祀詩を中心として
家井 真
二松学舎大学東洋学研究所集刊（26）,pp.79-94,1995

51.「聖人君子」と「正人君子」について―高島俊男氏（岡山大学）との若干の論議によせて
三浦 徹明
拓殖大学論集（173）,pp.143-150,1988-05

52.『論語』中の君子について―中国古代春秋末期の典型的人間像
森川 重昭
椙山女学園大学研究論集 18（2）,pp.109-116,1987

53. 尭舜の君子を知るや―読公羊小記
内山 俊彦
山口大学文学会誌（34）,pp.61-78,1983-12

54.『論語』に見る教育の理想像―君子について –5–
高峰 文義
福岡大学人文論叢 15（2）,pp.627-664,1983-09

55.『左伝』の君子曰と君子謂 –2–
安本 博
愛知大学文学論叢（71）,pp.1-20,1982-11

56.『論語』に見る教育の理想像―君子について –4–

高峰 文義

福岡大学人文論叢 14（1），pp.317-361，1982-06

57.『論語』に見る教育の理想像―君子について -3-
高峰 文義

福岡大学人文論叢 13（4），pp.1125-1167，1982-03

58.『左伝』の君子〔イワク〕と君子謂 -1-
安本 博

愛知大学文学論叢（69），pp.27-49，1982-03

59.『論語』に見る教育の理想像―君子について -2-
高峰 文義

福岡大学人文論叢 13（2），pp.501-542，1981-09

60.『論語』に見る教育の理想像（1）―君子について
高峰 文義

福岡大学人文論叢 12（3），pp.1089-1129，1980-12

61. 講経―堯曰篇・不知命無以為君子也章（昭和五十四年四月二十二日湯島聖堂孔子祭）
松井 武男

斯文（83），pp.1-4，1980-01

62. 君子・小人の意義變化について（1）（2）
洞 富雄

pp.31-43, 1978-05

pp.41-58, 1978-07

63. 孟子と夜氣說—君子の修養と精神的資格に關連して
乾 一夫
二松學舍大學論集 昭和 52 年度, pp.261-287, 1977-10

64. 論語の特殊的普遍性の形態と古典性：「君子 – 小人」概念を中心に
小川 晴久
東京女子大学紀要論集 26（1）, pp.27-54, 1975-09-01

65. 続荀子「勸学篇」の〈君子〉について（承前）
高山方尚
駒澤史学（22）, p.61, 1975-03

66. 荀子「勸学篇」の〈君子〉について
高山方尚
駒澤史学（21）, pp.78-85, 1974-03

67. 論語における孔子に対する称呼—子・孔子・夫子・仲尼・君子
木村 英一
東方学（47）, pp.3-24, 1974-01

68. 君子への基礎資格—孔子における君子觀の基底
乾 一夫

古典評論（9）, pp.61-89, 1973-04

69. 君子論（1）
內田 龍
東橫學園女子短期大學紀要（10）, pp.25-39, 1972-02

70.「學而時習之,不亦說呼。有朋自遠方來,不亦樂乎,人不知而不慍,不亦君子乎。」
原田 種成
東洋文化（24）, pp.2-6, 1970-12

71. 君子の觀念 – 『孟子』解釋上の二・三の問題點孔子思想との關聯をめぐって
乾 一夫
古典評論（7）, pp.52-64, 1970-09

72. 論語にみえる「君子」について
高橋 均
漢文學會會報（28）, pp.13-21, 1969-09

73.「君子重からざれば威あらず」
赤塚 忠
斯文（56）, pp.1-8, 1969-05

74.「君子は道を謀りて食を謀らず」
近藤 康信

斯文（46），pp.1-4，1966-08

75. 中國古代人の思想と生活 –「君子抱孫不抱子」（夫婦の別）について –

深津 胤房

東洋文化復刊（5），pp.18-29，1963-07

76. 君子小人論

雫石 鉱吉

東京支那学報（9），pp.113-122，1963-06

77.「子曰・君子喩於義・小人喩於利」

高田 眞治

斯文（34），pp.35-41，1962-09

78. 講經

高田 眞治

斯文（34），pp.35-41，1962-09

79. 君子諸考

田中 佩刀

明治大学和泉校舎研究室紀要（18），1961

80. 魏の君子たちの思想の性質について

西 順蔵

論文タイプ‖論説

一橋論叢 36（6），pp.589-604，1956-12-01

81. 未見君子考―詩経における新古の層の弁別について
松本 雅明
史学雑誌 61（9），pp.17，1952-09

82. 君子概念の一考察
水澤 利忠
中國文化研究會會報 第 2 期 4 誌特輯，pp.19，1952-07

83. 講「未見君子考：詩經における新古の層の辨別について」
松本 雅明
史淵（47），pp.2，1951-06

84. 論語にあらはれた君子の概念と一般教養の目標
柳町 達也
東京学芸大学研究報告（2），pp.30-35，1951-04

85. 論語に現れた人間典型としての君子
貝塚 茂樹
東洋史研究 10（3），pp.1-14，1948-07

86. 易の大象に見ゆる君子に就て
中島 光男
斯文 26 編（6・7），p.6，1944

87. 講「易の大象に見ゆる君子に就いて」

中島 光男

斯文 25（12），1943-12

88. 論語に見ゆる「君子」の経済生活（東亜研究特集号）

大谷 孝太郎

彦根高商論叢（30），pp.1-48，1941-12

89.「君子務本」

松本 洪

東洋文化（200），pp.7，1941

90.「君子と小人」

洞 富雄

學叢（6），1939

91. 論語に見ゆる聖人思想：聖人及び君子の呼稱に就いての一考察

船越 巧

滿蒙 19 年 4 號，pp.11，1938

92. 君子道に関する一考察

宮城 敏夫

龍谷学報（320），pp.58-68，1937-12

93. 君子字義考

鈴木 虎雄

服部先生古稀祝賀記念論文集, 1937

94. 君子・小人考
洞 富雄
歷史科學 5（12）, pp.14, 1936

95. 繼世君子制に關する孟子の見解
副島 義一
東洋文化（121）, pp.8, 1935

韩文文献

【说明】

以下是从 Nurimedia 韩国学术期刊数据库（DBPIA）中搜检到的以"君子"为主题或与"君子"相关的韩文期刊论文、会议论文（含个别刊登在韩国期刊上的中文论文）和从韩国全国博硕士论文数据库（RISS）中检索到的相关学位论文。韩国受儒家文化影响颇深，而且属于汉字文化圈，韩国学者一直非常关注汉语言文化的研究，中韩之间的学术交流也较为频繁，韩国的中国学研究成果较为丰硕。但由于数据库收录的时间范围有限，下列期刊、会议论文最早的发表于二十世纪八十年代初，而八十年代以前的论文皆未收录，因此，在数量上不是很多。不过，学位论文从七十年代至今有三十三篇，相比较而言数量不算少。这些论文在内容上涉及哲学、伦理学、政治学、文献学、思想史等不同领域，在广度和深度上都颇为可观。一些学者较为关注儒家的君子思想对社会所起的作用，有的学者尝试以君子为切入点进行中西思想的比较，还有学者利用出土文献进行更为深入的研究。他们取得的成果值得中国学者参考和借鉴。

专著

1. 공자를 찾아가는 인문학 여행
전용주
서울 : 문예출판사 , 2018

2. 군자들의 행진 : 유교인의 건국운동과 민주화운동
이황직

파주 : 아카넷, 2017

3. 공자의 수사학 : 군자의 리더십과 인성론
안성재
서울 : 어문학사, 2017

4. 군자 : 군자가 살아야 나라가 산다
최영갑
서울 : 한서, 2014

5. 공자의 논어 군자학 : 군자 정치·군자 경영을 위하여
이준희
서울 : 어문학사, 2012

6. (멋있는 리더) 군자
고양 : 지혜서가, 2012

7. 공자, 최후의 20년 : 유랑하는 군자에 대하여
王建文, 이재훈, 은미영, 김갑수
파주 : 글항아리 : 문학동네, 2010

8. (21세기)君子만나기
김영무
서울 : 지성의샘, 2008

9. 군자론

정보석

순천 : 한우리 , 2008

10. 공자와 천하를 논하다

신동준

파주 : 한길사 , 2007

11. 안동시 군자마을 조사보고서 : 2003 문화관광부 선정 선비문화의 전통 군자마을

안동문화연구회

안동 : 안동문화원 , 2004

12. 君子裏 : 그 文化史的性格

안동군자리전통문화선양사업회

안동 : 토우 , 2000

13. 군자는 가슴에 꽃을 달지 않는다

윤재근

서울 : 둥지 , 1991

期刊、会议论文

1. 공자의 '군자' : 최선의 마음 상태를 가진 자 『 논어』 1.1 의 재해석을 중심으로 -

진 함

동양철학 52, 2019, 5-34

2. 유교의 현대사에 대한 몇 가지 질문 :『 군자들의 행진 』/ 이황직 지음 / 아카넷 / 2017

김건우 식

SAEUL FOUNCATION OF CULTURE, HWANGHAE REVIEW 96, 2017.9, 385-391

3. 孔子의 君子論과 '仁'의 리더십 :『 논어 』의 君子論을 중심으로 [KCI 등재]

장영희식

동악어문학회 , 동악어문학 70, 2017.2, 125-158

4. 진정한 君子 군자 외 1 편

박정원식

문예운동사 , 수필시대 72, 2017.1, 161-164

5. 영역『 논어 』의 번역어 생성과정과 의미의 경계 : '君子' 를 중심으로 [KCI 등재]

김승룡식 , 송병우식

동악어문학회 , 동악어문학 69, 2016.11, 199-246

6. 량 치차오(梁啟超)의〈 自助論 〉과 한국의「 자강 」·「 독립 」사상 [KCI 등재]

우남숙식

한국동양정치사상사학회 , 한국동양정치사상사연구 15 (2) , 2016.9, 127-161

7. 고전소설에 나타난 군자형(君子型) 인물에 대한 고찰 = A Research on the Confucian Gentlemen type characters in the Classical Novels of Chosun Dynasty
조혜란
한국고전연구, Vol.33, 2016

8. 순자(荀子) 군자관의 실천적 지성인상 — 공·맹(孔孟) 군자관과의 비교를 중심으로 — = The practicing intellectual image from the perspective of Xun Zi's view of a gentleman–Comparison with the Confucius and Mencius' view
지준호
동양문화연구, Vol.24, 2016

9. 《論語》'无友不如己者'에 대한 解釋試探: 君子와의 관련성을 중심으로 [KCI 등재]
김진희식
중국인문학회, 중국인문과학 59, 2015.4, 199–220

10. 孔子의 君子에 대한 定义고찰
안성재
중국학, Vol.52, 2015

11. 군자의 상징, 산지천 지주암
백종진식
문예운동사, 수필시대 55, 2014.3, 202–208

12. 중국철학 : 공자의 도덕교육론 - 인격과 정치의 문제를 중심으로 - = Chinese Philosophy : Kongzi's Moral Education–Focusing on Issues of Personality and Politics

지준호

한국 철학논집 , Vol.40, 2014, 203–224

13. 전통적 소재의 현대적 변용 : 월전 장우성의 사군자화 [KCI 등재]

이선옥식

한국근현대미술사학회 , 한국근현대미술사학 26, 2013.12, 257–284

14. 동양 이상정치의 표상 , 군자

성해준식

동북아시아문화학회 , 동북아시아문화학회 국제학술대회 발표자료집 , 2013.11, 557–560

15.『 무당내력 』의 단군자료

서영대식

영남대학교 민족문화연구소 , 영남대학교 민족문화연구소 학술대회 , 2013.10, 69–82

16. 郭店楚簡 '君子論'〈五行〉譯注 (Ⅱ)

A Decoding and Comprehension on〈Wu-Xing〉of The Guodian Zhujian (Ⅱ)

姜信碩

中國語文學論集 第 80 號 , 2013.6, 329–353

17. 郭店楚簡 君子論〈五行〉譯注（Ⅰ）

A Decoding and Comprehension on the Primitive Confucianism :〈Wuxing〉of The Guandian Zhujian

姜信碩

中國語文學論集 第 78 號, 2013.2, 523–549

18. 孔子的"君子五德"與孫子的"將帥五德"比較研究

박태덕

論文集, Vol.27, 2013

19. 孔子（공자）의 聖人觀（성인관）研究（연구）= 孔子的聖人觀研究

조원일

동서철학연구, Vol.67, 2013

20. 孔子의 敎育思想硏究 = 孔子的教育思想研究

조원일

溫知論叢, Vol.3, 2013

21.《論語》에 나타난 孔子의 君子論 =《論語》中出現的孔子的君子論

박종혁

한국학논총, Vol.37, 2012

22. 곽점초간 군자론〈오행〉석의

강신석

東北亞細亞文化學會 第 25 次 東亞細亞日本學會 聯合國際學術大會, 2012.10, 64-71

23. 철학 : 공자의 군자론과 철학의 이념 = Philosophy : Confucius Ideas of the ideas and methodology of Gentleman (君子) and Philosophy
임현규
東方學, Vol.20, 2011

24. 《논어 (論語)》에서의 군자의 인격 경계
이준희
中國文學研究, Vol.44, 2011

25. 군자의 똘레랑스와 유교적 여성주의
김세서리아
철학과 현실 2011 년 겨울호 (통권 제 91 호), 2011.12, 111-121

26. "군자 (君子)" 와 공자의 이상적 인간상 = The concept of chun tzu (君子) in Confucius' Jenlogy (仁學)
이경무
동서철학연구, Vol.54, 2009

27. 아브라함과 군자상 (君子像) = Abraham and the Figure of an Master/Superior Man (Juzi)
서명수
구약논단, Vol.15 No.1, 2009

28. 공자의 윤리적 감정관 시론 (試論) - 덕성의 계발과 관련한 감정의 역할과 구조에 대한 공자의 생각 - = Confucius' Ethical View of Emotions

김명석

東洋哲學硏究, Vol.59, 2009

29. 군자국 : 고대 한반도의 형상과 그 원형적 의미
- 중국 문헌을 중심으로

Kunjakuk: The Image of Ancient Korean and It's Archetypical Meaning Focused on Chinese Documents

양회석

中國人文科學 第43輯, 2009.12, 501-518

30. 순자의 경세사상과 군자론 : 탈현대적 경영자상의 탐색

On the Xunzi's Thoughts on Gentleman in the Context of His Theory of Economic Sociology: In a Search for the Model of Post-modern Executives

박상철

국제경영리뷰 제13권 제4호, 2009.12, 225-244

31. 리더십의 측면에서 이해한 군자의 품성 및 그 계발
-『논어』를 중심으로

Character of Virtuous Man (君子) and It's Development comprehended in terms of Leadership - centering on 『The Analects of Confucius (論語)』

김수동

韓國敎育論壇 제8권 제2호, 2009.6, 87-107

32. 君子와 小人의 行動樣式 考察 :

-〈論語〉에 나오는 君子와 小人을 중심으로
최진식
중국인문학회 2009년 신춘학술대회 발표논문집, 2009.2, 223-244

33. 군자와 소인, 대체와 소체, 인심과 도심 = The gentleman and the petty man; Dati and xiaoti; Daoxin and renxin
장원태
哲學硏究, Vol.81, 2008

34.「논어」에 나타난 교육의 이상
- 君子不器를 중심으로
Ideal of Education as found in the Analects of Confucius
김인
道德敎育硏究 第18卷 2號, 2007.2, 57-77

35. 지사(志士)와 투사(鬪士)에서 군자(君子)로
임현진
철학과 현실 2007년 여름호(통권 제73호), 2007.6, 63-77

36.『주역(周易)』의 군자의 도(道)와 신, 성(信, 誠)
이현중
범한철학 제42권, 2006.9, 33-55

37.[고찰과 연구] 전통문화에서 표현된 사군자의 문화적상징성
김기종
중국조선어문 2005년 제2호, 2005.3, 8-12

38. 도덕적 인간상으로서의 군자

The Noble Man as an Ideal of Morally Educated Person

박종덕

도덕교육연구 제 16 권 제 2 호 , 2005.2, 133-150

39. [동향과 전망 -2003 리뷰 : 중국 유학] 군자의 윤리와 함께 소인의 윤리가 요청되는 시대

황갑연

오늘의동양사상 제 11 호 , 2004.9, 213-232

40. 성리학에서 '공적 합리성' 의 연원
- 군자 / 소인 담론을 중심으로

The Formation of the Public Rationality in Cheng-Chu's school

김미영

哲學 제 76 집 , 2003.8, 57-77

41. 王權에 대한 禮治의 문제의식
- 宗法과 君子 개념을 중심으로

이봉규

哲學 제 72 집 , 2002.8, 31-56

42. [고사성어] 동병상련 (同病相憐) , 군자삼락 (君子三樂)

편집부

고시월보 2002 년 7 월호 (통권 296 호) , 2002.7, 322-323

43. 文·質의 측면에서 본 君子와 그 教育

朴連鎬
교육사학연구 제 9 권 , 1999.7, 1–19

44. 君子의 修養과 人格
Gentleman's Self-Cultivation and Personality
池教憲
정신문화연구 1991 년 제 14 권 제 4 호 통권 45 호 , 1991.12, 133–153

45. 君子不器思想
- 우리 나라 技术发达의 걸림돌
金儀遠
대한토목학회지 제 37 권 제 5 호 , 1989.10, 1–2

46. 휴머니즘 - W. James 의 그것과 論語에 나타난 휴머니즘 硏究
- 君子 中心
Eine Studie zur Korrelation zwischen dem Humanismus von W. James und von Confuzius - Chün-Tzu -
박철주
인문논총 제 26 집 , 1984.12, 497–518

47. 공자 (孔子) 의 군자사상 (君子思想) 에 대 (對) 한 일고찰 (一考察)
최대우
용봉인문논총 , Vol.12, 1982

48. 유가적 인간상과 구약적 인간상 : 군자와 의인에 대한 종교학적 고

찰

The Confucian and Biblical Images of Man:The righteous and The Noble Man

김승혜

동아문화 제 19 호 , 1981.12, 173-195

学位论文

博士论文

1. 공자의 교육철학과 그 실현에 관한 연구 = A study on the educational philosophy confucius and its realization

김성인

강원대학교 일반대학원 , 2017

2. 장계향의 여중군자상（女中君子像）과 군자교육관에 관한 연구 = The "Virtuous Woman" Chang Kye-Hyang and the Principles of Virtuous Education

김춘희 , 계명대학교 대학원 , 2012

3. 孔子思想의 人間學的 硏究 : 君子論을 中心으로

정종

학위논문（박사）— 東國大學校 大學院 : 哲學科 1974

硕士论文

1. 인정（仁政）에 관한 연구 : 『논어』의 군자상을 중심으로 = A Study on the Benevolent Politics: Focused on the Image of "Gunja" in the Analects of Confucius

공윤현, 한국방송통신대학교 대학원, 2016

2. 중국 기업에서 가부장 리더십과 군자 리더십의 직무태도에 대한 영향 : LMX의 조절효과를 중심으로 = The influence of paternal leadership and Gunja's leadership on the job attitudes in Chinese firms: Focusing on the moderating effect of LMX

류언녀, 건국대학교 대학원, 2016

3. 論語의 君子論과 公職者像 硏究

홍귀선, 성균관대학교, 2015

4. 리더의 군자적 리더십에 대한 부하의 지각이 자기효능감과 태도에 미치는 영향 = The Effects of Confucian Leadership on Self Efficacy and Attitudes

GAO HE, 전남대학교 대학원, 2014

5. 『周易內傳』에 드러난 君子論 연구 = A Study on Gunja Theory (君子論) of the 『Zhou-yi Nei-zhaun (周易內傳)』

김은경, 한국교원대학교 교육대학원, 2014

6. 牧隱 李穡의 君子觀 硏究

이은영, 성균관대학교 유학대학원, 2013

7. 윤리적 리더십의 관점에서 이해한 군자와 철인의 비교 : 『논어』와 『국가』를 중심으로

박채연, 숙명여자대학교 사회교육대학원, 2013

8. 리더십이 조직몰입과 조직시민행동 (OCB) 간에 미치는 영향 : 특히 군자적 리더십과 변혁적 리더십 비교연구 = An Empirical Study on the Relationship between of The gentleman sex leadership ability and Transformational leadership ability to Organizational Citizenship Behavior and Organizational commitment : Based on Chinese employees in the workplace
우흔, 한성대학교 대학원, 2013

9. 『논어 (論語)』의 군자상 연구 : 도덕적 주체의 완성과 주체와 타자사이의 진실한 상호 관계
오진희, 성균관대학교 일반대학원, 2012

10. 행정주체로서 군자
윤홍필, 전주대학교 일반대학원, 2012

11. 논어에 나타난 군자론의 도덕교육적 함의 연구 = A Study on The Implications of Moral Education Based on the Theory of Junzi 君子 in the Analects of Confucius
이동숙
서울교육대학교 교육대학원, 2010

12. 공자의 교육사상으로 본 21 세기 대학교육의 발전방안 연구 = A Study on the Development of Higher Education in the 21st Century in the View of Confucius' Educational Thought
서정돈
성균관대학교 유학대학원, 2010

13. 공맹사상에 나타난 군자상의 도덕교육적 의의

Moral education significance of 'Man of virtue' in confucius-mencius thoughts

이준경

학위논문(석사) -- 한국교원대학교 대학원 : 윤리교육학과 윤리교육전공 2008. 2

14.『論語』의 仁과 君子에 관한 연구

A Study on Ren(仁) and a Man of Virtue in『The Analects』

허재영

학위논문(석사) -- 경남대학교 교육대학원 : 윤리교육전공 2007. 2

15.『論語』의 君子論 硏究 = A study of Gunja(君子) in「the Analects of Confucius」

朴明子

성균관대학교 유학대학원, 2005

16.『周易』·「易傳」으로 본 孔子의 君子像 :〈幹〉卦·〈坤〉卦를 중심으로(With the trigram both Geon and Gon from the Book of Changes in the center)

A Study on Confucius's The True Image of Gentleman based on「Joo-yeok」and「Yeok-jeon」

朴奇洙

학위논문(석사) -- 大邱가톨릭大學校 大學院 : 中國學科 2003

17.《주역》의 군자·성인관=(The)Outlook of Gunga(gentleman)·Seongin

(saint) in the Book of Changes

황혜정 , 安東大學校 大學院 , 2003

18. 『論語』에 나타난 君子像 硏究 =(A) Study on the Image of Gentleman in the 『Discourse of Confucius 』

천영미

誠信女子大學校 大學院 , 2002

19. 孔子의 敎育思想 硏究 : 敎育內容과 敎育方法을 중심으로

崔美貞

京畿大學校敎育大學院 : 中國語敎育 2002

20. 『論語』에 나타난 孔子의 君子觀에 관한 硏究

A Study on Confucius's View of The Superior Man in Discourses abd Dialigues

金仁淑

학위논문 (석사) -- 忠南大學校 敎育大學院 : 科學敎育學科 哲學敎育 2001

21. 儒學의 君子象이 갖는 교육적 의의

박영주

학위논문 (석사) -- 충북대학교 교육대학원 : 사회교육전공 2000

22. 孔子의 君子와 中에 관한 硏究

(A) Study on Confucius' 'junzi' and 'Zhong'

이욱근

학위논문 (석사) -- 서울대학교 대학원 : 정치학과 1999.2

23. 유교와 민주주의 : 萬人의 君子化에 관한 연구
홍승우
학위논문 (석사) -- 성균관대학교 대학원 : 정치외교학과 정치이론 전공 1999

24. 儒家의 君子之道와 가톨릭 司祭 靈性 比較
김진범
학위논문 (석사) -- 수원가톨릭대학교 대학원 : 신학과 실천신학 전공 1997. 2

25. 儒家의 君子에 關한 研究 : 四書를 中心으로
김성원
학위논문 (석사) -- 성균관대학교 유학대학원 : 유교경전학과 1995

26. 君子之道에 관한 研究 : 〈中庸〉을 中心으로
이숙희
학위논문 (석사) 성신여자대학교 교육대학원 : 교육학과 한문교육전공 1992

27. 孔子의 理想的 人間像에 關한 研究 : 君子思想을 中心으로
박선주
학위논문 (석사) -- 高麗大學校 教育大學院 : 倫理教育專攻 1992

28. 誠之者로서의 人間 : '君子'를 中心으로 한「中庸」에 있어서의

人間理解

장윤수

학위논문(석사)-- 慶北大學校 大學院 : 哲學科 東洋哲學專攻 1988

29. 周易에 있어서의 聖人.君子觀

김만산

학위논문(석사)-- 忠南大學校 大學院 : 哲學科 東洋哲學專攻 1986

30. 君子像에 對한 研究 : 논어를 중심으로

박용의

학위논문(석사):-- 건국대학교 교육대학원 : 교육학과 교육학전공 1986

主要参考文献

[1][清]阮元校刻:《十三经注疏》,北京:中华书局,1980年。

[2]金景芳、吕绍纲著:《周易全解》,上海:上海古籍出版社,2005年。

[3]黄寿祺、张善文撰:《周易译注》(最新增订版),北京:中华书局,2016年。

[4][清]孙星衍撰,陈抗、盛冬铃点校:《尚书今古文注疏》,北京:中华书局,2004年。

[5]顾颉刚、刘起釪著:《尚书校释译论》,北京:中华书局,2005年。

[6]黄怀信、张懋镕、田旭东撰,李学勤审定:《逸周书汇校集注》(修订本),上海:上海古籍出版社,2007年。

[7][宋]朱熹集注:《诗集传》,上海:上海古籍出版社,1980年。

[8][清]王先谦撰,吴格点校:《诗三家义集疏》,北京:中华书局,1987年。

[9][清]陈奂点校:《诗毛氏传疏》,《儒藏》精华编第33-34册,北京大学出版社,2009年。

[10][清]马瑞辰撰,陈金生点校:《毛诗传笺通释》,北京:中华书局,1989年。

[11]程俊英、蒋见元著:《诗经注析》,北京:中华书局,1991年。

[12][清]孙诒让撰,王文锦、陈玉霞点校:《周礼正义》,北京:中华书局,2008年。

[13][清]孙希旦撰,沈啸寰、王星贤点校:《礼记集解》,北京:中华书局,1989年。

[14][清]朱彬撰,饶钦农点校:《礼记训纂》,北京:中华书局,1996年。

[15][清]王聘珍撰,王文锦点校:《大戴礼记解诂》,北京:中华书局,1983年。

[16]方向东撰:《大戴礼记汇校集解》,北京:中华书局,2008年。

[17][清]孔广森撰,王丰先点校:《大戴礼记补注》,北京:中华书局,2013年。

[18]杨伯峻编著:《春秋左传注》(修订本),北京:中华书局,1981年。

[19][清]徐元诰撰,王树民、沈长云点校:《国语集解》,北京:中华书局,2002年。

[20][清]陈立撰,刘尚慈点校:《公羊义疏》,北京:中华书局,2017年。

[21][清]廖平撰,郜积意点校:《穀梁古义疏》,北京:中华书局,2012年。

[22][宋]朱熹撰:《四书章句集注》,北京:中华书局,2011年。

[23]杨伯峻译注:《论语译注》,北京:中华书局,1980年。

[24]杨伯峻译注:《孟子译注》,北京:中华书局,1988年。

[25][清]王先谦撰,沈啸寰、王星贤点校:《荀子集解》,北京:中华书局,1988年。

[26][战国]荀况著,王天海校释:《荀子校释》,上海:上海古籍出版社,2005年。

[27]楼宇烈主撰:《荀子新注》,北京,中华书局,2018年。

[28][清]孙诒让撰,孙启治点校:《墨子间诂》,北京:中华书局,2001年。

[29]王焕镳撰:《墨子集诂》,上海:上海古籍出版社,2005年。

[30]吴毓江撰,孙启治点校:《墨子校注》,北京:中华书局,2006年。

[31][魏]王弼注,楼宇烈校释:《老子道德经注校释》,北京:中华书局,2008年。

[32]陈鼓应著:《老子注译及评介》(修订增补本),北京:中华书局,

2009年。

［33］陈鼓应注释：《庄子今注今译》（最新修订重排本），北京：中华书局，2009年。

［34］［清］王先谦撰，刘武撰：《庄子集解·庄子集解内篇补正》，北京：中华书局，2012年。

［35］［清］郭庆藩撰，王孝鱼点校：《庄子集释》，北京：中华书局，2012年。

［36］［战国］韩非著，陈奇猷校注：《韩非子新校注》，上海：上海古籍出版社，2013年。

［37］黎翔凤撰，梁运华整理：《管子校注》，北京：中华书局，2004年。

［38］吴则虞编著：《晏子春秋集释》，北京：中华书局，1982年。

［39］［战国］吕不韦著，陈奇猷校释：《吕氏春秋新校释》，上海：上海古籍出版社，2002年。

［40］许维遹撰：《吕氏春秋集释》，北京：中华书局，2009年。

图书在版编目（CIP）数据

君子文化 / 王云路主编. — 杭州：浙江文艺出版社，2020.11

ISBN 978-7-5339-6272-2

Ⅰ. ①君… Ⅱ. ①王… Ⅲ. ①传统文化—研究—中国 Ⅳ. ① K203

中国版本图书馆 CIP 数据核字（2020）第 205822 号

策划统筹	柳明晔
责任编辑	关俊红
封面设计	水玉银文化
责任印制	张丽敏

君子文化

王云路　主编

出版	浙江文艺出版社
地址	杭州市体育场路 347 号
邮编	310006
网址	www.zjwycbs.cn
经销	浙江省新华书店集团有限公司
制版	杭州立飞图文制作有限公司
印刷	浙江新华数码印务有限公司
开本	710 毫米 ×1000 毫米　1/16
字数	577 千字
印张	41.75
插页	13
版次	2020 年 11 月第 1 版
印次	2020 年 11 月第 1 次印刷
书号	ISBN 978-7-5339-6272-2
定价	168.00 元

版权所有　违者必究

（如有印、装质量问题，请寄承印单位调换）